N. Böttcher / I. Galaor / B. Hausberger (eds.)
Los buenos, los malos y los feos.
Poder y resistencia en América Latina

BIBLIOTHECA IBERO-AMERICANA

Publicaciones del Instituto Ibero-Americano
Fundación Patrimonio Cultural Prusiano
Vol. 102

BIBLIOTHECA IBERO-AMERICANA

Nikolaus Böttcher / Isabel Galaor /
Bernd Hausberger (eds.)

Los buenos, los malos y los feos

Poder y resistencia en América Latina

IBEROAMERICANA · VERVUERT
2005

Impreso con el apoyo de la
Fritz Thyssen Stiftung

Bibliographic information published by Die Deutsche Bibliothek

Die Deutsche Bibliothek lists this publication in the Deutsche Nationalbibliografie;
detailed bibliographic data is available in the Internet at http://dnb.ddb.de.

© Iberoamericana, Madrid 2005
Amor de Dios, 1 - E-28014 Madrid

© Vervuert Verlag, Frankfurt am Main 2005
Wielandstr. 40 - D-60318 Frankfurt am Main

ISSN 0067-8015
ISBN 84-8489-191-7 (Iberoamericana)
ISBN 3-86527-200-2 (Vervuert)

Índice

II. Memoria y discursos

III. Etnicidad e identidad

Nikolaus Böttcher/Isabel Galaor/Bernd Hausberger

En la búsqueda del poder y de la resistencia

En las relaciones de poder los conflictos siempre abundan, y en ellos nunca faltan las adscripciones discursivas, moralizadoras o ideológicas que pretenden definir cuál de las partes involucradas tiene razón y está en su derecho, cuál sirve al bien común y cuál a intereses particulares y egoístas, cuál promueve el progreso y cuál lo obstruye, cuál lucha con las armas y los medios justos y cuál rompe las reglas. En otras palabras, simplemente se quiere determinar quiénes son los buenos y quiénes los malos. A veces la contienda sólo se reduce a tal intercambio de argumentos o insultos, en el cual un ejército de políticos, ideólogos, analistas, científicos y seudocientíficos intenta ganar influencia, seguidores, prestigio y fama. América Latina –y el campo científico que se dedica a ella– no constituye ninguna excepción.

En las décadas posteriores a la independencia, junto con el escritor y presidente argentino Domingo Faustino Sarmiento, quien en 1845 publicó *Facundo*, uno de los libros de mayor influencia en la historia de las ideas latinoamericanas, muchos intelectuales del continente concluyeron que la realidad de sus países estaba determinada por el antagonismo entre civilización y barbarie. Consideraron como primera necesidad política superar la barbarie de la población campesina y de las clases bajas en general. Esto hay que entenderlo en el contexto de la difícil construcción del Estado nacional en regiones donde la integración política, económica y cultural era muy rudimentaria, y de ahí no sorprende que la mayoría de los pensadores hubieran querido más que nada poner orden a ese desorden, fortaleciendo algún poder estable, fuera el poder impersonal del Estado o el de un caudillo carismático. En la segunda mitad del siglo XIX, el repudio que cobijaban las clases altas urbanas, que se identificaban como miembros de la cultura occidental, contra el resto de la población se reforzó por un darwinismo social positivista, el cual, al glorificar a los fuertes y poderosos, tomó todo intento de resistencia desde abajo como un mal inspirado ataque al progreso y no sintió grandes remordimientos al reprimirlo. Pero, paralelamente y poco a poco, una nueva visión se abrió camino.

Este giro se inició como una mirada más compasiva hacia los grupos "bárbaros" destinados a desaparecer. En Argentina, José Hernández, en su famosa obra *Martín Fierro*, contradijo los agresivos postulados de Sarmiento y reclamó más comprensión para el mundo del campo explotado y despreciado. En México, en vísperas de la revolución, Andrés Enríquez Molina, sin abandonar el evolucionismo social, ubicaba a la población urbana y a los indígenas y mestizos en diferentes etapas históricas y optaba por igualar ese desfase mediante una redistribución de la propiedad de la tierra (Florescano 1997: 506-511). La alianza del pensamiento intelectual con el poder político (y económico) de las oligarquías decimonónicas obviamente estaba desmoronándose.

En el siglo XX, el interés en los grupos sociales y étnicos subordinados y marginados del progreso nacional siguió creciendo. A nivel del discurso político se descubrió –o mejor dicho, se usó cada vez más– lo tradicional para construir la identidad nacional, como ya lo había hecho, por ejemplo, el jesuita veracruzano Francisco Javier de Clavijero, en su exilio italiano, con el pasado azteca para el caso de México a finales del siglo XVIII. Se creó de esta forma un discurso de identidad defensivo en contra de la pujante influencia extranjera, considerada hasta el momento como la única fuente de la civilización y del progreso. Como en todas partes, se ubicaba lo tradicional en la historia o en el campo, entre los sectores de la sociedad que más atrasados y, por lo tanto, más auténticos parecían. La diferencia entre la idealización ideológica de estas culturas indígenas, afroamericanas o mestizas y el trato práctico que recibían sus portadores reales era, sin embargo, abismal y, vale decirlo, lo sigue siendo hasta hoy. Pero surgió de esta suerte uno de los movimientos intelectuales más influyentes de América Latina: el indigenismo. Éste se constituía de hecho con una serie de diferentes corrientes, que al principio eran bastante compatibles con el racismo de antaño, que argüía como el destino de los indígenas el ceder a las razas más fuertes.

No obstante, empezó a imponerse una creciente conciencia social sobre la situación vigente, como ya se había percibido en autores como José Hernández o Andrés Enríquez Molina. La Revolución mexicana, a pesar de sus escasas consecuencias reales en el orden social, fue una etapa fundamental para este desarrollo. El nuevo indigenismo –por naturaleza, sobre todo en los países donde perduraban amplias poblaciones indígenas y en otras partes sustituido por una corriente afroamericanista o por una exaltada mestizofilia– resaltó las culturas autóctonas, sin embargo, muchas veces con el propósito de integrarlas, finalmente, a una cultura nacional altamente determinada por los valores occidentales, en la cual eclipsarían finalmente, aportando sólo elementos folklóricos, como partes de la música y los platos típicos. Con el peruano José Carlos Mariátegui, entre otros, el ideario indigenista alcanzó una fuerte militancia política. Intentando adaptar a la realidad de América Latina el análisis y el programa político marxistas, se formuló un indigenismo como protesta en contra de la injusticia social centenaria que estaba observando. Mariátegui diagnosticaba que el problema de los indígenas no se resolvería mediante programas de alfabetización y de educación, sino sólo en el socialismo alcanzado por la lucha de clases y la revolución (Maihold 1988; Leibner 1999; Devés Valdés 2000: 119-128). La categoría "indio" se desligó de esta forma de su definición cultural y terminó por integrarse en la clase de los "campesinos", que existía independientemente de la procedencia étnica y del color de piel de sus integrantes (Ramos 2001: 248). Las identidades étnicas y culturales acabaron con esto por ser vistas como mero encubrimiento de las diferencias de clase, consideradas como primordiales.

Dado el carácter agrario de las sociedades latinoamericanas que predominó hasta la segunda mitad del siglo XX, era lógico que fueran las luchas de los campesinos las que más atención recibieron, en detrimento de otras formas de resistencia originada en los sectores urbanos, burgueses, proletarios o intelectuales. No obstante, así la lucha de clases, la resistencia y la revolución terminaron por ocupar un lugar preferente en el imaginario histórico y político de los latinoamericanos, convirtiéndose en elementos identitarios (Ferreira 1996). En esta línea de pensamiento, lo que unía a la sociedad no era el saber que se vivía en un justo orden evolucionado a través de la historia (como lo tienen los franceses o los estadounidenses), y menos aún la idea de formar una unidad de sangre o cultural (como en su día defendían los alemanes o como postulaban los arielistas, que caracterizaron su América "latina" como arraigada en la latinidad clásica, o como José Vasconcelos, que veía en América forjarse una nueva raza "cósmica"), sino el espíritu de la resistencia común contra la injusticia y de la lucha unida para alcanzar mejoras y progreso. Consecuentemente y conforme a esta función, el México posrevolucionario institucionaliza su Revolución, convirtiéndola en un estado permanente. Las existencia de problemas no se oculta, pero el liderazgo político –y con él, toda la nación– lleva a cabo su eterna lucha revolucionaria para superarlas. Así, mediante la historia, se construye una utopía en la que se pueda fijar el deseo de unidad, de distinción y de mejora, si bien la puesta en práctica de estos postulados se sitúa en un futuro indefinido. De ahí lo práctico de tal ideología para los grupos en el poder.

A este desarrollo en América Latina se unió un interés internacional. En el contexto del surgimiento de los Estados nacionales y del capitalismo y de una aguda competencia internacional, en el mundo académico europeo se había empezado a explorar la naturaleza de las relaciones de poder. Fue Max Weber quien a inicios del siglo XX formuló algunas definiciones y categorías clásicas al respecto. Según él, toda forma de poder, independientemente de si funciona sólo de forma circunstancial o si se ha transformado en dominación formalizada, debe ser capaz de vencer la oposición. A largo plazo, la dominación depende del disciplinamiento de sus objetos, el cual posibilita que la obediencia sea pronta, automática y sin resistencia o contradicción. Por esto, además del uso de medios de fuerza, el poder siempre procura despertar la fe en su legitimidad. Sólo de esta manera se establece el consenso mínimo entre dominador y dominados, básico para que funcione cualquier dominación.[1] De modo similar pero desde una posición marxista, Antonio Gramsci ha señalado que para establecer y ejercer una forma de dominación no sólo es necesario el control sobre los medios de poder y de producción, sino también sobre el mundo simbólico, es decir, una clase dominante trata de controlar también la reproducción de una ideología que explique y legitime las relaciones sociales y de poder existentes; en palabras de Gramsci, quiere de esta manera establecer una hegemonía. Si una clase subalterna aprueba tal ideología, acepta también su subordinación. Ésta, a la larga, le parece incluso justa y como establecida en su propio bien. La represión exterior se convierte en una autorrepresión (Scott 1985: 307-314, 337), idea que se encuentra formulada de forma parecida, pero con una orientación ideológica diferente y centrada en el individuo y no en las relaciones de clase, por Norbert Elias, el cual vio en la creciente inte-

---

1   Weber (⁵1976 [1922]: 28-29, 122, 681); compárese Breuer (1986: 46-47).

riorización de normas reguladoras un signo central de la creación del individuo moderno, base del Estado nacional y del capitalismo (Elias [22]1998 [1937-1939], especialmente vol. 1).

Estas discusiones no se preocupaban de América Latina. Mas servirían para interpretar los fenómenos observados, cuando el interés europeo y angloamericano en el continente y las formas de resistencia que en él se daban fue despertado debido al desarrollo político. Especialmente en los años sesenta del siglo pasado, la Revolución cubana, las luchas de descolonización en África y la guerra del Vietnam desataron un verdadero *boom* en los estudios sobre los problemas, actuales e históricos, del llamado Tercer Mundo, sus enfrentamientos con las fuerzas coloniales e imperialistas, las estructuras sociales injustas, las formas políticas autoritarias, y todas las expresiones de resistencia que se daban. De esta suerte, se generalizó –y no sólo en círculos marxistas– una creciente crítica al sistema capitalista y al orden internacional, descrito mediante las categorías del imperialismo y de la teoría de la dependencia. América Latina ocupaba en este debate un lugar predominante, al que contribuían de la misma manera la celebridad que habían alcanzado fenómenos como la revolución en Cuba y la guerrilla, así como el alto nivel de las ciencias sociales en muchos países y la infraestructura académica avanzada. Sobre todo la CEPAL, la Comisión Económica para América Latina de la ONU, fundada en 1948, y su primer director, Raúl Prebisch, habían ganado reputación internacional con su interpretación de la situación económica de América Latina como periferia del desarrollo capitalista y con sus programas prácticos de industrialización (Prebisch 1950; Senghaas 1974; Devés Valdés 2000: 291-303). Además, debido al interés nacionalista por construir una historia nacional, ya había en muchas ciudades latinoamericanas institutos de investigación y archivos eficientemente organizados que estaban al servicio de los investigadores que venían de visita del Primer Mundo.

Estos desarrollos ayudaron a perfilar una pronunciada conciencia de los desajustes políticos, sociales y económicos, tanto a nivel nacional como internacional. En ese nuevo momento, las formas de resistencia tanto dentro de las sociedades latinoamericanas como de los países periféricos contra el centro del sistema capitalista no sólo se vieron como justificadas, sino incluso necesarias para superar las negligencias del pasado y alcanzar la unidad nacional y el progreso. Por consiguiente, una parte importante de la investigación se dirigía a ellas. Los éxitos de las políticas de industrialización bajo el signo del cepalismo, en los años cincuenta y sesenta, al menos en los países más grandes, facilitaban a las élites latinoamericanas, que finalmente se veían en la puerta de la modernidad, asumir como elemento identitario con cierto orgullo su posición marginada frente a los centros del capitalismo. La identidad periférica misma se convirtió en categoría de resistencia. El Tercer Mundo –y con él, América Latina– estaba por naturaleza enfrentado al Primer Mundo, así al menos lo querían ver algunos, inclusive varios gobiernos como el de Luis Echeverría en los años setenta del último siglo en México o el régimen de Fidel Castro en Cuba hasta hoy día (Castro 1985; Bieber 1988/89). Tal postura tenía su contraparte dentro de las sociedades nacionales, donde, al menos en cuanto a los miembros de las clases bajas, el aferrarse a una identidad cultural particular se calificó como repulsa al Estado capitalista. La llamada cultura nacional, al contrario, fue vista, por un lado, como producto de un colonialismo e imperialismo nefastos y, por otro, como recurso para imponer un poder injusto en contra de la resistencia permanente de las clases bajas y grupos étnicos autóctonos marginales, portadores de la llamada cultura popular. De esta forma, el conflicto de clases no sólo fue visto como disputa por los medios de producción o por los recursos del poder, sino también por la identidad cultural, lingüística y étnica.[2]

Este panorama empezó a cambiar radicalmente poco después y, por consiguiente, también el modo de ver e interpretar el mundo actual y su historia. El derrumbe del socialismo real provocó un abrupto abandono del análisis marxista y de las utopías profesadas con anterioridad. En América Latina, mientras tanto, la crisis del cepalismo y el retraso con el que se habían realizado reformas políticas y sociales habían desembocado en la crisis de la deuda y en una serie de golpes de Estado a partir de los años setenta del siglo XX. El fin de la guerra fría, a la postre, fue acompañado por un proceso de democratización de la mano con el ascenso de la ideología neoliberal. Las reformas neoliberales intentan enfrentar los retos de la bancarrota de los Estados y de la globalización mediante la privatización, la desregulación

---

2   Una expresión de la perseverancia de tales ideales la tenemos en la COCEI y su discurso étnico-zapoteco, tratado en el presente volumen por Stephan Scheuzger.

de la economía y la apertura de los mercados, definiendo a la vez como pertenecientes a una ideología fallida, arcaica o nostálgica a todos los postulados y categorías que veían con recelo cambios de este tipo. Las sustituyen por el mito del mercado autorregulador que basado en la iniciativa innovadora del empresariado, por su propia dinámica, lleva al progreso material, a la democratización y la justicia social, siempre cuando se le deje obrar libremente. La historia de los malos capitalistas e imperialistas y los buenos pobres y explotados ha sido sustituida por la de los modernizadores, ahora legitimados democráticamente, y sus obstructores. En esta visión del mundo sólo se ha atribuido un lugar a los que son llamados víctimas de la modernización, categoría en la que cabe la compasión, pero que deja claro que estamos tratando con sacrificios inevitables, pues ¿quién, salvo un reaccionario, se va a oponer a la modernidad? Así, los malos y buenos, en medio de un ruido discursivo tremendo y en parte feo, han cambiado posiciones, y parece que hemos regresados al siglo XIX, cuando de la misma manera se aceptaron los daños colaterales como parte integral del progreso evolutivo. Los neoliberales ven en la flexibilización de las relaciones económicas la solución para los problemas existentes y prometen la mejora, a semejanza de los políticos de la revolución institucional, para un futuro seguro, pero lejano. En este marco, casi todas las formas de resistencia colectiva que no tienen como objetivo la conquista de los derechos civiles, como la libertad del voto o de la prensa (los cuales de todas formas, al menos oficialmente, ya son promovidos por la democratización), son consideradas, por obstaculizar los movimientos de los mercados, como atascos en el avance del progreso y no como sus catalizadores, como se pensaba en los tiempos de las luchas de clases y de las revoluciones.

En este contexto se han postrado sensiblemente los estudios de los conflictos sociales en América Latina, sobre todo de sus causas económicas. A raíz del desprestigio en que quedaron las categorías de análisis marxistas después de la caída del socialismo real, algunos nostálgicos –y otros románticos– se han refugiado, depurando su lenguaje de los ingredientes de militancia social, en lo étnico-cultural, donde han encontrado su campo de batalla. Los neozapatistas del poeta y subcomandante Marcos sin duda deben a esto gran parte de su popularidad internacional. En el mundo académico, ciencias como la sociología o la historia social, que reclamaron la vanguardia intelectual durante algunas décadas, ahora se encuentran a la defensiva frente a nuevas corrientes, como el postestructuralismo, el postmodernismo, la historia cotidiana o la microhistoria, en un paisaje científico que se ha vuelto tan pluralista o pluralizado que puede causar confusión. Los temas de moda hoy se sitúan en el ámbito de la cultura, los fenómenos de hibridización, la modernidad o las múltiples modernidades. Ciertamente, esto no excluye un enfoque social, el cual tampoco se ha abandonado del todo. Más bien ha cambiado de forma. De la lucha de clase y del papel del Estado el interés se ha trasladado a la sociedad civil, también como expresión de la progresiva privatización de los esfuerzos para el logro de mejoras sociales, del análisis de las diferencias materiales al estudio de estrategias y símbolos recurridos en las relaciones de poder. Esto debe sorprender porque al mismo tiempo vivimos en un mundo cada vez más gobernado por los intereses económicos y donde los movimientos de la bolsa ocupan un lugar privilegiado y cada vez más amplio en todos los medios.

Este libro, por lo tanto, se hace en un momento difícil, pero talvez apropiado para revisar los modos de enfocar, desde diversas disciplinas, un tema que parece esencial para el análisis de las dinámicas sociales, aunque ha dejado de estar en el centro de atención. Al menos, los editores pensamos que la historia no ha terminado y que las desigualdades materiales, culturales y de interés siguen existiendo y produciendo desequilibrios fuertes entre los diferentes actores sociales.

Una de las ventajas que ofrece la temática de este libro es que, para analizar las relaciones sociales desde cualquier perspectiva, los conflictos y los enfrentamientos son esencialmente sugestivos. En su transcurso se hacen escuchar múltiples voces y se produce una gran variedad de testimonios. Obligan a los actores sociales a quitarse sus máscaras discursivas, a hacer uso de los recursos de poder a su disposición, tanto de represión como de convicción, y a desarrollar nuevos discursos y símbolos (o adaptar los viejos) para legitimar su proceder. De esta suerte, las relaciones de poder revelan su dimensión práctica mostrándose como una interacción entre partes, las cuales no suelen disponer de las mismas armas y por lo tanto hacen uso de diferentes estrategias. La resistencia no sólo es una fuerza reactiva al poder, sino que también encierra su propio protagonismo en el proceso histórico, en el que participa con sus deseos, objetivos y utopías. Las relaciones de poder tampoco implican un rígido antagonismo, sino que conviene situarlas en un campo en que interactúan las más diversas fuerzas para imponer, cuestionar o combatir el poder con medios materiales, discursivos y simbólicos, manifestándose a la vez contradicciones, tanto entre los dominantes como entre los dominados. Esta interacción nunca termina, pues ninguna victoria alcanzada es para siempre ni completa, y una vez terminadas las peleas declaradas, el forcejeo sigue de forma más embozada, valiéndose de variados subterfugios para evitar el conflicto abierto. En un tejido de oposiciones y alianzas, las relaciones de poder se reconstituyen permanentemente. El poder se presenta así menos como una estructura que como un proceso permanente de enfrentamientos, adaptaciones y negociaciones, cuyos resultados en seguida se impugnan, aunque sea sólo silenciosamente. Finalmente las prácticas en que se manifiestan las relaciones de poder y resistencia pueden convertirse en estructuras institucionalizadas y en códigos culturales que reglan el contacto y la comunicación entre grupos, clases y culturas (Watanabe 1999) y afianzan valores en que se fundan la legitimación y los recursos tanto de la dominación como de la resistencia.

La riqueza de fuentes e información que presta el estudio de los conflictos, junto con la percepción generalizada del poder como algo represivo y agravante, no debe, sin embargo, seducir a considerar las relaciones de poder exclusivamente como espacio de opresión y enfrentamientos. El poder no sólo es fuente de conflictos, sino que también es una fuerza integradora (y como tal muchas veces ya no suele ser percibida como poder), ni siquiera está siempre impuesta, sino que sus estructuras se crean o se buscan con frecuencia voluntariamente y en consenso con los subordinados, hasta por su propia iniciativa. En situaciones de disputa abierta, los contrincantes, además de usar todos estrategias de poder muy claras, con frecuencia apelan a poderes externos para que pongan el orden deseado. No sólo hay resistencia contra el poder, sino también una necesidad, y hasta un ansia o un anhelo de su existencia. Si falta un poder efectivo, esto no necesariamente significa una disminución de la represión, sino que produce fenómenos extremadamente explosivos y disgregadores. Ejemplos de la historia reciente de América Latina no faltarían.[3]

---

3   Véase, p.e., el texto sobre Sendero Luminoso de Ulrich Mücke en este libro.

No es necesario repetir aquí lo que los autores de este volumen dirán con más detalles y con diferentes matices en las páginas que siguen. Pero se pueden señalar varios temas que se perfilan como centrales al revisar los textos.

Primeramente, casi todos los textos revelan el carácter ambiguo –o multivectorial como diría Stephan **Scheuzger**– de las relaciones de poder. Con frecuencia, o probablemente por lo general, el enfrentamiento entre poder y resistencia no se realiza en una sola línea de combate, sino en múltiples lugares y niveles. Un remedio para ordenar esta complejidad irritante (y talvez el único practicable) lo ofrece Friedrich **Katz**, quien demuestra que el análisis de un movimiento como la Revolución mexicana a través de los clásicos conceptos de las teorías de la revolución y un discernimiento sagaz de los intereses involucrados no está agotado, siempre y cuando se pueda recurrir a una sólida base empírica fundada en un profundo conocimiento de las fuentes. Pero sobre todo, si se quiere indagar en las prácticas de las relaciones sociales y las estrategias empleadas, se plantean nuevas preguntas y hay que proceder de otras formas, aunque todavía no quede del todo claro a dónde nos lleven.

A veces es difícil distinguir con certeza entre poder y resistencia. Casi todos los actores sociales sufren y ejercen poder a la vez. Así, Ingrid **Kummels** demuestra cómo el mantener en secreto las prácticas de curación por parte de los curanderos rarámuris los amparó de la persecución por parte de las autoridades estatales y eclesiásticas desde la época colonial y, hoy en día, de posibles ataques de la medicina académica. Pero al prevenir que gente no autorizada adquiriera los recelados conocimientos, el secreto también sirve para mantener un monopolio de interpretación de los asuntos religiosos y de salud, tan estrechamente unidos en las sociedades tradicionales, y a reproducir el estatus de los curanderos y la jerarquía interna de la sociedad rarámuri. De esta forma, la presión desde afuera afecta y amenaza a las jerarquías entre los rarámuris, pero al mismo tiempo les presta un argumento para fortalecerse, dado que justifica y legitima el secreto. Además, puede aumentar el prestigio de los atacados (o de las prácticas perseguidas) y crear sistemas de solidaridad en los que se funda una posición social particular y elevada.

Respecto a los grupos feministas en la ciudad de México, Miriam **Lang** muestra cómo en la medida que se convierten en organizaciones estables experimentan también una progresiva jerarquización que reproduce las diferencias sociales existentes. Al final, las mujeres de clase media y alta toman el liderazgo sobre las mujeres que en la vida cotidiana también son sus subalternas y criadas. Ahora bien, cabría la pregunta de si estas mujeres lidian (o han lidiado en un momento) por los intereses de su género o si no (o si no al mismo tiempo) buscan mejorar su posición dentro de su clase, construyéndose un grupo de apoyo y una base legitimadora (las mujeres en búsqueda de su emancipación), pero sin tocar las jerarquías establecidas, un poco como las naciones del siglo XIX, creadas en supuesta comunidad, servían a los intereses de sus líderes. Ciertamente, tales procesos producen su propia mecánica emancipadora, y tarde o temprano tanto los soldados de la patria como las sirvientas reclaman que se les cumplan las grandes promesas hechas en su movilización. De esta forma, la resistencia contribuye a crear o fortalecer relaciones de poder y no sólo a destruirlas, como ingenuamente se podría creer, aunque sea produciendo un mayor grado de apertura y equidad. Las consecuencias de las estrategias empleadas a largo plazo puede que sean bien distintas de las inmediatas.

En la misma dinámica están inscritos los movimientos revolucionarios, lo que Ute **Schüren** analiza para el caso de la reforma agraria cardenista, punto culminante de la Revolución mexicana, en Campeche. El reparto de tierra era casi desde el principio un mecanismo impuesto más que nada desde arriba para fortalecer el poder central de las nuevas élites revolucionarias, aunque el precio fuera reforzar también "la posición de los campesinos y obreros en las relaciones locales de poder. [...] Irónicamente, las estructuras políticas creadas por Lázaro Cárdenas para llevar adelante el agrarismo terminaron siendo utilizadas para proteger las políticas anticampesinas de sus sucesores". Similares pretensiones se perseguían por la vía de la resistencia y mediante las más heterogéneas alianzas durante el ocaso y derrumbe del régimen colonial. Un sector dominante, en contra de potenciales competidores, puede animar y fomentar procesos de resistencia; la resistencia se puede aliar con algún grupo de poder. Así, por ejemplo, en el corregimiento de Carangas, en el Alto Perú, según Concepción **Gavira Márquez**, a finales del siglo XVIII el orden establecido fue amenazado por las reformas borbónicas promovidas por la metrópoli española, lo que provocó un serio descontento entre las élites regionales.

Pero al mismo tiempo esta política favoreció a las clases bajas de la provincia que vivían en una permanente presión por parte de estas élites. La posterior guerra por la independencia lanzada por el sector criollo tenía un fuerte ingrediente conservador, porque no sólo se luchó para librarse del dominio colonial, sino también para asegurar sus privilegios. Conforme a esto, Nikolaus **Böttcher** relata el movimiento independista como un pleito dentro de las capas altas de la sociedad colonial. Sobre todo los comerciantes y terrateniente que lograban organizarse en nuevos consulados, batallaban por redefinir su posición frente a la metrópoli. Pero su lucha al final no tenía el efecto "libertador" propagado, siendo España reemplazada por los poderes extranjeros, sobre todo por los británicos, quienes supieron transformar los movimientos de independencia en su provecho.

Un caso extremo de la instrumentalización de las fuerzas de resistencia lo relata Wolfgang **Gabbert**. En la guerra de Castas de Yucatán los líderes locales organizaron la "resistencia", es decir los asaltos a los mexicanos vecinos, para justificarse en el poder, pues como no disponían de una base económica firme tenían que dar una función y una razón a sus pretensiones de liderazgo. La resistencia en este sentido se presenta como un verdadero contrapoder, basado en una organización jerarquizada, con sus propios intereses y objetivos. El trabajo de Ulrich **Mücke** finalmente relativiza el concepto de la resistencia aún más. Estudia a Sendero Luminoso, movimiento guerrillero peruano. La guerrilla es una de las formas de resistencia de izquierda legendarias de América Latina, pero en su caso, según **Mücke**, no se da el poder fuerte y represivo al que enfrentarse. Sendero Luminoso más bien atacaba a un Estado débil y ausente en la cotidianidad, penetrando un *vacuum* de poder. No era por lo tanto un movimiento de resistencia, aunque así lo alegara, sino más bien una organización agresiva que guerreaba con una brutalidad indiscriminada para erigir su propio poderío y dominio sobre una sociedad prácticamente abandonada por el poder estatal.

Otro matiz presenta el texto de Martha **Zapata Galindo**, que trata de los intelectuales en el México posrevolucionario. Ellos, bajo el régimen del Partido Revolucionario Institucional, dependían de los ingresos que el gobierno les proporcionaba debido al control estatal de los medios de comunicación. Aunque, al menos, desde los años sesenta los intelectuales criticaban cada vez más al Estado que no practicaba los ideales que predicaba, aportaron un sostén a la clase gobernante, reforzando su ideología legitimadora, y esto incluso cuando la atacaban directamente. Pues, a una clase política a la que gustaba ondear la bandera de apertura y democracia le servía como legitimación permitir que se le censurara a veces, sobre todo si las críticas eran más bien generales, abstractas o utópicas. Sólo poco a poco la intelectualidad mexicana ganó más autonomía, en la medida en que en los últimos años se ha pluralizado la llamada sociedad civil y que nacieron medios de comunicación y difusión independientes del control estatal.

Pero aun así sigue siendo cuestionable el carácter de resistencia de este proceder. Como grupo, los intelectuales en todo el Occidente desde los tiempos de la Ilustración se han definido a sí mismos por su espíritu libre y crítico. Para reproducir la razón de ser de su existencia, los intelectuales mexicanos se veían en la delicada situación de tener que morder de vez en cuando la mano que les nutría. Pero no puede sorprender que, salvo loables excepciones, calculaban bien las veces que criticaban, o bien atacaban donde al PRI no le dolía mucho, por ejemplo, a los conquistadores españoles muertos hace 500 años, a la Iglesia católica o a los imperialistas extranjeros. Finalmente debe ponerse completamente en duda si una resistencia intelectual libre a la larga es posible, mientras esta resistencia sea también el medio de ganarse la vida y se convierta en mercancía. Para esto no hace mucha diferencia que el pago y la difusión, es decir la venta del producto "resistencia", dependa del PRI o de un llamado mercado libre.

Así, la resistencia de los intelectuales es, al menos en parte, un discurso autolegitimador. Pero este discurso siempre puede convertirse en argumento de lucha si es retomado por otros actores sociales. Esto señala la compleja relación entre discursos y prácticas. Los discursos del poder y de la resistencia y el poder y la resistencia como discurso son temas constantemente abordados a lo largo del presente libro. Así, Dawid Danilo **Bartelt** muestra el carácter discursivo de todo análisis histórico, sociológico o antropológico y la fuerza que adquiere tal discurso para formar la práctica. En su texto describe cómo la interpretación de un conflicto concreto, sumamente sangriento, emprendido a finales del siglo XIX por el gobierno republicano y liberal del Brasil para someter la reacción "bárbara" del *hinterland* de Bahía, cambia a través del tiempo e incluso se invierte para convertirse en un mito nacional, el del pecado originario de la nación brasileña, que se intenta utilizar tanto para fortalecer el poder como para atacarlo. Así, poder y resistencia, en su nivel discursivo, de esta forma se convierten también en elementos de identidad, desde los cuales las relaciones de poder se argumentan y enfrentan, pero también se enmascaran.

Aunque los otros textos aquí reunidos no lo tematicen siempre, esta faceta discursiva es inherente a muchos de ellos. Así, por ejemplo, la Revolución mexicana, tratada aquí por Friedrich **Katz** desde otro aspecto, durante casi todo el siglo XX constituyó el mito de fundación del México moderno por excelencia, y lo sigue siendo para gran parte de la población, a pesar de que las clases políticas neoliberales se sientan un poco avergonzadas de ello. También las riñas entre vascongados y vicuñas (tratadas por Bernd **Hausberger**), como toda la historia de los vascos en el Nuevo Mundo, sirven hoy en día para fortalecer la identidad vasca, dándole historia y duración, demostrando la supuesta conflictividad que ha vivido su nación ya desde antes en el mundo español, y un episodio del siglo XVII adquiere de esta forma una actualidad política inesperada. No hace falta mencionar en detalle los discursos políticos que instrumentalizan los temas más actuales, como el comportamiento de Estados Unidos frente a América Latina (véase el texto de Thomas **Fischer**), la historia de género (Miriam **Lang**), el posicionamiento de los intelectuales (Martha **Zapata**), el racismo y la lucha antirracista (Sérgio **Costa**) o las atrocidades de Sendero Luminoso (Ulrich **Mücke**), y naturalmente las guerras de independencia (Concepción **Gavira Márquez** y Nikolaus **Böttcher**). En la investigación sobre América Latina talvez el trato que reciben las relaciones de poder se haya ideologizado especialmente y cargado de emoción, debido a la experiencia colonial y los arduos debates sobre imperialismo, dependencia, neoliberalismo y globalización.[4] Pero de una u otra manera, toda producción científica e intelectual está compenetrada con la historia de permanente construcción y desconstrucción de discursos que expliquen la realidad social y puedan legitimar tanto la situación existente como la oposición a las vigentes relaciones de poder y el planteamiento de cambios.

Las relaciones y los conflictos de poder, o la historia y la realidad social en general, por lo tanto, son materia prima para la creación de

---

4   Véanse p.e. Oliva de Coll (1974), Bourgeault et al. (1992) o Gabriel (1997).

discursos, los que después se usan como argumento y arma en otros contextos y circunstancias. El tema de Amos **Megged** es la recreación que hicieron los naturales del valle de Toluca, después de la conquista española, de su pasado frente a la justicia colonial para redifinir su lugar en las nuevas circunstancias, única forma para darle continuidad a su existencia colectiva, en reyerta permanente tanto con los españoles como con sus vecinos indígenas. De esta manera, la memoria de los conflictos del pasado se reproduce y, adaptándose a las necesidades del momento, se transforma en argumento en las relaciones de poder actuales.

Las palabras y símbolos pueden a veces quedarse como único y último recurso en relaciones de poder muy desiguales. En el ámbito internacional, Thomas **Fischer** describe la oposición latinoamericana frente al intervencionismo de Estados Unidos, después de la invasión yanqui de Nicaragua en 1926, sobre todo como controversia discursiva. Tenía un alto contenido moral y contaba con un héroe, Augusto César Sandino, que tuvo suficiente fuerza simbólica para darle nombre a un movimiento revolucionario 50 años después, y que a la vez se encontraba inmerso en una tradición política cuyo primer portavoz reconocido había sido José Martí unos 35 años antes. El auténtico Sandino había luchado para liberar a Nicaragua del predominio estadounidense y también para mejorar la situación de vida dentro de su país, pero, como dice Fischer "queda como irónico el hecho de que si bien el sandinismo sirvió a las élites latinoamericanas para alcanzar progresos en cuanto a la defensa de sus intereses hacia afuera, no dio buenos resultados en cuanto a la mejor representación de las clases bajas en la política interna".

Un tema que se puede señalar por separado en este contexto, porque se observa una marcada tendencia a tratarlo sobre todo como fenómeno discursivo, es la etnicidad. Bernd **Hausberger** intenta demostrar cómo un conflicto adquiere un discurso cada vez más étnico, pero indagando se descubren motivos mucho más materiales, conflictos de clase, para quedarse en la terminología más tradicional, o competencias entre grupos de interés o redes que se forman por las coyunturas del momento. Wolfgang **Gabbert** trata de lo étnico en el contexto de la guerra de Castas en Yucatán y tampoco ve en él el motivo último del conflicto. A través de la historia de la COCEI, un movimiento de resistencia y emancipación supuestamente étnico-zapoteco en el sur de

México, Stephan **Scheuzger** analiza cómo lo étnico se reinterpreta socialmente, como "una cultura del sector desprivilegiado y explotado", inscribiéndose de esta forma en una corriente de investigación académica vigente, por lo menos, desde los años sesenta. Sus seguidores vieron el surgimiento de la COCEI con mucho interés y, a veces, con una mirada casi romántica. Esto se reforzaba aún más por la circunstancia de que en el istmo de Tehuantepec la mujer zapoteca tradicionalmente ha desempeñado un papel social destacado y no faltaron los que veían allí un vestigio del matriarcado. Así, la lucha de la COCEI no sólo podía inscribirse como un movimiento de resistencia campesina e indígena sino también de género, lo que sin duda ha fomentado decididamente su popularidad en los Estados Unidos y en Europa. Pero, como demuestra **Scheuzger**, en vez de una campaña por la conservación de los "valores esencialistas" de una cultura y una identidad marginadas, estamos frente a una compleja secuela de negociaciones de poder entre fuerzas regionales y el gobierno nacional en que la COCEI se refuerza y legitima mediante discursos de resistencia y construcciones identitarias.

En las tres aportaciones no hay lugar para ningún etnorromanticismo. No obstante, siempre parece oportuno no perder de vista que los discursos no lo son todo. No cabe duda que el disciplinamiento, la represión y la resistencia se realizan también en lo cultural y a lo largo de fronteras étnicas, y a veces un poder central se torna extremamente hostil frente a culturas particulares. En este nivel, Claudia **Haake** ubica la guerra de los yaquis contra el gobierno mexicano porfirista. Su identidad étnica servía como punto de cristalización de la resistencia y, por consiguiente, también del ataque de parte del gobierno. Sin embargo, hay que insistir en que la identificación entre etnicidad (o identidad particular) y resistencia no es automática. La etnicidad se desarrolla en contextos muy distintos y puede ser también un mecanismo impulsado por el poder mismo, para crear un sistema de dominación en el que las divisiones económicas y sociales son aseguradas y fortalecidas también por diferencias culturales. Esto ha sido analizado, ya hace algún tiempo, por Michael Hechter (1975) en cuanto a las identidades periféricas en las islas británicas conservadas bajo el dominio inglés hasta hoy en día. Este modelo de la "división cultural de trabajo" *(cultural division of labour)* parece aplicable a la creación de la sociedad de castas de la Hispanoamérica colonial y, por lo tanto, a la formación y conservación de la nación yaqui misma.

En las relaciones de poder no sólo se compite por los accesos a los factores productivos (tierra, capital, trabajo) y las instituciones políticas (Estado), sino que se pelea por la validez de los discursos para ganar el control o la hegemonía sobre el sistema de legitimación y de explicación de la realidad cotidiana y sus contradicciones. No sólo observando la política actual queda patente que en este campo está en ventaja el que mejor controla los imaginarios y los aparatos ideológicos como escuelas, universidades y medios de comunicación (Gruzinski 1988). En esta lucha se definen también lo "justo" y lo "justificado" y se evalúa a los grupos involucrados en la interacción con el poder, sus objetivos y sus recursos. Los vicuñas, por ejemplo, hoy en día no cabe duda que serían denominados terroristas en el lenguaje oficial, al igual que la gente de Hamás o de ETA. Esto nos llevaría a preguntas presuntamente filosóficas, pero finalmente contestadas por la política, es decir, dentro del ámbito del poder, sobre quién tiene el derecho para resistir y qué medios son los lícitos para ello. La resistencia abierta contra un orden establecido en leyes casi necesariamente se puede hacer sólo por medios no oficiales y, por lo tanto, ilegales. De ahí la criminalización de la resistencia. Además, el poder elige las armas y reclama el monopolio para valerse de la fuerza. Para los españoles de la época colonial formaba parte de la guerra regular disparar a los indígenas con arcabuces, pero se les demonizaba si éstos respondían con flechas envenenadas; hay Estados que con todo derecho tienen y producen armas de destrucción masiva y a todos los otros esto les está prohibido por arreglos internacionales. No cabe duda que tal defensa del *status quo* –o como dijimos más arriba, del poder– tiene una función estabilizadora, evita riesgos incalculables y, por lo tanto, es más segura que una libre carrera de armas, que reclama los mismos derechos para todos.

Ciertamente, en el campo de los discursos no hay verdad objetiva, y tampoco los discursos de la resistencia son más "verdaderos" que los discursos del poder. Esto puede concluirse del estudio de Sérgio **Costa** sobre los "antirracismos" en Brasil. La lucha antirracista sigue siendo una tarea fundamental, aunque sumamente complicada y debatida en cuanto a sus objetivos y los medios apropiados para alcanzarlos, para contrarrestar el particularismo del orden social en vías a una sociedad que esté gobernada por normas y valores válidos para todos sus integrantes, como dice el autor. Pero los planteamientos que desarrolla este esfuerzo son correctos sólo y exclusivamente en un contexto de supuestos teóricos y de valores y objetivos aceptados, pero que pueden cambiar en el tiempo (y también se lucha para cambiarlos). Así, el funcionamiento de una sociedad, inclusive el ejercicio del poder, con todas sus normas y la obediencia, se arraiga en el sistema de valores y con esto en la cultura, y en el mismo margen se mueve también la resistencia. En el altercado, por lo tanto, se debaten los valores y sus interpretaciones, diferentes dentro de una misma cultura, entre diferentes culturas o entre culturas oficiales y contraculturas.

En lo que queremos insistir es que tampoco en el nivel discursivo, de la misma forma como ya lo hemos señalado respecto a los hechos, la distinción entre las pretensiones del poder y la resistencia resulta fácil, y esto por varias razones. En primer lugar, la defensa siempre ha tenido mejor reputación que el ataque. Por lo tanto el poder tiende a definir su ejercicio como resistencia. Es decir, si los tepehuanes se levantan contra los españoles dicen querer expulsar a los invasores ilegítimos, mientras que éstos reclaman que sus campañas militares son acciones de defensa contra una agresión al justo orden; para valorar tal argumentación, hay que recordar que a los españoles incluso les fue oficialmente prohibida por Felipe II cualquier guerra ofensiva en las Indias (lo que, claro está, nunca impedía que de ellos partiera la agresión). Este esfuerzo de esconderse tras la legitimación de la autodefensa parece una constante que pasa por toda la historia, de la cual los lectores tendrán en mente ejemplos tanto pasados como muy actuales; y otra constante es que nunca cesan las disputas por encontrar los criterios objetivos para dilucidar de forma clara al atacante del defensor, o entre estratagemas propagandísticas y valores auténticos.

Además, aunque tanto el poder como la resistencia desarrollan su lenguaje de propaganda y de legitimación, en la práctica se nota que los dos discursos, y sus símbolos, entran en diálogo y se mezclan constantemente. Aunque cada parte se defienda con sus propios argumentos, con regularidad se recurre a los del adversario, pues los contrincantes no sólo quieren legitimarse frente a sí mismos, sino que intentan además justificarse ante la contraparte y al mismo tiempo deslegitimarla. Para esto hay que argumentar en los términos de los argumentos y valores de los otros. Una legitimidad aceptable para todos debe encontrarse fundada, al menos en parte, también en el contradiscurso de los dominados. Sólo así un sistema de dominación puede contar con un mínimo consenso que facilite el disciplinamiento y la obediencia. Esto se ilustra con el caso de los encomenderos de Trujillo, descrito por Karoline **Noack**, una clase dominante relativamente nueva y sacudida por sangrientas guerras internas. Recurrían a un discurso que los arraigó en la historia, tanto en la vieja nobleza española como en las estructuras de dominación incaicas, utilizando los símbolos del poder de las dos tradiciones a la vez, "para encontrar un lugar social conocido dentro de un ambiente histórico confuso, nuevo y extraño, donde pensaban cumplir sus aspiraciones que habían motivado su aventura peruana", como dice la autora. Pero también los indígenas aprenden pronto a usar los argumentos y símbolos españoles para sus intereses, como muestra el mismo estudio o el texto de Amos **Megged**.

Según Peter **Fleer,** el recurrir tan intensamente a medios discursivos y la fuerte inversión en el aparato ideológico se debe en última instancia a un problema de costo. El mantenimiento de una relación de dominación basada en la legitimidad siempre es más barato que asegurarlo por la represión. **Fleer** desarrolla un esquema para medir la relación entre represión e ideología, e intenta demostrar por qué una sociedad como la guatemalteca es tan represiva, a pesar del alto costo que esto trae consigo, partiendo de un detallado análisis de los grupos sociales, sus intereses, valores y culturas y los respectivos recursos de que disponen para la contienda social y política. Pero para los grupos dominados y subalternos la situación no es fundamentalmente distinta, siendo la resistencia abierta (la contraparte de la represión abierta) siempre más difícil, arriesgada y cara que sus formas encubiertas y disfrazadas. Así, los portadores de la resistencia con frecuencia presentan sus pretensiones en el marco de la legitimidad oficial y, en vez de retar al poder directamente, tratan de atacarlo con su propio discurso, reinterpretándolo en algunos detalles o tomándolo simplemente al pie de la letra, pidiendo el respeto a los valores predicados y el cumplimiento de las leyes que se han hecho en el pasado.

En conflicto abierto, el uso del lenguaje del poder por los dominados puede cambiar, sin embargo, de índole. Ahora los rebeldes del orden lo retoman para burlarse de él y para destruir las estructuras dominantes en todos sus niveles, matando a las personas, robando o quemando sus recursos y demoliendo sus símbolos, como describe Christophe **Giudicelli** en cuanto al levantamiento de los indios tepehuanes a comienzos del siglo XVII. Eventos como éste demuestran que la acomodación de grupos dominados a las categorías discursivas implantadas por el poder no es prueba de una hegemonía funcional en el sentido de Gramsci, basada en una "conciencia falsa". Los tepehuanes comprendían bien que las palabras de los españoles eran un medio de dominación y, cuando vieron llegada su hora, atacaron los discursos con vehemencia. Si esto es siempre el caso o si la hegemonía puede funcionar en otras situaciones, ciertamente queda abierto.

De hecho, los límites del poder se manifiestan raramente en erupciones de resistencia abierta y represión descarada; normalmente la interacción adopta la forma de condiciones estructurales que no se reconocen como recursos y estrategias de las relaciones de poder a primera vista. En parte se presentan como pertenecientes a la cultura y a la mentalidad. De ahí ha surgido la discusión sobre cómo valorar e interpretar estas formas cotidianas en que se manejan las relaciones de poder, que Hermes **Tovar Pinzón** ha intentado resumir en su texto sobre "la construcción del mundo colonial [...] mediante el enfrentamiento de estrategias de dominación en los diversos campos de la vida cotidiana".

En cuanto al poder se podría destacar el debate sobre el disciplinamiento social a partir del redescubrimiento de los estudios de Norbert Elias y la aparición de las obras de Michel Foucault en los años setenta. Sandra **Carreras** ha tratado un tema casi clásico en la investigación del disciplinamiento: las políticas de salud. Así, nos recuerda que, además de la represión y de la guerra propagandística, el poder también dispone de medios "cotidianos" de socialización para producir cuerpos dóciles, como dijo en su día Foucault ([11]1995 [1975]: 380), a través del dominio sobre la biología del cuerpo (la salud, la sexualidad, el parto); y ya con anterioridad Norbert Elias había descrito cómo las reglas de los modales de tomar la comida o de dónde escupir contribuyeron al control cada vez más completo de las emociones naturales del ser humano, hasta alcanzar su interiorización y así una obediencia automática a muchas exigencias de la vida moderna. Tanto Elias y aún más pronunciadamente Foucault despersonalizaban el poder que impulsa estos fenómenos.[5] El disciplinamiento no es obra de ninguna persona, clase o institución en especial, sino que constituye un proceso en el que participa todo el sistema social para crear los individuos que necesita. Sandra **Carreras** demuestra los logros de esta política en los centros urbanos (mientras que el texto de Ingrid **Kummels**, ya referido más arriba, da indicios de sus límites frente a las culturas indígenas).

No menos se ha escrito sobre la naturaleza de las formas cotidianas de resistencia, sobre todo a raíz de las sugestivas obras de James C. Scott (1985; 1990). Scott pudo descubrir formas y prácticas de resistencia comparando los discursos de las clases subalternas expresados en público, es decir a los ojos del poder, y los que se profesan cuando están entre sí, sintiéndose no observados o cuando se sienten suficientemente fuertes para hacerlo, como lo describe el texto ya referido de Christophe **Giudicelli** para el caso de una rebelión. A Scott se le ha criticado por ver, de forma demasiado generalizada, en la acomodación a la ideología de las clases dominantes una táctica consciente de las clases subalternas para subvertir los planes del poder. Así, la distinción entre estrategias políticas y comportamientos anclados en la cultura y en la mentalidad sigue siendo un tema controvertido. Scott (1985: 327) mismo advierte que una actitud simulada y practicada durante un largo tiempo, también un discurso denigrante oficialmente aceptado, empieza a penetrar los valores, la cultura, la mentalidad o el hábito. La sumisión puede convertirse en código de la *procedural culture*, como John M. Watanabe (1999) llama al sistema cultural de interacción entre dos grupos desiguales, y al negro o al indio finalmente les disgustan su color y sus rasgos y llegan a creerse que al menos en parte se merecen el desprecio que reciben. Fenómenos de esta naturaleza, sin embargo, se presentan al estudiar las relaciones de poder en general. También la resistencia abierta se puede convertir en una "cultura de violencia", perdiéndose la conciencia de los objetivos originales de la lucha. Lo mismo se puede observar de lado del poder. En relaciones de pareja violentas, los golpes a la mujer pueden parecer lo más normal a los portadores de un sistema de valores dado. No todos los poderosos son cínicos e hipócritas, aunque lo sean muchas veces, y con frecuencia creen en la justicia de sus me-

---

5   Véanse Brieler (1998) o Schwerthoff (1998).

dios, y muchos comportamientos los practican con cierto automatismo inconsciente como consecuencia de un proceso de socialización. Finalmente hay momentos en que las clases dominantes, en consecuencia de un persistente discurso subversivo, caen en profundas dudas sobre su rango o sobre la justicia del sistema social, inequívoca señal de crisis del orden establecido.

Así, los recursos de interacción en el campo de las relaciones de poder participan en la formación y construcción de la conciencia y la identidad de los actores sociales. Esto levanta serias dudas sobre la factibilidad de un cambio político de una situación de dominación. ¿Las clases dominantes y los dominados pueden dejar de serlo sólo si la distribución de los medios de poder cambia? Los marxistas ortodoxos hubieran dicho que sí, pero la revolución cultural maoísta arrancó de otro supuesto. Talvez percibía correctamente el problema, pero se entrampó en la misma imposibilidad de forzar con medios políticos, desde la educación hasta la represión sangrienta, el cambio de la cultura. Esto parece sólo un versión radical de lo que invariablemente ha pasado con los programas políticos demasiados ambiciosos. Siempre han cambiado algo, pero nunca lograron los resultados aspirados. Esto debería rehabilitar las formas de resistencia cotidiana, las que a lo mejor no sólo por falta de perspectiva y visión, sino también por un sabio autocontrol (Scott 1990: 136, 213-214) se dan por contentas con formas de mejora momentánea (Scott 1985: 29-33).

— — —

Este volumen es el resultado de un simposio celebrado en Berlín, del 21 al 23 de febrero de 2002. Fueron invitados algunos colegas del extranjero, jóvenes y otros no tanto, reuniéndonos en total 23 personas de siete países. En un principio se planteó formar un foro que representara la nueva generación académica alemana de las ciencias sociales dedicada a América Latina. "Nuevo" en este contexto no significa necesariamente joven, sino más bien que no hemos sido consagrados con la plaza fija, es decir, con una cátedra. Desde entonces, uno de los participantes ha tenido esta suerte; al menos tres se han resignado y se han apartado de la investigación activa; una ha cruzado primero el Atlántico y después el canal de la Mancha para probar suerte (camino igualmente recorrido por una de las participantes no alemanas, pero en orden inverso). Los otros seguimos resistiendo, con o sin empleo; según el lenguaje de nuestros políticos se podría decir, como hierro viejo a la intemperie del tiempo.

El simposio y la publicación de sus ponencias fueron generosamente apoyados por la Fundación Fritz Thyssen (Fritz Thyssen-Stiftung) y por el Instituto Ibero-Americano de Berlín. De esta última institución, Sandra Carreras, también autora de este volumen, nos ayudó de manera muy eficaz en todo lo tocante a la organización. Los editores agradecemos a todos los participantes, exponentes o no, por sus aportes en la discusión. Queremos resaltar la presencia de Friedrich Katz, y un agradecimiento especial debemos a Hermes Tovar, el cual, durante una estancia posterior en Berlín, se ofreció a leer algunos de los textos para ayudarnos en la redacción final del libro.

Ahora algunos aún se preguntarán dónde quedan los buenos, los malos y los feos. El título del libro es una reverencia a Sergio Leone,[6] director de cine, cuyas películas, despreciadas por los intelectuales de su época, ya en los años sesenta redujeron a lo absurdo toda la distinción entre malos y buenos en un mundo materialista donde todos buscan su provecho. En su película más taquillera, tanto el bueno como el malo demuestran conmiseración con los pobres soldados de la guerra civil americana, es decir, hombres que matan y arriesgan su vida por intereses ajenos (aunque la escena del malo haya sido eliminada en la versión que circuló por los cines alemanes); y el feo sólo es más ruidoso que los otros dos tipos completamente impenetrables y acompaña sus acciones y las de los otros con muecas y un palabreo interminable.

Bibliografía

Aguilar, Carlos (1990): *Sergio Leone*. Madrid: Ediciones Cátedra.

Bieber, León (1988/89): "Lucha antiimperialista y unidad latinoamericana. La experiencia revolucionaria castro-guevarista". En: *Homines*, 12/1-2, pp. 258-276.

Bourgeault, Ron et al. (eds.) (1992): *1492-1992: Five Centuries of Imperialism and Resistance*. Winnipeg: Society of Socialist Studies/Fernwood (Society of Socialist Studies, 8).

---

6   "Soy un socialista decepcionado a punto de convertirse al anarquismo. Pero como tengo conciencia, soy un anarquista moderado y no ando por ahí poniendo bombas" (citado en Aguilar 1990: 156).

Breuer, Stefan (1986): "Sozialdisziplinierung. Probleme und Problemverlagerungen eines Konzepts bei Max Weber, Gerhard Oestreich und Michel Foucault". En: Sachsse/Tennstedt (eds.), pp. 45-69.

Brieler, Ulrich (1998): "Foucaults Geschichte". En: *Geschichte und Gesellschaft*, 24/2, pp. 248-282.

Castro, Fidel (1985): *Nuestra lucha es la de América Latina y el Tercer Mundo. Entrevista concedida al periódico "El Día", de México, el 8 de junio de 1985.* La Habana: Oficina de Publicaciones de Estado.

Devés Valdés, Eduardo (2000): *Del Ariel de Rodó a la CEPAL (1900-1950). El pensamiento latinoamericano en el siglo XX. Entre la modernización y la identidad*, vol. 1. Buenos Aires: Editorial Biblos.

Elias, Norbert (1998): *Über den Prozeß der Zivilisation. Soziogenetische und psychogenetische Untersuchungen*, 2 vols. Frankfurt/Main: Suhrkamp (22ª edición revisada y aumentada, 1ª ed. 1937-1939).

Ferreira, María Nazareth (1996): "Identidad y resistencia cultural en América Latina. Algunas consideraciones preliminares". En: *Cuadernos Americanos*, Nueva Época, 10/6, pp. 45-53.

Florescano, Enrique (1997): *Etnia, Estado y nación. Ensayo sobre las identidades colectivas en México.* México: Aguilar.

Foucault, Michel ([11]1995): *Überwachen und Strafen. Die Geburt des Gefängnisses.* Frankfurt/Main: Suhrkamp (Suhrkamp taschenbuch wissenschaft 184) (1ª ed. francesa 1975).

Gabriel, Leo (ed.) (1997): *Die globale Vereinnahmung und der Widerstand Lateinamerikas gegen den Neoliberalismus.* Fankfurt am Main/Wien: Brandes & Apsel.

Gruzinski, Serge (1988): *La colonization de l'imaginaire. Societés indigènes et occidentalisation dans le Mexique espagnol, XVI-XVIII siècle.* Paris: Gallimard.

Hechter, Michael (1975): *Internal Colonialism. The Celtic Fringe in British National Development, 1536-1966.* London: Routledge & Kegan Paul.

Leibner, Gerardo (1999): *El mito del socialismo indígena. Fuentes y contextos peruanos de Mariátegui.* Lima: PUCP.

Maihold, Günther (1988): *José Carlos Mariátegui. Nationales Projekt und Indio-Problem. Zur Entwicklung der indigenistischen Bewegung in Peru.* Frankfurt/Main: Atheneum.

Oliva de Coll, Josefina (1974): *La resistencia indígena ante la conquista.* México: Siglo XXI.

Prebisch, Raúl (1950): *The Economic Development of Latin America and its Principal Problems.* New York: Cepal.

Ramos, Julio (2001): "Hemispheric Domains: 1898 and the Origins of Latinamericanism". En: *Journal of Latin American Cultural Studies*, 10/3, pp. 237-251.

Sachsse, Christoph/Tennstedt, Florian (eds.) (1986): *Soziale Sicherheit und soziale Disziplinierung. Beiträge zur historischen Sozialpolitik.* Frankfurt/Main: Suhrkamp.

Schwerthoff, Gert (1998): "Zivilisationsprozeß und Geschichtswissenschaft. Norbert Elias' Forschungsparadigma in historischer Sicht". En: *Historische Zeitschrift*, 266/3, pp. 561-605.

Scott, James (1985): *Weapons of the Weak: Everyday Forms of Peasant Resistance*. New Haven: Yale University Press.

— (1990): *Domination and the Arts of Resistance. Hidden Transcripts*. New Haven: Yale University Press.

Senghaas, Dieter (ed.) (1974): Peripherer Kapitalismus. Analysen über Abhängigkeit und Unterentwicklung. Frankfurt/Main: Suhrkamp.

Watanabe, John M. (1999): "Getting Over Hegemony and Resistance: Reinstating Culture in the Study of Power Relations Across Difference". En: *European Review of Latin American and Caribbean Studies*, 66, pp. 117-126.

Weber, Max (1976): *Wirtschaft und Gesellschaft. Grundriß der verstehenden Soziologie*, ed. por Johannes Winckelmann. Tübingen: Mohr Siebeck (5ª ed. revisada, 1ª ed. 1922).

I

Resistir para conquistar

Miriam Lang

Feminismo: ¿fuerza subversiva o lubricante para nuevas estructuras de poder? El ejemplo de las estrategias contra la violencia de género en México

Los movimientos de mujeres y feministas del mundo hoy en día actúan en un contexto totalmente diferente al de pocas décadas atrás. Las medidas de liberalización económica que obedecen a la receta neoliberal llevan a un recrudecimiento de las condiciones de vida, especialmente para las mujeres de los países de América Latina. Por otro lado, ciertos asuntos de mujeres y feministas han alcanzado una muy buena difusión a nivel internacional. En México, estos avances se tradujeron sobre todo en una serie de medidas en contra de la violencia hacia las mujeres. Este tema se ha convertido en catalizador de ciertos cambios estructurales y de orientación al interior de las corrientes feministas. Basándose en las políticas mexicanas contra la violencia de género, este artículo se propone hacer un balance y plantear algunos de los nuevos desafíos que enfrentan las feministas de hoy a raíz de las reestructuraciones neoliberales.

México, el país que desde otras partes del planeta ha sido denominado la "cuna del machismo", ha dado grandes pasos en sus políticas dirigidas a las mujeres. En agosto de 2001, el Instituto Nacional de las Mujeres, recién inaugurado el 8 de marzo por el gobierno de Vicente Fox, realizó una consulta de cuatro días, conforme a la cual se quiere diseñar un Programa Nacional de Igualdad de Oportunidades y No Discriminación (Proequidad). Al mismo tiempo, hoy prácticamente ningún partido político puede permitirse el no incluir la equidad entre sus metas programáticas. Estas nuevas políticas hacia la población femenina han sido particularmente productivas en el marco del combate a la violencia de género desde la década de los noventa. En el sector legislativo, en 1991 se amplió debidamente la definición jurídica del delito de violación y su pena y también se tipificó el delito de hostigamiento sexual; en 1996 y 1997, se aprobaron leyes en contra de la violencia intrafamiliar, sancionando también la violación entre cónyuges; en los años 1998, 1999 y 2000, se modificó la legislación familiar, se agilizó el trámite de divorcio y se introdujeron medidas de protección a mujeres maltratadas.[1]

En el mismo periodo, fueron creados en la ciudad de México una serie de entidades públicas para asesorar y apoyar a mujeres con experiencia de violencia. Hoy en día, en la capital existen cuatro agencias del Ministerio Público especializadas en delitos sexuales (AEDS), un centro de terapia para víctimas de violaciones o abuso sexual (CTA), un centro de asesoría en casos de violencia intrafamiliar (CAVI), diez unidades de centrales delegacionales para el mismo propósito (UAVIFs), un lugar de asesoría jurídica para mujeres que son discriminadas u hostigadas en su trabajo, y un albergue adonde mujeres maltratadas pueden refugiarse mientras reorientan sus vidas. Dado que la capital suele dar el ejemplo para los 31 estados de la Federación, éstos poco a poco empiezan a introducir medidas similares.

Al mismo tiempo, la manera en la cual se percibe y se discute la violencia sexista en la opinión pública mexicana ha cambiado profundamente. Por un lado, el tema de la violencia de género, que hasta hace poco nada más servía para nutrir los chismes en la opinión de la mayoría y en las políticas públicas simplemente no existía como tema, forma parte de la agenda política mexicana desde finales de los años ochenta. Por otro lado, por lo menos en grandes sectores de la población urbana, la violencia de género provoca hoy una indignación algo novedosa. Hasta hace pocos años, sobre todo la violencia que se daba al interior de parejas heterosexuales (violaciones inclusivas) y el hostigamiento sexual eran consideradas prácticas cotidianas legítimas y "naturales", por lo cual no eran cuestionadas. Hoy, según una encuesta reciente, más del 70% de las y los habitantes adultas/os de la ciudad de México consideran a la violencia intrafamiliar como el mayor de los "delitos graves" (*La Jornada*, 16 de enero, 2001). Hoy se puede hablar en público de violaciones, que hasta hace poco eran consideradas un delito de honor y podían ser "reparadas" legalmente por una

---

1   El presente artículo representa un resumen de los resultados de mi tesis doctoral en sociología, elaborada entre 1998 y 2001 para la Universidad Libre de Berlín, con dos estancias de investigación en México.

alianza matrimonial entre el violador y su víctima.[2] Una mujer que denuncia públicamente una violación hoy puede estar segura de la solidaridad de, por lo menos, una parte de los medios de comunicación.

Sin duda alguna, las feministas han contribuido mucho a la introducción de estos temas al discurso social y a la formación de una conciencia sobre la ilegitimidad de estas prácticas. No solamente han sido ellas las que desde los años setenta publicaron reiteradamente casos concretos y con ello sensibilizaron a una parte del público, sino que también desarrollaron los conceptos teóricos y hasta jurídicos de qué significa realmente una violación, un maltrato o el hostigamiento sexual.[3] Hasta el día de hoy, los agentes del Estado retoman elementos del discurso feminista –que se considera ahora un discurso de expertas– para justificar sus propias iniciativas en el terreno de la violencia de género.

Las feministas mexicanas, en ningún momento muy numerosas, han sabido aprovechar muy hábilmente muchas oportunidades de acción presentadas en el marco del proceso de reforma política. Han publicado regularmente tanto en revistas propias como en diarios de gran difusión. En casos especialmente espectaculares de violaciones, han organizado campañas públicas de apoyo a las víctimas. También participaron en elecciones, primero negociando con partidos opositores para obtener lugares en sus listas de candidatos/as en 1988 y 1991, y a partir de 1996 conformando unas Agrupaciones Políticas Nacionales, que recientemente habían sido legalizadas. En el Parlamento, forjaron alianzas multipartidarias inéditas entre las diputadas, que actuaron como un *lobby* por la causa de las mujeres y en asiduos procesos de negociación acompañaron ciertas iniciativas de ley hasta su aprobación. También fuera del parlamento se aliaron con varias personalidades de la vida pública, para conformar grupos de presión en torno a

---

2   El delito de estupro preveía la posibilidad del perdón mediante el casamiento del agresor con su víctima hasta enero de 1991.

3   A partir de los años ochenta, los institutos de estudios de género creados sucesivamente en las universidades de la capital han proseguido con la producción de conocimiento acerca de la violencia de género. A menudo son feministas académicas las que trabajan allí.

la violencia de género.[4] Fundaron numerosas organizaciones no gubernamentales –en 1994 existían 97 ONGs que trabajaban temas de
género en México, casi la mitad de ellas en la capital (Tarrés 1996:
12)– y pusieron sus conocimientos a disposición de los gobiernos
(federal y del D.F.), participando en consejos o aceptando cargos públicos.

1. ¿Medidas de modernización desde arriba o logros feministas?

Sin embargo, esta multitud de reformas políticas en el ámbito de la
violencia dirigida a mujeres no puede simplemente considerarse un
logro de las feministas. Más bien hubo una serie de razones que obli-
garon a los gobiernos mexicanos de los últimos sexenios a actuar en la
materia. Por un lado, estaban los convenios y las convenciones internacionales contra la discriminación hacia las mujeres en el marco de
las Naciones Unidas, pero también de la OEA, que México había fir-
mado y que ahora había que cumplir, tanto para ganar prestigio a nivel
internacional como para obtener ciertos créditos.

Por otro lado, desde que Carlos Salinas de Gortari tomó la presidencia en 1988, el país estaba sometido a un proceso acelerado de
modernización, proceso que, entre otras cosas, llevó al Tratado de
Libre Comercio norteamericano y que ahora es proseguido por el gobierno de Vicente Fox. En este contexto, era imperativo reformar algunas leyes sobre asuntos de mujeres cuyos textos y conceptos literalmente databan aún del siglo anterior, es decir, se imponía su adaptación a los valores y las necesidades de la sociedad moderna.

Finalmente, a partir del fraude en las elecciones de 1988, empezó
a presentirse el fin de la era del PRI. El gobierno salinista, para com-
pensar su falta de legitimidad, tuvo que hacer concesiones a varios
grupos de la sociedad, entre otros a la Iglesia católica, que terminó de
legalizar con la reforma constitucional de 1992, y a los pobres del
campo, que se beneficiarían del PRONASOL. Las mujeres, represen-
tadas por las feministas, figuraban también en esta lista. El afán re-
formador del gobierno salinista en materia de violencia de género fue
tan marcado que hasta logró por un tiempo quitarles de las manos la

---

4   El más conocido es el Grupo Plural Pro Víctimas, conformado a principios de
     1990, que hasta fines de la década tuvo un papel importante en todas las reformas
     que concernieron a la violencia de género.

iniciativa a las feministas. A ellas no les quedó más que reaccionar frente a las medidas ya tomadas desde arriba.[5] Esta situación también influyó en el contenido de las intervenciones feministas. Gerardo González, miembro de la destacada ONG feminista COVAC especializada en violencia de género, resume:

> [...] cuando un sector del Estado mexicano estuvo en posibilidad de incorporar al discurso oficial las principales reflexiones provenientes del feminismo, en relación a la violencia de género, la tradición contestataria y de protesta ha [...] quedado sin mucho sustento. [...] Entre 1990 y 1992 no había gran diferencia a nivel discursivo entre las militantes feministas y los funcionarios del Poder Judicial vinculados con los delitos sexuales. Ahora las principales acciones provenían de la esfera pública, tal y como se había demandado por mucho tiempo (González Ascencio 1993: 38-39).

2. Los efectos de las reformas

Con respecto a los efectos materiales que las reformas mencionadas tienen en la vida cotidiana en México, se impone cierta modestia. Dado el *status quo* del sistema judicial mexicano, las reformas legislativas efectuadas probablemente sirvieron más para prestigiar a los respectivos gobiernos que para ayudar a mujeres con experiencias de violencia en lo concreto. Porque, como señalaba una comentarista del diario *Excelsior* en 1997, donde "las leyes quedan tan devaluadas e inútiles como el papel en el que se inscriben", es difícil cambiar la sociedad mediante reformas legislativas (Robles 1997).

De hecho, en México hasta hoy en día no existe seguridad jurídica para mujeres. Tampoco el gobierno perredista de centro-izquierda que entró en funciones a fines del año 1997 en el D.F. logró cambiar las estructuras y los mecanismos de función de los órganos de seguridad y del sistema jurídico de la capital. Por cierto, está aumentando el nivel de conciencia acerca de la falta de un estado de derecho, cuya ausencia constituye un gran obstáculo para llegar a una sociedad más demo-

---

5 Ya antes de que Carlos Salinas de Gortari asumiera su cargo fue entablada la primera cooperación entre algunas feministas y la Secretaría de Protección y Vialidad por la creación del Centro de Orientación y Apoyo a Personas Violadas (COAPEVI). Apenas presidente, Salinas presentó al Parlamento una iniciativa que aumentaba las penales por la violación, entre otros delitos. Por consiguiente, las diputadas mujeres y feministas tuvieron que pelear durante dos años por su iniciativa de ley sobre delitos sexuales, que fue aprobada con modificaciones en 1990 (ver Duarte/González 1994).

crática, pero por ahora la procuración de justicia y el sistema judicial en su conjunto muy a menudo siguen funcionando conforme al sistema tradicional de lealtades masculinas y de clientelismo, donde suele obtener la razón el más poderoso. Por eso, especialmente las mujeres, pero también hombres provenientes de medios desfavorecidos o indígenas, no pueden hacer valer sus derechos individuales garantizados por la ley.[6]

Las entidades públicas instaladas para mujeres con experiencias de violencia a partir de principios de los noventa están muy lejos de responder al problema adecuadamente. Por un lado, sus capacidades son muy insuficientes. Para una zona urbana de alrededor de 20 millones de habitantes, existen cuatro agencias del Ministerio Público, un albergue que puede dar cabida a 75 personas (incluyendo a los niños), un centro de terapia, y un total de once entidades de asesoría para casos de violencia intrafamiliar. Por otro lado, la mayoría de estas instituciones municipales se destaca por una fluctuación muy alta entre los/las empleados/as, por desgaste psicológico y mala remuneración. Muchas veces no hay tiempo ni dinero para formaciones especializadas o cursos de perfeccionamiento profesional en materia de género, así como para supervisiones o terapias de contención emocional, ya que el personal casi siempre está enfrentado con situaciones de crisis.[7] Esto influye tanto en la calidad de los servicios prestados que,

---

6   Galleguillos (1997: 21) constata: "Los juzgados mexicanos son abiertamente partidarios de los sectores dominantes de la sociedad que representa el PRI. En los estados o a nivel regional esta dependencia política del poder judicial es todavía más marcado que a nivel federal. Allí hasta hoy en día son dirigentes locales o caciques los que ejercen un control ilimitado sobre la mayoría de los asuntos locales. Una alianza no oficial de los poderosos a nivel federal y local con la policía y los representantes de la justicia lleva a que políticos y policías puedan actuar impunemente sin ser incomodados por la justicia. De ahí se desprenden numerosas violaciones de derechos humanos en contra de disidentes que se oponen a la cooptación. En la justicia penal se aplican métodos de tortura para obtener confesiones. Además, el sistema judicial está marcado por una corrupción que abarca todos los niveles y por la falta de profesionalidad de sus empleados."

7   El albergue temporal para mujeres maltratadas del DIF-DF representa una excepción positiva a este respecto, ya que cuenta con un plan temático para cursos de perfeccionamiento sobre temas de género, violencia, etc., elaborado por la Subdirección de Apoyo a la Mujer y la Familia del DIF-DF. También las UAVIFs cuentan con supervisiones y terapias de contención emocional, pero según las entrevistas efectuadas por la autora, los supervisores carecen de la especialización

por ejemplo, respecto a las Agencias Especializadas en Delitos Sexuales, tan sólo en 1999 se presentaron 66 quejas ante la Comisión de Derechos Humanos del D.F. Muchas veces, el personal ni siquiera dispone de un manual que establece cómo proceder con la gente que acude. En el caso de las Unidades de Atención a la Violencia Intrafamiliar (UAVIFs), el procedimiento está incluido en la ley, pero allí, según informaciones oficiales, hasta mayo de 2000 un 70% de las parejas que se habían sometido al procedimiento de conciliación establecido habían vuelto a recurrir a la violencia.[8]

Son entonces los cambios que a primera vista parecen los menos llamativos los que acaso tengan los mayores efectos. Se trata de aquellos producidos en los discursos oficiales y que operan en un nivel simbólico. En el plan simbólico, también la nueva legislación tiene sus efectos a largo plazo, en cuanto discurso normativo. Hoy en día, las mujeres ya no son consideradas por la ley, como hasta hace pocos años, como meros receptáculos de la moral social y de la tradición. Los requisitos de castidad de tinte católico desaparecieron por lo menos de la legislación del D.F. Por medio de la sanción explícita a la violación conyugal, por primera vez se concedió a las mujeres un derecho a la autodeterminación sexual. La prohibición del hostigamiento también subraya –a pesar de su aparente impracticabilidad jurídica, ya que hasta mayo de 2000 no había resultado exitosa ninguna demanda en este campo– que las mujeres son sujetos con voluntad propia que debe respetarse. También empieza a desaparecer de los textos la subordinación de los intereses de mujeres a los intereses familiares, a pesar de que en algunos escritos contra la violencia intrafamiliar todavía prevalece la protección de la institución familiar ante los derechos individuales y la integridad de las mujeres.[9]

En un discurso nacionalista transformado a lo largo de la modernización y de la liberalización económica, en general, se le da menos importancia a la familia como pilar homogeneizador de la identidad

---

necesaria. El otro extremo lo representan las AEDS, donde las empleadas parecen estar completamente desatendidas por sus superiores.

8   Entrevista de la autora con Adriana Carmona de la Dirección de Prevención de la Violencia Intrafamiliar, del 14 de abril de 2000.

9   Este es el caso, por ejemplo, de la ley (administrativa) de asistencia y prevención de la violencia intrafamiliar, votada en 1996 y reformada varias veces desde entonces.

nacional que durante los grandes tiempos del PRI. Hoy, la familia ya
no es considerada una escuela de virtudes, idealizada, siempre solidaria y cohesionada por una figura materna mitificada. En lugar de una
familia patriarcal que define la norma, se constata que existen diversas
formas de familias. En algunos textos oficiales, las familias son des-
critas sólo como entidades pragmáticas de convivencia social donde
pueden existir intereses divergentes, que debieran negociarse en procesos en los que impere la igualdad (*Violencia* 1999). Dado este concepto de familia reformado, hoy en día se pueden abordar y problema-
tizar públicamente las relaciones de poder que permean esta institución y la violencia que se ejerce en su seno.

En la nueva dicción del ejecutivo aparecen muchos elementos del
pensamiento feminista. La discriminación de hecho de las mujeres no
solamente se está tomando en cuenta y se cuantifica en estadísticas
que distinguen los géneros. Tampoco se reduce a factores biológicos o
a la "pasividad femenina", sino que se remite a un sistema cultural de
atribuciones e inscripciones que es identificado como injusto y modi-
ficable. En las publicaciones del PRD a partir de 1997, por primera
vez también los hombres y la construcción de masculinidades entraron
en la mira del debate oficial, con lo que lo masculino ya no sirve como
norma incuestionable de lo humano. Los textos de los gobiernos priísta y perredista de fines de los años noventa ya no se dirigen a las mujeres solamente en su función de madres y esposas, sino que las inter-
pelan como trabajadoras, profesionales, ciudadanas votantes e individuos. Además, se pueden denotar las primeras tendencias de respeto a
la pluralidad de las realidades de vida de mujeres, ya no reduciéndolas
sistemáticamente mediante el singular *la mujer* a su pertenencia genérica. Esto demuestra la existencia de una nueva perspectiva, en la que
las mujeres son percibidas como personas y ya no como función impersonal en la sociedad.[10]

---

10 Decía Octavio Paz (1959: 32-33) en *El laberinto de la soledad*: "En un mundo
hecho a la imagen de los hombres, la mujer es sólo un reflejo de la voluntad y
querer masculinos. Pasiva, se convierte en diosa, amada, ser que encarna los elementos estables y antiguos del universo: la tierra, madre y virgen; activa, es
siempre función, medio, canal. [...] La mujer encarna la voluntad de la vida, que
es por esencia impersonal, y en este hecho radica su imposibilidad de tener una
vida personal. Ser ella misma, dueña de su deseo, su pasión o su capricho, es ser
infiel a sí misma. [...] Manifestación indiferenciada de la vida, es el canal del ape-
tito cósmico. En este sentido, no tiene deseos propios."

Pero también a nivel discursivo hay que señalar que los textos analizados aquí en su gran mayoría son de escasa difusión, discursos de especialistas que difícilmente llegan más allá de círculos institucionales. Esto, entre otros, factores se debe a que las nuevas entidades públicas no se dirigen al público con material propagandístico debido a la saturación permanente de sus servicios. Sin embargo, recientemente se empezó a reformar la imagen de los géneros trasmitida en los libros de texto gratuitos, y desde fines de los noventas empiezan a darse puntualmente campañas de prevención a la violencia de género, en afiches o también en televisión. Ésta, probablemente a largo plazo, sea la vía con mayores perspectivas de éxito en la lucha contra la violencia sexista.

3. Aportaciones de las nuevas políticas al Estado

A pesar de que entretanto la era del PRI parece haber llegado a su fin, por lo menos para la administración de Carlos Salinas todavía funcionó el cálculo de mejorar la imagen pública del gobierno mediante medidas populistas, entre otras contra crímenes considerados tan infames como los delitos sexuales. También Ernesto Zedillo pudo lucirse como modernizador a través de sus reformas en contra de la violencia intrafamiliar, que sucedieron en un momento cuando la institución familiar ya estaba en la mira del debate, después de la Conferencia Mundial de las Mujeres en Pekín y por estudios que habían llevado a cabo algunas ONGs mediante financiamientos internacionales (Duarte 1995). Pero una vez obtenido el efecto propagandístico, el interés que las élites del poder le daban a las entidades públicas nuevamente creadas contra la violencia de género, o a una aplicación eficaz de la nueva legislación, se esfumó rápidamente. Hasta el gobierno perredista de la capital, que podría parecer el más comprometido con la causa, concedió solamente un estatus institucional muy precario a sus entidades de asesoría contra la violencia intrafamiliar, lo que las colocó en una dependencia continua de la voluntad política de administraciones futuras. Esta precariedad también se expresa en los presupuestos. Casi todas las nuevas entidades del D.F. dependen de otras secretarías o de las delegaciones que deben liberar una parte de su presupuesto –si así lo quieren– para su funcionamiento.

Más allá del efecto de legitimación del poder, las reformas en materia de violencia de género aportaron otros beneficios al Estado mexicano. No solamente cumplió con sus compromisos internacionales, sino que en el marco latinoamericano adquirió una posición de vanguardia. A partir de 1997, funcionarios de varios países de América Central fueron capacitados en atención a víctimas por expertos/as mexicanos/as (*La Jornada*, 9 de enero, 2001).

Hoy en día, la legislación en la capital mexicana corresponde en gran parte al patrón occidental de modernidad. La legislación familiar facilita el ejercer un trabajo fuera de casa por parte de las mujeres y por lo tanto su inserción en el mercado, por lo menos hasta los años noventa, en algunos estados los esposos todavía tenían el derecho de prohibirle trabajar a "su" mujer. En la capital, en primavera de 2000, se reformó la prohibición del aborto durante la administración de Rosario Robles. Fueron introducidas como nuevas causas permitidas la médica (que implica un riesgo de salud para la madre) y la eugenésica (que implica deformaciones genéticas del feto). Desde el punto de vista estatal, esta reforma sobre todo promete reducir los gastos en el sistema de salud,[11] mientras la causal social (que toma en cuenta la situación económica de la madre), la más importante para un gran número de mujeres, quedó pendiente.

La nueva legislación en materia de delitos sexuales introducida a principios de los años noventa también hizo posible nuevas políticas de seguridad pública, que dieron al Estado amplios poderes en la lucha contra el crimen organizado y para un combate a la delincuencia basado en la prevención. Para Luis González Placencia (2000: 87-98), en este nuevo concepto de seguridad pública, "el interés por la seguridad se vincula de forma más contundente con la llamada 'razón de Estado'", y equiparando seguridad con seguridad pública, se extienden "las potestades coercitivas del Estado con el pretexto de la seguridad". Esta ampliación del poder de control y punitivo del Estado significa

---

11 Entre las feministas alemanas, la cause eugenésica, que también en su país es contemplada por la ley, es muy controvertida. Una parte de ellas afirma que esta legislación discrimina a la población discapacitada, ya que implica que "no vale la pena" vivir con alguna anormalidad genética. Además, se argumenta que el control médico de la "normalidad" del embrión no es éticamente justificable, ya que abre las puertas a la selección de seres humanos antes del nacimiento, según criterios de "perfección" establecidos socialmente y por el mercado.

un obstáculo en el camino hacia una sociedad verdaderamente democrática y tiene pocas probabilidades de mejorar la seguridad individual
de los ciudadanos y menos de las ciudadanas. En la práctica, fueron
capitalizados y reforzados retóricamente sentimientos justificados de
inseguridad ciudadana, para atribuir más poderes precisamente a los
cuerpos policíacos, quienes a pesar de que su "ocupación supone la
protección ante las posibles agresiones que sufren los ciudadanos",
conforman un ámbito de machismo exacerbado en el cual se cometen
muchas violaciones y agresiones sexuales. Como constató Marcela
Lagarde (1997: 290): "Los agresores se amparan en estos casos [...] en
el uniforme, en las armas ya que ostentan pistolas, en las patrullas [...]
y desde luego, en la protección que reciben de la corporación que
oculta al delito y protege al agresor."

En la era del neoliberalismo, semejante aumento del poder de control estatal significa una ventaja en la competencia por inversiones
extranjeras, ya que, por medio de la garantía de estabilidad que implica, mejora el clima de inversiones (González Placencia 2000: 89-92).
En lo concreto, el entonces procurador del D.F., Ignacio Morales Lechuga, uno de los mayores aliados de las feministas en la lucha contra
violaciones y abusos sexuales, actuó al mismo tiempo como ideólogo
de estas nuevas políticas de seguridad pública para México que han
sido implementadas a partir de mediados de los años noventa.[12] También hay que notar el hecho de que las primeras entidades para mujeres golpeadas o violadas, creadas en el sexenio de Salinas entre 1989 y
1991, fueron ubicadas precisamente dentro del aparato de la PGJDF,
en el marco de una política que buscaba mejorar la imagen pública
gravemente dañada de los órganos de seguridad y de procuración de
justicia mediante medidas que demostraran más cercanía al ciudadano.
La entonces asesora del procurador capitalino, María de la Luz Lima
Malvido, decía con respecto a la creación de la primera AEDS:

---

12 Morales Lechuga, en 1989, diseñó un proyecto de ley contra la "delincuencia
    organizada" (noción entonces nueva en el discurso) que fue criticado en su mo-
    mento, pero cuyo contenido se realizó algunos años más tarde en el marco de la
    reforma constitucional de 1996. Se trata de medidas de contenido antidemocrá-
    tico, como la inversión de la carga de prueba en ciertos casos, la posibilidad de
    concesiones como premio o la cooperación con la policía y la posibilidad de in-
    tervención de comunicaciones privadas (González Placencia 2000: 92-94).

Este modelo pretendía dar respuesta a las innumerables peticiones de cambio e indignación social contra instancias encargadas de procurar justicia, buscando fundamentalmente realizar cambios drásticos en las prácticas institucionales vejatorias e insuficientes frente a las víctimas de estos delitos (Lima Malvido 1991: 348).

Por un lado, es muy entendible que la promesa de modernidad, en cuya realización apoyaron con mucho gusto a las administraciones de Carlos Salinas y Ernesto Zedillo, haya atraído a las feministas. Porque el discurso hegemónico mexicano acerca del género siempre ha asignado a las mujeres el papel de cuidadoras y portadoras de valores y tradiciones, que ya de por sí eran profundamente patriarcales y reducían radicalmente el posible campo de acción femenino. Si tradición significaba relaciones sociales patriarcales y además un papel conservador para las mujeres, cualquier modernización debía parecerles deseable a las feministas, porque prometía liberar a las mujeres de aquel corsé.

Por otro lado, la modernización del sistema político en México en el mejor de los casos se está desarrollando en el marco de cierto modelo de democracia representativa, que ya está instalado en otros países latinos como Chile o Argentina, y que Lucy Taylor (1997) ha denominado "democracia neoliberal" por su funcionalidad para la economía neoliberal. Por lo menos a partir de la entrada en la zona de libre comercio norteamericana que promovió el gobierno salinista, México se ha encaminado hacia ese rumbo. Roderic Ai Camp (1996: 224) ha explicado que la "democratización" bajo Salinas más bien ha sido una adaptación desde arriba de las relaciones políticas a procesos de descentralización económicos mucho más importantes. Para poder llevar a cabo estas reformas, Salinas concentró aún más el poder político en el ejecutivo y la presidencia de lo que ya estaba anteriormente, un proceso que más bien tuvo el efecto contrario a una democratización.

4. Cambios estructurales dentro de las corrientes feministas

La funcionalidad de medidas contra la violencia dirigida a mujeres para ciertos intereses de poder ha sido muy poco discutida entre feministas hasta ahora.[13] Eso se explica entre otras cosas por los cambios estructurales profundos a los que el mismo paisaje feminista fue sometido durante el periodo de reformas en violencia de género, factor que también influyó en el contenido y en la dirección que tomaron las intervenciones feministas.

El ambiente feminista de México, que en los años setenta aún representaba un sector social marginado de la sociedad y mínimamente organizado, donde se experimentaban nuevas formas de acción e interacción, hoy en día se encuentra completamente institucionalizado, formalizado y goza del reconocimiento de los sectores de la política oficial. Los pequeños grupos feministas de entonces se han transformado en un conglomerado de organizaciones no gubernamentales que se juntan entre ellas para conformar redes y consorcios, con el objetivo de acumular más financiamiento y un mayor peso político. Las integrantes de las ONGs de hoy han convertido al feminismo en profesión y se alejaron de la idea de un feminismo como movimiento social de protesta. A mediados de los años noventa, 60% de las mujeres activas en ONGs feministas recibían un salario; mientras tanto, este porcentaje habrá probablemente aumentado. Sin embargo, únicamente aquellas mujeres que tenían cierto nivel educativo y cierto capital cultural pudieron satisfacer las exigencias de las financiadoras. Por ello, la perspectiva profesional fuera del mercado de trabajo tradicional y de autorrealización que ofrecen las ONGs únicamente es válida para mujeres especialmente educadas y de las clases media y alta (Tarrés 1996).

Este proceso de concentración y de profesionalización a nivel de organizaciones feministas está acompañado en el ámbito personal por un proceso similar, en el transcurso del cual una pequeña élite de mujeres –no necesariamente homogénea políticamente– está acumulando una influencia cada vez mayor. Esto es, entre otras cosas, una consecuencia de las estructuras jerárquicas dentro de las ONGs mexicanas, que en su gran mayoría están construidas alrededor de una persona

---

13 En México, *Debate feminista* organizó y publicó algunas discusiones sobre temas estratégicos, pero no respecto a la violencia. Véase, por ejemplo, el debate acerca de las posibilidades electorales para feministas en el n° 4, año 2, de esta revista (septiembre, 1991), así como también el dedicado a las consecuencias del financiamiento externo para el trabajo de ONGs feministas en *Debate feminista*, año 6, Vol. 12, octubre, 1995 (también Tarrés 1993).

líder, según el principio tradicional del caudillismo. Estas líderes feministas tienden a concentrarse en tareas de cabildeo o *lobby* dentro
de los aparatos político y administrativo en los últimos años, mientras
los servicios que ofrecen sus "seguidoras" a mujeres "clientas" dentro
de sus organizaciones meramente les sirven de legitimación. Además,
mediante la conformación de redes y consorcios de ONGs, se han
creado posibilidades de acumular funciones, así que hoy en día son
aproximadamente tres docenas de mujeres las que determinan y representan "la política feminista" en México –o por lo menos lo que de
ella se nota en la opinión pública–, negociando entre ellas y con los
partidos políticos los objetivos a alcanzar.

Por un lado, estas mujeres trabajan de manera muy eficiente y sus
éxitos en un plan simbólico benefician a muchas mexicanas, sobre
todo en el contexto urbano, como se describió más arriba. Por otro
lado, para llegar a estos resultados, ellas se han tenido que adaptar
fuertemente a la cultura política priísta y seguir las reglas del juego.
Además, en los hechos sólo representan a una parte muy pequeña,
muy homogénea en su composición de la población femenina de
México. Como en las primeras horas de los grupos feministas, se trata
nuevamente de forma casi exclusiva de mujeres mestizas y blancas,
eruditas, miembras de las clases media y alta urbanas. Un control democrático o una legitimación de las actividades de este grupo de presión feminista desde la "base" se ha vuelto muy difícil a causa de las
estructuras que se desarrollaron. Más bien, "el feminismo" como tal
en México tiende a ser asociado públicamente con estas personas, sus
formas de hacer la política y las metas que ellas determinan.

Esta homogeneidad social de las élites feministas también tiene
sus consecuencias para los análisis que ellas elaboran. Muchas veces,
las relaciones de género no son entendidas como sólo una entre muchas relaciones de dominación contra las que hay que luchar, sino que
las mujeres, bajo el lema del liderazgo femenino, sólo aspiran a construir un poder femenino en la mayor cantidad de ámbitos posibles.[14]
Muchas organizaciones feministas, que a principios de los años ochenta todavía se orientaban según las corrientes ideológicas del marxismo
y buscaban alianzas con otros grupos de izquierda, se han alejado de
aquellas raíces desde hace mucho tiempo. La clase y la "raza" como

---

14   Para una evaluación positiva de estas políticas, ver Riquer Fernández (1997).

categorías de exclusión social en la mayoría de los casos ni son incluidas en el análisis ni son tomadas en cuenta en el trabajo de militancia política, a pesar de que en una sociedad tan segmentada como la mexicana su peso es fundamental. Mujeres provenientes de clases desfavorecidas, que en los años setenta todavía eran consideradas por muchas feministas como aliadas que había que reclutar para la lucha común, hoy en día quedan excluidas de la participación activa en las ONGs, dado que éstas están altamente especializadas, ya sea solamente por los requerimientos de calificación formal. Sobre todo quedan fuera las mujeres indígenas, cuya situación especial es tomada en cuenta por muy pocas ONGs feministas, aun después del momento de sorpresa originado por la ley revolucionaria de mujeres publicada por el EZLN en 1994.[15] Es decir, los éxitos de las feministas mexicanas, que se deben a la voluntad muy entendible de cambiar las relaciones sociales en el aquí y ahora para las mujeres, tienen una segunda cara: la exclusión de mujeres indígenas, pobres o de bajo nivel educativo de la concepción de objetivos de la lucha feminista, la pérdida casi completa de la capacidad de movilización social y el alejamiento acelerado del objetivo político de cambiar el sistema patriarcal en su totalidad.

Hay que constatar que estas estructuras también se promueven por medio de las exigencias de las financiadoras situadas en los países industrializados, que exigen responsabilidades claras. Además, cabe preguntarse por las alternativas. Internacionalmente, la conformación de las ONGs se ha vuelto casi la única manera aceptada y algo prometedora de articular intereses colectivos, más allá de las formas organizativas tradicionales que proporcionan los partidos políticos o los sindicatos. Esto implica que grupos de base o movimientos sociales que no quieren o no pueden conformar ONGs se vuelven prácticamente invisibles socialmente, porque no pueden competir con la presencia discursiva de aquellas ONGs que reciben financiamiento y se profesionalizan incluso en sus estrategias de mercadotecnia.

---

15 Una excepción notable es la ONG K'inal Antzetik, donde mujeres indígenas están reunidas en un proceso colectivo de articulación de intereses desde hace muchos años.

5. Feministas autónomas e institucionales

Esta última consideración también se aplica a un grupo de feministas mexicanas que articularon una posición minoritaria a partir de mediados de los años noventa. La escisión, que poco tiempo después se repitió a nivel latinoamericano, en México se efectuó en el marco del proceso preparatorio a la conferencia mundial de Pekín. La minoría en cuestión, que se autodenomina *feministas autónomas*, se negó a las tentaciones de la *realpolitik* y formuló su rechazo a la colaboración con entidades públicas. Ximena Bedregal y Rosa Rojas, dos representantes de esta corriente, criticaron la prioridad de la mayoría de las ONGs sobre la participación en la conferencia de Pekín en el suplemento *Doble jornada*. Preguntan:

> ¿No significa esto la aceptación de que hay un único e incuestionable modelo socioeconómico: el patriarcal neoliberal a cuyas instancias hay que incorporarse para corregirlo, retocarlo y salvarlo con la sola inclusión de algunas demandas de las mujeres, aunque el mundo siga siendo ajeno para ellas? [...] A esto se suma que, mientras los recursos para todos los procesos locales escasean y muchos grupos y organizaciones no gubernamentales mueren de inanición por ello, todos los fondos están destinados a solventar las conferencias preparatorias [...].

Además, critican que mediante la elevación de las ONGs al rango de representantes de "las mujeres" del continente por medio de las políticas de *lobby*, se deja sin representación legítima a un movimiento diverso donde la gran mayoría ni trabaja ni pertenece a las ONGs (Bedregal/Rojas 1995: 7). Las autónomas quieren llevar un debate acerca de los fundamentos éticos del feminismo –por ejemplo, en relación al financiamiento de proyectos feministas por el FMI o el Banco Mundial– y quieren volver a hacer del feminismo un movimiento que se construye en la práctica social y que cuestiona al Estado y a sus instituciones, no por medio de "una lista de demandas, sino [en] el proceso crítico de repensar el mundo, la realidad y la cultura" (García/García et al. 1997).

En cambio, la mayoría de las feministas conocidas se quedaron enredadas profundamente en las obligaciones de la *realpolitik*. En este contexto, algunas también han retomado argumentaciones que sirven más a los intereses del mercado o del Estado que a las mujeres. Por ejemplo, Patricia Duarte, de la asociación COVAC, en un texto de 1996, argumenta los "costos sociales" que genera la violencia de género mediante "la baja de productividad, los días de trabajo perdidos por enfermedad y vergüenza [...]", asumiendo una posición puramente economista en referencia al problema (Duarte 1996: 193). Enoé Uranga, miembro de la Agrupación Política Feminista Diversa y hoy en día presidenta de la Comisión de Derechos Humanos de la ARDF, en 2000, afirmó en un texto que "el equilibrio de las principales variables macroeconómicas" así como "el combate con éxito de la corrupción, la violencia y la falta de seguridad pública" son los elementos centrales de la sociedad a la que Diversa aspira (Uranga 1999). Algunas feministas mexicanas después de la conferencia de Pekín se sumaron a una campaña internacional denominada "El Banco Mundial en la mira de las mujeres", que se propone ser una fuerza de la sociedad civil que vigile el uso de los fondos repartidos por el Banco Mundial y por ello busca el acceso a sus gremios (*Doble jornada,* 3 de noviembre de 1997; Fontenla/Bellotti 1998: 48).

Ante este panorama, las contradicciones que separan a las *autónomas* de las llamadas feministas *institucionales* se han endurecido. Las *autónomas* reprochan a la corriente mayoritaria de haber impuesto

su perspectiva de poder, negociación e incidencia en el sistema y de instalación a fondo de la negociación con las instancias gubernamentales y supragubernamentales, usando para esto todo el poder de los recursos obtenidos con el trabajo del conjunto [...] aislando y descalificando con toda la fuerza de este poder a toda voz disidente y crítica (utopistas, feministas de lo imposible, sesenteras trasnochadas, desconocedoras de la realidad, esencialistas, y hasta de ignorantes por extranjeras [...]) (García/García et al. 1997: 6-7).

6. ¿El actuar feminista puede llegar a fomentar la dominación neoliberal?

Mientras una parte de las feministas de México, en el afán de cambiar lo más pragmáticamente posible las condiciones muchas veces insoportables en las que viven las mujeres en el aquí y el ahora, se han acercado mucho a los modos de pensar y actuar que hoy son hegemónicos a nivel mundial y miran con benevolencia al modelo neoliberal, que les ofrece a ellas, en cuanto clasemedieras eruditas, una participación plena y un ascenso social, la otra parte está pagando su intransigencia con una marginalidad política que casi no les permite intervenciones prácticas.[16]

Una de las constantes de las políticas feministas siempre ha sido el fortalecer la autoestima y las competencias de mujeres en todos los ámbitos de la práctica social. Lo que anteriormente se hacía en pequeños grupos informales, hoy en día está profesionalizado y es transmitido por ONGs especializadas a mujeres "clientas". El objetivo es el "empoderamiento" *(empowerment)* de mujeres, en el sentido de fomentar su acceso a recursos y sus posibilidades de decisión y realización en todos los ámbitos de la sociedad (individual, jurídico, social, político, cultural y económico) (Wichterich 1994).

Sin embargo, el significado del término "empoderamiento", que originalmente tenía como objetivo la transformación de las relaciones de género en su conjunto, hoy en día se encuentra reducido a sus aspectos económicos. Mientras mujeres de clases medias son crecientemente aceptadas como individuos y sujetos de derecho, las clientas de las ONGs feministas provenientes de las clases desfavorecidas nada más se capacitan para que aprendan a brindar servicios gratuitos a sus familias y a su comunidad. El aprendizaje de ciertas posibilidades de acción se entreteje con la exigencia de que las mujeres aporten estos nuevos conocimientos al mercado, de la forma más lucrativa posible, y conforme al paradigma empresarial. No se fomentan en cambio procesos de autoorganización colectiva, en los cuales las mujeres pobres puedan desarrollar y reivindicar sus propios objetivos sociopolíticos. Más bien, el combate a la pobreza se privatiza mediante la creación de microempresas en el sector informal.

Los conceptos de emancipación feministas hoy en día no conforman automáticamente un foco de resistencia a las formas de dominación hegemónicas neoliberales, sino que, al contrario, pueden contribuir a su aceptación y consagración. Hasta ahora, no se ha llevado a

---

16 Las *autónomas* postulan una posición social completamente fuera de todas las estructuras de poder. Una conocida representante chilena de esta corriente, Margarita Pisano, por ejemplo afirma: "yo me sitúo fuera del sistema" (*Triple jornada*, no. 36, agosto de 2001). Las *autónomas* no toman en cuenta que tal "afuera" no puede existir, ya que todo sujeto se constituye a través de los efectos sociales del poder. Ellas parten del concepto de sujeto "soberano" de la Ilustración, que ha sido criticado y desconstruido por la teoría feminista.

cabo una valoración crítica de estos efectos entre feministas, a pesar de que esto es urgente, y no solamente en México.

Bibliografía

Bedregal, Ximena/Rojas, Rosa (1995): "¿Estará en China la cumbre de nuestros sueños?" En: *Doble Jornada*, 3 de julio, p. 7.

Camp, Roderic Ai (1996): *Politics in Mexico*. Oxford: Oxford University Press.

Duarte, Patricia (ed.) (1995): *Encuesta de opinión pública sobre la incidencia de la violencia en la familia*. México: United Nations Population Fund/COVAC/Procuraduría General de Justicia del Distrito Federal.

— (1996): "Violencia contra la mujer, obstáculo para el desarollo y la democracia". En: Duarte/González (eds.), pp. 191-198.

Duarte, Patricia/González, Gerardo (1994): *La lucha contra la violencia de género en México. De Nairobi a Beijing 1985-1995*. México: Asociación Mexicana contra la Violencia hacia las Mujeres.

Duarte, Patricia/González, Gerardo (eds.) (1996): *La violencia de género en México, un obstáculo para la democracia y el desarollo*. México: UAM-Azcapotzalco.

Fontenla, Marta/Bellotti, Magui (1998): "El modelo neoliberal". En: *La correa feminista*, 18, pp. 46-52.

Galleguillos, Nibaldo H. (1997): "Checks and Balances in New Democracies: The Role of the Judiciary in the Chilean and Mexican Transitions: A Comparative Analysis". Ponencia en el XX Congreso Internacional de la Latin American Studies Association, 17 a 19 de abril, Guadalajara (manuscrito inédito).

García, Margarita/García, María Elena et al. (1997): *Propuestas, voces y miradas. Información desde la autonomía sobre el VII Encuentro Feminista Latinoamericano y del Caribe*. México: Taller Editorial La Correa Feminista.

González Ascencio, Gerardo (1993): "Sociedad civil organizada y poder parlamentario: Un binomio posible en el caso de la reforma a los delitos sexuales". En: *Alegatos*, 25/26, pp. 33-40.

González Placencia, Luis (2000): "La concepción sistémica de la seguridad pública en México". En: *Nueva Sociedad*, 167, pp. 87-98.

Lagarde, Marcela (1997): *Los cautiverios de las mujeres: madresposas, monjas, presas, putas y locas*. México: UNAM.

Lang, Miriam (1999): "Die urbane Frauenbewegung in Mexiko. Interventionen gegen sexistische Gewalt". En: *Freiburger Frauenstudien. Zeitschrift für interdisziplinäre Frauenforschung*, 5/2, pp. 107-128.

— (2001): "Alltagsdemokratie und Alltagsgewalt. Neue Herausforderungen für Diskurs und Praxis der mexikanischen Frauenbewegung". En: *Jahrbuch Lateinamerika – Analysen und Berichte*, 25: *Beharren auf Demokratie*, pp. 116-135.

— (2002a): *Gewalt und Geschlecht in Mexiko. Strategien zur Bekämpfung von Gewalt gegen Frauen im Modernisierungsprozeß*. Münster: Lit.

— (2002b): "Angriffe auf die 'emotionale Substanz' des Latino-Mannes? Sexuelle Belästigung, Vergewaltigung in der Ehe und mexikanische Gesetzgebung, 1988 bis 2000". En: *Lateinamerika-Analysen*, 2, pp. 3-28.

Lima Malvido, María de la Luz (1991): *Criminalidad femenina. Teorías y reacción social*. México: Porrúa.

Paz, Octavio (1959): *El laberinto de la soledad*. México: FCE.

Riquer Fernández, Florinda (1997): "Liderazgo femenino". Ponencia en el XX Congreso Internacional de la Latin American Studies Association, 17 al 19 de abril, Guadalajara (manuscrito inédito).

Robles, Martha (1997): "De víctima a victimaria". En: *Excelsior*, 11 de febrero.

Tarrés, María Luisa (1993): "Hacia un equilibrio de la ética y la negociación". En: *Debate feminista*, 4/7, pp. 59-73.

— (1996): "Espacios privados para la participación pública. Algunos rasgos de las ONGs dedicadas a la mujer". En: *Estudios sociológicos*, 14/40, pp. 7-32.

Taylor, Lucy (1997): "Privatising Protest: NGOs and the Professionalisation of Social Movements." Ponencia en el XX Congreso Internacional de la Latin American Studies Association, 17 a 19 de abril, Guadalajara (manuscrito inédito).

Uranga, Enoé (1999): "El colectivo Lesbi-gay de Diversa". En: *Letra S*, suplemento a *La Jornada*, 3 de julio.

Violencia (1999): *Violencia familiar: una cuestión de género*. México: Dirección General de Equidad y Desarollo Social.

Wichterich, Christa (1994): "Empowerment. Vom Widerspruch zum Widerstand der Frauen". En: *EPD Entwicklungspolitik*, 14, pp. 28-33.

Ingrid Kummels

Forms of Power and the Transformation of Peyote Healing: Rarámuri, Jesuits and Physicians in the Sierra Tarahumara, Mexico

The Tarahumara or Rarámuri (term of self-reference) were one of the first native American tribes to gain wide publicity for their use of peyote. Over a century ago, Carl Lumholtz (1973 [1902]: 355-379) furnished the first description of their beliefs and rituals that center on these sacred plants. He reported that the inhabitants of the community of Narárachi venerated several species of cacti with hallucinogenic properties, which they called *peyote* in Spanish and *hikuli (jíkuri)* in their language. They particularly worshiped one type of peyote, *Lophophora williamsii*, as a "demi-god", because it had "the power to give health and long life and to purify body and soul" (Lumholtz 1973 [1902]: 359). Since this variety did not grow in their territory, specialized healers regularly embarked on a trip of more than 200 km to the east, beyond Ciudad Camargo, to gather the cacti in the Chihuahuan desert. They also presided over ceremonies which took place at night and were dedicated to peyote. The healer sang, seated at the head of a cleared circular field. He accompanied himself by stroking a wooden stick rhythmically over a notched stick, which he pressed on an inverted wooden bowl acting as a resonator. Beneath the bowl lay peyote. The ritual leader, his helpers and those participating in this ceremony consumed a small dose of dry peyote, ground and mixed with water.

Subsequent discussion of Rarámuri peyote use has contributed to the impression that this or a similar form of peyotism constituted a widespread trait-complex among the Rarámuri during the pre-Conquest period (González Rodríguez 1982: 115-125; Velasco Rivero 1983: 104-116). In fact, Lumholtz was the first to incite readers to identify "the" Rarámuri with a monolithic peyote cult. He included the insights that he had obtained in Narárachi in the monographic section of his travelogue, in which he portrayed the way of life of the

Rarámuri in an idealized, generalized manner (Lumholtz 1973 [1902]: 235-390). Ever since, this community has been depicted as a center of the 'more traditional' Rarámuri who have been able to preserve an aboriginal way of life. This image of Narárachi and the reified peyote cult have, in the meantime, become a *leitmotif* in Rarámuri ethnographic research. Deimel, the ethnologist who has dedicated most attention to Rarámuri peyote healing, currently maintains that "at the close of the first mission phase, a center of uto-aztecan rituals emerged (in Narárachi), which have been largely performed without the spiritual assistance of a priest to date", and he affirms that the peyote rites "have been retained right down to the last detail for many generations" (Deimel 1997: 11; 1996: 25, my translation).

Many facts, however, are inconsistent with this essentializing view. Only several thousand of the some 70,000 Rarámuri currently take part in ritual healing with peyote. It is striking that they inhabit communities which, during the 18th, 19th and 20th centuries, were periodically missionized by the Franciscans and Jesuits. Consequently, the adherents of peyotism refer to themselves as *pagótame* (Span.: *bautizados* = baptized ones) and are considered as Catholics by the Catholic clergy. The friars condemned peyote use as "magical" and "diabolic" and were intent on suppressing it. This suggests that the current peyote practices are more likely to reflect participation in conflicts associated with neocolonial confrontation than stubborn adherence to an ossified tradition. The protagonists of this confrontation are Rarámuri peasants on the one side and Catholic missionaries and physicians, as representatives of global, hegemonial forces, on the other.

In Narárachi too, there are many indications that local peyote beliefs and practices have been altered. Since Lumholtz' days, all aspects of social life have experienced radical change. Currently men, women and children spend several weeks of each year in the cities of Chihuahua, and this migratory pattern has repercussions on family life, agricultural work, economic transactions, leisure, and religious life at home in the countryside. Most of the regionally-renowned peyote healers have spent many years living in urban centers. They are therefore well-prepared for communicating with Mestizos and hikers from the USA and Europe who are interested in neo-shamanistic cures and, in the meantime, likewise form part of their clientele. The inhabitants additionally now combine the cult of the spectacular peyote cactus with one that focuses on the inconspicuous medicinal plant, *bakánowa* (*Scirpus sp.*, a bulrush, which likewise has hallucinogenic properties), a synthesis which has not yet been registered by Rarámuri scholarship. This also points to the necessity of examining peyote healing from a theoretical perspective which is sensitive to the ways in which the local peyote cult, the regional Catholic church and the state medical system have mutually influenced one another.

In this article, I explore the metamorphoses that peyote veneration has undergone in response to the intents to suppress it during the 20th century. I focus on two historical periods:

1) Starting in 1900, the Jesuits played a key role in integrating the Rarámuri into the 'modernization' process after Mexican dictator, Porfirio Díaz, gave the order of reinstating the Tarahumara mission. The Jesuits gained control of the economic and political affairs of various communities *(pueblos)* and were able to act as representatives of the Rarámuri *vis-à-vis* the outside world. This promoted the social and spatial enclavement of the Indian population within the Tarahumara – a rural territory encompassing the southwestern portion of the state of Chihuahua. When the Jesuits took up residence in Narárachi in the 1930s, they vehemently attacked peyotism. I assume that they thereby encouraged the community's dwellers to engage even further in their peyote beliefs and healing techniques. As a result, the local Rarámuri placed a reformulated peyote cult at the center of their religious and medical system. This process has continued right through to the present day. Although, since the 1970s, a new generation of Jesuits, partisans of liberation theology, have been proclaiming that the Rarámuri are model Christians, they do not accept peyote veneration as part of the "indigenous Catholicism" which they attribute to the Rarámuri.

2) From the 1980s onwards, physicians in the government health system influenced the peyote cult by focusing on it as an opposed pole to 'western' medicine. Their activities form part of the Indian policy that the state government of Chihuahua is implementing towards the Rarámuri, as the foremost indigenous group within the state, in a bid to improve their social and economic conditions.

The majority population of Chihuahua, the Mestizos,[1] are taking advantage of these development programs to some extent in order to establish themselves as the foundation of the nation-state with their cultural inventory, value orientations and social classifications being the sole valid ones (Williams 1989: 436). The majority population, on the one hand, discriminates against Rarámuri, portraying them as "backward" and "uncivilized", while, on the other hand, taking pride in them as "our Indians". Mestizos thus pour scorn on the Rarámuri saying that they live in caves, eat mice and other 'strange' animals and indulge in veritable orgies at their religious ceremonies while consuming great quantities of corn beer. Yet, at the same time, Mestizos speak with admiration of their "superhuman" capacity to run long distances and of the magical powers they draw from peyote. Along these selfsame lines, employees of institutions specialized in Indian affairs, including Mestizo physicians, denounce peyote beliefs and practices as "obsolete" and "false science", while at the same time succumbing to their fascination. In the face of barbarization and idealization, peyote has once again become a central arena of negotiation and dispute when it comes to controlling the ideas governing the body and illness.

In the sections that follow, I focus on the strategies which ritual specialists of the Rarámuri and representatives of the Church and the State employ in order to attain an interpretational capacity in religious and health affairs. In situations characterized by tension, Rarámuri have opted to employ secrecy, the instrumentalization of the polysemy of religious key terms, and compartmentalization on the basis of a dualistic view of society. These inconspicuous strategies have often been portrayed one-dimensionally as the defensive tactics of subordinate groups who have been faced with centuries of external interference. This applies to the discussion of the social functions of secrecy among the Pueblo Indians of the USA, who are renowned for their

---

1   In the relevant literature, the term Mestizo is applied indiscriminately to Mexico's majority population who regard themselves as the product of a Spanish and Indian cultural tradition considered as characteristic of the Mexican nation. In Chihuahua, Mestizos refer to themselves as *blancos*, "whites" or *gente de razón*, a term that literally means "people endowed with reason", when distinguishing themselves from *indios* like the Rarámuri.

restrictive handling of religious knowledge toward outsiders. Early scholars, among them Dozier (1961) and Spicer (1962: 199, 203-208), attribute secrecy to the negative experiences of the Pueblo when faced with programs of forced culture change introduced by representatives of the Bureau of Indian Affairs, protestant missionaries and ethnologists. Brandt (1980), by contrast, points out that there were two types of secrecy. Religious knowledge was primarily withheld internally (within Taos Pueblo) in order to maintain the community's religious hierarchy and theocratic political organization ("internal secrecy"). Although "external secrecy" was employed to uphold a social boundary, its foremost function according to Brandt (1980: 123) was to prevent community members not authorized to possess religious knowledge from obtaining this knowledge from non-Pueblos. Brandt therefore highlights how secrecy can be relevant for the internal generation of hierarchy. She also alludes to the fact that both types of secrecy mutually supported each other, according to the principle that the practice of domination in one sphere is never completely disengaged from another, and that discourses about power directed toward insiders and towards outsiders are intertwined.

In the following, I pick up her lead and seek to specify the contexts and periods in which agents resort to certain forms of secrecy. I therefore emphasize that secrecy is a historical phenomenon and not a timeless feature of face-to-face societies, non-industrial societies, or those who are only partially integrated in the nation. I have in mind, among others, Berger/Luckmann (1992: 119), who believe that it is mainly in "traditional societies" that widely understandable knowledge is institutionally controlled by concealment. They thereby forward an evolutionist theory of knowledge transmission. One should also, in my view, avoid portraying veiled forms of subversion as a characteristic strategy of subalterns in the framework of the nation-state. This is a shortcoming of Scott's (1985; 1990) notion of "weapons of the weak" or "arts of resistance" – terms he coined for strategies which agents employ consciously, although they do not express them programmatically. According to Scott, subordinate groups world-wide, such as slaves, day-laborers and peasants, resort to forms of veiled protest in situations of extreme asymmetry. Resistance is expressed on a daily basis in disguised form, via foot-dragging, slander, minor sabotage, arson, dissimulation and flight. Scott demon-

strates the deliberateness of these strategies by comparing two contexts, the public transcript and the hidden transcript. Whereas subalterns conceal the ideological background to their acts when interacting
directly with power-holders, they articulate it openly "offstage", when
they cannot be directly observed (Scott 1990: 4). Carefully comparing
both situations, Scott is able to reveal acts of resistance where others
would only suspect acts of habit (for instance, Bourdieu). Scott, however, doubtlessly inclines toward the other extreme, which is to interpret all forms of resistance as signs of "creativity of the human spirit
in its refusal to be dominated" (Abu-Lughod 1990: 42; Levi 1999).

To avoid this, in what follows I examine how secrecy, as a strategy to obtain interpretational capacity, has been formed in the course
of interaction. It is pertinent to consider a process of mutual adaptation
between forms of power employed by Rarámuri and those employed
by missionaries and physicians. In this connection I propose that it
could be helpful to link anthropological ideas about secrecy with those
of political scientists concerning "the question of the control over the
agenda of politics and of the ways in which potential issues are kept
out of the political process" (Lukes 1974: 21). They take into consideration that "the most effective and insidious use of power is to prevent... conflict from arising in the first place" (Lukes 1974: 23; Scott
1990: 50-52). I will consider that secrecy might be likewise used by
subordinates as a powerful tool to keep certain issues out of the sphere
of public debate. From the medical affairs angle, the point at issue is
that: "The power to name an illness, to identify its causes, is also the
power to say which elements in the experience of life lead to suffering" (Feierman 1985: 75). Put another way: by withholding knowledge about their structure of relevance from outsiders, subordinates
may effectively prevent them from determining which elements now
define suffering in new situations.

In the first section, I outline the cultural variation with regard to
peyote and *bakánowa* as symbols of worship and as medicine in the
Tarahumara region. I then trace the specific historical encounters that
induced Rarámuri to endow the peyote complex with new cultural
meanings. I also examine, in particular, the circumstances under
which certain interest groups were able to have their subjects included
on the agenda and compare the strategies adopted by Rarámuri healers
and representatives of the Catholic mission and the government with

the aim of obtaining an interpretative capacity in religious and health affairs. My sources are conversations with Rarámuri (patients, healers and catechists), Jesuits and physicians – all people who actively took sides in these historical encounters.[2]

1. Local variation of peyote and *bakánowa* veneration

Since the start of the 17th century, Rarámuri identity formation has been closely linked to the activities of the Jesuits. The latter gradually established control over a series of *naciones*, local autochthonous groups, which did not possess an overall political organization and spoke mutually unintelligible languages in some cases. Their congregation at the Tarahumara mission triggered a process of cultural and linguistic homogenization of the mixed population. They were subsequently categorized as "the Tarahumara" by the majority people of Chihuahua, the Mestizos. Most Rarámuri, however, continued to derive their sense of identity first and foremost from their locality and, even today, only a minority have internalized a tribal consciousness (Kummels 2001: 77). The late nineteenth century was a turning point in Mestizo-Rarámuri social relations. After the Apaches were conquered and expelled, the oligarchy of the state of Chihuahua, members of the Terrazas/Creel grand family, directed their attention towards the inconspicuous, pacific Rarámuri as their new Indian counterpart. In 1906, as part of a modernization project for the state of Chihuahua, state governor Creel issued a "Law for the Betterment of the Tarahumara people" *(Ley de Mejoramiento de la Raza Tarahumara)*. He hoped that it would enable the "tribal group" which, according to him, lagged in a "state of decay and semi-barbarism" to attain the evolutionary stage of his own "white race". Creel proposed dividing the communal lands in the mission communities to promote private property, installing a system of self-government, eradicating alcoholism and preserving aboriginal sports and pastimes. Meanwhile the Jesuits established themselves as the greatest rivals of the state government in Indian affairs. Although the missionaries were small in number, they

---

2   Since 1983 I have spent three-and-a-half years doing fieldwork in three Rarámuri communities, staying in Narárachi for a long period in 1993 and 1994. The field research and writing on which this essay is based was funded by the Deutsche Forschungsgemeinschaft (DFG).

gradually engendered important changes in the Rarámuri communities, since they lived and worked there on a permanent basis.

Currently, the bipartite ethnic ideology justifies the inequality of economic and political opportunities. Most Rarámuri combine agriculture, as smallholders, with seasonal wage labor. Thousands migrate to the cities each year, vending and begging in order to make a living, or are employed as harvest workers, such as on the Pacific coast. Mestizos in the Tarahumara region are at the apex of a clientelist structure in all sectors of the economy. The exploitation of Rarámuri labor and Rarámuri-owned resources is facilitated by the Mestizos' better access to capital and to the regional economic and political centers of power.

In accordance with the bipartite ethnic classification, Indian and Mestizo folk medicine has been ideologically dichotomized for centuries while, at the same time, being interlinked in practice. During the Colonial period already, friars and clergymen working in the Tarahumara mission professed a pronounced interest in indigenous remedies and medicinal concepts (González Rodríguez 1993b). At the same time, the missionaries perceived the indigenous ritual specialists and healers as serious rivals and attempted to undermine their influence by characterizing them as "sorcerers" *(hechiceros)*. These indigenous specialists for their part sought to appropriate power symbols and ritual elements of the Catholic church in order to minister the new sacraments on their own.[3] They did not reject the new religious symbolic order in toto but, instead, vehemently challenged the hierarchical order that was imposed.

At the beginning of the 20th century, there is evidence that Rarámuri and Mestizos respectively appraised each other's therapies while, at the same time, insisting on the distinctiveness of their individual medicinal systems. Mestizo city dwellers consulted Rarámuri healers regularly, since they held them in esteem as specialists of magic.[4] Rarámuri for their part, obtained broad knowledge of Mestizo

---

3   Informe del padre José María Miqueo, Yoquibo, 7 de marzo de 1745, in: González Rodríguez (1992: 349).

4   A newspaper article illustrates this demand for Rarámuri healers in the city of Chihuahua: "A Tarahumar has turned up, who asserts he is capable of performing miracle-working cures. At the edge of town, on the prolongation of the Zarco and Cuauhtémoc streets – sites where the Indians coming from the Sierra meet – there is a Tarahumar who everybody knows by the name of 'healer'" (*El Heraldo de*

medicinal remedies in order to sell the Mestizos a wide range of medicinal plants that they collected. Mestizos also bought peyote buttons from these Rarámuri peddlers. They applied peyote to a different clinical picture (rheumatism), however, and administered it differently in structural terms (externally as a lotion to alleviate pain). This is a characteristic form of Mestizo appropriation of "Indian" medicinal herbs.

In accordance with this fuzzy boundary between Rarámuri and Mestizo medicinal systems, a great degree of 'internal' variation exists in respect of the peyote beliefs of "the" Rarámuri today. Since only a minority practices ritual healing with peyote, the first question that arises is: in which Tarahumara communities is this specific type of peyote use disseminated? When did it originate there? These questions must be extended to *bakánowa* as well, since this is now treated as a corollary of peyote in some communities. In order to specify the type of peyote use that is being investigated, I will first set out a scheme of the emic view of illness and healing, which is currently valid for a number of Rarámuri communities:[5] Peyote or *bakánowa* captures the souls of a person in their dreams and holds them to ransom. If the person affected does not comply with its demands for food, then the peyote or *bakánowa* will consume flesh from its victim. After a healer has diagnosed, via his dreams, which plant is responsible, a man will absolve a series of three ceremonies, a woman four. At the ceremony, the patient is given a small cup of the dry cactus, ground and diluted with water (the dose is too small to produce a hallucinogenic effect). Parts of the body such as the head, face, breast, back, arms and legs are sometimes also washed with this solution the next morning. The

---

Chihuahua, Februara, 8th, 1928, private archive of Jesús Vargas Valdés, my translation).

5   The terms *jíkuri* (peyote) and *bakánowa* refer to a wide range of plants. Identification varies depending on the community (Bye 1979). In Narárachi, *bakánowa* is identified with *Scirpus sp.* and peyote or *jíkuri* with various cacti, among others *Lophophora williamsii*, which is the only species currently employed in healing ceremonies (Bye 1979: 27-29, 35-36; Deimel 1996: 12, 22). According to Bye (1979: 26) the identification of *bakánowa* with *Scirpus sp.* is most common in the Tarahumara. In Samachique, however, *bakánowa* is a "ball cactus", *Coryphanta compacta* (Bennett/Zingg 1935: 136-137); in a community of the Barranca, El Cuervo, *bakánowa* is a "herbaceous vine", a species of *Ipomoea* (Levi 1993: 381).

bakánowa healing follows a similar pattern, although patients do not consume *bakánowa*. They only undergo the washing of different body parts. A steer is generally slaughtered as an offering for peyote, while *bakánowa* only "demands" fowl. The respective healer receives a major part of the meat as his pay. On the basis of their different meat shares, peyote healers are considered to rank more highly than *bakánowa* practitioners.

Currently, the *bakánowa* healing ritual is widespread in the Tarahumara, whereas peyote healing is only performed in a small number of communities in central and northeastern Tarahumara.[6] To my knowledge, only four of these communities possess resident peyote healers,[7] while the neighboring communities were also dependent on these healers, calling them from great distances in some cases. The peyote healers of regional renown during the 1980s and 1990s came from Narárachi and Tehuerichi. In a number of surrounding communities, by contrast, all or some of the inhabitants vehemently reject peyote healing as a therapy (Kummels 1988: 130ff; Slaney 1991: 78-82).

Seeking to specify the time period in which different communities of the Tarahumara region performed either peyote or *bakánowa* ceremonies, and summarizing the data gathered by other investigators and myself, my tentative answer is: the area in which peyotism is practiced has contracted, whereas the area covered by *bakánowa* healing has expanded . At the start of the twentieth century, peyote use was widespread in most of the Tarahumara, whereas *bakánowa* use was limited to the Barranca to the west, close to the natural location of the different plants referred to as *bakánowa*.[8] Towards the second half the

---

6   According to the data I have summarized, peyote ritual healing is practiced in the following communities: Aboreachi, Norogachi, Pahuichique, Tehuerichi, Baqueachi, Choguita und Basíhuare. Healing with peyote is also reported for the Rarámuri and Tepehuan of the Barranca community of Pino Gordo.

7   The four communities are Narárachi, Tehuerichi, Choguita and Baqueachi in the northeastern section of the Tarahumara and situated closest to the natural habitat of *Lophophora williamsii* in the Chihuahuan Desert.

8   Further comparative fieldwork at a regional level is required to substantiate the proposed scheme. For the 1930s, Bennett/Zingg (1935: 291, 366-367) mention that peyote "is not universally used" in the Tarahumara, that peyote ceremonies were only performed in the area around Narárachi and that in the Barranca community of Samachique peyote had been consumed in former days. They state that bakánawa, by contrast, "is used almost exclusively by the Indians of the *barranca and the mountains nearby*" (Bennett/Zingg 1935: 295). At the beginning of

twentieth century, the area in which peyote healing rituals are widespread contracted, with the cult remaining confined to the north-eastern section. The *bakánowa* cult, by contrast, spread from the Barranca into most parts of the Sierra Tarahumara to the east. The point that interests me here, however, is not so much to trace diffusion but the birth of a new form of peyote-*bakánowa* healing complex during the 1930s in communities of the north-eastern Tarahumara, such as Narárachi. I propose the following explanation: Since the representatives of the government and the Catholic church attempted to suppress the spectacular peyote cult in the 1930s, Rarámuri partially sidestepped this cult and dedicated themselves to a structurally similar healing ceremony, having recourse to *bakánowa*. This enabled them to translate religious and medical concepts into action without having to fear retaliation.

2. Peyote beliefs in Narárachi in the late nineteenth century

I have chosen three crucial historical moments for a comparison in order to convey an insight into the historical depth and changing nature of the peyote cult. What changes occurred in relation to the handling of religious knowledge and the status of the peyote healers between the late nineteenth century, when Carl Lumholtz visited the community, the 1930s when the Jesuits took up residence, and the period of my field work covering part of the 1990s?

I will start with a number of observations relating to the position of Narárachi in the region. Although the community is depicted as a remote region of refuge, where Rarámuri have preserved a more pristine way of life, Narárachi was never a prototype 'traditional' community. Even though the Jesuits erected a *visita* there relatively late on, this served to integrate the locality into the Colonial Viceroyalty on a lasting basis in 1745. The Franciscans who re-established their missions in 1767 seized the opportunity and supervised the *visita* Narárachi intensively. They installed a cargo system with indigenous

---

the 1940s peyote healing was still being performed in Guachochi (Gómez González 1980 [1948]: 52-53) and up until the 1980s in El Cuervo in the Barranca region (Levi 1993: 387-388). Elder Rarámuri informed me that in the 1940s peyote healers still resided in Norogachi and in the neighboring community of Tatahuichi.

officials and controlled the movements of inhabitants to neighboring
pueblos, in which Mestizos and *españoles* lived, to work as day-
laborers. The inhabitants of Narárachi already had recourse to a combined strategy with subsistence agriculture being supplemented by
seasonal wage labor in the region's agricultural and mining enter-
prises. Men were periodically recruited for military service against the
Apaches, who attacked the mission Indians to steal stock. Peyote was
probably also venerated in Narárachi as a charm to promote successful
hunting and for increasing knowledge (maybe a reference to its use in
generating visions for purposes of supernatural revelation), as the
Jesuit, Ratkay, reported for the Carichí community, located two days'
walk away (González Rodríguez 1994: 229). There is no evidence that
a cult similar to the one described by Lumholtz was practiced in
Narárachi or its surroundings (which, of course, is not definitive evidence of its absence).

The circumstances under which Lumholtz reached Narárachi in
August 1892 provide information on why he paid great attention to
peyote veneration. As a matter of fact, Lumholtz had been most at-
tracted by the Rarámuri whom he considered to be the most pristine –
the *gentiles* (Span. = heathens) who live in the Barranca region. After
failing to establish contact with them, Lumholtz continued his journey, reaching Narárachi by way of the main artery for silver transport,
which extends from one of the most important mines, Batopilas in the
Barranca region, to the city of Chihuahua. The man in charge of one
of its stations, Andrés Madrid, proved to be an ideal informant due to
his bicultural background. His parents were Rarámuri and his grandfather a "noted shaman" (Lumholtz 1973 [1902]: 219). Madrid had,
however, been raised by Mestizos in Carichí and had adopted a Mestizo identity. As a representative of the government authorities, he
gave orders to the Indian officials of the cargo system installed by the
mission, instructing them to arrest delinquents and deliver them to
state justice. He thus used it in the same way as the priests had done
beforehand, as a system of indirect rule.

Lumholtz (1973 [1902]: 356-379) describes the sphere of the peyote healers[9] as being detached from this political organization. He

---

9 Healers are generally designated *owirúame* (literally: the one who cures) and
   sometimes referred to as *machíame* (the one who knows) or as *enaróame* (the one

emphasized that they held central importance for healing the sick. Lumholtz (1973 [1902]: 311) stressed the outstanding position of the healer, the *owirúami*, in Narárachi: "Without his shaman the(y) ... would feel lost, both in this life and after death." He makes mention of healers with different specializations and of different status. Healers had the capacity to communicate with a pantheon of several small cacti. According to Lumholtz (1973 [1902]: 357, 372-374), they distinguished six principal kinds, attributing to them different hierarchical ranks, properties and moral orientations.

Peyote was venerated by way of the ceremony that was mentioned at the beginning of this article, which included a special dance (Lumholtz 1973 [1902]: 368). Unlike the current peyote ceremonies, these seemed to have been directed to a major extent toward the community and, to a lesser extent, toward an individual patient (*ibíd.*: 315, 318). Significantly, the healers were organized in a strict manner, possessing an internal board that exerted control over its members (*ibíd.*: 312). This board also intervened, when a healer was accused of sorcery to exclude members (*ibíd.*: 323). Its control of esoteric knowledge is illustrated by the following case: One peyote healer, Rubio, gave Lumholtz (*ibíd.*: 377) information on both peyote and the songs used in the cult. When he even sold him specimens of various kinds of cacti, other healers considered this "a betrayal of the secrets of the tribe". They "punished him by forbidding him ever to go again on a *hikuli* journey".

In spite of the great value of Lumholtz's account as a base line, his portrayal of the peyote cult as an internal matter for the Rarámuri with no influence from outsiders has to be called into question. He omits to say that, during this period, it was already common for men to engage in interregional commerce with medicinal herbs (Gerste 1914: 41; Bennett/Zingg 1935: 160, 291-292). Men from Narárachi had the reputation of being long-distance traders, combining journeys to the

---

who walks). Peyote healers and, by extension, *bakánowa* healers are both specifically called *si'páame* (the one who rasps) or *asíriame* (the one who sits). In Rarámuri scholarship, the terms "curers", "doctors" or "shamans" have been used interchangeably. I agree with Kennedy (1996: 147) who, in referring to the Aboreachi community, suggests that the *owirúame* "is a blend of priest and doctor" and that he "rivals the priest". In the case of Narárachi, this rivalry is more active and straightforward in nature than envisaged by Kennedy.

Barranca region to the west to gather or acquire herbs through trading
with migration to the cities of the northeast to sell them. Based on this
seasonal pattern of migration, the inhabitants of Narárachi obviously
mediated between medical systems. It was probably during the 1930s
that they combined their peyote beliefs with those centering on *bakánowa*,
which is native to the Barranca region and is employed at ritual
healing there. The fact, that neither Lumholtz nor successive ethno-
graphers, such as Basauri, Bennett and Zingg, mention the use of *bakánowa*
there, suggests that the combination of the two healing rituals
dates from fairly recently.

3.   The transformation of the peyote belief in course of missionization

During the phase of national conflict between the Catholic church and
the government of Cárdenas, the Jesuits were compelled to close most
of their missions in the Tarahumara. They then founded a residence in
Narárachi, with the intention of settling there permanently and hoping
to evade government intervention.

Several factors contributed to the missionaries viewing the peyote
healers as their most powerful contenders and seeking to undermine
their authority. They were sensitive to the central importance of the
peyote healers, since they read Lumholtz's account by way of prepara-
tion for the field.[10] Moreover, a new interest in the language and in
cosmology served to move the focus onto peyote. The reason was that
language abilities were at the heart of competition with both the government and the Protestants. The Jesuits thus conducted a self-critical,
internal appraisal of their skills. Their order has been given credit for
its excellent mastery of the indigenous languages ever since Colonial
times. In contrast to this reputation, however, most Jesuits in the
1930s were far from being able to speak Rarámuri fluently. Some had
translated Spanish versions of the Gospel into Rarámuri word by
word. Lay brothers and priests read these texts mechanically without a

---

10   Personal communication, Edmundo Vallejo, Oct., 11th, 1993. My sources for this
     period are interviews with the Jesuits Felipe Gallegos and Edmundo Vallejo. The
     first was in charge of the school education of Rarámuri children as a lay brother
     in 1938, the second performed the same function in 1945. The perspective of the
     Rarámuri was conveyed to me by Lauro Carrillo and Gervasio.

real understanding of Rarámuri language. The Jesuits hoped to profit in controversies with the government concerning educational issues through a greater mastery of the Rarámuri language. What was at issue was whether Indian education was to be considered the privileged domain of the Church or the State. Missionary linguist, David Brambila, was the first to pioneer a more systematic linguistic study based on the mental models of the Rarámuri. He initiated these in Narárachi and tried to find out as much as possible about the Rarámuri world view in order to more effectively combat concepts that contradicted the Christian message – and particularly those related to peyote.

The Jesuits therefore engaged in conversations about religious matters with Rarámuri, perceiving of this as an effective means of evangelization. The Rarámuri, by contrast, interpreted these conversations as dialogues between equal interlocutors. The new interest in the language and in cosmology led to a situation in which Rarámuri were able to put subjects dear to them on the agenda for negotiation during subsequent symbolic conflicts. The Jesuits sought to convey an orthodox understanding of the Christian message by teaching adults and children the catechism, although drawing on the existing religious terms in the Rarámuri language. The Rarámuri, for instance, identified *Onorúame* – literally: the one who is father – as the creator god and the sun and viewed him as an ambivalent numinous being who inflicts illness when not given food offerings. The friars chose to simply ignore part of these meanings and, in contrast to this, promoted the identification of *Onorúame* in a determinate manner with the Christian God. This limited form of appropriation turned out to be a double-edged sword. Even Christianized and Spanish-speaking Rarámuri side-stepped or overtly contradicted the new interpretation. Characteristic of this is the self-confident attitude of Lirio Moreno, a former mission pupil who worked as a catechist. In front of lay brother Felipe Gallegos, he declared that the Rarámuri did not need any kind of religious instruction and contested their claim to firstness. Gallegos relates:

> He told me that what we told them about faith they already knew. He knew it from his father who had already told him about *Sukristo* (Jesus Christ) and about the *Santos* (saints). And that the one they loved most was the *Sukristo*. But that, he emphasized, was something that his father had told him before our arrival.

It should be noted that the dwellers of Narárachi employ *Sukristo* as a generic term for several sons of *Onorúame* and his wife. At the same time, however, they also call Jesus Christ *Sukristo*. These multiple layers to the meaning of *Sukristo* correspond to their perception of the multi-faceted nature of human and deities' individualities. By instrumentalizing the polysemy of this term and other key religious terms in a similar manner to the Jesuits, even Spanish-speaking Rarámuri, such as Lirio Moreno, were able to remodel Christian concepts according to their own ideas while at the same time evading contradiction on the part of the Jesuits.

Linguist Brambila took advantage of his systematic interviewing of informants and influenced them in adopting a negative view of peyote. Brambila (1970: 19) projected his own ideas on the Rarámuri in general and claimed that: "...they dedicated to peyote something like an awe-inspired and anxiety driven cult. For nothing in the world would they risk vexing this cactus, to which they ascribe intelligence and supra-human powers, powers that in the rule are of a calamitous and revengeful kind." Brambila and his colleagues also demonized healers by indiscriminately designating them *hechiceros* or *brujos*, witches. The Rarámuri reacted by the same token. When influenza epidemics took many victims, the inhabitants blamed the missionaries for it, because they had hung a vessel with the disease from a pine tree. Interestingly, both sides discriminated against the religious specialists of their opponents, calling them malevolent, while at the same time conceding that their actions were efficacious.

Corn beer was a further key point of contention. The Rarámuri consumed it copiously at all their healing ceremonies and considered it to be a remedy. Brambila targeted corn beer by portraying the Rarámuri religious ceremonies in terms of a Witches' Sabbath. "These bacchanal nights are a veritable dance of the demons around a bonfire. The demons are not they (the Rarámuri), but instead real devils who in the world spare no effort to fuel enmity against God" (Brambila 1987 [1951]: 12). He occasionally took action against corn beer, by visiting get-togethers by surprise and emptying the corn beer vessels on the spot. Rarámuri responded by identifying corn beer as a positive moral pole. A protagonist of such an encounter, 75-year-old Gervasio, reported that he and others present defended themselves with the argument: *"Onorúame* ordered us to drink corn beer" *(Onorúame tamí nurégame).*

As a reaction, the Rarámuri began to conceal healing ceremonies from the missionaries. They had good reason to revert to secrecy. Father Pichardo and Brambila even frowned on religious practices that are regarded as coherent with Catholicism by current missionaries, as in the case of the *yúmari* ceremony. Lumholtz and Antonin Artaud (in 1936) had been able to record information about the peyote cult and to observe peyote ceremonies with relatively little restrictions. This fact seems even more extraordinary, considering that Artaud only stayed in the Tarahumara region for three weeks. The resident Jesuits, by contrast, were not granted access to a peyote ceremony until the 1970s (González Rodríguez 1982: 115; Velasco Rivero 1983: 107).

Alongside the concealment of the peyote ceremonies, the healers also developed greater internal circumspection in respect of the texts of ritual songs *(wiká).* Lumholtz (1973 [1902]: 335-340, 371) was the last to record the texts of a *yúmari's* songs as well as a peyote song. According to his information, they were sung publicly. Nowadays, however, healers withhold the text of religious songs at ceremonies from Rarámuri members of their community. They claim that the songs have words which they do not speak out loud (Velaso Rivero 1983: 134). The reason is that the knowledge of secret ritual texts like songs and prayers is considered a decisive prerequisite for healing.

Certainly, secrecy played an important role in religious hierarchy before the arrival of the Jesuits, as Lumholtz's data suggests. Still, it was probably during the 30s that secrecy was not only directed externally, in order to limit the flow of information to 'outsiders', but was also reinforced internally. One outcome of this process is that both *bakánowa* and peyote specialists are now organized on a more hierarchical basis, whereby they systematically conceal religious knowledge and only transmit it to a small, handpicked circle of successors of consanguinal und affinal masculine kin. After the death of a "great" peyote healer, only one of them succeeds him, legitimized by having received his peyote rasping sticks.

From the Rarámuri's current world view in respect of peyote, it is possible to conclude that mission politics of the 1930s left its mark. In the meantime, healers in Narárachi have systematized the knowledge on the two plants in the following way: according to their opinions, peyote *(jíkuri)* and *bakánowa* dominate the world order following an axis from east to west. They paraphrase peyote as *re'pá eperéame*, the dwellers of above (the highlands), and *bakánowa* as *goná eperéame*, the dwellers of yonder (the lowlands). The healers do not reconcile this world order with the one that follows a lateral orientation and concurs with the Christian doctrine, in which *Onorúame* as the Christian God stands face to face with the Devil. This can be interpreted as a reaction to the pains that the Jesuits took to separate peyote from *Onorúame*, whom they identified with the Christian God. They attributed diabolic traits to peyote in this process. At the time of Lumholtz's (1973 [1902]: 360) visit, the Rarámuri still considered *hikuli warura siríame* to be the twin brother of *Onorúame*. In the meantime, Rarámuri healers have likewise ascribed negative characteristics to peyote and *bakánowa* that they formerly only ascribed to part of the peyote pantheon. They have thereby reduced the level of contradiction with the messages of the missionaries – a concession *vis-à-vis* their rivals – while at the same time backing up their own position by promoting themselves as being the best qualified to handle diabolic beings. Meyer (1994: 64) points to the global process of diabolization propagated by Catholic missionaries that has given rise to similar symbolic orders worldwide. They unwittingly intensified belief in the existing pantheon, even if this was under a new form of demons.

4.   Biomedicine as a new global force in the 1980s

Nowadays, the belief system surrounding peyote, which is interlaced with *bakánowa*, is of central importance in Narárachi. The Rarámuri there commonly hold that most people die of peyote or its correlate *bakánowa* and, accordingly, perform both kinds of healing ceremonies on a frequent basis. The inhabitants of Narárachi consult healers under new premises, however. Since the 1980s, the most important contenders of the peyote healers have been government physicians. The majority of Narárachi's inhabitants have gained experience with biomedicinal therapies during migratory work in the cities of Chihuahua. Since the mid-80s a new type of migratory work has opened up. In addition to men who sell medicinal herbs and baskets and who work for on construction sites for short periods, most women and children travel to the cities for several weeks each year and beg for *kórima wenomí*, a gift of money. Patrons who supply accommodation, employers, government social workers and members of the Catholic and protestant churches urge migrants to consult doctors and hospitals.

At the same time, during the 1980s and 1990s, three peyote healers constituted the leading figures of the peyote-*bakánowa* complex in the northeastern part of the Tarahumara. Severico, Patrocinio (both from N, N, Narárachi) and Simón Lorenzo (the latter from the neighboring community of Tehuerichi) were reputed to be "the great" *(warura)*, since they only they received invitations to cure from distant hamlets. These full-time specialists were favored by the population of different regions respectively and attended their inhabitants with a certain degree of exclusivity (Kennedy 1996: 83-84). I would like to focus on the reasons why they were able to stand their ground in face of the competition from physicians. In what follows, I will distinguish between the stance of the patients and that of the healers in the negotiation of diagnosis.

Narárachi is currently covered by the national social security system (IMSS). Seeking to extend primary health care to the remote community, it erected a medical post, a *clínica rural*, in 1992. The Rarámuri inhabitants consented to the post, being motivated primarily by the prospect of receiving commercial drugs free of charge there. The physicians working at the medical post adopt a dualistic view, professing that only biomedicine based on "rational" empirical methods provides effective cures; they flatly reject Rarámuri medicine as being "magical". Even though they consider it as relevant for the cultural or psychological aspects of the ailing, they do not seek cooperation with local healers in practice. When providing a diagnosis, physicians basically try to convince their patient that illness is due to deficient nutrition, to a harsh climate combined with poor housing conditions, to an absence of hygiene and to addiction to alcoholic beverages, thus suggesting that the Rarámuri lifestyle is by and large inadequate.

What actions do 'lay' agents take in the event of illness in the face of this paradoxical situation? Even though lay men in Narárachi widely believe in the curative powers of peyote and *bakánowa*, many dispense with these kinds of therapies or avoid them for as long as possible. Some try out biomedicinal therapies as an alternative, prompted by the expectation of getting better health care. I often found that people who suspected they had contracted the peyote or *bakánowa* illness treated the symptoms with commercial drugs as the first step (Rarámuri: *pastiyas*, from Span.: *pastillas* = pills). They also rapidly requested treatment from a "simple" Rarámuri healer, even if these healers are considered incapable of curing such an illness.[11] One is available in almost every household. When the illness persisted, the next step was to consider treatment in a hospital. Often as a last-resort treatment, patients called upon a peyote or *bakánowa* healer.

Before I turn to the diverging interests of healers and patients that surface during the negotiation of illness diagnosis, let me first set out the lay agent's concept of illness. People who are not able to perform their daily chores and participate in social life are considered to be sick *(naurú)*. Illness *(naurí)* in the Rarámuri's view manifests itself in physical symptoms, aggressive behavior or psychomotric disturbances. At the most general level, illness is attributed to a disturbed social and cosmic balance, being a consequence of the failure to comply with the constant food demands of supernatural beings, the dead and neighbors. At a more specific level, concrete land conflicts, neighborhood quarrels, matrimonial disputes, generational conflicts and uprooting as a consequence of migration are interpreted as the 'deeper' layer of an ailment. Illness is often suspected to have resulted from sorcery, whereby an offended person entrusts a healer who works "outside of the right path" *(chakena notza)* – a witch *(sukurúame)* – to introduce magic projectiles *(sukí)* into the body of the person who angered him. This same case of illness may simultaneously be attributed to the fact that peyote or *bakánowa* has abducted the souls of the sick person. The point is that several explanations were combined and the advance of illness traced back to various negative influences. In the words of Polinario, an aspiring healer: "When a sick person becomes weak, it is because they all (*bakánowa* and peyote people) have gathered and thrown themselves upon him to demand food." Follow-

---

11　The inhabitants of Narárachi basically distinguish between three ranks of healers. They identify them according to their specialities and the number of crucifixes that they wear as an emblem. "Simple" healers *(pe owirúame)* perform basic curing rituals at *yúmari* ceremonies and do not necessarily receive remuneration. Higher-ranking healers *(wé owirúame)* are able to track down and remove magic projectiles and to cure the whirlwind-illness with a sweat-bath. *Bakánowa* healers are often full-time practitioners and are paid with meat. The same applies to peyote healers who are the highest-ranking healers and display three crucifixes.

ing this pattern which I call "additive subsuming" patients may also add the explanations of Western doctors, subjecting these to their own, flexible principle of interpretation.

Asked why they avoid a great healer as long as possible, lay agents first point to the ambivalent character of the healer's power. Healers may employ the capacities and instruments necessary for healing, to cause harm. The second point they mention is that the peyote ceremonies are very expensive. In the back of their minds was the experience that consulting a high-ranking healer generally entails an obligation to engage him. Peyote and *bakánowa* healers never reject a patient as a rule. They classify a wide variety of symptoms as their own particular speciality, even where this contradicts their neat theoretical definition of the illnesses caused by peyote and *bakánowa* as being of a contrasting nature. Patients consulting a peyote healer therefore had to reckon with the future sacrifice of a steer and with brewing large amounts of corn beer. A man has to complete a series of three ceremonies, according to the number of his souls, and a woman a series of four ceremonies, with all the ceremonies being administered by the same peyote healer. Moreover, after death, family members must organize an additional death ceremony for anyone who has partaken in a peyote cure in order for peyote to "release" his or her souls.

Healers bolster up their consensual legitimacy by proceeding in the same eclectic manner as their Rarámuri patients in ideological terms. Unlike the dualistic view of the physicians, the healers embrace 'western'-style therapies. They thereby make it easier for their patients to consult a healer as well as a physician.

By way of a parallel, peyote-healer Severico points out that healers cure by using dreams *(rimúka ówea)*, whereas physicians resort to "instruments" (Rarámuri hisp.: *aparato*). To emphasize their equal status, Severico and other healers refer to themselves as *doctores* when they speak Spanish. At the same time, however, they assert their superior medical authority. Physicians are only able to cure the bodily aspect of illness, whereas healers are capable of calling back the souls and therefore of curing illness on a definitive basis. This pragmatic appropriation of Mestizo medical concepts also entails the remodeling of clinical pictures. Healers systematically search for correspondences, and Severico, for example, identifies the peyote illness with tuberculosis. This adoption of 'western' nomenclature involves more than the renaming of a 'traditional' clinical picture. The peyote illness was given a new meaning, since the implication was that the peyote-illness/tuberculosis could be treated by a healer *and* a physician. Following the pattern of "additive subsuming", healers attribute illness simultaneously to several levels of cause: 1. a disturbance in the reciprocity of food offerings for supernatural beings, the dead and neighbors, 2. witchcraft, and 3. the explanatory schemes of physicians, such as addiction to smoking or alcohol.

Severico and other healers also convey this additive approach in healing ceremonies through novel elements, which they use as a platform to defend their control of medical affairs *vis-à-vis* Mestizo physicians. This applies to the peyote healing performed on Miguele in May 1993. The young man had been living in the city of Chihuahua for many years. His parents had moved away years ago, prompted by the fact of having been granted a house and a plot of land in the El Oasis housing project developed especially for Rarámuri. The ailment from which Miguele's mother suffered, namely diabetes, also provided motivation for moving to the city, since she chose to have regular consultations at a hospital. The family returned regularly to Narárachi and cultivated its agricultural plots. One day, the parents brought Miguele along, having decided to prepare a peyote ceremony for him. His disease was the object of much comment in the vicinity. He was deemed to be "crazy" *(lowíame)* since he did not talk any more and walked in a strange way, dragging his feet. A number of people explained to me that his problem was that he had not given peyote food offerings and that he drank too much beer and tequila in the city of Chihuahua. Many people stressed appraisingly beforehand already that the peyote healer was able to cure the negative factors of city life.

5. Conclusion

The fascination with peyote at the beginning of the 20th century contributed towards the early mystification of Rarámuri peyote veneration in the minds of Chihuahuan Mestizos as well as in the minds of US and European readers. This incited me to reflect on the possibility that a local people had annexed the image of peyote as an icon of exotic power for their own modern peyote cult. It should be noted that the

Rarámuri in Narárachi became aware of such projections very early on due to their trade and labor movements. These, together with other obvious forms of 'feedback', begged for conceptualization of the peyote/*bakánowa* complex as a focal point of cultural reproduction in a world that, over the past few decades, has been characterized by globalized cultural flows.

Let us conduct a review of the strategies which repeatedly enabled Rarámuri healers to maintain or expand their interpretational capacity in the face of new circumstances: in a first phase during the 1930s, the national and regional situation that resulted from a conflict between the Catholic church and the government prompted the Jesuits to seek a dialogue with Rarámuri. This first led to a greater level of shared knowledge with regard to religious ideas and also to a passionate discussion of their social meaning. Rarámuri took advantage of this situation to put their theological subjects on the agenda. Debates therefore often centered on their key concepts. They counteracted the advances of the priests by resorting to the same strategies that the priests themselves applied: when the Jesuits tried to discredit the healers as witches, the Rarámuri leveled this same accusation at the missionaries. When the Jesuits employed the polysemy of religious key figures like *Onorúame* to promote identification in a determinate manner with the Christian God, the Rarámuri reacted in a similar fashion. The diabolization of peyote on the part of the missionaries had the unintended effect of causing the Rarámuri to place greater emphasis on peyote as a key religious symbol and also enhanced the priest-like character and position of the peyote healer. This development led, in a second phase, to a new paradigmatic strategy, with Rarámuri healers limiting access to religious knowledge *vis-à-vis* insiders and outsiders. Internally, the hierarchy of healers became more exclusive and tightly organized, resulting in a further strengthening of the position of the peyote healers of Narárachi, even at regional level. Secrecy, which had certainly already played a part in status differentiation before the arrival of the Jesuits, thus gained a new social relevance. Finally, in a third phase, the peyote healers of Narárachi responded to the dualistic, excluding view of physicians by formulating concepts that assimilated this duality, though at the same time stressing certain parallels and a compatibility between both medicinal systems. Their pragmatic approach enabled their patients to consult a healer as well as a physician and to combine therapies.

The historic encounters demonstrate that the success of subordinates in defending their local autonomy in a world dominated by global flows depends to a considerable extent on their consciously reflecting and sometimes copying the forms of power of the power-holders, that is, of 'beating them at their own game'. On the other hand, missionaries and physicians are able to co-opt resistance to some extent by 'othering' copied forms of power, by portraying them as distinctive and inherent of "others" and in some way as essentially different. This is even reflected in one-dimensional views of power in the ethnological literature.

Bibliography

Abu-Lughod, Lila (1990): "The Romance of Resistance: Tracing Transformations of Power through Bedouin Women". In: *American Ethnologist*, 17, pp. 41-55.

Bennett, Wendell C./Zingg, Robert M. (1935): *The Tarahumara. An Indian Tribe of Northern Mexico*. Chicago: University of Chicago Press.

Berger, Peter L./Luckmann, Thomas (1992): *Die gesellschaftliche Konstruktion der Wirklichkeit*. Frankfurt/Main: Fischer.

Brambila, David (1970): *Bosquejos del alma tarahumar*. Sisoguichi.

— (1987): *Hojas de un diario*. Chihuahua: Centro Librero La Prensa (originally published in 1951).

Brandt, Elizabeth (1980): "On Secrecy and the Control of Knowledge: Taos Pueblo". In: Tefft (ed.), pp. 123-146.

Bye, Robert (1979): "Hallucinogenic Plants of the Tarahumara". In: *Journal of Ethnopharmacology*, 1, pp. 23-48.

Deimel, Claus (1996): *híkuri ba. Peyoteriten der Tarahumara*. Hannover: Niedersächsisches Landesmuseum.

— (1997): *Die rituellen Heilungen der Tarahumara*. Berlin: Reimer.

Dozier, Edward P. (1961): "Rio Grande Pueblos". In: Spicer (ed.), pp. 94-186.

Feierman, Steven (1985): "Struggles for Control: the Social Roots of Health and Healing in Modern Africa". In: *African Studies Review*, 28/2-3, pp. 73-147.

Gerste, Achilles (1914): *Rapport sur un voyage d'exploration dans la Tarahumara (Mexique Nord-ouest)*. Roma: Tip. de la Pontificia Nell Inst. Pio IX.

Gómez González, Filiberto (1980): *Rarámuri. Mi diario tarahumara*. Chihuahua: Editores Chihuahuenses (originally published in 1948).

González Rodríguez, Luis (1982): *Tarahumara. La sierra y el hombre*. México: SEP/80.

— (1992): *Crónicas de la Sierra Tarahumara*. Chihuahua: Editorial Camino (originally published in 1987).

— (1993a): *El noroeste novohispano en la época colonial*. México: Miguel Ángel Porrúa.

— (1993b): "Religión y comercio de plantas medicinales en el noroeste colonial". In: *Idem* (1993a), pp. 513-543.

— (1994): "Iván Ratkay, de la nobleza croata, misionero jesuita e historiador de la Tarahumara (1647-1683)". In: *Anales de Antropología*, 31, pp. 203-244.

Kennedy, John G. (1996): *Tarahumara of the Sierra Madre: Survivors on the Canyon's Edge*. Pacific Grove, Calif.: Asilomar Press.

Kummels, Ingrid (1988): *Schulerziehung für oder gegen indianische Ethnien? Die Rarámuri von Kabórachi und die Erziehungspolitik der mexikanischen Regierung*. Weilbach: Selbstverlag (Dissertation München).

— (2001): "Reflecting Diversity: Variants of the Legendary Footraces of the Rarámuri in Northern Mexico". In: *Ethnos*, 66/1, pp. 73-98.

Levi, Jerome M. (1993): *Pillars of the Sky: The Genealogy of Ethnic Identity among the Rarámuri-Simaroni (Tarahumara-Gentiles) of Northwest Mexico*. Ann Arbor, Mich.: University of Michigan Press.

— (1999): "Hidden Transcripts among the Rarámuri: Culture, Resistance, and Interethnic Relations". In: *American Ethnologist*, 26/1, pp. 90-113.

Lukes, Steven (1974): *Power. A Radical View*. London: MacMillan Press.

Lumholtz, Carl (1973): *Unknown Mexico*, vol. 1. Glorieta, New Mexico: Rio Grande Press (originally published in 1902).

Meyer, Birgit (1994): "Beyond Syncretism: Translation and Diabolization in the Appropriation of Protestantism in Africa". In: Stewart/Shaw (eds.), pp. 45-68.

Scott, James (1985): *Weapons of the Weak: Everyday Forms of Peasant Resistance*. New Haven: Yale Univ. Press.

— (1990): *Domination and the Arts of Resistance. Hidden Transcripts*. New Haven: Yale University Press.

Slaney, Frances M. (1991): *Death and "Otherness" in Tarahumara Ritual*. Ann Arbor: Univ. Microfilms International.

Spicer, Edward H. (1962): *Cycles of Conquest. The Impact of Spain, Mexico and the United States on the Indians of the Southwest*. Tucson: Univ. of Arizona Press.

Spicer, Edward H. (ed.) (1961): *Perspectives in American Indian Culture Change*. Chicago: University of Chicago Press.

Stewart, Charles/Shaw, Rosalind (eds.) (1994): *Syncretism/Anti-Syncretism. The Politics of Religious Synthesis*. London: Routledge.

Tefft, Stanton K. (ed.) (1980): *Secrecy. A Cross-Cultural Perspective*. New York: Human Sciences Press.

Velasco Rivero, Pedro D. (1983): *Danzar o morir. Religión y resistencia a la dominación en la cultura Tarahumara*. México: Ediciones CRT.

Williams, Brackette F. (1989): "A Class Act: Anthropology and the Race to Nation Across Ethnic Terrain". In: *Annual Review of Anthropology*, 18, pp. 401-444.

Martha Zapata Galindo

Modernización, poder y cultura: cambios en la relación de los intelectuales mexicanos hacia la política, el gobierno y el Estado

La relación de los intelectuales con el poder se puede entender analizando el desarrollo y la estructuración del "transformador" que permite a la ciencia y la cultura comunicarse con la política (Bourdieu/ Wacquant 1996: 136). Dicho transformador está constituido de actores sociales e instituciones que producen discursos según un contrato cognitivo que funda tanto el conocimiento científico en los criterios teóricos y metódicos, como la producción cultural, que se basa en parámetros estéticos (Bourdieu 1998a: 29). El transformador se articula como un campo en el que existe una red o configuración de relaciones objetivas entre posiciones determinadas por la posesión de los diferentes tipos de poder: económico, social y cultural y no es otra cosa que la estructura que surge de las relaciones entre distintas posiciones de poder. Una de sus características principales radica en la autonomía relativa que puede alcanzar frente a otros campos y ante todo frente al político.

La autonomía relativa se expresa mediante la facultad de traducir planteamientos sociales, políticos y económicos externos en tal forma que las coerciones que vienen del exterior desaparezcan y no sean reconocibles dentro de la lógica específica de las disciplinas científicas y las prácticas culturales. Para que el campo científico y/o cultural pueda ser considerado como relativamente autónomo necesita, según Pierre Bourdieu, cumplir con los siguientes requisitos:

1. En primer lugar deberá poseer una lógica propia que se derive primero de la historia de los discursos y prácticas específicas que

construyen el campo y que, en segundo lugar, se constituya como criterio absoluto para la acumulación de capital simbólico.[1]

2. Las influencias externas como la social, económica o política deberán tener acceso al campo exclusivamente a través de la lógica inmanente a las disciplinas científicas y prácticas culturales.

3. La competencia entre instituciones y actores será sancionada exclusivamente por las formas para censurar el discurso y las prácticas científicas y culturales independientemente de sanciones de tipo social o político (Bourdieu/Wacquant 1996: 37; Bourdieu 1998a: 19).

La relación de los intelectuales mexicanos con el poder se puede entonces reconstruir conforme al vínculo que éstos han tenido con el campo político, en otras palabras, al tipo de autonomía relativa que la ciencia y la cultura ha desarrollado frente a la política, al Estado y al gobierno. Tal relación se han modificado en México en los últimos treinta años a raíz de la modernización de las relaciones económicas, sociales y culturales, y a partir del proceso de democratización que se inició en los años ochenta. Existen dos rasgos principales que han contribuido a determinar el vínculo de los intelectuales con la política, el gobierno y el Estado. En primer lugar está la relación simbiótica que han tenido con el Estado y que se funda en la dependencia material y simbólica del campo intelectual de la política y la falta de autonomía relativa que se deriva de ella (Camp 1988: 30-52; Zapata Galindo 2002: 59-69). En segundo lugar tenemos las relaciones recíprocas de lealtad que estructuran a los grupos de intelectuales y políticos[2]

---

1 Bourdieu (1998b: 173) define el capital simbólico como la forma que toman los diferentes tipos de capital en un contexto histórico específico, cuando existen esquemas de pensamiento, de percepción y de acción específicos, que son producto de la incorporación de estructuras sociales existentes. El capital simbólico es entonces la resultante de la combinación de tres formas constitutivas de capital: cultural, social y económico. El capital cultural consiste en la educación y los títulos académicos reunidos, así como el poder universitario acumulado por puestos administrativos o cargos políticos dentro del sistema cultural. El capital social se deriva de la pertenencia a una clase y del *habitus* que se adquiere dentro de ésta. El capital material se refiere al capital económico que se puede heredar al pertenecer a familias de las élites económicas del país (Bourdieu 1992a: 49-80; 1992b: 155-164).

2 En el proceso de su formación, los intelectuales se organizan en México en grupos que se entrelazan con redes de políticos. Este entrelazamiento es muy

que son más importantes que cualquier principio o posición teórica o moral que sostengan los intelectuales e inciden sobre la forma en que se otorga el reconocimiento simbólico, se alcanza el prestigio y se adquiere la prominencia intelectual (Camp 1991: 551-568; Lomnitz 1995: 125-175; Hernández Rodríguez 1997: 691-739).

El campo intelectual incluye distintos niveles de agregación, por lo que se puede hablar de varios subcampos: el científico, el universitario, el cultural o el literario, dentro de los que se desarrollan determinadas instituciones, prácticas y discursos. El campo científico incluye por ejemplo a las disciplinas científicas, así como a los mecanismos para su producción y reproducción; el universitario a las facultades, escuelas e institutos de investigación dentro de las cuales se articulan las prácticas académicas; el cultural abarca a todas las instituciones que se encargan de la producción, reproducción, circulación y distribución de las mercancías culturales y el literario reúne a la totalidad de instituciones que se encargan de la elaboración y consagración de las obras literarias.

Si partimos de la dependencia del campo intelectual de la política estatal como uno de sus rasgos determinantes, hay que plantearse la pregunta acerca de si esta dependencia, que ciertamente dificulta el avance de conceptos científicos y proyectos culturales, impide el desarrollo de una autonomía relativa, o si más bien nos encontramos frente a un proceso más complejo de carácter híbrido en el que se pueden observar algunos elementos que indican la presencia de una autonomía relativa aún no consolidada, al mismo tiempo que coexisten con algunas dimensiones que indican que hay una distancia entre el campo intelectual y el político, pero aún no se configura una separación clara entre ambos. Si partimos de los indicadores de autonomía de un campo, como son la existencia de una lógica propia que surge de la historia inmanente del propio campo y que sirve para definir la estructura del capital simbólico, para mediar la injerencia de los factores exterio-

---

importante, ya que el Estado mexicano, por lo menos hasta principios de los años ochenta, reclutaba tradicionalmente de estos grupos políticos dentro de la Universidad Nacional a sus fuerzas dirigentes y a sus trabajadores administrativos y técnicos. En este contexto el éxito profesional, entendido como la acumulación de capital simbólico, estaba determinado en gran medida por la pertenencia a un grupo específico y las relaciones que éste tenía con las redes de políticos o intelectuales más poderosos dentro del sistema político y cultural (Camp 1988: 132-164).

res, ya sean políticos o económicos, y para sancionar a las instituciones, a los actores y discursos que configuran el campo, entonces podemos decir que el campo intelectual se ha desarrollado en México en el siglo XX siguiendo el siguiente patrón: de presentar una fuerte dependencia de conflictos externos de carácter social y político, se ha pasado a una etapa con un grado mayor de independencia hasta llegar a tener una autonomía relativa, en la que la dependencia de factores externos, sobre todo de los políticos, decrece, aunque nunca desaparece completamente. Estos momentos coinciden con tres etapas del proceso de institucionalización y profesionalización de la ciencia y la cultura de 1930 a 1970, de 1970 a 1988 y finalmente de 1989 a 2000.

La primera etapa que va de 1930 a 1970 se caracteriza por la fuerte ingerencia del Estado en los procesos de institucionalización y profesionalización de la ciencia y la cultura. Aun cuando el campo intelectual dependía del Estado, los actores sociales tenían la posibilidad de desarrollarse con bastante libertad siempre y cuando actuaran dentro de los parámetros establecidos. En general se puede observar en esta fase que las instituciones, las prácticas y los discursos se someten entonces a las determinaciones políticas.

En México se logró fortalecer, después de la Revolución, un sistema político autoritario y central, basado en el poder de un partido de Estado y un ejecutivo, que a través de la figura del presidente, dominaba el poder legislativo y el judicial, y que no permitía otras vías legítimas para la acumulación de capital económico, la apropiación de los recursos colectivos, o del capital político[3] que no fueran las que emanaban del poder ejecutivo. Los miembros de la élite política, que a raíz de la posición baja que ocupaban en la jerarquía política, estaban restringidos en sus posibilidades de aumentar su capital, recurrían a menudo a prácticas corruptas. Lo importante aquí era el hecho de que partiendo de la posición dominante del ejecutivo, sólo un pequeño

---

3   El estudio de la relación de los intelectuales con el poder requiere agregar a los tres tipos que configuran el capital simbólico (cultural, social y económico) una cuarta forma de capital. Se trata del capital político que en el caso de México desempeña una función especial y que puede entenderse como una forma específica de capital social que aparece en ciertas formaciones sociales como principio característico de diferenciación. El análisis de este tipo de formaciones sociales revela que se trata de sociedades en las cuales el capital económico juega un papel secundario y a veces marginal en comparación con el social o cultural para la acumulación de capital simbólico o prestigio (Bourdieu 1998a: 18-32).

número de políticos tenían el control sobre una gran parte de los recursos nacionales. Como el partido de Estado que se encontraba en el poder desde 1929[4] se había estructurado mediante un principio de rotación, que daba acceso al poder y a los recursos a todas las fracciones de la élite política, sus miembros tenían que abandonar los puestos políticos más importantes dentro de la burocracia cada seis años (Smith 1981: 60-76). Esto propiciaba las prácticas de corrupción y al mismo tiempo fomentaba una estructura de negociación que permitía renovar constantemente las redes y las alianzas de poder (Suárez Farías 1991; Medina Viedas 1998). La monopolización del acceso a los recursos y la centralización del poder político explican en gran parte la falta de autonomía relativa del campo intelectual, así como la importancia del capital social y político para la apropiación del capital simbólico, que se sustenta en las redes de parentesco y amistad.

La demanda de técnicos y especialistas, producto del desarrollo del país, la diversificación de las tareas sociales a resolver por el Estado posrevolucionario y el crecimiento de los aparatos estatales tuvieron grandes efectos sobre la modernización y la expansión del sistema educativo, universitario y cultural. Se establecieron nuevas disciplinas científicas e institutos de investigación y se crearon centros para la producción y el fomento de las manifestaciones culturales en sus diversas formas. El gobierno mexicano decidió entonces someter el desarrollo tecnológico, científico y cultural del país a las necesidades de la política económica de desarrollo (Valenti Nigrini 1990: 431-470). El Estado intervencionista mexicano no sólo monopolizó el ejercicio del poder a través de un sistema populista basado en estructuras corporativas y clientelistas, sino que también participó en la planeación y regulación de la economía y el desarrollo social. Requiriendo para esto especialistas y no encontrándolos en el mercado de trabajo, tuvo que convertirse en un Estado promotor de la educación y de la ciencia. Al mismo tiempo que se constituyó como un Estado autoritario y sin estructuras democráticas, en el que el estado de derecho nunca se pudo consolidar, utilizó entonces a la ciencia, en especial a las ciencias sociales y humanas, así como a los productores de la cultura

---

4   En el año 1929 se había fundado el Partido Nacional Revolucionario (PNR) que en 1938 se convertiría en Partido Revolucionario Mexicano (PRM), para finalmente ser reestructurado en 1946 y bautizado como Partido Revolucionario Institucional (PRI).

para legitimar sus acciones. Para esto transportó las dimensiones centrales del sistema político, como el clientelismo y el corporativismo al campo intelectual. Aquí estos elementos se convirtieron, aun cuando de una manera diferente, en momentos estructuradores de ciencia y cultura. Por esta razón los grupos de intelectuales basados en relaciones de lealtad recíprocas se convirtieron en el fundamento de las relaciones dentro del campo intelectual y este último se orientó desde un principio a las necesidades del Estado descuidando su propia constitución y lógica interna. Su dependencia de la política dificultó además el desarrollo de conceptos culturales y científicos autónomos y afianzó el encadenamiento de los intelectuales con el Estado, produciendo formas especiales de vinculación entre grupos de intelectuales y políticos (Zapata Galindo 2002: 33-58).

No sólo los mecanismos para la acumulación de prestigio y poder cultural o científico permanecieron sometidos a los designios estatales, sino también el desarrollo y el funcionamiento de las organizaciones corporativas representantes de los intelectuales como las sociedades, asociaciones y gremios profesionales. Tales organizaciones fracasaron por esto en su intento de realizar tales tareas, como las de monopolizar campos de acción específicos, apoyar el prestigio y desarrollar una ética profesional. En el Estado corporativista no había lugar para organizaciones que estuvieran fuera de los sectores del partido de Estado. La representación de intereses sólo era posible mediante los canales tolerados por el sistema político. Esto no significa, sin embargo, que la política dentro del partido de Estado o del gobierno fuera controlada de una manera absoluta desde arriba. Dentro de los canales establecidos había espacio para pronunciar demandas específicas, aun cuando se impedía la articulación de ciertos intereses. En este contexto había muchas organizaciones que sometiéndose a los dictados políticos eran favorecidas por el Estado como interlocutores y utilizadas como apoyo para las negociaciones en situaciones conflictivas. A partir de los años setenta la crisis de legitimidad que acusa al sistema político obliga al Estado a permitir la existencia de organizaciones fuera del partido de Estado, pero logra siempre someterlas a las políticas tradicionales de negociación.[5]

---

5   Acerca de los mecanismos de negociación en el contexto de la política populista en México, véase Braig (1999).

La organización de grupos intelectuales que desarrollaban relaciones estrechas con los políticos era decisiva para el desarrollo profesional, para garantizar la integración a los aparatos estatales y finalmente para poder controlar el acceso a los recursos culturales y la distribución de las mercancías simbólicas (Lomnitz 1976: 20). Basándose en la dinámica del sistema político, los grupos de intelectuales entretejieron sus espacios de acción con el poder del ejecutivo, ya que era el único que podía garantizar el acceso a los recursos materiales y simbólicos (Camp 1996: 261-284).

En los años sesenta, los grupos de intelectuales empezaron a distanciarse del nacionalismo estatal y a desarrollar formas alternativas de nacionalismo cultural. En esta fase buscaron nuevos caminos para darle expresión a los cambios sociales producto de la industrialización (Monsiváis 1976: 413-419, Sefchovich 1987: 241-254). Aquí aparecieron las primeras señales de lucha por una autonomía relativa dentro del campo intelectual, sin que fuera necesario arriesgar una ruptura violenta con el sistema político. Hasta aquí los intentos de los intelectuales para organizarse en grupos fuertes y duraderos con un proyecto intelectual propio no habían tenido mucho éxito. Esto se debía en parte a que el Estado controlaba la mayor parte de los recursos culturales, con lo que se podía obstaculizar el desarrollo autónomo del campo intelectual. Los proyectos que nacieron en el seno de la Universidad Nacional, por ejemplo, no pudieron superar las fronteras académicas. Los periódicos que se constituyeron como un terreno privilegiado para las actividades de los intelectuales estaban controlados también indirectamente por el Estado.[6]

La derrota sangrienta del movimiento estudiantil en 1968 marca un giro en la vida cultural de México, ya que de ésta se desprendieron una serie de cambios en el campo cultural y el político. La gran mayo-

---

6   Hasta principios de los años noventa el Estado tenía instalados una serie de mecanismos de control en la Secretaría de Gobernación que podían limitar a la prensa y los medios de comunicación electrónica en sus libertades. Tres ejemplos de estos mecanismos son: 1. El monopolio sobre importación, distribución y venta del papel a través de la empresa paraestatal PIPSA; 2. La participación fuerte del Estado en el financiamiento de la prensa, la radio y la televisión mediante inversiones en anuncios y 3. Los mecanismos tradicionales de cooptación que se implementaban sobornando a los trabajadores en medios de comunicación masiva, o las estrategias represivas que iban desde el atemorizar hasta asesinar periodistas.

ría de los prominentes intelectuales se solidarizó con el movimiento y condenó la masacre del 2 de octubre. Algunos fueron encarcelados por haber sido considerados autores intelectuales del movimiento,[7] otros solamente agredidos por la prensa pro gubernamental,[8] los más famosos hicieron pública su protesta.[9] También existieron los que callaron y los que apoyaron abiertamente al gobierno.[10] La relación simbiótica que había dominado hasta entonces el vínculo entre los intelectuales y el Estado empezó a resquebrajarse. Los intelectuales empezaron entonces a cuestionarse su dependencia material y simbólica del Estado.

La segunda etapa que va de 1970 a 1988 coincide con el momento en que el Gobierno intenta dar una solución a la crisis de legitimidad y a la pérdida de hegemonía del partido de Estado y su sistema político después de 1968, a través de una intervención y un control de la economía y de una inversión masiva en la expansión del sector educativo. La consecuencia inmediata de esto fue el mejoramiento de la infraestructura educativa que impulsó el establecimiento de la investigación e intensificó la producción científica, así como fomentó el desarrollo creativo y artístico. Aunado a esto se produjo un crecimiento del mercado académico y cultural de trabajo, que permitió al gobierno cooptar al potencial intelectual para el proyecto de relegitimación estatal. Todo esto contribuyó a su vez a acelerar la profesionalización de las actividades científicas y culturales, con lo que se sentaron las bases para la modernización del sector educativo y cultural que el Estado llevaría a cabo en los años posteriores. Durante esta fase se desarrolla por primera vez en el campo intelectual una conciencia acerca de la necesidad de una autonomía relativa, sin que se genere un cuestionamiento o una ruptura de los vínculos concretos que se tienen con el

---

7 Tal fue el caso de José Revueltas, Manuel Marcué Pardiñas, Eli de Gortari y Heberto Castillo.

8 Algunos ejemplos de estos son Luis Villoro, José Luis Ceceña, Ricardo Guerra, Rosario Castellanos, Carlos Monsiváis y Juan García Ponce.

9 Octavio Paz renunció a su puesto de embajador en la India. Carlos Fuentes denunció junto con otros intelectuales latinoamericanos en una carta abierta a Arthur Miller y Maurice Béjart, del 9 de octubre de 1968, en *Le Monde* la represión del gobierno mexicano contra los estudiantes. Más tarde se unieron a estas voces Fernando Benítez, José Emilio Pacheco, Carlos Monsiváis y Vicente Rojo (Volpi 1998: 327-380).

10 Como intelectuales cercanos al gobierno, Agustín Yáñez, Mauricio Magdaleno, Martín Luis Guzmán, Jaime Torres Bodet y Salvador Novo condenaron al movimiento estudiantil (Volpi 1998: 412).

Estado. Los intelectuales empiezan también a luchar por el control sobre la producción, distribución y venta de las mercancías simbólicas, que hasta entonces habían estado bajo el control absoluto del Estado. El entrelazamiento del campo político e intelectual, que había dominado hasta ese momento las relaciones de ambos, había llevado a los intelectuales a aceptar la lógica del sistema político para poder ganar el espacio necesario para sus actividades intelectuales. La constante lucha por el acceso a los recursos culturales les permitió cada vez más ir adquiriendo poder sobre la producción y reproducción de las mercancías culturales. Hasta 1968 el Estado había tenido el control sobre las universidades, editoriales, periódicos, la televisión, la radio y la industria del cine. Paralelamente a esta reestructuración del campo intelectual, el Estado empezó a reducir su control sobre el espacio cultural, desarrollando al mismo tiempo nuevos mecanismos para seguir ejerciendo presión sobre los diferentes grupos de intelectuales. Una de las nuevas estrategias estatales después del 68 consistió en abrir los espacios políticos, sociales y culturales para permitir una mayor actividad a los diferentes grupos sociales, sin por esto perder el control sobre ellos. Así fue como el echeverrismo[11] favoreció el proceso de desarrollo de la autonomía del campo intelectual, dándo a los actores sociales una mayor libertad para expresar sus críticas a la política estatal.

La autoconciencia de los intelectuales, que se vio fortalecida por el movimiento estudiantil, les permitió pensarse más distantes frente al Estado, así como plantearse estrategias para tratar de resolver el problema de su dependencia económica y política. Se iniciaron entonces nuevos proyectos culturales en torno a revistas y periódicos, buscando, aunque sin lograrlo plenamente, diversificar las fuentes de financiamiento para no depender absolutamente del inevitable apoyo estatal. Esta diversificación fue posible en parte porque el partido de Esta-

---

11 El concepto de echeverrismo se refiere a los diferentes grupos de actores sociales que participaron en la concepción y realización del proyecto de reestructuración social, política y cultural que se llevó a la práctica durante el sexenio 1970-1976 en México. Se trata de políticos, empresarios, científicos, intelectuales y tecnócratas, que al lado del presidente Luis Echeverría contribuyeron a modernizar y reestructurar la política estatal en diversos sectores como respuesta estratégica para recuperar la hegemonía perdida a raíz de las crisis económicas y de legitimación.

do estaba fragmentado en diversas fracciones, a las que los intelectuales pudieron recurrir buscando apoyo financiero, evitando con esto ser subordinados por parte del grupo en el poder.[12] Este proceso culminó con la discusión en torno al papel del intelectual frente al poder, en la que destacaron cuatro posiciones que intentaban resolver la contradicción que existía entre la dependencia material y simbólica del Estado y la autonomía relativa en la cultura que los intelectuales aspiraban llegar a alcanzar. Dicho de otra manera, los intelectuales se planteaban la siguiente pregunta: ¿cómo llegar a tener acceso a los recursos culturales que estaban aún controlados por el Estado sin hacerse dependientes de él?

La primera posición que se desarrolla en este debate creía poder resolver el problema de la dependencia de los intelectuales del Estado realizando la siguiente operación discursiva: había que separar al intelectual como tal del ciudadano. El intelectual no debería entonces de hablar en nombre de instituciones o grupos, ni dar expresión a proyectos ideológicos en su producción científica o cultural. Como ciudadano, sin embargo, podía dar expresión a sus convicciones políticas y hasta debería elaborar proyectos de política cultural. Cuando éstos coincidieran con las políticas del gobierno, no debería entonces temer el perder por esto su autonomía frente a la política, ya que sólo se estaba comprometiendo el ciudadano y no el intelectual.[13] Una segunda posición partía del papel revolucionario del intelectual y no separa al intelectual del ciudadano. La tarea de ambos consistía entonces en formular un proyecto político alternativo al del Estado y tratar de llevarlo a la práctica.[14] La tercera posición se consideraba a sí misma también como revolucionaria y partía de la necesidad de transformar el proyecto político estatal desde el interior del mismo, participando

---

12 Un ejemplo de esto lo tenemos en el caso del grupo de intelectuales en torno a Emilio Martínez Manatou, secretario de Gobernación del presidente Gustavo Díaz Ordaz. Miembros de este grupo eran Henrique González Casanova, Víctor Flores Olea, Gastón García Cantú, Horacio Labastida, Francisco López Cámara y Gustavo Romero Kolbeck, entre otros. Martínez Manatou motivaba a estos intelectuales para que criticaran al presidente de la República y a la fracción en el poder, al mismo tiempo que recibía el apoyo de aquéllos en su campaña para lograr la sucesión presidencial en 1968 (Castañeda 1999: 45-46).

13 Esta posición era defendida ante todo por Octavio Paz, Tomás Segovia y Gabriel Zaid (Fuentes et al. 1972: 21-28).

14 Luis Villoro defiende esta posición *(ibíd.)*.

activamente en la definición, implementación y crítica de las políticas estatales, ya fueran éstas sobre cultura o no.[15] La última posición, que contaba con un menor grado de aceptación, coincidía con la primera en que rechazaba la función legitimadora de la política estatal. Ambas posiciones pretendían establecer un espacio autónomo en el que los intelectuales pudieran elaborar sus propios proyectos con libertad. Se distinguían en el hecho de que esta última no se conformaba con el establecimiento de un seudoespacio público de carácter elitista y exclusivo para los intelectuales, sino que buscaba la apertura de este espacio para la participación de las mayorías. Por eso es que alcanzaba a ver el engaño que hay en la separación entre el intelectual y el ciudadano: el ciudadano no tenía los derechos de los que gozaba el intelectual, afirmaba Carlos Monsiváis defendiendo esta argumentación, y por esa razón no había que confundir la libertad de algunos individuos con la libertad en el país. También cuestionaba la posibilidad de articular un punto de vista en la cultura que fuera libre de toda influencia política, así como el papel revolucionario y disidente de la ciencia, la literatura y el arte (Fuentes et al. 1972: 22-28).

La discusión giró en torno al tema de la relación de los intelectuales con el poder y a la necesidad de defender la autonomía relativa del campo intelectual. Se establecieron diversas estrategias para enfrentar al Estado y a los grupos en el poder, sin tematizar directamente la problemática acerca del acceso de los intelectuales a los recursos culturales en manos del Estado, de su dependencia material del mismo y de las consecuencias de aquélla para la política y para la estructura del mundo intelectual.[16]

En la tercera etapa que va de 1989 a 2000 el propio Estado contribuye masivamente al desarrollo de la autonomía relativa del campo intelectual. En el contexto de la reestructuración neoliberal de la eco-

---

15 En este sentido argumentaban Carlos Fuentes, Gastón García Cantú y Víctor Flores Olea *(ibíd.)*.

16 José Luis Pacheco es el único que hace referencia al dilema de la dependencia económica de los intelectuales y constata con resignación que no hay solución para éste, ya que las alternativas, como el caso de la iniciativa privada, o de los consorcios culturales transnacionales, no ofrecen salida alguna de esta situación, ni garantizan las condiciones adecuadas para que se dé la autonomía del campo intelectual *(ibíd.)*.

nomía mexicana, el salinismo[17] elaboró un proyecto de modernización para la ciencia y la cultura que se apoyaba en parámetros distintos a los de la etapa anterior. Entre 1989 y 1994 se trató de realizar tres metas: descentralizar, planear con eficiencia y elevar la productividad de la educación, la ciencia y la cultura. Para esto se introdujeron mecanismos especiales como premiar el rendimiento, el fomento de la calidad individual e institucional y se impulsó la cooperación entre la ciencia, la cultura y el sector productivo de la nación, por lo que se empezó a fortalecer a las diferentes corporaciones y gremios dentro del campo científico, universitario y cultural, para que se constituyeran como actores de negociación frente al sector productivo (Gilardi 1992: 119-134; Villaseñor García 1992: 127-128; Luna 1997: 63-70). El Estado conservó, sin embargo, el poder sobre la definición de la política científica y cultural, sobre los instrumentos de control sobre el financiamiento de las instituciones y los proyectos culturales, sobre el sistema de premios y reconocimientos a los científicos y creadores artísticos, así como sobre las corporaciones y gremios representativos de los intelectuales.[18]

En los años setenta se articulaban los grupos de intelectuales en torno a revistas (*Política, Revista de la Universidad*) y suplementos de los periódicos (*México en la Cultura* y *La Cultura en México*), así como en las universidades (Casa del Lago y el Departamento de Difusión de la Universidad Nacional Autónoma de México). En lo años ochenta y noventa los círculos de intelectuales gozaban de una mayor autonomía al no depender más del financiamiento de los periódicos o

---

17 El concepto de salinismo incluye a todos los actores sociales que contribuyeron a la planeación, concepción y realización de un proyecto de modernización en México. Se trata de políticos, empresarios, científicos, intelectuales y tecnócratas, que al lado del presidente Carlos Salinas de Gortari, a partir de 1989, intentaron materializar sus visiones de la modernidad reestructurando la economía en un sentido neoliberal y tratando de transformar una serie de instituciones sociales y políticas.

18 Esto era posible gracias a la reestructuración de la Secretaría de Educación Pública y sus dependencias, al control sobre el Consejo Nacional de Ciencia y Tecnología, el Sistema Nacional de Investigadores y el Sistema Nacional de Creadores Artísticos, mediante la creación de nuevas instancias para planear, regular e implementar las políticas culturales como el Consejo Nacional para la Cultura y el Arte, así como a través de la ingerencia estatal en la Academia de Investigación Científica, el Consejo Consultivo de la Ciencia y la Fundación Nacional de Investigación (Casas/Gortari 1997: 152-155).

las revistas en las que publicaban. Seguían dependiendo, sin embargo, del capital político para tener acceso a los recursos culturales, pero en relación a su reproducción interna tenían muchas libertades, ya que estaban estructurados como empresas lucrativas dueñas de revistas (*Nexos, Vuelta*) y editoriales (Cal y Arena, Clío, Vuelta). Poseían además cierta influencia sobre algunos periódicos (*Unomásuno, La Jornada, Reforma, El Nacional*), tenían acceso a la televisión (Televisa y Canal 22 del Estado) y su esfera de influencia abarcaba universidades (Universidad Nacional Autónoma de México, Universidad Autónoma Metropolitana, El Colegio de México) e instituciones culturales importantes (Consejo Nacional para la Cultura y las Artes), así como algunos de los mecanismos que regulan el acceso a los recursos culturales (Sistema Nacional de Investigadores, Sistema Nacional de Creadores Artísticos). En este contexto de modernización se puede constatar un grado mayor de diferenciación y profesionalización de las prácticas intelectuales que coincide con un fortalecimiento de la autonomía en el campo intelectual y con el desarrollo de dispositivos para controlar los medios de producción de la cultura. Los grupos de intelectuales mejor organizados, como *Vuelta* y *Nexos*,[19] logran adquirir mucho poder sobre la producción, distribución y venta de las mercancías culturales y sobre algunas instituciones científicas y culturales a raíz de que reciben el apoyo del gobierno. A cambio de esto se comprometen a invertir su capital simbólico para legitimar el proyecto de modernización salinista a fines de los ochenta y principios de los noventa (Zapata Galindo 2002: 85-112).

Entre la primera y la segunda etapa de desarrollo (1930-1970 y 1970-1988) el acceso al campo científico y cultural no estaba reglamentado por mecanismos de autorización o de censura uniforme. Cualquier individuo podía autodesignarse como científico, artista o escritor. Como los mecanismos para acumular capital simbólico no estaban reglamentados por el propio campo y dependían en gran medida de factores externos, como el poder social o político, y como no era tan importante permanecer dentro de un campo específico, los

---

19 Los grupos *Vuelta y Nexos* se fundaron respectivamente en 1976 y 1978, logrando convertirse a fines de los años ochenta en empresas lucrativas, para finalmente lograr establecerse en los años noventa en el terreno de los medios de comunicación electrónica y convertirse en los grupos de intelectuales más hegemónicos del país.

científicos y creadores artísticos circulaban entre diversos subcampos (universitario, científico, periodístico, político, literario). Mientras el campo tenía poca autonomía, el poder político o administrativo determinaba las vías para el reconocimiento y el prestigio. Es a partir de la tercera etapa (1989-2000) en que el capital cultural se vuelve fundamental para la configuración del capital simbólico a raíz de que el salinismo, en el contexto de su proyecto modernizador, le da una gran importancia al introducir nuevos mecanismos para la evaluación de la producción científica y cultural que se volvieron determinantes para posicionar a los intelectuales en la jerarquía del campo (Escalante/ Jiménez 1999: 54-56). Cuando la autonomía aumenta, las reglamentaciones inherentes al campo se vuelven entonces determinantes, con lo que se produce una diversificación y especialización mayor de las prácticas científicas y/o culturales que debilitan la dependencia del campo intelectual del Estado y sus aparatos e inciden positivamente en la calidad de la producción intelectual.

La resistencia frente al poder político apoya a la producción científica y cultural a desarrollar nuevas estrategias para afirmarse en la sociedad. En el momento que empieza a expandirse el mercado cultural dentro de la nueva economía de mercado, la aceptación social del trabajo científico y cultural se convierte cada vez más en un factor significativo para la acumulación de capital simbólico, que conduce a los actores a buscar una mayor presencia en el espacio público y a utilizar cada vez más los medios de comunicación electrónica. Al principio la utilización es meramente estrategia de poder que contribuye al establecimiento de un seudoespacio público, que estaba sólo al servicio de los grupos intelectuales más poderosos y de la élite política y no se participa aún en la construcción de un espacio público democrático y abierto para todos los actores de la sociedad civil.[20]

Algunos indicadores que permiten medir la dependencia del campo intelectual del político, como son la injerencia de planteamientos

---

20 Se puede constatar un cambio radical a partir del levantamiento de los zapatistas en Chiapas en el año de 1994. La fuerte movilización de la sociedad civil que se produjo como manifestación de solidaridad con la población indígena llevó a plantear demandas radicales de democracia. En este contexto los intelectuales se vieron obligados a tomar posiciones en un espacio público que ahora ya no estaba dominado por sus discursos, sino por el movimiento zapatista y por los actores de la sociedad civil.

políticos externos que se observan en la fuerte politización de algunos segmentos del campo cultural, han disminuido a raíz de la profesionalización y modernización ocurrida durante la tercera etapa.[21] Las esferas que no han podido ser despolitizadas son precisamente aquellas en donde la política estatal, o la ideología política no se tratan de legitimar por principios políticos, sino de acuerdo con la objetividad de procesos científicos o culturales. Otro problema que muestra la forma híbrida que toma la autonomía relativa del campo intelectual se observa en la estructura que adquiere la competencia entre actores e instituciones, cuando es deformada por la intervención de poderes externos, es decir, cuando la censura social se disfraza de científica o cultural y cuando la argumentación científica o estética encubre el abuso del poder social o político.[22] Se puede observar en los últimos años, sin embargo, que en el reparto de los premios, los puestos y el reconocimiento ya se ha impuesto la tendencia a darle más importancia al capital cultural en forma de títulos o de producción científica y artística, así como al prestigio, aun cuando el capital político y social aún sigue siendo decisivo y logra influir en las decisiones de los jurados de las comisiones que otorgan los premios y los reconocimientos.

A través del estudio de la significación del capital político y social para la acumulación del capital simbólico se puede comprender cómo ciertos actores han conseguido puestos sin alguna calificación pertinente. Se ha vuelto, sin embargo, reprobable el que científicos o creadores artísticos no calificados tengan el poder de decidir sobre el acceso a posiciones prestigiadas o sobre la distribución del reconocimiento simbólico. En algunas ocasiones, y muchas se pudieron observar todavía en los años noventas, parecía que los premios se otorgaban más para premiar la entrega y lealtad política que el mérito científico y cultural. El campo político ha conservado hasta hoy su poder de intrusión en la determinación de las jerarquías del campo intelectual, a partir de que controla aún el acceso a una gran parte de los recursos

---

21 Ejemplo de esto lo encontramos en las disciplinas que permitieron la fuerte politización de algunas de sus especializaciones, como la historia política, la sociología política, la economía política y la administración pública.

22 Un ejemplo de esto lo tenemos en las decisiones para premiar a los candidatos ganadores del Premio Xavier Villaurrutia, del Premio Nacional de Periodismo y del Premio Nacional de Ciencias y Artes (Zapata Galindo 2002: 241-250, 273-275).

culturales y científicos mediante mecanismos institucionales estratégicos y políticas culturales (Zapata Galindo 2002: 113-132).

El desarrollo del campo intelectual en México ha sido dependiente de la política, pero esto no ha implicado un sometimiento absoluto a la dominación del Estado. Éste ha sido para los intelectuales un punto de referencia vital, debido a que se constituyó como la instancia central de reconocimiento, como el principal consumidor de la producción de sentido, como el mercado de trabajo más importante para técnicos, asesores, expertos y creadores, así como el administrador central de los recursos materiales, culturales y simbólicos.

El estudio de las prácticas intelectuales en los últimos treinta años en México muestra que la jerarquía sociopolítica era más importante que la cultural. En la medida que va adquiriendo importancia el capital cultural, en forma de títulos y reconocimientos de la producción científica y cultural, se va imponiendo, en los años noventa, una jerarquía cultural basada en la autoridad científica o artística y en la prominencia intelectual, aunque la jerarquía sociopolítica no pierde su significado para las estrategias reproductivas del campo intelectual. Ambas jerarquías dependieron mucho tiempo de la política y sólo a través del aumento de la autonomía del campo intelectual empezó a disminuir la influencia de aquélla. En los últimos años el capital político ha ido perdiendo valor para la acumulación del capital simbólico, y sólo el capital en relaciones sociales institucionalizadas sigue siendo determinante, con lo que la importancia del capital económico se vuelve significativa en el campo intelectual.

Algunos elementos que han influido en positivamente el desarrollo de la autonomía tienen que ver con el proceso de democratización reciente y con la reestructuración neoliberal de la economía. A través de la privatización de empresas estatales los medios han podido liberarse de la censura política, que originalmente se dirigía más que nada en contra de la televisión, la radio y el cine, mientras que los libros, revistas y periódicos gozaban de libertad. Sin embargo, los intelectuales sabían dónde estaban los límites y practicaban la autocensura. El seudoespacio público que existía estaba controlado por reglas informales que garantizaban que la producción simbólica que circulaba dentro de él no rebasara los marcos establecidos por la censura estatal, por lo que los intelectuales callaban acerca de aquello que el Estado pretendía ocultar.[23] Hoy existe en México una gran libertad para la prensa, aun cuando todavía no hay una ley para reglamentarla en un contexto democrático. Los intelectuales se interesan ahora más que nunca por la transparencia política y tienen plenas libertades, sin embargo, empiezan a sentir al mismo tiempo los efectos de las dinámicas que desata el mercado libre sobre los recursos culturales. En este contexto algunos intelectuales prefieren seguir dependiendo del Estado y están dispuestos a sacrificar la autonomía ganada porque sienten que no pueden defender los recursos y las mercancías científicas y culturales desde la nueva lógica del mercado. Algunos grupos de intelectuales lograron dentro de estas dinámicas ampliar sus espacios de acción y adaptarse a las nuevas condiciones del mercado, mientras que otros se debilitaron al volverse dependientes de intereses particulares que ponen límites a la autonomía que habían conquistado.[24]

El imaginario de los intelectuales mexicanos se basa en la definición que ellos dan sobre su función. Según ésta, ellos no sólo son portadores de saber, sino también actores sociales comprometidos con la transformación de la sociedad. En un diálogo permanente con el poder, que se manifiesta en la continua producción de discursos que intervienen en el campo político, tratan de llamar la atención a un

---

23 Ciertamente no todos los intelectuales se sometían a la dinámica de la autocensura, así como había otros que a veces violaban las leyes informales del sistema. El Estado reaccionaba en algunas ocasiones con represión porque temía un desequilibrio del sistema. En otros momentos toleraba las transgresiones, sobre todo en las fases en las que se daban las aperturas de los espacios políticos. Dentro del seudoespacio público, sin embargo, se podía hablar prácticamente de todo y hasta criticar la política estatal sin esperar censura alguna por parte del gobierno. Esto no excluía las represalias de políticos que consideraban había sido dañada su imagen y reputación. Un ejemplo de esto lo tenemos en la persecución de Daniel Cosío Villegas por parte de Gustavo Díaz Ordaz, así como la de Julio Scherer García por parte de Luis Echeverría (Camp 1988: 266-270; véase también Leñero 1994: 25-47).

24 A raíz de la reestructuración neoliberal y las políticas de privatización se han diversificado las fuentes de financiamiento y las inversiones en los diferentes medios masivos de comunicación, con lo que las líneas políticas e ideológicas de algunas empresas en este terreno se han ido modificando paulatinamente. Con la ingerencia del capital internacional se teme además el sometimiento de la cultura a las dinámicas del consumo, con lo que algunas esferas se verán desplazadas o completamente excluidas.

interlocutor político privilegiado,[25] al que esperan comunicarle sus ideas acerca de la transformación del Estado, de la sociedad y acerca de cómo hacer política. Con esto participan en la construcción del consenso político y cultural de la nación de diversas maneras: mientras el campo intelectual todavía no era autónomo, la lógica política intervenía en el campo cultural y los intereses políticos aparecían en el campo intelectual sin mediación alguna. Por otra parte, los propios intelectuales se integraban al campo político e intentaban materializar sus ideas trabajando como funcionarios o asesores políticos.[26] Una vez que el grado de autonomía relativa aumentó, las influencias externas empezaron a ser traducidas a la lógica del campo, con lo que se volvieron cada vez más irreconocibles. Esto significaba para los intelectuales que, a medida que aumentaba el grado de la autonomía relativa, sus prácticas se orientaban cada vez más hacia la lógica cultural. Aquí se puede constatar un desplazamiento, ya que los intelectuales seguirán contribuyendo a la construcción del consenso político, pero ahora le irán dando más importancia a hacerlo en el marco de sus prácticas específicamente culturales y científicas, demarcando a su vez los límites entre lo cultural, lo científico y lo político.

En los últimos años se observa un nuevo distanciamiento de los intelectuales frente al Estado a raíz de la crisis económica y de la nueva crisis de legitimidad del partido de Estado, de la fuerte movilización y organización de actores sociales dentro de la sociedad civil, de los efectos de la globalización en la política y la cultura, así como a partir de las repercusiones del levantamiento indígena en Chiapas

---

25 Se trata del presidente de la República, ya que los intelectuales parten de que es la persona que concentra el mayor grado de poder y por lo tanto la única que puede modificar las estructuras sociales, políticas y económicas del país.

26 En su estudio sobre los intelectuales mexicanos entre 1920 y 1980, Roderic Ai Camp llegó a los siguientes resultados en torno a las actividades políticas que éstos realizan: el 53% de los intelectuales prominentes trabajaban en el gobierno como funcionarios o asesores. De éstos, el 46% tenía un puesto en la burocracia federal, el 25% era miembro de algún partido político y el 20% eran senadores, diputados o funcionarios de partido o sindicato (Camp 1988: 39). Partiendo de mi propia investigación sobre los intelectuales entre 1980 y 2000, se obtiene el siguiente cuadro: 58,9% de los intelectuales prominentes trabaja como funcionario o asesor para el gobierno; 39,5% tiene un puesto en la burocracia federal; 14,8% es miembro de algún partido político y el 11,9% son senadores, diputados o tienen puestos dentro de un partido político (Zapata Galindo 2002: 71-72, 241-249).

sobre el proceso de democratización y sobre las prácticas políticas en México. Las prácticas culturales que ya habían sido transformadas por el proceso de institucionalización y profesionalización de la ciencia y la cultura han empezado a disminuir el valor y la fuerza de las relaciones recíprocas de lealtad en las que se apoyan los grupos de intelectuales y políticos y a abrir caminos para otro tipo de vínculos entre los intelectuales y el partido de Estado, que han sido ya aprovechadas por el presidente actual de México, Vicente Fox, el cual también ha recurrido a prácticas típicas del sistema político para acercarse a los intelectuales y comprometerlos con su proyecto de alternancia política.[27] También ha habido una fuerte reorientación, cambio de filiaciones políticas y migración entre el partido de Estado y la oposición, ya que a raíz de los cambios políticos recientes la lucha por el control sobre los recursos culturales se ha vuelto nuevamente actual.[28]

En comparación con las prácticas intelectuales de los años setenta se puede observar que en las épocas en las que el gobierno podía limitar la libertad de prensa y controlaba a la sociedad civil mediante estructuras corporativas y clientelistas, los intelectuales intercambiaban sus ideas entre sí y las élites políticas en un seudoespacio público que era a veces confundido con la sociedad civil.[29] Cuando los intelectua-

---

27 A partir de 1988 se empieza a observar un desplazamiento de intelectuales hacia los partidos de oposición, al Partido de la Revolución Democrática (PRD) y al Partido Acción Nacional (PAN) y de la oposición al Partido de la Revolución Institucional (PRI). A partir de 1994 se intensifica la migración hacia diferentes partidos políticos de oposición y en el año 2000 alcanzan los desplazamientos su nivel más alto hacia el PAN y el foxismo (Zapata Galindo 2002: 149).

28 Durante y después de su campaña electoral Vicente Fox trató de acercarse a los intelectuales haciendo uso de los canales y métodos tradicionales. Se empezó a discutir en torno a una nueva reestructuración del campo cultural y se invitó a todos los intelectuales a participar en ésta. Algunos de los grupos de intelectuales intentaron posicionarse a la mayor brevedad al lado de Vicente Fox con la esperanza de conquistar el liderazgo cultural. Una vez en el poder, Fox decidió poner al frente de la cultura a una figura que estaba ubicada fuera del campo cultural, y renunció a sus planes para fundar una Secretaría de Cultura, con lo que decepcionó a muchos intelectuales. Sería muy prematuro el querer deducir de estas acciones cambios en la relación de los intelectuales con el poder. Lo más importante es que Fox, al igual que sus predecesores (Salinas de Gortari y Zedillo), no se ha atrevido a reducir el presupuesto para ciencia y cultura de manera significativa, ni a modificar las estructuras que determinan los vínculos entre el Estado y la cultura.

29 La sociedad civil no es concebida en este artículo como un estado permanente, sino como un contexto funcional en el que se lucha por la construcción de la

les eran presos del nacionalismo estatal trabajaban para construir el consenso político y social integrando en sus discursos legitimadores elementos de las formas de vida y culturas populares. Con esto se convirtieron en arquitectos de una tradición nacionalista que se apoyaba en el mito fundacional del Estado posrevolucionario mexicano (Bartra 1989: 191-200). Aun cuando los intelectuales pronto pudieron superar este nacionalismo, sus discursos y sus prácticas siguieron siendo funcionales para el poder político, porque no podían desprenderse del discurso en torno a la Revolución mexicana, que también era el punto de referencia del Estado nacionalista. A finales de siglo XX y en parte debido al avance de la transición democrática en México, los intelectuales pueden competir unos con otros para imponer sus visiones de la sociedad como formas de conocimiento y de discurso dominantes. Pueden hacer esto sólo porque hoy actúan dentro de una sociedad civil que cada vez se vuelve más plural y demanda de ellos el asumir su función como organizadores colectivos de la sociedad.

Bibliografía

Bartra, Roger (1989): "La crisis del nacionalismo en México". En: *Revista Mexicana de Sociología*, 51/3, México, pp. 191-220.

Bourdieu, Pierre (1992a): "Ökonomisches Kapital – Kulturelles Kapital – Soziales Kapital". En: Bourdieu: *Die Verborgenen Mechanismen der Macht*. Hamburg: VSA-Verlag, pp. 49-79.

— (1992b): "Das intellektuelle Feld: Eine Welt für sich". En: Bourdieu: *Rede und Antwort*. Frankfurt/Main: Suhrkamp, pp. 155-166.

— (1998a): "Anhang: Die 'sowjetische' Variante und das politische Kapital". En: Bourdieu: *Praktische Vernunft. Zur Theorie des Handelns*. Frankfurt/Main: Suhrkamp, pp. 28-32.

— (1998b): "Das symbolische Kapital". En: Bourdieu: *Praktische Vernunft. Zur Theorie des Handelns*. Frankfurt/Main: Suhrkamp, pp. 108-114.

— (1998c): *Vom Gebrauch der Wissenschaft. Für eine klinische Soziologie des wissenschaftlichen Feldes*. Konstanz: Universitätsverlag Konstanz.

— (1999): *Die Regeln der Kunst. Genese und Struktur des literarischen Feldes*. Frankfurt/Main: Suhrkamp.

Bourdieu, Pierre/Wacquant, Loïc J. D. (1996): *Reflexive Anthropologie*. Frankfurt/Main: Suhrkamp.

---

hegemonía en el sentido de Gramsci (Gramsci 1992: 772-773; 1999: 2194-2197; Jehle 1994: 518-524).

Braig, Marianne (1999): *Sehnsucht nach Legitimation. Zum Wandel populistischer Politik in Mexiko*. Habilitationsschrift Fachbereich Politik- und Sozialwissenschaften der Freien Universität Berlin (manuscrito inédito).

Camp, Roderic Ai (1988): *Los intelectuales y el Estado en el México del siglo XX*. México: FCE.

— (1991): "Intellectuals and the State in Mexico, 1920-1980: The Influence of Family and Education". En: Camp et al. (eds.), pp. 551-568.

— (1996): *Reclutamiento político en México 1884-1991*. México: Siglo XXI.

Camp, Roderic Ai et al. (eds.) (1991): *Los intelectuales y el poder en México*. México: El Colegio de México.

Casas, Rosalba/Gortari, Rebeca de (1997): "La vinculación en la UNAM. Hacia una nueva cultura académica basada en la empresarialidad". En: Casas/Luna (eds.), pp. 163-228.

Casas, Rosalba/Luna, Matilde (eds.) (1997): *Gobierno, academia y empresas en México. Hacia una nueva configuración de relaciones*. México: Plaza y Valdés Editores/UNAM.

Castañeda, Jorge G. (1999): *La herencia. Arqueología de la sucesión presidencial en México*. México: Alfaguara.

Escalante, Juan C./Jiménez, Jaime (1999): "Los estímulos a la productividad académica individual y la producción real en ciencia y tecnología en dos países latinoamericanos: México y Venezuela". En: *Acta Sociológica*, 25, pp. 45-60.

Fuentes, Carlos et al. (1972): "México 1972. Los escritores y la política". En: *Plural*, 13, pp. 21-28.

Gilardi, María (1992): "La redefinición del modelo de desarrollo económico, el tratado de libre comercio y sus repercusiones en la educación". En: *Acta Sociológica*, 6, pp. 119-134.

Gramsci, Antonio (1992): *Gefängnishefte*, cuadernos 6-7. Hamburg: Argument.

— (1999): *Gefängnishefte*, cuadernos 22-29. Hamburg: Argument.

Hernández Rodríguez, Rogelio (1997): "Los grupos políticos en México. Una revisión teórica". En: *Estudios Sociológicos*, 15/45, pp. 691-739.

Jehle, Meter (1994): "Hegemonietheoretische Defizite der Zivillgesellschaftsdebatte. Zur Kritik an Sabine Kebir und der Habermasschule". En: *Das Argument*, 36/206/4/5, pp. 513-527.

Leñero, Vicente (1994): *Los periodistas*. México: Joaquín Mortiz (1ª ed. 1978).

Lomnitz, Larissa (1976): "Carreras de vida en la UNAM". En: *Plural*, 54, pp. 18-22.

— (1995): *Redes sociales, cultura y poder: ensayos de antropología latinoamericana*. México: Editorial Porrúa.

Luna, Matilde (1997): "Modelos de coordinación entre el gobierno, el sector privado y los académicos". En: Casas /Luna (eds.), pp. 63-70.

Martínez Della Rocca, Salvador (ed.) (1992): *Educación superior y desarrollo nacional*. México: UNAM.

Medina Viedas, Jorge (1998): *Élites y democracia en México*. México: Cal y Arena.

Monsiváis, Carlos (1976): "Notas sobre la cultura mexicana en el siglo XX". En: *Historia General de México*, t. 4. México: El Colegio de México, pp. 303-476.

Paoli Bolio, Francisco José (ed.) (1990): *Desarrollo y organización de las ciencias sociales en México*. México: UNAM.

Sefchovich, Sara (1987): *México: País de ideas, país de novelas. Una sociología de la literatura mexicana*. México/Barcelona/Buenos Aires: Grijalbo.

Smith, Peter H. (1981): *Los laberintos del poder. El reclutamiento de las élites políticas en México, 1900-1971*. México: El Colegio de México.

Suárez Farías, Francisco (1991): *Élite, tecnocracia y movilidad política en México*. México: Universidad Autónoma Metropolitana, Unidad Xochimilco.

Valenti Nigrini, Giovanna (1990): "Tendencias de la institucionalización y la profesionalización de las ciencias sociales en México". En: Paoli Bolio (ed.), pp. 431-470.

Villaseñor García, Guillermo (1992): "Educación superior: planeación y realidad, 1980-1990". En: Martínez Della Rocca (ed.), pp. 93-130.

Volpi, Jorge (1998): *La imaginación y el poder. Una historia intelectual de 1968*. México: Era.

Zapata Galindo, Martha (2002): *Der Preis der Macht. Intellektuelle, Staat und Demokratisierungsprozesse in México*. Habilitationsschrift am Fachbereich Politik- und Sozialwissenschaften der Freien Universität Berlin (manuscrito inédito).

Ute Schüren

¿Tierras para quien las trabaje?
Cambios políticos y reforma agraria
en una zona fronteriza de México

Por su lema más conocido –"Tierra y libertad"– la Revolución mexicana (1910-1917) está estrechamente asociada con la reforma agraria, es decir, con la restitución de terrenos a comunidades agrarias que habían sido despojadas durante las reformas liberales del siglo XIX y la dictadura porfiriana, así como con la dotación de nuevas tierras en forma de ejidos a solicitantes de las áreas rurales.[1] Sin embargo, desde

---

1   La legislación agraria actual trata a los ejidos y las comunidades como más o menos iguales. Las dos formas de "tenencia social" se distinguen sobre todo en sus orígenes (véase abajo). Mientras que el ejido actual es una creación moderna de la reforma agraria, las comunidades en México son los restos de las comunidades indígenas coloniales con una larga tradición de tenencia corporativa de la tierra. Sea que éstas hubiesen logrado defender sus terrenos durante la época de las reformas liberales y el Porfiriato o ampliarlos en el contexto de la reforma agraria o recibido en este proceso una restitución de aquellos anteriormente expropiados (véanse, p.e., Yates 1981: 150; Sheridan 1988: 160-165). Hasta la llamada "nueva legislación de 1992" los ejidos solamente tuvieron un derecho usufructuario (aun por un tiempo indefinido) sobre las tierras que quedaron bajo el dominio de la nación. Las comunidades por otra parte poseen aquellas tierras de las que pudieron presentar sus antiguos títulos de propiedad. En ambos casos el acceso a los terrenos (de uso común e individuales) quedó limitado a un número determinado de miembros oficialmente reconocidos (ejidatarios/comuneros). Hasta 1992 el derecho agrario ejidal o comunal fue inembargable, imprescriptible, inalienable e intransferible. Sólo pudo ser enteramente cedido o dejado en herencia a una persona elegida (muchas veces a un hijo) por el miembro anterior. El miembro mismo tuvo que trabajar la tierra para no perder su derecho agrario. Sin embargo, en realidad, las ventas, los arrendamientos y las parcelaciones ilegales fueron frecuentes. Según los datos de censos (citado en Appendini/Salles 1983: 176-182) existían en México, en 1970, en total 1.915 comunidades con más de 205.000 comuneros y 9.191.124 hectáreas de tierras, mientras que en el sector ejidal había 22.692 ejidos con más de dos millones de ejidatarios y más de 60 millones de hectáreas. En 1991 había 29.951 ejidos y comunidades con alrededor de 3,5 millones de miembros. El área total de la "tenencia social" llegó a casi 103 millones de hectáreas, o sea, a más del 50% del área agrícola nacional. El número de habitantes en poblaciones con una organización ejidal o comunal representó entre el 25 y 30% de la población total de México (INEGI 1991; 1994:

su inicio oficial en 1915, la reforma agraria en México ha sido un proceso con facetas muy variadas, muchas veces violento y sujeto a cambios políticos.

1. Sólo durante contados períodos los partidarios de una reforma agraria radical, los llamados "agraristas", lograron cambios profundos en la estructura de la tenencia de la tierra y en las relaciones del poder en las zonas rurales. Ni el líder revolucionario y presidente Venustiano Carranza (1914, 1915-1920) ni los siguientes gobiernos de los llamados sonorenses (1920-1934) impulsaron enérgicamente la reforma agraria durante gran parte de sus gestiones. Estos mandatarios, aunque emplearon una retórica agrarista, procuraron más bien establecer relaciones capitalistas de producción en el campo. No fue sino hasta el gobierno de Lázaro Cárdenas (1934-1940) que el sector ejidal fue promovido con verdadero ímpetu.

2. Tanto el número y volumen de las dotaciones, ampliaciones o restituciones de tierras, como la orientación de la política agraria siempre han dependido no solamente de las decisiones del gobierno federal, sino también de la actitud de las autoridades políticas estatales y locales. Éstas, según sus intereses y el grado de su subordinación política, muchas veces frenaron, simplemente ejecutaron y sólo raramente con entusiasmo llevaron a cabo las órdenes del centro de México.

3. No se debe olvidar que fueron los movimientos regionales y locales de campesinos, trabajadores y agraristas los que lucharon –a menudo sin el apoyo de los gobiernos– por un cambio político, económico y social.[2]

Frecuentemente los procesos desatados por la revolución y la reforma agraria llegaron a darse con retraso, especialmente en regiones aisladas y mal comunicadas donde las antiguas estructuras de poder pudieron conservarse por más largo tiempo. En lo que sigue será des-

---

tab. 2b). Los datos expuestos en lo que sigue se refieren tanto a los ejidos como a las comunidades, sin mencionar las últimas en cada caso.

2   Para una discusión general de la heterogeneidad de la reforma agraria entre 1910 y 1940, véase, p.e., Tobler (1984: 513-567; 1988); para un resumen crítico de la política agraria en México hasta los años noventa, véase Schüren (1997).

crito el proceso de la reforma agraria, hasta los años cuarente, en una zona marginada: el municipio de Hopelchén (también llamado Los Chenes) localizado en el noreste del estado de Campeche, en el centro de la península de Yucatán. Se trata de una zona fronteriza, con grandes áreas nacionales de bosque tropical, donde el problema de la reforma agraria asume características singulares, distintas a otras regiones de México, entre otras razones, porque por lo general no había escasez de tierras.[3]

1. El origen del ejido y el desarrollo de los bienes comunales hasta el Porfiriato

El sentido de la palabra ejido ha cambiado muchas veces en México. Hasta hoy, se ha desarrollado como una institución socioeconómica y jurídica muy compleja que incluye muchos componentes; entre ellos, una organización específica de sus miembros y la posesión corporativa de terrenos otorgados. No obstante, la palabra "ejido" se usa a veces, con escaso rigor conceptual, para denominar a pueblos enteros que viven en torno a una organización ejidal aunque no todos sus habitantes tengan acceso a la tierra dotada. El ejido tiene sus raíces en la España de la Edad Media. El término se deriva de la palabra latina *exitus* (salida) y en la Castilla del siglo XIII se usaba para designar a un terreno especial de tenencia comunal, fuera de la ciudad, en la inmediata proximidad de sus puertas donde se ubicaban, por ejemplo, basureros públicos, potreros e invernaderos, mataderos de ganado y trilladeras de granos. Pero no estaba permitido el cultivo de estos terrenos (Whetten 1948: 80). Después de la conquista, las comunidades indígenas recibieron de la Corona española "donaciones de tierras", entre ellas ejidos, para que las trabajaran con el objeto de su autoabastecimiento. Pronto, el ejido denotaba, como en Castilla, un área pequeña

---

3   La historiografía de la Revolución y la reforma agraria en la península de Yucatán se ha concentrado en el actual estado de Yucatán (véanse, p.e., Berzunza Pinto s.f.; González Navarro 1970; Knox 1977; Paoli/Montalvo 1987; Joseph 1992; Fallaw 1995; Savarino Roggero 1997; W. Gabbert en prensa, cap. 7). Existen pocas descripciones generales (Berzunza Pinto 1991; Negrín Muñoz 1991; Trejo Carrillo et al. 1996; Sierra 1998) o estudios sobre los acontecimientos políticos en Campeche (Sierra 1960; 1972; Abud Flores 1992; Rodríguez Herrera 1998; Schüren 2002). Sin embargo, con excepción de Schüren (2002), casi no se mencionan los procesos fuera de la capital del estado, la ciudad de Campeche.

e incultivable, fuera del poblado y para el uso gratuito de sus habitantes. Sin embargo, desde la época colonial tardía el término se empezó a usar en un sentido más amplio, para denominar a todas las formas de terrenos comunales (pastos, bosques, parcelas individuales; inclusive los llamados propios, es decir, áreas que se trabajaban de manera colectiva o se arrendaban a personas para cubrir los gastos de la administración comunal o las contribuciones de la comunidad). Hasta el siglo XIX los terrenos comunales fueron considerados, por lo general, inalienables (Simpson 1937: 1-14; Whetten 1948: 75-85; Ibarra Mendívil 1989: 79-88). Sin embargo, ya en la época colonial hubo muchos casos de apropiaciones arbitrarias o ventas ilegales de terrenos comunales con la expansión del latifundio (Powell 1972).

A raíz de la independencia de México (1821), los liberales no sólo afectaron fuertemente a los bienes de la Iglesia católica, que era el terrateniente más grande y ayudaba a los conservadores, sino también a los terrenos de las comunidades indígenas. Según esta doctrina política, el campesino debía ser liberado del "cruel yugo de la comunidad" (Hale 1968: 238; Fraser 1972: 630) y la tierra debía convertirse en una mercancía libre para abrir el camino a una economía agrícola capitalista y moderna. Y fue así que a partir de 1856 y dentro del marco de una legislación liberal que fue intensificada durante la dictadura de Porfirio Díaz (1876-1911), no solamente la Iglesia católica sino las comunidades indígenas perdieron gran parte de sus tierras.[4]

Durante el Porfiriato y con el apoyo de empresas extranjeras, la construcción de infraestructura (de las comunicaciones ferroviarias,

---

4 Debido a la intranquilidad política, la transformación de las tierras comunales en propiedad privada, prescrita en la Ley de Desamortización de 1856, no se realizó en muchas partes de México hasta el Porfiriato. Sobre todo la propiedad territorial eclesiástica fue repartida. Al lado de latifundistas que ya se habían establecido en la época colonial (mediante compras de tierras y donaciones de la Corona española, pero también mediante apropiaciones ilegales y muchas veces violentas que más tarde fueron legalizadas) surgió un nuevo grupo de grandes terratenientes. Este grupo estaba integrado principalmente por comerciantes urbanos, funcionarios del Estado y numerosos extranjeros (Tobler 1984: 71-72; véase también Knowlton 1990). Pero también dentro de las comunidades se desarrolló un notable proceso de concentración de tierras. Para una visión general de esta época, véanse Bazant (1991) y Katz (1991). Para las reglamentaciones y el proceso de la desamortización de las tierras eclesiásticas y comunales, que varió mucho entre las diferentes regiones de México, véanse, p.e., Fraser (1972); Powell (1972); Whitecotton (1984 [1977]: 221-226); Tutino (1986: 258-276); Knowlton (1990).

por ejemplo) fue impulsada intensamente para facilitar la exportación de productos agrícolas (café, henequén, ganado, entre otros). Los cultivos de algodón y azúcar para el mercado interno fueron también muy lucrativos. Esto fomentó la expansión de la hacienda a costa de los terrenos comunales de los pueblos indígenas. El Estado, que se manifestaba en el campo en una forma omnipresente y muy represiva mediante sus guardias rurales, protegió esta expansión con todos sus medios.

> La expansión del latifundio a costa de las tierras comunales de los pueblos adoptó formas que iban desde la compra legal y la anexión, más o menos arbitraria de terrenos en disputa, con ayuda de empleados públicos y jueces corruptibles, hasta la enajenación violenta de tierras indígenas por hacendados que eran por lo general muy influyentes políticamente (Tobler 1984: 72; traducción de la autora).

De la misma manera, especialmente en las zonas del norte y sur de México, las compañías deslindadoras pudieron apropiarse de inmensos terrenos (en total, una quinta parte del territorio mexicano). Hasta el final de la era de Díaz, cuando esta práctica fue restringida, las leyes de colonización permitían a estas compañías cobrar por su trabajo hasta una tercera parte de las áreas medidas. Surgieron muchas veces conflictos con campesinos que no obstante haber trabajado esas tierras por generaciones no podían probar su tenencia por falta de títulos.[5]

Según estimaciones, en la época de la independencia alrededor del 40% del total de las tierras agrícolas en el centro y sur de México estaban en posesión de las comunidades indígenas. Después de la caída de Porfirio Díaz, en 1911, apenas el cinco por ciento continuaba en sus manos (Katz 1991: 94). Como resultado de la privatización de los bienes eclesiásticos, comunales y nacionales, en vez de la constitución de un estrato amplio de productores agrícolas medianos originalmente prevista por los liberales, se produjo una concentración de tierras sin

---

5   Tobler (1984: 73). Para el desarrollo de la estructura de tenencia de tierra en el Porfiriato, véanse Peña (1964: 281-298); Tello (1968: 11-16); Tobler (1984: 68-94); Tutino (1986: 277-325); Katz (1991: 74-102). El Decreto sobre Colonización y Compañías Deslindadoras de 1883 todavía fijó como limité máximo de propiedad individual las 2.500 hectáreas. Este límite fue suprimido en la Ley sobre Ocupación de Terrenos Baldíos de 1894. En lo sucesivo, la tenencia de tierras de manera ilimitada fue permitida (para los textos legales, véase Medina Cervantes 1987: 100-108).

precedentes.[6] La mayoría de los entonces campesinos sin tierras se convirtieron en peones y tuvieron que trabajar en las ciudades o entrar al servicio de las haciendas en expansión, generalmente con pésimas condiciones de vida y sujetos a un sistema de peonaje por endeudamiento.

2. Reforma agraria bajo Carranza: un paso adelante y dos atrás

Después de las turbulencias de la Revolución mexicana, que costó la vida a por lo menos un millón de personas, se trataba de aliviar el problema de la necesidad de tierras para los campesinos con la promesa de distribuirlas y restablecer la tenencia corporativa de pueblos y comunidades. La primera base legal para la reforma agraria a escala nacional fue el decreto del 6 de enero de 1915, del líder revolucionario –y posterior presidente– Venustiano Carranza. Este decreto sería incorporado como ley orgánica en el artículo 27 de la Constitución de 1917. Carranza necesitaba ampliar su propia base de apoyo popular y arrebatarle a Emiliano Zapata y a los agraristas la bandera de lucha por una reforma agraria radical.[7] Incluso su decreto sobrepasó la ley agraria propuesta por los zapatistas, porque no sólo ofrecía la restitución a las comunidades de los terrenos que les habían sido enajenados en el pasado, sino, además, la entrega o dotación de nuevas tierras en forma de "ejidos" a los pueblos solicitantes sin tierras.[8] Pero pronto quedó al descubierto que el decreto no correspondía ni a la convicción política ni a la intención verdadera de Carranza, sino que era una mera táctica política.[9]

---

6   Debido a la enajenación de las tierras comunales, el 90% de los campesinos mexicanos se convirtieron en proletarios (Katz 1991: 94).

7   Bajo el liderazgo de Emiliano Zapata y solamente en un año, entre mediados de 1914 y mediados de 1915, los zapatistas habían logrado una redistribución radical de la tierra en el estado de Morelos (Womack 1968: 224ss.; Tobler 1984: 278-284).

8   LA 1992 [1915]. La primera "ley de ejidos" del 30 de diciembre de 1920 define al ejido sólo como "la tierra dotada a los pueblos" (LE 1921 [1920], Art. 13).

9   Así, las fuerzas conservadoras de la élite revolucionaria originalmente rechazaron las propuestas para el restablecimiento del ejido, a pesar de que Luis Cabrera en su famoso discurso en la cámara de diputados de 1912 lo había planteado como una solución provisional. Según Cabrera, el acceso a tierras ejidales debía contribuir al autoabastecimiento de las poblaciones y de esta manera subvencionar los sueldos de los trabajadores para mantenerlos bajos. Consecuentemente, el trabajo

Y es que a partir de la derrota de los movimientos revolucionarios de Emiliano Zapata y Francisco *Pancho* Villa –uno de los caudillos más importantes en el norte–, Carranza, al sentir menos presión para llevar a cabo la reforma agraria, impuso numerosas restricciones para bloquear su propio decreto (Peña 1964: 309-311). De igual forma, en su proyecto para la Constituyente de Querétaro, de diciembre de 1916, que en gran medida era una imitación de la constitución liberal de 1857, trató de evitar reformas sociales; aunque no lo logró, debido a que la mayoría de los diputados intercedieron en favor de soluciones radicales en el campo del derecho laboral (artículo 123) y la tenencia de la tierra (artículo 27; Tobler 1984: 306-333).

A pesar de haber sido establecida en la Constitución mexicana de 1917, la reforma agraria no fue, pues, impulsada a escala nacional. Por el contrario, Carranza, que había ordenado el asesinato de Emiliano Zapata en 1919, optó por una línea política conservadora y anticampesina que buscaba restablecer las condiciones agrarias anteriores a la Revolución. En muchos casos, los latifundistas –siempre y cuando no fueran enemigos del gobierno– pudieron incluso recuperar sus tierras confiscadas o enajenadas, llegándose a anular repartos de tierra ya ejecutados (Tobler 1984: 343-345).

3. Tierra por lealtad (1920-1934)

Tampoco los posteriores presidentes, llamados sonorenses,[10] –que eran a la sazón hacendados exitosos– intentaron en modo alguno llevar adelante una reforma agraria profunda. Hasta inicios de los años treinte, en lo esencial, continuaron la política de Carranza y emplearon múltiples obstáculos jurídicos y administrativos para dificultar el proceso de reparto de tierras.[11] Tanto para Carranza como para los sonorenses, el ejido fue una institución provisional y de ningún modo una

---

forzado en las empresas agroexportadoras se volvería innecesario (Cabrera 1992 [1912]; compárese Tobler 1984: 182, 269-270, 515).

10   Los sonorenses son los presidentes mexicanos originarios del estado de Sonora, al noroeste del país, (Adolfo de la Huerta, Álvaro Obregón, Plutarco Elías Calles, Emilio Portes Gil, Pascual Ortiz Rubio, Abelardo L. Rodríguez) que dominaron la política nacional entre 1920 y mediados de los años 30.

11   Véase especialmente Tobler (1984: 513-567). Para una discusión general de las múltiples y muchas veces contradictorias iniciativas de ley, véanse Peña (1964: 309-316); Medina Cervantes (1987: 195-299); Chávez Padrón (1991: 305-365).

alternativa a la propiedad privada de la tierra. Su propósito fue instaurar una agricultura moderna comercial, de tipo *farmer*, según el modelo norteamericano.[12] Terratenientes medianos y latifundistas eficientes quedaron excluidos de toda expropiación. Por el contrario, su actividad productiva fue fomentada por el Estado, entre otros mecanismos, con la instalación de sistemas de riego. Las medidas de modernización del agro mexicano favorecieron en su mayoría a productores particulares en las áreas exportadoras, especialmente en el norte del país. La distribución de tierras estuvo sujeta a conveniencias coyunturales políticas y fue empleada para asegurar la lealtad de los campesinos beneficiarios. Ya en 1926 el presidente Calles declaró que la política ejidal era el mejor medio para controlar a los campesinos: sólo aquellos que se alinearan con el gobierno obtendrían tierras (Tobler 1984: 523). Consecuentemente, el reparto agrario varió mucho entre regiones, favoreciendo sobre todo a aquellas donde existían fuertes "grupos de presión", por ejemplo al altiplano central, con los estados de Tlaxcala, Morelos y el Distrito Federal, núcleo del movimiento zapatista. La reforma agraria se intensificó durante los años en que los gobiernos revolucionarios se sintieron amenazados desde fuera por la presión de los Estados Unidos o desde dentro por rebeliones. La distribución de tierras dependió asimismo de las actitudes de los representantes estatales. Sólo en contados casos –como con Mújica y Cárdenas en Michoacán, Tejeda en Veracruz, Alvarado y Carrillo Puerto en Yucatán– los gobernadores tuvieron la voluntad de llevar adelante enérgicamente el reparto de tierras (Tobler 1984: 516-521).

No hubo ningún tipo de protección para los campesinos que solicitaban tierras. Éstos muchas veces fueron expuestos a presiones morales, económicas y hasta físicas por parte de autoridades estatales, terratenientes y jueces, así como por peones "acasillados" que por haber sido excluidos de la reforma agraria, hasta 1937, luchaban al lado de sus patrones por defender sus empleos. De hecho, existían guardias blancas –integradas por agricultores conservadores, ex militares y peones, pagadas por los terratenientes– para aterrorizar y asesinar a

---

12 Véase Tobler (1984: 547). En el preámbulo a su ley agraria de 1915 Carranza había fijado explícitamente que no era su intención "revivir las antiguas comunidades, ni [...] crear otras semejantes" (LA 1992 [1915], Preámbulo, Art. 11). Además, la tierra no debía pertenecer al común del pueblo, sino ser dividida en pleno dominio *(ibíd.)*.

los agraristas; las cuales atacaban no solamente a individuos o grupos que luchaban por la reforma agraria, sino en ocasiones a pueblos enteros que habían solicitado tierras. Algunos militares y muchos clérigos trataron de dificultar el reparto agrario. No fue raro que algunos sacerdotes negaran la extremaunción a los agraristas y predicaran elocuentemente contra la reforma agraria, amenazando a los parroquianos con castigos divinos (Hellman ^{2}1983: 24-27).

No todos los campesinos beneficiarios tuvieron la misma actitud en relación con la distribución de tierras (y no sólo por las presiones arriba mencionadas; hubo casos en que por un particular sentido de orgullo algunos campesinos se negaron a aceptar tierras regaladas por el gobierno). Y no todos los conflictos durante el proceso de la reforma agraria se produjeron entre agraristas y latifundistas. Muchas veces hubo choques graves entre comunidades por derechos de tierras, y no faltaron conflictos internos en torno a la distribución de los terrenos recibidos, ya porque éstos habían resultado insuficientes o porque los campesinos consideraran la distribución inadecuada o poco equitativa (Tobler 1984: 533, 542-547).

Hasta los años treinta, la reforma agraria fue un proceso muy violento. Las condiciones agrarias anteriores a la Revolución se pudieron preservar en alto grado (como se verá enseguida) especialmente en las regiones periféricas de México, sobre todo en los estados de Baja California, Sinaloa y Sonora en el norte y Quintana Roo, Chiapas, Tabasco y Campeche en el sur. En realidad, para México en general la concentración de tierras no fue reducida considerablemente hasta 1934. Mientras a los ejidos les eran entregadas, sobre todo, tierras de las llamadas haciendas tradicionales del altiplano central, al sector exportador casi no se le afectó. Más de la mitad de los terrenos repartidos pertenecían a granjas pequeñas y medianas (Tobler 1984: 544). Muchas veces los ejidatarios recibieron áreas devastadas a propósito por sus dueños anteriores.[13] En la mayoría de los casos la tierra repartida fue la de menor calidad y los ejidatarios quedaron excluidos del sistema nacional de crédito existente desde 1926. Consecuentemente, tuvieron que continuar su producción con técnicas tradiciona-

---

13 Los terratenientes expropiados por la reforma agraria recibieron una indemnización. Además, pudieron mantener una parte de su propiedad de alrededor de 50 hectáreas. Por lo general escogieron el casco de su hacienda con las instalaciones y las áreas más productivas y dejaron el resto para los ejidatarios.

les.[14] Sin duda los presidentes sonorenses perseguían liberar a los peones de la servidumbre en las haciendas, pero no intentaron transformarles en campesinos independientes mediante una distribución de tierras.

4. Lázaro Cárdenas: el ejido como alternativa social

La tenencia de la tierra en México no fue cambiada profundamente hasta la gestión del presidente Lázaro Cárdenas (1934-1940). Cárdenas forzó la reforma agraria. Durante su gobierno, a diferencia de sus antecesores, las áreas comerciales pasaron a ser objeto de expropiación y también los peones "acasillados" de las haciendas fueron incluidos en el reparto agrario. Al final de su presidencia casi la mitad del área agrícola –el 47,4% comparado con el 13,4% en 1930– se encontraba bajo un régimen ejidal (CIA 1974: 55, tab. 1-5). Entre 1935 y 1940 se distribuyeron efectivamente más de 20 millones de hectáreas a 11.347 ejidos y 771.640 ejidatarios, es decir, más del doble de las extensiones de tierras repartidas por todos sus antecesores en conjunto (Eckstein 1966: 46, tab. 1; Esteva 1980: 230-231, tab. 8). Además, los ejidatarios recibieron por primera vez el apoyo del gobierno en forma de créditos, ayudas a la comercialización de sus productos y fomento técnico. De hecho, con la introducción del "ejido colectivo" Cárdenas intentó crear un modelo alternativo a la agricultura capitalista.[15] Finalmente, el propio agrarismo antes endilgado como "bolchevismo" empezó no sólo a influir en el discurso político sino a inspirar a artistas y a escritores.

La política agraria de Lázaro Cárdenas no fue únicamente motivada por la orientación ideológica de su gestor, quien sin duda simpatizó

---

14 Véase Tobler (1984: 539-540). Hasta 1934 los presidentes y gobernadores mexicanos habían distribuido de manera provisional o definitiva alrededor de 11 millones de hectáreas de tierras para más de 940.000 ejidatarios (CIA 1974: 50-51, tab. 1-2; compárese Esteva 1980: 230-231, tab. 8). Sin embargo, apenas el 3% de ellas tenía riego. La parte más grande (69,5%) no pudo ser trabajada debido a su mala calidad (cálculos de la autora basándose en CIA 1974 52, tab. 1-3). En 1930 la propiedad particular comprendía aún un total de 123,15 millones de hectáreas. El 2,2% de las granjas privadas con más de 1.000 hectáreas representaron más del 78,24% del total del área agrícola mexicana (cálculos de la autora basándose en Simpson 1937: 626-627, tab. 30, 640-645, tab. 39, 40).

15 En estos ejidos la producción fue realizada por un colectivo (organizado por lo general desde afuera; véase Eckstein 1966).

abiertamente con la causa campesina,[16] sino a la vez influida por cambios en la situación nacional e internacional. Así, en el contexto de la crisis económica mundial se produjo una significativa reducción de la demanda de mercancías mexicanas de exportación, lo que afectó sobre todo el sector industrial y agroexportador y suscitó un aumento masivo del desempleo y la agitación social.[17] El número de los peones rurales sin trabajo se incrementó aún más entre 1930 y 1938 debido a la repatriación forzada de casi un millón de jornaleros mexicanos desde los Estados Unidos. Además, la producción de alimentos básicos (maíz, frijol y trigo, entre otros) había bajado significativamente entre 1927 y 1933. La presión sobre el gobierno para una redistribución de la tierra se intensificó sensiblemente (Hernández Chávez 1979: 170; Martínez Saldaña 1990: 315-316). La crisis económica y la polarización resultante favorecieron entonces al agrarismo en el ámbito de la política nacional y contribuyeron a la postulación de Cárdenas como candidato a la presidencia.

Según Cárdenas, el ejido debía proteger a los campesinos de la explotación capitalista y ofrecía un espacio para organizarles e infundirles una conciencia política de clase. Consecuentemente, el fomento del sistema educativo pasó a desempeñar un papel fundamental. De preferencia, maestros jóvenes agraristas colaboraron en la organización ejidal. Para amparar su política, Cárdenas procuró la unificación de aquellas organizaciones campesinas que permanecían enemistadas y militantes. De esta manera se formó, en 1935, la CNC (Confederación Nacional Campesina), organización que representaba en el momento de su fundación a alrededor de tres millones de campesinos y peones del campo.[18] Con la integración de la CNC al Partido de la Revolución Mexicana (PRM), en 1938, aquéllos se convirtieron auto-

---

16 Para una discusión general de la presidencia de Lázaro Cárdenas y de su política agraria, véanse, p.e., Hernández Chávez (1979); Tobler (1984: 568-616); Reitmeier (1990: 209-244); Knight (1991).

17 Cockroft (1990: 123-141). Entre 1929 y 1933 casi se había triplicado el número de los desempleados.

18 Todos los beneficiarios de la reforma agraria y los solicitantes de tierras fueron obligados por ley a integrarse en las ligas agrarias y sindicatos campesinos oficiales (Reitmeier 1990: 245).

máticamente en miembros del partido oficial reorganizado por Cárdenas.[19]

El presidente quiso sobre todo crear un mercado interno y desarrollar al sector agrario como base para la modernización de la economía
y la sociedad. El Estado se reservó el papel regulador del mercado,
para proteger especialmente a los productores pequeños y medianos,
así como a los consumidores. Los precios de los alimentos básicos
fueron subvencionados en gran escala y su producción estimulada con
apoyos públicos. El gobierno enajenó grandes áreas de tierras, particularmente en las zonas agrícolas comerciales, y las distribuyó entre los
ejidos.[20] Por lo demás, estas medidas contribuyeron a la consolidación
del poder del gobierno.

En 1935, Cárdenas decretó la creación de centros técnicos en diferentes regiones para apoyar a los ejidatarios con instrumentos de producción. A la vez, los egresos del gobierno destinados a créditos agrícolas fueron incrementados drásticamente[21] y, en su mayor parte,
asignados al nuevo Banco Nacional de Crédito Ejidal (BNCE), fundado en 1936. El crédito se orientó por tanto hacia los ejidos y de preferencia hacia aquellos que estaban organizados en cooperativas de
producción. Más aún, si el crédito no era suficiente incentivo para
fomentar la organización ejidal, el propio gobierno se encargaba de
impulsarla y coordinarla. Tal esfuerzo estuvo concentrado en los ejidos de las antiguas regiones de producción comercial, para evitar su
parcelación, conservar la productividad en áreas grandes y proveer a
la industria de una afluencia constante de materias primas. Durante el
gobierno de Cárdenas, entre 700 y 800 ejidos colectivos fueron organizados de esta manera (Eckstein 1966: 468).

---

19 El PRM fue el sucesor del partido oficial PNR (Partido Nacional Revolucionario;
    fundado en 1929) y se transformó en 1946 en el PRI (Partido Revolucionario Ins-
    titucional).
20 Las zonas comerciales más importantes afectadas por la reforma agraria fueron
    La Laguna en Durango y Coahuila, el valle de Mexicali en el estado de Baja Ca-
    lifornia, Los Mochis en Sinaloa, El Mante en Tamaulipas, el valle del Yaqui en
    Sonora, las haciendas de henequén en el estado de Yucatán, las plantaciones de
    café en Chiapas y las zonas cítricas y arroceras de Lombardía y Nueva Italia en
    Michoacán. En muchos casos las expropiaciones también incluyeron la infraes-
    tructura correspondiente (Hernández Chávez 1979: 174, 176).
21 En 1936, p.e., los gastos públicos para créditos agrícolas comprendieron el 9,5%
    del total del presupuesto nacional (Knight 1991: 258).

El año 1937 marcó el apogeo del reparto agrario pero también el cambio en la política agraria de Cárdenas. La fuerte presión política interior y exterior (sobre todo a partir de la nacionalización de las compañías petroleras extranjeras, en 1938) determinó que el presidente, para rescatar los resultados más importantes de su gestión, se viera obligado a modificar el rumbo y optar por una política reformista más moderada (CIA 1974: 38-39).

5. Desarrollo político en Los Chenes hasta 1940

La economía de Los Chenes durante el Porfiriato se basaba principalmente en la producción comercial de caña, henequén y maíz, así como en la ganadería. Los campesinos y peones trabajaban a la vez milpas para el autoconsumo de sus familias, sembrando maíz, frijol y calabaza con el sistema de roza, tumba y quema. Como en otras partes de la península de Yucatán, la producción agrícola de las fincas estaba restringida por la aguda escasez de trabajadores.[22] Las condiciones de trabajo en las fincas fueron por lo general muy represivas y el peonaje por endeudamiento, generalizado.[23] Hasta antes de la Revolución, la legislación laboral en Campeche fue una de las más restrictivas del país. Las condiciones de vida de los peones fueron especialmente duras debido a que éstos dependían casi totalmente de los dueños o administradores, quienes actuaban como patrones y ejercían además facultades judiciales, ejecutivas y penales sobre sus trabajadores.[24]

---

22 Véase Schüren (s.f.); para Campeche en general, véanse Peña (1942, I: 77), Sierra (1972: 185); Negrín Muñoz (1991: 136-142). En el Porfiriato el gobierno de Campeche aplicó sin mucho éxito varios programas de colonización para atraer a colonos y trabajadores (Peña 1942, I: 90-96; González Navarro 1970: 174-175, 209-225; Sierra 1972: 68-69, 185-196; Negrín Muñoz 1991: 126, 130, 139-142). Además, como en Yucatán, el empleo de trabajadores forzados yaquis, entre otros, fue muy común a partir de 1902 (González Navarro 1970: 206; Negrín Muñoz 1991: 130).

23 Schüren (s.f.); para una descripción de las condiciones de trabajo en las haciendas de Campeche, véanse González Navarro (1970: 195-225) y Negrín Muñoz (1991: 136-142), y para Yucatán, véanse, p.e., Katz (1959), Strickon (1965); Wells (1984).

24 Véase Baerlein (1913: 144-152); Peña (1942, I: 63; II: 136); González Navarro (1970: 226). Para la legislación laboral en Campeche, véanse Ley para el servicio en los establecimientos de campo, *El Espíritu Público, Periódico oficial*, Campeche, 6 de noviembre de 1868, pp. 1-2, y también González Navarro (1970:

Con la liberación de los peones y la abolición de sus deudas, en 1914, por gestión del coronel Joaquín Mucel, gobernador provisional y comandante militar enviado a Campeche por el presidente Carranza,[25] muchos peones se rebelaron y dejaron de trabajar para los terratenientes. Generalmente, las fincas decayeron. La revolución trajo consigo una inflación enorme. Varias reformas monetarias facilitaron la especulación con terrenos y muchas fincas cambiaron frecuentemente de dueños. Sin trabajadores y con grandes pérdidas de capital, muchos hacendados buscaron otras fuentes de ingresos y dieron prioridad a las actividades de comercio y transporte. Además, algunos de ellos que con anterioridad habían trabajado en la explotación de maderas, intensificaron la extracción comercial del chicle, que se había practicado en Los Chenes desde la primera década del siglo XX.

El chicle es la resina del árbol de chicozapote *(Manilkara zapota)*, que se exportaba desde México casi en su totalidad hacia los Estados Unidos como materia prima para la producción de goma de mascar. En los años veinte, la parte sur de Los Chenes se convirtió en una de las mayores áreas de extracción chiclera de Campeche. Los grandes contratistas de la región, muchos de ellos empresarios agrícolas y comerciantes, obtuvieron concesiones para la explotación de la resina hasta en los terrenos remotos del municipio de Champotón, cerca de la frontera con Guatemala. Para organizar la producción del "oro blanco" obtuvieron altos créditos de las compañías exportadoras estadounidenses, como la Mexican Exploitation, que tenía lazos estrechos con la empresa Wrigley.[26]

Por otra parte, los peones liberados, pero sin terrenos propios cerca de sus pueblos para cultivar sus milpas, tenían que arrendar la tierra a los grandes propietarios, pagando una renta que fluctuaba entre el

---

195-199, 203-205, 324-329); Negrín Muñoz (1991: 137-138); Sierra (1972: 177, 185).

25 Negrín Muñoz (1991: 156-157); Abud Flores (1992: 42-47); para una descripción general del desarrollo político y económico en Campeche a partir de la revolución, véase Schüren (2002: 130-203).

26 HLL-17.12.1994; RCL-15.1.1995; para el desarrollo de la industria chiclera en Campeche y Los Chenes, véanse Peña (1942, II: 47-91); Konrad (1980; 1987; 1994; 1995); Ponce Jiménez (1990); Schüren (2002: 133-142, 235-254).

5 y el 15% de la cosecha.[27] La comercialización de sus productos quedaba en manos del grupo de la élite local, formado por los grandes terratenientes. Otros tuvieron que buscar empleo como peones, cuando años después de las turbulencias de la revolución se reanudó la producción agrícola, en algunas de las antiguas fincas, sobre todo de la parte norte de Los Chenes (Pacheco Blanco 1928: 65-67). Y muchos buscaron empleo como trabajadores en la creciente explotación de la goma de mascar (Ponce Jiménez 1990: 42-43, 45, 73, 82; HLL-17.12. 1994; RCL-15.1.1995).

Por tanto y no obstante haber sido liberados de la "esclavitud" en las fincas, los ex peones seguían dependiendo de la benevolencia patronal y sujetos a la arbitrariedad de sus antiguos patrones.[28] Vale decir que a pesar de que la "revolución" en Campeche había provocado algunas reformas importantes en las relaciones de trabajo, la antigua oligarquía local seguía dominando Hopelchén política y económicamente (Ponce Jiménez 1990: 116; W. Gabbert en prensa, cap. 11).

Ni siquiera el movimiento socialista de Ramón Félix Flores y su Partido Socialista Agrario (PSA), a partir de 1919, tuvo gran impacto debido al aislamiento de la zona.[29] A inicios de los años veinte y con el apoyo del presidente Álvaro Obregón desde México,[30] el entonces gobernador de Campeche (1921-1923) afrontó los problemas de campesinos y obreros y por primera vez logró un movimiento de masas mediante una amplia organización local y regional, en forma de las denominadas ligas de resistencia. Este movimiento intentó reavivar los objetivos sociales de la Revolución mexicana. Sin embargo, poco

---

27 Peña (1942, I: 62-63); HLL-17.12.1994. Cuando se inició la dotación de ejidos, solamente el 2% de los campesinos en Campeche tenían terrenos suficientes (Peña 1942, I: 77).

28 Sin embargo, los patrones tenían que respetar la nueva legislación laboral que estableció, entre otros puntos, un salario mínimo. Además, los trabajadores tenían la libertad de escoger y cambiar sus patrones según sus preferencias (Ponce Jiménez 1990: 39).

29 Por ejemplo, parece que en Los Chenes no existían ligas de resistencia (véase el listado de Cornelio Sosa/Mireles Rangel 1990: 77-78). Sin embargo, Abud Flores (1992: 67) apunta que hasta fin de marzo de 1919, cuando hubo una convención del partido en Campeche, se habían creado sucursales del PPPC (predecesor del PSA) "en todos los municipios [de Campeche] y cada uno mandó delegados".

30 El PSA tuvo también muy buenos contactos con Felipe Carrillo Puerto, líder del Partido Socialista del Sureste (PSSE) en Yucatán (Clark 1934: 208; Berzunza Pinto 1991: 86).

después que el presidente Plutarco Elías Calles había ascendido al poder en 1924, el partido socialista de Campeche fue cooptado y perdió su carácter revolucionario (Abud Flores 1992: 79-116, 123-128).

No fue sino hasta la época cardenista que se efectuaron importantes cambios políticos y sociales en Los Chenes. Inspirado por el cardenismo emergente, a partir de 1934, surgió en el noroeste de Campeche el movimiento cooperativista y de sindicatos autónomos. Este movimiento de oposición al gobierno callista fue organizado y asesorado por maestros rurales campechanos, muchos de ellos hijos de campesinos, y por estudiantes. Se movilizaron gran parte de los campesinos y trabajadores aun de los poblados más remotos y lograron cambiar las autoridades políticas de algunos ayuntamientos.[31] Amenazaron por primera vez el poder político y el monopolio comercial de la élite local, cuyos integrantes respondieron con ataques violentos contra las organizaciones campesinas independientes y sus líderes (Raby 1974: 217-236). Los cooperativistas no fueron atacados sólo por agentes gubernamentales (policía y funcionarios de los gobiernos estatales, municipales y locales), sino también por miembros de la Federación Regional de Obreros y Campesinos (FROC), el sindicato oficial.

En Los Chenes, algunas cooperativas de consumo fueron organizadas por maestros rurales locales y del Camino Real, pero fueron atacadas duramente por la élite local.[32] La situación era muy tensa. El conflicto estalló el 8 de febrero de 1936. Ese día, miembros de la oli-

---

31 En septiembre de 1934 se constituyó el Bloque Revolucionario de Maestros de Campeche, teniendo como secretario general a Ramón Berzunza Pinto. Otra organización importante fue la Federación de Cooperativas Revolucionarias, fundada a fines de 1934 en Dzitbalché. En total se establecieron 24 cooperativas de consumo. La primera cooperativa todavía existe en Dzitbalché y lleva el nombre de Ramón Berzunza Pinto (RBP-14.4.1995; Raby 1974: 217-236). Para una visión general del movimiento de los maestros rurales en México, véase Raby (1968 y 1974).

32 Peña (1942, II: 180-181); RBP-15.3.1996; Ramón Berzunza Pinto, carta del 2 de diciembre de 1996. Los comerciantes, como representantes de la oligarquía local, vieron en peligro su monopolio comercial. Las cooperativas vendieron toda clase de mercancías y acapararon maíz para su venta a las chiclerías (Peña 1942, II: 180-181). Además, hubo una Ley de Protección a las Sociedades Cooperativas de Consumo que eximió a las cooperativas del pago de impuestos, excluyendo miel de caña, panela, alcohol, bebidas embriagantes y tabaco; Carta de la Tesorería General del Estado al Agente de Hacienda, Hopelchén, 30 de septiembre de 1936; AMH, caja 1931-1937; Agenda de Hacienda, SC, exp. 1, 1936; véase también W. Gabbert (en prensa, cap. 11).

garquía y autoridades municipales dispararon desde los techos de sus casas a una multitud inerme de campesinos de Xcupilcacab, quienes celebraban el aniversario de la fundación de su cooperativa "Carlos Marx" en la plaza central de la cabecera Hopelchén. Este conflicto, denominado como "La Bola", causó por lo menos dos muertos y 27 heridos.[33] Sin embargo, los enfrentamientos violentos de 1936 marcaron el fin de la oposición abierta de la élite local contra las reformas cardenistas, pues debido a la presión del presidente, el entonces gobernador Mena Córdova (1935-1939) se vio obligado a romper sus lazos con los caciques de la zona (RBP-15.3.1996).

El Banco Nacional de Crédito Ejidal fue otro agente importante del cambio, debido a que tenía lazos directos con el gobierno central de México. El banco rompió el monopolio de los comerciantes sobre la concesión de créditos y se estableció como procurador de los campesinos en asuntos locales.[34] Consecuentemente, las actividades de sus encargados molestaron a las autoridades municipales todavía ligadas al poder local.[35]

Entretanto, el Partido Nacional Revolucionario (PNR) mediante sus círculos en la capital del país presionaba por que los comités estatales y municipales ejecutaran la política oficial.[36] Para extender su control político sobre campesinos y trabajadores, el PNR empezó a fundar diversos sindicatos y organizaciones.[37]

---

33 Raby (1974: 217-236); Aranda González (1985: 69-70); RBP-14.4.1995; RBP-15.3.1996.

34 Por ejemplo, encargados del Banco escribieron varias cartas obligando a las autoridades a que interviniesen en conflictos entre campesinos y terratenientes o comerciantes; AMH, caja 1931-1937, PM, SC, exp. 1936-1937.

35 Véase, p.e.: Carta de Florencio Quijano Ávila, presidente municipal, a Alberto Lizárraga, gerente del Banco Ejidal en el estado de Yucatán, Hopelchén, 7 de mayo de 1939; AMC, caja 1937-1939; PM, exp. Administrativo 5/1939.

36 Carta del presidente del Comité Ejecutivo del estado de Campeche al presidente del Comité Municipal del PNR, Campeche, 12 de febrero de 1935; AMH, caja 1931-1937, DPNR.

37 En Los Chenes, en 1937, contaban con 1359 miembros. Éstos se incorporaron a la Federación de Trabajadores de Campeche (FTC), constituida el 11 de agosto de 1937 en la capital del estado (Acta constitutiva de la Federación de Trabajadores del Estado de Campeche y Relación de agrupaciones obreras y campesinas citado en Cornelio Sosa/Mireles Rangel 1990: 189-190, 199-200). Las organizaciones fundadas por el PNR (PRM a partir de 1938) fueron movilizadas para apoyar al candidato oficial para la gubernatura en 1939 (véase carta: Muy estimado amigo Lucas, Comité Municipal del Partido de la Revolución Mexicana,

Tanto el movimiento popular como la política oficial, nacional y estatal actuaron en favor de un cambio político en Los Chenes. Las élites locales fueron obligadas a modificar su postura y hacer concesiones al régimen. Pero ya antes, miembros de la oligarquía de Los Chenes se habían incorporado al partido oficial para asegurar su influencia política. Después de "La Bola", la parte restante siguió su ejemplo. De esta manera muchos de los puestos políticos más importantes en la región quedaron en manos de la élite y sus partidarios (W. Gabbert, en prensa, cap. 11). Esta vez podían utilizar una retórica procardenista y dedicarse al mismo tiempo a frenar las reformas profundas (RBP-31.3.1996). Especialmente en el ámbito de la reforma agraria pusieron trabas a la distribución de tierras, retardando informaciones pedidas por Campeche[38] o mal informando sobre el número y tipo de las fincas existentes y el total de sus habitantes.[39] De esta forma, trataron de minimizar la cifra de las propiedades afectables y los asentamientos que cumplían con los requisitos para solicitar ejidos.

6. Reforma Agraria en la región de Los Chenes

A inicios de 1916, el gobierno de Campeche solicitó del Ayuntamiento de Hopelchén la formación de un comité local agrario para que se encargara del proceso de la reforma agraria en la región. Las primeras solicitudes de ejidos fueron entregadas en 1922. Sin embargo, no fue sino hasta antes de julio de 1926, a diez años de la constitución de la primera Comisión Local Agraria en Hopelchén, que se entregaron las primeras dotaciones de ejidos. Los miembros integrantes del comité

Hopelchén, Camp. (s.f.), firmada por el presidente municipal; AMH, caja 1937-1939; PM, SC, exp. 1938-1939).

38 Cartas del vicepresidente Manuel S. Silva M. del Comité Estatal del PNR al presidente del Comité Municipal del PNR, Gaspar Pazos P., Campeche, 16 de enero de 1935 y 14 de marzo de 1935; AMH, caja 1931-1937, exp. PNR, Comité Estatal.

39 Relación de las fincas rústicas y rancherías [...], Hopelchén, 4 de noviembre de 1938; AMH, caja 1937-1939; PM, SC, exp. Administración, Hopelchén, Febrero 1938/1939 (dos copias casi idénticas). Compárese los datos presentados con los de la Lista de localidades [...], Hopelchén (s.f.); AMH, caja 1937-1939; PM, JLC, exp. censal 1, 1939/40.

eran exclusivamente terratenientes, hacendados, comerciantes y contratistas.[40]

En estas circunstancias, no sorprende que en la primera fase de la reforma agraria (1926-1937) en Los Chenes las haciendas casi no fueron afectadas y que, en su gran mayoría, las tierras otorgadas a los ejidatarios fueran nacionales. Por lo tanto, la reforma agraria no resultó conflictiva (RBP-31.3.1996). Los terratenientes de Hopelchén estuvieron de acuerdo con los linderos entre sus fincas y los nuevos ejidos.[41] Además, participaron en los actos celebrados para la entrega de la dotación a los ejidatarios.[42]

La extensión de los terrenos otorgados oscilaba entre 24 y 61 hectáreas por beneficiario. Y aunque estas extensiones fueran mayores que en otras partes de México,[43] generalmente no lo fueron en medida suficiente para aplicar con éxito el sistema trashumante de roza, tumba y quema. Así, al no ser posible dejar descansar los terrenos, la tierra se empobreció rápidamente (Peña 1942, I: 88; RBP-31 de marzo de 1996). Como los mejores terrenos, ocupados por las fincas, fueron excluidos de la reforma agraria, en muchos casos quedaron solamente terrenos de mala calidad para los ejidos. En consecuencia, el arrendamiento de terrenos persistió (Peña 1942, I: 89).

Hacia 1934, durante la presidencia de Cárdenas, muchos ejidos de Los Chenes solicitaron más tierras, por la insuficiencia de las que hasta entonces habían recibido (Ramayo Lanz 1997: 140). Tras la conversión del gobernador Mena Córdoba al cardenismo, la distribución de tierras aumentó considerablemente. A partir de 1938, muchos ejidos de Los Chenes obtuvieron una ampliación de sus terrenos agrícolas. Incluso algunas fincas privadas fueron afectadas por la reforma agraria, aunque la mayoría de los antiguos terratenientes evitaban la enajenación de buena parte de sus terrenos mediante la parcelación y distribución entre prestanombres y familiares. En esta fase se repartie-

---

40 Correspondencia entre Luis Denegrey y el secretario general de Gobierno [...], Campeche, 22 y 29 de febrero, 11 de marzo de 1916; AGEC, PR, SG, caja 18, exp. 15; W. Gabbert, comentario personal, 3 de enero de 1997.

41 Véase, p.e.: Telegrama del ingeniero Ramón Aznar al subdelegado Villaseñor, Hopelchén, 16 de junio de 1926; ASRAC, caja 31, exp. 23.

42 Véase, p.e.: Acta de dotación del ejido Hopelchén, 12 de julio de 1926; ASRAC, caja 31, exp. 23.

43 Compárese, para 1930, Simpson (1937: 619, tab. 24), y para 1940, Whetten (1948: 598-599, tab. 23, 24).

ron grandes extensiones de terrenos forestales para la producción de chicle y madera (ampliaciones forestales).[44] Y hasta se llegó a organizar una cooperativa chiclera constituida en gran medida por ejidatarios.[45]

Sin embargo, hubo graves problemas durante el proceso de la reforma agraria en algunos ejidos, como lo reporta un ingeniero encargado al referirse al deslinde del ejido de Hopelchén, la cabecera municipal. Dice:

> [...] se hacía imposible dar cumplimento a las órdenes [...] por la falta de cooperación no tan sólo material, sino hasta moral de los interesados [...] no se han presentado nunca en número mayor de cuatro o cinco individuos, por lo que considerando la inutilidad de tal gestión, se reservarían los trabajos relativos para mejor ocasión. Reina en este lugar un completo estado de desconcierto y división de las clases laborantes, como redundancia de constantes rencillas de origen político, y falta absoluta de Organización Ejidal [...].[46]

Como indican igualmente otros documentos, esta situación no se limitaba a Hopelchén sino que abarcó a otros ejidos en el centro y sur del municipio.[47] La falta de cooperación de los ejidatarios en el deslinde se debía en parte al hecho de que la mayoría de la población masculina de Hopelchén había salido a trabajar en las chiclerías, durante la

---

44 Peña (1942, I: 64, 78-79, 81-88); González Navarro (1970: 177, cuadro 3; 1994: 93, cuadro 6); Schüren (2002: 160-199, 532-534). Entre 1926 y 1940 se repartió para 24 ejidos de Los Chenes un total de 825.513,42 hectáreas. La mayor parte (incluyendo 19 ampliaciones forestales para la extracción chiclera) fue distribuida por Cárdenas. Sin embargo, la entrega de gran parte de estas tierras fue retardada hasta los años sesenta (!) debido a que su explotación quedó concesionada a empresarios particulares para la explotación incontrolada de los bosques (véase Schüren 2002: 171-186, 235-264, 532-534).

45 Para la cooperativa chiclera "Los Chenes", véanse Comité (1941: 12-14); Peña (1942, II: 58, 81-88); Konrad (1987: 479; 1995: 107); Ponce Jiménez (1990: 25, 27-29, 88-100); Berzunza Pinto (1991: 127-128), Ramayo Lanz (1997: 143); Schüren (2002: 243-245).

46 Acta que se levanta para hacer constar los motivos que impiden la ejecución del fallo presidencial [...], 11 de julio de 1938, ASRAC, caja 31, exp. 23/25/031, primera ampliación, Hopelchén. Véase también Telegramas del ingeniero Gilberto Esparza Castillo al delegado agrario en Campeche, Hopelchén, 7 y 8 de julio de 1938 y del delegado agrario A. Rivas Rojo al ingeniero G. Esparza, Campeche, 8 de julio de 1938, ASRAC, caja 31, exp. 23/25/031, primera ampliación, Hopelchén.

47 Véase, p.e.: Carta del ingeniero Miguel Martínez Sánchez al delegado del departamento agrario Campeche, Xcupilcacab, 17 de noviembre de 1943, ASRAC, caja 42, exp. 23/25/042.

temporada de lluvias, por más de seis meses.[48] Aunque una parte de los chicleros practicaba la agricultura en pequeña escala durante su época de descanso (Peña 1942, I: 79-80, II: 142; MCE-13.2.1996), el trabajo en las chiclerías fue la actividad económica más importante para muchos ejidatarios debido a los ingresos monetarios relativamente altos, especialmente a partir de los años treinta.[49] Consecuentemente, su interés en la tierra quedó reducido. Como escribe Moisés de la Peña en su estudio de Campeche (1942, II: 141s):

> Al regresar los trabajadores de las chiclerías después de que los poblados se han visto sin hombres aptos para el trabajo durante medio año, el movimiento renace y la actividad comercial crece por unos meses, pues ansioso como vuelve el chiclero después de un largo destierro en un trabajo rudo, insalubre y siempre lleno de peligros, viviendo aislado la mayor parte del tiempo en el bosque, regresa dispuesto a malversar gran parte de sus alcances en borracheras y fandangos, dispuesto también a tirarse en su hamaca y no ocuparse ni de ir a traer leña, pues le gusta comprarlo todo y darse buena vida mientras le duran los fondos. Una vez que se agotan, ve al contratista y empieza a obtener adelantos, con los que no es raro que no vuelva a juntarse a aquél, porque a la hora de subir a las monterías obtiene el trabajador adelantos de otro contratista y toma otro rumbo. [...] Es claro que en estas condiciones, por dura que sea la vida del chiclero, poco le importa al campesino campechano la agricultura, una vez que se habitúa a subir en las chiclerías [...].

Muchos ejidatarios y comerciantes de la región, algunos de ellos hijos de antiguos contratistas y chicleros, todavía se entusiasman al evocar el "tiempo de oro" del auge chiclero.[50] Y no fue sino hasta fines de los años cuarenta, cuando decayó la industria del chicle, que gran parte de los ejidatarios intensificaron sus actividades agrícolas. Los ejidos, especialmente en el centro y sur de Los Chenes, experimentaron una "recampesinación" y la tierra ejidal obtuvo una importancia no conocida en épocas anteriores (Ponce Jiménez 1990: 118; Schüren 2001: 266-270). Pero debido a la falta de una organización interna efectiva, muchas decisiones en los ejidos de Los Chenes no fueron tomadas por

---

48   Acta que se levanta para hacer constar los motivos que impiden la ejecución del fallo presidencial que concedió ampliación de ejidos al poblado de Hopelchén, 11 de julio de 1938; ASRAC, caja 31, exp. 23/25/031, primera ampliación, Hopelchén.

49   Para el impacto económico y social del chicle en Los Chenes, véanse Peña (1942, II: 47-91); Konrad (1987; 1995); Ponce Jiménez (1990).

50   Entrevistas con varios ejidatarios y comerciantes en el municipio Hopelchén, Campeche, entre 1993 y 1998.

los ejidatarios sino por las autoridades oficiales de Campeche. Así los ejidos fueron sometidos a un control político desde afuera.

7. Conclusión

Como en muchas otras latitudes de México, la reforma agraria se desarrolló muy lentamente en el estado de Campeche, hasta la época cardenista. Las relaciones de propiedad apenas fueron afectadas. Las tierras (nacionales) repartidas eran de mala calidad y su extensión insuficiente para la producción basada en el sistema de roza, tumba y quema. Además, los campesinos no recibieron los recursos necesarios (como créditos para la producción) para romper el poder económico de los grandes terratenientes y comerciantes.

Tres fuerzas políticas jugaron el rol principal en el modo de ejecutar la reforma agraria a escala local: el gobierno nacional, los gobernadores estatales y las organizaciones campesinas. Durante la administración de Cárdenas se logró estimular la movilización de los campesinos por la causa agrarista y la organización de cooperativas. Además, se estableció una estructura administrativa (con el Banco Nacional de Crédito Ejidal y el PNR) para vigilar la consolidación del cambio político y social aun en los poblados remotos de Los Chenes. Los cambios iniciados fueron profundos y causaron conflictos graves, en muchos casos violentos, porque afectaron no solamente a la propiedad de los terratenientes, sino a las relaciones de poder tradicionales. Sin embargo, en poco tiempo los terratenientes, comerciantes, contratistas y sus seguidores lograron recuperar su influencia al afiliarse al PNR (o más tarde al PRM) y ocupar puestos importantes en la nueva estructura de poder.

Inicialmente, los campesinos beneficiarios de la reforma agraria no mostraron mucho interés en recibir tierras para la agricultura, debido a la importancia de la industria chiclera. No fue sino hasta la decadencia del chicle a fines de los años cuarenta que la producción agrícola recuperó su importancia para los ejidatarios.

Mientras sobrevivió el movimiento cardenista en Campeche (hasta finales de la gestión del gobernador Héctor Pérez Martínez, en 1943), las instituciones oficiales como el PNR, el PRM y el Banco Nacional de Crédito Ejidal fortalecieron la posición de los campesinos y obreros en las relaciones locales de poder. Sin embargo, la integración de estos actores sociales al partido oficial y la creación de una burocracia agraria sin precedentes se convirtieron en mecanismos que facilitaron el control político de la población rural. Irónicamente, las estructuras políticas creadas por Lázaro Cárdenas para llevar adelante el agrarismo terminaron siendo utilizadas para proteger las políticas anticampesinas de sus sucesores.

Bibliografía

Abud Flores, José Alberto (1992): *Campeche: Revolución y movimiento social*. México: Instituto Nacional de Estudios Históricos de la Revolución Mexicana/Secretaría de Gobernación/Universidad Autónoma de Campeche.

Appendini, Kirsten A. de et al. (eds.) (1983): *El campesinado en México: Dos perspectivas de análisis*. México: El Colegio de México et al.

Appendini, Kirsten A. de/Salles, Vania A. de (1983): "Recursos de capital, crédito e insumos en los ejidos". En: Appendini et al. (eds.), pp. 197-215.

Aranda González, Pedro (1985): *Apuntaciones históricas y literarias del municipio de Hopelchén, Campeche*. Mérida: Maldonado Editores (Ediciones del Ayuntamiento de Hopelchén, Cam., Programa Cultural de las Fronteras).

Baerlein, Henry (1913): *Mexico: The Land of Unrest*. London: Herbert and Daniel.

Bazant, Jan (1991): "From Independence to the Liberal Republic, 1821-1867". En: Bethell (ed.), pp. 1-48.

Benjamin, Thomas/McNellie, William (eds.) (1984): *Other Mexicos: Essays on Regional Mexican History, 1876-1911*. Albuquerque: University of New Mexico Press.

Berzunza Pinto, Ramón (1991): *Estado de Campeche: Monografía*. Campeche: Talleres Gráficos del Gobierno del Estado de Campeche.

Berzunza Pinto, Ramón (s.f.): *Felipe Carrillo Puerto: Biografía* (manuscrito inédito).

Bethell, Leslie (ed.) (1991): *Mexico since Independence*. Cambridge: Cambridge University Press.

Cabrera, Luis (^{2}1992 [1912]): "Fragmento del discurso sobre el problema agrario pronunciado el 3 de diciembre de 1912 por el diputado Luis Cabrera". En: Silva Herzog, t. 1, pp. 319-339 (anexo 4).

Chávez Padrón, Martha (1991): *El derecho agrario en México*. México: Porrúa.

CIA (1974): *Estructura agraria y desarrollo agrícola en México*. México: FCE.

Clark, Marjorie Ruth (1934): *Organized Labor in Mexico*. Chapel Hill: The University of North Carolina Press.

Cockcroft, James D. (1990): *Mexico, Class Formation, Capital Accumulation, and the State*. New York: Monthly Review Press.

Comité (1941): Comité para el Fomento y la Vigilancia de la Producción, Explotación de las Riquezas Forestales en el Estado de Campeche: *Informe rendido por el*

Presidente de este Comité al C. Secretario de la Economía Nacional que comprende las actividades desarrolladas por el mismo durante la temporada de explotación de chicle 1940-1941. Campeche, Camp. [AGEC].

Cornelio Sosa, Roger Elías/Mireles Rangel, Jaime (1990): *Historia del movimiento obrero de Campeche, 1540-1990.* Campeche: Confederación de Trabajadores Mexicanos.

Eckstein, Salomon (1966): *El ejido colectivo en México.* México/Buenos Aires: FCE.

Esteva, Gustavo (1980): *La batalla en el México rural.* México: Siglo XXI.

Fallaw, Ben (1995): *Peasants, Caciques, and Camarillas: Rural Politics and State Formation in Yucatán, 1924-1940.* Chicago: University of Chicago (tesis de doctorado, Department of History).

Folan Higgins, William (ed. (1994): *Campeche maya colonial.* Campeche: Universidad Autónoma de Campeche.

Fraser, Donald J. (1972): "La política de desamortización en la comunidades indígenas, 1856-1872". En: *Historia Mexicana*, 21, pp. 615-652.

Gabbert, Karin et al. (eds.) (1997): *Lateinamerika: Analysen und Berichte, 21: Land und Freiheit.* Bad Honnef: Horlemann.

Gabbert, Wolfgang (en prensa): *Maya or Mestizo? Ethnicity and Social Inequality in Yucatán: From the 15th Century to the Present.* Tucson: University of Arizona Press.

González Navarro, Moisés (1970): *Raza y tierra. La guerra de castas y el henequén.* México: El Colegio de México.

— (1994): *Sociedad y cultura en el Porfiriato.* México: CONACULTA.

Gubler, Ruth/Hostettler, Ueli (eds.) (1995): *The Fragmented Present. Mesoamerican Societies Facing Modernization.* Möckmühl: Verlag Anton Saurwein.

Hale, Charles A. (1968): *Mexican Liberalism in the Age of Mora, 1921-1853.* New Haven/London: Yale University Press.

Hellman, Judith Adler ([2]1983): *Mexico in Crisis.* New York: Holmes and Meier.

Hernández Chávez, Alicia (1979): *Historia de la Revolución mexicana, t. 16: La mecánica cardenista, 1934-1940.* México: El Colegio de México.

Hostettler, Ueli/Restall, Matthew (eds.) (2001): *Maya Survivalism.* Markt Schwaben: Verlag Anton Saurwein.

Ibarra Mendívil, Jorge Luis (1989): *Propiedad agraria y sistema político en México.* México: El Colegio de Sonora/Porrúa.

INEGI (Instituto Nacional de Estadística Geografía e Informática) (1991): *Resultados preliminares del VII Censo Agropecuario, 1991.* Aguascalientes: INEGI.

— (1994): *Resultados definitivos: VII Censo Agrícola-Ganadero.* 3 vols., Aguascalientes: INEGI.

Joseph, Gilbert M. (1992): *Revolución desde afuera: Yucatán, México y los Estados Unidos 1880-1924.* México: FCE.

Katz, Friedrich (1959): "Plantagenwirtschaft und Sklaverei: Der Sisalanbau auf der Halbinsel Yucatán bis 1910". En: *Zeitschrift für Geschichtswissenschaft*, 7/5, pp. 1002-1027.

— (1991): "The Liberal Republic and the Porfiriato, 1867-1910". En: Bethell (ed.), pp. 49-124.

Katz, Friedrich (ed.) (1988): *Riot, Rebellion, and Revolution: Rural Social Conflict in Mexico*. Princeton: Princeton University Press.

Knight, Alan (1991): "The Rise and Fall of Cardenismo, c. 1930-c. 1946". En: Bethell (ed.), pp. 241-320.

Knowlton, Robert J. (1990): "La división de las tierras de los pueblos durante el siglo XIX: El caso de Michoacán". En: *Historia Mexicana*, 40/1, pp. 3-25.

Knox, A. J. Graham (1977): "Henequen Haciendas, Maya Peones and the Mexican Revolution Promises of 1910: Reform and Reaction in Yucatan, 1910-1940". En: *Caribbean Studies*, 17/1/2, pp. 55-82.

Konrad, Herman (1980): "Una población chiclera. Contexto histórico-económico y un perfil demográfico". En: *Boletín de la Escuela de Ciencias Antropológicas de la Universidad de Yucatán (E.C.A.U.D.Y.)*, 8/45, pp. 2-39.

— (1987): "Capitalismo y trabajo en los bosques de las tierras bajas tropicales mexicanas: El caso de la industria chiclera". En: *Historia Mexicana*, 36/3, pp. 465-505.

— (1994): "Campeche y el uso de los recursos de su selva tropical: Una revisión preliminar". En: Folan (ed.), pp. 206-224.

— (1995): "Maya Chicleros and the International Chewing Gum Market". En: Gubler/Hostettler (eds.), pp. 97-113.

LA (²1992 [1915]): "Ley Agraria, 6 de enero de 1915". En: Silva Herzog, t. 2, pp. 203-211 (anexo 16).

LE (1921 [1920]): "Ley de Ejidos, 30 de diciembre de 1920". En: *Periódico Oficial del Gobierno Constitucional del Estado de Campeche*, 5.-15.2.1921.

Martínez Saldaña, Tomás (1990): "Agricultura y Estado en México, siglo XX". En: Rojas (ed.), pp. 301-402.

Medina Cervantes, José Ramón (1987): *Derecho agrario*. México: Harla.

Negrín Muñoz, Alejandro (1991): *Campeche. Una historia compartida*. México: Instituto de Investigaciones Dr. José María Luis Mora.

Negroe Sierra, Genny M. (ed.) (1997): *Guerra de Castas: Actores postergados*. Mérida: Unicornio.

Pacheco Blanco, María (1928): *Geografía del estado de Campeche*. Campeche: sin editorial.

Paoli, Francisco J./Montalvo, Enrique (1987): *El socialismo olvidado de Yucatán*. México: Siglo XXI.

Peña, Moisés T. de la (1942): *Campeche económico*. 2 vols., México: Gobierno Constitucional del Estado de Campeche.

— (1964): *El pueblo y su tierra. Mito y realidad de la reforma agraria en México*. México: Cuadernos Americanos.

Ponce Jiménez, Martha Patricia (1990): *La montaña chiclera Campeche. Vida cotidiana y trabajo (1900-1950)*. México: CIESAS (Cuadernos de la Casa Chata, 172).

Powell, T. G. (1972): "Los liberales, el campesinado y los problemas agrarios durante la Reforma". En: *Historia Mexicana*, 21, pp. 653-675.

Raby, David L. (1968): "Los maestros rurales y los conflictos sociales en México (1931-1940)". En: *Historia Mexicana*, 18/2, pp. 190-226.

— (1974): *Educación y revolución social en México, 1921-1940*. México: SEP.

Ramayo Lanz, Teresa (1997): "Repartir lo indivisible: Los mayas de la montaña, Campeche y la tierra: La Guerra de Castas". En: Negroe Sierra (ed.), pp. 127-148.

Reitmeier, Gabriele (1990): *Unabhängige Campesinobewegungen in Mexiko, 1920-1988*. Saarbrücken/Fort Lauderdale: Breitenbach Publishers.

Rodríguez Herrera, Emilio (1998): *El socialismo de Campeche. Una obra de rescate*. Campeche: Universidad de Campeche (tesis de maestría inédita).

Rojas, Teresa (ed.) (1990): *La agricultura en tierras mexicanas desde sus orígenes hasta nuestros días*. México: CONACULTA/Grijalbo.

Savarino Roggero, Franco (1997): *Pueblos y nacionalismo. Del régimen oligárquico a la sociedad de masas en Yucatán, 1894-1925*. México: Instituto Nacional de Estudios Históricos de la Revolución Mexicana.

Schüren, Ute (1997): "'Land ohne Freiheit': Mexikos langer Abschied von der Agrarreform". En: Gabbert, K. et al. (eds.), pp. 33-65.

— (2001): "Milpa in Crisis? Changing Agricultural Practices Among Rural Producers in Campeche". En: Hostettler/Restall (eds.), 263-279.

— (2002): *Rationalität oder Irrationalität bäuerlichen Wirtschaftens im Kontext staatlicher Politik? Haushaltsstrategien in mexikanischen Ejidos: Das Beispiel der Chenes-Region, Campeche*. Berlin: Freie Universität Berlin, Fachbereich Politik und Sozialwissenschaft (tesis de doctorado inédita).

— (s.f.): "Haciendas y peones en Campeche: Una vista desde los Chenes (1820-1914)" (manuscrito no publicado).

Sheridan, Thomas E. (1988): *Where the Dove Calls. The Political Ecology of a Peasant Corporate Community in Northwestern Mexico*. Tucson: The University of Arizona Press.

Sierra, Carlos Justo (1960): *Campeche en la Revolución, 1910-1920*. México: Ah-Kim-Pech.

— (1972): *Acción gubernamental en Campeche 1858-1960*. México: Talleres de Impresión de Estampillas y Valores.

— (1998): *Breve historia de Campeche*. México: El Colegio de México/FCE.

Silva Herzog, Jesús (^{2}1992 [1960]): *Breve historia de la Revolución mexicana*, t. 1: *Los antecedentes y la etapa maderista*; t. 2: *La etapa constitucionalista y la lucha de facciones*. México: FCE.

Simpson, Eyler (1937): *The Ejido: Mexico's Way Out*. Chapel Hill: The University of North Carolina Press.

Strickon, Arnold (1965): "Haciendas and Plantation in Yucatan. An Historical-Ecological Consideration of the Folk-Urban Continuum in Yucatan". En: *América Indígena*, 25/1, pp. 35-63.

Tello, Carlos (1968): *La tenencia de tierra en México*. México: UNAM.

Tobler, Hans Werner (1984): *Die mexikanische Revolution. Gesellschaftlicher Wandel und politischer Umbruch, 1876-1940*. Frankfurt/Main: Suhrkamp/Büchergilde Gutenberg.

— (1988): "Peasants and the Shaping of the Revolutionary State, 1910-40". En: Katz (ed.), pp. 487-518.

Trejo Carrillo, Fernando/Quintana Sosa, Rafael/Sandoval Campos, Rafael (1996): *Historia de Campeche*, compilación de Pavón Abreu, Raúl. Campeche: Gobierno del Estado de Campeche, Secretaría de Educación, Cultura y Deporte.

Tutino, John (1986): *From Insurrection to Revolution in Mexico. Social Bases of Agrarian Violence 1750-1940*. Princeton: Princeton University Press.

Wells, Allen (1984): "Yucatán: Violence and Social Control on Henequen Plantations". En: Benjamin/McNellie (eds.), pp. 213-241.

Whetten, Norman (1948): *Rural Mexico*. Chicago/London: The University of Chicago Press.

Whitecotton, Joseph W. (1984 [1977]): *The Zapotecs: Princes, Priests, and Peasants*. Norman: University of Oklahoma Press.

Womack, John (1968): *Zapata and the Mexican Revolution*. New York: Vintage.

Yates, P. Lamartine (1981): *Mexico's Agricultural Dilemma*. Tucson: The University of Arizona Press.

Entrevistas:

Abreviación	Nombre	Descripción	Lugar
HLL-17.12.1994	Hugo Lara y Lara	profesional, originario de la región de Los Chenes	Mérida
MCE-13.2.1996	Manuel Cervera	comisario ejidal	Hopelchén
RBP-14.4.1995, RBP-15.3.1996, RBP-31.3.1996	Ramón Berzunza Pinto	historiador, antes maestro rural, activista del movimiento cooperativista en el Camino Real, y funcionario del gobierno	Dzitbalché
RCL-15.1.1995	Raymundo Calderón Lara	comerciante en Hopelchén	Hopelchén

Nikolaus Böttcher

"Rómpanse las cadenas de nuestro giro, y póngase franca la carrera". Los reales consulados en Hispanoamérica antes de la independencia

La creación de representaciones corporativas pone a disposición de grupos desfavorecidos una plataforma de acción común y engendra una conciencia colectiva. En las sociedades coloniales estas representaciones se formaron como asociaciones de una capa social o profesional entre la población blanca. Una organización corporativa de este tipo ofreció a tal grupo la posibilidad de actuar como agente colectivo y de operar negociaciones con el poder colonial. En este foro se manifestaron nuevas competencias y se amplió el espacio para iniciativas del grupo en cuestión. Fueron sobre todo los comerciantes y los terratenientes en las colonias quienes aspiraron a lograr una mayor influencia en las decisiones políticas. Durante siglos los empresarios privados dentro del Imperio colonial español habían sido marginados e impedidos a través de monopolios, asientos y reglamentos. Como es bien sabido, desde principios del siglo XVI el comercio colonial se organizó de manera centralizada a través de la Casa de la Contratación en Sevilla y las rutas de las flotas fueron estrictamente definidas por el sistema de la Carrera de Indias. Los virreinatos de la Nueva España y del Perú, como centros de la producción minera, representaron para la Corona los núcleos de su interés y, por lo tanto, su producción fue el objeto principal del comercio colonial. Las regiones alejadas de los circuitos comerciales que conectaron Sevilla (y más tarde Cádiz) por un lado con Veracruz y por el otro con Cartagena de Indias y Panamá quedaron aisladas. Los grandes comerciantes establecidos en los centros del poder colonial y privilegiados desde generaciones dominaron la vida económica de las colonias. Hasta el siglo XVIII otras posesiones, como el Caribe, Guatemala, Venezuela y Río de la Plata, formaron la periferia económica y se vieron reducidas a servir como abastecedoras suplementarias.

La reorganización estatal de las rutas comerciales, en la segunda mitad del siglo XVIII, hizo que la Corona se diera cuenta de las posibilidades económicas de la cuenca caribeña y del Cono Sur (Céspedes del Castillo 1947: 39). Hasta entonces Buenos Aires se había quedado casi totalmente marginado y había mantenido durante siglos su carácter de centro contrabandista. Las Antillas Mayores y Menores en posesión de España no pasaron de constituir la base desde donde se llevó a cabo la colonización de la tierra continental. Esta región fue reducida a constituir una estación de paso a las minas novohispanas y peruanas.

Fueron otras naciones europeas las que lograron sacar provecho de estos espacios. Jamaica, Barbados, Curação, Martinique y Saint-Domingue se convirtieron en posesiones inglesas, neerlandesas y francesas. Allí se establecieron plantaciones de tabaco, café y algodón y azúcar. El éxito del mercantilismo desarrollado por los enemigos de España se basó en mercados protegidos que garantizaron al terrateniente la venta de sus productos (Oostindie 1994, II: 365). El capital privado y las corrientes prácticas crediticias fomentaron la construcción del sistema de plantaciones. La mano de obra necesaria fue importada por esclavistas profesionales a gran escala. El Caribe español, en cambio, se autoabasteció y no disponía de excedentes agrícolas que hubieran servido para la exportación a la metrópoli. En la trata de esclavos dependían por completo de los extranjeros.

Fue tan sólo en el transcurso de la guerra de los Siete Años que Madrid decidió modernizar la gestión política de sus dominios y crear las condiciones para apoyar las economías periféricas en sus colonias americanas. Se emprendió el incremento de las rentas reales, puesto que las reformas deberían financiarse con los caudales de la Real Hacienda (Ibarra 2000: 231). Los comerciantes en la periferia colonial vinieron a ser el grupo más afectado por las reformas borbónicas en su empeño de reactivar la economía del Imperio. Después de la paz de París en 1763 se abrió el comercio libre imperial en las islas de Barlovento (sobre todo Cuba, Margarita y Trinidad), en 1778 en Tierra Firme y, finalmente, en 1789 también en la Nueva España. Sin embargo, la introducción del comercio libre no sólo fomentó el tráfico entre las colonias sino también suavizó el antagonismo entre centro y periferia. La economía colonial de la periferia experimentó un proceso de crecimiento en el último tercio del siglo XVIII caracterizado por la diversificación de su producción, la integración territorial de sus mercados y la ampliación de su espacio de circulación (Ibarra 2000: 237). El desarrollo de las economías regionales fue acelerado por el aumento de la producción agropecuaria y el crecimiento demográfico. Las reformas borbónicas desmantelaron la red tradicional de relaciones comerciales y debilitaron el papel de los antiguos centros como Lima y la ciudad de México. Quebró lentamente su monopolio y creció la importancia de los empresarios criollos en la periferia. Las protestas de estos últimos contra el control exclusivo de la economía y del comercio por el Estado se convirtieron en exigencias para establecer organizaciones representativas. De hecho, el Imperio español se sometió a un deliberado proceso de cambio institucional.

El objeto principal del presente artículo son los reales consulados en el Imperio español a finales de la época colonial. Se trata de gremios o representaciones privilegiados de comerciantes locales. El consulado fue una representación corporativa y sirvió al mismo tiempo como instrumento de fiscalización y cohesión mercantil en una escala territorial amplia. Hasta ese momento habían sido meras instituciones destinadas a facilitar soluciones para disputas comerciales y para proteger los intereses comerciales. Pero ahora, comerciantes y hacendados nacidos en las colonias y miembros de un consulado empezaron a sentir y a expresar una conciencia criolla dentro de estos cuerpos mercantiles. Los reales consulados fueron los primeros gremios autóctonos que surgieron en Hispanoamérica y empezaron a ejercer competencias anteriormente bajo el control de la administración española. Los patricios criollos aprovecharon esta oportunidad para consolidarse como élite económica y, al mismo tiempo, para conseguir el derecho de intervención, aunque no de cogestión.

Poder y resistencia se manifiestan de una forma ejemplar en los nuevos consulados creados como consecuencia de las reformas borbónicas. Éstos reunieron a las nuevas élites burguesas de los centros de poder antiguamente periféricos del Imperio español. De acuerdo con el mencionado monopolio del comercio colonial español hasta finales del siglo XVIII sólo existían dos consulados en ultramar, el de México (fundado en 1603) y el de Lima (fundado en 1614). A su vez, estos dos gremios en las capitales virreinales habían sido organizados según

el ejemplo de los consulados en los centros comerciales de la península ibérica, como fueron el de Burgos (fundado en 1494), el de Bilbao
(fundado en 1511) y, por supuesto, el de Sevilla (fundado en 1543),
ciudad que sirvió como ombligo del comercio ultramarino y que al-
bergó la Casa de Contratación.

Por lo tanto, la Corona dio respaldo únicamente a la clase comercial en los centros coloniales que ya se vieron favorecidos por la política exclusivista determinada por las coordenadas Sevilla, Lima y la
ciudad de México. No fue hasta muy entrado el siglo XVIII que el programa reformista de los Borbones produjo cambios sustanciales en la
estructura de la administración colonial. Las reformas borbónicas que
habían sido solicitadas por hombres ilustrados como Gaspar Melchor
de Jovellanos (1744-1811) y el Conde de Campomanes (1723-1803)
tenían como objeto la modificación de la rígida y antiguada política
colonial de los Habsburgos. Al mismo tiempo los primeros economis-
tas españoles como Ustáriz, Campillo y Cossío y Ward publicaron sus
nuevas ideas sobre el fomento de los mercados periféricos a través de
un comercio menos restringido.[1] Otras naciones como Francia, los
Países Bajos y cada vez más Inglaterra ofrecían al monopolio la alternativa de un comercio imperial libre y una política de *laissez faire* a
nivel nacional.

Por iniciativa de la Corona fueron establecidos nuevos consulados
regionales en los centros comerciales de España y América. En la
metrópoli se trató casi exclusivamente de puertos ya privilegiados por
el primer edicto del comercio libre de 1765. Fueron Málaga, Alicante,
La Coruña y Santander, los que recibieron consulados entre 1785 y
1786. En ultramar fueron privilegiadas de la misma manera las ciudades de Caracas, Buenos Aires, Cartagena de Indias, Veracruz, Guadalajara, Santiago de Chile, La Habana, Guatemala y Manila, todas entre
1793 1795.[2] Estas ciudades fueron al mismo tiempo sede de las instituciones más importantes de la administración colonial como las au-
diencias, las capitanías generales o las intendencias. Se eligieron sin
excepción lugares que recientemente habían registrado un auge como

---

1   Jerónimo de Ustáriz: *Theórica y práctica de comercio de marina*, 1727/1757;
     José de Campillo y Cossío: *Nuevo sistema de gobierno económico para la Amé-
     rica*, 1743; Bernardo Ward: *Proyecto económico*, 1762.
2   Adicionalmente hay que mencionar Puebla, en México. Sin embargo, este consu-
     lado solamente existió de 1820 a 1823.

centros políticos y económicos. Sobre todo el crecimiento económico, la diversificación y el aumento de la producción en determinadas regiones hasta ahora descuidadas y subdesarrolladas dieron el impulso decisivo para que la Corona fomentara su integración territorial en circuitos comerciales más amplios. Sacaron provecho tanto el *hinterland* de la ciudad como los mercados más al interior.[3] Con la creciente importancia de un puerto y un mercado urbano salieron ganando los empresarios de la región, tanto comerciantes como hacendados. Además, todas las regiones en cuestión habían experimentado un aumento de población. Con el poder económico se incrementó la ambición política de las nuevas élites. El real consulado sirvió de intermediario y de medio de comunicación entre los ascendientes grupos sociales y el gobierno y condicionó la influencia política de la nueva fuerza. Al mismo tiempo se fundaron nuevas instituciones que representaron los intereses de estos grupos, como las sociedades económicas.

1. La organización de los reales consulados

Hacerse socio del consulado significó un reconocimiento social. En La Habana, por ejemplo, los comerciantes tenían que matricularse por obligación y pagar una cuota mensual. Los miembros solían elegir cada dos años un comité directivo. El cuerpo conciliar consistía en un prior, dos cónsules, nueve conciliarios, un síndico, un secretario, un tesorero y un contador. Un apoderado de cada consulado fue enviado a Madrid para representar los intereses regionales en la capital y para encargarse de negociaciones y gestiones políticas. Dentro de la institución se distingue un cuerpo administrativo y el grupo de los demás miembros que ejercían funciones de representación y gestión institucional. El consulado estuvo conformado tanto por comerciantes como por hacendados. Uno de los fines más importantes del consulado consistió en mantener el equilibrio entre ambos grupos:

> [...] los dos consules han de ser o haver sido comerciantes de gran reputación y concepto y de los conciliarios havrá cinco de la clase de agricultores recomendables y quatro de la de comerciantes de mérito a fin de que nunca quede preponderante en la Junta una de las dos clases en un

---

3   Como ejemplo, véase el caso de Guadalajara (hoy en el estado federal de Jalisco) investigado a fondo por Ibarra (2000: 237 ss.).

país agricultor son inseparables los intereses de la agricultura y del comercio.[4]

El consulado se dividió en un tribunal de comercio y una junta de gobierno que se ocupó del fomento de la economía. Se trataba sobre todo de tomar decisiones sobre inversiones destinadas al mejoramiento de la infraestructura regional, tanto en obras públicas (construcción de muelles, canales y caminos) como en la importación de maquinaria (para la industrialización de la producción en las plantaciones). El trabajo del consulado y el nombramiento de los cargos fueron controlados por el Estado, es decir por el virrey, gobernador o los oidores de la Audiencia. Los reglamentos del consulado fueron formulados según el modelo de las ordenanzas del Consulado de Bilbao. Sin embargo, la última versión fue redactada por los miembros de cada consulado y después confirmada por los oficiales reales. Es decir, que los consulados tenían el derecho de colaborar en la fijación de sus estatutos, lo cual significó por primera vez cierta participación por parte de la élite colonial en las decisiones políticas. Fue tarea principal de los miembros del consulado colaborar con la administración colonial en el comercio transatlántico y actuar como un gremio de consejales en todos los asuntos referentes a la economía regional. Se agregaron al catálogo de competencias la jurisdicción en litigios comerciales y la redacción de estadísticas e informes anuales sobre las importaciones y las exportaciones.

La lucha contra el contrabando aumentó durante los numerosos conflictos abiertos entre España y Gran Bretaña. Se formaron unidades de guardacostas compuestas por piratas y aventureros que entraron en lucha abierta con los contrabandistas extranjeros que actuaron sobre todo entre Cuba, Saint-Domingue y Jamaica. El consulado estaba autorizado a extender patentes de corsos (Tjarks 1962a, II: 521-522). Otro importante papel que desempeñó el consulado fue intermediar en el creciente conflicto entre peninsulares y criollos. Por este motivo no sólo había que crear un equilibrio entre comerciantes y hacendados, sino también entre españoles y americanos. Por primera vez se presentó una creciente influencia social política y económica en la tierra colonizada por parte del patriciado local. Aún más, fue el primer paso

---

4   Reglamento para el establecimiento del Consulado, 30 de enero 1792, BNC, Col. de Manuscritos Pérez Beato 802. Véase también Tjarks (1962a, I: 104).

para tomar en sus manos una parte de la responsabilidad política. El intendente de Caracas, Francisco de Saavedra, lo expresó de la siguiente manera:

> El *consulado* compuesto, como es regular, de hacendados y comerciantes, de Europeos y Americanos, reúne en sí una y otra parcialidad, y además de identificar el recíproco fomento de la agricultura y el comercio, facilita medios a unos y otros de trabajar, promover e influir en su propia felicidad hasta ahora dependiente del despotismo de los Jefes de la Provincia.[5]

La composición equilibrada entre súbditos españoles y criollos en una institución colonial fue una novedad. Justamente las reformas borbónicas habían corroborado la peninsularización en la mayoría de los cargos principales de la administración a costo del poder de los cabildos. Sin embargo, habían incrementado sucesivamente el nepotismo y la corrupción. En vista del creciente volumen comercial en la periferia colonial fue conveniente buscar la colaboración de la nueva aristocracia comercial que había emergido de entre los criollos. Mientras que en los antiguos consulados en Lima y México, como centros conservadores del monopolio, dominaron los intereses peninsulares, los criollos lograron el control en los consulados de las ascendentes capitales de la periferia como La Habana, Caracas y Buenos Aires. En aquel entonces instituciones no estatales normalmente abarcaban al máximo distritos administrativos de un tamaño limitado, como municipios o provincias. La competencia del consulado, en cambio, correspondió a un territorio extenso. La jurisdicción del consulado de Caracas abarcó más o menos el espacio que más tarde sería Venezuela y el consulado de Buenos Aires administró casi el Cono Sur entero, desde el Atlántico hasta el Alto Perú. La creación de los consulados subrayó, por lo tanto, la creciente importancia de los nuevos centros políticos y cuestionó la exclusividad anterior de los ejes entre Sevilla y la ciudad de México y Lima, respectivamente.

El trabajo de consulado fue facilitado por una red de colaboradores que habitaban en todas las ciudades mayores del interior. Ya que la mayoría de los miembros fueron comerciantes, disponían de amplios contactos en toda la colonia. Es decir, que muchas veces el socio de un comerciante se convertía también en corresponsal de un miembro

---

5   Carta al Consejo de Indias, 2 de mayo 1785 (Arcila Farías 1957: 15).

del consulado. Este proceso producía ventajas en las prácticas comerciales. Mejoraron los caminos hacia el interior y bajaron los costes de transporte. El consulado se transformó de un tribunal comercial del modelo español en un instrumento que apoyó activa y decididamente el comercio y la agricultura. Valga como ejemplo que las primeras relaciones legales de comerciantes venezolanos con sus colegas neerlandeses en Curaçao, los daneses en San Tomás y los norteamericanos en Charleston, Philadelphia y Nueva York se iniciaron a consecuencia de propuestas elaboradas por el Consulado de Caracas (Arcila Farías 1957: 242-248). También fue el Consulado de Caracas el motor para fundar nuevas plantaciones de café y azúcar en territorio venezolano.

En Caracas, La Habana y Buenos Aires emergieron al mismo tiempo las primeras sociedades económicas siguiendo los modelos de la Sociedad de Agricultura fundada por Campomanes en 1763 y de la Sociedad Vascongada de Amigos del País fundada por el Conde de Peñaflorida en 1765 (Windler 1992: 190-191). Se trataba de un foro para empresarios y políticos en la capital,[6] parecido al club británico de la época. Estas sociedades tenían muchas veces sus propias imprentas, donde se publicaban periódicos, noticias comerciales o estudios científicos sobre el cultivo del azúcar.[7] La primera edición del *Papel Periódico de La Habana* se publicó el 24 de octubre del 1790. Este noticiero se convirtió en la voz del nuevo espíritu del criollo que apoyó el progreso económico en las colonias. El *Papel* fue del hacendado y del comerciante cubano que se quiso enterar tanto de las noticias políticas como de la llegada de los barcos negreros.

2. Consulados en la periferia

Cuba fue la primera colonia que aprovechó las nuevas oportunidades ofrecidas en el marco de las reformas borbónicas. Aún más, la isla empezó a determinar su propio destino al ritmo que España estaba perdiendo su influencia en las colonias debido a las permanentes guerras con Inglaterra en la segunda mitad del siglo XVIII. La nueva etapa

---

6   De los 126 miembros de la sociedad fundada en La Habana en 1792, unos 113 vivieron en la capital cubana (Knight 1970: 17).

7   En la imprenta de La Habana se publicó la *Memoria sobre el cultivo de la caña dulce y extracción del azúcar*, basada en la *Du sucre & de tout ce qui regarde sa fabrique & ses differentes especes* del Pére Labats de 1724 y un anónimo inglés de 1752, titulado *The art of making sugar*. Véase Moreno Fraginals (1964, I: 76).

de la historia cubana fue caracterizada por la Ilustración, el liberalismo económico, la creciente producción azucarera y, sobre todo, el ascenso del patriciado habanero. Esta nueva élite en su gran mayoría criolla se convirtió en un factor importante de la vida política cubana. La Corona no pudo ignorar la creciente importancia y buscó la colaboración de la oligarquía del azúcar. La así llamada 'sacarocracia' cubana emergió durante el gobierno de Carlos III y aspiró a reforzar su posición política. Logró establecer nuevos organismos como el real consulado y la sociedad económica.

En el caso cubano hay que poner de relieve la estrecha colaboración entre criollos oficiales gubernamentales. El intendente José Pablo Valiente (1782-1788, 1792-1799) y el gobernador Luis de las Casas (1790-1797) apoyaron la transición de Cuba de tierra de paso, función que había desempeñado en los siglos anteriores, a colonia clave con una producción considerable de bienes de exportación. Por parte de los criollos tuvo el liderazgo Francisco Arango y Parreño, fundador del Real Consulado en La Habana. Arango y Parreño (1765-1837) fue influido por las ideas de Adam Smith, Edmund Burke, Benjamin Franklin y Thomas Jefferson. Después de haber cursado estudios de Derecho y Economía en Madrid, se convirtió en una de las figuras políticas más eminentes de Cuba. Se hizo portavoz de los dueños de ingenios y exigió tanto la importación de esclavos y maquinaria moderna como la reducción de los impuestos (Pierson 1936: 458-459; Torres-Cuevas/Reyes 1986: 93-97). Arango vio en seguida la oportunidad que se presentó para Cuba después de la revolución en Saint-Domingue, el máximo competidor en el cultivo de azúcar. La Corona concedió a su petición la importación de esclavos a través de los puertos de Casilda/Trinidad, Santiago de Cuba, Nuevitas y Batabanó.[8] Poco después se ordenó que el Real Consulado de La Habana se ocupara de la organización y la concesión de licencias particulares para la introducción de esclavos desde colonias extranjeras.[9] En forma de apéndice, se agregó al Consulado la Junta de Fomento que organizaría la trata de esclavos y la expansión de la industria azucarera en Cuba a gran escala. En el caso cubano fueron los empresarios locales los que

8 Reales órdenes del 24 de noviembre de 1791 y del 1 de enero de 1792, ANC, Real Consulado, 74/2836, ff. 1r-3r.
9 Reglamento para el establecimiento del Consulado, 30 de enero 1792, BNC, Col. de Manuscritos Pérez Beato 802.

pusieron los cimientos para el auge económico que vivió la isla durante las siguientes décadas. La independencia no fue anhelada por los cubanos puesto que con su lealtad habían conseguido riqueza y libertad en la economía y al mismo tiempo protección militar de parte de la *madre patria*.

3. El caso del Río de la Plata

Hasta mediados del siglo XVIII Buenos Aires jugó un papel secundario dentro del sistema colonial hispanoamericano. Los vastos contornos de la ciudad hasta las fronteras naturales de los Andes estaban escasamente poblados y no existían minas de metales preciosos. Los habitantes de Buenos Aires vivían sobre todo del contrabando. Fue así que se experimentó un lento crecimiento económico en el curso del siglo XVII, a base de la colaboración con los comerciantes ilegales portugueses e ingleses que introdujeron sus mercancías desde el sur del Brasil a través del puerto de Colonia do Sacramento. Esta incorporación al sistema atlántico luso-británico fue tenido en cuenta por el gobierno español cuando se abrió el puerto de Buenos Aires al asiento otorgado a la Compañía del Mar del Sur entre 1714 y 1740. Durante este periodo esclavistas ingleses introdujeron legalmente unos 18.000 esclavos para Chile y el Perú. Los ingleses tuvieron cada vez más interés en los cueros procedentes de la Campana, Pampa y de la Banda Oriental. A su vez, los comerciantes bonaerenses sacaron pingües ganancias y formaron paulatinamente una nueva élite urbana. Al desaparecer el sistema de la Carrera de Indias surgieron nuevas rutas del comercio que favorecieron sobre todo al puerto de Buenos Aires. Se legalizó por primera vez el tráfico directo entre España y Alto Perú a través del Río de la Plata. Los comerciantes ganaron importancia y buscaron de ahí en adelante la competencia directa con sus colegas establecidos en Lima. La Corona reconoció este proceso y nombró Buenos Aires capital del nuevo virreinato del Río de la Plata. La población de la ciudad se dobló en pocos años (Rock 1985: 45). En 1777 Buenos Aires se transformó en el puerto oficial para abastecer las minas de Potosí con mercurio, al incorporar Alto Perú en el nuevo virreinato. Creció también el comercio con Chile a través del camino a Mendoza y Santiago. En 1785 un grupo de comerciantes de Buenos Aires envió una resolución al Consejo de Indias pidiendo una representación oficial. Finalmente se fundó el Consulado de Buenos Aires el 30 de enero de 1794. Para mejorar la infraestructura virreinal, la Secretaría de Balanza de Comercio, nombrada por el Consulado, redactó informes sobre progresos y obstáculos de la economía (Navarro Floria 1999: 158). Se fundaron colegios y periódicos profesionales como el *Telégrafo Mercantil* y el *Seminario de Agricultura, Industria y Comercio*. Al igual que Caracas, Buenos Aires entró en una fase de relaciones tensas con Lima como sede de los conservadores comerciantes españoles defensores del monopolio gaditano (Parrón Salas 1995: 494). Mientras tanto, el Consulado de Buenos Aires amplió su red con nuevas diputaciones en Montevideo, Potosí, La Paz, Asunción y Tucumán (Navarro Floria 1999: 68).

El joven Consulado de Buenos Aires representó a la nueva y dinámica élite compuesta por comerciantes y terratenientes, mientras su homólogo limeño funcionaba tradicionalmente como mero instrumento administrativo. El conflicto entre los consulados antiguos y los recientemente establecidos fue el conflicto entre monopolio y liberalismo, entre centro y periferia. Pero no fue sólo un antagonismo entre las dos capitales virreinales. A diferencia de La Habana, en Buenos Aires se puso de relieve una escisión entre los comerciantes, divididos en peninsulares conservadores y criollos liberales. El Consulado se convertiría en el escenario de este conflicto local, cuando los ingleses invadieron la ciudad en 1806 y declararon el comercio libre para Buenos Aires en verano del mismo año. El 7 de julio las instituciones eclesiásticas y civiles, incluyendo el Real Consulado, juraron obediencia al rey británico (Poensgen 1998: 97). Este triunfo para los librecambistas bonaerenses sobre los monopolistas fomentó el espíritu revolucionario en la capital del virreinato del Río de la Plata (Navarro Floria 1999: 53). Fueron sobre todo los hacendados los que promovieron la exportación de sus productos ganaderos por los comerciantes británicos. Inglaterra por su parte estaba en busca de nuevos mercados para colocar su mercancías manufactureras debido al bloqueo continental. Aunque los invasores ingleses fueron expulsados de la ciudad, numerosas embarcaciones procedentes de los puertos británicos llegaron a Rio de Janeiro, Montevideo y Buenos Aires donde ofrecieron sus productos a gran escala y a buen precio. Como en La Habana, los ingleses impresionaron por su comercio ventajoso. Como consecuencia, la caja de Buenos Aires se llenó de recaudaciones aduaneras (cuadro 1).

**Cuadro 1: Entradas y salidas de la tesorería del virreinato
del Río de la Plata, 1807-1809 (en pesos)**

Año	Entradas	Salidas
1807	2.047.248	3.372.709
1808	4.350.870	4.713.416
1809	6.283.867	4.013.616

Fuente: Street (1967: 153).

En su memoria anual del 16 de junio de 1809, Manuel Belgrano como portavoz de los comerciantes liberales en el Consulado propagó la apertura del comercio con Inglaterra. Tjarks (1962b: 24) considera la memoria de Belgrano como el primer paso al reglamento del comercio libre del 6 de noviembre de 1809. Unos meses antes, en agosto del mismo año, Baltasar de Cisneros había sido nombrado nuevo virrey del Río de la Plata en medio de una crisis profunda. El gobierno español era casi inexistente, la caja real de Buenos Aires estaba vacía y el conflicto entre criollos y peninsulares aumentaba día a día. La discusión sobre el comercio libre llegó a ser el problema central del gobierno del nuevo virrey. El 16 de agosto le fue entregada una petición de dos comerciantes irlandeses. John Dillon y John Thwaites habían emprendido un viaje de Cork a Rio de Janeiro. En el mercado saturado de la metrópoli brasileña se les hizo imposible vender sus mercancías, de modo que decidieron desplazarse al Río de la Plata. Habían oído rumores de que el comercio libre había sido concedido en Montevideo y Buenos Aires para súbditos británicos como consecuencia de la alianza entre España e Inglaterra.[10] Ahora los dos irlandeses tenían la esperanza

---

10 "[...] por que habiendo concurrido antes que nosotros otras muchas expedicion.s de las Islas Británicas, se hallaba la Plasa tan abastecida de toda clase de generos que algunos bastimentos que allí encontramos, no habían podido evacuar la menor parte de ellos: en cuyas circunstancias se divulgo la noticia que se tuvo por positiva de que se habian abierto, y franqueado o iba a berificarse pronto al Comercio Ingles los Puertos de esta Ciudad, y de la de Montevideo, con consideración a que no pudiendo nuestra aliada y amiga la Peninsula Española, por la opresión, y ocupación de mucha parte de ella, hacer por aora los surtidos necesarios a las Americas de S.M.C., ningun perjuicio iba á experimentar en la concu-

[...] que de un día a otro iba a darse una providencia general, para que todos los Navíos anclados en el Amarradero, pudiesen descargar, y bender
sus cargazones con una moderada contribución sobre ellas, y sobre los
productos que exportasen a Europa.[11]

En vista del pésimo estado de las finanzas virreinales, Cisneros se
inclinó hacia una política económica más liberal.[12] Prohibir el comercio ofrecido por los numerosos barcos mercantiles de los ingleses
significaría provocar una nueva ola de contrabando. Además, por primera vez los ingleses se presentaban como aliados de la Corona española. Por este motivo, el 20 de agosto Cisneros ordenó que se elabora-
ra un permiso provisional y temporal para el comercio con los británicos siguiendo al modelo que había sido publicado poco antes por el
Consulado de Caracas. Junto a una copia de la petición de Dillon y
Thwaites, la propuesta para el "comercio franco con los ingleses" fue
entregada al Cabildo y a la Junta General de Comercio en Buenos
Aires. El Real Consulado se convirtió en el lugar de una discusión
apasionada.

La opinión de la fracción de los mercantilistas fue representada
primero por el síndico del Consulado, don Martín Gregorio Yáñiz, que
rehusó la propuesta del virrey el 12 de septiembre.[13] No podía ser que
a causa de la "inexperta especulación" de dos comerciantes británicos
se perjudicaran los sectores artesanal, industrial y agropecuario nacionales. Yáñiz representaba a los monopolistas, pero la mayoría criolla

---

rrencia, y provisión que hiciesen los aliados"; Representación de hacendados,
AGNA, Sala VII 26-4-6; impreso en: Archivo General de la Nación (1914): *Documentos referentes a la guerra de la Independencia y emancipación política de
la República Argentina, 1810-1829*. Vol. I: Antecedentes políticos, económicos y
administrativos de la Revolución de Mayo de 1810, 1776-1812. Buenos Aires,
pp. 213 s.).

11 AGNA, Sala VII 26-4-6.
12 "El deplorable estado en que se halla esta Real Hacienda imposibilitada de poder
    sostener los crecidos gastos que la devoran, y con un déficit crecido, difícil de
    poderlo extinguir en largo tiempo, es uno de los puntos que ocupan más mi ima-
    ginación"; Cisneros a Francisco de Saavedra, 19 de agosto 1809, AGI, Buenos
    Aires, 97, f. 63r.
13 "[...] los ingleses no traerán casas hechas por que no caven en sus buques, pero
    traerán botas, zapatos, ropa hecha, clavos, zerraduras, alcayatas, rejas, argollas,
    frenos, espuelas, estribos y hasta mucha parte de carpintería. ¿Qué les queda en-
    tonces a nuestros artesanos? Facil es de presagiar y digamoslo de una vez que so-
    lo les quedara ojos para llorar su desventura y miseria maldiciendo los autores
    que la han acarreado"; AGNA, Sala VII 26-4-6.

en la Junta, en el Consulado y en el Cabildo acabaron por apoyar la propuesta de Cisneros. Como única condición pidió el Cabildo que se aplicaran las Leyes de Indias, es decir que "[...] los Ingleses por sí no haian de poner en esta Ciudad Casas de Comercio, Almacenes ni Tiendas, y sólo si proceder por consignación a comerciantes de nombre".[14]

Se concordó que durante dos años los comerciantes británicos podían nombrar apoderados españoles, los cuales deberían ser matriculados en el Real Consulado. Al mismo tiempo se despidieron nuevos reglamentos para fijar los derechos de importación.[15] Fue un compromiso en vista de la influencia aún considerable de los monopolistas. En septiembre de 1809 Alexander MacKinnon, portavoz de los comerciantes británicos en Buenos Aires, expresó al Ministerio de Asuntos Exteriores su satisfacción sobre los acuerdos.[16]

Miguel Fernández de Agüero, representante del Real Consulado y de la Universidad de cargadores a Indias de Cádiz, emprendió el último intento de impedir la resolución de septiembre. En su función de portavoz de la fracción gaditana se quejó de las permanentes actividades ilícitas de los ingleses, añadiendo que el daño para el comercio de España y para los centros industriales del virreinato como Córdoba, Santiago del Estero, Salta, Cochabamba y Cuzco era inmenso. Además, según Fernández de Agüero, los británicos estaban depravando la moral, las costumbres y la religión católica de los habitantes del virreinato.

El 30 de septiembre el hacendado José de la Rosa pronunció una respuesta.[17] Tomó partido por el comercio con los extranjeros en nombre de los hacendados que todavía no habían entrado en la discusión. "Rómpanse las cadenas de nuestro giro, y póngase franca la ca-

---

14 AGNA, Sala VII 26-4-6.
15 "Que se formen Aranceles de los valores de los generos al precio corriente de la Plaza por mayor, y que sobre el se arreglen los derechos. [...] Que estos productos deben retornar las dos terceras partes en cueros al pelo, y la tercia restante en distintos frutos del Pais que les acomode, con el bien entendido que si parte de este residuo, pretendiessen llevar en plata ú oro, ha de ser los derechos"; AGNA, Sala VII 26-4-6.
16 "In the meantime I am happy to say that we have assurances, from the present Government, of Protection, friendship, and all the privileges of fellow citizens"; PRO, FO 72/107, f. 11v.
17 AGI, Buenos Aires, 589.

rrera", exigió Rosa, en vista de la fragilidad económica de la enferma *madre patria*.[18] Declaró al comerciante inglés salvador en tal situación desesperada. Le puso en la boca las palabras teatrales:

> [...] mi Nación emplea en el socorro de la vuestra gran parte de los tesoros que le proporciona un Comercio bien sostenido, yo os trahigo ahora las mercaderías de que sólo yo puedo proveeros, vengo igualmente a buscar vuestros frutos que solo yo puedo exportar: admitid unas mercancías que jamás habéis comprado tan baratas; vendedme unos frutos que nunca habran tenido tanto aprecio.[19]

Rosa sugirió seguir el modelo caribeño, donde se habían entregado licencias particulares a bergantines angloamericanos que llevaban a cabo un comercio activo con Puerto Rico, Cuba y Venezuela.[20] Al comerciante español se le reprochó su hipocresía:

> Qué cosa más ridícula puede presentarse que la vista de un comerciante que defiende á grandes voces la observancia de las leyes prohivitivas del

---

18 "Los que creen la abundancia de Efectos Extrangeros como un mal para el País, ignoran seguramente los primeros principios de la economía de los Estados. Nada es más ventajoso para una provincia que la suma abundancia de los efectos que ella no produce, pués envilecidos entonces bajan de precio, resultando una baratura util al consumidor, y que solo puede perjudicar a los introductores. Que una excesiva introducción de paños Ingleses hiciese abundar ese renglón, a términos de no poderse consumir en mucho tiempo ¿Qué resultaria de aqui? El Comercio buscaría el equilibrio de la circulación por otros ramos, envilecido el genero no podria venderse sino a precios muy bajos. ¿Será justo que se envilezcan y pierdan nuestros preciosos frutos porque los desgraciados Pueblos de España no pueden consumirlos? ¿Será justo que las abundantes producciones del país permanezcan estancadas, porque nuestra aniquilada Marina no puede exportarlas? ¿Será justo que aumentemos las aflicciones de nuestra Metrópoli con las noticias de nuestra situación arriesgada y vacilante, quando se nos brinda con un arbitrio capaz de consolidar sobre bases firmes de nuestra seguridad? ¿Será justo que presentandose en nuestros Puertos esa Nación amiga y generosa ofreciéndonos varatas mercaderias que necesitamos, y la España no nos puede proveer, resistamos la propuesta, reservando su beneficio para quatro Mercaderes atrevidos que lo usurpan por un giro clandestino?"; AGI, Buenos Aires, 589.
19 *Ibídem.*
20 "En la Gaceta de Baltimore del mes de Marzo de este año se anunció solemnemente el aviso del Caballero Foronda, de que estaban autorizados todos los Consules Españoles para otorgar Patentes a los buques Anglo-americanos que quisiesen comerciar en Puerto Rico, Cuba, Havana, Maracaibo, Guaira, y San Agustín de la Florida"; AGI, Buenos Aires, 589.

comercio extrangero á la puerta de su tienda en que no se encuentran sino generos ingleses de clandestina introducción.[21]

El reglamento basado en la propuesta de Cisneros se publicó el 6 de noviembre de 1809:

1. Los extrangeros que entrasen a esta Ciudad o la de Montevideo, no podrán subsistir en ellas sino el tiempo preciso para el expendio de sus negociaciones, fixándoseles el término que por Reales Órdenes está establecida para los introductores de negros.

2. No se admitirá Casa pública, Almacén, fonda ni ninguna clase de establecimiento en Cabeza de Extrangero, y si hubiese alguno establecido deberá pasar en el término de un mes a poder de Españoles, sugetándose a rigurosa confiscación todos los géneros.

3. Ningún Extrangero podrá comprar casa, finca o propiedad raíz de qualquier clase que sea.

4. Se establecerá una Comisión particular autorizada y sostenida por este Superior gobierno, para que entienda en el cumplimiento de este reglamento.

5. La expresada comisión recivirá particulares instrucciones de este Superior gobierno sobre el modo con que se ha de conducir en la expulsión de todo extrangero.

6. No se permitirá a los negociantes Ingleses baxar Marineros para conducir los generos a los Almacenes de sus consignatarios.[22]

En una carta del 24 de noviembre 1809 de Cisneros a Francisco Saavedra, el corresponsal de Cádiz en Buenos Aires, el virrey volvió a justificar la decisión del Cabildo y del Consulado en vista del deplorable estado de la Tesorería.[23] Tuvo que reconocer que el Río de la Plata estaba en todo caso en manos de los comerciantes ingleses.[24] Su sen-

---

21 Petición de comerciantes ingleses, sin fecha, aproximadamente septiembre de 1809, AGNA, Sala VII: 1-4-20.

22 Acta sobre el franco comercio con los ingleses, 2 de septiembre de 1809, MacKinnon a Canning, 10 de diciembre de 1809, PRO, FO 72/90. Véase también Representación de hacendados, AGNA, Sala VII 26-4-6, y Tjarks (1962a: Apéndice XXXVII).

23 "[...] tomé el ultimo recurso de dar entrada provisionalmente a las Mercaderías extrangeras para que con los derechos de su introducción, y respectivos retornos adquiera el Erario los fondos que necesita para la conservación de la tierra, reciviendo esta las ventajas consiguientes a la estimación y saca de sus frutos"; AGI, Buenos Aires, 589, n°. 51.

24 "Desde mi llegada al Rio de la Plata encontré en él un considerable numero de Buques Ingleses cargados de mercaderías y aportados a tres leguas de la Costa introducen clandestinamente todos sus generos [...] no pudiendo cubrirse 40 Leguas

tido por la realidad y la razón de Estado convencieron al virrey de que la colaboración con los ingleses era la única solución para "convertir en provecho del Erario un mal que antes se executava con ruina de él".[25] Entre noviembre de 1809 y febrero de 1810 las recaudaciones de los aranceles en el puerto de Buenos Aires saltaron a 400.000 pesos (Segreti 1978: 31).

Fueron el virrey y el Real Consulado los que consiguieron, el 6 de noviembre de 1809, que se concediera a los comerciantes británicos el derecho de comerciar en Buenos Aires a través de consignatarios locales. El monopolio del comercio colonial con esto terminó, lo cual significó el primer paso de la separación del virreinato rioplatense de España. La crisis del antiguo sistema se ahondó y su desmoronamiento entró en una dinámica irreversible. La emancipación económica precedió a la emancipación política.[26] El 6 de noviembre 1809 se dio el primer paso de desobediencia al poder colonial. Después, Cisneros no fue apoyado ni por españoles ni por criollos. Los criollos bajo el liderazgo de los miembros del Consulado abrazaron la independencia y buscaron cada vez más la colaboración con Inglaterra. Los peninsulares, poco a poco, abandonaron Buenos Aires y fijaron su residencia en el interior o volvieron a España (Socolow 1978: 177). Durante los próximos años el Consulado se convirtió en un gremio de concejales para los asuntos económicos de la naciente república. Muchos funcionarios del Consulado de la época virreinal fueron nombrados funcionarios estatales en el Ministerio de Hacienda. Con la declaración del comercio libre de la República Argentina se extinguió el Consulado en 1821.

4. Los consulados en la Nueva España

El virreinato de la Nueva España experimentó en la época del comercio libre después de 1789 una reestructuración de la economía regional. Como consecuencia, en 1795 se establecieron dos consulados provinciales en Guadalajara y Veracruz para responder a la reglamen-

---

de Costa que ofrecen comodo desembarco a las mercaderias extrangeras"; AGI, Buenos Aires, 589, nº 51.

25   AGI, Buenos Aires 589, nº 51.

26   De acuerdo con Lynch (1973: 49): "The economic emancipation of Buenos Aires was determined before its political emancipation began".

tación del libre comercio y para reducir el peso del control del Consulado de la ciudad de México. Por ejemplo, a los dos nuevos consulados les fue concedido el derecho de administrar la avería hasta entonces adjudicado exclusivamente al consulado de la capital novohispana. Fue la intención de la Corona mantener el control sobre las nuevas fuerzas económicas que habían emergido en el interior del virreinato y que entraron en competencia con la capital. La energía en la periferia novohispana debía ser explotada en favor de la metrópoli. Sin embargo, surgió una situación parecida a la de Sudamérica. Al igual que Lima, que entró en conflicto con los nuevos centros de Caracas y Buenos Aires, los consulados de Guadalajara y Veracruz desafiaron y cuestionaron la autoridad de la vieja capital. Además, al mismo tiempo, Cuba se convirtió en el reto principal de la economía novohispana. La paulatina caída de los comerciantes gaditanos había favorecido a los cubanos y el puerto de La Habana vino a ser la bisagra del comercio entre México y España. El antagonismo que se desarrollaría entre Cuba y la Nueva España fue expresión de una nueva lucha por la hegemonía económica en la colonias.

Los consulados de la Nueva España se unieron contra el gremio en La Habana. Los miembros del Consulado de Veracruz coincidieron con sus antiguos adversarios en la capital y se convirtieron en defensores del monopolio y del proteccionismo colonial (Alvarado Gómez 1999: 106). El objeto de las diferencias fue el dominio del comercio exterior. Cuba se había convertido en una importante fuerza económica debido a su creciente producción para la exportación y debido al extendido comercio con los Estados Unidos (Böttcher 1998: 393-395). Los comerciantes cubanos anhelaban también el control sobre el comercio mexicano. Mientras que Veracruz y todo el interior del virreinato fueron aislados del comercio directo con España, La Habana se convirtió en el almacén general del comercio entre Europa y América Central (Alvarado Gómez 1999: 109).[27] Veracruz vino a ser el puerto principal de distribución de las mercancías europeas proveídas desde Cuba, y el papel de la ciudad de México fue reducido a fungir como intermediario entre la costa y los mercados del interior. Los consula-

---

27 Valga como ejemplo: Expediente sobre prórroga de término concedido por Su Majestad en real orden de 22 de abril de 1804 para traer negros de la costa de África, 11 de octubre 1809, ANC, Real Consulado, 74/2836, ff. 1r-3r.

dos novohispanos anteriormente rivales pidieron oficialmente la protección de la economía nacional y el reestablecimiento del monopolio (Alvarado Gómez 1999: 119). La Habana fue denunciada como centro de contrabando internacional. La Corona, en cambio, siguió apoyando a los hacendados y comerciantes cubanos, puesto que el crecimiento económico de Cuba rendía ganancias considerables y demostró que las reformas iban por buen camino (Tornero Tinajero 1996: 32-33).

5. Conclusiones

El Estado español no aplicó violencia para disciplinar su dominio ultramar sino intentó reforzar la fe y lealtad en la legitimidad de su poder. Eligió como medio reformas que liberaran sectores de la organización colonial, como es el caso de la descomposición del monopolio comercial. Pero a la vez también se reforzó la vigilancia sobre los nuevos agentes a través de la peninsularización del aparato administrativo. Por este motivo se establecieron los reales consulados. El poder provoca automáticamente resistencia y debe estar preparado en cada momento a quebrar cualquier forma de oposición u hostilidad. En el caso investigado, el mismo poder central había creado por primera vez un escenario propio para los protagonistas coloniales. Por cierto, los consulados no expresaron una oposición abierta. Más bien buscaron lo que se les había exigido: adaptación y colaboración. Pero este proceso entró en una dinámica propia que llevó a una nueva conciencia colonial y puso en duda la legitimidad absoluta de la *madre patria*. Fue este el caso del reglamento de comercio libre expedido el 6 de noviembre de 1809 por el Real Consulado de Buenos Aires. Los colonizados disponían de una tribuna colectiva para expresar sus pensamientos y allí aprendieron a desarrollar y formular sus visiones propias, distintas de las directivas estatales. Las disputas en los consulados entre conservadores y liberales se convirtieron en pugnas políticas y se subió el telón para dar principio a uno de los episodios más importantes de la resistencia, en cuyo curso emergió una identidad particular colonial.

El Imperio español en la segunda mitad del siglo XVIII se caracteriza por las permanentes pugnas mercantiles por el control y la dominación del comercio exterior. Se desataron rivalidades mercantiles entre los grandes comerciantes, que hasta entonces controlaban el tráfico iberoamericano, y sus colegas en la periferia que se vieron de repente beneficiados con el nuevo régimen. Al mismo tiempo emergieron pugnas dentro de los grupos mercantiles en la periferia. Estos conflictos crearon una inestabilidad que culminó en una crisis del sistema colonial y una lucha por el poder político. El intento de disciplinar a las colonias finalmente fracasó y nuevos conceptos de poder surgieron. Fue un proceso en cuyo transcurso la colaboración se convirtió por fin en resistencia abierta.

Los reales consulados como escenarios de los antagonistas reflejan la obstinada y apasionada lucha por el poder en la etapa final del colonialismo en Hispanoamérica. Un conflicto abierto entre peninsulares y criollos se pudo evitar en el Consulado de La Habana. Y justamente Cuba no se independizó. La iniciativa estatal se impuso y la economía sacó provecho. Aumentó considerablemente el poder de la sacarocracia habanera y su lealtad a la *madre patria* se mantuvo firme. Pues España concedió a los cubanos ciertas competencias políticas, garantizó protección militar y apoyó el crecimiento económico. Sin embargo, Cuba fue un caso excepcional dentro del panorama de las reformas borbónicas. Las reformas no encajaron tan bien en el continente hispanoamericano. Al contrario, el desmantelamiento del monopolio favoreció al comercio con las "naciones neutrales", es decir con los extranjeros. Al mismo tiempo aumentaron las tensiones entre peninsulares y criollos. Los consulados novohispanos fueron, junto con el de Lima, los más conservadores, mientras que en Caracas y Buenos Aires los consulados emergieron como escenarios de las disputas entre los comerciantes competidores. La coexistencia pacífica entre ambos grupos terminó cuando la mayoría criolla en el consulado tomó partido por la liberación del comercio. Su triunfo se dio después de la invasión de Napoleón de España. El consulado se convirtió, de un foro de discusiones, en la punta de lanza en la lucha por la independencia. Los criollos empezaron a identificarse con los indios y los territorios americanos fueron vistos como El Dorado que había que defender contra los invasores españoles. Tanto en Caracas como también en Buenos Aires gran parte de la élite republicana se reclutó entre los comerciantes representados en el consulado. Sus miembros dirigieron las revoluciones de Venezuela y Argentina (ambas en 1810) y ocuparon cargos de gran importancia y responsabilidad en la primera fase de las jóvenes repúblicas. En Venezuela, el Consulado se convirtió en un consejo económico de la junta republicana que organizó el comercio y el sistema aduanero (Arcila Farías 1957: 47). Sin embargo, no sobrevivieron la transición al Estado nacional. En México, Venezuela y las Provincias Unidas (del Río de la Plata) dejaron de existir debido a su raigambre en el Antiguo Régimen. Es evidente que los extranjeros jugaron un papel determinante en la crisis del sistema colonial en Hispanoamérica. La influencia británica en la independencia hispanoamericana se manifestó sobre todo por el papel decisivo de los comerciantes anglosajones. La época del comercio neutral les había traído condiciones ventajosas reduciendo la función de sus colegas españoles a meros consignatarios locales. Los ingleses abastecieron el Caribe español con esclavos; y en Buenos Aires dominaron todo el comercio transatlántico en colaboración con los criollos que controlaron los mercados del interior. Fueron los comerciantes británicos los que salieron como ganadores de la lucha entre peninsulares y criollos. A la hegemonía española siguió, al menos durante las primeras décadas del siglo XIX, le dependencia económica de las grandes casas comerciales extranjeras.

Bibliografía

Alvarado Gómez, Armando (1999): "Comercio y poder: los consulados de México y Veracruz ante los privilegios exclusivos". En: Meyer Cosío (ed.), pp. 101-133.

Arcila Farías, Eduardo (1957): *El Real Consulado de Caracas*. Caracas: Publicaciones del Instituto de Estudios Hispano-Americanos de la Universidad de Venezuela.

Böttcher, Nikolaus (1998): "Ein kubanischer Kaufmann im nordamerikanischen Unabhängigkeitskrieg". En: Rothermund (ed.), pp. 391-414.

Böttcher, Nikolaus/Hausberger, Bernd (eds.) (2000): *Dinero y negocios en la historia de América Latina*. Madrid/Frankfurt/Main: Iberoamericana/Vervuert.

Buve, Raymond/Fisher, John (eds.) (1994): *Handbuch der Geschichte Lateinamerikas*, t. 2. Stuttgart: Klett-Cotta.

Céspedes del Castillo, Guillermo (1947): *Lima y Buenos Aires. Repercusiones económicas y políticas de la creación del virreinato del Plata*. Sevilla: EEHA.

Ibarra, Antonio (2000): "El Consulado de Comercio de Guadalajara, 1795-1821. Cambio institucional, gestión corporativa y costos de transacción en la economía novohispana". En: Böttcher/Hausberger (eds.), pp. 231-263.

Knight, Franklin (1970): *Slave Society in Cuba during the Nineteenth Century*. Madison, Wis.: University of Wisconsin Press.

Lynch, John (1973): *Spanish American Revolution, 1808-1821*. New York: Norton.

154   Nikolaus Böttcher

Meyer Cosío, Rosa María (ed.) (1999): *Identidad y prácticas de los grupos de poder en México, siglos XVIII-XIX*. México: INAH.

Moreno Fraginals, Manuel (1964): *El ingenio*. La Habana: Editorial de Ciencias Sociales.

Navarro Floria, Pedro (1999): *Manuel Belgrano y el Consulado de Buenos Aires, cuna de revolución (1790-1806)*. Neuquén: Instituto Nacional Belgraniano.

Oostindie, Gert J. (1994): "Die Karibik 1760-1820". En: Buve/Fisher (eds.), pp. 358-383.

Parrón Salas, Carmen (1995): *De las Reformas borbónicas a la República: El Consulado y el comercio marítimo de Lima, 1778-1821*. Murcia: Academia General del Aire.

Pierson, William (1936): "Francisco de Arango y Parreño". En: *HAHR*, 16/4, pp. 451-478.

Poensgen, Ruprecht (1998): *Die Familie Anchorena 1750-1875. Handel und Viehwirtschaft am Río de la Plata zwischen Vizekönigreich und Republik*. Köln/Weimar/Wien: Böhlau.

Rock, David (1985): *Argentina 1516-1982*. Berkeley: University of California Press.

Rothermund, Dietmar (ed.) (1998): *Aneignung, Vermittlung und Selbstbehauptung – Antworten auf die Transformationen der europäischen Expansion*. München: Oldenbourg.

Segreti, Carlos S. A. (1978): "La política económica porteña en la primera década revolucionaria". En: *Investigaciones y Ensayos*, 25, pp. 31-74.

Socolow, Susan (1978): *The Merchants of Buenos Aires, 1778-1810*. Cambridge: Cambridge University Press.

Street, John (1967): *Gran Bretaña y la independencia del Río de la Plata*. Buenos Aires: Paidós.

Tjarks, Germán (1962a): *El Consulado de Buenos Aires y sus proyecciones en la historia del Río de la Plata*. 2 vols., Buenos Aires: Publicaciones del Instituto de Historia Argentina "Dr. Emilio Ravignani".

—   (1962b): *El comercio inglés y el contrabando. Nuevos aspectos en el estudio de la política económica en el Río de la Plata (1807-1810)*. Buenos Aires: Matera.

Tornero Tinajero, Pablo (1996): *Crecimiento económico y transformaciones sociales. Esclavos, hacendados y comerciantes en la Cuba colonial*. Madrid: Ministerio de Trabajo y Seguridad Social.

Torres-Cuevas, Eduardo/Reyes, Eusebio (1986): *Esclavitud y sociedad. Notas y documentos para la historia de la esclavitud negra en Cuba*. La Habana: Ediciones de Ciencias Sociales.

Windler, Christian (1992): *Lokale Eliten, Seigneurialer Adel und Reformabsolutismus in Spanien (1760-1820)*. Stuttgart: Steiner.

Concepción Gavira Márquez

Estrategias indígenas ante los poderes locales: el mineral de Carangas (Charcas) a fines del siglo XVIII

> Siendo Carangas escaso de alimentos, falto de todo lo preciso para vivir, caro en sumo grado, sin gentes con quien tratar, lluvioso en tiempos, con exceso ventoso, con ponderación de huracanes todo el año, frío en grado cruel, triste y melancólico, retirado en lo más incógnito de una cruda y pobrísima serranía [...].[1]

El corregimiento de Carangas, descrito generalmente en la documentación colonial como un hábitat bastante hostil, tuvo como atractivo el descubrimiento de importantes yacimientos minerales a principios del siglo XVII. Los mineros y azogueros asentados en la región reclutaron la mano de obra entre la población indígena para la explotación de las minas y el proceso de beneficio de la plata. En este trabajo pretendemos plantear la vinculación de esta población indígena con la actividad minera y, en concreto, analizar las razones de la resistencia de los carangas a emplearse como mano de obra. Algunos estudiosos han tenido al trabajador minero como privilegiado en función del salario. Lejos de esa situación, en los centros mineros altoperuanos de los que tenemos conocimiento, Potosí, Oruro y Carangas, en la segunda mitad del siglo XVIII, los trabajadores sufrieron en su mayoría abusos y sobreexplotación. Enrique Tandeter ya hizo referencia a la importancia de la renta mitaya en el Cerro Rico de Potosí.[2] En Oruro hemos advertido también un empeoramiento en las condiciones de la mano de obra a fines del periodo colonial, que se tradujo en una denuncia de los trabajadores de ingenios ante la Audiencia de Charcas en 1793 (Gavira 2000). En el caso de Carangas encontramos también testimonios de

---

1 Juan Muñoz Villegas, 1804, AGI, Buenos Aires, p. 371.
2 Enrique Tandeter (1992) sugiere que la recuperación de Potosí en la segunda mitad del siglo XVIII, se sustenta principalmente en la sobreexplotación de los trabajadores forzosos o mitayos.

los abusos y la violencia de los azogueros, ante lo cual los indígenas optaron por diferentes estrategias de resistencia. Esta resistencia adoptó diferentes formas dependiendo de las circunstancias. Como sugiere Stern (1990: 48), los patrones de resistencia andina incluían conductas tan diversas como la fuga, las batallas legales, motines locales, hasta la guerra insurreccional. Los carangas optaron en principio por la fuga y el abandono de sus casas, para después aliarse con la burocracia, minando de esta manera la estrecha alianza entre los poderes locales: azogueros y corregidor.

No ha sido fácil encontrar fuentes que traten de forma específica las condiciones laborales de los indígenas empleados "voluntariamente" (no mitayos) en la actividad minera en Carangas. Los testimonios indígenas con los cuales contamos están incluidos dentro de los conflictos entre los mineros y la burocracia, por lo cual debemos analizarlos con cierta precaución. Era frecuente que los poderes locales implicados en un conflicto presentasen testimonios de las autoridades indígenas para reforzar las distintas acusaciones, ya que la justicia era especialmente sensible a este tema. Sin embargo, no podemos considerar los testimonios de los indígenas como resultado de una simple manipulación, porque su posición en el conflicto va a responder a la defensa de sus propios intereses.

En el caso que vamos a presentar, nos puede sorprender que las autoridades indias apoyasen al subdelegado de Carangas, el cual había sido denunciado por los azogueros de manejos ilícitos y de perjudicar a la población indígena. Si la figura del corregidor fue detestada y muy criticada por sus abusos con el reparto de mercancías, ahora al subdelegado de Carangas se le denunciaba prácticamente por lo mismo: por negociar y enriquecerse a costa de los indígenas. Sin embargo, las autoridades indígenas se manifestaron en su defensa. Para entender las diferentes estrategias de resistencia tomadas por los caciques, abordaremos primero algunas de las característica de la población de Carangas.

1. El corregimiento de Carangas

El corregimiento o partido de Carangas, comprendido actualmente en el departamento de Oruro, limitaba al norte con la provincia de Pacajes, al este con la de Paria, al sur con la de Lípez y al oeste con la de Arica y Tarapacá. Situado en el extremo occidental de la gran meseta andina, comprende un territorio montañoso en el norte y oeste, ondulado en el este, llano y arenoso en el centro y sur. La altura media del altiplano donde está ubicado comprende aproximadamente 4.000 metros de altitud y posee grandes picos nevados que superan los 6.000 metros y que proveen de agua a los ríos que la cruzan. Su temperamento es frío y ventoso, y su suelo difícil para la agricultura (Bacarreza 1931: 73-114).

A la llegada de los españoles, los carangas controlaban enclaves en Cochabamba y valles de la costa pacífica (Trimborn 1973: 333-335). Atendiendo al modelo propuesto por Murra (1975: 204-207) de archipiélago vertical, este pueblo, al igual que los lupaca o pacajes, controlaba "oasis costeños" que proporcionaban productos no accesibles en el ecosistema serrano. Además de los archipiélagos en los valles orientales y occidentales, Gilles Rivière (1982: 204-207) añade un enclave multiétnico en Poopó (Paria), y en Tarija, este último tuvo su origen en los *mitimaes* desplazados en tiempos del inca para la defensa del Imperio. La vinculación que más nos interesa en el ámbito de este estudio es la de la costa pacífica,[3] con la cual los carangas mantuvieron una estrecha relación, a pesar de que el proceso de desestructuración de la organización indígena y las tensiones que conllevaron las reducciones y los nuevos asentamientos provocaron la pérdida de control por parte de las autoridades carangas de los antiguos asentamientos en la zona costera (Hidalgo/Durston 1978: 33-44).

La población mayoritariamente indígena estaba compuesta en su mayor parte por aymaras y urus (cuadro 1). Se encontraba asentada durante el siglo XVIII en los siguientes pueblos: Huachacalla, Andamarca, Corque, Chuquicota, Huayllamarca, Totora, Cuaraguara y Turco. Según Gilles Rivière (1982: 62), la evolución de la población de Carangas durante la Colonia manifestó un gran dinamismo demográfi-

---

3 Hermann Trimborn (1973), en sus trabajos arqueológicos del departamento de Tacna en Perú, encuentra restos de asentamientos de la cultura aymara del altiplano en el valle del Caplina y del Sama, datados entre los años 1000 y 1500.

co y un lento proceso de diferenciación social interno. Sánchez Albornoz (1983: 39) en su estudio sobre la población tributaria en el siglo XVII, hace referencia a la escasa proporción de forasteros (indios no originarios) dentro del corregimiento, debida a los escasos recursos para atraer a la población. También sugiere una fuerte caída demográfica, según los censos, del 59%, unida a una dispersión de los indígenas que no se limitaron a las reducciones del virrey Francisco de Toledo. La población en el siglo XVIII manifestó cierta recuperación y, como en los siglos anteriores, una escasa diversificación en cuanto a categorías tributarias.

La revisita de Toledo de 1574 le adjudicaba 6.254 tributarios y la de 1683, un total de 2.580, de los cuales 339 eran forasteros. Esta última categoría surgió después de la visita del virrey Toledo para designar a aquellos tributarios que huyendo de sus ayllus, generalmente para evitar las cargas coloniales, se refugiaron en otros lugares donde en principio no tuvieron que tributar ni cumplir con la mita (Sánchez Albornoz 1978: 113-151). A fines del siglo XVII, se estableció para estos migrantes, o hijos de migrantes, un impuesto menor. En el siglo XVIII, la mayoría de los designados forasteros no eran migrantes sino tributarios que contaban con unas condiciones económicas inferiores a los originarios, por lo cual pagaban una tasa menor de tributo y no cumplían con el servicio de la mita minera de Potosí. Las explicaciones que acompañan la revisita de 1787, enumeran y diferencian las tres categorías tributarias de la manera siguiente:

> Las clases son de originario, forasteros y uros, y se distinguen de este modo: los primeros con la cuota de 9 pesos 1 real por año, no porque poseen tierras sino porque tienen mayor porción de ganados de la tierra, los segundos llamados forasteros, no por ser advenedizos sino porque tienen menos posibilidad y menos porción de ganados con la cuota de 7 pesos al año y los terceros uros, que no tienen más hacienda que la pesca en los ríos y lagunas, y de animales terrestres como las vicuñas y uno u otro cerdo que crían.[4]

Tomando como referencia las revisitas del siglo XVIII, se advierte cierta recuperación de la población tributaria a mediados de siglo, después de la crisis demográfica de la década de los veinte (Pearce

---

4   Informe de la Contaduría de Retasas sobre la revisita del partido de Carangas, Buenos Aires, 1792, RAH, Col. Mata Linares, t. 78, p. 316. Agradezco a mis amigos y colegas Adrian Pearce y Delphine Tempère el haberme facilitado estas fuentes.

2001). El aumento más considerable se refleja en la revisita de 1787, cuando el número de tributarios se elevó en 495 registrados, para terminar a fines de siglo con un estancamiento. Como se puede comprobar por las cifras (cuadro 1), la sublevación de 1781 no parece que tuviera efectos demográficos muy acusados. Las tres categorías tributarias manifestaron una subida, que fue más considerable en el número de forasteros. Sin embargo, en la década siguiente descendió el total de personas empadronadas: en 1787 fue de 15.627 personas (7.456 hombres y 8.171 mujeres) y diez años después eran 15.370 personas (7.222 hombres y 8.142 mujeres).[5]

Cuadro 1: Revisitas en el siglo XVIII

Tributarios	Año 1734	Año 1771	Año 1787	Año 1797
Originarios	1.455	1.705	1.877	1.835
Forasteros	348	307	578	636
Urus	128	116	168	147
Total	**1.931**	**2.128**	**2.623**	**2.618**

Fuentes: AGI, Charcas 637, y RAH, Col. Mata Linares, t. 78.

2. Recursos y cargas de la población indígena

La actividad económica de la población indígena era bastante diversificada. La agricultura era minoritaria por los problemas de esterilidad del suelo, por la escasez de agua dulce, y por el duro clima y las heladas. Pero, a pesar de estas condiciones adversas, se producían algunos productos propios de la alta puna, como diferentes variedades de papas, cebada en berza y quinua. Las regiones más propicias para los sembradíos eran Huayllamarca, Totora, parte de Cuaraguara, Chuquicota y Corque. La especie vegetal más frecuente eran los quiñuales y la tola, con la cual hacían carbón para comerciar llevándolo hasta Oruro u otras partes. Según un informe del subdelegado de 1784, los indígenas comerciaban con la sal de los diferentes salares, Coipasa, Chipayarinacota, Jayucota, Coro y Chullari, conduciéndola a los valles de la costa, a Cochabamba, Chayanta, Yungas, y a otros parajes donde conseguían coca, maíz, trigo, harina, ají, algodón, aguardientes y otras

---

5   Informe de Juan Manuel Lemoine y Juan Francisco de los Reyes y Conti, Andamarca, 1797, RAH, Col. Mata Linares, t. 78.

especies.[6] Además de la sal, también abastecían los mercados mineros con diferentes productos ganaderos como "sebos, charques y chalonas".

La ganadería y el pastoreo de origen europeo eran una de las ocupaciones más importantes, junto a la cría de ganado de la tierra: alpacas y llamas; además se cazaban muchas especies silvestres como guanacos, vicuñas y chinchillas. Estas actividades determinaban un asentamiento disperso. "Los indios", decía el subdelegado, "no viven en sus pueblos, sino en las estancias, criando sus ganados, y en sus viajes y ocupaciones de mita; sólo vienen a los pueblos a las precisas obligaciones".[7] En otro informe se alude que, además de la estacionalidad de los trajines, el partido se queda despoblado por la rigidez del invierno, de manera que en los meses de junio, julio y agosto se reducía mucho el número de sus habitantes.[8]

Los urus, "hombres del agua", son un pueblo asentado en el altiplano andino desde antes de la llegada de los aymaras (Wachtel 1990). Las fuentes del siglo XVI recogen información sobre las condiciones de dominación a que fueron sometidos por aquéllos. A la llegada de los españoles, los urus estaban asentados en el eje acuático que atraviesa el altiplano: el río Lauca, el lago Coipasa, el río Lacajahuira, el lago Poopó, el río Desaguadero y el lago Titicaca. La población uru de Carangas estaba organizada en los siguientes ayllus: en Corque, ayllus Coripata y Hueco; en Chuquicota, Chilawa; en Andamarca, Pansa; en Urinoca, Habanavillque; y en Huachacalla, Manasaya y Aransaya de Chipayas (Rivière 1982: 122). Durante la Colonia se dedicaron especialmente a la pesca y la recolección y debido a su escasa disponibilidad de recursos, se le impuso una tasa menor, pero también debían de cumplir con la mita minera de Potosí.

La población española era muy escasa y se concentraba en el asiento de Carangas, también llamado Cuaraguara o Espíritu Santo de Carangas, donde estaba instalada la Caja Real. En 1784 el informe del subdelegado hacía referencia a cuatro o seis españoles y algunos mestizos, que no pasaban de cincuenta en todo el partido. Éstos se dedica-

---

6   ANB, Minas, 96, n° 17.
7   *Ibíd.*
8   ANB, EC, n° 13, 1788.

ban a buscar mineral en desmontes y minas abandonadas, cuyos metales beneficiaban con azogue o los fundían, según su calidad.

La población indígena también estaba vinculada a la actividad minera, bien como mano de obra, de forma independiente, o transportando y vendiendo insumos a los asientos mineros. Las imposiciones tributarias a que estaba sometida por la administración colonial obligaba a los indígenas a entrar en el mercado, vendiendo productos o la fuerza de trabajo. Por ejemplo, las cargas más frecuentes de un indio originario eran nueve pesos de tributo, contribución a la mita, y el reparto del corregidor. Según el reglamento o arancel de lo que podían repartir los corregidores, la provincia de Carangas tenía estipulado un total de productos valorados en 54.525 pesos, pero a principios de los sesenta se produjo un aumento que elevó el valor hasta 79.225 pesos. Algunos años más tarde volvió a reducirse a la primera cifra. Este cambio, creemos que fue en respuesta a una denuncia que efectuaron los caciques de Carangas en 1762, por los abusos en el precio de los productos repartidos y, en algunos casos, por su inutilidad.[9]

Las protestas ante el reparto fueron muy importantes y claves en la rebelión de 1781 (Golte 1980). En Carangas, los indios sublevados manifestaron sus protestas por medio del tesorero de la Caja Real, el cual escribía en su carta a las autoridades "que los corregidores con sus excesivos repartimientos les exigen cada año a cada uno de los indios setenta y cien pesos en efectos que no necesitan".[10] Al suprimirse el cargo de corregidor tras la sublevación, podríamos suponer que también se suspendieron los repartos de mercancías, pero las fuentes nos confirman que no fue siempre así. Por ejemplo el subdelegado Juan Dionisio Marín, del que trataremos más adelante, tuvo abierto expediente por repartir vino.[11] Esto nos induce a sospechar que al disminuir las presiones institucionales aumentaron las coacciones particulares.

---

9   Testimonio de los autos seguidos por recurso hecho por los caciques de los pueblos de Gauillamarca, Totora y Chuquicota, provincia de Carangas, AGI, Charcas, 592.

10   El tesorero de la Caja Real de Carangas al intendente de Buenos Aires, Carangas, 7 de febrero de 1781, AGI, Charcas, 706, nº 480.

11   AHN, Consejos, 20367, exp. 4. Juan Dionisio Marín y el anterior subdelegado Antolín Chavarri tuvieron abierto expediente en 1788 por reparto de mercancías. Al primero se le culpaba de reparto de botijas de vino y al segundo de reparto de mulas. Los dos fueron absueltos.

La contribución a la mita era otra de las cargas con las que tenía que cumplir la población indígena de Carangas. Esta obligación tenía grandes efectos sobre la economía indígena, pues los tributarios se veían obligados a abandonar sus casas y actividades en perjuicio de sus intereses particulares y comunales. Para el sustento propio y familiar durante el viaje y estancia en Potosí, los mitayos solían llevar abastecimiento en sus llamas. Enrique Tandeter recoge la cantidad de llamas o carneros que llevaban los mitayos de Carangas en 1801, y del total de 197 mitayos más de la mitad (107) sólo llevaba 5 llamas, número bastante bajo en relación con otros mitayos. Estas provisiones contabilizadas en el número de llamas pueden ser consideradas como un indicador de riqueza, lo cual sugiere que la mayoría de los mitayos eran gentes con pocos recursos (Tandeter 1992: 76). Para ayudar al sustento de los mitayos, los carangas poseían desde tiempos del Inca una hacienda en el valle de Cochabamba llamada la Chulla, que compartían con quillacas. Esta hacienda, donde se producía maíz, fue enajenada durante dos años por la Corona en castigo a la participación indígena en el levantamiento de 1781. Después de este periodo, en que no se cultivó, entró en arrendamiento de españoles, los cuales no pagaron el dinero acordado (Rivière 1982: 35-37). Sobre el cumplimiento de la mita de la provincia de Carangas, que podía realizarse en hombres o en dinero, sólo contamos con datos de algunos años que nos aporta el estudio de Tandeter (1992: 48, 82). El número de mitayos bajó durante el siglo XVIII, de 306 (año 1692) a 190 que se enteraban en 1801. Sánchez Albornoz (1983: 41) afirma que la disminución de población en Carangas durante el siglo XVII no se correspondió con una reducción del número de mitayos, por lo cual debemos suponer que las cargas que la mita representaba para los ayllus indígenas fueron excesivas. Durante el año 1780, faltaron 66 mitayos que tuvieron que ser canjeados por rezagos, es decir, por montos en dinero que solían rondar los 70 pesos aproximadamente (Tandeter 1992: 83). Sin embargo, puede que les interesase más pagar los rezagos o compensación por mitayos que enviar los originarios a Potosí, que era una de las causas de que muchos tributarios no volvieran a sus ayllus de origen.

Otra de las consecuencias del cumplimiento de la mita eran sus efectos negativos sobre la población. Todas las fuentes confirman una reducción significativa de la población de Carangas a fines del siglo XVIII. Además de las quejas por los tributarios que no retornaban, la disminución de la población también se debía a las enfermedades y muertes provocadas por la actividad minera. Una de las enfermedades más graves era el "asma" o silicosis. Este mal era contraído por los trabajadores que se dedicaban a realizar la labor del morterado. Estos operarios suministraban el mineral para ser molido, respirando el polvo suspendido en el aire. En 1796, la Audiencia de Charcas emitió un informe al Consejo de Indias donde se ponía de relieve la dureza de este trabajo y sus consecuencias sobre la salud.[12] El informe decía que este trabajo sólo lo merecían los condenados a muerte, pero, a pesar de la sensibilización del gobierno superior y las múltiples protestas de los caciques, continuó realizándose esta labor sin más precauciones.[13] El subdelegado de Carangas hacía alusión en 1797 al "excesivo número de viudas" que había en los padrones de Totora, Turco, Chuquicota, Huayllamarca y Corque, debido a la mortalidad provocada por el cumplimiento de la mita de Potosí.[14] Según la lista de mitayos que realizaban esta labor en 1798, Carangas tenía 125 tributarios adjudicados al morterado de los 190 que enviaba a Potosí.[15] La responsabilidad, según el subdelegado, la tenían los azogueros que sobreexplotaban a los mitayos y no les daban descansos.[16] En 1804, los caciques de Huayllamarca y varios curas de Totora denunciaban que la despoblación de sus curatos se debía a las enfermedades adquiridas durante la mita de Potosí. Tandeter (1992: 70) sugiere que la mortalidad por silicosis se vio agravada por la mala nutrición de los trabajadores. Las sequías y epidemias de principios de siglo pudieron agravar los efectos de la enfermedad y aumentar la mortalidad.

---

12 Informe de la Real Audiencia de Charcas, 1796, AGI, Charcas, 696.
13 En 1807, los caciques de tres ayllus de Paria acudieron ante la Audiencia de Charcas para manifestar la cantidad de mitayos muertos y enfermos por esta enfermedad, contraída en el ingenio Agua de Castilla (Potosí); Archivo Judicial de Poopó, Minas, 1700-1825.
14 Revisita de 1797, RAH, Col. Mata Linares, t. 78.
15 ANB, Rück, 575, t. 9.
16 Revisita de 1797, RAH. Col. Mata Linares, t. 78, f. 328v. El subdelegado decía que la causa de que los azogueros de Potosí sobreexplotaran a los mitayos provenía "del duplicado trabajo que los azogueros de Potosí les imponían a los mitayos, no dándoles aquel descanso que tenían cuando por puntas trabajaban, ya porque la pobreza de los metales no se los permite, y ya porque han erigido otra cabeza de ingenio".

La vinculación con la minería también solía ser una actividad estacional y generalmente una fuente de ingresos en metálico. Las actividades podían ser:

1. Emplearse como mano de obra en las minas y los ingenios.

2. Contratarse de forma independiente en actividades como las bajas de mineral, que consistía en cargar en sus llamas el mineral una vez que salía de las minas para llevarlos a los ingenios, actividad por la que se llamaban bajadores.

3. Suministrar sal y otros insumos a los ingenios. Encontramos numerosas referencias a las diferentes actividades estacionales de la población que se dedicaba mayoritariamente a la ganadería y la arriería, suministrando insumos a los centros mineros y realizando intercambios de productos con el valle y la costa.

4. Recoger mineral en las minas abandonadas y desmontes para venderlo a los rescatiris (compradores de mineral), son los denominados buscones o jucos.

Al suprimirse el cargo de corregidor y supuestamente el reparto de mercancías, los indígenas vieron disminuida su necesidad de conseguir dinero y, por tanto, de emplearse en la minería. Así lo manifestaba en 1792 el subdelegado del vecino mineral de Oruro, hasta donde acudían los tributarios a trabajar:

> [...] que si en tiempos pasados no faltaba gente [en el mineral de Oruro] era porque de la abundante que hay en el de Carangas venían a buscar jornales a la ribera de éste, lo que ha cesado desde que se les dejó sólo la obligación de contribuir con el tributo, pues con buscar cinco, siete o nueve pesos, según la tasa de él, se echan a la haraganería, a que son muy propensos, y no quieren trabajar porque en buscándose para dicho tributo, su coca y un poco de maíz, nada necesitan más, según sus pensamientos, para vivir.[17]

¿Por qué se empleaban los carangas en el mineral de Oruro? Pues porque el mineral de Carangas era un mineral en crisis. Este centro minero en el siglo XVIII, y especialmente en la segunda mitad, tenía muy poca producción de plata, sus minas se encontraban agotadas o aguadas y la mayoría por tanto abandonadas.

---

17 Carta del subdelegado de Oruro, Simón Romano, a la Audiencia de Charcas, Oruro, 9 de octubre de 1792, ANB, Minas, 131, nº 13.

3. El mineral de Carangas

Las minas de Carangas se descubrieron a principios del siglo XVII, las más famosas fueron las del Turco, de las cuales daba constancia Alonso Barba. En 1652 se abrió una Caja Real en el corregimiento, especialmente para evitar el contrabando de plata sin pagar impuestos que se desviaba hacia la costa pacífica. La producción de plata no era muy elevada pero se mantuvo abierta la Caja Real hasta 1804, cuando se cerró al descubrirse una quiebra. Durante la primera mitad del siglo XVIII se planteó la posibilidad de suprimir esta institución debido a sus escasos ingresos, pero el descubrimiento de vetas en el mineral de Huantajaya (Tarapacá) hizo que las autoridades coloniales decidieran mantener la Caja abierta para que los mineros fuesen hasta allí a registrar la plata, pagar los impuestos y sacar azogues. Si tomamos como referencia los ingresos de la Caja Real de Carangas, podríamos confundirnos y pensar que este mineral obtuvo una revitalización en la segunda mitad del siglo XVIII; pero no fue así porque más del 75% de su producción procedía de Tarapacá, del mineral de Huantajaya (Gavira 1999).

Las evidencias que tenemos del mineral de Carangas en la segunda mitad del siglo XVIII, y especialmente en las últimas décadas, es de crisis minera, gran cantidad de minas abandonadas y pocos ingenios funcionando; en concreto se habla de sólo dos ingenios, propiedad de los dos azogueros protagonistas del conflicto que vamos a tratar. Éste se sitúa en la década de los ochenta, después de la sublevación y cuando se implantaron las nuevas autoridades administrativas: los subdelegados.

4. El conflicto entre los azogueros y el subdelegado de Carangas

En 1783, una vez pacificada la región después de la sublevación indígena, se pusieron en marcha las reformas administrativas cuyos objetivos principales consistían en racionalizar y hacer más efectiva la administración colonial, evitando los abusos que habían originado la sublevación de 1781. El establecimiento de las intendencias y los partidos acababa con la detestada figura del corregidor y los repartos de mercancías efectuados por éstos, los cuales habían sido claves en las denuncias de la población indígena (Moreno Cebrián 1977; Golte 1980). Pero en muchos casos, el nuevo cargo de subdelegado supuso la repetición de comportamientos y manejos ya conocidos que no se alejaban mucho de la situación anterior.[18] Los requisitos para ser nombrado subdelegado eran un poco confusos. Se requerían personas hacendadas, es decir con recursos, pero que estuvieran dispuestas a salir de su provincia para ejercer un empleo sin sueldo. Esto limitaba mucho la oferta de personal, según los intendentes, ya que la prohibición de comerciar dejaba al subdelegado un 4% de la recaudación de los tributos, que aún se reducía después de pagar el 1% al recaudador (Acevedo 1992). Precisamente, la obtención de recursos, fue uno de los motivos por el cual se denunció al primer subdelegado que se presentó en Carangas en 1784, Juan Dionisio Marín. El recién llegado suponía una agresión para los intereses de los dos mineros más importantes del asiento, Juan Sigler y Manuel Zorrilla, los cuales no estaban dispuestos a aceptar un nuevo competidor.

En 1785, los dos azogueros denunciaban ante la Audiencia de Charcas al subdelegado Juan Dionisio Marín, entre otras irregularidades, de estar rescatando ("comprando") plata en el mineral de Carangas y fomentando el robo en sus minas. Sigler y Zorrilla decían que el rescate de plata que realizaba el subdelegado se hacía de forma coactiva. Afirmaban que Marín distribuía cierta cantidad de dinero a los indios con la obligación de que se lo habían de devolver en marcos de plata. Esta operación la realizaba con intermediación de los alcaldes de indios, a los cuales daba órdenes para el "respectivo repartimiento entre los indios". Los dos azogueros se quejaban de sufrir perjuicios por varias razones: propiciaba el *juqueo* o robo de mineral en sus minas y ocupaba a la gente que supuestamente debían de emplearse en sus minas e ingenios. Decían que esa actividad era ilegal en su oficio y que estaba perjudicando a los indios "con su terquedad y codicia".[19]

La defensa de Marín consistió en decir que la denuncia estaba provocada por la enemistad de los dos azogueros al negarse a prestarles dinero y a que sacasen de la Caja Real azogues sin fianzas. También decía que no podía fomentar el *juqueo* porque en Carangas las minas estaban abandonadas; por tanto, los indígenas no perjudicaban a nadie ya que recogían el mineral de los desmontes y minas sin dueño.

---

18   Nuria Sala i Vila (1996: 77-83) pone de relieve para el virreinato peruano muchos casos de subdelegados que continuaron con el reparto de mercancías y otros recursos ilícitos para conseguir dinero.
19   ANB, Minas, 96, n° 20, año 1785.

Afirmaba haber comprado plata a los indígenas, pero muy poca y a petición de los indios, porque el mineral se encontraba en ruinas. Sabemos por los libros de la Caja Real del lugar que el subdelegado registraba plata, en 1785 fueron 1,168 marcos. El subdelegado presentó para su defensa el testimonio de las autoridades de los distintos ayllus de Carangas, que decían que Marín tenía un comportamiento correcto y los trataba con toda justicia.

En los testimonios presentados por algunos vecinos del asiento se confirmaba que el subdelegado realizaba el rescate de plata, pero que la denuncia de los azogueros tenía motivos encubiertos. Éstos escribieron una carta al presidente de la Audiencia de Charcas diciendo que todo era un complot para poner a Juan Sigler en el gobierno del partido. Este azoguero había sido ya corregidor interino en otra ocasión y también había mantenido estrecha amistad con los corregidores anteriores, con algunos incluso compartió negocios. Sigler y el hermano de Manuel Zorilla, Antonio, minero que había sido corregidor, se habían asociado años antes para denunciar también al oficial de la Caja Real. Ya tenían antecedentes en complots y denuncias conjuntas ante la Audiencia de Charcas y eran muy conocidas sus vinculaciones personales y en los negocios. Durante el periodo que ejerció de corregidor Antonio Zorrilla, se produjeron conflictos con la población tributaria, la cual se vio obligada a abandonar sus casas ante los abusos de éste por el exceso en los repartos de mercancías.[20]

Poco antes de la muerte de Antonio Zorrilla en 1777, su hermano Manuel se trasladó hasta Carangas. Las propiedades que heredó de Antonio, un ingenio en la ribera de Todos Santos y una mina en el cerro del Charaque, fueron embargadas para pagar la deuda del azoguero con la Real Hacienda, por lo cual no pudo recuperarlas hasta 1782. Tres años más tarde, Manuel entraba en conflicto con el subdelegado porque éste le exigió que entregara en la Caja Real, para el pago de sus deudas, unas barras de plata que habían sido robadas a su hermano durante la sublevación y encontradas ese mismo año. Esto provocó un enfrentamiento entre el azoguero y el subdelegado.[21]

En definitiva, todas las acusaciones en ambos sentidos nos sugieren que se trataba de un conflicto entre poderes locales por la influen-

---

20   La Plata, 22 de julio de 1773, AGI, Charcas, 592.
21   ANB, Minas, 96, n° 18, año 1785-1786.

cia dentro del partido y la competencia de los recursos económicos. Al final, el subdelegado salió absuelto, aunque había renunciado al cargo en 1785. La Audiencia dijo que la Real Hacienda del partido se encontraba sin deudas y no había irregularidades. Los azogueros fueron instados a guardar "perpetuo silencio". Sin duda, debió ser decisivo para esta resolución el apoyo que le brindaron al subdelegado los diferentes caciques de Carangas.

5. Estrategias indígenas

¿Por qué defendieron las autoridades indígenas de forma mayoritaria al subdelegado, cuando se había demostrado que estaba repartiendo el dinero entre la población indígena a cambio de mineral? Pues, sobre todo, porque a los indígenas les interesaba que el subdelegado les comprase el mineral, ya que era una manera de conseguir dinero sin tener que emplearse como mano de obra en los ingenios, donde además de la dura labor que realizaban, tenían que soportar malos tratos y abusos en el pago del salario, que se efectuaba en gran parte en especies a precios sobrevalorados. También porque con el apoyo al subdelegado minaban el poder que habían ejercido hasta entonces los azogueros y el corregidor de forma conjunta.

La estrecha alianza entre los azogueros y los corregidores había sido muy perjudicial para los indígenas, con la llegada del subdelegado la población tributaria encontró una salida a la opresión ejercida por éstos. La única opción de resistencia que le quedó a la población de Todos Santos, donde tenía ubicado Zorrilla su ingenio, ante el abuso del azoguero había sido la huida, el abandono de sus casas y tierras. El alcalde del pueblo de Todos Santos, con la llegada del subdelegado, pudo denunciar a Manuel Zorrilla por el reclutamiento violento de trabajadores y por el escaso salario. Señalaba que como salario de la semana, que contenía nueve mitas o turnos de trabajo, recibían libra y media de coca y doce reales de plata, que decía era lo equivalente a seis mitas. Igual ocurría con los indios bajadores, los que se empleaban para transportar en sus llamas el mineral de la cancha mina hasta los ingenios. Les pagaba doce reales cuando la baja valía dos pesos, y además les daba la mitad en coca. Decía el alcalde que no podían quejarse porque el gobernador anterior, que era Antolín Chavarri, era el socio del minero Manuel Zorrilla, por lo cual no tuvieron más remedio que abandonar sus tierras. El azoguero entonces acudió a los urus chipayas asentados en la zona y los recluyó:

> [...] tenía a los dichos chipayas encerrados en un cuarto por la noche y a poco de que el sol salía ya los echaba al buitrón, pero con toda esta seguridad en una noche rompieron la ventana del cuarto en que estaban encerrados y se huyeron.[22]

Se quejaba el alcalde indio de Todos Santos que el abandono de sus tierras era muy perjudicial para recoger los tributos debido a la pobreza de la gente. Pero cuando llegó el subdelegado, los indígenas volvieron a sus casas a pesar de que Zorrilla continuó con sus amenazas. Decían que habían encontrado consuelo en la justicia impartida por el subdelegado Marín.

La llegada del nuevo subdelegado terminó con la fuerte alianza de los azogueros y la justicia, y permitió a la población continuar con sus actividades tradicionales, alternando intercambio, comercio, pastoreo, trajines, toda una serie de actividades que le permitían la subsistencia y el acceso al mercado, sin tener que atenerse a una disciplina impuesta y a los abusos de los mineros y azogueros. Si, por lo general, el motivo para emplearse en la minería como mano de obra era conseguir numerario, ahora el subdelegado les brindaba esa oportunidad sin tener que someterse a los malos tratos y bajos salarios, y disponiendo de una mayor libertad para sus ocupaciones. Según testimonios del oficial real, eran las mujeres las encargadas generalmente de recoger el mineral entre los desmontes, permitiendo a los hombres mayor movilidad y disponibilidad para otras labores.

> [...] los que se dedican comúnmente a este trabajo [el *juqueo*] son las indias, que obligadas de la necesidad recogen hasta las tierras de las calles y lavándolas en el río, sacan a fin de la semana unas pocas onzas de plata que venden para su sustento, y las más veces ya tienen tomados de los rescatiris los efectos que pagan con lo mismo que sacan, a que se agrega que las minas están abandonadas hace mucho tiempo y por consiguiente sin dueños conocidos.[23]

Posiblemente fueran los hombres los encargados de fundir el mineral que recogían sus mujeres en guairas o pequeños hornos de fundición, utilizando la tecnología tradicionalmente indígena. El subdelegado les

---

22 *Ibídem.*
23 Carta de los oficiales reales, Carangas, 29 de abril de 1785, ANB, Minas, 96, n° 20.

estaba pagando seis pesos y cuatro reales por cada marco de plata en "piña o pasta".[24]

En principio, el empleo en la actividad minera y los viajes en invierno hacía los valles de Cochabamba o de la costa (Arica y Tarapacá) no eran incompatibles, porque el trabajo en los ingenios se suspendía durante esta estación por los rigores del clima y la falta de agua. Tradicionalmente los carangas se proveían a través de sus colonias en los valles de productos a los que no podían acceder en sus tierras, pero al desaparecer aquéllas durante el periodo colonial, los carangas tenían que ir hasta los valles de Cochabamba y de la costa a comprar el maíz, harinas, ají, aguardientes, o canjearlo por la sal o su fuerza de trabajo. Ramiro Molina Rivero (1987) ha descrito uno de estos viajes desde Paria (provincia vecina) hasta el salar de Uyuni, donde los indígenas compran sal, para después ir hasta los valles a intercambiarla por maíz y otros productos para proveerse todo el año. Este viaje lo hacen los hombres y requiere varios meses de ausencia, además del tiempo para la preparación del avituallamiento y de las tropas de llamas. Es posible que una división del trabajo similar también se diera entre los carangas, de manera que mientras los hombres estaban inmersos en estos trajines, las mujeres se dedicaban a conseguir mineral de los desmontes para venderlo al subdelegado o a los rescatistas. Con esta actividad podían conseguir dinero o pagar el tributo en "piñas o pastas de plata", y por tanto los hombres no tenían que emplearse como mano de obra en las minas o los ingenios. Ésta fue una de las quejas de los azogueros, los cuales se vieron perjudicados por la falta de mano de obra.

No tenemos datos suficientes para establecer el calendario de actividades de los carangas, pero sabemos que no siempre estuvo sujeto a las exigencias de la minería. En 1788, el subdelegado decía en un informe que el año anterior algunas labores de minas habían parado por carecer de sebo:

> El sebo estuvo muy carente, que en el trabajo de las minas se consume una porción muy considerable, pues en los meses de febrero, marzo y abril por su carestía dejaron de trabajar algunas labores. Para evitar este atraso voy a tomar la providencia que en los pueblos donde se cosecha en matanzas de carneros de la tierra para este tiempo, no se los lleven a vender a los valles, y al precio de diez quintales en que lo mercan, precisa-

---

24 Denuncia de los azogueros Juan Sigler y Manuel Zorrilla, ANB, Minas, 96, n° 20.

mente provean a este asiento dichos pueblos con porción señalada de quintales.[25]

El hecho de que los tributarios hubiesen preferido bajar el sebo a los valles en vez de destinarlo a los asientos mineros producía un claro desfase entre ellos y las necesidades de las empresas mineras, las cuales se quedaron desabastecidas en otoño, en meses de plena actividad. ¿Por qué se alteró el calendario habitual o se cambio la plaza de mercado para el sebo? No tenemos más referencias al respecto, pudo ser por motivos económicos: mejor precio de venta, o por motivos extraeconómicos: urgencia de otros productos de primera necesidad accesibles en el valle. Como sugiere Tristan Platt (1987: 471-557) para el caso de los llameros de Lípez, igualmente los carangas no eran ajenos a la intervención mercantil, pero contemplaban ésta dentro de un calendario de actividades que no se subordinaban a los ritmos y exigencias de la industria minera.

6. Conclusión

La defensa que los indios hicieron del subdelegado Marín no debe ser interpretada como una manipulación por parte del subdelegado, porque respondía a una clara defensa de los intereses de la población indígena. A éstos en ningún momento les convenía una alianza entre los azogueros y el subdelegado. La complicidad de los poderes locales, burocracia y azogueros, provocaba una disminución de su capacidad reproductiva al sobreexplotarlos y hacía muy difícil que resultasen otras estrategias de resistencia.

Según los testimonios, los indígenas se vieron acosados por un reclutamiento violento, malos tratos y abusos en el pago de los salarios. La posibilidad de conseguir dinero a través de los negocios del subdelegado les permitía continuar con sus actividades, ya que no requería de una disciplina impuesta como el trabajo en las minas e ingenios, y podían integrarlas dentro de su calendario de actividades económicas, en cuanto normalmente eran las mujeres las encargadas de rebuscar el mineral en los desmontes, permitiendo que los hombres pudieran continuar con la explotación de los salares, la ganadería y sus viajes a los valles. Según Tristan Platt (1987: 536), los tributarios se resistieron a

---

25   Informe de subdelegado Pedro del Cerro Somiano, ANB, EC, 1788, n° 13.

la imposición de una única racionalidad económica impuesta por los poderes locales y apoyada desde el Estado. El caso de Carangas viene a confirmarnos, que al igual que en otros centros mineros andinos a fines del siglo XVIII, ante la coyuntura de crisis se impuso un aumento de las presiones y abusos de los empresarios mineros para reclutar y retener a los trabajadores mineros. Pero también se plantearon diferentes estrategias de resistencia por parte de la población indígena. Como hemos visto en el caso de Carangas, caracterizado por una minería de pequeñas proporciones, los indígenas se resistieron a emplearse como mano de obra y prefirieron mantenerse dentro de la actividad minera de forma independiente y compatible con el resto de sus actividades económicas.

Bibliografía

Acevedo, Edberto Óscar (1992): *Las intendencias altoperuanas en el virreinato del Río de la Plata*. Buenos Aires: Academia Nacional de la Historia.

Bacarreza, Zenón (1931): "Monografía de la provincia de Carangas". En: *Boletín de la Sociedad Geográfica de la Paz*, 61-62, pp. 73-114.

Gavira, Concepción (1999): "La Caja Real de Carangas y el mineral de Huantajaya, 1750-1804". En: *Anuario*, año 1999, pp. 105-138.

— (2000): "Reclutamiento y remuneración de la mano de obra minera en Oruro, 1750-1810". En: *Anuario de Estudios Americanos*, 57/1, pp. 223-250.

Golte, Jürgen (1980): *Repartos y rebeliones. Tupac Amaru y las contradicciones de la economía colonial*. Lima: IEP.

Harris, Olivia/Larson, Brooke/Tandeter, Enrique (eds.) (1987): *La participación indígena en los mercados surandinos. Estrategias y reproducción social. Siglos XVI a XX*. La Paz: Centro de Estudios de la Realidad Económica y Social/Ediciones CERES.

Hidalgo, Jorge/Durston, Alan (1978): "Reconstrucción étnica colonial en la sierra de Arica: el cacicazgo de Codpa, 1650-1780". En: *Actas del IV Congreso Internacional de Etnohistoria*, t. 2. Lima: Pontificia Universidad Católica del Perú, pp. 33-75.

Molina Rivero, Ramiro (1987): "La tradicionalidad como medio de articulación al mercado: una comunidad pastoril de Oruro". En: Harris/Larson/Tandeter (eds.), pp. 603-636.

Moreno Cebrián, Alfredo (1977): *El corregidor de indios y la economía peruana en el siglo XVIII*. Madrid: Instituto Fernández de Oviedo.

Murra, John (1975): *Formaciones económicas y políticas del Mundo Andino*. Lima: IEP.

Pearce, Adrian (2001): "The Peruvian Population Census of 1725-1740". En: *Latin American Research Review*, 36/3, pp. 69-104.

Platt, Tristan (1987): "Calendarios tributarios e intervención mercantil. La articulación estacional de los ayllus de Lípez con el mercado minero potosino (siglo XIX)". En: Harris/Larson/Tandeter (eds.), pp. 471-557.

Rivière, Gilles (1982): *Sabaya: structures socioéconomiques et repésentatations symbolique dans le Carangas, Bolivie*. Paris: EHESS (tesis de doctorado inédita).

Sala i Vila, Nuria (1996): *Y se armó el Tole Tole. Tributo indígena y movimientos sociales en el virreinato del Perú, 1784-1814*. Lima: Instituto de Estudios Regionales "José María Arguedas".

Sánchez Albornoz, Nicolás (1978): *Indios y tributos en el Alto Perú*. Lima: IEP.

— (1983): "Mitas, migraciones y pueblos. Variaciones en el espacio y en el tiempo. Alto Perú, 1573-1692". En: *Historia Boliviana*, 3/1, pp. 31-59.

Stern, Steve (1990): "Nuevas aproximaciones al estudio de la conciencia y las rebeliones campesinas: las implicaciones de la experiencia andina". En: Stern (ed.), pp. 45-96.

Stern, Steve (ed.) (1990): *Resistencia, rebelión y conciencia campesina en los Andes*. Lima: IEP.

Tandeter, Enrique (1992): *Coacción y mercado*. Buenos Aires: Centro de Estudios Rurales "Bartolomé de las Casas".

Trimborn, Herman (1973) "Investigaciones Arqueológicas en el Departamento de Tacna (Perú)". En: *Atti del XL Congresso Internazionale Degli Americanisti, Roma-Génova, septiembre de 1972*, t. 1, Génova, pp. 333-335.

Wachtel, Nathan (1990): *Le retour des ancêstres. Les indiens Urus de Bolivie XX-XVI siècle. Essai d'histoire régressive*. Paris: Gallimard.

II

Memoria y discursos

Amos Megged

Power and Memory:
Indigenous Narratives of Past and Present
in the Valley of Matalcingo, Mexico (1530-1590)

It is this paper's intent to closely examine the forms and modes by which the first four generations of Indian elites, to survive the Spanish Conquest and its aftermath in the Mexico Basin, were able to reconstruct what they had stored in collective as well as individual memory. In his classical study of the Aztecs under colonial rule Charles Gibson claimed that the possibility opened up by the Spaniards for communities to transform their formerly dependent position by claims to an independent entity "had a dramatic impact on the 'memories' of the native peoples as they were recorded in court documents as well as in historical accounts". Consequently, also, "ethnic identities diminished, and the historical traditions that maintained them were lost to memory" (Gibson 1964: 30-34, 36).

What the Indians were incited to tell of the past in order to restructure the present, what they would not remember, and in what ways and in which abodes of memory, their attempt to recall this past and tie it to the present, could, in time, materialize is what this study attempts to uncover. What is central to our inquest here, is the unique place of the Spanish colonial court of the Audiencia of New Spain, where memory re-emerged and was transformed into a collective form. Between 1530 and 1590, the Spanish colonial court of the Audiencia of Mexico became a singular place and a "melting pot", in which the most crucial process of memory reformulation after the Spanish Conquest occurred. The process, as I argue, essentially followed the pre-Columbian model and antecedents, whereby the court was indeed the natural place in which to reformulate such memory. Moreover, this study also seeks to closely interpret how canonical Foundation Stories in indigenous society emerged out of enduring power relations and how such relations branded their deep impressions upon local memory.

I chose to concentrate here on the Valley of Matalcingo/Toluca/
Calixtlahuacan case study on memory reconstruction in the Mexico
Basin.[1] This particular case unfolds before us the full significance of a
"multi-faceted memory", and the heavy shadows cast by the pre-
Columbian past and the post-conquest present on the reliability and
forbearance of these memories. The grand "Foundation Story" told in
the Valley of Matalcingo throughout generations was made up of distinct layers and variations closely related to the power relations that
existed in this Valley before the Spanish Conquest, as this study attempts to show. The local Foundation Story became, in time, inseparable of a whole cultural and political legacy that defined and con-
firmed present political and ethnic constellations, versus some different variations to the story, depicted in individual accounts that
reinterpreted the events while presenting their testimony in court.
What had followed throughout the entire Valley of Matalcingo's case
was pursued in the court of the Audiencia of Mexico in Mexico City
under the reigns of four Viceroys, and lasted well up to 1602. The
Valley of Matalcingo's lawsuit presented before the colonial court of
the Audiencia of Mexico is, perhaps, the wealthiest in details of all
other Spanish colonial court cases fought during the sixteenth century,
concerning local indigenous history and memory. The appeal, in
which the Marquesado claimed full rights over the Valley and town of
Toluca, had begun with the Audiencia's inquiring into the Marquesado's patrimony over the Valley and its communities. The first phase
took place in 1547, and fought by the Second Marqués, of which we
do not have any direct records. The Third Marqués fought the last
phase in court between 1589 and 1598, by. Throughout the three
phases of the litigation, the Marquesado was unsuccessful in regaining

---

1   Pre-Conquest Calixtlahuacan was called in the Matalcinca language Pintanbatí
     and in Nahuatl Calixtlahuac. It comprised of what was to become, after the re-
     ducciones, San Francisco de Tecaxit, Santa María Asunción, San Marcos Te-
     peytic, San Bartolomé Tlaulimpan, San Martín Qutlachlipac, San Nicolás
     Acayac, and San Martín Tlaxomulco. "Relación de la probanza de los indios de
     la villa de Toluca en el pleito que el fiscal de Su Magestad trata contra ellos y el
     dicho marqués del Valle, sobre los pueblos de San Miguel Totocuytlapilco y San
     Bartolomé Tlaltelolco y otras aldeas de este valle de Toluca", AGNM, HJ, 70,
     exp. 4 (1589-97), segunda parte, ff. 27v-28v; ff. 30r-30v. A far more extensive
     analysis of this case is contained in my forthcoming book, *Remembering Con-
     quests: Indians' Recalling in the Mexico Basin, 1530-1590.*

the Valley, especially the communities of Caliyamayac, Cinacantepec, Metepec, Tepemachalco, Tlacotepec and Tlalchichilpa.

Beginning in 1563, the Second Marqués, Don Martín Cortés re-solicited in court for restitution, but then, in 1575, the Marquesado's jurisdiction over the Valley was further reduced when San Mateo Atengo was incorporated within the Crown's limits. Only in 1591, did the Marquesado, under the Third Marqués, win over the case against the Crown's attempt to reduce its jurisdiction to no more than a league and a half around the town of Toluca.[2] Between 1570 and 1583 an appointee of the Viceroy oversaw the Toluca and the Valley of Matal-cingo's affairs, and between 1583 and 1595 a *corregidor* took over up to when jurisdiction was finally returned to the Third Marqués (Gerhard 1993: 330-331).

The two Mexican historians, Rosauru Hernández Rodríguez and Margarita Menegus Bornemann have both written extensively on the history of the Valley of Matalcingo, reconstructing its local history before and after the Spanish Conquest (Hernández Rodríguez 1945; Menegus Bornemann 1991). Nevertheless, they have both missed taking the long road into how the local ethnic groups inhabiting the Valley of Matalcingo were recounting their past, in such a distinct way. What I would like to contribute further here, is to try and con-trast between the different versions of one particular history of this Valley of Matalcingo and how it is remembered and recorded by its various players. A special emphasis is given here to how major, dra-matic episodes, conquests, resettlements, religious conversion, devas-tation and plagues had been experienced, reworked in local memory according to a distinct structural order or schema, dividing their mem-ory into sub-themes. There are some key questions that await their answers while dealing with these materials. One could start off with how these episodes were treated in the present form of retelling the past, by the less renown players, like Juan Calli, and his peers, the elders of the local communities, as they relayed their versions in the colonial court. Could one distinguish in Calli's and his peers' narra-tive some form of unique "memory beacons", such as "Places of Memory" *(lieux de mémoire)*, like the royal granaries in the Matal-cingo Valley, or "time beacons" (indicating to, for example, times of

---

2   AGI, Escr., 161A; AGNM, HJ, 70, exp. 4, cuaderno 1.

the plagues, and times of their cessation), that determine the chrono-
logical ordering of the events? Could one also distinguish related
abodes or sites that incite memory? And what parts of the "collective
memory" of the Valley of Matalcingo were obliterated, purposely or
unconsciously, and what particulars did remain intact? Working on
this theme, one may also find some fine parallels between what is
involved here memory-wise and what Serge Gruzinski has brought to
our attention about the Otomís of Querétaro in the mid-seventeenth
century: "...no word said of their utter subjection to the Spanish invaders and of the abuse and mistreatment suffered at their hands. Instead of this, Otomí memory constructs and idealized image of the
past in which, both materially and spiritually..." (Gruzinski 1998:
214-226).

The court records of the last phase of the Valley of Matalcingo's
case, are entitled: *Relación de la probanza de los indios de la villa de
Toluca en el pleito que el fiscal de Su Magestad trata contra ellos y el
dicho marqués del Valle, sobre los pueblos de San Miguel Totocuyt-
lapilco y San Bartolomé Tlaltelolco y otras aldeas de este valle de
Toluca.* It was fought between 1589 and 1598, in two separate hearings, during which the two sides presented the court with 80 witnesses. Twenty-eight of them, of Matlatzinca, Mazahua, Otomí and
Nahua origin, provided the court with a valuable, "first-hand" memory
of the events that dramatically altered life in this valley. That is, memory transferred directly from grandfather/father, to son, or coming
from direct relatives, all of whom are named, in contrast to indirect,
"common knowledge", arising out of a canonical Foundation Story,
disseminated amongst all the communities in the Valley of Matlalzinco. The witnesses, all of them veterans of conquests and wars
fought in this valley, formed the bulk of the most senior in rank and
age among the local indigenous populations. They all, perhaps for the
first time, at least outside their own communities of origin, recalled
their disjoint past, their fragmented memories of the pre-Conquest era
under Mexica rule over the valley, the Spanish Conquest, the process
of evangelization, the foundation of the new temples, and the devasta-
tion that ensued. Taking advantage of the special circumstances of the
trial at hand, all those witnesses, as much as their entire communities
were able to establish for themselves a far more coherent plot of their
past and present memories. Through that trial, they were possibly able

to look back in a far more profound and complex form at what they were and what they are while facing the colonial situation. For us, as historians of cultural history of the early colonial period in Mexico this particular case, such witnesses' accounts present a whole new grounds on which to explore and decode the colonial cultural dramas that occurred within native society per se and between Indians and Spaniards.

Throughout this long lasting lawsuit, court memory and indigenous memory-history were closely interwoven. This is obviously linked with what the court received as information on which to rely upon, during the different phases of this lawsuit and with which what the witnesses presented in court was being compared. Part of the information received relied upon pictorial records *(lienzos)* preserved in local archives of the referred communities, others came out of oral interrogations carried out within those communities, and the rest were gathered by specially nominated Indian officials who took the time to bring to light the different versions circulating in the Valley as regarding both past and present. Obviously, one could find direct parallels among the different sources, and they all rely upon what was being maintained as an inseparable part of the "living" memory stock of these peoples. Judge Pablo Gonzales of Tula's report of 1547 provides an exemplary insight into the inner working of oral traditions that still remained dynamic in the Valley, twenty-seven years after its Conquest. It also emphasized the influence of such traditions on what the Spanish colonial court was to produce in its endeavor to bring to light the major events that affected the history as well as the present circumstances in this Valley, throughout the diverse phases of the Toluca lawsuit in the years to come.

The canonical texts that project the grand Foundation Story, such as Diego Durán's representation of the Tenochca version, may provide an overall view of the events taking place around 1476, based upon historical accounts produced from the center, that is, from Tenochtitlan, and thus emphasizes the Tenochtitlan context of these affairs. Durán's Tenochca version of the Foundation Story concerns Axayacatl's invasion and supremacy over the Valley of Matalcingo. It begins somewhere around 1476-77, when, according to local versions that circulated in the Valley, given below, Calixtlahuacan-Tulucan was ruled then by two supreme rulers, Cachimalteutl(/Cachimaltzin)

and Oipachimal. Axayacatl's impact on the area by then had already
brought up a heated rivalry within Matlatzinca society, between, presumably, a faction within the ruling Calixtlahuacan-Tulucan dynasty,
led by Cachimalteutl, in Tulucan who was in favor of collaborating
with the Mexicas on the one hand, and on the other, centered in Tenantzinco, with its *tlatoani* Tezozomoctli, resisting such alliance.

Axayacatl, as Durán's version attests, was engaged at that time in
a significant task deeply immersed in the context of the Empire's "national" memory building. That is, inscribing his most recent conquests
and accomplishments into the overall schema of the Mexica Empire's
official memory, in which the Valley of Matalcingo's place was already determined, and therefore the version provided could only be
understood in this light. We are told how, at the heart of Tenochtitlan,
Axayacatl erected a new temple of the Sun. The temple would serve
the purpose of the "nation's" memory building. At the upper floor of
this temple stood, on the one side, the round stone depicting the year's
feasts. On the other, stood a round stone altar dedicated to the Sun.
Besides its ritualistic-sacrificial content, the stone would function as a
genus of a "national monument, representing all the major Mexica
mythological personalities, the wars won, the provinces conquered,
and the captives brought to the temple to be sacrificed upon. In its
center were the sun's rays, and adjoined was a stone trough in which
those sacrificed were dismembered onto a canal through which the
blood flowed. Durán attests in his account the he and others had witnessed the remains of this round stone. The scene was part of a public
display on the occasion of a major event staged by Archbishop Alonso
de Montúfar. In the course of which the latter publicly exposed the
stone, presumably as a sample for the Indians' past infidelity and er-
rors, in front of the gathering audience, at the main plaza of Mexico
City. Axayacatl's act of building the nation's Official Memory could
also be directly associated with what Auitzotl, who ruled Tenochtitlan
between 1486 and 1502, did immediately following his inauguration
into office in 1486. Axayacatl's successor had renovated the great
temple of Tenochtitlan in the honor of his god. The populace of Tenochtitlan and its environs were obliged to come to the temple on the
day following the grand feast, and remain there for the sound-and-
light exposition of the victims' dismembering, "in order that this so-
lemnity will remain [inscribed] for ever in memory", according to

Auitzotl's instructions (Durán 1967: ch. 35-36, 43-44; fig. 30). Emissaries from Tulucan and Metepec, of Matalcingo and Calimaya, and other towns of the Valley of Matalcingo were also present on that major occasion as Durán (1967: ch. 43, 246) tells us.

Comparing the different versions laid out before us by the Tenochca, the Marquesado, and by the different protagonists represented in the Valley's different variations, we might understand better the inner working in which memory about major, historical events and their aftermath, such as those that occurred were reconstructed, twisted and maneuvered in diverse and not entirely complementary forms. We can also get the inner layers laid by those directly or indirectly affected by the events. The Tenochca version, represented in Durán's, seeks to attribute much prominence to the acts of both inscribing and commemorating Mexica's active role in the shaping of the events, occurring in this context both within the Valley of Matlalzinco and outside it, and in their rulers' mastery over fate in general, placed within the broader content of Mexica cosmological conceptualization. However, the most distinctive differences between the Tenochca and the Valley's version/s presented here lie primarily in the fact that the Tenochca version aims at structuring of an "Official Memory" that extends well beyond the geographical and mental limits of this valley, and contains only a small time fragment of the overall account represented in the Valley's version/s. The present fragment of the Tenochca version does not proceed beyond 1478. And even within the time limit of this era, it concentrates on narrowly chained episodes related to Axayacatl's campaigns and memorable, victorious acts, while excluding the acts of dividing the valley among Axayacatl's allies, the establishment of the royal granaries, setting of the limits among the local towns, etc. Durán's Tenochca version, nevertheless, provides yet another explanation to the final invasion of the Valley by Axayacatl, based upon internal rivalry, envy and power competence, between two opposing rulers within Matlatzinca society, without a Mazahua presence. The two opposing protagonists in Durán's version, Tezozomoctli of Tenantzinco, and Chimalteutl of Tulucan, appear to have taken a path entirely contradictory to what the local Valley's version of the Indian witnesses' version in court provide us. One could only try to explain such incongruity by the fact that Durán's version seeks to record Tenochtitlan's glorious side of this story. Durán's version

takes us at this point all the way to the very significant act of Calixtlahuacan's ceremonial center's pillage, and the setting of its grand temple on fire. Below, under the Valley's Version, we get a slightly different account of the same episode. According to the Tenochca version, Axayacatl's troops proceeded, eventually, to the Tulucan center
in Calixtlahuacan, passing through the temple, and setting fire to the
principal Matlatzinca godly figure of Coltzin.[3] This version records
then the surrender and submission of Chimalteutl and his lords to
Axayacatl, and the arrival of Tezozomoctli at the scene, "voicing his
obligation and thanks to Axayacatl". The final act and episode recorded at this point is, of the Matlatzincas' "own appeal" to Axayacatl
to subdue them to Tenochtitlan, and propose to pay their tributes and
dues directly to this king. The Tenochca's version represented by
Durán is brought to an end with a detailed account of the grand recep-
tion prepared for the victorious Axayacatl and his men by the old *Tla-
caelel* in Tenochtitlan, the royal parades, and solemn speeches made
by Axayacatl in the memory of his royal ancestors. All this and what's
to follow can be clearly related to the didactic schema of the Official
Memory. The author records the gifts or, more likely, the *ex-votos*
brought forward to the temple of Huitzilopochtli by the lord of
Tenanzinco, as a gesture of recognition and acknowledgement of their
supremacy, and as gratitude for their help against his internal foes in
Tulucan. These included, the Matlatzinca priests and the lavish para-
phernalia, brought along from the sacked temple of Tulucan, as well
as a significant number of war captives, which Tezozomoctli presented before the victors. The final note is the vivid account of the
imposing dances performed by the war captives from Tulucan in the
main plaza of Tlaltelolco, honoring the vanquisher (Durán 1967:
ch. 43: 246).

The Valley's version of the events, in contrast, was made up of at
least two different adaptations molded and disseminated within the
Valley by the rivaling factions involved. It seeks, in contrast to the
Tenochca's, to recover past wounds and heal the dishonor of the vanquished, by endeavoring to build up a coherent schema and present it
within the bounds of its collective memory. That is, its own logical

---

3   Compare with Calli's version, below, that it was Cachimaltzin himself who had
     set the temple on fire!

elucidation as to how and why this valley was subdued for the period of forty two odd years to the foreign rulers. Local variations produced and manufactured within the more limited sphere of the collective memory of the Valley of Matalcingo itself, still in contrast, were aimed towards an entirely different direction, and were obviously maneuvered by Marquesado interests.

The official Marquesado version, yet another factor in this complex intertwine, was produced out of local indigenous memory. But, otherwise, it was clearly altered and reformed to suit the goal of regaining jurisdiction over what was claimed to be an inseparable part of the former Tulucan patrimony, is presented in 1594, in a document written either by a Marquesado official, or by Martín Cortés himself. It was entitled, *Petición Española* and presented in court as part of the Marquesado's defense.

The Valley's version/s offer us the *longe durée*, panoramic perspective of a time-span stretched between 1474 and 1570, that naturally incorporates the Spanish Conquest as part of this long sequence of memory building within the Valley itself and outside it. Secondly, one would not find in the Valley's version/s Axayacatl's plans and tactics prior to his move into the war scene in the Valley contained in the Tenochca version, nor would the former refer to the aftermath scene of the celebrations and offerings in Tenochtitlan. However, one should also be aware of the likelihood that the Valley's version/s should, as it does, associate itself with some parts of the Official Memory, indoctrinated in this Valley as in other parts of the Empire after the Tenochca conquest campaigns had finally ended. This is why it should be important to cautiously sense within the Valley's version/s, what's internal and what's external to the Valley's own recordings of this particular past.

Moving now to the different versions of the Valley's Foundation Story entailed within the Indian witnesses' testimony in court during the last phase of the Toluca case, one could perhaps take the whole package and look for the reconstructed Valley's Version/s in its entirety. That is, an overwhelming view of how the era between 1474 and 1570 was being recorded in local "collective memory", which might be more or less an amalgam of what was being deduced, taught and circulated as "history" throughout the Valley area. What was being recorded, however, could have been presented in court was already biased and changed according to the witness's position, role-taking, and siding with one of the two litigants, the Crown and the Marquesado. Nevertheless, one is still able to overcome this barrier by searching for individual variations and deviations from the basic plot. Let us move first to what was the Valley's "coherent" Foundation Story, as opposed to the above, Tenochca version presented by Durán, and in what major points does it overlap with points of departure raised by Judge Pablo González's Report.

The Valley's "Foundation Story", as presented by both the pro-Crown witnesses, as well as the pro-Marquesado ones can be delineated into two distinct time-spans. These time-spans are, evidently, structured according to the Christian, lineal conception of time, not according to the indigenous, cyclical one. The first time-span that appears in individual versions, stretches between 1474 and 1490, when the Valley of Matlalzinco came under the direct rule of the Tenochca rulers, Axayacatl, his brother Ahuycozin, and Moctehuzuma Xocoyotzin, Axayacatl's son. The second, is situated between 1520 and 1570, under the yoke of the first and second Marquesado del Valle. The Valley's Version/s of the events marking Axayacatl's imposing impact over the Valley's fate is clearly told from nearly an entirely different angle to that of the Tenochca. The grand story as is told by the witnesses concerning the first time-span, centers on the primary phase of the influence exerted by Axayacatl over this Valley of Matlalzinco. This is followed by the subsequent subordination of the native city-states there to his rule, including the capitulation of the Matlatzinca ruling dynasty in Calixtlahuacan's political and religious center that took place between 1474 and 1476. The nomination by Axayacatl of Cachalteutl(/Cachimalteutl) as the dynastic ruler in Calixtlahuacan, Metepec and Zinacantepec, is followed by the uprising and assassination attempt by the remaining Matlazinga lords residing in the Calixtlahuacan center against Chimalteutl. Cachalteutl, not Tezozomoctli, is described to have fled to Tenochtitlan, and pled before Axayacatl for help against his Matlatzinga foes; Axayacatl sanctioned the request and headed a conquering force of Nahua-speakers led by captains from his alley city-states of Tlacopan, Texcoco, Tlaltelolco and Azcapotzalco to the Valley of Matlatzingo. The rebelling Matlatzinga lords are then defeated after fierce fighting, and fled out of the entire valley in the direction of Michoacan, where they resettle for good. When the re-conquest ends, Cachalteutl was reinstated as the supreme ruler of Calixtlahuacan, and Axayacatl was asked by the former to leave his Nahua-speaking troops behind to settle in the Valley and provide protection (a baffer zone?) against the Matlazinga. Axayacatl conceded, and the former alliance between him and the Mazahua ruling dynasty was reestablished upon the following terms. That he and his successors in Tenochtitlan should always approve of this local, ruling dynasty and, that in return, half of the lands and their yearly yield will be granted to Axayacatzin and his accompanying allies, in the form of tribute (collected by his *calpixqui* and guarded in the granaries constructed for this purpose).[4]

The second time-span, between 1520 and 1570, begins with the powerful and symbolic act of first baptizing of Calixtlahuacan ruler, Tuchcoyotzin (Don Hernando Cortés), Chimalteutl's heir, by the Spanish conqueror, Cortés's accompanying priests. The Foundation Story proceeds with the coming of the first Spanish settlers, after Gonzalo de Sandoval's conquest of the province in 1521 with the aid of Otomí armies, and the submission of the nearby towns to the new rule of the Villa de Toluca. At this point, the narrative highlights the grand historical similarity between Tuchcoyotzin's choosing to side with the Spaniards, in 1520, and Cachalteutl, his grandfather's choice, back in 1474, in siding with Axayacatl. The Foundation Story proceeds with Tuchcoyotzin's subsequent reinforcement of law and order in the valley and in its communities, and in return he is made by the Marqués as an "overlord" of these lands. Then, comes the founding in 1526 of the first Franciscan monastery on the outskirts of Toluca, right at the site facing the royal granaries, the erection of other parish churches in the outlying communities, followed in 1542, by the memorable act of the burning of the royal granaries. The overall process of the mass baptizing of the entire population of the valley coincided with the founding of the new Villa of Toluca. The Congregation process *(reducción)* of the still dispersed populations of the ex-settlements and *calpoltin* of Calixtlahuaca in the valley, took place according to these testimonies around 1545. The process was led by Don Miguel de San Bartolomé, a *cacique* and *principal* of Capulhuacque,

---

4   Testimony by Don Andrés de Tapia, AGNM, HJ, 70, exp. 4, cuaderno 1, ff. 21v-22r.

commissioned for this task by the second Marqués, Don Martín Cortés.[5]

The second time-span in the witnesses' accounts culminates, symbolically enough, with the dramatic act in 1551. The denunciation of Tuchcoyotzin to the Franciscan friars at the nearby Tulucan monastery, presumably by some of the traditional foes of Chimalteutl's royal house, and based on its historical collaboration with the Mexicas, on charges of having committed incest with his daughter, and of having constantly practiced idolatry, years after his initial baptism by the first Marqués. Tuchcoyotzin was thereafter taken away to Mexico City there he was detained at the Franciscan monastery, around 1548, never to return.[6] One might, perhaps, associate the charges brought up against Tuchcoyotzin, as well as the actions taken against him, as part of the Crown's maneuvering of local politics in contra the Marquesado's allies in the area. One could possibly connect the idolatry case of Tuchcoyotzin with a possible resurgent current of revivalism, in Metepec as well as in Toluca during the late 1540s, however we have no further support for this assumption (Greenleaf 1962: 64). In Tuchcoyotzin's absence from Toluca, Don Luis de Santa María, who acted as the *guardiá dirigente de Toluca* oversaw the local state of affairs. Don Luis appeared earlier on before Pablo González in his inquiry. In 1552, Tuchcoyotzin's son, Don Pedro Cortés OcomaChimalteutl (born ca. 1509), succeeded Don Luis de Santa María. He was about forty years of age by then. The great epidemics that ensued and ravaged this valley between 1576 and 1581, and between 1595 and 1597, the very times when the Toluca court proceedings were in their midst, provide an "epitaph" for this Valley's Foundation Story.

One should be well aware of the fact that the individual deviations and versions provided in court by some of the witnesses that, doubtlessly, do highlight more of the personal memory-type, were obviously juxtaposed at some point or another with the "coherent" Valley Foundation Story. Eighty-one-year-old Lucas de Vitoria, for example, had heard the story from his father Coatzoncoz, just before he died, back in 1529, when he was about 15 of age. By then, the Valley's

---

5   Testimony by Francisco de Santiago, AGNM, HJ,70, cuaderno 1, f. 41v. See also
     Wood (1998: 167-221).
6   *Ibid.*

Version of the Foundation Story was beginning to form, out of different individual memories, as well as out of what was displayed and
depicted from the *lienzos* of his community, Santa Ana Tlaucingo,
where his father and other elders of the nearby communities regularly
convened in the evenings discussing and sharing those matters of past
events.[7] However, another of the more reliable witnesses, Baltazar de
Vergara, provided yet the wealthiest and one the most critical of all
the rest of the local, individual versions. Vergara brings up an entirely
new version of the Valley's Foundation Story, similar in some points
to that of Durán's Tenochca version. Vergara was about twenty-seven-
year-old (or less), when he heard the information from his father (in
1551). The latter had heard the story from his late father and from
other old men in the community. His narrative includes direct citations
disseminated in his community from the encounter in Tenochtitlan
between Cachalteutl and Axayacatl, as well as the wording passed
between them while placing the siege on Calixtlahuacan. According to
his version, Calixtlahuacan and the entire Valley of Matalzingo was
possibly ruled by two supreme lords: Cachalteutl (of Tulucan) and
Oipachimal (of the rest of the Valley), who were relatives, belonging
to the same ruling Matlatzinca dynasty, and who resided together in
the royal palace in Calixtlahuacan. Oipachimal, as this version accounts, intended to do away with Cachalteutl, so to become the sole
ruler of the entire Valley including Tulucan. Chimalteutl, having ac-
knowledged the plot, had secretly fled to Tenochtitlan to provide
Axayacatl with an account of the plot and ask for his backing against
Oipachimal. Accordingly, Chimalteutl was by then already a committed vassal of Axayacatl, possibly ever since the latter's primary phase
of conquering the valley by 1474. Axayacatl was suspicious of Chimalteutl's covert purpose in coming to Tenochtitlan. He suspected
him of being a Matlatzinca "mole", who was sent by the dual ruling
dynasty of Calixtlahuacan to collect information regarding the empire's supposed might and its possible weak spots. He therefore kept
him in custody in Tenochtitlan for a period of three years (1476-
1479?). After that time, Chimalteutl had urged the former to subdue,
or, reconquer by might the entire Valley of Matalzingo, for the sake of
doing away with Axayacatl's suspicions ("asolándoles toda la tierra").

---

7   *Ibid.*, cuaderno 2, ff. 23v-24v.

"Without leaving even a single Matlatzinca soul [probably of the opposing faction] alive there, and tearing down their magueys" *(metl)*,
which could well be interpreted as a symbolic act of whipping out the
Opachimal's lineage indicated jurisdiction (represented in its pictorial
form by raws of magueys), as well as destroying the entire civic and
religious center of Calixtlahuacan. Challenging Axayacatl's might,
Chimalteutl then offered Axayacatl, according to de Vergara's version, to join him in the battle he would wage against the Opachimal
Matlatzinca: "no temas que yo iré contigo para que entiendas que no
te engaño".[8]

Axayacatl apparently consented, summoning to his palace the *tla-
toque* of Tlaltelolco, Azcapotzalco, Texcoco and Tlacopan, and offered them to join him with their armies in this foray. Having entered
the Valley of Matlalzinco, and Axyacatl's armies positioned on the
foot of the mountain of Tulucan, and next to the Río de China-
guatenango, Cachalteutl made yet another offer to Axayacatl. That he
himself would climb first, with his men to Calixtlahuacan's center,
and there he would make sure that the entire site was free of any threat
and of Oipachimal's guards. Thereafter, he would proceed to the royal
temple, *casa de los ídolos*, in Chimalteutl's wording, and set it on fire,
as a definite sign of his own loyalty to Axayacatl ("yo iré a Calixtlahuacan y ver a de qué manera está la gente, y te haré seña de la casa
de los ídolos para si entrarás a una batalla"). This act was clearly intentioned as powerful, symbolic gesture of subjection and consolida-
tion with the rule of Tenochtitlan. As suggested, Cachalteutl entered
first the royal palace on top of the mountain, and there he encountered
Oipachimal's guards, who told him that the latter had gone with his
men to seek out animal sacrifices ("que era qualquiera cosa viva que
hallasen, que era venado, conejo, liebre, o culebra") to offer their major idol/god. Supposedly, to obtain his grace and backing for the
forthcoming battle with Axayacatl. Chimalteutl, after having heard the
information, killed them all, and proceeded immediately to the royal
temple ("dónde estaban los ídolos"), setting it on fire. As planned, the
great cloud of smoke rising from the burning temple (ulucan's ty-
ponim in the *Codex Mendoza*), signaled to Axayacatl, down below,
that the entire area was clear for his entry, and that the foray could

---

8   Testimony by Baltazar de Vergara, *ibid.*, cuaderno 2, ff. 22r-23v.

progress as planned. Axayacatl's armies conquered the entire area surrounding Calixtlahuacan, as well as the center itself, on top of the mountain, and forced Oipachimal and the overwhelming majority of Matlatzinca who belonged to his subject towns, to exile to Michoacan.

As this version continues, Axayacatl thereafter reaffirmed Chimalteutl's rule over Calixtlahuacan and the entire Valley of Matalzingo, but divided the lands and the annual yield, half and half, between himself and the rulers of Texcoco, Azcapotzalco, Tlaltelolco, and Tlacopan, on the one hand, and with Chimalteutl, Tulucan's reimposed ruler, on the other. The order of things, as this version tells us, remained so throughout the rule of Tizoc and Moctehuzuma Xocoyotzin, and up to the new rule of the first Marqués del Valle. Reviewing Baltazar de Vergara's version, it should be significant to note that it provides an explanation as to the roots of Chimalteutl and his heirs' treatment by the Valley's inhabitants as collaborators with the Mexica. It also dully explains why, under the new Spanish rule, some of these lords might have presented in court their intentioned account in favor of the Crown, that the Valley's lands and yield had never really belonged to the local dynasty in Calixtlahuacan, but only to the king of Tenochtitlan and to the supreme lords of the Triple Alliance. These very elders might have also possibly been the ones who, back in 1548 reported Don Pedro Cortés OcomaChimalteutl to the Franciscans on the charges of practicing idolatry. So that, this version of the events recorded in some of the communities and circulated in others, did do some justice to the commemorated, as well as retrieved memory of the defeat and subjection experienced under the Mexica. Well before the new upheaval brought about by the Spanish Conquest, and in a way, helped alleviating these pains in order to accommodate, in recent memory, those fresh ones.

Others of the witnesses testifying in the Toluca lawsuit supplemented or deviated from some of the contours outlined by Baltazar de Vergara concerning the first time-span. Seventy-two years old Pablo Felipe, for example, had heard his version from his father, Francisco Caltoncal, as well as from his grandfather, Cacilotepitzin (who had never been baptized). Cacilotepitzin had witnessed himself how Chimalteutl went out to Tenochtitlan and informed Axayacatl of the plot to assassinate him, a plot perpetrated directly by the priests residing at the *casa de los ídolos*, Calixtlahuacan's temple, and supported by some of his *macehualtin*. We get the same details concerning Chimal-teutl's detention in Tenochtitlan, according to this present testimony, for a period of four years, at the end of which Axayacatl came to the Valley with an impressively large army. Chimalteutl climbed the mountain of Uciatepech and massacred the priests presiding over the temple as the gods' guardians, and signaled Axayacatl by smoke to take the mountain and the royal palace by force. As the foray ended, and the overwhelming majority of the local inhabitants dispersed, Axayacatl advised Chimalteutl to remain in his palace, protected by Axayacatl's troops against any repeated attempt to do away with him.[9] This explains the presence of the Mexica *calpixqui* and his troops in Atengo, in charge of the royal granaries, but also as a "security force" to guard and assist the local Matlatzinca ally in times of trouble. Seventy-six-year old Diego de Vitoria Coatl, a *macehual* living in Metepec, in the *barrio* de San Lorenzo, repeated the same general outlines of the Valley's Foundation Story as regarding the first time-span. Yet, his version provided the court hearing, an additional flavor to the Temple of the Idols' scene. Accordingly, on the Calixtlahuacan mound: he had heard from his father, Francisco Ozumaoatl, just before he died at the age of 40, back in 1558, who himself had heard from his father, Macatl, that, "when Chimalteutl set fire to the temple in Calixtlauac he cut the heads of the lords who wished to do away with him…".[10]

The pro-Crown, 93-years-old Francisco García Mimich, responding to the 13th question of the interrogation in the 8 October 1598 court session, drew up quite an original plot out of what was basically the Valley's Foundation Story, a plot that could be divided into four subsections and inter-winding themes of memory. He began by stating that when the Spaniards came to this valley he was fourteen years old by then. He then proceeded with the first works of conversion in Tulucan by the Franciscans. They were two sole friars who edified a small church made of local stones next to the mountain of Tulucan.

---

9   "Ya quedás en tu casa y señorio, y te han ido todos tus indios y por sí volvieran no te matan, quiero dejar aqui en el valle de Matlatzingo esta gente de guerra que traido conmigo para que si volvieren tus enemigos te defiendan, y siembran estas tierras que son buenas…"; Testimony by Pablo Felipe, AGNM, HJ, 277, ff. 25v-26v.

10 *Ibid.*, f. 795v.

He and other of his peers had helped cementing the church walls. At the time, there were a few households on top of the mountain, inside an enclosure *(corrales)*, with their commodities stored nearby. The church was named Santa María de los Angles, and there he himself, his father, and others of their neighbors were first baptized. Among them was Tuchcoyotzin, a descendant of the royal house of Chimalteutl, situated in Calixtlahuacan, so he had heard. Hernán Cortés had honored him and thus clothed him in a Castilian style, placing a gilded lance in his hand and a golden thread on his hat and made him the first Indian governor of the new head town Toluca, who had gained this position after having subjected all the land. He then instructed him to order the Valley's inhabitants to go to church, work in the construction of the local friary and houses for the Spaniards who were with the friars. The Marqués had also ordered to harvest the plots and bring the yield to be stored at the granaries that stood in the gorge, where, a few years later, the Franciscan monastery stood and to where the rest of the populace came to be baptized and hear their first mass. Tuchcoyotzin thereafter transformed the dispersed communities of the valley into an urban nature, followed by the edification of other churches in each of the newly structured, urban *barrios* of Tulucan. In the fourth part of the plot, Mimich then strictly emphasized the "fact" that Tuchcoyotzin was never beforehand recognized as the Valley's ruler, nor of the town of Tulucan and that not Axayacatl, or his son Moctehuzuma Xocoyotzin had granted him any of the lands, nor to his ancestor, Chimalteutl.

Chimalteutl's sin, as was branded upon local memory, was his fleeing the valley together with the rest of his subjects abandoning it behind for Mexica plunder and conquest, and thus made this royal house devoid of their former possessions and rule: the supreme ruler in the time of the Mexica conquest, Chimalteutl, is thus portrayed here as having betrayed the local inhabitants of the Valley, by having surrendered the lands to Axayacatl. Thereafter, allegiance with this house has ceased to exist, even though the lands still formally belonged to Calixtlahuacan. The remaining Matlatzinca inhabitants of the Valley, as well as the Mexica and Otomí newcomers, no longer recognized its rule, and paid their yield directly to Mexico-Tenochtitlan, and to Texcoco and Tlacopan. The local rulers in Toluca were reinstated after they had returned from their exile, but they were no longer in charge of the entire valley, but only over the jurisdiction closest to their head town on the mountain, Calixtlahuacan.[11] The limits of those lands are thus recognized and identified in Mimich's version of the Valley's collective memory as representing as well as manifesting in memory the reprisal against the royal house of Chimalteutl for their abandonment and surrender. The act of the burning of the granaries right after the Spanish Conquest, which is not mentioned in Mimich's version, and the erection of the Franciscan monastery (between 1524 and 1526) were the last acts of rupture from the past rule of this royal house. In other versions, the bringing of Tuchcoyotzin to stand trial in Mexico City on charges of idolatry and incest was undoubtedly so another final act of the same chain of a restructured memory-reprisal.

The particular place reserved in local memory restructuring for the first acts of baptisms in the valley as well as the unique sites of the first Franciscan church and monastery in linking together an often fragmented chain of events, is also worth noticing. Eighty-nine-years-old Don Francisco de Luna, principal and ex-*regidor* of Tulucan slightly refuted Mimich's version. He had personally known and remembered Tuchcoyotzin ever since he himself was about twelve years of age, back in 1521. At that point, he was being brought up, together with Tuchcoyotzin's son, Ocomachimaltzin (Don Pedro Cortés), by the Franciscan friars at the church of Santa María de los Angles. Ocomachimaltzin, who was his friend, had taken him on many occasions to meet his father, Tuchcoyotzin, at his place on top of the Tulucan mountain, and he would witness there how the nearby inhabitants carried over offerings and tributes to Ocomachimaltzin's father, and therefore could attest for the latter's position of power in the area in spite of old animosities.[12] Tomás de Ledesma of Almoloya, testifying in favor of the Marquesado, remembered how, right after the Matalcingo Valley was subdued one Franciscan friar, Fr. Francisco Morante, who came with the conquerors, began edifying the small church of Santa María de los Angeles, where he himself, his father and others were baptized. He also remembered how, further on from the church's site, near the mountain were situated small houses in the form a *tian-*

---

11   Testimony by Francisco García Mimich, AGNM, HJ, leg. 70, exp. 4, 1598, primera parte. f. 33r.
12   Testimony by Don Francisco de Luna, *ibid.*, f. 33r.

quiz (marketplace), or a plaza, in which resided some Mexica merchants named *pochtecas*, who sold merchandize from other regions of the Empire. Right there, within three or four years, the Franciscans established the first monastery. There also, the first *barrio* of San Francisco was formed and to which the *pochtecas* together with the former inhabitants of Calixtlahuac had moved to live, after the church of Santa María de los Angles had been abandoned. He also attested that the lands and their yield had never belonged to the Mexica rulers, Axayacatl and his descendents.[13] Don Diego García Itzbuyn, a *fiscal* at the church of Ixlahuacan, and a principal attested that back in 1523 he had seen both Tuchcoyotzin and Mazacoyotzin (Moctehuzuma Xocoyotzin's nephew and the last Mexica ruler in Tulucan before the return of Tuchcoyotzin) reside next to where the Franciscan monastery was later erected.[14] Seventy-five-year-old Juan Pastor Tonal, principal and resident of Metepec remembered how he had first met Tuchcoyotzin when he himself was already thirty years old and the former of an old age by then and many years after he had been baptized. And he had seen Tuchcoyotzin and his son Ocomachimaltzin dressed in Spanish clothing and living next to the Franciscan monastery.[15]

Witnesses who supported the Marquesado's side of the Toluca lawsuit, generally chose to ignore the entire part of the pre-Conquest period in the Valley's Foundation Story, with the obvious intention of "obliterating" the major role of Tenochtitlan in the guiding and directing of the developments before the Spaniards' arrival. They have thus "abandoned behind" the alliance established between Chimalteutl and Axayacatl, as well as the dramatic events leading to the conquest and burning of Calixtlahuacan's center. Their plot usually begins right away with the post-Conquest era, with the acts of evangelization in this Valley.

Juan Calli of Capuluac's testimony is, perhaps, the first direct testimony and memory beginning with the very acts of the Spanish Conquest in the Valley of Matlalzinco, in contrast with other accounts going back to Axayacatl conquest of the Valley. It represented a clear-

---

13   Testimony by Tomás de Ledesma, *ibid.*, f. 45v.
14   AGNM, HJ, vol. 458, leg. 277, no. 2, f. 898v.
15   AGNM, HJ, 70, exp. 4, f. 29r; AGNM, HJ, 458, leg. 277, no. 2, f. 787r.

cut accommodation of the new rule by way of establishing a memo-
rized version of the *raison d'être* behind this accommodation. Calli
was about thirty-nine years of age when the Spanish Conquest occurred. He provided the court with a first-hand testimony and memory
of the most dramatic, and final acts of subjection to the Spaniards at
the Toluca ridge. Calli, like many others of his peers in Capuluac,
overburdened by the forced labor that they were obliged to provide the
royal city of Tenochtitlan, chose to welcome the Spaniards with open
arms. As he told the court, "they all came out to receive the Spanish
Marqués with gifts of turkeys, and flowers", to redeem themselves of
the past's burdens, as he described it to the Spanish judges. Calli
thereafter recounted Hernán Cortés's grand entrance into the Grand
Palace of Calixtlahuacan, and there, at the palace, the symbolic acts of
submission to the Spanish Marqués, by Tochcoyotzin, the local ruler.
At Quetzalcoatl's temple in Calixtlahuacan, after he had baptized him
with holy water, Don Hernando Cortés ritually dressed Tochcoyotzin's naked body in Spanish garments, handed him over a golden
sword and placed a silk cap on his head, thus turning him, in Calli's
wording, into a "true Christian". Calli then vividly described the Franciscans' act in 1524 of erecting Santa María de los Angles, the first
church in the valley, next to the snow-covered peak of the Cerro de
Toluca. He also recalled the subsequent baptizing of the entire populations of the valley, the construction in 1526 of the first Franciscan
monastery there, next to the old granaries; and then, the funding of the
town of Toluca through the act of bringing together several dispersed
settlements of Calixtlahuacan. Nevertheless, throughout his unique
testimony, not even once did Calli refer to either the period preceding
the Spanish Conquest of this valley, nor to the acts of plunder and
deaths that followed the conquerors' path, nor did the present emerge
in his narrative as a continuance to past occurrences. This might be
directly associated with what Serge Gruzinski (1998: 214-226) describes concerning the seventeenth-century Otomís' "mutilated memory" as it is envisioned from the *Relación anónima* of Querétaro: "It is
as if the aim of the *Relación* were to deny the true nature of the Conquest, and the defeat and degradation of the vanquished, be these the
Chichimecas or the Otomís themselves."

Finally, Pierre Nora named "memory incentives" as Places of
Memory *(lieux de mémoire)*. What is the crucial role of Places of

Memory – *loci memoriae* – in bringing about and reviving memory, and eventually turning it into a coherent, collective narrative of the past and thereafter into the core of the revived ethnic identity in the Valley of Matalcingo's remembrance? One of the Places of Memory that are repeatedly reemerging in the grand narrative of indigenous memory in the Valley of Matalcingo, are the royal granaries, established in Atengo by King Axayacatl of Tenochtitlan, around 1474-1475. The royal granaries play, indeed, a focal role in the restructuring of the memory of the political, socio-economic and ethnic power-relations of subordination and dependence that existed in this valley before, and after the Spanish Conquest in the Valley of Matalcingo. It also involves the reordering of local history around the major theme of a foreign rule and local collaboration of the Chimalteutl dynasty ruling over Tulucan, with this rule. Between 1589 and 1592, out of the twenty-eight "first-hand" testimonies, eleven are directly evolved around these royal granaries. Don Domingo de San Antón Muñoz Chimalpahin Quauhtlehuanitzin, the Chalca historian, tells us how, these royal granaries, in Tulucan, Metepec, Tlacotepec, Tepamaxalco, Calymayan and Tenanco were part of what Axayacatl gave to his elder sister, Chalchiuhnenetzin to support herself after her husband, Moquihuix, Tlaltelolco's ruler, had abandoned her, for a younger women and had left her in rugs and starving "by the grinding stones". His elder sister's shame and anguish had moved Axayacatl, according to Chimalpahin's version, to wage a heroic war against Tlaltelolco and thereafter subdue it. Accordingly, the royal granaries existed in this valley five years prior to Axayacatl's conquest, that is, by 1471 (*Codex Chimalpahin* 1997, II: 43-45). The year 5 *Acatle*, 1471, is mentioned in the *Anales de Cuauhtitlan* as the year when boundary markers were set up in the "eagle land" *(Cuahutlalli)* in Matalcingo, delineating Cuahutitlan's assigned land granted to them by Axayacatl in this Valley, with the representatives of the four parts of Cuahutitlan present (Carrasco 1991: 258). Thus, it is quite likely that the granaries were erected as early as that, when Axayacatl's hold of this Valley was still premature and unstable, being engaged at the same time with other enemies to the north and west. The granaries are depicted there as a gift of condolence to a forsaken sister, a forsaken woman who endured hardships and humiliation. For this sake, as Chalco's version of the "collective memory" recounts, Tenochtitlan went to war, and

Tlaltelolco finally came to be subdued (*Codex Chimalpahin* 1997, II: 43-45).

Bibliography

Carrasco, Pedro (1991): *The Tenochca Empire of Ancient Mexico*. Princeton, N.J.: Princeton University Press.

Codex Chimalpahin (1997): *Codex Chimalpahin. Society and Politics in Mexico Tenochtitlan, Tlaltelolco, Texcoco, Culhuacan, and Other Nahua Altepetl in Central Mexico*, 2 vols. Eds. and trans. by Arthur J. O. Anderson, and Susan Schroeder. Norman: University of Oklahoma Press.

Durán, Fray Diego (1967): *Historia de las Indias de la Nueva España*, 2 vols. México: Editorial Porrúa.

Gerhard, Peter (1993): *A Guide to the Historical Geography of New Spain*. Norman: University of Oklahoma Press (revised edition).

Gibson, Charles (1964): *The Aztecs Under Spanish Rule. A History of the Indians of the Valley of Mexico 1519-1810*. Palo Alto: Stanford University Press.

Greenleaf, Richard (1962): *Zumárraga and the Mexican Inquisition, 1536-1543*. Washington: Academy of American Franciscan History.

Gruzinski, Serge (1998): "Mutilated Memory, Reconstruction of the Past and the Mechanisms of Memory among Seventeenth-Century Otomís". In: Mills/Taylor (eds.), pp. 214-226.

Hernández Rodríguez, Rosaura (1945): *El valle de Toluca, su historia, época prehispánica y siglo XVI*. México: UNAM, Facultad de Filosofía y Letras (tesis de maestría).

Menegus Bornemann, Margarita (1991): *Del Señorío a la República de indios. El caso de Toluca, 1500-1600*. México: Ministerio de Agricultura, Pesca y Alimentación.

Noguez, Xavier/Wood, Stepanie (eds.) (1998): *De tlacuilcos y escribanos*. México: El Colegio de Michoacán/El Colegio Mexiquenese.

Mills, Kenneth/Taylor, William B. (eds.) (1998): *Colonial Spanish America. A Documentary History*. Wilmington: Scholarly Resources Inc.

Wood, Stephanie (1998): "El problema de la historicidad de los títulos y los Códices Techialoyan". In: Noguez/Wood (eds.), pp. 167-221.

Karoline Noack

Negociando la política colonial en el Perú: la perspectiva desde la región norte en los Andes centrales (1532-1569)

Actualmente los estudios etnohistóricos andinos consideran la conquista y la colonización española no sólo como una serie de adaptaciones continuas de los indígenas vencidos a las reglas impuestas por los españoles, sino más bien como "encuentro entre culturas" diferentes, en el que colonizados y colonizadores contribuyeron por igual a la consolidación de la sociedad colonial.[1] Los estudios han revelado que a pesar de que la sociedad colonial en términos generales se basaba en la subordinación social, política, económica y cultural de la población indígena, sus estructuras sociales e instituciones políticas no se pueden deducir exclusivamente de las tradiciones indígenas o de las europeas. Las estructuras coloniales fueron creadas por todos los actores a través de procesos permanentes de conflicto y negociación política. En uno de sus trabajos recientes Jürgen Golte, refiriéndose a la época colonial en general, subraya el desarrollo específico de la región norte (sierra y costa) de los Andes centrales. Según él, este desarrollo se basó en la evolución prehispánica de redes interétnicas que mediante su interacción política formaron sistemas de intercambio marcados por una división del trabajo. Las ciudades-Estado y los Estados imperiales desarrollaron modelos de jerarquización social que se manifestaron en diferentes formas cooperativas de la organización del trabajo y en la apropiación de excedentes producidos por las capas sociales subordinadas. Estos rasgos distintivos determinaron una forma diferente de integración del norte de los Andes centrales al "sistema mundial moderno" (Wallerstein 1974) y al dominio colonial. Allí se puede observar un proceso de reorientación y amalgamamiento de las tradiciones prehispánicas con la agricultura y ganadería españolas. De esta mane-

---

1   Alberro (1992); Kellogg (1995); Powers (1995); Ramírez (1996); Graubart (2001).

ra, la cultura "colonial" creada en esta región se diferenciaba de la cultura de la población indígena que basada en el espacio rural facilitó la dominación de los españoles y de sus descendientes (Golte en prensa: 1-3).

La pregunta que se plantea en este artículo es en qué medida las actitudes y autorrepresentaciones de los caciques del norte de los Andes centrales, en la época temprana del dominio español, estaban dirigidas al desenvolvimiento de una forma específica de la sociedad colonial que se nutrió tanto de las tradiciones prehispánicas como de la interacción política con el nuevo poder. ¿Cómo es que los actores de los distintos grupos sociales, tanto indígenas como españoles, hacían uso de la diferencia cultural en sus interacciones y negociaciones y de qué manera la instrumentalizaban? ¿Cómo los actores se hacían comprensibles culturalmente en estas negociaciones por el poder?

Aunque disponemos de algunos trabajos sobre los eventos inmediatamente después de la conquista (Espinoza Soriano 1960b; 1971; Oberem/Hartmann 1980; Varón Gabai 1993; 1996) y sobre la crisis de los años sesenta (sobre todo en relación con el Taqui Onqoy),[2] faltan todavía trabajos sobre el papel de la población indígena y de los señores étnicos en la fase de transición hasta el establecimiento del orden colonial a partir de la década de los setenta. Incluso hay que aclarar el rol de los indígenas y particularmente de sus caciques en los "periodos donde el antagonismo entre el Estado español y los encomenderos asciende a la contradicción extrema de la guerra, o sea las rebeliones de Gonzalo Pizarro y de Francisco Hernández Girón" (Assadourian 1994: 157-158). En su estudio sobre los Pizarro, Varón Gabai ha profundizado en esta dirección, poniendo de relieve que dentro del contexto inicial de la conquista "al igual que los españoles, los señores indígenas obraron con iniciativa política propia, decidiendo por sí mismo en qué momento les convenía efectuar el acercamiento al invasor europeo" (Varón Gabai 1996: 222). A este propósito el autor aclara el papel de las personas ligadas a la administración incaica (personas de las provincias de Huarochirí, Jauja, Cuzco y Huamachuco), de los cañaris y la población de la provincia de Huaylas, de las "podero-

---

2 Ver la bibliografía en Abercrombie (2002).

sas naciones de las Charcas" y de los grupos indígenas alrededor de Lima durante la invasión y las guerras de conquista (*ibíd.*: 221-270).[3]

En este artículo se presentará un balance sobre las actitudes y los comportamientos de los indígenas y caciques[4] del norte de los Andes centrales (desde la costa de Jayanca hasta el valle de Chimo y la sierra norteña de Cajamarca) hasta la década de los años sesenta del siglo XVI. Como marco de este balance se tomará una serie de eventos significativos que marcan los momentos críticos en el establecimiento del Estado colonial en el Perú: primero, las guerras de la conquista, segundo, las rebeliones de Gonzalo Pizarro en 1544-1548 y de Francisco Hernández Girón en 1553-1554 y, tercero, la crisis de los años sesenta. Estos conflictos forman parte del proceso en que se negociaban propuestas extremadamente antagónicas sobre la forma del dominio hispano (Assadourian 1994; Abercrombie 2002). Se tratará de esclarecer algunas de las actitudes y estrategias de los caciques justo en el momento en que "the local sociopolitical structures of Andean society were little affected by the presence of the europeans" (Spalding 1984: 127).[5] En aquel tiempo, la situación de las organizaciones indígenas se nos presenta bastante confusa. Está caracterizada por el ascenso ilegítimo al poder étnico de indígenas favorables a los intereses españoles, que se aprovecharon del "caos generalizado" de la época (Gruzinski 1994: 160; Varón Gabai 1996: 223) y, además, del hecho de que Francisco Pizarro dividió las comunidades indígenas para satisfacer al número más grande posible de españoles con enco-

---

3   Espinoza Soriano (1973: 138) subraya la continuidad en las alianzas políticas. Según él, los grupos indígenas como los huancas, cañaris, chachas y otros actuaron dentro de una "alianza" o "fidelidad perpetua" hasta la emancipación respecto a la Corona española, dada porque para ellos su "libertad valía mucho más que todo lo malo que los españoles y los cuzqueños perpetraban". Por otro lado, Pease (1992: 156-157) argumenta que la relación establecida con los españoles no era tan absoluta. Más bien, estas alianzas se pueden ver dentro de la extensión de las relaciones de reciprocidad ofrecidas al nuevo poder por parte de los grupos étnicos.

4   No hay que olvidar que las actitudes de la población indígena en las fuentes documentales que disponemos se nos presentan como acciones de sus líderes, los caciques o señores étnicos, en palabras de Assadourian (1994).

5   Aunque Spalding llega a esta conclusión a partir de su estudio regional sobre Huarochirí, se supone que es posible generalizarla. La afirmación está confirmada por Susana Aldana (en un comentario personal, julio de 2001) en lo que se refiere a la región norte que está en consideración.

miendas. A pesar de los cambios que provocaron estas actitudes, en la literatura existe el consenso de que siguió siendo dominante la continuidad de las sociedades indígenas dentro de la sociedad colonial en formación, en cuanto a su organización social (Spalding 1984: 127) y a su gobierno político (Assadourian 1994).

Hay que recalcar que las actitudes de los integrantes de los grupos españoles e indígenas eran mucho más variadas de lo que se ha pensado hasta ahora. Incluir a los indígenas como protagonistas activos y considerar, como plantea Franklin Pease (1992), las relaciones de reciprocidad, entre otras cosas, como componente constitutivo en la relación con los españoles, plantea la pregunta por la gestión cultural de estas negociaciones en una situación de la "fragmentación extrema del poder", que produjo "múltiples fracturas y alianzas cambiantes" que rebasaron los límites entre los grupos de españoles, incas y organizaciones indígenas regionales (Gruzinski 1994: 160; Lamana 2001: 25).

1. Las guerras de conquista

Existen pocos documentos en los que los actores indígenas dan a conocer su visión de las guerras de conquista que apoyaron. Uno de los escasos ejemplos es la visita a Cajamarca de 1540. En ella se hace una relación de los caciques provenientes de esta región. Cajamarca había sido el escenario del primer y violento encuentro entre el ejército inca y los conquistadores españoles encabezados por Francisco Pizarro, que terminó con la captura y muerte del inca Atahuallpa. La visita, efectuada por Francisco de Barrientos, fue una de las primeras que se llevaron a cabo en el Perú, y su documentación es uno de los testimonios más tempranos sobre la región. La visión de los caciques en esta visita resulta más clara si se aplica el método de análisis de textos del siglo XVI propuesto por Martínez de Cereceda (1995) y si se compara, además, con la descripción de la zona por el "etnógrafo" de los Andes, Pedro Cieza de León, en su *Crónica del Perú*.

Cuando el visitador pregunta por los recursos de la provincia, los caciques declaran que

> [...] la dicha tierra de Caxamarca [...] es en muchas partes tierra áspera. E hay en ella despoblados, y en algunas partes es tierra falta de leña. [...] Es mucha parte de la dicha tierra fría. Parece haber en esta dicha tierra poco ganado, y los dichos señores de Caxamarca dicen ser ansí (Espinoza Soriano 1967: 40).

En la crónica de Cieza de León (2000 [ca. 1550]: 290-291, 287) del mismo siglo XVI, la provincia de Cajamarca está descrita "fertilísima en gran manera [...] y hay abundancia de maíz y otras raíces provechosas y de todas las frutas" y su encomienda como "muy memorada en todo este reino por ser grande y muy rica". Tan rica que siempre los españoles gustaban de compararla con las regiones abundantes del Viejo Mundo; y así decían que encerraba más llamas y alpacas que ovejas tenía Soria, "trigo tan bien como en Sicilia" y "buena tapicería como en Flandes, de la lana de sus ganados".[6]

El método de análisis de textos del siglo XVI propuesto por Martínez de Cereceda viene a ser un instrumento para entender la visión que presentan los caciques y su aparente discrepancia con las imágenes que nos da la crónica de Cieza de León. Ciertos términos que encontramos en la declaración de los caciques, y que repentinamente aparecen en los textos del siglo XVI, según Martínez de Cereceda (1995: 255) representan formas comunes de pensamiento (enunciados), como "tierra áspera", "tierra llana", "despoblados" y "gente llana". Estos enunciados se considera como "regularidades en el discurso andino rescatado". En cuanto al enunciado "la tierra áspera" que encontramos en la visita a Cajamarca de Barrientos (Martínez de Cereceda añade "fragosa"), hay que subrayar en primer lugar que "junto con sus significados geográficos, físicos, etc., 'la tierra' significa también el conjunto de habitantes de un territorio" (ibíd.: 261). Esto quiere decir que existe "un vínculo entre esa tierra y sus habitantes: los hombres que la pueblan son también, de alguna manera, la tierra" (ibíd.). En segundo lugar, en cuanto a la calidad de la tierra (áspera), sobre todo en la conquista misma, la tierra podía ser de guerra, como sus habitantes, que podía alzarse como ellos. En diferentes textos del siglo XVI el término de la "tierra áspera y fragosa" implica que es "de guerra". Esta caracterización contrasta muy claramente con el empleo de un grupo de términos opuestos, como de tierra "quieta y pacífica" o

---

6 Gonzalo Fernández de Oviedo, *Historia natural y general de las Indias*, tomo 12, parte 2, lib. 8, cap. 9, p. 34 (citado por Busto Duthurburu 1969: 64); Cieza de León (2000 [ca. 1550]: 290-291). En el siglo XVII, Cajamarca está descrito como un "parayso... abundantissima de todo genero de semillas y en su contorno ay crias de todo ganado... el temple es de una primavera y el hibierno mas apazible porque no ay yelos"; Carta de Andrés García de Zurita, obispo electo de Trujillo, al rey Felipe IV, Cajamarca, 31 de agosto de 1651. En: Pereyra Plasencia (1996: 173).

"llana" (*ibíd.*: 261-262).[7] En la visita de Cajamarca de 1540, ocho años después de la entrada de los españoles, la "tierra áspera" todavía sufre las consecuencias de la guerra, todavía está despoblada, sin ganado y leña, como declaran los caciques. Estos términos contrastan con la imagen de la tierra rica y abundante de gente y recursos. De esa manera, la visita refleja las vastas destrucciones en la sierra norteña como consecuencia de las guerras de la conquista. Los caciques presentan una imagen de la provincia de Cajamarca devastada que ya no dispone de recursos, porque éstos han sido explotados y gastados, apoyando primero las guerras entre los aspirantes al dominio incaico[8] y después las guerras de la conquista por los españoles. El lenguaje de los textos del siglo XVI se presenta como medio con el cual los caciques promovían imágenes propias de los eventos y su percepción peculiar de la realidad durante las guerras de conquista. La actitud de los señores étnicos queda expresada como contradicción explícita al relato presentado por Cieza de León.

2. Las rebeliones de los encomenderos: Gonzalo Pizarro y Francisco Hernández Girón

La intención de la Corona de aplicar las Leyes Nuevas en el Perú para eliminar todos los méritos y atributos señoriales logrados por los encomenderos, la nueva élite de estas tierras conquistadas, fue frustrada por la rebelión del "tirano" Gonzalo Pizarro. En estas rebeliones, los encomenderos hicieron la guerra "contra las diferentes tesis de política colonial de inspiración lascasiana y contra la oposición humanista a la encomienda, evidente en la plataforma indígena durante los debates sobre la perpetuidad" (Abercrombie 2002: 94). Esta primera fase de transición al sistema colonial establecido, que va hasta los años cincuenta, en la investigación histórica está caracterizada como "el enfrentamiento entre el Estado español y los encomenderos". La pregunta es ¿de qué forma participaron los indígenas dentro de esta polaridad? (Assadourian 1994: 156-157).

---

7 Ver en este contexto el poder de los caciques de la costa norte que citamos abajo.
8 Los caciques de Cajamarca no estaban de acuerdo sobre a quién apoyar en la guerra de sucesión que llevaron los incas. Caruatongo apoyaba a Atahuallpa, mientras que su hermano Caruaraico luchaba al lado de Huáscar (Villanueva Urteaga 1986, II: 338).

La provincia de Cajamarca estratégicamente es un excelente lugar de comunicación, por donde pasó "el camino real por la sierra para todos los que vienen del Nuevo Reino [de Granada] y de Quito [...] para el Cuzco, Potosí y toda la tierra de arriba".[9] Por estas razones, durante las "guerras civiles" el "pacificador" Pedro de La Gasca escogió la provincia de Cajamarca, para que se reunieran en este lugar las tropas leales a la Corona bajo el capitán Diego de Mora, fundador y vecino de la ciudad costeña de Trujillo. Los caciques de Cajamarca siguieron asegurando el sustento de las tropas como lo habían hecho durante las guerras de conquista. Como recompensa de su servicio a la Corona española, don Cristóbal Julcapoma, "indio principal de la huaranga de Guzmango en la provincia de Caxamarca", dirigió una probanza al Consejo de Indias, pidiendo "la bara de alcalde de la sancta hermandad para entre los naturales". Declaró que "en las guerras entre el marques don fran.co pizarro e don diego de almagro" dio "todo alimento e de comer e fauor para ayuda con los yndios de la dha. prouincia gastando con ellos/ sus haziendas e ouejas de la tierra sin les lleuar cosa alguna".

Además, detalla Juan Bautista Colquiruma, el gobernador de la provincia, que en el alzamiento de Gonzalo Pizarro

> el dho. don xpoual julcapoma e su parcialidad dieron a los dhos. capitanes [Diego de Mora, Juan Pérez, Alonso de Alvarado, Juan Procel] y su gente comida de maiz papas y carne obexas de la tierra e yerua a servicio como las demas guarangas e toldos e colchones y candelas y todo lo demas que abyan menester que baldria a lo que a este testigo le paresce 1000 pesos lo que se gastaria.[10]

Son escasos los datos sobre los recursos que debieron movilizar los caciques durante las rebeliones de los encomenderos (Assadourian 1994: 158).[11] Pero más escasos todavía son los reclamos de los caciques por las compensaciones no solamente de gastos, sino también de

---

9   Vázquez de Espinoza, 1615-1619. En: Pereyra Plasencia (1996: 186).
10   AGI, Lima 132, 1595, ff. 4v, 8r.
11   Por cierto, existe una gran cantidad de memorias presentadas a las autoridades españolas. Hasta el momento se han publicado las memorias de los caciques de los huancas en Jauja (Assadourian 1994: 158; también Espinoza Soriano 1971). En este tipo de documentos, que incluyen largas listas de los gastos por parte de las comunidades indígenas, los caciques presentan su toma de partido en una situación política bastante confusa de combates entre los españoles por el poder en el Perú.

daños cometidos por los combatientes que lucharon al lado de la Corona. Entre los pocos ejemplos que conocemos figura don Pedro Corron, otro cacique de la provincia de Cajamarca, quien puso denuncia
al capitán Diego de Mora, la "persona más prestante de Trujillo en su
tiempo" (Zevallos Quiñones 1996, I: 225). Este personaje estaba relacionado con el alzamiento de la bandera de la Corona en Trujillo, la
primera ciudad en el virreinato peruano, después del inicio de la rebelión de Gonzalo Pizarro.[12] Este acto fue la señal que dio Diego de
Mora como nuevo líder de las tropas leales, para juntar en Cajamarca
"mucha gente de españoles negros e indios y caballos" para reunirse
allí con La Gasca.

> Con todo ello estubo mas de quatro meses en la dicha probinzia de
> caxamalca a costa del dho. cacique e indios sirbiendole los dhos. yndios
> con pan y carne e puercos e obejas y maiz e gallinas e de todas las cosas
> necesarias e trayendoles las cargas de truxillo a caxamalca que son treyn-
> ta leguas.[13]

Al enterarse que Gonzalo Pizarro le perseguía, "el dho. diego de
mora se fue huyendo con toda su gente a chachapoyas ques dies y
siete leguas adelante e les llebaron los yndios sus cargas" y enterándo-
se que no vino el "tirano",

> se bolbio al dho. asiento de caxamalca y les tornaron a traer los yndios
> sus cargas por lo qual no pudieron sembrar y se murieron muchos yndios
> de hambre y de trabajo y estando alli se quemo la casa en questaba el
> dho. diego de mora y otras casas con ella q. no se tornaron a hazer con
> veinte mill pesos y despues desto quando se hubieron de ir a cajamalca
> a un pueblo que se llama andamarca ques treinta leguas de alli los
> dhos. indios les tornaron a llevar sus cargas en todo lo qual padescie-
> ron mas trabajos los dhos. indios y muy gran daño en q. no se les paga-
> ria con mas de cient mill pesos sin los q. murieron en los dhos. trabajos.[14]

La participación en los eventos aquí descritos, el alzamiento de la
bandera y la siguiente campaña a la sierra de Cajamarca, llegó a ser el
punto de referencia para los vecinos y encomenderos de Trujillo para
justificar sus reclamos en las probanzas de méritos.[15] La relación de

---

12 Esta presunción de Trujillo como "primera ciudad" aparece recurrentemente en el
    discurso nacional peruano. Así, Trujillo también fue la primera ciudad en la que
    fue declarada la independencia en 1820.
13 AGI, Lima 118, doc. 5.
14 AGI, Lima 118, doc. 5.
15 Por ejemplo: Rodrigo de Paz, alférez de Diego de Mora, AGI, Just. 420.

estos eventos alrededor de Diego de Mora se encuentra tanto en las crónicas que trataron las "guerras civiles" como en la literatura actual (Zevallos Quiñones 1996, I: 226-228). Los autores derivan las actitudes de Diego de Mora y su manera de llevarse con los dos partidos contrincantes, con los cuales estaba unido de igual manera por relaciones de clientelismo y nepotismo, de las condiciones políticas bastante complejas de aquel tiempo, un tiempo tan confuso que los actores creyeron necesitar hasta de presagios para decidir la toma de partido.[16] El cacique don Pedro Corron, por su lado, además de reclamar la compensación, presenta una visión propia de los eventos. Declara que

> [...] al qual en tiempo de las dhas. alteraciones de gonzalo pizarro le ynbio a llamar al bisorrey blasco nuñez vela para que se juntase con el en la ciudad de los reyes en seruicio de vra. alteza para resistir la tirania del dho. gonzalo pizarro e no lo quiso hazer y luego q. supo que gonzalo pizarro tenia preso en la ciudad de los reyes al dho. visorrey blasco nuñez vela se fue a juntar con el e a servirle el qual anduvo siempre en su seruicio y siempre le siguio hasta que en quito fue muerto el bisorrey y despues se volvio a su casa en truxillo. Y sabido por el dho. diego de mora q. yba el presidente gasca y q. llevaba perdon general a todos se alzo en con trugillo en seruicio de V. alteza estando por capitan de gonzalo pizarro.[17]

Esta visión difiere de las otras en cuanto a que el cacique toma el comportamiento de Diego de Mora no como resultado de sus presiones y obligaciones políticas o de relaciones personales de clientelismo, sino simplemente como estrategia para acogerse a las posibilidades más favorables para su propio destino. Con eso, el cacique prácticamente funda la historia gloriosa de Trujillo en este comportamiento y cuestiona la leyenda que los españoles leales a la Corona habían construido alrededor de sus personas. Además, nos hace entender que los indígenas no eran solamente la gran masa que los españoles de ambos bandos pudieron mover como piezas de ajedrez, sino que entendieron y evaluaron claramente (como reprobable o abominable) las estrategias e intenciones en el juego de los españoles por el poder.

---

16 Diego de Mora ya estaba en camino a Lima para discutir con Gonzalo Pizarro la estrategia contra La Gasca, cuando, "estando cerca de Santa, se le soltó la espada de la cinta, desjarretando a la cabalgadura. Mora lo tuvo por de mal agüero y regresando a Trujillo recogió cuanto pudo de gente leal, avíos y dinero, pronunciándose públicamente por el rey el 13 de Abril de 1547" (Zevallos Quiñones 1996, I: 227).

17 Lima 118, doc. 5, sin fecha.

En la costa norte las rebeliones de los encomenderos tenían las mismas consecuencias devastadoras que habían tenido las guerras de conquista en la sierra de Cajamarca. Los "señores naturales" de la costa, relata Cieza de León, "solían [...] tratar muy bien a los españoles [...]; ya no lo hacen así, porque luego que los españoles rompieron la paz y contendieron en guerra unos con otros". Cieza llora por "los malos tratamientos y violentas muertes que los españoles han hecho en estos indios, obradas por su crueldad, [...] pues todos los más destos valles están ya casi desiertos, habiendo sido en lo pasado tan poblados" (Cieza de León 2000 [ca. 1550]: 250-251). El número de muertos entre los indígenas a causa de la participación en estas guerras en la costa y en la sierra, sobrepasó el número de víctimas causados por las enfermedades (Assadourian 1994; Abercrombie 2002: 83-84). La imagen de los valles desérticos de la costa, por donde viajó Cieza de León después de las "guerras civiles", y las descripciones de los despoblados de la costa y la sierra norteña, así como las tierras frías y ásperas que dan los caciques de Cajamarca ante el visitador Barrientos, encuentran su explicación en el número de muertos y en la falta de la mano de obra para el cultivo según declaró el cacique de Cajamarca, don Pedro Corron, e igualmente lamentó Cieza de León.

La derrota militar de Gonzalo Pizarro significó un fuerte retroceso del proyecto señorial de los encomenderos, pero no implicó su abatimiento como el estrato español más poderoso del territorio conquistado (Assadourian 1994: 158). La perpetuidad de la encomienda reclamada por los encomenderos, que recién después de las rebeliones entró en su fase de discusión más intensa entre los grupos políticos, "habría convertido la encomienda en una forma de señorío muy parecido al que la vieja nobleza y los peruleros arribistas disfrutaban en España" (Abercrombie 2002: 94). El reclamo de los encomenderos por el estatus de la "vieja nobleza" es la gestión cultural de sus deseos políticos. Se presenta en imágenes que les sirvieron para encontrar un lugar social conocido dentro de un ambiente histórico confuso, nuevo y extraño, donde pensaban cumplir sus aspiraciones que habían motivado su aventura peruana. Como un ejemplo arquetípico, Melchor Verdugo se convirtió en uno de los hombres más ricos del Perú por la encomienda de Cajamarca que le fue concedida. Su comportamiento no nos habla solamente de los deseos y aspiraciones de "los de Cajamarca" de conseguir riquezas, sino también de sus sueños y fantasías sobre los atributos que hacen de la vida de un "hombre de a pie" un "señor de los indios".[18]

El ritual político público, mediante el cual los encomenderos recibían a los indígenas de manos de las autoridades reales, expresaba el tipo de relación que debería construir y mantener el beneficiario con "sus" protegidos encomendados. Según el ritual, Verdugo presentó al teniente García Holguín en Trujillo ciertos indios de su encomienda para tomar posesión de todos ellos por primera vez en 1537.[19] Después de haber bajado de la sierra de Cajamarca al nuevo centro de poder español, los indígenas tenían que regresar a su lugar, esta vez acompañados por su nuevo "señor", el encomendero sentado en una litera que portaban sus "vasallos".[20] Este ritual dejaba mucho espacio para cimentar un tipo de relación de dependencia personal que excedía la mera disposición sobre una parte de los tributos y la protección encomendada.[21] Ejerciendo este *habitus* señorial, Melchor Verdugo imitaba los símbolos de la alta nobleza española, que al mismo tiempo eran los símbolos políticos de los mismos caciques, como la litera o la hamaca. Cieza de León expresa que "the Spaniards who were in the lands in those days were served a great deal, [...] carried [por los indígenas]... in litters or hammocks" (Cieza de León 1998: 389) y tam-

---

18 "Los de Cajamarca" fueron los primeros conquistadores del Perú (ver Lockhart 1986). Tomamos a Melchor Verdugo para mostrar las aspiraciones y el comportamiento de los encomenderos del Perú, aunque nunca ha sido partidario de los "encomenderos rebeldes".

19 Más detalles sobre la toma de posesión de los indígenas encomendados se pueden ver en el ejemplo de Rodrigo de Paz y posteriormente el de su hija, doña Elena de Paz, vecinos de Trujillo. "[...] que trayga [...] algunos yndios de la encomienda repartimiento de saña en que tome possesion dellos" y "en señal de posesion lo tomo por la mano e se passeo por el e hizo auto de possesion" y "los Rescibio en la dha. possesion y husando della mando quitar vnas sillas de vna parte a otra e se estuuiesen en su cassa"; AGI, Just. 420, 1ª pieza, ff. 100r, 106r-106v.

20 En la sierra cajamarquina, Melchor Verdugo se dedicaba a la cetrería. Visitaba a los caciques de su encomienda, viajando en un palanquín y mirando los grandes rebaños de auquénidos. Sentado en su litera, en hombros de sus vasallos y precedido por su monstruoso perro, los curacas le salían a recibir y a ofrecerle mucho oro (Busto Duthurburu 1969: 27-28, 64, el que se refiere a AGI, Just. 439, y Patr. 97, n° 1, r. 1).

21 Melchor Verdugo se sirvió de la encomienda de una manera muy abusiva. Durante su visita el doctor Cuenca tomó nota que Verdugo "hizo quemar y matar con mucha crueldad algunos caciques e yndios principales desta prouincia por que no le dauan thesoros del ynga y de sus pasados"; Traslado de los capítulos que el doctor Cuenca envió al rey, 1567, AGI, Lima 92, ramo 19, núm. 140.

bién Guamán Poma de Ayala (1987 [1613], II: 584), en el siglo XVII, menciona que los "[en]comenderos y sus mugeres se hazen lleuarse en andas como bulto de sanctos con procisiones". Mediante estos símbolos, apoyado por el mismo ritual español, Verdugo aspiraba al estatus del señor político sobre los indígenas encomendados. Ostentando este comportamiento cultural, los encomenderos agudizaron la cuestión central de aquella época, discutida tan vehementemente por el "partido de los indios", una alianza entre los señores étnicos, el Estado y numerosos religiosos influidos por el pensamiento de Las Casas (Assadourian 1994) y los encomenderos, una cuestión que siguió estando vigente hasta la década de los años sesenta: ¿quiénes son los señores políticos legítimos en estas tierras conquistadas, los oficiales reales, los encomenderos o los "señores étnicos"?

Obviamente, los oficiales reales sabían del poder de los símbolos políticos en la fundamentación de las nuevas relaciones sociales entre los españoles e indígenas. Blasco Núñez Vela, el virrey que fracasó en su intención de imponer las Leyes Nuevas en el Perú, dejó pregonar en Trujillo la ordenanza que prohibía a los españoles dejarse llevar en las hamacas (o literas). El argumento oficial que justificaba esta prohibición fue la protección de los indígenas de una explotación abusiva. Ese mismo argumento fue aplicado en las Ordenanzas de Jayanca del doctor Cuenca (1975 [1566]) que prohibían a los caciques ser cargados en hamacas y literas por los indígenas subordinados.[22] El objetivo principal de estas ordenanzas fue controlar el manejo político como "señor" de los encomenderos y caciques, quitándoles uno de los atributos y símbolos políticos más fuertes. Por otro lado, la *tiana* (asiento cacical) siguió estando en uso, no sólo permitido, sino también utilizado por los oficiales reales. Aparentemente, los españoles no le atribuían el mismo significado a la *tiana* que a la litera o hamaca, cuyo uso fue relacionado con mucho más cortejo y pompa. No obstante, los españoles estaban conscientes del poder que tenía la *tia-*

---

22 La arqueología nos brinda informaciones que muestran un uso de litera y hamaca muy arraigado en la historia. Por ejemplo, el personaje principal de la parte este de la huaca del Loro fue sepultado con su litera de oro con plumas azules, así como su vaso de oro y séquito entre otras cosas. Cuando estaba vivo, fue cargado siempre en una litera representando al señor de Sicán del periodo Sicán Medio; Museo Sicán, Ferreñafe (el original de la litera se encuentra en la Colección Museo de Oro del Perú).

na al poder movilizar hasta 500 personas en el cambio del asiento a las manos de un principal que pretendía el cacicazgo (Noack en prensa).[23]

El triunfo de la Corona sobre Gonzalo Pizarro "abrió al Estado espacio suficiente para aplicar [...] la tasación de los tributos". Esto dio por resultado la formación del "partido de los indios" a partir de un acuerdo, en el que el Estado mediante las tasas y retasas contestaba las reclamaciones indígenas que habían pedido disminuir el tributo.[24] Por otro lado, este desarrollo llevó de nuevo a fuertes antagonismos con los intereses de los encomenderos, hasta estallar la rebelión de Francisco Hernández Girón, "contra quien se movilizaron presurosamente los jefes étnicos" (Assadourian 1994: 159), incluso los caciques de Cajamarca. A continuación vamos a presentar cómo se instrumentalizaba la diferencia cultural entre los grupos participantes.

Después de haberse alzado Francisco Hernández Girón en el Cuzco, Francisco de Silva se alzó en Piura, la ciudad norteña, en nombre de Hernández Girón "con ciertos soldados". Mataron a un alcalde del rey, tomaron el estandarte y llevaron preso al corregidor de la ciudad, Juan de Delgadillo, al asiento del tambo real en la provincia de Cajamarca, para matarlo.[25] Le fue salvada la vida por una acción concerta-

---

23   El caso al que se refiere se presentó en el valle de Pacasmayo de la costa norte en 1568, o sea un año después de la visita del doctor Cuenca en esta zona. En el mismo año, Cuenca, como representante de la Real Audiencia, dirigió una ceremonia de investidura de un cacique cuestionado por el poder étnico y mandó traer una *tiana*. Después de ocuparla, el nuevo cacique principal mandó a los demás principales presentes que lo mochasen en señal de reconocimiento. De esta manera se formalizó el mandato del cacique principal, quien, utilizando un símbolo prehispánico, se vio favorecido por el poder central español en el virreinato peruano. Además de la *tiana*, se quedaron en uso las plumas y las trompetas como símbolos políticos de la época prehispánica, así como el ritual del reconocimiento del poder, la mocha.

24   Assadourian (1994: 158-159) subraya que la renta de la encomienda, las retasas, constituye otro nivel de análisis que revela la aptitud de los caciques para insertarse en el complejo proceso de transición.

25   El hecho que el corregidor de Piura fuera llevado a Cajamarca revela una vez más que Cajamarca se encuentra en un lugar muy central y de importancia extraordinaria para la comunicación de las diferentes partes del virreinato peruano. Mientras Francisco Hernández Girón estaba en el camino hacia el norte, viniendo de Pachacamac, Diego de Olivares, alguacil mayor de Chachapoyas, había sido mandado a Cajamarca para que "supiese la uerdad del negocio" y para que "les [a los rebeldes] quebrasen los pasos para que no pudiesen entrar" en esta tierra; AGI, Lima 132.

da de los indígenas de Cajamarca y los españoles leales al rey. Los participantes en esta acción habían convenido que en un momento de sorpresa los indígenas se reuniesen en gran número (en una versión de la narración se habla de 500, en otra versión de 100 indígenas) delante de la entrada al tambo, y al salir el preso de su cárcel le cubriesen con una "manta de yndio". Escondido de esta forma, huirían con él a los "maizales y ciénagas". Esta tarea de organizar la liberación fue colectiva, negociada con los caciques y principales por Juan de Aguilar, quien como tenedor de los ganados de Melchor Verdugo en Cajamarca aparentemente disponía de la experiencia para llevar a cabo el acuerdo.[26] Durante las negociaciones, el principal don Cristóbal Julcapoma, "ques un yndio diligente y bien entendido", fue propuesto para que ejecutara la acción principal del plan y le echara a Juan Delgadillo la "manta de yndio" encima. Claro que 16 años después, en la probanza mediante la cual don Cristóbal Julcapoma trató de conseguir la vara de alcalde de la Santa Hermandad, refirió este evento como un éxito individual suyo. En esta versión el cacique incluso no desaparece con el perseguido entre la masa de indígenas y maizales, sino se adscribe el papel del protagonista principal al llevarse al español a su propia casa.

En las declaraciones de los testigos se encuentran algunas divergencias más, entre ellas quizás la más significativa sobre el hecho de cubrir al corregidor con la "manta de yndio". Mientras que los testigos españoles declararon que el capitán Juan Delgadillo fue cubierto con la manta "como yndio", el principal don Francisco Tantaguaytay puntualizó que después que le fue echada la manta para "disfrazalle como yndio", le "metio hecho yndio entre los demas yndios que alli estaban". Entonces, no solamente se presentó al corregidor "como indio", sino fue percibido "hecho indio" por el principal de Cajamarca. No creo que es exagerado suponer que este modismo expresa la idea de poder cambiar por lo menos temporalmente la adscripción de un individuo a cierto grupo. Mientras los indígenas de Cajamarca negociaban colectivamente con Juan de Aguilar la salvación del corregidor español, cubierto durante la acción por la "manta de yndio" e integrado a la masa de indígenas, los actores indígenas reflejaban la percepción

---

26 ADL, Protocolos, 70, f. 71v, 1567.

colectiva del conflicto político en la rebelión de Francisco Hernández Girón, en que tomaban partido de una manera muy decidida.

Pedro Cieza de León (1985: 251-252) nos presenta "el revés" de esta historia, en que el cambio de identidad de un español fue aplicado estratégicamente durante las "guerras civiles". En esta historia sólo actúan dos españoles que de igual manera muestran una comprensión bastante aguzada en cuanto a la idiosincrasia indígena.[27]

A finales de la década de los años sesenta del siglo XVI, el servicio que don Cristóbal Julcapoma había prestado al rey le sirvió para justificar el mandamiento de la vara de alcalde de la Santa Hermandad "de las tres provincias caxamarca, guambos y guamachuco que es vn corregimiento con todos los fueros y derechos que vn español del tal oficio tiene para mi y mis descendientes", incluso "algun salario de las caxas de comunidad o de la caxa Real".[28] Por la reclamación de este oficio político, el cacique de Cajamarca da su propia respuesta a la pregunta: ¿quién es el señor político en las comunidades indígenas? Aunque en América se trata de un nuevo oficio creado para los indígenas (Espinoza Soriano 1960a: 209), es importante subrayar que el cacique demandaba la misma dotación del oficio, como si fuera un español. Eso coincide con el pensamiento de Las Casas. Según él se

---

27 Cieza relata el destino de Alonso García Zamarilla, espía de Vaca de Castro, "grandísimo andador". Gracias a "sus ligeros pies" antes ya había podido salvarse, cuando durante el cerco de Cuzco Hernando Pizarro le había mandado a Yucay a tratar con Mango Inga. Como espía de Vaca de Castro, se rapó "la barba, e dejado el hábito español, puso en su persona el traje indico, acompañados sus muelas e labios de la yerba tan preciada que a las haldas de los Andes se cría; dejando la espada de que él no era merecedor, puso en sus manos un bastón, y en chupa o pequeña mochila puso cartas que Vaca de Castro le dio para el real de don Diego". Tenía tan buena fama este espía que sólo le excedía Juan Diente, del partido de Diego Almagro, quien le vio en el camino. En un principio parecía posible que se salvara de nuevo, pues Juan Diente "creyó que era indio como el traje lo daba a entender". Pero después Juan Diente examinó más que el vestido para comprobar la identidad del detectado y, "siguiendo el rastro, por su mucha experiencia conoció no ser indio" (Cieza de León 1985: 251). A Alonso García esto le costó la vida. Agradezco la referencia a Kerstin Nowack.

28 AGI, Lima 132. En España, la Santa Hermandad fue un tribunal con jurisdicción propia, que perseguía y castigaba los delitos cometidos en despoblado, incluso la persecución de los malhechores y salteadores de caminos y montes. La Nueva Hermandad creada por los Reyes Católicos fue una institución social de carácter permanente. El alcalde de la Santa Hermandad, quien llevaba la vara de justicia, era elejido en el oficio por un año y después por seis meses.

legitimaría el poder étnico dentro de las estructuras del nuevo Estado, revistiéndolo de una forma europea.[29]

El reclamo del cacique también puede ser analizado dentro del contexto de la perpetuidad de la encomienda, puesto que los dominicos Las Casas y Domingo de Santo Tomás proponen como alternativa al poder de los encomenderos que el rey asuma todo el poder del inca (Assadourian 1994: 212). Así, los indígenas se encontrarían en la misma condición como cualquier vasallo del rey. En este sentido se infiere el significado del reclamo de la gratificación por el cacique "como se suele hacer a los demas bassallos de su mag.d".[30] Esta aspiración coincidió con el objetivo de los caciques que llevaron a cabo las negociaciones sobre la autocompra de las encomiendas en perpetuidad con Domingo de Santo Tomás y Polo de Ondegardo a principios de los años sesenta, para "pasar a ser del rey y sólo de él, con tanta autonomía y autodeterminación colectiva como fuera posible" (Abercrombie 2002: 111-112).

Mediante otra estrategia, sobre todo los indígenas de Cajamarca, pero también los de las encomiendas costeñas, se colocaron directamente en el ámbito europeo, es decir, en la ciudad. En el momento en que el Cabildo de Trujillo daba su poder a un comerciante de la ciudad de los Reyes que viajaba a España, para que ante el rey representara los intereses de los encomenderos a favor de la perpetuidad de la encomienda (*Actas* 1969, I: 63-65), los caciques e indígenas de Cajamarca empezaron a tomar posesión de una parte de la traza de la ciudad de Trujillo. Este desarrollo culminó en el año de 1560, cuando en Trujillo en el 33% de ventas de solares y casas participaban indígenas, de los cuales más de la mitad (56%) eran cajamarquinos, constituyéndose como el grupo regional más grande que en aquella época compraba solares y casas en Trujillo. Los lugares en la traza, donde se asentaron, no fue un espacio exclusivo de indígenas. Más bien, en la vecindad de los indígenas de Cajamarca vivía por ejemplo el adminis-

---

29 El mismo mandamiento, justificado de la misma manera, formó parte de las reclamaciones de los caciques de numerosos repartimientos, reunidos en el asiento de Mama (1562), que habían dado su poder a Bartolomé de Las Casas y a otros partidarios de los indígenas (Assadourian 1994: 227-228).

30 AGI, Lima 132. Don Cristóbal Julcapoma sigue subrayando las ventajas que resultan para el rey: "y sera exenplo para que otros naturales destos Reynos se anymen con el premyo que se les diere a seruir con mayor aficion a su mag.d en lo que se ofreciere en lo qual Recebira bien y merced mediante Justicia".

trador español de la encomienda de Melchor Verdugo. Aparentemente tenía más importancia la región como lugar de origen y de trabajo que la pertenencia étnica. Si bien el primer motivo para la "migración" a Trujillo fue el servicio de la mita, la forma en que fue realizada, al ser recibidos algunos como vecinos y dentro del conjunto de solares de los vecinos españoles en la traza de la ciudad, compartiendo también este espacio con los indígenas de la élite del mismo valle de Trujillo, nos da la impresión de que se trató de una verdadera delegación política de los caciques. La presencia de los caciques y principales cajamarquinos en la ciudad de Trujillo, que ya no se limitaba al momento de tomar en posesión la encomienda, les permitió relacionarse directamente con las instituciones del poder político y jurídico español, y les ofreció la posibilidad de negociar directamente sus intereses políticos. Sólo el virrey Francisco de Toledo vio como su tarea volver a limitar el acceso indígena al sistema legal español (Abercrombie 2002: 111). Por este proceder los indígenas del norte se diferenciaron claramente no sólo de los de la región centro-sur andina, donde los "conocimientos de administración social se redujeron a una dimensión aldeana", sino también de los del territorio de la Audiencia de Quito, donde en el caso de la ciudad de Cuenca se asentaron los caciques afuera de la ciudad (Simard 1997; Golte en prensa: 5).

La "agilidad en pasar de una cultura a otra [...] facilitó en el porvenir la aparición de identidades múltiples" (Gruzinski 1994: 168). Este "paso" fue ejecutado por los indígenas en dos direcciones. Por un lado, definiéndose como leales a la Corona en el conflicto político y, por otro lado, reclamando el derecho de ejercer el nuevo oficio político en el contexto europeo. De esa manera no solamente participaron en las negociaciones políticas, sino al mismo tiempo buscaban identificarse con la sociedad colonial, mientras obtenían un sitio social y político en este nuevo contexto. Gruzinski toma esta versatilidad como "una respuesta adaptativa al caos de la conquista y a las políticas de occidentalización".

3. La crisis de los años sesenta

Las negociaciones políticas de la fase de transición, o sea, la negociación del poder político entre los encomenderos, los "señores étnicos" y la Corona, que no se concretizarían sino hasta la llegada al Perú del virrey Francisco de Toledo en 1569, se habían cristalizado a partir de la década de 1550 en los dos debates claves de la época: las controversias sobre la perpetuidad de la encomienda y sobre la instalación de los corregidores de indios. En la década siguiente, los años sesenta, "el Estado empieza a descomponer su 'alianza' con los señores étnicos" (Assadourian 1994: 159). Los intentos de vender la encomienda en perpetuidad habían fracasado. La nueva medida que tomaron las autoridades reales fue la instalación de los corregidores de indios.

En la investigación histórica encontramos el debate de la perpetuidad de la encomienda y de la instalación de los corregidores de indios insertado en el amplio contexto de la época. Así, Assadourian pone de relieve la relación entre la perpetuidad de la encomienda y la instalación de los corregidores de indios. Aclara que después de haberse frustrado el negocio de la venta en perpetuidad de las encomiendas, el proyecto centrado en el aumento de las rentas reales empezó a ser ejecutado durante el gobierno del licenciado Castro (a partir de 1565).

> La decisión de imponer los corregidores de indios formaba parte de una estrategia global; colocando en los pueblos andinos un aparato burocrático dotado de amplias facultades, sería posible degradar el poder de las jefaturas étnicas y de los religiosos [...], los sectores resistentes a tal proyecto (Assadourian 1994: 244).

Abercrombie (2002: 90) llama la atención sobre la relación entre la perpetuidad de la encomienda y el movimiento de Taqui Onqoy, una relación hasta entonces nunca considerada. Analizando el momento en que apareció Taqui Onqoy, el autor encuentra la explicación en el debate de la perpetuidad de la encomienda. La definición del movimiento como "idólatra" proporcionó una arma a los encomenderos y enemigos del partido de los indios, incluso del humanismo de Las Casas, "con la cual era posible combatir y anular las reivindicaciones que los indios buscaban recurriendo a la legislación colonial y a la real conciencia" (*ibíd.*: 112). Así, el movimiento de Taqui Onqoy surgió en los Andes centro-sur justo después de haber fracasado las negociaciones sobre la perpetuidad de la encomienda. La culminación de estas negociaciones fueron los años 1561 y 1562. La tarea de la comisión de debate, encabezada por fray Domingo de Santo Tomás y Polo de Ondegardo, consistía en explicar a los caciques la propuesta de la perpetuidad y en "coordinar una contra-oferta que superara el pago prometido por los encomenderos". Para este fin, la comisión viajó por las ciudades y pequeños poblados "por toda la sierra" (*ibíd.*: 95). En el resultado de estas negociaciones, numerosos grupos de caciques, "desde Lima al Cuzco", otorgaron su poder a Bartolomé de Las Casas, mediado por Domingo de Santo Tomás, para que actuara como su procurador ante el rey, "prometiendo virtualmente cualquier cosa en tanto no se les vendiera a su encomendero en perpetuidad" (*ibíd.*: 97 y 98, nota 15).

Después de haber ilustrado en lo antes expuesto la participación de los caciques del norte en los conflictos entre los encomenderos y la Corona, nos preguntamos ahora ¿de qué manera actuaron los grupos norteños, que aparentemente no están presentes en estas negociaciones esenciales? ¿Dónde se quedaron en estos debates? Dos documentos provenientes del Archivo Regional de Trujillo aclaran la oscuridad en que se deja a los grupos indígenas norteños en la documentación oficial relacionados con la comisión. Estos documentos, dos poderes otorgados por varios caciques de la costa norte[31] a los procuradores de la Real Audiencia, revelan una relación que ni fue considerada por Assadourian, ni por Abercrombie: la relación entre la instalación de los corregidores de indios y el movimiento de Taqui Onqoy.[32]

La repercusión de Taqui Onqoy, aunque surgido en la sierra centro-sur, provocó una atmósfera de temor también entre los españoles de Trujillo. Por esta razón se explica el hecho que por abril de 1565 el corregidor de Trujillo mandara detener a los caciques de la costa norte en la ciudad. Los planes del gobierno virreinal en Lima de instalar los corregidores de indios en las provincias originaron protestas muy fuertes entre los caciques de la costa norte, que sospecharon que de la provisión de los corregidores de indios "[...] en el balle de pacamayo [...] y en el de collique [...] y en el de tucume y xayanca [...] lo qual si asi fuese a nos y a nros. yndios e prencipales se nos seguyrian mucho daño y trabaxo y costa demasiada".[33] Reconociendo que el "motin e

---

31 Los caciques principales de "los repartimientos del término desta ciudad de Trujillo", Jayanca, Lambayeque, Saña, Jequetepeque, Ferreñafe, Moro, Cinto, Collique, Licapa, Chicama, Chuspo, Reque, Chimo dieron su poder a don Lorenzo de Carvajal, abogado de la Real Audiencia de los Reyes y a Miguel Ruiz escribano de la Real Audiencia, el segundo poder lo dieron los mismos caciques y más el cacique de Chérrepe a Baltazar Calderón y Miguel Ruiz.

32 ADL, Protocolos Notariales, 8, ante Juan de Mata, f. 172v y ss. (25 de abril de 1565) y f. 257r ss. (16 de mayo de 1565).

33 ADL, Protocolos Notariales, 8, f. 157r.

alteracion que dizen aber abido contra el serbicio de su mag.t entre los yngas e yndios ceRanos" constituyó el motivo principal para nombrar a los corregidores de indios, los caciques subrayaron ser diferentes en relación con estos grupos de las sierra. Declararon ser "gente segura e llana e pasifica"[34] y de esa manera ser el contrario de los "naturales revelados y de guerra" que habían amenazado la existencia de los españoles en la región inmediatamente después de la conquista. Estos señalamientos, de ser rebeldes contra el Estado colonial o no, se presentan como criterios de diferencia entre los caciques de la costa norte y los "yngas y indios serranos" (Noack en prensa).

Por esta razón, por diferenciar entre los indígenas costeños y serranos, los caciques de la costa norte no pueden hablar "en nombre de los demas caciques e indios de este reino", como explícitamente lo hace el cacique de Surco en su protesta contra la institución de los corregidores de indios en septiembre de 1565, tres meses después de haberse promulgado las ordenanzas de los corregidores de indios de García de Castro (Assadourian 1994: 256-257). Assadourian subraya que ya "en junio y julio de 1565, es decir, apenas promulgadas las ordenanzas de corregidores, los jefes de varios repartimientos de Lima y Huánuco presentan las primeras protestas formales contra la implantación de los nuevos funcionarios" (ibíd.: 255). Pero lo que sorprende mucho es que los caciques de la costa norte promulgaron su protesta ya en abril y mayo del mismo año. En su segundo poder del 16 de mayo de 1565, los caciques norteños reconocen que la medida de control tomada por la Corona está relacionada con "el motín e alteración" de Taqui Onqoy. Se trata de un documento de una clara intención lascasiana. En primer lugar, los caciques rechazan a los corregidores de indios y al mismo tiempo se subordinan a los corregidores que residen en las ciudades como los representantes del virrey en las provincias.[35] Eso quiere decir que se subordinan directamente al poder real, ejecutando como "señores naturales" el poder dentro de las estructuras europeas, la alternativa presentada al rey por Las Casas y Domingo de Santo Tomás. Esta respuesta de los caciques costeños coincide con la que había dado el cacique de Cajamarca, reclamando

---

34 ADL, Protocolos Notariales, 8, ff. 172v-173v, f. 257v.
35 "En esta cibdad tenemos justicias de su mag.t debaxo de cuya juridicion estamos"; ADL, Protocolos Notariales, 8, f. 258r.

la vara de alcalde de la Santa Hermandad. En segundo lugar, los caciques de la costa norte subrayan que sería imposible imponer cualquier forma de dominio español sin la colaboración de los caciques. Este documento (como otros más) pone de relieve, que "sólo ellos [los caciques] sabían vencer el carácter *anti-tributo* de las unidades domésticas" (Assadourian 1994: 162):

> [...] los dhos. cacicados y trabaxo que en ello [...] y bien y sustento de los naturales ponemos que si por esto no fuese segun la calidad y condicion destos nros yndios yungas en brebe tpo serian desipados e perdidos por ser como es gente tan [...][36] bestial y perdidos haraganes que a vnas para que sienbren sus propias comydas y tierras es menester que sea conpelidos e que con ellos se tenga gran q.ta e cuydado y deligencia.[37]

La influencia de las ideas lascasianas que también se nota en la costa, obviamente se debe a la presencia de fray Domingo de Santo Tomás en la región, quien fundó el convento dominico en Chicama cerca de la ciudad de Trujillo en 1541 (Pérez Fernández 1988: 103).[38] Pedro Cieza de León menciona que sabía lo que relata de "los valles de los llanos" de la relación de fray Domingo de Santo Tomás, "el cual es uno de los que bien saben la lengua, que ha estado mucho tiempo entre estos indios, dotrinándolos en las cosas de nuestra santa fe católica" (Cieza de León 2000 [ca. 1550]: 249). Sin embargo, durante el gobierno de García de Castro, el fraile dominico fue obispo en Charcas. Bajo su influencia y la de Polo de Ondegardo, la Audiencia de Charcas cumplió lo que habían exigido los caciques de la costa norte y se opuso al gobernador Castro, suspendiendo la provisión de los corregidores en este territorio, una decisión que también fue apoyada por el arzobispo Loayza (Assadourian 1994: 253). Pero a pesar de esa coincidencia de intereses (¿inconsciente?), la Audiencia respaldó que se instalaran los corregidores en la costa. ¿Existe alguna relación entre esta actitud de la Audiencia de Charcas y el hecho que los indígenas costeños (o sea los indígenas del norte en general) no se hayan hecho escuchar en el debate sobre la perpetuidad y los corregidores? Como razón por la cual la instalación de los corregidores sería factible en la

---

36   Documento dañado.
37   ADL, Protocolos Notariales, 8, ff. 257v-258r.
38   Domingo de Santo Tomás se quedó en Chicama aparentemente hasta 1544, cuando fue a Lima como definidor del primer capítulo provincial. En seguida, en 1545, fue elegido prior del convento de Lima (Pérez Fernández 1988: 140).

costa, la Audiencia alegó las condiciones naturales y políticas, "por ser allá tierra llana y doméstica"; en el territorio de Charcas, por otra parte, los indígenas "se alborotaron en gran manera con estos corregidores" y "se escandalizaron los indios todos en general y los encomenderos y los demás habitantes en este reino y acudieron tantos a esta audiencia a dar peticiones ansí indios como españoles".[39]

Estos mismos argumentos están confirmados por los caciques de la costa norte, como hemos mencionado arriba, que declararon ser "gente segura y pacífica", mientras que los "yngas y yndios serranos" eran los "revelados y de guerra".[40] Entonces, los caciques de la costa norte por su parte rechazaron a los corregidores de indios con los mismos argumentos que aplicó la Audiencia de Charcas para rechazar a los corregidores de su territorio y para justificar la provisión de estos oficiales en la costa norte. Los reproches de los costeños "pacíficos" en cuanto a los indígenas serranos y "de guerra" están confirmados por la Audiencia de Charcas. Los mismos argumentos fueron, por lo tanto, utilizados para fundamentar posiciones opuestas, pero por grupos de interés que en esta cuestión una vez habían colaborado. Esto nos muestra muy claramente que el *partido de indios* estaba roto. Mientras los caciques de la costa norte seguían negociando en el sentido de Las Casas, pero sólo para la costa norte, los señores étnicos de la Audiencia de Charcas ya habían formado una coalición con los encomenderos (Assadourian 1994: 253, nota 53), ya que los dos grupos estaban amenazados por la rebaja de los tributos y por la institución de los corregidores de indios. Actuando de esta manera, los señores étnicos también disolvieron la unión antes afirmada de todos los caciques "de este reino". El motivo principal que hizo actuar a la Audiencia de Charcas de esa manera, probablemente, fue el gran interés que, desde la misma entrada al Perú, los españoles tenían en la incomparable riqueza ganadera, minera y poblacional de esta zona (Varón Gabai 1996: 260), la que llegó a ser la columna vertebral de la economía colonial. No podía ser el interés del poder español poner en peligro el acceso a los minerales después de largos tiempos de inestabilidad política y económica. Mientras la implantación de los corregidores de indios fue iniciado "en los valles de la costa, en guisa de

---

39 ACH, II: 454 (citado según Assadourian 1994: 253).
40 ADL, Protocolos Notariales, 8, f. 257v.

tentativa, y circunscribiéndola al territorio de la Audiencia de Lima",
la Audiencia de Charcas quedó como "territorio autónomo en este
orden" (Lohmann Villena [2]2001: 87).

Por otra parte, el norte de los Andes centrales, inclusive la sierra
de Cajamarca, llegó a ser el escenario experimental de las nuevas instituciones del poder real. Aquí no solamente fueron implantados los
primeros corregidores de indios,[41] sino que también se efectuó la visita
del doctor Cuenca, que fue la primera en cubrir una región bastante
extensa (desde Huánuco hasta Piura y Chachapoyas), después de la
visita general llevada a cabo por La Gasca en 1548/49. Contra la fuerte resistencia de los encomenderos, a partir de este tiempo fueron introducidas por la Corona la tasa y la visita como medidas para mantener el control sobre los beneméritos y, a partir de la década de los
sesenta, también sobre los caciques, lo que incluyó fundamentales
reformas del orden colonial (Noack 1996).[42] Assadourian considera la
visita del doctor Cuenca como la "acción central en la ofensiva em-
prendida por el gobernador Castro contra los señores naturales y sus
naciones", la que primero fue ejecutada en el norte (Assadourian
1994: 265). Sin embargo, el mismo visitador que realizó por primera
vez la instalación de los corregidores de indios en el virreinato peruano, discutía esta medida con García de Castro, aplicando los mismos
argumentos como Domingo de Santo Tomás y aun los caciques de la
costa norte. En esta discusión el doctor Cuenca favoreció las visitas
regulares como base de la tasa de tributo y criticó que fueran los indios los que pagaran el salario de los corregidores.[43] La complejidad que

---

41 En marzo de 1565 llegó Pedro de los Ríos, juez de residencia, a Cajamarca, para
     tomar la residencia a Pedro Juárez de Illanes, corregidor de la provincia de Caja-
     marca. ADL, Corregimiento, Juez de Residencia, 274, 3424 (27 de marzo-12 de
     diciembre de 1565). En la costa, el visitador doctor Cuenca dejó instalado a don
     Pedro de Murguía como nuevo corregidor de indios en los valles de Pacasmayo
     y Chicama (que incluyen las encomiendas de Chicama, Licapa, Jequetepeque,
     Chérrepe). A finales de 1568 fue sustituido por Antonio de Morales después de
     un juicio de residencia. ADL, Corregimiento, Pedimento, 280, exp. 3583 (1568),
     Actas 1969, II: 147 (sesión del 22 de diciembre de 1568).
42 Como expresión del poder real establecido, después de la de La Gasca ninguna
     visita general pudo ser efectuada antes de que en 1572 la realizara el virrey Fran-
     cisco de Toledo, que fue acompañada por reformas generales.
43 El doctor Cuenca subraya que "las tasas pasadas se hizieron sin ver los yndios ny
     andar los pueblos", y los caciques se quejaron "que el s.or correg.or desta cibdad
     sin nos aber bisitado ny estado en nras tierras ny saber la dispusision y grangeria

se nos presenta aquí nos muestra que la visita del doctor Cuenca fue utilizada por el poder político colonial para discutir y examinar las leyes convenientes para los indígenas con la Iglesia, especialmente con el arzobispo Loayza (Assadourian 1994: 269).

Aparentemente, en esta región la distribución de fuerzas se presentó en condiciones que permitieron al poder real utilizarla como un campo de experimentación para establecer su dominio en las provincias, imponiendo medidas no populares, aunque fue en la costa y sierra sur donde se dio la resistencia más grave contra estas medidas.

4. Conclusiones

¿Cómo estaban constituidas las condiciones específicas en el norte? La específica situación social prehispánica y la distribución de los recursos naturales (limitados recursos minerales conocidos) condicionaron la economía colonial, que "produjo la adquisición de conocimientos locales por la población europea, y el proceso inverso en la población autóctona" (Golte en prensa). De esta manera se diferenciaba bastante de la economía basada en la apropiación directa de los minerales preciosos en el sur. El característico paisaje de la sierra cajamarquina y sus recursos (ovejas, textilería), que contrastaba con los paisajes muy accidentados del sur, y cuya comparación con el Viejo Mundo ya señaló Cieza de León, llegaría a ser un centro de ganadería y de producción textil en la época colonial, sustentado en una agricultura de secano autosuficiente. Por consiguiente, la ciudad de Trujillo, donde se unían los grupos participantes en el encuentro cultural, llegó a ser el espacio social y cultural del amalgamamiento que se da de esa manera en las actitudes económicas y políticas. En este contexto, sin embargo, el rol de la ciudad fue ambiguo. Por un lado, los indígenas norteños se reorganizaron social y políticamente en

dellas ny los yndios que tenemos a tasado que quiere tasarnos los dhos. caciques dandonos tan poca tasa y tributo que apenas nos podriamos sustener"; ADL, Protocolos Notariales, 8, ante Juan de Mata, f. 257v. En cuanto al pago expresa Cuenca: "El Presidente Castro hauiendo entendido los Agrauios que los yndios Receuian de sus caciques y encomenderos prouyo corregidores en los valles para deffensa y amparo de los yndios, el proueimiento/ A mi juizio fue muy santo y muy Nescesario solo se agrauian los yndios de hazerles pagar los salarios y comidas de los corregidores y paresce que tienen Razon"; AGI, Lima 92, ramo 18, núm. 137. En esto coincide con la crítica de Domingo de Santo Tomás (Assadourian 1994: 254).

el nivel urbano para contrarrestar las nuevas condiciones después de la conquista. Por otro lado, el corregidor de Trujillo detuvo a los caciques en la ciudad, para que la población urbana española se sintiera más segura ante el peligro de Taqui Onqoy. Se utilizaba el espacio urbano para la separación temporal de los caciques de sus grupos y su inclusión dentro de la población urbana como medio político para remediar el peligro que se veía proceder de las comunidades indígenas.

En la costa norte se constituye una identidad regional durante el proceso de las negociaciones políticas en la época colonial temprana y se manifiesta nítidamente en las fuentes.[44] En cuanto a los grupos de la sierra norte faltan pruebas de tal fenómeno. Lo que respalda la presunción de una identidad regional que abarca todo el norte es el contexto de las condiciones peculiares, estrategias flexibles y negociaciones específicas aquí planteado como el insertarse en la ciudad "española" a partir de los años cincuenta. Este contexto fue influido por imágenes propias de la realidad social, que los caciques transmitieron mediante el lenguaje de los textos españoles del siglo XVI y una versión particular de los eventos de la "pacificación del país" bajo La Gasca. Este contexto específico, tanto en la sierra como en la costa norte, por su parte produjo los peculiares instrumentos políticos aplicados por el poder en el virreinato peruano, como la institución de los corregidores de indios y la visita.

Se ha mostrado cómo las negociaciones políticas fueron gestionadas culturalmente, o sea, expresado al revés, cómo los significados culturales siempre están incluidos en las actitudes sociales, sea de los indígenas, sea de los españoles. Generalizándola, seguimos la propuesta de Abercrombie que afirma que en vez de existir fuertes contrastes entre las culturas indígenas y españolas, en la época colonial temprana, se presentan más similitudes que políticamente podían ser aceptadas por el poder español. Estas similitudes motivaron a los españoles a desarraigar las formas indígenas de la memoria social (Abercrombie 1998: 18-19). A lo mejor, esta propuesta también da una explicación más del fenómeno, pues el Estado colonial aplicó este tipo de control político en el norte de los Andes centrales, donde se

---

44 En qué medida esta identidad regional está basada en una identidad regional prehispánica es un tema que se va a profundizar en otro contexto.

daba una fuerte transculturación de las tradiciones indígenas y españolas. Esta hipótesis gana más fuerza porque en la Audiencia de Charcas, donde igualmente se puede observar una tendencia de regionalización, ésta procedía del mismo mando político, o sea, la Audiencia. La provincia de Charcas, escenario de repetidas revueltas indígenas, así como del Taqui Onqoy, dio lugar a una separación de las culturas, como resultado de un interés político manifiesto, mediante la demonización de la cultura indígena, lo que significaría una ejecución efectiva de control político en estas condiciones específicas.

Bibliografía

Abercrombie, Thomas A. (1998): *Pathways of Memory and Power. Ethnography and History Among an Andean People*. Madison: The University of Wisconsin Press.

— (2002): "La perpetuidad traducida: del 'debate' al Taqui Onqoy y una rebelión comunera peruana". En: Decoster (ed.), pp. 79-120.

Actas (1969): *Actas del Cabildo de Trujillo*, t. 1-2. Lima: Concejo Provincial de Trujillo.

Alberro, Solange (1992): *Del gachupín al criollo. O de cómo los españoles de México dejaron de serlo*. México: El Colegio de México (Jornadas 122).

Alcina Franch, José (ed.) (1980): *Economía y sociedad en los Andes y Mesoamérica*. Madrid: Universidad Complutense (Revista de la Universidad Complutense, 115).

Assadourian, Carlos Sempat (1994): *Transiciones hacia el sistema colonial andino*. Lima/México: IEP/El Colegio de México.

Bernand, Carmen (ed.) (1994): *Descubrimiento, conquista y colonización de América a quinientos años*. México: CONACULTA/FCE.

Busto Duthurburu, José Antonio del (1969): *Dos personajes de la conquista del Perú*. Lima: Editorial Universitaria.

Cieza de León, Pedro (1985): *Obras completas*, vol. 2: *Las guerras civiles peruanas*. Madrid: CSIC/Instituto "Gonzalo Fernández de Oviedo" (Monumenta Hispano-Indiana, 5. Centenario del Descubrimiento de América, 2).

— (1998): *The Discovery and Conquest of Peru. Chronicles of the New World Encounter*, trad. y ed. por Alexandra Parma y Noble David Cook. Durham/London: Duke University Press.

— (2000): *La crónica del Perú*, ed. por Manuel Ballesteros. Madrid: Dastin S.L. (escrito cerca de 1550).

Cuenca, Gregorio González de (1975): "Ordenanzas de los yndios (Ordenanzas de Jayanca) [1566]". En: Rostworowski de Díez Canseco, pp. 126-154.

Decoster, Jean-Jacques (ed.) (2002): *Incas e indios cristianos. Élites indígenas e identidades cristianas en los Andes coloniales*. Lima: abc/Kuraka Asociación/IFEA.

Dresler, Wiltrud/Fähmel, Bernd/Noack, Karoline (eds.) (en prensa): *Culturas en movimiento. Contribuciones a la transformación de identidades étnicas y culturales en América*. Berlín/México.

Espinoza Soriano, Waldemar (1960a): "El alcalde mayor indígena en el virreinato del Perú". En: *Anuario de Estudios Americanos*, 17, pp. 183-300.

— (1960b): "Los señoríos étnicos de Chachapoyas y la alianza hispano-chacha. Visitas, informaciones y memoriales inéditos de 1572-1574". En: *Revista Histórica*, 30, pp. 225-332.

— (1967): "El primer informe etnológico sobre Cajamarca. Año de 1540". En: *Revista Peruana de Cultura*, 11-12, pp. 5-41.

— (1971): "Los huancas, aliados de la conquista. Tres informaciones inéditas sobre la participación indígena en la conquista del Perú. 1558–1560–1561". En: *Anales Científicos, Universidad Nacional del Centro del Perú*, 1, pp. 9-407.

— (1973): *La destrucción del imperio de los incas. La rivalidad política y señorial de los curacazgos andinos*. Lima: Retablo de Papel Ediciones.

Golte, Jürgen (en prensa): "Migración y superación de la subordinación cultural de la población aborígen en los Andes centrales". En: Dresler/Fähmel/Noack (eds.).

Graubart, Karen (2001): *Changing Markets and Cultural Transformations in Colonial Peru: The Chucuito Visita of 1567* (manuscrito inédito).

Gruzinski, Serge (1994): "Las repercusiones de la conquista: la experiencia novohispana". En: Bernand (ed.), pp. 148-171.

Guamán Poma de Ayala, Felipe (1987): *Nueva crónica y buen gobierno [El primer nueva corónica i bven gobierno]*. Ed. por John V. Murra, Rolena Adorno y Jorge L. Urioste. 3 vols., Madrid: Historia 16 (escrito alrededor de 1613).

Kellogg, Susan (1995): *Law and the Transformation of Aztec Culture, 1500-1700*. Oklahoma: University of Oklahoma Press.

Lamana, Gonzalo (2001): "Definir y dominar. Los lugares grises en el Cuzco hacia 1540". En: *Colonial Latin American Review*, 10, pp. 25-48.

Lockhart, James (1986): *Los de Cajamarca. Un estudio social y biográfico de los primeros conquistadores del Perú*. Lima: Milla Batres (1ª ed. en ingles 1972).

Lohmann Villena, Guillermo (2001): *El corregidor de indios en el Perú bajo los Austrias*. Lima: PUCP (2ª ed.)

Martínez de Cereceda, José L. (1995): "Textos y palabras. Cuatro documentos del siglo XVI". En: Presta (ed.), pp. 251-284.

Noack, Karoline (1996): *Die Visitation des Gregorio González de Cuenca (1566/67) in der Nordregion des Vizekönigreiches Peru. Die gesellschaftliche Relevanz von Rechtsordnung und Rechtsanwendung*. Frankfurt a.M./Berlin et al.: Peter Lang (Europäische Hochschulschriften, Reihe 3, Geschichte und ihre Hilfswissenschaften).

— (en prensa): "Relaciones políticas y la negación de una 'nueva' sociedad colonial en el valle de Pacasmayo, costa norte del Perú (siglo XVI)". En: Dresler/Fähmel/Noack (eds.).

Oberem, Udo/Hartmann, Roswith (1980): "Indios cañaris de la Sierra sur del Ecuador en el Cuzco del siglo XVI". En: Alcina Franch (ed.), pp. 373-390.

Pease G. Y., Franklin (1992): *Curacas, reciprocidad y riqueza*. Lima: PUCP.

Pérez Fernández, Isacio (1988): *Bartolomé de Las Casas en el Perú. El espíritu lascasiano en la primera evangelización del imperio incaico (1531-1573)*. Cuzco: Centro de Estudios Rurales Andinos Bartolomé de Las Casas.

Pereyra Plasencia, Hugo (1996): "Bosquejo histórico del corregimiento de Cajamarca". En: *Boletín del Instituto Riva-Agüero*, 23, pp. 173-239.

Powers, Karen Vieira (1995): *Andean Journeys. Migration, Ethnogenesis, and the State in Colonial Quito*. Albuquerque: University of New Mexico Press.

Presta, Ana María (ed.) (1995): *Espacio, frontera, atenuaciones políticas en el sur del Tawantinsuyu, ss. XV-XVIII*. Sucre: Antropólogos del Sur Andino.

Ramírez, Susan E. (1996): *The World Upside Down. Cross-cultural Contact and Conflict in 16th Century Peru*. Stanford: Stanford University Press.

Rostworowski de Díez Canseco, María (1975): "Algunos Comentarios hechos a las ordenanzas del Doctor Cuenca". En: *Historia y Cultura*, 9, pp. 119-154.

Silva Santisteban, Fernando/Espinoza Soriano, Waldemar/Ravines, Rogger (eds.) (1986): *Historia de Cajamarca*, vol. 2: *Etnohistoria y lingüística*. Cajamarca: Instituto Nacional de Cultura/Corporación de Desarrollo de Cajamarca.

Simard, Jaques P. (1997): "Formación, desarrollo y configuración socio-étnica de una ciudad colonial: Cuenca, ss. XVI-XVIII". En: *Anuario de Estudios Americanos*, 54/2, pp. 413-445.

Spalding, Karen (1984): *Huarochirí. An Andean Society Under Inca and Spanish Rule*. Stanford: Stanford University Press.

Varón Gabai, Rafael (1993): "Estrategias políticas y relaciones conyugales. El comportamiento de incas y españoles en Huaylas en la primer mitad del siglo XVI". En: *Bulletin de l'Institut Français des Études Andines*, 22/3, pp. 721-737.

— (1996): *La ilusión del poder. Apogeo y decadencia de los Pizarro en la conquista del Perú*. Lima: IEP/IFEA.

Villanueva Urteaga, Horacio (1986): "Los curacas de Cajamarca". En: Silva Santisteban/Espinoza Soriano/Ravines (eds.), pp. 337-342.

Wallerstein, Immanuel (1974): *The Modern World-System*, vol. 1: *Capitalist Agriculture and the Origins of the European World-Economy in the Sixteenth Century*. New York et al.: Academic Press.

Zevallos Quiñones, Jorge (1996): *Los fundadores y primeros pobladores de Trujillo del Perú*, t. 1: *Las semblanzas*. Trujillo: Fundación Pinillos.

Christophe Giudicelli

Las prácticas coloniales como arma en la guerra de los tepehuanes (1616-1619)

Una de las características fundamentales del relato histórico sobre las rebeliones indígenas consiste en privilegiar la perspectiva de la ruptura sobre cualquier otra consideración. En este tipo de conflictos, aparecen por supuesto dos grupos antagónicos claramente definidos, los españoles y asimilados, por un lado, y los indios "rebeldes", salidos de la real obediencia, por el otro. Ambos grupos serán definidos en este relato como dos entidades claramente identificadas y, las más veces, irreductibles la una a la otra. De modo que, muchas veces, toda iniciativa bélica indígena contra la dominación colonial se interpretará como un rechazo por parte de "los indios" de todo "lo europeo". Según esta perspectiva, la guerra indígena no será sino el último estremecimiento de un orden tradicional que se siente amenazado, el *rigor mortis* de una tradición pensada como una substancia limitada en su composición e incapaz de mutación alguna.

No es éste el lugar para hacer una genealogía de esta visión de los movimientos de resistencia indígenas del periodo colonial. Nos limitaremos a reconocer en ella la lejana prolongación acrítica de las coordenadas que definían entonces la categoría genérica de "rebelión indígena", una categoría perteneciente a la problemática del mantenimiento del orden y a la perspectiva escatológica muy combativa de los cronistas religiosos.[1] El efecto común de ambas tradiciones de escritura es restar todo protagonismo a quienes condena, es decir a los indios, reducidos, en el primer caso, al estatuto indiferenciado de delincuentes, y, en el segundo, al nivel no menos genérico de secuaces del demonio.

---

1 El mejor representante de esta perspectiva combativa del frente misionero del norte de México es probablemente el jesuita Andrés Pérez de Ribas, autor de un compendio monumental de título bastante explícito: *Historia de los triumphos de nuestra Santa Fee entre las gentes más bárbaras y fieras del nuevo orbe*, publicada en 1645.

En resumidas cuentas, este enfoque esquemático sobre el enfrentamiento entre indios y españoles no permite rendir cuenta de los intercambios entre unos y otros, ni de las interacciones entre la dominación de los unos y la resistencia activa de los otros. Deja la impresión de que unos indios eternos rechazan, en una gesta atemporal de rebeldía, todo elemento exógeno, con el único fin de restaurar un orden primordial no contaminado por la conquista.

El caso que vamos a presentar se encuentra en las antípodas de este modelo de explicación. El desarrollo de la guerra, la forma de los combates, los elementos y los actores que ésta pone en juego demuestran de manera ejemplar que no se puede reducir este movimiento al estremecimiento reaccionario de una "cultura" tepehuana hermética que se siente amenazada por la desaparición. La guerra, incluso en su aspecto más radical de extirpación de la dominación española, es decir en las mismas profecías milenaristas que la provocaron –las cuales borran literalmente a los españoles, excluyéndolos de la era de felicidad que anuncian– nunca deja de llevar la marca de la experiencia colonial. Un examen detenido de la ofensiva indígena revela que, si bien la ruptura buscada es de índole política, no constituye en absoluto un frío rechazo de los elementos culturales occidentales: éstos, muy al contrario, vienen a formar en gran medida el movimiento de destrucción de la sujeción colonial.

Se tratará por lo tanto en este trabajo de analizar la subversión efectuada por los indios de los elementos estructurales de las relaciones de dominación colonial en su práctica guerrera. En otras palabras, nos proponemos mostrar cómo toda una serie de saberes, de actitudes y de prácticas que formaban parte de lo cotidiano de la convivencia colonial, y que remitían al marco de vigilancia y de explotación que la caracterizaban, vuelven a aparecer, autonomizados y claramente integrados en el arsenal destructor de los indios.

Mapa: El territorio de la guerra
(Nueva Vizcaya, Sinaloa y parte de Nueva Galicia en los primeros años del siglo XVII)

Leyenda
- ○ **GUARISAMEY**: pueblo indígena (fuera de la red misionera)
- ⊕ **TENERAPA** : pueblo indígena (dependiente de una misión)
- ● **SAN SEBASTIÁN** : principal centro de población español
- ⊕ **ZAPE** : pueblo de misión
- ◆ **TOPIA** : centro minero
- ◊ **LA SAUCEDA** : explotación agrícola

1. La guerra: noviembre de 1616

Hasta los días inmediatamente anteriores al estallido de la guerra, toda la provincia de la Nueva Vizcaya parecía prometer una paz relativa y hasta llamada a conocer cierto desarrollo, gracias al desvanecimiento del espejismo de un nuevo México, cuyas fantásticas promesas habían llevado a los conquistadores siempre más al norte hasta ese momento. La provincia de Nuevo México, fundada en 1600, se había revelado estéril y desolada, de modo que los colonos tendieron a asentarse más en la Nueva Vizcaya, desistiendo de aventuras más septentrionales. Tanto la minería como las explotaciones agrícolas, y singularmente la ganadería, estaban conociendo un notable auge, gracias a lo que podríamos llamar una estabilización de la frontera, permitida por un control efectivo de la mano de obra indígena, distribuida según todas las modalidades legales existentes, como ocurría entonces generalmente en los confines del Imperio español de América.[2] El equilibrio de la provincia se fundaba esencialmente en la estrecha complementariedad entre, por un lado, la fuerza de las armas, ejercida por los colonos y las autoridades provinciales y, por otro lado, una red misionera de reciente y fulgurante instalación que se extendió a todo el territorio en apenas quince años. Durante estos años, los jesuitas, además de su papel espiritual, muy limitado por evidentes razones prácticas (Hausberger 1999), fueron los artífices de la fijación de las poblaciones indígenas conquistadas o "pacificadas", reducidas en los pueblos de misión que administraban, la mayoría de las veces próximas a los establecimientos coloniales. Su red bastante densa de pueblos y "visitas" actuó como un eficaz dispositivo concreto de la dominación española, y fue una pieza fundamental en la construcción efectiva y simbólica de la frontera.[3] Muy pronto, la expansión de sus misiones, extremadamente organizadas y compartimentadas, contribuyó también notablemente a la clasificación de los indios en una serie de "naciones", y, por tanto, a la construcción del conocimiento aproximado necesario a la vigilancia y al control del mundo indígena. Así que, para los primeros años del siglo XVII, parece imponerse un ejercicio

---

2   Sobre las estructuras de explotación laboral, véase Cramaussel (1989). También, de la misma autora, su tesis de doctorado (Cramaussel 1997).
3   Giudicelli (2000; sobre este punto, véase sobre todo la primera parte).

tranquilo y regulado de la dominación, que los ataques de noviembre de 1616 vienen a sacudir violentamente, contra toda esperanza.

El caso es que, en las dos últimas semanas de noviembre de aquel año, la guerra se impone a toda la Nueva Vizcaya. Los tepehuanes y sus aliados atacan simultáneamente a los españoles en un territorio inmenso, que corresponde a la casi totalidad del actual estado mexicano de Durango y parte del de Chihuahua. Esta guerra relámpago agarra a los neovizcaínos totalmente desprevenidos, de modo que los primeros ataques tienen un efecto realmente devastador para la provincia: casi toda su infraestructura se ve arrasada por el embate. En unos pocos días prácticamente todos los establecimientos coloniales quedan arruinados, asolados y saqueados. La población de estos establecimientos, primer objetivo militar de los indios, es duramente afectada por los ataques. A finales de noviembre, de hecho, varios centenares de personas –los españoles y su gente de servicio– se encuentran cercadas en las iglesias de los principales centros mineros, en las estancias más importantes o en las misiones jesuitas. Si algunos logran resistir a duras penas, otros no tienen esta suerte y desaparecen, sistemáticamente masacrados. Es el caso en particular de los asediados en Santiago Papasquiaro y El Zape. De las matanzas perpetradas en esos dos pueblos de misión sólo sobrevivieron unos cuantos que lograron arrastrarse hasta Durango y La Sauceda, adonde llevaron la noticia de lo que había pasado.[4] En la capital de la provincia, Guadiana o Durango, la situación que prevalece no es mucho más brillante: cunde el pánico, los vecinos degüellan preventivamente a varias decenas de tepehuanes, y se fortifican, pero sin poder en ningún momento salir al socorro de los sitiados de la "tierra adentro".[5]

La extrema violencia que caracterizó esta primera ofensiva de noviembre de 1616, así como su carácter repentino, responden a las exigencias milenaristas que animaban el movimiento y determinaron en última instancia el paso a la acción de los tepehuanes y sus aliados. En los meses que precedieron al conflicto abierto, en efecto, un mensaje profético recorrió los pueblos indígenas de la región, esbozando los contornos de lo que iba a ser el mapa de la guerra. El movimiento

---

4   Autos que se seguían contra los yndios de la nación tepeguana por averse alçado y rebelado, AGI, Guad. 8, R. 11, N. 47.

5   El gobernador Gaspar de Alvear y Salazar apenas pudo emprender una expedición de socorro un mes después de empezada la guerra.

siguió las pautas siguientes: un nuevo "dios"[6] hacía llegar sus mandatos por medio de una pequeña estatuilla, aparentemente de piedra, a
uno o varios indios. Estos profetas se encargaban de interpretar y difundir el mensaje de pueblo en pueblo. Sin embargo, a pesar de la
amplia circulación de este mensaje,[7] ninguna indiscreción puso sobre
aviso a los españoles. Se debe buscar sin duda la explicación de tan
obcecado silencio en las características mismas del mensaje profético,
que imponía una ruptura total y absoluta con esta clase de interlocutores. Su contenido no podría ser más claro: el fin de este mundo es
inminente y hay que precipitarlo matando a todos los españoles. Interrogado antes de su ejecución, en la misión destruida de El Zape, un
prisionero de nombre Antonio atribuye estos mandamientos sin equí-
voco al nuevo dios:

> [...] su Dios le manda maten a todos los españoles sin dejar ninguno a
> vida, y que si alguno dellos muriere, que a cavo de pocos días a de resu-
> citar, y que a de venir un gran dilubio de mucha agua y que se an de aho-
> gar todos los españoles sin que quede ninguno, y que su dios les tiene
> guardado una parte donde se an de guarecer de donde an de salir en aca-
> vándose todos los españoles, y se an de quedar con toda la tierra.[8]

Si exceptuamos algunos detalles, este último testimonio confirma
punto por punto la declaración de otro preso, también levantada *in
articulo mortis*, ante el patíbulo, en los primeros días del alzamiento,
en la estancia de La Sauceda. Este otro preso, llamado Francisco:

> [...] dijo e depuso que estando en el pueblo de la Sauceda abia benido a él
> un yndio biejo llamado Mateo del pueblo de Otinapa y que le abía dicho
> que él era Dios, que se alçassen y que traya cartas del cielo diçiendo que
> se abía de perder el mundo [...] y que dentro de siete días se hiziesse lo
> que les mandaba que hera matar a todos los españoles [...] y que al dicho
> yndio Mateo es a quien an creydo, y por su mandado an hecho todas las

---

6   Somos tributarios de la traducción de este concepto en los textos españoles.
7   Las profecías llegaron a abarcar, en el momento del conflicto, un territorio muy
    extenso: se recibieron sus ecos a lo largo y ancho del territorio luego agitado por
    la guerra, desde la sierra del sur del actual estado de Chihuahua hasta práctica-
    mente las costas del de Nayarit, en la región suroccidental de Acaponeta y de las
    regiones semidesérticas del Bolsón de Mapimí, al este, hasta los valles del norte
    de Sinaloa, en la vertiente occidental de la Sierra Madre. Una carta de Diego
    Martínez de Hurdaide, capitán de Sinaloa, del 4 de marzo de 1622, nos informa
    de rastros manifiestos de las profecías tepehuanas entre los lejanos indios yaquis
    de Sonora todavía varios años después del final del conflicto; AGNM, Hist. 316,
    exp. 4.
8   Confesión de Antonio, *ibíd.*, ff. 28r-29v.

muertes y alçamientos que al presente ay [...] y que el tatole que a corrido es éste y lo saben todos los de su nación.[9]

2. Reapropiaciones

La conclusión provisional que parece desprenderse de este escenario de muertes y destrucciones es por supuesto que el estallido de la guerra pronuncia el acta de defunción de la convivencia colonial, al ser una expresión muy clara, tanto concreta como ideológica, del rechazo por parte de los indios de la presencia española y de su dominación. La ruptura es total y absoluta, hasta el punto que, las nuevas creencias milenaristas mediante, los indios se adjudican un espacio de vida y de muerte en el que no hay lugar para los españoles.

Llegados a este punto, cabe una precisión muy importante: si el mensaje milenarista anuncia la desaparición de los españoles y exige que se participe activamente en su destrucción como condición de la renovación de un mundo reservado a quienes sigan sus preceptos, la práctica de los guerreros invita inmediatamente a disociar la meta política expresada, en términos escatológicos, del trasfondo sociocultural movedizo que anima la guerra. El cataclismo regenerador desencadenado por los indígenas no implica, ni mucho menos, una renuncia a los aportes técnicos, a los saberes y a las prácticas nacidas del contacto colonial. Al contrario, todas estas herencias figuran como vectores de la guerra, y todo indica que los combates buscan, en gran medida, reforzar el control que los indios tienen sobre ellas y afirmar su toma de posesión.

Al respecto, notaremos que la participación de los mestizos culturales en el movimiento fue masiva, por no decir que imprimió una orientación determinante tanto a la forma de los combates como a la definición de los objetivos que éstos perseguían. Los colonos entraron en pánico ante estos auténticos monstruos culturales, a los que consideraban con razón como una verdadera quinta columna (Giudicelli en prensa), en la medida en que aseguraban una continuidad permanente entre los enclaves coloniales, en los que vivían, y los inmensos *hinterland* donde la dominación de las instancias coloniales no se ejercía

---

9   Declaración del indio Francisco, AGI, Guad. 8, R. 11, N. 47: Autos que se seguían contra los yndios de la nación tepeguana por averse alçado y rebelado, ff. 40r-41r.

directamente. Es posible, sin embargo, que estos mestizos e indios *ladinos* hayan cobrado una sobredimensión en los testimonios españoles, ya que eran los únicos que los sobrevivientes –sus víctimas– pudieron reconocer y nombrar en sus testimonios.

Sea lo que fuere, las destrucciones que caracterizan los primeros días de la guerra llevan la marca indudable de un contacto más profundo de lo que se suele pensar, después de apenas dos generaciones, en el mejor de los casos, de convivencia con el régimen colonial. Los tepehuanes demuestran en su obra de demolición sistemática del mundo de los españoles una profunda integración no sólo del uso de sus bienes manufacturados sino también de sus códigos y valores, los que utilizan como palanca para erradicarlo.

El punto más evidente, y que ha sido más estudiado en todas las fronteras del imperio, es la adopción en la práctica guerrera de las armas y herramientas de tipo occidental. Los indios hacen por supuesto uso de los caballos y de las armas de los españoles, a los que atacan con picas, desjarretaderas, espadas, hachas y hasta arcabuces. Del mismo modo, se apoderan también del nervio de la guerra: confiscan el ganado, recuperan las estancias de sus antiguos amos, para almacenarlo, y se sirven de este ganado como abastecimiento, pero también para comprar la alianza de los vecinos que todavía dudan en entrar en guerra.[10] Para todo eso hacen alarde de unas cualidades de jinetes, de arrieros y de peones de estancia que les viene, por supuesto, de su experiencia colonial.

Más interesante que eso es la recuperación por los tepehuanes de los códigos y de los valores que definían la convivencia colonial, unos códigos y unos valores que subvierten, con un arte consumado, en provecho de su obra de destrucción.

---

10   El capitán Diego Martínez de Hurdaide recibe así para su sorpresa la visita de tres caciques guazapares, en 1622. Éstos, venidos de las barrancas del noroeste de Sinaloa, le "devuelven" una recua que los tepehuanes les habían dejado durante la guerra. Esta visita inesperada le recuerda que, de hecho, él les había mandado una amenaza de represalias si seguían prestando oídos a las llamadas de los tepehuanes: "[...] aora que lo tenía olvidado –dice– a este punto llegaron aquí tres caciques disiendo que a seis meses que se abían ydo de allí los tepeguanes, y les dejaron una requa que en señal de paz y de obediencia me trujeron"; AGNM, Hist. 316, f. 97r.

3. Del buen uso del castellano

El primer elemento cultural que integran naturalmente en su arsenal es el lenguaje, el uso de los idiomas de comunicación vigentes en las relaciones coloniales, es decir el castellano y el "mexicano", forma simplificada del náhuatl. Pero, al revés de lo que solía pasar en los intercambios mantenidos entre ellos y los depositarios legítimos de la palabra, es decir los españoles, durante estos ataques, los tepehuanes *toman* la palabra, en todos los sentidos del término: toman la iniciativa del diálogo y se apoderan del control del discurso. Los relatos de los supervivientes dejan incluso la impresión de que el diálogo ocupaba un lugar central en el enfrentamiento.

En primer lugar, el uso de la palabra y, en concreto, la posibilidad de maniobrar a sus enemigos, les sirvió a los tepehuanes para debilitar la capacidad moral de resistencia de los colonos acorralados. En la misión de Santiago Papasquiaro, donde el cerco duró tres días, el manejo del idioma del enemigo fue determinante para llevar a los sitiados a la trampa final y a precipitar su muerte. Al decir de los testigos, los tepehuanes no perdían ninguna oportunidad de mofarse de la situación de sus víctimas: a uno de ellos, que intentaba razonarlos, "[...] los dichos yndios de una conformidad y en la lengua mexicana [respondieron] con boz altiva y arogante, faciendo burla de todo lo que se les decía por los dichos padres, este testigo y los demás [...]".[11]

Desde luego, el trabajo de guerra psicológica no se limitaba a ese tipo de bravatas. En otro momento del mismo enfrentamiento, los sitiadores informan de que Durango ha caído, lo cual es falso, pero tiene como efecto el desgaste del estado de ánimo ya bastante maltrecho de sus forzados interlocutores.[12] Al día siguiente, logran un golpe más duro todavía, con la llegada de los indios de la estancia vecina de Atotonilco. Estos últimos acaban de asolarla, matando a todos los que se habían refugiado en ella, y se apresuran a dar a conocer la lista de los muertos a los sitiados. Es que sabían muy bien –porque los conocían– que entre estos últimos se encontraban parientes y amigos de los

---

11 Testimonio de Andrés de Arrue, AGNM, Hist. 311, exp. 2: Probanza hecha en Durango a pedimento del reverendo padre Francisco de Arista, f. 14r.

12 "[...] los dichos indios decían que los dichos indios tepeguanes de Guadiana abían ya muerto a todos los españoles de esta dicha billa, que ya ellos tenían abiso de ello"; Relación de lo que sucedió en la villa de Guadiana de el alçamiento de los indios tepeguanes"; BNM, AF, 11/169.

muertos, como por ejemplo el dueño de dicha estancia, Francisco Muñoz, que se entera así de la muerte de toda su familia.[13] Se entenderá
en seguida la importancia táctica de que todas esas burlas, falsas noticias y la proclama de muertes supuestas fuesen entendidas por los
sitiados para que alcanzaran su mayor eficacia desmoralizadora.

Por fin, el control del diálogo les permite a los tepehuanes realizar
su propósito de destrucción: aceleran el desenlace del enfrentamiento,
cuando logran arrastrar a los españoles a unas negociaciones engañosas que controlan desde el primer instante. De hecho, después de tres
días de combate, logran provocar disensiones entre los defensores de
la iglesia acerca de la decisión que cabía tomar. Hasta entonces había
prevalecido en el bando español una unanimidad de opinión: había
que hacer frente y resistir. Pero esta unanimidad se quiebra cuando un
indio *ladino*, al que varios de los testigos reconocen, les propone una
salida negociada: "[...] un indio llamado Pablo de la nassión tepeguana, criado de Andrés de Cárdenas a bozes abía dicho que heran
christianos y que para remediar a los bibos que quedaban los recivi-
rían de paz y que les entreguasen las armas".[14]

La argumentación de los indios se fundaba en la constatación irre-
batible de que los españoles estaban en una situación desesperada y
que no les quedaban muchas alternativas posibles.[15] La mayoría de los
sitiados acceden pues a la alevosa propuesta de los indios y salen de la

---

13 "[...] un día viernes que fue el último con que los dichos yndios acabaron de
    destruyr el dicho pueblo y yglesia y hacer la matança, se llegaron al dicho cerco
    cantidad de yndios de la dicha nación tepeguana, los quales a boses decían por
    desanimar a este testigo y a los demás dixeron como ya tenían asolado y quema-
    do la dicha estancia de Atotonilco, y muerto a todos los que estavan en la dicha
    estancia como eran el capitán Trancoso, su muger e hijos, y al padre Pedro Gutié-
    rrez de la horden del señor Sant Francisco y a los hermanos y deudos del capitán
    Francisco Muñoz y a otras personas que no nombraron por sus nombres [...]";
    Testimonio de Andrés de Arrúe, AGNM, Hist. 311, exp. 2: Probanza hecha en
    Durango a pedimento del reverendo padre Francisco de Arista, f. 19r.

14 Relación de los autos que se seguían contra los yndios de la nación tepeguana por
    haverse alçado y revelado, AGI, Mex. 28, N. 46, im. 71.

15 "[...] estando muchos españoles heridos y maltratados, faltos de pólvora y muni-
    ción, trataron los dichos yndios pues no se podían escapar y a la estancia de Ato-
    tonilco la tenían asolada y quemada, y lo mismo avían de hacer con la dicha cas-
    sa y yglessia que por muchas partes ya ardía se diesen, que ellos les dexarían yr
    bibos fuera de allí"; Testimonio de Pedro Ruiz de Celada, AGNM, Hist. 311,
    exp. 2: Probanza hecha en Durango a pedimento del reverendo padre Francisco
    de Arista , f. 21r.

iglesia. La descripción del momento que sigue a su salida y precede su masacre a manos de los tepehuanes revela el grado de control y la habilidad en el manejo de los código sociales coloniales que poseían estos últimos. En un primer momento, logran dar la ilusión, a pesar de todo lo ocurrido, de que han vuelto a una actitud de obediencia ortodoxa. De hecho, cuando salen los españoles, en orden de procesión, los indios los acogen con todas las muestras de un apaciguamiento sincero que se ciñe escrupulosamente a las formas de sumisión y de respeto que definían su lugar en las relaciones de paz colonial. Uno de los dos jesuitas de la misión lleva el Santísimo Sacramento: los indios lo adoran, de forma ejemplar, así como adoran también una imagen de la virgen, que llevaba el teniente de alcalde mayor, es decir la mayor autoridad civil del lugar. Llegan incluso a abrazar a sus misioneros.[16] Al decir de los propios testigos, su actitud es pues de lo más convincente "[...] los dichos indios chichimecos alsados los que estaban a pie llegaban a la custodia del Santíssimo Sacramento, e hincándosse de rodillas besaban la custodia, pareciéndole a este testigo y a los demás que no les harían mal".[17]

Por supuesto, esta adoración ejemplar del cuerpo de Cristo era un mero ardid, una mascarada permitida, ahí también, por las enseñanzas de los jesuitas, que les permitió desarmar, en el sentido figurado, pero también concretamente, a sus enemigos, arrebatándoles sus armas casi sin encontrar resistencia. Una vez cumplida esta medida preventiva, exterminan a todos los presentes, con la excepción de los más desconfiados, que se habían escondido en un confesionario.[18]

De modo que el uso y el manejo del idioma o de los idiomas coloniales, así como el juego con los códigos y las actitudes "normales" de la convivencia colonial, fueron el elemento determinante para la con-

---

16 Declaración de Juan Francisco, indio laborío, AGI, Mex. 28, N. 46, im. 68 (Relación de los autos que se seguían contra los yndios de la nación tepeguana por haverse alçado y revelado).
17 Relación de lo que sucedió en la villa de Guadiana de el alçamiento de los indios tepeguanes, BNM, AF, 11/169.
18 Paradoja de la aculturación, estos supervivientes sólo se salvaron gracias a la presencia de ocho barriles de vino, que pertenecían a uno de ellos, Andrés de Arrue, un mercader sorprendido en el valle por la guerra, con los que los indios celebraron su victoria, olvidándose de sus víctimas hasta el día siguiente; Testimonio de Andrés de Arrue, AGNM, Hist. 311, exp. 2: Probanza hecha en Durango a pedimento del reverendo padre Francisco de Arista, f. 14r.

clusión de este y de los demás cercos que caracterizaron los ataques de ese mes de noviembre del 1616.

4. Sacrilegios y profanaciones

En esta misma línea interpretativa habría que reconsiderar los ataques contra la religión cristiana, sus símbolos y sus ministros que ritman toda la guerra. Se ha recalcado mucho este aspecto, con razón, pero con malas razones. La insistencia sobre este punto proviene esencialmente del esmero de los cronistas posteriores en demostrar el valor de la obra evangelizadora de la Compañía de Jesús, confirmada *a contrario* por la intervención violenta de las fuerzas demoníacas, cuyo brazo armado, en este caso, son los tepehuanes. Luego, al abandonar el principio de la "explicación por el diablo", se ha tendido a minimizar en alguna manera el alcance real de las profanaciones, integrándolas en la lista de las acciones vandálicas que marcan la violenta ofensiva indígena. Creemos, por nuestra parte, que si bien las iglesias y los misioneros son barridos por el alud de noviembre de 1616 al igual que el resto de los agentes coloniales, la suerte que les reservan los indios es no obstante, específica. Esta suerte revela una voluntad expresa de desacralización que, a su vez, desempeña un papel particular en el proceso de reformulación identitario antagónico llevado a cabo en el transcurso de la guerra.

El balance de las destrucciones deja aparecer en efecto el tratamiento personalizado del que gozaron los objetos del culto y las múltiples imágenes con las que los jesuitas habían empezado a amojonar su territorio misional. Todos estos objetos sufrieron un proceso de profanación explícito, que se puede deducir tanto de las marcas visibles del encarnizamiento con el que fueron destrozados como de las modalidades de su destrucción. Dos meses después de la destrucción de Santiago Papasquiaro, un participante en la primera expedición de socorro dirigida por el gobernador Alvear, un tal Francisco Gil, "[...] notó que las imágenes que estaban pintadas en la pared tenían los rostros picados y sacados los ojos".[19] El que los rostros de los frescos estuviesen "picados" podría indicar que fueron flechados, como sa-

---

19 Información de todos los religiosos muertos y martirizados a manos de los indios tepeguanes y de Sinaloa, y diligencias practicadas a este efecto, AGNM, Hist. 311, exp. 6, f. 33v.

bemos que lo fueron las imágenes de la misión de El Zape.[20] En este último pueblo, una estatua de la virgen, que iba a ser presentada cuando estalló el conflicto, termina en un lodazal; del mismo modo, un crucifijo de Santiago Papasquiaro, es encontrado en un "posso hediondo" y, más generalmente, todas las imágenes religiosas se hallan desparramadas y destrozadas en lugares que poco tienen que ver con el respeto que tendrían que infundir según los valores que se les iba inculcando a los neófitos tepehuanes.[21] De modo que las características de los combates no dejan lugar a dudas sobre el propósito sacrílego de los indios.[22]

Por otra parte, el ataque contra la religión cristiana participa también de la reinscripción de la guerra en la perspectiva milenarista que ya evocamos. La afirmación del advenimiento de una nueva era, que ocupa el centro del mensaje de los profetas tepehuanes, implica un derrocamiento del orden católico vigente. La desacralización sólo tiene sentido si está públicamente voceada, es un enunciado de índole performativo, al igual, por cierto, que un sacramento. Los retos y las invectivas que ritman los combates son más que blasfemias: si tienen, desde luego, un valor efectivo de negación de la religión (los indios lo saben y los españoles lo reciben como tal), también adquieren una resonancia (no menos performativa) de afirmación de la nueva era que deben inaugurar las destrucciones en curso. El discurso profético de los tepehuanes es un discurso agonístico que se alimenta, en actos de palabra y obra, de la religión de los españoles. Es por eso por lo que los guerreros indígenas se empeñaron tanto en increpar a sus contrincantes: así inscribían decididamente su acción en un marco escato-

---

20 El cura de Guanaceví, Amaro Fernández Pasos, que participó en los combates como vicario de la tropa del gobernador, declara que "[...] empeçaron a profanar los templos y hazer pedaços las imágenes y flecharlas"; Información de todos los religiosos muertos y martirizados a manos de los indios tepeguanes y de Sinaloa, y diligencias practicadas a este efecto, AGNM, Hist. 311, exp. 6, f. 6v.

21 Testimonio de Juan Pérez de Vergara, AGNM, Hist. 311, exp. 2: Probanza hecha en Durango a pedimento del reverendo padre Francisco de Arista, f. 45v-46r. El alférez Enrique de Mesa confirma este testimonio: "[...] se halló en un posso la ymagen de Jesucristo señor Ntro echo pedaços, y se sacó del dicho poço y se enterró en la dicha yglessia, por estar quebrada y muy maltratada"; *ibíd.*, f. 35v.

22 Los jesuitas no tardarían en integrar el recuerdo de estos desacatos en su estrategia de evangelización, promoviendo una doble devoción dedicada a los padres muertos por la fe y a la imagen de El Zape, vuelta maravillosa por su martirio (Giudicelli/Ragon 2000).

lógico, afirmando, por ejemplo, la inminencia de la resurrección de los guerreros caídos y la superioridad del nuevo dios sobre el dios mudo y ausente de los cristianos que manifestaba su incapacidad total para socorrer a sus fieles. En los cuatro rincones de la provincia, los indios ponían un particular empeño en que estas invectivas fuesen escuchadas y entendidas por sus víctimas, por lo que las gritaban, y las pronunciaban en castellano, o en náhuatl, claro. Desde la azotea de la iglesia de Santiago Papasquiaro, los españoles no tuvieron más remedio que escuchar lo que les gritaban los tepehuanes: "[...] en el recuentro y conbate que con ellos tuvieron desían los dichos yndios *en alta voz en castilla y en mexicano* que no se les dava nada morir porque ellos sabían que avían de bolver a resusitar".[23]

En el mismo momento, en Guanaceví, otra partida de tepehuanes daba por concluido un breve diálogo con uno de los sitiados con el desafío siguiente: "[...] le respondieron que si era verdad que teníamos los cristianos Dios, que cómo no les hablaba y comunicaba, como el suio les hablaba a ellos".[24]

Aun si tomamos en cuenta la sensibilidad de los supervivientes de las masacres al sacrilegio, una sensibilidad sin duda exacerbada por las circunstancias, el detalle de las acciones que relatan éstos despeja cualquier duda acerca de la intencionalidad de sus autores. Para convencerse de ello, basta con observar las profanaciones que acompañaron los tres días de cerco de Santiago Papasquiaro. La mascarada que precipita el final del cerco es muy elocuente al respecto. Como vimos, los encerrados, convencidos por las engañosas palabras de los indios, abandonan la iglesia y salen en orden de procesión. Los tepehuanes dan muestras de acogerlos sin animosidad, expresando incluso una adoración que, por ser fingida, no deja de respetar escrupulosamente las formas exigidas en el decoro. Pero, una vez logrado su propósito, se quitan la máscara y empiezan la matanza.

Ahora bien, cabe notar que no sólo matan a sus enemigos, sino que se ceban en los símbolos religiosos que éstos llevan, con un

---

23 Testimonio de Simón Martínez, AGNM, Hist. 311, exp. 2: Probanza hecha en Durango a pedimento del reverendo padre Francisco de Arista, ff. 23r-23v (el subrayado es nuestro).

24 Información de todos los religiosos muertos y martirizados a manos de los indios tepeguanes y de Sinaloa, y diligencias practicadas a este efecto, AGNM, Hist. 311, exp. 6, f. 33v.

celo –perfectamente inútil desde un punto de vista únicamente táctico– que debe llamar la atención. Para empezar, como punto de partida de la masacre, le arrebatan la custodia del Santísimo Sacramento a Diego de Orozco, unos de los misioneros, la estrellan contra una pared y pisan la hostia que se guardaba dentro: "[…] en un instante embistieron con la custodia del Santíssimo Sacramento y se lo quitaron al padre de la Compañía i dieron con ella en la pared, y el Santíssimo Sacramento lo pisaron e hisieron menusas en el barro".[25]

Es evidente que no se pisa lo que para los católicos es el cuerpo de Cristo si no se tiene conciencia de su valor sagrado. Es posible, y hasta probable, que los indios no conocieran el detalle teológico del dogma de la transubstanciación, dado el formalismo, o formulismo (González Rodríguez 1987: 273) que caracterizaba la enseñanza que recibían. Pero no por eso está menos claro que miden perfectamente la gravedad de esta acción a ojos de los cristianos presentes. Se trata para ellos de reapropiarse del poder simbólico del cristianismo para mejor derribarlo después. La ejecución personalizada del padre Orozco, que sigue inmediatamente a esta profanación, es también una buena ilustración de la reutilización subversiva de los valores cristianos: cuenta un indio laborío que acompañaba a los tepehuanes –en calidad de rehén, según su declaración– que "[…] a uno de los dichos padres le alçaban en alto diciendo *dominus obispo* y otras cossas como quando están en missa".[26]

Este recurso –aun distorsionado– al latín de misa no deja ninguna duda sobre la intención iconoclasta que anima a los verdugos del misionero, al que logran matar, en cierto modo, dos veces: física y simbólicamente.

5. El carnaval de Santiago Papasquiaro

Notemos que estos últimos sacrilegios sólo vienen a rematar unos días que fueron un auténtico carnaval de profanación, en el que todos los símbolos cristianos que los sitiadores pudieron agarrar fueron integrados en un juego sistemático de inversión, ante la mirada impotente de

---

25 Relación de lo que sucedió en la villa de Guadiana de el alçamiento de los indios tepeguanes, BNM, AF, 11/169.

26 Relación de los autos que se seguían contra los yndios de la nación tepeguana por haverse alçado y revelado, AGI, Mex. 28, N. 46, im. 68.

los sitiados. Entre otros impíos regocijos, los tepehuanes efectuaron una parodia de procesión mariana, ejecutada con todo arte, pero con tres indias en las andas habitualmente reservada a la imagen de la virgen,[27] mientras ésta, desnudada, recibía unos humillantes azotes. Aquí, la inversión es evidente, ya que el castigo de la virgen –los azotes– es precisamente la pena que las autoridades coloniales solían aplicar a los indios delincuentes. La eficacia de esta inversión se puede medir gracias a la evaluación de un especialista en esta materia, el propio comisario de la Inquisición de Durango, que no ha perdido nada del significado de este sacrilegio y todavía se estremece al describirlo a su superior: "Lo que tiembla mi pluma es ber escrito y averiguado con testigos de vista haver açotado a la ymagen de Nuestra señora en hombros de yndio, a modo de pública açotada".[28]

Ahí llegamos al verdadero alcance de este sacrilegio: no se trata sólo de una profanación. Es una auténtica parodia, cuyo modelo habían importado los propios misioneros cuatro años antes. En efecto, la *carta annua* de 1612, al felicitarse de los progresos de la evangelización en esta misión de Santiago Papasquiaro, mencionaba en particular los efectos benéficos de la introducción de una imagen de bulto de la virgen. Ésta, comprada por los servidores "mexicanos" de los españoles, parecía atraer a los neófitos tepehuanes: "Algo de esta devoción se les pegó a los tepeguanes, porque viendo a éstos confesar, vienen ellos también a la iglesia y se confiesan. Y aun en las procesiones tienen ya su manera de emulación en llevar las andas de la Virgen Santísima".[29]

De modo que son las enseñanzas de la vida misionera, retomadas punto por punto, las que les permiten elaborar tan eficiente puesta en escenario.

Asimismo, un Cristo tiene que sufrir una salva de insultos –en castellano, claro– entre los que destacan "ladrón" y "borracho",[30] es decir

---

27 Testimonio de Simón Martínez, AGNM, Hist. 311, exp. 2: Probanza hecha en Durango a pedimento del reverendo padre Francisco de Arista, f. 24r.
28 Carta del comisario de Guadiana, 15 de diciembre de 1616, AGNM, Inqu. 315, exp. 4.
29 *Carta annua* de 1612, en González Rodríguez (1987: 171).
30 Probanza hecha en la ciudad de Durango de la Nueva Vizcaya a pedimento del muy reverendo padre Francisco de Arista, AGNM, Hist., 311, exp.2, f. 8r.

los calificativos que los españoles reservaban más a menudo a sus empleados indígenas.

Último ejemplo, un gran crucifijo pierde toda su majestad y se convierte en la vulgar meta de una justa ecuestre, un divertimiento profano también muy reconociblemente hispánico, particularmente apreciado por los colonos, y comúnmente practicado en sus estancias. En este episodio también, los "campeones" tepehuanes respetan escrupulosamente las reglas de un juego integrado en su arsenal destructor. El juego se terminó, claro, con la reducción de la cruz a pedazos.[31]

Los ataques contra el cristianismo, sus representantes y sus símbolos cumplen pues una doble función: rematar la destrucción material del mundo presente privándolo de su trasfondo ideológico, y, al mismo tiempo, afirmar la validez del mensaje milenarista que funda el movimiento. La violencia iconoclasta viene a reforzar la obra de destrucción, pero también, paralelamente, a consolidar el proceso de reconstrucción política y de reelaboración cultural que la guerra está llevando a cabo.

Aquí cabe una precisión acerca de la cuestión clásica del sincretismo de los indios, que casi nunca falta cuando se aborda la temática del mestizaje y de las expresiones "religiosas" de las rebeliones indígenas. Tiene todos los visos de ser un falso problema, o una cuestión planteada en términos equívocos. Según esta perspectiva, uno tendría que preguntarse si los tepehuanes no habrían sido influenciados, en sus creencias, por la religión católica.[32] En todo caso, lo que se puede contestar aquí es que se han apropiado del significado y del valor que los símbolos y las imágenes cristianas revestían a ojos de los españoles, lo cual es bastante distinto: no estamos convencidos de que este sentido y este valor hayan conservado el mismo significado para ellos. Nos parece más bien que la religión de los padres sufre la misma suerte que el resto de los elementos occidentales de que se valen los indios: aparece reintegrada en una lógica que escapa por completo del control español y que la aparta de su mensaje dogmático original. De modo que aunque se admita, por ejemplo, que los indios pregonaban

---

31 Para un análisis más detenido de este carnaval, véase Giudicelli (1999).

32 Charlotte Gradie (2000: 172), p.e., no duda un instante en afirmar que los "syncretized religious beliefs" engrosaban la lista de elementos que de todas formas hubiesen impedido a la cultura tepehuana permanecer pura, al igual que la participación de los mestizos, o la dependencia alimenticia (la necesidad de ganado).

que las mujeres a las que paseaban en las andas de la virgen, en su lugar, eran sus *imágenes*,[33] es muy poco probable que haya que atribuir un sentido tridentino a la misma palabra de *imagen* y es mucho más verosímil que se trate sólo de una transposición. Al margen de su indiscutible cariz sacrílego, esta procesión podría muy bien funcionar como un *dispositivo de depredación identitario*, para hablar en términos de Guillaume Boccara (2000: 39), y participar de la dinámica mucho más amplia de reelaboración cultural hecha patente por la guerra.

6. Conclusión

El asalto general dado contra los españoles en noviembre de 1616 no puede verse como el repliegue violento de una identidad indígena primordial, preocupada ante todo por su conservación, frente al avance inexorable de la civilización europea, percibida como un peligro «cultural». Todo, en la forma de los combates y en la orientación de las destrucciones, indica, al contrario, que la experiencia colonial de los tepehuanes y de sus aliados fue integrada en el arsenal identitario que funda el movimiento. Es en el mismo corazón de las destrucciones más radicales, cuando los guerreros están movidos por una esperanza milenarista que exige la extirpación de la sociedad colonial y la exterminación total de sus representantes, donde aparece con más fuerza la marca afirmada del contacto con los españoles.

Los tepehuanes ostentan un buen conocimiento de los mismos elementos que estructuraban las relaciones normales de sujeción colonial, un buen dominio de los resortes de la sociedad colonial, de los que sacan provecho precisamente para arruinar sus fundamentos.

Para precipitar el cataclismo regenerador reclamado con toda urgencia por los adalides de la guerra, se apoyan con todas sus fuerzas sobre lo que niegan y aniquilan. Al atacar al cristianismo, al matar a sus sacerdotes y al profanar sistemáticamente sus símbolos, los tepehuanes ensanchan el campo de su acción: ya no se trata sólo de borrar la presencia material de los españoles, sino de provocar el hundimiento de una era y el advenimiento de otra. En este sentido, las destrucciones simbólicas cobran tanta importancia como las demás, por no decir más.

---

33 Carta del comisario de Guadiana, 15 de diciembre de 1616, AGNM, Inqu. 315, exp. 4.

Sin embargo, el trabajo de la negación más radical –y más eficaz– toma caminos mestizos. La aculturación informa la destrucción, que es todo menos su contrario. Así pues, las invectivas, las burlas y los retos que los tepehuanes lanzan a sus enemigos se hacen en una lengua de comunicación que hasta entonces había permitido el buen funcionamiento del sistema de dominación colonial. Del mismo modo, las acciones de desacralización retoman con una fidelidad asesina las formas de una enseñanza que visiblemente ha surtido efecto, por lo menos, en la transmisión de las formas rituales y del valor de las imágenes.

El detalle de la obra de destrucción demuestra pues una apropiación de saberes, de técnicas y de prácticas que son de claro origen colonial, pero que fueron autonomizados e integrados en el desarrollo de la guerra. Y ésta, más allá del detalle de los combates, constituye la punta de lanza de un proceso de recreación identitaria extremadamente dinámico y abierto.

Bibliografía

Boccara, Guillaume (2000): "Antropología diacrónica". En: Boccara/Galindo (ed.), pp. 21-59.

Boccara, Guillaume/Galindo, Sylvia (eds.) (2000): *Lógica mestiza en América*. Temuco: Universidad de la Frontera, I. I. E.

Cramaussel, Chantal (1989): "Encomiendas, repartimientos y conquista en Nueva Vizcaya". En: *Actas del primer congreso de historia regional comparada*. Ciudad Juárez: Universidad de Ciudad Juárez, pp. 115-141.

— (1997): *Peupler la frontière. La province de Santa Bárbara aux XVIème et XVIIème siècles*. Paris: EHESS (tesis de doctorado inédita).

Giudicelli, Christophe (1999): "Acculturation et subversion. Siège et destruction de Santiago Papasquiaro par les Tepehuanes (16-18 novembre 1616)". En: Lavallé (ed.), pp. 55-74.

— (2000): *Guerre, identités et métissages aux frontières de l'empire espagnol d'Amérique. Le cas tepehuán en Nouvelle Biscaye au début du XVIIème siècle*. Paris: Université de Paris III (tesis de doctorado).

— (en prensa): "El miedo a los monstruos. Indios ladinos y mestizos en la rebelión tepehuán de 1616". En: *España y América (ss. XVI-XVIII). Transposiciones e identidades (Casa de Velázquez, 29-31 de mayo de 2000)*, Madrid: Casa de Velázquez.

Giudicelli, Christophe/Ragon, Pierre (2000): "Les martyrs ou la Vierge? Frères martyrs et images outragées dans le Mexique du Nord (XVIe-XVIIe siècles)". En: *Cahiers des Amériques Latines*, 33/1, pp. 33-55.

González Rodríguez, Luís (ed.) (1987): *Crónicas de la Sierra Tarahumara*. México: SEP.

Gradie, Charlotte M. (2000): *The Tepehuán Revolt of 1616. Militarism, Evangelism and Colonialism in Seventeenth-Century Nueva Vizcaya*. Salt Lake City: University of Utah Press.

Hausberger, Bernd (1999): "Política y cambios lingüísticos en el noroeste jesuítico de la Nueva España". En *Relaciones*, 78, pp. 59-77.

Lavallé, Bernard (ed.) (1999): *Transgressions et stratégies du métissage en Amérique coloniale*. Paris: Presses de la Sorbonne Nouvelle.

Pérez de Ribas, Andrés (1992): *Historia de los Triumphos de nuestra Santa Fee entre gentes las más bárbaras y fieras del nuevo orbe*. México: Siglo XXI (1ª ed. Madrid 1645).

Dawid Danilo Bartelt

La flexibilidad del poder
y la mitología de la resistencia:
el movimiento de Canudos en la política del Brasil

1. La guerra de Canudos

La historia del Brasil conoce sólo una guerra externa, la guerra del Paraguay (1865-1869), en la cual el territorio nacional en ningún momento fue amenazado. Sin embargo, a lo largo de su historia han ocurrido numerosos levantamientos, guerras civiles, conflictos regionales violentos, muchos de repercusión nacional. Esto vale en particular para el siglo XIX. Mas hay pocos conflictos violentos de tanta repercusión y significado simbólico en la historia nacional brasileña como la guerra de Canudos.

En 1889 un golpe militar puso fin a los 77 años del Imperio brasileño. También puso fin al sistema de Iglesia nacional que admitía apenas la fe católica y tenía en el emperador su *summus episcopus*. El nuevo régimen republicano separó el Estado y la Iglesia e introdujo el matrimonio civil. Al mismo tiempo, el predicador laico Antonio Vicente Mendes Maciel, llamado Antonio *Conselheiro* (Consejero), seguía la tradición de los "beatos" en el interior del nordeste brasileño. Caminaba de villa en villa, dedicándose a la reconstrucción de capillas y cementerios, predicando, llenando, de esta forma, un vacío dejado por la iglesia oficial en el vasto interior, y finalmente fundó la población de Canudos como comunidad de sus seguidores. El Consejero rechazaba la República por sus actos secularizadores y por carecer de legitimación divina. Pero fueron motivos sociales –las injusticias que iban en aumento con los nuevos impuestos municipales– los que causaron un encuentro violento entre el Consejero y su séquito, por un lado, y la policía del estado de Bahía, por el otro. Pero ni siquiera fue la oposición del Consejero a la República la que motivó la primera de las cuatro expediciones militares contra el movimiento de Canudos, sino que ésta se organizó a raíz de un conflicto intraoligárquico en Bahía.

Lo que empezó como un movimiento religioso de pequeño porte, en un rincón completamente fuera de cualquier atención regional, mucho menos nacional, donde los *beatos*, los peregrinos y predicadores ambulantes, como lo era también el Consejero, eran considerados comunes, terminó en un desastre nacional de consecuencias duraderas. Una mezcla de organización social y militar peculiar, la ignorancia e incompetencia por parte de las autoridades regionales y un poco de suerte resultó con que la iniciativa de "pacificar" el movimiento, cuando había crecido demasiado y amenazaba el equilibrio de poder en la región del *sertão* septentrional del estado de Bahía en 1896, terminara en un doble desastre. Dos campañas fueron rechazadas, aunque con un número mucho más elevado de muertos entre los canudenses. Estas victorias sangrientas les dieron una fama nacional. La resistencia llevó de golpe el movimiento del *hinterland* a las páginas titulares de los periódicos en Salvador, Rio de Janeiro y São Paulo. A partir de la tercera expedición, el movimiento de Canudos se tomó como un asunto nacional de primera categoría, un enemigo todopoderoso que representaba el monarquismo superado con el golpe republicano de noviembre de 1889, y que de esta forma ponía en riesgo el proyecto modernizador y hasta la existencia de la propia República. Sirvió como elemento dinamizador en la lucha por el gobierno y por el futuro sistema republicano entre los liberales, representantes de la oligarquía productora de café, y los "jacobinos", representantes de la clases medias urbanas y rangos medios del Ejército. En función de esta lucha por el poder central, 10.000 soldados (la mitad del efectivo del ejército brasileño) destruyeron la población. Miles de canudenses sucumbieron. Casi todos los hombres que no murieron en la lucha o lograron huir fueron asesinados en cuanto cayeron prisioneros y muchas mujeres y niños sobrevivientes fueron esclavizados.[1]

---

1   La mejor exposición historiográfica de la historia de la guerra y del movimiento se encuentra en Levine (1992). Véanse también Villa (1995) y Arruda (1993). Las otras obras de historia general utilizan una base muy reducida de fuentes, apoyándose casi exclusivamente en Da Cunha.

2. La calidad simbólica y el carácter epistemológico de la interpretación

La historia de la guerra de Canudos en el Brasil es ejemplar para la historia del poder y de la resistencia. El Estado republicano, abusando de su poder constitucional, atacó con todo su poder represivo un movimiento popular que resistió a la represión, defendiendo heroicamente sus ideales comunitarios y religiosos hasta la muerte. Tal es la narración dominante sobre el evento "Canudos" hasta hoy en día. Y también hasta hoy es una narración mítica de significado nacional.

La fama de la guerra de Canudos se debe no sólo al hecho de que tuvo en Euclides da Cunha a un cronista excepcional que inmortalizó los eventos en su *Os Sertões*.[2] Se debe también a la calidad simbólica de la lucha, llevando a escena conflictos esenciales y típicos de Estados/naciones en formación, principalmente de Estados/naciones postcoloniales que estaban relegadas y que se autorrelegaban a un segundo plano por "atrasos", ya sea de modernización o de homogeneización étnica de la nación, o sea, la falta de "sangre blanca" para "mejorar" la composición mestiza de la nación. Quizás por eso la guerra de Canudos constituya uno de los rarísimos temas brasileños tratados por un escritor hispanoamericano, como lo hizo Mario Vargas Llosa en su novela *La guerra del fin del mundo* de 1981.

La historia de la recepción e interpretación de la guerra de Canudos tiene 105 años y está íntimamente vinculada a la historia de la evolución de las teorías científicas e ideologías sociales.[3] Así, las interpretaciones contemporáneas de la guerra reflejan el apogeo de la recepción del "racismo científico" en el Brasil, a finales del siglo XIX. Concuerdan en insistir en el "fanatismo" y la "locura epidémica" del Consejero debida a su naturaleza mestiza y al clima tropical. Ven la guerra como resultado inevitable del choque entre la "civilización" de las ciudades de la costa y la "barbarie" del interior. Las categorías de raza y clima han sido posteriormente abandonadas, o mejor, complementadas por las categorías de "cultura" y "sociedad". En el caso de

---

2   El libro originalmente fue publicado en 1902, y después se dieron numerosas reediciones, en las que se incluyen dos ediciones críticas, realizadas por Walnice Nogueira Galvão, en 1985, y por Leopoldo Bernucci, en 2001.

3   Se evidencia el "carácter epistemológico de la interpretación" en el discurso de las ciencias sociales hacia Canudos (Madden 1991: 59).

Canudos, se resaltó el "choque entre culturas" (Freyre [1944] 1987: 65), entre la cultura europeizada y la cultura "arcaica" del *sertão*, o "the clash of civilizations", como talvez hoy se le llamaría. La antropología estructuralista de mediados de los años cincuenta de siglo XX se deshizo de la categoría del "primitivismo" y los científicos empezaron el debate sobre el carácter "mesiánico" y/o "milenarista" del movimiento, comparándolo con otros movimientos religiosos en el Brasil.[4] En contraste, la interpretación marxista de Canudos intenta minimizar el significado de la religión y resaltar el significado revolucionario que tenía el movimiento para la sociedad sertaneja, puesto que se trataba de una lucha de clases entre latifundistas y la clase agraria pobre por la tierra, principalmente. En esta perspectiva, Mendes Maciel aparece como un "socialista utópico", luchando por revolver el orden "semifeudal" del *sertão*. Según este análisis, la religión había sido usada solamente de modo funcional como vehículo del programa socialista (Facó 1958/59; 1972; Moniz ³1984; ²1987).

La perspectiva mesianista-revolucionaria sirvió de marco teórico para las décadas posteriores a los años cincuenta y sesenta del siglo pasado. Los estudios hechos en los años ochenta y noventa subrayan, por un lado, el papel autónomo de la religión y, por otro lado, el papel social del actuar del movimiento, sea éste considerado reformista, revolucionario, o, como reza el designio dominante de hoy, libertador.

Quiero realzar aquí tres puntos:

1. La demonización de Canudos en los textos contemporáneos y posteriores de las cinco décadas que siguieron a la guerra se transformó, bruscamente, en una perspectiva sacralizadora. Primero, los canudenses eran fanáticos y rebeldes, y el Ejército el salvador de la República, o por lo menos la parte que cumplía con su deber. Después, desde el discurso marxista, el Ejército y el gobierno republicano de Prudente de Morais eran los malvados, Mendes Maciel y su gente los héroes de la resistencia popular. El fanático y loco Consejero se convirtió primero en líder revolucionario, más tarde en santo libertador; su séquito subió de bandidos a "pueblo

---

4 Véanse Ribeiro (1962); Queiroz (1977 [1965]); Della Cava (1968). Estudios más recientes en esta línea han sido presentados por Queiroz (1993/94); Pessar (1981; 1991) y Arruda (1993).

de Dios". Nótase bien que esta evolución vale también para la mayor parte de la producción científica.

2. La investigación sobre Canudos nunca ha superado la perspectiva etnológica en vigor desde los años sesenta. Limitándose al campo religioso o al campo político-social, se le atribuye al movimiento una perspectiva revolucionaria o libertadora (antes: revoltosa, fanática, etc.). Sea cual sea la atribución ideológica, el grupo continúa siendo tomado como un grupo homogéneo, cerrado, es decir, una etnia, y como tal es investigada en su campo, pasando por alto los contactos exteriores, las estratificaciones, la diversidad de los motivos, hasta la diversidad étnica. Falta todavía un enfoque sociológico sobre Canudos que investigue la multiplicidad y diversidad (y las contradicciones) del actuar de los diversos canudenses.

3. Canudos es uno de los casos en los cuales las semánticas políticas siguen a las semánticas científicas. Una fuerte vertiente de la historiografía ve en Canudos una "comunidad de base", una comunidad motivada por una "teología de la liberación", interpretando la Biblia como modo de transformar las estructuras injustas de la sociedad.[5] El Consejero es aquí "sinónimo de la libertad para los sertanejos oprimidos por el latifundio, por el Estado y por una Iglesia distante" (Villa 1995: 244). Hoy en día, grupos sociales importantes reproducen la interpretación marxista de entre los años cincuenta y setenta en combinación con el discurso "libertador" de la historiografía actual.

3. El mito nacional revertido: la mitología de la resistencia

Canudos es un mito nacional brasileño. Sin embargo, es un mito que ha cambiado completamente su contenido en el transcurso de cien años. Primero fue un mito republicano, de la narración "orden y progreso", lema positivista que se mantiene hasta hoy en la bandera nacional; y después pasó a ser un mito de la izquierda, sin embargo bastante abierto a diversas interpretaciones, porque no existe un consenso claro sobre qué tipo de lucha popular representó Canudos. Pero en cualquier caso se trata de una lucha de "los de abajo" contra "los de arriba".

---

5   Otten (1990); Arruda (1993); Villa (1995).

Así, no puede sorprender que Canudos sea un recurso mítico-simbólico de primer orden para grupos trabajando en la reforma agraria o para la oposición política en general. Son muchísimos los ejemplos. En los años ochenta, surgió en Bahía un movimiento de base llamado "Novo Movimento Histórico de Canudos", encabezado por el padre católico Enoque de Oliveira (posteriormente expulsado de la Iglesia). Publicó un manual en el cual reconstruyó Canudos como una historia lineal de lucha por el socialismo en el campo, sin dejar en blanco la juventud del Consejero: "Desde jovem, Conselheiro se entrega de corpo e alma à luta contra as injustiças sociais e o atraso planejado. A firmeza com que defende os oporimidos fez dele o grande profeta dos retirantes do sertão".[6]

La federación sindicalista CUT (Central Única dos Trabalhadores) le da un nombre a su plenaria nacional año tras año. En 1997, no podía dejar de llamarse "Canudos". El importante Movimento dos Trabalhadores Rurais Sem Terra (MST) no sólo ha producido diversos materiales sobre Canudos,[7] sino que en todas sus manifestaciones se refiere a Canudos como a un antepasado directo del propio MST en la lucha por la tierra.[8] Con apoyo profesional-académico, se ha creado una genealogía de la reforma agraria, escribiendo una historia de "500 anhos de luta pela terra".[9] En 1999, una de las más grandes "ocupaciones" del MST en el estado de São Paulo, un campamento ejemplar que ha tratado de reintegrar instituciones educativas de diversos tipos, fue denominado "Nova Canudos". La primera escuela construida fue bautizada "Escola Antonio Conselheiro". Universidades como la Universidade Metodista de Piracicaba (UNIMEP) participaron directamente en la reproducción de esta memoria histórica, entre otras para realizar la "Escola de Formação Permanente Nova Canudos". Son éstos sólo algunos ejemplos de una larga cadena.

---

6   Coordenação do Novo Movimento Histórico de Canudos (1986: 6). Del mismo modo, véase Movimento dos Trabalhadores Rurais Sem Terra (1993: 5): "Desde a juventude percebeu as injustiças praticadas no sertão contra o povo pobre".
7   Véase, p.e., Movimento dos Trabalhadores Rurais Sem Terra (1993).
8   Véase, p.e., História do MST, en: <http://www.mst.org.br/historico/historial. html>.
9   Mançano (s.f.); Câmara (s.f.); en forma de libro recién publicado: Moura (2001).

4. La flexibilidad del discurso del poder

Así, lo que al principio era un "contradiscurso", a la larga resultó victorioso y se tornó hegemónico, excluyendo de la actual discusión sobre Canudos aquellas voces que todavía ven el *sertão* como foco de atraso y de bandolerismo y que están convencidos de la necesidad de una represión estatal contra movimientos populares. En 1993, Canudos fue tema de una sesión especial de la Cámara Nacional Brasileña. Parece lógico que la gran mayoría de los ponentes fueran originarios de Bahía (6 de 9). Pero es expresión de esta hegemonía que la gran mayoría fueran, además, de partidos de la izquierda: 2 del Partido dos Trabalhadores (PT), 1 del Partido Comunista do Brasil (PcdoB), 1 del Partido Socialista Brasileiro (PSB), 1 del Partido da Social Democracia Brasileira (PSDB). Los partidos de la derecha, los partidos representantes de los latifundistas, en su mayoría se ausentaron. Tomaron la palabra un monarquista y, como presidente de la Cámara, Inocêncio Oliveira del Partido da Frente Liberal (PFL), partido de la derecha en la coalición gubernamental.[10]

El discurso de Oliveira es particularmente interesante, porque, oriundo del *sertão* de Pernambuco, estado vecino a Bahía, no estaba solamente envuelto en un escándalo de corrupción relacionado con dinero público destinado al *sertão*, sino que además es uno de los más grandes latifundistas del país. Empieza con una lúcida observación acerca de los efectos de los discursos dominantes: "A História, escrita que é pelo dominador e pelo vencedor, deserda de qualquer mérito o dominado e o vencido, o exclui de suas páginas, ou, pior, o define pária, de seu tempo e dos seguintes".[11]

Aplicando esto a Canudos, dice en seguida:

> A figura de Antonio Conselheiro foi apresentada [...] como um simples místico tresloucado, pernicioso à sociedade estabelecida, e, portanto, passível [...] do puro extermínio. Os seguidores do Conselheiro, a história oficial os classifica como um bando de fanáticos.[12]

Hecha la reverencia al discurso dominante, no va adelante. "Há que se buscar lições para o Nordeste [...] em proveito de todo o povo brasilei-

---

10 Véase Câmara dos Deputados (1994).
11 Câmara dos Deputados (1994: 7).
12 Câmara dos Deputados (1994: 8).

ro",[13] pero esto es sólo una consigna que oscurece en vez de revelar las "lecciones" señaladas y evita cualquier alusión a las cuestiones político-sociales que están a la orden del día.

Esto lo hacen sin vacilar los oradôres siguientes, atribuyendo a Canudos los asuntos políticos que les interesan, sobre todo la causa de la reforma agraria. El discurso de los políticos de la izquierda reproduce el discurso del MST, ostentando incluso su origen en la historiografía marxista:

> Falo de um profeta que há cem anos percorreu o áspero sertão do Nordeste pregando justiça, palavra que para ele era quase sinômino de terra. [...] Este santo bolchevique, khmer vermelho e sebastianista soube criar uma epopéia a partir de um material raquítico e se transformou num grito de liberdade, irmão de outros gritos que atendem pelonome de Zapata, Pancho Villa, Colo Colo, Lautaro, Tupac Amaru e Lampião, cujo destino é ressoar eternamente na memória da humanidade.[14]

Reproduce el diputado, como otros después, la genealogía de la lucha por la reforma agraria, en la cual Antonio Conselheiro ocupa un espacio privilegiado.[15] Para continuar la multiconectibilidad de la figura del Consejero, faltaba sólo la conexión con el máximo líder de los quilombos, de las "repúblicas de esclavos", Zumbi, en los siglos XVII y sucesivos, la cual estableció otro diputado.[16] La historia de Canudos funciona en este discurso como símbolo de todas las luchas sociales del pasado y del presente, un símbolo didáctico y universal de la historia brasileña:

> Se a História realmente é mestra da vida, o episódio de Canudos e a trajetória de Antônio Conselheiro hão de nos servir para alguma coisa, no mínimo para entermos que as condições que propiciaram a convergência, a fixação e o posteriror extermínio de toda uma raça de excluídos não se modificaram, antes foram exacerbadas pela maior concentração de riquezas nas mãos de uns poucos e pela proliferação de milhares de outros bandos de sem-terra, sem-teto, sem-pão, sem-escola e sem-voz a constituir, de norte a sul deste país, o imenos e terrível bando dos sem-nada e dos sem-esperança-de-nada.[17]

---

13 Câmara dos Deputados (1994).
14 Discurso de Jaques Wagner (PT-BA), en: Cãmara dos Deputados (1994: 12).
15 Véase también el mismo discurso (Câmara dos Deputados 1994: 14-16).
16 Discurso de Uldurico Pinto (PSB-BA), en: Câmara dos Deputados (1994: 26-27).
17 Discurso de Alcides Modesto (PT-BA), en: Câmara dos Deputados (1994: 41-42).

La hegemonía del discurso "progresista" en la conmemoración de la guerra de Canudos es patente en las palabras de uno de los mayores representantes de las viejas oligarquías políticas de Bahía, del ex gobernador y ex senador Antônio Carlos Magalhães, que consideró al Consejero "como um expoente na luta pela liberdade contra a opressão".[18]

En 1993, año de este debate parlamentario, empezó la campaña por las elecciones en el Brasil. Los dos candidatos para la presidencia más fuertes, Luis Inácio "Lula" da Silva y el futuro presidente Fernando Henrique Cardoso, reconocían el potencial simbólico-colectivo de Canudos. Cardoso optó por abrir su campaña bahiana en Canudos, prometiendo asfaltar el pedazo que faltaba para ligar Canudos a la carretera federal. Lula también pasó por Canudos en su campaña. Puso de relieve el discurso del Consejero como revolucionario social. Llevó a la escena una Santa Cena socialista, repartiendo pan entre el público y declamando: "El color rojo de la bandera del PT es la sangre de Jesús Cristo en la cruz".[19]

5. El resurgimiento de los viejos discursos

Para el presidente del país, Fernando Henrique Cardoso (1996), Canudos representa el "otro Brasil" que denomina "arcaico", el reverso del Brasil en progreso. El presidente-sociólogo aplica la vieja visión modernizadora que establece la nítida separación del país en una parte moderna, avanzada, y una parte arcaica, atrasada, subdesarrollada. Y aunque reconozca que el progreso ha traído pocos beneficios a los habitantes del "otro Brasil", este discurso modernizador sitúa a los herederos de Canudos fuera del modelo de nación. Son, en efecto, los brasileños del futuro.

Son evidentes las similitudes en el tratamiento que reciben Canudos y el MST, respectivamente. Desde que el MST organizó una marcha de 100.000 personas a Brasilia en contra de la política neoliberal del gobierno, este movimiento se articuló como la única oposición política efectiva –frente a una oposición parlamentaria totalmente paralizada– y se tornó el enemigo principal del presidente. Para Cardoso, el MST defiende una demanda importante –la reforma agraria–,

---

18 Citado por Tourinho Dantas, en: Câmara dos Deputados (1994: 21).
19 *Folha de São Paulo*, 2 de mayo de 1993.

pero esta "é do século XIX, e o MST usa métodos de demandar do século XIX" (Cardoso/Toledo 1998: 274-275, 321). Si al mismo tiempo se autoelogia por haber creado un ministerio de la Reforma Agraria y por haber asentado más familias sin tierra que todos los gobiernos anteriores juntos (Cardoso/Toledo 1998: 319-327), revela este esfuerzo como populismo en discordancia con su propia convicción. Como no incluye la cuestión de la distribución de la tierra en su proyecto modernizador, es consecuente que sitúe al MST en el ámbito del "otro Brasil", del Brasil todavía no llegado, del "Brasil-obstáculo" a la modernización necesaria. Las analogías entre el MST y Canudos son otras: el Estado se ha tornado la principal instancia represiva contra el MST, trátese de la represión política o de la física. El Estado procura criminalizar el movimiento en su totalidad, usando hasta acusaciones absurdas, como el tráfico de drogas o la formación de guerrillas. Es una práctica común el no respetar del *habeas corpus* para los líderes presos sin acusación concreta (Hees 1998).

Es evidente aquí que bajo la aparente proximidad de las palabras continúan las viejas líneas de los diferentes discursos. El diputado monarquista Cunha Bueno repite el discurso monarquista del fin del siglo XIX, denunciando "el carácter positivista" de la República, responzabilizándola, como sistema de gobierno, de masacres diversas, desde la revuelta de la Marina en 1895, pasando por los homicidios de la dictadura militar en los años 70, llegando a la existencia de las favelas y de los *sem-terra*. El presidente Cardoso reconoce, como sociólogo, el carácter mítico nacional de Canudos y no supera la vieja visión de los "dos Brasiles",[20] poniendo a los canudenses, como lo hizo el discurso durante la guerra, fuera de la nación, o por lo menos fuera de lo que considera el verdadero Brasil.

Quizás lo mas comprensible es el vigor del discurso revolucionario sobre Canudos y el Consejero. La historia brasileña es rica en levantamientos y revueltas populares, mas pobre en grandes héroes populares. Se entiende la necesidad de explorar e sobredimensionar el potencial simbólico de la guerra de Canudos, presentando a Mendes Maciel como a un líder de masas, aunque el Maciel histórico, si bien no cerraba los ojos ante las injusticias sociales, se interesaba en la tierra principalmente por la penitencia preparatoria para el juicio final

---

20 Incluso cita expresamente el libro que acuñó esta expresión (Lambert [9]1976).

y probablemente nunca aludió a la cuestión de su propiedad. Sin embargo, es inseparable de la figura histórica de Antônio Conselheiro, de la historia rica de su recepción. Y ciertamente coincide con el MST en el propósito común de articular los intereses y las necesidades de la gente pobre del campo. Y denominarla, para el siglo XIX, una gente "sin tierra", es un dado de la historia social empíricamente correcto.

Bibliografía

Arruda, João (1993): *Canudos. Messianismo e conflito social*. Fortaleza: Edições UFC/SECULT.

Câmara, Antônio (s.f.): "A atualidade da reforma agrária – de Canudos aos Sem-Terra: a utopia pela terra". En: *Olho da História*, 3, <http://www.ufba.br/~revistao/03camara.html>.

Câmara dos Deputados (eds.) (1994): *Centenário de fundação do arraial de Belo Monte, em Canudos*. Brasília: Centro de Documentação e Informação, Coordenação de Publicações.

Cardoso, Fernando Henrique (1996): "Epopéia trágica tornou-se mito nacional". En: *O Estado de São Paulo*: 4 de agosto de1996, p. D 16.

Cardoso, Fernando Henrique/Toledo, Roberto Pompeu de (1998): *O Presidente segundo o sociólogo. Entrevista de Fernando Henrique Cardoso a Roberto Pompeu de Toledo*. São Paulo: Companhia das Letras.

Coordenação do Novo Movimento Histórico de Canudos, eds. (1986): *Noventa anos depois... Canudos de novo*. Salvador: s.e.

Cunha, Euclides da (1985): *Os sertões*. Edição crítica por Walnice Nogueira Galvão. São Paulo: Brasiliense.

Della Cava, Ralph (1968): "Brazilian Messianism and National Institutions: A Reappraisal of Canudos and Joaseiro". En: *Hispanic American Historical Review*, 48/3, pp. 402-420.

Facó, Rui (1958/59): "A guerra camponesa de Canudos (1896-1897)". En: *Revista Brasiliense*, 20, pp. 128-151; 21, pp. 162-183.

— (1972): *Cangaceiros e fanáticos. Gênese e lutas*. Rio de Janeiro: Civilização Brasileira (3ª ed.).

Freyre, Gilberto ([1944] 1987): "Euclides da Cunha". En: *idem: Perfil de Euclides e outros perfis*. Rio de Janeiro: Ed. Record, pp. 17-69.

Hees, Wolfgang (1998): "Der gewaltlose Kampf der brasilianischen Landlosen". En: *Friedensforum*, 5, <http://www.friedenskooperative.de/ff/ff98/5-24.htm>.

Lambert, Jacques (1976): *Os dois Brasis*. Rio de Janeiro: Centro Brasileiro de Pesquisas Educacionais (9ª ed.).

Levine, Robert M. (1992): *Vale of Tears. Revisiting the Canudos Massacre in Northeastern Brazil, 1893-1897*. Berkeley/Los Angeles/Oxford: University of California Press.

Dawid Danilo Bartelt

Madden, Lori (1991): "Evaluation in the Interpretations of the Canudos Movement: An Evaluation of the Social Sciences". En: *Luso-Brazilian Review*, 28/1, pp. 59-75.

Mançano, Bernardo (s.f.): *Brasil: 500 anos de luta pela terra*, <http://www.mst.org.br/biblioteca/textos/reformagr/500anos.html>.

Moniz, Edmundo (1984): *Canudos: A luta pela terra*. São Paulo: Global (3ª ed.).

— (1987): *Canudos. A guerra social*. Rio de Janeiro: Elo (2ª ed.).

Moura, Clóvis (2001): *Sociologia política da guerra camponesa de Canudos. Da destruição do Belo Monte ao aparecimento do MST*. São Paulo: Editora Expressão Popular.

Movimento dos Trabalhadores Rurais Sem Terra (1993): *Canudos não se rendeu. 100 anos de luta pela terra*. São Paulo: s.e.

Otten, Alexandre (1990): *"Só Deus é grande". A mensagem religiosa de Antonio Conselheiro*. São Paulo: Loyola.

Pessar, Patricia R. (1981): "Unmasking the Politics of Religion: The Case of Brazilian Millenarism". En: *Journal of Latin American Lore*, 7/2, pp. 255-278.

— (1991): "Three Moments in Brazilian Millenarianism: The Interrelationsship Between Politics and Religion". En: *Luso-Brazilian Review*, 28, pp. 95-116.

Queiroz, Maria Isaura Pereira de (1977): *O messianismo no Brasil e no mundo*. São Paulo: Alfa-Ómega (2ª ed.).

— (1993/94): "D. Sebastião no Brasil". En: *Revista USP*, 20, pp. 28-41.

Ribeiro, René (1962): "Brazilian Messianic Movements". En: Thrupp (ed.), pp. 55-69.

Thrupp, Sylvia L. (ed.) (1962): *Millennial Dreams in Action. Essays in Comparative Study*. The Hague: Mouton & Co.

Villa, Marco Antonio (1995): *Canudos. O povo da terra*. São Paulo: Ática.

Thomas Fischer

La rebelión de los débiles: la lucha latinoamericana contra el intervencionismo militar estadounidense en los años veinte del siglo pasado

1. Introducción

En el presente trabajo se pretende analizar las relaciones de poder en la esfera política internacional. Según Max Weber, los Estados son aquellas instituciones burocráticas racionales que reúnen el monopolio legítimo de poder y como tales defienden la soberanía westfaliana hacia adentro y hacia afuera. Sabemos que se trata de un modelo idealizado que no encaja bien con la realidad latinoamericana de los siglos XIX y XX. En lo referente a la soberanía hacia adentro, puede afirmarse que las instituciones estatales han tenido grandes problemas para consolidarse debido a diferencias de principio en cuanto a las ideas directrices del Estado y a sus tendencias de excluir gran parte de las clases bajas y los grupos étnicos de las decisiones políticas y de los beneficios económicos. En cuanto a la soberanía hacia afuera, puede constatarse que ésta también ha tenido límites, puesto que la asimetría entre las grandes potencias y los países menos poderosos favoreció a los primeros.[1] En otras palabras, en América Latina hay que tomar en cuenta la condición particular de Estados débiles. En este estudio, pues, se analizan las relaciones de poder desde la perspectiva y la actuación de los –efectivamente o presuntamente– dominados.

La siguiente exposición se centrará en los esfuerzos políticos latinoamericanos para afrontar el intervencionismo militar estadounidense en los años veinte del siglo pasado, justificado por Estados Unidos como necesidad para defender la propia seguridad y los intereses nacionales en todo el continente.[2] En esta época la presencia de protago-

---

1 Véanse, p.e., Bernecker/Tobler (1996: 3-255).
2 En cuanto a la justificación del intervencionismo militar estadounidense en América Latina a partir de 1823, véase Dent (1999).

nistas estadounidenses en la economía, la sociedad y la política aumentó de tal manera que los actores europeos (debilitados por la Gran Guerra) quedaron relegados a un segundo plano.[3] Esta fuerte presencia contribuyó a la resistencia discursiva y práctica de algunos sectores de la población latinoamericana que consideraba la presencia de los Estados Unidos como obstáculo para la modernización nacional.[4] En particular, los nacionalistas censuraban tres aspectos de la dominación estadounidense: la superioridad económica y los intereses geoestratégicos que en ocasiones fueron impuestos a través de medidas militares *(imperialismo)*; la incorporación de Latinoamérica en el concepto de seguridad continental bajo la dirección unilateral de Estados Unidos *(monroísmo)* y finalmente la presunta superioridad de los bienes y valores norteamericanos expuestos de manera provocativa por muchos protagonistas estadounidenses *(yanquismo)*.

El punto álgido en este debate −siempre basado en argumentos morales− fue alcanzado sin lugar a dudas tras el desembarque de la flota estadounidense en Nicaragua en agosto de 1926, apenas un año después de la retirada de los marines. El movimiento guerrillero opuesto a la intervención militar estadounidense liderado por Augusto César Sandino tuvo aparentemente un efecto muy fuerte tanto en la discusión pública como en la diplomacia latinoamericana. Por esta razón, se analizará primero la campaña antiintervencionista de Sandino y su impacto en la esfera pública latinoamericana y luego la diplomacia antiintervencionista latinoamericana durante la Sexta Conferencia de Estados Americanos en La Habana.

---

3   Tulchin (1971); Rosenberg (1987); Smith (1996: 54-62); Schoultz (1998: 253-289); Langley (1990: 110-132).
4   Véanse los ejemplos dados por O'Brien (1999: 73-88). Hay que resaltar que la lucha contra el dominio extranjero ha sido un elemento constitutivo de la identidad nacional desde las guerras de independencia latinoamericanas; véanse los ejemplos dados por König (1988).

2. La resistencia de Sandino contra el intervencionismo estadounidense y su repercusión en el resto de América Latina

Según altos funcionarios de Estados Unidos, la razón que justificó el regreso de las tropas estadounidenses a Nicaragua en 1926 fue que el presidente de facto, el conservador Emiliano Chamorro, había asumido el poder gracias a una rebelión contra Carlos Solórzano.[5] Los Estados Unidos, México y otros países del istmo negaron el reconocimiento diplomático de Chamorro. A raíz de todo ello, partiendo de la costa atlántica y con apoyo del gobierno mexicano de Plutarco Elías Calles (1924-1928), los liberales comenzaron una campaña militar contra Chamorro. Forzado por los Estados Unidos, éste tuvo que ceder. El 11 de noviembre el Parlamento eligió al conservador Adolfo Díaz como sucesor. Los Estados Unidos lo reconocieron como presidente encargado de continuar con la labor de Solórzano. Para entonces, los *marines* se habían instalado en Managua y habían declarado las ciudades más importantes "zonas neutrales". Juan Bautista Sacasa, un liberal, proclamó un gobierno alternativo el 1 de diciembre de 1926. Se estaba fraguando, de esta suerte, la guerra civil,[6] con fuerte participación externa tanto por el bando liberal (apoyado por México) como por el conservadoro (apoyado por EE.UU.).

Diplomáticos estadounidenses ejercieron una fuerte presión para que los países centroamericanos reconocieran el gobierno de Díaz. El gobierno salvadoreño de Alfonso Quiñónez Molina (1923-1927), la administración de Miguel Paz Baraona (1925-1929) en Honduras y el gobierno guatemalteco de José María Orellana (1922-1926) accedieron a este requerimiento, mientras que Ricardo Jiménez Oreamuno (1924-1928) de Costa Rica vacilaba. Este último se encontraba en un conflicto, pues, por un lado, temía un gobierno "marioneta" de los Estados Unidos en el país vecino –así era considerada la administración de Díaz– y, por otro lado, también quería evitar un régimen liberal apoyado por el México revolucionario. Jiménez Oreamuno más que nada quería evitar una escalación que traspasara las fronteras. En mayo de 1927, Henry L. Stimson, enviado especial de los Estados

---

5   Véanse Salisbury (1989: 67-98) y Schoultz (1998: 260-264); en cuanto al papel de EE.UU.; Langley (1983: 193-203); en cuanto al papel de México, también Buchenau (1996: 165-183) y Salisbury (1986: 319-339).
6   Langley (1983: 181-192).

Unidos, negoció una tregua con los liberales alzados en armas con la condición de que los Estados Unidos aceptaran una eventual victoria liberal en las elecciones de 1928.

El liberal Augusto César Sandino y algunos seguidores rechazaron este acuerdo y continuaron la campaña militar cada vez más dirigida contra las compañías y el ejército estadounidenses. Esta rebelión acabó convirtiéndose, en la región de Segovia, en un movimiento que pretendía interpretar de manera auténtica el sentimiento nacional y que contaba con una amplia participación. La protesta no sólo se dirigió contra el intervencionismo estadounidense (con cerca de 1.200 marineros norteamericanos en Segovia en 1929), sino también contra "las oligarquías nicaragüenses" y sus nuevos guardianes, la Guardia Nacional, fundada por EE.UU. en 1927 con muchos miembros reclutados en Segovia. Las "oligarquías" fueron acusadas del mal manejo de los asuntos internos del país. Una de las primeras acciones dirigidas por Sandino fue la ocupación de una mina de propiedad estadounidense en Segovia.

El vocabulario con que Sandino trataba de legitimar su actuación era claramente antiimperialista. En un manifiesto calificó a G. D. Hatfield, el comandante de los marines en Segovia, de "miserable lacayo de Wall Street", "sicario de Coolidge" y "degenerado pirata".[7] De esta manera trató de denunciar públicamente la explotación económica del país por empresas y potencias norteamericanas y sus guardianes militares. La rebeldía de los alzados en armas se justificó con la lucha contra los "invasores". Sandino hizo valer el "decoro nacional" y la "soberanía de la patria" a diferencia de las élites oligárquicas. Pretendió defender la verdadera patria, la que percibía como resultado de un proceso de mestizaje biológico y cultural de las razas indígenas americanas y españolas, contra el norteamericanismo cuya expresión más manifiesta era la fuerza de ocupación norteamericana. Su hermano, Sócrates Sandino, aclaró en un artículo publicado en Buenos Aires: "Su tropa más que nicaragüense, es indoamericana, como mi hermano llama a los pueblos de habla hispana".[8] Y agregó: "Mi hermano no

---

7   "A mis compatriotas nicaragüenses, [ca. 14 de julio de 1927]". En: Sandino (1981: 125).
8   "Vida del General Augusto César Sandino". En: *La Prensa*, Buenos Aires, 19 de febrero de 1928.

odia a los Estados Unidos, pero no los quiere ver entremetidos en las cuestiones que son de Nicaragua solamente".[9]

El pensamiento moral y el lenguaje patriota de Sandino calaron en quienes estaban insatisfechos con las clases dirigentes del país.[10] Su personalidad carismática tuvo un fuerte impacto en la población del norte de Nicaragua. Pero también el eco favorable que encontró en la prensa del resto de América Latina, impresionada por la soberbia de este rebelde y su disposición a sacrificarse para llamar la atención del mundo, alcanzó un nivel considerable.[11] En conocidos periódicos tales como *Repertorio Americano* (San José de Costa Rica), *El Espectador* (Bogotá), *El Tiempo* (Bogotá) y *Excélsior* (ciudad de México) se publicaron homenajes sobre el rebelde centroamericano.[12]

Entre 1927 y 1928, Latinamérica experimentó una notoria proliferación de comités de apoyo a favor de Sandino, en cuyas filas se alistaron muchos trabajadores e intelectuales. El movimiento liderado por Sandino se convirtió en un símbolo de resistencia subalterna –"patriótica" en el lenguaje de Sandino– contra el intervencionismo hegemónico norteamericano en toda Latinoamérica. La narrativa y la actuación sandinista de resistencia frente a las "brutales e incultas oligarquías e invasores" proporcionaran vehículos poderosos de memoria colectiva.[13] Por otro lado, algo parecido ocurrió en las filas de los somozistas quienes condenaron a los "bandidos particulares y antiprogresistas" (Schroeder 1998: 213).

---

9   *Ibíd.*
10   Wünderich (1995: 66); Navarro-Génie (2002: 19-61). El último autor subraya la
     dimensión mesiánica de la rebelión liderada por Sandino.
11   Es curioso que este aspecto del sandinismo no se haya investigado hasta ahora
     con criterios científicos.
12   "El último rebelde". En: *Repertorio Americano*, San José de Costa Rica, 19 de
     julio de 1927 [tomado del *Espectador*, Bogotá]; Máximo Soto Hall: "La verdad
     sobre el patriota general Sandino". En: *La Prensa*, Buenos Aires, 5 de noviembre
     de 1928; "El Dr. Pedro J. Zepeda, que fue Ministro del Dr. Sacasa en México,
     declara que Sandino es un patriota que sólo defiende a su país". En: *Excélsior*,
     ciudad de México, 6 de enero de 1928; León Fernández Guardia: "Sandino el re-
     belde". En: *Excélsior*, Ciudad de México, 6 de enero de 1928; América Latina y
     el sacrificio de Sandino. En: *El Tiempo*, Bogotá, 7 de enero de 1928.
13   La noción "memoria colectiva" se refiere al concepto elaborado por Maurice
     Halbwachs (1950).

Ilustración 1: Sandino en la prensa latinoamericana

Fuente: La Prensa, Buenos Aires, 22 de enero de 1928. En el comentario adjunto a esta foto se leía: "General Augusto C. Sandino, jefe de las tropas nicaragüenses que combaten contra las tropas desembarcadas por los Estados Unidos en territorio de su patria. Dibujo hecho según un retrato tomado en su campamento de Segovia y publicado recientemente en un diario nicaragüense".

3. La diplomacia antiintervencionista en la Sexta Conferencia de Estados Americanos

En este contexto tuvo lugar en La Habana, en enero y febrero de 1928, la Sexta Conferencia de Estados Americanos.[14] Se realizó en medio de múltiples actos panamericanos llevados a cabo por iniciativa de los Estados Unidos y con irregulares intervalos de tiempo.[15] Los iniciadores justificaron este concepto alegando que sistemas similares de gobierno y valores llevaban a un acercamiento continental. El interés de los Estados Unidos en el panamericanismo consistía principalmente en el intento de acomodar los mercados emergentes de Latinoamérica al mercado de Estados Unidos.

La crítica hacia el panamericanismo no se dirigía contra la integración continental en sí misma, sino que cuestionaba –en la tradición del nacionalista cubano José Martí– los medios empleados para lograr este continentalismo. En su ensayo *Nuestra América*, publicado en 1891 tanto en periódicos mexicanos como neoyorquinos, Martí ya había instado al público latinoamericano a no subordinarse a los intereses estadounidenses a fin de guardar la dignidad nacional y la capacidad de autodeterminación.[16] Las sociedades latinoamericanas deberían aspirar ante todo, gracias a los esfuerzos educativos, a un auténtico modelo de desarrollo. Como la mayor parte de los intelectuales latinoamericanos, Martí no era un crítico de los Estados Unidos por razones de principio, pero condenaba sin embargo su política de poder.

Sobre las delegaciones latinoamericanas en La Habana se ejerció una gran presión, para que no se limitaran solamente a mantener bonitos discursos sobre la unión de los pueblos del continente americano y a firmar convenciones sobre el estrechamiento de las relaciones eco-

---

14 Llama la atención que muy poco se ha investigado sobre esta conferencia. Tan sólo David Sheinin (1989), en su estudio sobre el caso particular de Argentina, y Lars Schoultz (1998), en su visión global de las relaciones interamericanas, analizan esta conferencia. En cambio, Mark T. Gilderhus (2000) ni siquiera menciona dicha conferencia en su historia de las relaciones interamericanas desde 1889.

15 En cuanto al desarrollo del panamericanismo, véanse Gilderhus (1986) y Sheinin (2000).

16 Martí, quien temía la anexión de Cuba por EE.UU., había participado como observador en el Primer Congreso de Estados Americanos y había fracasado en su intento de ganar apoyo para el movimiento independentista de la entonces colonia española (Santí 1998: 179-190).

nómicas. Ante todo, debían expresar su condena al intervencionismo norteamericano.[17] Para *El Mercurio* de Santiago de Chile el problema central de la conferencia consistía en la siguiente disyuntiva:

> [...] si ésta y las futuras Conferencias Panamericanas se referirían, como las cinco Conferencias precedentes, principalmente a cuestiones económicas, comerciales y humanitarias, o si entrarán más definitivamente al campo político y tratarán de solucionar los problemas políticos existentes entre las naciones americanas.[18]

Característico de la inquietud acerca de la actuación de los delegados latinoamericanos en Nicaragua fue el artículo "América Latina y el sacrificio de Sandino", publicado primero en Bogotá y después en San José de Costa Rica.[19] Su autor se mostraba sorprendido por el silencio de Latinoamérica frente a la invasión de Nicaragua por marines estadounidenses y el bombardeo de las milicias de Sandino y de civiles nicaragüenses. Mientras los delegados de los países hispanohablantes de Latinoamérica viajaban a La Habana para escuchar las "declaraciones de fraternidad, de respeto y de cariño de los representantes de la Casa Blanca", Sandino sacrificaría su propia vida y las vidas de sus compañeros mestizos en una batalla heroica. El autor expresó su consternación ante la idea de que los delegados latinoamericanos en La Habana tuvieran que soportar, dentro del programa previsto,

> [...] que la desventura de la América Latina llegue hasta tal extremo de que los representantes latinoamericanos en la conferencia se callen o se les haga callar, escondan o se les impida mostrar la herida sangrante que las hazañas del imperialismo yanqui en Centroamérica han abierto en el alma de la raza.

Con la llegada de delegaciones estadounidenses el 15 de febrero de 1928 se enturbiaron las pacíficas intenciones del gobierno americano. No hay duda de que las delegaciones presentes le hicieron al presidente Calvin Coolidge (1923-1929), que fue acompañado por el secretario de Estado Frank B. Kellogg (1925-1929), los honores de apertura de

---

17 "Apreciaciones de diarios sudamericanos sobre la política que seguirán las delegaciones en cuanto a la cuestión entre Nicaragua y la Unión". En: *La Prensa*, Buenos Aires, 13 de enero de 1928.

18 "El verdadero problema que se planteará ante la presente reunión de La Habana". En: *El Mercurio*, Santiago de Chile, 15 de enero de 1928.

19 "América Latina y el sacrificio de Sandino". En: *El Tiempo*, Bogotá, 7 de enero de 1928; "América Latina y el sacrificio de Sandino". En: *Repertorio Americano*, San José de Costa Rica, 18 de febrero de 1928.

la ceremonia. El primer viaje de Coolidge al exterior señaló la importancia que daba a la formalización de las relaciones entre Estados Unidos y Latinoamérica. Pero, por otra parte, ¿qué pensar del hecho de que el presidente estadounidense entrara en el puerto de La Habana a bordo del acorazado *Texas* rodeado de otros buques de guerra?[20] ¿Debería interpretarse este gesto como una demostración del poder hegemónico, o fue la señal intencionada de Washington de que los Estados Unidos se encontraban en guerra? ¿Acaso desconfiaba la delegación estadounidense de las medidas de seguridad del anfitrión cubano? Tales eran las inquietudes de los representantes de los gobiernos y la prensa latinoamericanos causadas por la llegada de la delegación estadounidense.

Ilustración 2: La llegada de Coolidge a la Sexta Conferencia de los Estados Americanos

Fuente: La Nación, Buenos Aires, 18 de febrero de 1928.

Las palabras con las que Coolidge se dirigió a los delegados de los diferentes países de América Latina y al resto de los 7.000 asistentes al acto celebrado en el Teatro Nacional no sirvieron para disipar la

---

20 Véase en cuanto a la llegada de Coolidge en La Habana la descripción detallada "Coolidge llegó a la capital de Cuba a bordo del acorazado Texas". En: *La Nación*, Buenos Aires, 16 de enero de 1928.

desconfianza que la llegada de la delegación norteamericana había provocado, a pesar del tono conciliador del discurso del presidente. Coolidge resaltó la importancia de las necesidades democráticas y de los esfuerzos para la paz en América.[21] Estos puntos, monótonamente leídos, fueron bien acogidos por algunos delegados latinoamericanos,[22] y también algunos comentarios en la prensa latinoamericana (principalmente del Brasil) les dieron una interpretación optimista. Pero lo cierto es que los analistas en su mayoría dudaban de que aquellos himnos a la confraternidad de los pueblos americanos tuvieran como consecuencia un cambio fundamental a favor de la cooperación común.[23] Un periodista mexicano que escribió para el periódico colombiano *El Tiempo* se asombraba de cómo Coolidge evitó mencionar la intervención de Nicaragua en un discurso de 4.000 palabras.[24] En el periódico bonaerense *La Prensa* se comentó: "Hermosas palabras que tendrían tanto más valor real cuanto menos frecuentes fuesen los hechos susceptibles de destruir su significación en la mente un poco escéptica de las generaciones actuales".[25] En *El Universal* (ciudad de México) apareció una cínica caricatura referente al "mensaje de paz y cordialidad", que representaba al Tío Sam disparando una bala de cañón como "mensaje de paz" hacia Nicaragua desde las tierras estadounidenses, simbolizadas por la estatua de la Libertad de Nueva York, que estaba "iluminando el mundo".

---

21 *Diario de la VI Conferencia Internacional Americana*, n° 2, 17 de enero de 1928, p. 14.
22 Así fue la impresión del delegado colombiano Jesús María Yepes (1930: 203-204).
23 "Artículos de algunos diarios de países latinoamericanos". En: *La Prensa*, Buenos Aires, 18 de enero de 1928; "Sigue siendo tema de comentarios por parte de la prensa europea y americana el discurso del presidente de Estados Unidos, Mr. Coolidge". En: *La Prensa*, Buenos Aires, 20 de enero de 1928.
24 "En cuatro mil palabras el presidente no aludió a Nicaragua ni a la intervención". En: *El Tiempo*, Bogotá, 17 de enero de 1928.
25 "Algunas consideraciones sobre los discursos de los presidentes de Cuba y Estados Unidos pronunciados con motivo de la sesión inaugural". En: *La Prensa*, Buenos Aires, 18 de enero de 1928.

Ilustración 3: "Un mensaje de paz y cordialidad"
[caricaturas de nuestros concursantes]

Fuente: El Universal, ciudad de México, 28 de enero de 1928.

Un día antes el mismo periódico publicó un comentario que cuestionaba seriamente las contradicciones entre el discurso y las acciones de la administración Coolidge en torno a América Latina:

> Cuando la oratoria presidencial no se pierde en un mar de vaguedades místico-sentimentales, cuando no es un simple flujo de palabras lo más imprecisas posible, entre cuyas hondas navegan los mismos lugares comunes de la retórica panamericanista, a que tan acostumbrados estamos, las contradicciones entre el dicho y el hecho salen con punzante brusquedad, pese a la blandura muelle de la literatura con que se las pretende disimular.[26]

Charles Evan Hughes, líder de la delegación americana, también se pronunció en torno a las relaciones interamericanas interpretando la

---

26 "El discurso del presidente Coolidge". En: *El Universal*, ciudad de México, 17 de enero de 1928.

cooperación óptima en el continente americano. Con ocasión de un banquete que ofreció la Cámara de Comercio Norteamericana de Cuba a los delegados de Estados Unidos y en referencia al Capitolio de Washington, el 21 de enero de 1928, Hughes circunscribió el panamericanismo como gran casa que albergaba todos los países del continente.[27] La comunidad panamericana descansaba sobre cuatro pilares que procuraban una relación de equilibrio entre los miembros, a saber: la cooperación, la buena voluntad mutua, la independencia y la estabilidad. Hughes aseguró que su país, lejos de abrigar designios políticos imperialistas o agresivos hacia la América Latina, nada deseaba tanto como ver al sur del Río Grande una familia de repúblicas independientes, fuertes, estables, prósperas y pacíficas. Pero, haciendo alusión a las invasiones en Santo Domingo, Haití y Nicaragua, insistió en que los Estados Unidos intervendrían militarmente para mantener la estabilidad y la independencia.

Al haber sido pronunciado fuera del programa oficial de la Conferencia, el discurso de Hughes no provocó reacciones inmediatas. Sin embargo, las protestas latinoamericanas no se hicieron esperar. Se le reprochaba a Hughes que estos principios, según sostenían algunos escritores, eran violados continuamente por Estados Unidos, y que por lo tanto éstos no eran capaces de mantener el desarrollo de un panamericanismo en harmonía. En un artículo publicado en *El Espectador* de Bogotá y en el *Repertorio Americano* de San José de Costa Rica, el lingüista Manuel Antonio Bonilla analizando el lenguaje de Hughes, reprendió los esfuerzos estadounidenses de hegemonía y su voluntad de "penetración" en Latinoamérica, así como la "rapacidad" y las ventajas parciales basadas en la inmensa capacidad financiera. Presagiaba que el concepto panamericano se convertiría en algo meramente ilusorio tan pronto los Estados Unidos presionaran a Latinoamérica en favor de sus propios intereses. Ello se constató en las intervenciones militares en Nicaragua y en México, así como en las ocupaciones de Haití y Santo Domingo. Desde el punto de vista latinoamericano, la justicia, la buena fe (requisito para cualquier contrato), la renuncia a intereses políticos unilaterales, el respeto mutuo y la cooperación eco-

---

27 "La Cámara de Comercio Norteamericana de Cuba ofreció un banquete a la delegación de los Estados Unidos". En: *La Nación*, Buenos Aires, 22 de enero de 1928; "Un discurso de Mr. Hughes". En: *El Día*, Montevideo, 26 de enero de 1928.

nómica[28] deberían ser condiciones básicas para una comunidad equilibrada. Una caricatura de Ricardo Rendón ilustraba el artículo de Bonilla. De acuerdo con este caricaturista colombiano, el palacio del panamericanismo fue ocupado por figuras que representaban el poder económico, político y militar de los Estados Unidos en Latinoamérica: un pulpo como símbolo del capitalismo, un águila manifestando la intención imperialista y un tanque haciendo hincapié en el poder de la armada intervencionista estadounidense. Un buque de guerra anclado al edificio indicaba las posibilidades de los Estados Unidos de actuar rápidamente fuera de sus territorios.

Ilustración 4: "Las cuatro columnas de Hughes"
(caricatura de Ricardo Rendón)

Fuente: Repertorio Americano, 17 de marzo de 1928.

---

28 "Las columnas del panamericanismo". En: *Repertorio Americano*, 1928, p. 174.

Periodistas latinoamericanos que hasta entonces habían sido escépticos respecto al papel de los delegados latinoamericanos, resultaron estar equivocados. A pesar de los esfuerzos de la delegación norteamericana, el intervencionismo se había convertido en un tópico. Aunque el Departamento de Estado no dejó opciones abiertas, la nueva intervención militar en Nicaragua se convirtió en una nueva carga para el clima en la conferencia (Niess 1989: 167-174). La Comisión Internacional de Jurisconsultos Americanos que tuvo lugar en Rio de Janeiro entre el 18 de abril y el 28 de mayo de 1927, había votado unánimamente por el siguiente artículo: "Ningún estado puede intervenir en los asuntos de otro" (Yepes 1930: 189-192). Gustavo Guerrero hizo suya esta afirmación cuando propuso en la Asamblea General del 23 de enero encabezar la convención con un preámbulo que había sido elaborado por la Comisión para la Reorganización de la Unión Panamericana. Dicho preámbulo debía destacar el reconocimiento de la autonomía y la independencia de todos los países americanos así como su igualdad en referencia a la situación legal:

> Primero: Las Repúblicas del Continente Americano reconocen que la Unión Panamericana descansa en dos postulados inconmovibles: el reconocimiento de la autonomía e independencia recíproca de todos los estados de América y su perfecta igualdad jurídica.
>
> Segundo: El Panamericanismo consiste en la unión moral de las Repúblicas de América, descansando esa unión sobre la base del más recíproco respeto y el derecho adquirido en su completa independencia.[29]

Guerrero, conocido por ser un "hombre que dice lo que piensa", justificaba la necesidad de un preámbulo argumentando de que la confianza de los pueblos latinoamericanos en el sistema interamericano debía ser reforzada.[30] Utilizando el vocabulario de la política de reconciliación que se estaba creando entre Alemania y Francia en aquel entonces, hizo referencia a unas líneas divisorias que debían ser superadas por el acercamiento panamericanista. Guerrero se refirió además al discurso dado por Hughes el 21 de enero. Según el salvadoreño los pilares del panamericanismo no estaban lo suficientemente bien anclados en el bosquejo de la convención. Una renuncia formal a la intervención remediaría este déficit.

---

29 *Diario de la VI Conferencia Internacional Americana*, n° 9, 24 de enero de 1928, p. 78.

30 *Ibíd.*

La iniciativa de Guerrero no sólo se cimentaba en el malestar difundido por la prensa liberal y socialista sobre la presencia norteamericana en Latinoamérica, sino también en su propia experiencia personal. Medio año antes había sido testigo de cómo José Matos, ministro de Asuntos Exteriores de Guatemala, fue relevado de su puesto por presión del embajador norteamericano. Matos dudaba en confirmar o no el reconocimiento del gobierno de Díaz en Nicaragua anunciado por su predecesor.[31]

Durante la conferencia en La Habana, el embajador de Estados Unidos en El Salvador apeló a Pío Romero Bosque, el presidente del país (1927-1931). Éste ofreció pedir a su diplomático rebelde que se retirase. De esta forma, Hughes creía tener controlada la situación (Sheinin 1989: 318-319). No obstante, pasó lo que Kellogg, intervencionista por cierto, quería evitar a toda costa. La propuesta de Guerrero hizo estallar la primera discusión panamericana sobre el intervencionismo militar. Aunque la mayoría de los presidentes y ministros de Exteriores latinoamericanos había hecho algunas promesas al Departamento de Estado (Sheinin 1989: 318-319), las instrucciones que dieron a sus delegados en La Habana dejaron a éstos cierto margen de interpretación. Sin embargo, aún más importante fue el hecho de que delegados tales como Honorio Pueyrredón, de Argentina,[32] Jacinto R. de Castro y Francisco J. de Peynado, de la República Dominicana, fueran estadistas nacionalistas.

Así, el primer cruce sustancial de opiniones a nivel continental sobre el intervencionismo tuvo lugar en la sesión pública de la Comisión de Derecho Público Internacional el 4 de febrero.[33] La gran mayoría de los delegados que tomaron la palabra favorecieron la fórmula que condenaba el intervencionismo como parte integral del Derecho Internacional Americano. Hay que destacar que la mayoría de los representantes de los países sudamericanos favorecieron tal fórmula por el creciente temor existente en Sudamérica de que el intervencionismo militar de Estados Unidos se extendiera más allá de su primordial espacio de interés en el Caribe. De allí que compartieron esta inquie-

---

31 Mr. Clerk Kerr to Sir Austen Chamberlain, Guatemala, 2 de junio de 1927, BDFA, part 2, series D, vol. 5, pp. 18-20.
32 Pueyrredón, embajador de Argentina en Washington, dimitió durante la conferencia dado que no consintió las instrucciones del ministro de Exteriores.
33 Véase el debate en *Memoria* (1928: 225-276).

tud con México y los países centroamericanos.[34] Sin embargo, el informe del representante del Perú causó confusión. Su proyecto no se basaba en la obra preparatoria de la Comisión de Juristas de Rio, sino que recurría a trabajos ya olvidados del Instituto Americano de Derecho Internacional de 1916. Subrayó que las naciones tenían deberes que cumplir para conseguir la no intervención. No obstante, no aclaró qué institución estaría autorizada a tomar la última decisión en el caso de dudas. Esta propuesta favorecía al unilateralismo practicado por Estados Unidos, Jesús María Yepes (1930: 236), delegado de Colombia escribió: "La proposición Maúrtua equivalía a sustituir la sustancia por la sombra, y en este caso talvez por la sombra de una sombra".

Al no alcanzar un entendimiento entre los delegados del Perú, Nicaragua y de Estados Unidos, por un lado, y los antiintervencionistas, por el otro, el problema se relegó a una subcomisión de la Comisión de Derecho Público Internacional (*Memoria* 1928: 221; *Report* 1928: 69). En esta subcomisión tampoco se consiguió un consenso en torno a la cuestión de la soberanía. Los delegados de El Salvador, México y Argentina defendieron una vez más la soberanía incondicional de los Estados, mientras que el representante del Perú reiteró sus reservas al respecto. Hughes, por su lado, no presenció el debate, dado que los Estados Unidos nunca aceptarían la soberanía incondicional. Se decidió entonces continuar la discusión en la séptima Conferencia Americana.[35]

Sin embargo, la discusión continuó. El 18 de febrero, cuando la Sexta Conferencia Americana ya iba a terminar, los delegados latinoamericanos aprovecharon la última sesión plenaria para demostrar su interés en prohibir intervenciones militares. Un día antes, Sandino había enviado un mensaje a los delegados latinoamericanos requiriendo "alguna acción en pro de nuestra Soberanía".[36] 17 delegados lati-

---

34 Véase la argumentación del presidente de la delegación uruguaya, José de Amézaga, en su informe para el ministro Rufino T. Domínguez. Archivo Histórico Diplomático del Uruguay, Organismos Internacionales, VI Conferencia Interamericana, CIVI.1, f. 87.
35 Las instrucciones dadas por Kellogg a Hughes le prohibieron negociar sobre el intervencionismo. Kellogg insistió que la Unión Panamericana no debería adoptar tal sesgo político. Véase The Papers of Frank B. Kellogg, Reel 30, Department of State, Office of the Secretary, [sin fecha].
36 "Mensaje al Congreso Panamericano", 17 de enero de 1928. En: Sandino (1981, I: 223).

noamericanos se levantaron por turno para lamentar en su mayoría la falta de un compromiso acerca del no intervencionismo.[37] Según Eugène Pépin, el observador oficial de Francia, este acto fue una demostración muy clara "qu'il y avait en Amérique une seule grande puissance s'arrogeant à elle-même le droit d'intervenir à son gré les affaires des autres".[38] Pero también quedó claro que algunos gobiernos de América Latina apoyaban la postura y los intereses de Estados Unidos, así que la condena unánime de la intervención unilateral resultó ilusoria.[39] Entonces Guerrero, animado por el presidente de la Conferencia, el internacionalista cubano Antonio Sánchez de Bustamante, presentó la siguiente resolución:

> La Sexta Conferencia de las Repúblicas Americanas, teniendo en consideración que en este momento ha sido expresada la firme decisión de cada una de las delegaciones de que sea consignado de manera categórica y rotunda el principio de la no intervención y la absoluta igualdad jurídica de los estados, resuelve: Ningún estado tiene derecho a intervenir en los asuntos de otro (*Memoria* 1928: 221-222).

Éste fue el momento a partir del cual Hughes ya no podía dejar la defensa del intervencionismo en manos de los representantes del Perú. Justificó –en inglés, por supuesto– la "interposition of a temporary character" de Estados Unidos cuando "government breaks down and American citizens are in danger of their lives". Con este discurso policial en la tradición del intervencionista Theodore Roosevelt destruyó los deseos de harmonía que había expresado Coolidge en la inauguración del Congreso (Yepes 1930: 268-269). Tan obvia era la discordia entre Estados Unidos y sus aliados y los críticos fundamentalistas del intervencionismo latinoamericanos. Dándose cuenta de que los delegados de América Latina no supieron hacer frente único para defender sus ideales y sus intereses, Guerrero retiró su resolución.

---

37 Véase Luis A. Bolin: "La jornada de la víspera". En: *La Nación*, Buenos Aires, 19 de febrero de 1928.
38 Eugène Pépin, en mission à la Havana, a Aristide Briand, Havana, 18 de febrero de 1928, Archives du Ministère des Affaires Étrangères, Paris CPC B. Amérique Doss. Gen. 199, f. 39.
39 Véase el comentario de la delegación chilena ante la VI Conferencia Americana en su Memoria. Archivo Histórico/Ministerio de Relaciones Exteriores de Chile, Fondo Histórico, vol. 1133 A, ff. 85-87.

4. Reflexiones finales

Llama la atención cómo la escasa literatura bibliográfica mitigó la importancia de la rebelión diplomática latinoamericana de La Habana. Por un lado, David Sheinin (1989: 286) dedica en su tesis de disertación un capítulo a la Conferencia de 1928 titulado "American [sic] Diplomatic Triumph: The Non-confrontation at Havanna, 1928". Este autor cree que en La Habana se practicó con éxito una "diplomacia de control". Según la interpretación de Sheinin, Hughes y sus aliados lograron neutralizar cualquier intento de rebelión con medidas diplomáticas. Sin embargo, como acabamos de demostrar, contrariamente a lo que dice Sheinin, sí hubo cruce de opiniones con claros rasgos de enfrentamiento: por un lado se reunieron quienes justificaban la intervención militar del poder hegemónico como servicio prestado en pro de la consolidación de las instituciones democráticas y sus benéficos resultados, y por otro lado se reunieron los críticos fundamentalistas del intervencionismo latinoamericanos, quienes insistieron en la plena libertad de cada país, sea cual fuera su capacidad para resolver por sí mismo sus dificultades y salvar sus crisis con sus propios esfuerzos. Se concuerda, por ende, con la tesis de Lars Schoultz (1998: 287), quien subraya el antagonismo manifiesto entre "United States and its toadies versus independent Latin America". Podría concluirse, pues, que los puntos de vista de los representantes estadounidenses tuvieran muy poco apoyo dentro de la comunidad diplomática latinoamericana. Pero como los delegados latinoamericanos no actuaron con unanimidad, tampoco consiguieron un éxito rotundo. Lo que sí se logró fue, sin embargo, que el concepto del panamericanismo como tal perdiera credibilidad hasta el punto de que todos los gobiernos se pronunciaran por el respeto de la soberanía de los Estados, tal como lo comentó *El Universal*:

> No ha habido, en realidad, victorias, para nadie, ni siquiera para el ideal panamericano. Y en medio del fracaso de la Sexta Conferencia, lo único que quizá se ha ganado en el orden moral es que, en el seno de ella, se hiciese sentir, frente a frente de las ambiciones imperialistas, la afirmación rotunda de la mayoría de los pueblos hispanoamericanos en cuanto a repugnar toda intervención extraña en sus asuntos propios. Se proclamó un derecho incoercible, que abrigamos el convencimiento de que ha de

surgir, firme y luminoso, cuando en conferencias futuras la interesada cuestión vuelva al tapete.[40]

La hostilidad de gran parte del mundo latinoamericano frente al intervencionismo estadounidense fue razón importante para el cambio que hicieron los gobiernos de Estados Unidos –sin Kellogg y Hughes– a partir de los años treinta. Hay que estar de acuerdo con Emiliy Rosenberg (1999: 149), quien llama la atención a la crítica en torno al imperialismo en los mismos EE.UU.: "[...] the movement drew support from academia, the popular press, specific reform organizations, labor locals, and a strong congressional group of insurgents". Aunque gran parte de la prensa estadounidense guardaba silencio sobre el choque EE.UU.–América Latina en La Habana, lo cierto es que este movimiento estaba en auge.

En la séptima Conferencia de Estados Americanos en Montevideo en 1933, el secretario de Estado, Cordell Hull, firmó una convención preparada por el Instituto Americano de Derecho Internacional. En el párrafo 8 se citaba: "Ningún Estado tiene derecho de intervenir en asuntos internos o externos de otro." A través de este documento, el poder hegemónico en el continente se comprometió a respetar la soberanía de los otros Estados. Esta garantía formal tan anhelada por los Estados latinoamericanos fue la base para la política de cooperación del poderoso "buen vecino" con los Estados en el sur del Río Bravo. Pero lo cierto es que los Estados Unidos no cedieron nada en su capacidad de imponer su propia voluntad a los estados débiles latinoamericanos, ya que disponían de otras medidas –aparte de la intervención militar– para defender sus intereses. Además, queda como irónico el hecho de que si bien el sandinismo sirvió a las élites latinoamericanas para alcanzar progresos en cuanto a la defensa de sus intereses hacia afuera, no dio buenos resultados en cuanto a la mejor representación de las clases bajas en la política interna.

---

40 "El balance de la Sexta Conferencia". En: *El Universal*, ciudad de México, 21 de febrero de 1928.

Bibliografía

Belnap, Jeffrey/Fernández, Raúl (eds.) (1998): *José Martí's "Our America". From National to Hemispheric Cultural Studies*. Durham/London: Duke University Press.

Bernecker, Walther L./Tobler, Hans Werner (1996): "Staat, Wirtschaft, Gesellschaft und Außenbeziehungen Lateinamerikas im 20. Jahrhundert". En: Bernecker/Tobler (eds.), vol. 3, pp. 3-255.

Bernecker, Walther L./Tobler, Hans Werner (eds.) (1996): *Lateinamerika im 20. Jahrhundert*. Stuttgart: Verlag Klett-Cotta (Handbuch der Geschichte Lateinamerikas, 3).

Buchenau, Jürgen (1996): *In the Shadow of the Giant. The Making of Mexico's Central America Policy, 1876-1930*. Tuscaloosa/London: University of Alabama Press.

Dent, David W. (1999): *The Legacy of the Monroe Doctrine. A Reference Guide to U.S. Involvement in Latin America and the Caribbean*. Westport, Conn./London: Greenwood Press.

Gilderhus, Mark T. (1986): *Pan American Visions. Woodrow Wilson in the Western Hemisphere, 1913-1921*. Tucson: The University of Arizona Press.

— (2000): *The Second Century. U.S.-Latin American Relations Since 1889*. Wilmington, Del.: Scholary Resources Inc.

Halbwachs, Maurice (1950): *La mémoire collective: ouvrage posthume publié par Mme Jeanne Alexandre née Halbwachs / par Maurice Halbwachs*. Paris: Presses Universitaires de France.

Joseph, Gilbert/LeGrand, Catherine/Salvatore, Ricardo D. (eds.) (1998): *Close Encounters of Empire. Writing the Cultural History of U.S.-Latin American Relations*. Durham/London: Duke University.

König, Hans-Joachim (1988): *Auf dem Wege zur Nation. Nationalismus im Prozeß der Staats- und Nationbildung Neu-Granadas 1750 bis 1856*. Stuttgart: Steiner.

Langley, Lester D. (1983): *The Banana Wars. An Inner History of American Empire 1900-1934*. Lexington: University Press of Kentucky.

— (1990): *America and the Americas. The United States in the Western Hemisphere*. Athens/London:University of Georgia Press.

Memoria (1928): *Memoria de la Secretaría de Relaciones Exteriores de agosto de 1927 a julio de 1928 presentada al H. Congreso de la Unión por Genaro Estrada*. México: Imprenta de la Secretaría de Relaciones Exteriores.

Navarro-Génie, Marco Aurelio (2002): *Augusto César Sandino. Messiah of Light and Truth*. Syracuse: Syracuse University Press.

Niess, Frank (1989): *Sandino. Der General der Unterdrückten. Eine politische Biographie*. Köln: Pahl-Rugenstein [= Kleine Bibliothek Dritte Welt, Bd. 512].

O'Brien, Thomas (1999): *The Century of U.S. Capitalism in Latin America*. Albuquerque: The University of New Mexico Press.

Report (1928): *Report of the Delegates of the United States of America to the Sixth International Conference of American States Held at Habana, Cuba, January 16 to February 20, 1928*. Washington: Government of the United States.

Rosenberg, Emily S. (1987): *World War I and the Growth of United States Predominance in Latin America*. New York/London: Garland.

— (1999): *Financial Missionaries to the World. The Politics and Culture of Dollar Diplomacy, 1900-1930*. Cambridge, Mass./London: Harvard University Press.

Salisbury, Richard V. (1986): "Mexico, the United States, and the 1926-1927 Nicaraguan Crisis". En: *HAHR*, 66/2, pp. 319-339.

— (1989): *Anti-Imperialism and International Competition in Central America, 1920-1929*. Wilmington, Del.: Scholary Resources.

Sandino, Augusto C. (1981). *El pensamiento vivo*, vol. 1. Managua: Editorial Nueva Nicaragua.

Santí, Enrico Mario (1998): "*Our America*, the Gilded Age, and the Crisis of Latinamericanism". En: Belnap/Fernández (eds.), pp. 179-190.

Schoultz, Lars (1998): *Beneath the United States. A History of U.S. Policy Toward Latin America*. Cambridge, Mass./London: Harvard University Press.

Schroeder, Michael J. (1998): "The Sandino Rebellion Revisited. Civil War, Imperialism, Popular Nationalism, and State Formation Muddied Up Together in the Segovias of Nicaragua, 1926-1934". En: Joseph/LeGrand/Salvatore (eds.), pp. 208-268.

Sheinin, David (1989): *The Diplomacy of Control: United States-Argentine Relations, 1910-1928*. Ann Arbor, Mich.: UMI.

Sheinin, David (ed.) (2000): *Beyond the Ideal. Pan Americanism in Inter-American Affairs*. Westport, Conn./London: Greenwood Press.

Smith, Peter H. (1996): *Talons of the Eagle. Dynamics of U.S.-Latin American Relations*. New York/Oxford: Oxford University Press.

Tulchin, Joseph S. (1971): *The Aftermath of War: World War I and US policy toward Latin America*. New York: New York University Press.

Wünderich, Volker (1995): *Sandino. Eine politische Biographie*. Wuppertal: Peter Hammer Verlag.

Yepes, Jesús María (1930): *El panamericanismo y el derecho internacional*. Bogotá: Imprenta Nacional.

III

Etnicidad e identidad

Bernd Hausberger

Paisanos, soldados y bandidos: la guerra entre los vicuñas y los vascongados en Potosí (1622-1625)

La producción de plata en el Cerro Rico de Potosí, desde la organización que el virrey Francisco de Toledo le había dado a principios de los años setenta del siglo XVI, pasó por un auge sin precedentes y la Villa Imperial se convirtió en la ciudad de mayor riqueza en la América española. Pero en los años veinte del siglo XVII la minería potosina daba muestra de inequívocos síntomas de agotamiento. Se registró una baja de los volúmenes de producción, una disminución del número de los indios reclutados para el trabajo forzado a través de la mita, la mano de obra más barata, y al parecer una reducción sensible de la rentabilidad.[1] Por consiguiente, entre los empresarios españoles se intensificó la rivalidad por el control sobre la magnitud decreciente de la plata y sobre las cuotas de mitayos que cada empresario podía disponer. Para complicar aún más la situación llegó a Potosí, en agosto de 1618, el contador general de Lima, Alonso Martínez Pastrana, como visitador general de las reales cajas (Crespo R. [3]1975: 63). Su encargo consistía en acabar con los abusos en el cobro de los diferentes ramos fiscales y aumentar de esta suerte los ingresos de la Corona, en el momento en que la hegemonía española en Europa se veía desafiada por enemigos cada vez más potentes. Lógicamente, cualquier aumento de los ingresos fiscales debía ser a costa de los intereses locales. En la ciudad de México, esfuerzos similares llevaron a una insurrección y al derrocamiento del virrey marqués de Gelves en enero de 1624. En Potosí, las actividades del visitador irritaron la vida pública durante los cinco años de su presencia.[2]

---

1   Bakewell (1975: 93-95; 1984: 105-106); Cole (1985: 120); González Casasnovas (2000: 53-86).
2   Juan Gutiérrez Flores al rey, Lima, 2 de diciembre de 1627, AGI, Lima 276.

En estas circunstancias, en una madrugada de junio de 1622, el vasco Juan de Urbieta fue encontrado muerto enfrente de la casa de un paisano suyo, el minero Francisco de Oyanume. El tumulto provocado por este incidente dio inicio a un episodio de violencia que suele considerarse como un ataque emprendido por los castellanos al supuesto dominio de los vascos sobre las riquezas de Potosí. Entre los descontentos, en el transcurso de las luchas se perfiló el grupo de los llamados "vicuñas", los cuales debían su nombre a los sombreros hechos de lana de vicuña que solían portar (Arzáns de Orsúa y Vela 1976 [ca. 1700], I: 332). Un siglo más tarde esta "guerra entre vicuñas y vascongados" fue relatada como una serie de contiendas gloriosas por el cronista Bartolomé de Arzáns, e historiadores posteriores han hecho de los vicuñas precursores de la lucha por la emancipación de América, integrándolos de esta forma al panteón de los héroes de las naciones independientes latinoamericanas. Como suele ser, la realidad era otra.

1. Los eventos

La guerra de los vicuñas contra los vascongados empezó en 1622, y después de haber cobrado docenas de vidas, menguaría lentamente a partir de 1625. No fue un evento singular, sino un episodio más de una cadena de incidentes sangrientos que caracterizan la historia andina colonial. La brutalidad entre vicuñas y vascos fue producto y parte de una cultura de violencia que se había desarrollado en el virreinato del Perú durante la conquista y las sangrientas guerras civiles del siglo XVI, cuando los españoles emprendieron una encarnizada lucha por el control sobre el territorio andino, extremamente rico en metales preciosos. Aunque la Corona impuso su ley formalmente a los conquistadores, encomenderos, inmigrantes aventureros y a los indígenas y sus jefes étnicos, no se logró la pacificación del país (Lorandi 2002). Por el lado de las autoridades reales persistió una desconfianza profunda, una obsesión por la amenaza perpetua de un levantamiento, y todo el tiempo se persiguieron conspiraciones, cuyos responsables se ejecutaron rigurosamente. Por el lado de los colonizadores, la derrota dejaba tras de sí a toda una clase de españoles con la amargura de habérseles arrebatado el premio a su esfuerzo —o al esfuerzo de sus padres y abuelos— en la conquista del país. Entre los frentes se movía la gente lista que intentaba promover su fortuna denunciando a supuestos traidores, insistiendo en sus méritos adquiridos y en los peligros que habían corrido.

Un producto de la agitada historia del siglo XVI fue un grupo social denominado "soldados", en reminiscencia a la sangrienta historia de guerras, cuando la gente disgregada se alistaba en los diferentes ejércitos. Eran españoles, en su mayoría, y algunos mestizos, mas todos con una fuerte presunción de su origen peninsular y sus méritos como conquistadores, con todo el código de honor heredado de la Edad Media, pero sin o con muy pocos bienes. Vagaban por el país, hostigaban a los indígenas y sobre todo se aglomeraban en los centros urbanos. En Potosí figuraban también como propietarios de minas, aunque nunca tenían parte en el beneficio del mineral monopolizado por los llamados azogueros. Eran el tipo de gente a quienes en 1611 se refirió el virrey marqués de Montesclaros cuando informaba de los muchos españoles enviciados por los tesoros del Perú, que no hacían más que soñar del oro y la plata y del servicio de los indios.[3] Una relación anónima los describe así:

> Y también hay pobres soberbios que ya que no pueden morder ladran, y siempre andan con la cabeza baja mirando donde pueden hacer presa, ni se quieren sujetar ni hay razón con ellos. A esta gente tal llaman soldados no porque lo sean, sino porque son bien andantes de unos lugares para otros, siempre con los naipes en las manos, por no perder ocasión de jugar con cuantos topan [...]. Son grandísimos fulleros que su cuidado no es otro más que entender en el arte de engañar. Esta gente es mucha la que anda por el Perú. Y todos por la mayor parte son enemigos de la gente rica y no desean sino novedades y alteraciones y alborotos en el Reino, por robar en [sic] y meter en los codos en los bienes de que no pueden alcanzar parte sino con guerra y disensiones. Es gente que no quieren servir. Todos andan bien vestidos, porque nunca les falta una negra o una india y algunas españolas, y no de las más pobres, que los visten y dan el sustento, porque de noche las acompañan y de día les sirven de bravos.[4]

Así, la vida nunca dejó de ser alborotada, tampoco en Potosí. "En ninguna parte del mundo se ven tantas conspiraciones a las justicias",

---

3   El marqués de Montesclaros al rey, Lima, 3 de abril de 1611, AGI, Lima 36, libro 4, ff. 98r-101r.

4   *Descripción* (1958 [1615/20]: 69). Véanse también Guaman Poma de Ayala (1987 [1615], II: 558-561, Ramírez del Águila (1978 [1639]: 89-90), e Historia de huérfano, por Andrés de León, s.f. [1621], RAH, Col. Muñoz 9/4807, f. 197r.

dice un relación de 1621.[5] Entre ellas se pueden destacar las conjuraciones del licenciado Juan Díaz Ortiz y Gonzalo Luis de Cabrera, en 1599, y la del soldado Alonso Yáñez, en 1612, que fueron reprimidas y sus jefes terminaron ajusticiados.[6]

La guerra de los vicuñas contra los vascongados fue un conflicto más de una serie de eventos similares. Inicialmente se trataba sobre todo de tumultos, asaltos y asesinatos nocturnos. Los que lucharon en la calle eran en su mayoría soldados, pero contaban con abiertas simpatías y apoyos de parte de los miembros de la élite. La situación se radicalizó a partir de la llegada a Potosí, en junio de 1623, del nuevo corregidor Felipe Manrique, quien intentó pacificar la ciudad con mano dura, ordenando la salida de la gente sin oficio y amenazando con la pena de muerte a todos los que no obedecieran sólo a los que dieran hospedaje a alguno de los mencionados en su edicto.[7] Esta medida provocó el asalto a la casa del corregidor la noche del 5 de septiembre de 1623, poco después del atardecer, que dejó cinco muertos y a Manrique herido por varias balas.[8] Tal agresión contra el representante del rey resultó el momento crucial de la guerra y causó, al parecer, la división del movimiento antivasco. Algunos, sobre todo los acomodados, vieron como demasiado peligroso el rumbo que tomaban las cosas y poco a poco se retiraron del enfrentamiento abierto; otros, sobre todo los soldados reunidos en el bando de los vicuñas abandonaron la cautela entregándose a una temeridad cada vez más desenfrenada. Como veremos, las autoridades lograron profundizar esta fisura con una política bastante hábil.

Según un informe del 10 de marzo de 1624, la disputa había cobrado hasta el momento 64 muertos, además de los heridos y los robos en los poblados y por los caminos de la región, y esto cuando todavía

---

5   Historia de huérfano, por Andrés de León, s.f. [1621], RAH, Col. Muñoz 9/4807, f. 197r.

6   La Audiencia de Charcas al rey, La Plata, 9 de junio de 1599, AGI, Charcas 17, r. 10, n° 64; La Audiencia de la Plata al rey, La Plata, 24 de enero de 1613, AGI, Charcas 19, r. 3, n° 47. Véase también Ramírez del Águila (1978 [1639]: 136-138).

7   Edicto de Felipe Manrique, Potosí, 3 de agosto de 1623, ANB, VV 8; Crespo R. (³1975: 94-95).

8   Felipe Manrique al rey, Potosí, 6 de septiembre 1623, ANB, CACh, 1623, n° 1274 (= VV 10).

faltaba bastante para que la violencia tocara a su fin.[9] Hubo hechos espectaculares, como el asesinato de Juan de Oquendo el 2 de febrero de 1624, en la parroquia del valle de Mataca, por una pandilla de 13 vicuñas,[10] o la muerte del alguacil mayor de la Audiencia de Charcas, Pedro Beltrán Oyón, a manos de un grupo de hombres liderados por Luis de Barja en octubre del mismo año. Los vicuñas sencillos, en la última fase del conflicto, no habiendo ganado nada y no teniendo nada que perder, pero con algo de forajidos románticos,[11] desafiaron al destino con fatalidad decidida. El 2 de noviembre de 1623 un grupo de ellos entró en la Villa Imperial y, frente a los ojos de la justicia, tres de los más afamados, Pedro Fernández del Castillo, Pedro Gallegos y Pedro Alonso, en sus caballos "pasaron la carrera como si anduvieran en fiesta" en una calle donde se solían hacer tales competencias.[12] Un poco más tarde, otro de los famosos vicuñas, Francisco de Castro, *el Galleguillo*, y algunos de sus secuaces se pasearon tranquilamente por la ciudad, resistieron a un intento de ser aprehendidos y después, en la cima de un cerro, hicieron gala de sus caballos y armas ante los ojos del impotente y furioso oidor Diego Muñoz de Cuéllar.[13]

Finalmente, la guerra se ahogó en una ola de ejecuciones. Sólo para abril de 1625 se habían ajusticiado 40 personas (Crespo R. [3]1975: 227). La rigurosidad con la que ahora se empezó a tomar el asunto se manifestó en un debate en la Audiencia de Charcas. Cuando se informó desde Potosí de la aprehensión de Luis de Barja, Jorge Manrique de Lara aconsejó que luego de habérsele dado la posibilidad de confesarse, el corregidor "sin más dilación le dé garrote dentro de la cárcel donde está", y Diego Muñoz de Cuéllar fue del mismo parecer. Sólo Juan de Loayza Calderón se pronunció en favor de un juicio formal, pues "en cualquier delito, por grave que sea [...] ninguno pueda ser condenado sin ser oído, aunque sea notorio delincuente". Pero a Manrique de Lara esto no le pareció más que un idealismo ingenuo:

---

9   Jorge Manrique de Lara al rey, La Plata, 10 de marzo de 1624, AGI, Charcas 53.
10 Diego Muñoz de Cuéllar a la Audiencia, Potosí, 4 de enero de 1624, ANB, CACh 1624, n° 1298 (= VV 60).
11 Compárese la descripción pintoresca que da Arzáns de Orsúa y Vela (1976 [ca. 1700], I: 332) de los vicuñas.
12 Diego Muñoz de Cuéllar a la Audiencia, Potosí, 3 de noviembre de 1623, ANB, CACh 1623, n° 1292bis (= VV 40).
13 Diego Muñoz de Cuéllar a la Audiencia, Potosí, 29 de noviembre de 1623, ANB, VV 53.

"[...] dijo que la doctrina del señor Juan es infalible cuando la tierra está quieta y la justicia con fuerzas para hacerla, pero no en el estado presente".[14] Y así Luis de Barja fue degollado cuatro días después (Crespo R. [3]1975: 153).

Esto no significó el final de los vicuñas, quienes se dispersaron por el territorio. Hacia finales de 1626, se presentó un tal Luis de Ayala Lariz confidencialmente en la casa del oidor Jorge Manrique de Lara, "con la seguridad que se le dio respecto de la importancia del caso, de que no se procedería contra él por una muerte de que tiene pleito pendiente en esta real Audiencia", para delatar a un grupo de vicuñas perseguidos por la justicia que se había refugiado en los valles de Cochabamba, y después "volvió llevando orden de procurar prenderlos o matarlos".[15] En un momento fue sorprendido durmiendo por el fugitivo Pedro Gallegos, quien le puso la escopeta en el pecho para pegarle unos balazos por haber aceptado la comisión de capturarlo. Sin embargo, dejó con vida a su indefenso enemigo.[16] Así, el 22 de febrero de 1628 se cumplió el destino del rebelde proscrito:

> [...] habiéndose quedado el dicho Luis de Ayala emboscado en una montañuela de matas de monte [...] se arrojó de golpe en un ranchuelo donde estaba sentado el dicho Pedro Gallegos y habiéndole puesto la espada desnuda en los pechos le dijo con voz alta y acelerada: "¡date a la justicia, traidor!", y el dicho Pedro Gallegos dijo: "¡mentís!", y entonces el dicho Luis de Ayala le dio una estocada en los pechos de que lo atravesó y habiéndose aferrado de su escopeta el dicho Pedro Gallegos que la tenía junto a sí, le acudió el dicho Luis de Ayala con otra estocada diciendo a voces a este testigo y al dicho Moreno: "muera este traidor, ¿qué hacéis?", y este testigo le tiró al dicho Pedro Gallegos con una maceta de macetear azúcar que tenía en la mano a cuyo tiempo cayó en el suelo tendido boca abajo, diciendo: "traidores que me habéis muerto", y el dicho Luis de Ayala mandó que no le llegasen y dentro de tres horas poco más o menos espiró el susodicho.[17]

Pedro Sayago del Hoyo, uno de los favorecedores acomodados de los vicuñas, que a principios de 1625 había ofrecido a las autoridades su colaboración, en octubre del mismo año abandonó Potosí yéndose

---

14 Acuerdo, La Plata, 15 de enero de 1625, ANB, AChLA 7, ff. 64r-68r (= VV 75).
15 Acuerdo, La Plata, 16 de noviembre de 1626, ANB, AChLA 7, ff. 126r-126v (= VV 87).
16 Declaración del licenciado Martín de Avendaño y Gamboa, Tiquiripaya, 23 de febrero de 1628, ANB, VV 92, ff. 1r-1v.
17 Declaración de Diego Domínguez, Tiriqupaya, 23 de febrero de 1628, ANB, VV 92, f. 2v.

hasta la Villa de Riobamba, en el distrito de la Audiencia de Quito, donde desempeñó el cargo de alguacil mayor, pero pronto le dio muerte el vizcaíno Nicolás de Laraspuro; y cuando éste consiguió el perdón real, se le presentó en Quito "una cuadrilla de llamados vicuñas de los de Potosí" con la intención de vengar al muerto.[18] En 1641, en Potosí, un visitador se proponía reinvestigar los disturbios, pero se topó con la oposición tanto de la Audiencia como del virrey, pues no querían volver a inquietar los ánimos.[19] Al año siguiente fue acuchillado uno de los diputados del gremio de los azogueros por algunos soldados en una peripecia "muy parecida a los disturbios pasados de los vicuñas",[20] y de 1661 a 1668 en Laycacota, en Puno, ocurrió una revuelta similar, aunque todavía más brutal (Lorandi 2002: 171-176).

2. La lucha como conflicto étnico

Ha sido costumbre considerar el conflicto entre vascongados y vicuñas como una contienda étnica.[21] Se relata cómo en Potosí los vascos habían llegado a apropiarse del control político y económico, y cómo un grupo contrario se planteó poner fin a este predominio. Los enemigos de los vascongados no se pueden definir tan fácilmente por categorías étnicas, si no es por una negación, como se podría llamar al rechazo y al odio compartido contra un grupo étnico específico. Inicialmente solían ser señalados como castellanos, otros los identificaban con los extremeños (Serrano Mangas 1993) y, finalmente, los más decididos formaron la pandilla de los vicuñas, que fueron descritos como un conglomerado tanto de criollos que se vanagloriaban de su origen castellano aunque fueran mestizos, como de españoles de las diferentes partes de la Corona de Castilla. En su interior había faccio-

---

18　Acuerdo extraordinario, La Plata, 7 de enero de 1625, ANB, AChLA 7, ff. 60v-63r (= VV 76); Fletamento, Potosí, 10 de octubre de 1625, AHP, E. N. 63, ff. 3775r-3776v; Antonio de Morga al rey, Quito, 20 de abril de 1631, AGI, Quito, 11, r. 5, n° 108 (agradezco a Delphine Tempère por haberme dado la referencia de este documento).

19　Acuerdo, La Plata, 8 de octubre de 1641, ANB, AChLA 7, ff. 413v-415v (= VV 94).

20　Carta del gremio de azogueros de Potosí a la Audiencia, Potosí, 2 de diciembre de 1642, ANB, Minas 125, n° 1104, ff. 140r-141v.

21　Así por ejemplo Arzáns de Orsúa y Vela (1976 [ca. 1700], I-III); Crespo R. (³1975); Mendoza L. (1953/54); Helmer (1960); Wolff (1970) o Bakewell (1988).

nes de andaluces, extremeños y manchegos,[22] y se encontraban también portugueses y extranjeros.[23]

El peso de las identidades regionales entre los españoles de Potosí a principios del siglo XVII es evidente. Uno de los primeros intentos decididos para poner fin a la violencia entre vicuñas y vascongados consistió en formar una compañía de 200 a 250 soldados que debían juntarse "de diferentes reinos y provincias [...], eligiendo de cada nación y reino un cabo, persona rica principal y de estimación entre los de su patria, los cuales nombren y elijan 25 soldados". De hecho se acordó formar nueve destacamentos de andaluces, gallegos, extremeños, manchegos, de Castilla la Vieja, vascongados, criollos, portugueses y de los súbditos de la Corona de Aragón.[24] Este proyecto tuvo una corta vida, no obstante muestra la suma preocupación de mantener el equilibrio entre los diferentes grupos celosos entre sí de gozar cualquier –real o supuesta– ventaja.

En este ambiente, los vascos ocupaban una posición particular. A principios de la Edad Moderna desarrollaron una identidad étnica más allá de las simpatías regionales o locales (Hausberger, en prensa). La identidad vasca se fundaba sobre todo en la supuesta antigüedad de su linaje y de su idioma, en su limpieza de sangre y en sus fueros políticos, que conllevaban privilegios, entre otros la llamada "hidalguía general". Este discurso se puede considerar como una respuesta al quebranto de las tradiciones que habían regido la vida hasta el momento, originado por la integración de las provincias vascas, antes un rincón más bien aislado, a la monarquía española (es decir a un Estado con fuertes tendencias centralizadoras y una espectacular expansión

---

22 Por ejemplo: Declaración del fray Ginés de Dueñas, Potosí, 9 de noviembre de 1623, ANB, CACh 1623, n° 1296[d.] (= VV 50).

23 "[...] todas las naciones de aquella villa (digo de los perdidos de ellas) se han conmovido contra ellos [= los vascongados] con título de castellanos, siendo aragoneses, valencianos, catalanes, portugueses, extremeños, manchegos, andaluces, flamencos, franceses, italianos y de todas las naciones del mundo que todos caben en esta triste villa"; Relación segunda [...], Potosí, 1 de marzo de 1624, AGI, Charcas 53. Y Arzáns de Orsúa y Vela (1976 [ca. 1700], I: 332) salomónicamente cuenta al respecto: "[...] acordaron de que todos se llamasen castellanos aunque eran de diferentes naciones".

24 Acuerdo de Felipe Manrique, corregidor, Fernando de Loma Portocarrero y Diego de Ayala Carvajal, alcaldes ordinarios, Bartolomé Astete de Ulloa y José Sáez de Elorduy, jueces oficiales de la Real Hacienda, Potosí, 7 de septiembre de 1623, ANB, CACh 1623, n° 1265 (= VV 11), ff. 1r-4v.

imperial) y por el ascenso de un idioma oficial, el castellano. Pero
sobre todo fue una reacción a la dinamizada movilidad de los hombres
y a la diáspora de los vascos por todo el Imperio. En la emigración, la
etnicidad adquiría un fuerte valor funcional. En el mundo rígidamente
jerarquizado del Antiguo Régimen, los vascos podían instrumentalizar
la limpieza de su sangre y su hidalguía en contra de posibles competidores (Caro Baroja 1972: 60; Azurmendi 2000: 17-85). Todavía más
importante parece que la etnización los dotó de un instrumento para
construir redes de solidaridad y clientelismo y conquistar poder mediante las relaciones de paisanaje. Pero como se ha observado, fue
sólo fuera de la patria donde "es mucho de notar lo que se honran,
aman y ayudan, y esto sin otra ni más conocencia, salvo de ser compatriotas de la lengua vascongada" (Poza 1959 [1587]: 44r). En su tierra
de origen, donde todos eran vascos, tal relación era impracticable. Sus
enemigos en Potosí resumían la situación aderezada con una mezcla
de prejuicio, exageración y envidia:

> [...] los vizcaínos son pocos, gente unida, y que se ayudan los unos a los
> otros así con sus personas, en sus pendencias como con sus haciendas en
> cualquier pleito que importe a cualquiera de su nación, tanto que parece
> sino que todos por uno y uno por todos tienen hecha conjuración y repú-
> blica de por sí. Por el contrario los castellanos han sido gente poco soco-
> rrida, desperdigada y que cada uno ha tirado por su parte, ateniendo el
> que tiene algo guardarlo.[25]

Los valores que alimentaban la solidaridad étnica, junto con las experiencias y las capacidades profesionales, formaron los recursos sociales que los vascos llevaron consigo a las diferentes partes del Imperio
español y sobre los cuales basaron sus éxitos. Pronto hubo importantes
colonias vascas en todos los centros del Imperio, desde Madrid, Sevilla y Cádiz hasta México, Lima y Potosí. Especialmente debe recalcar-
se que había entre los vascos "una especie de burguesía burocrática"
(Caro Baroja 1972: 57) y de esta forma desempeñaron un papel des-
proporcionado en la vida pública de los territorios de la Corona de
Castilla. Entre los escribanos, por ejemplo, que James Lockhart (1968:
276) ha identificado en el Perú del siglo XVI, casi el 14% eran vascos.
En la Villa Imperial tanto el discurso de la particularidad de los vascos
como las estrategias del paisanaje que empleaban estaban presentes

---

25   Relación, 23 de noviembre de 1623, AGI, Charcas 134, n° 18, f. 1v.

desde épocas muy tempranas.[26] Ya en los inicios de la explotación de las minas se distinguieron los hermanos vizcaínos Lope de Mendieta y Juan Ortiz de Zárate (Presta 2000: 139-194). En 1589, el grupo de los vascos se reunió en una cofradía, dedicada a la Señora de Aránzazu, con capilla en el convento de San Agustín,[27] y en 1613 un visitador identifica a los vascos como el segmento más prestigiado de la sociedad potosina.[28]

El éxito de un grupo minoritario sospechoso de estrategias étnicas, sin embargo, casi siempre provoca la hostilidad del resto de la población, que a la vez suele recurrir a argumentos étnicos. En el caso observado, este fenómeno se agravó probablemente por el hecho de que por su buena ubicación en la administración real siempre había vascongados que participaban en la represión de los tumultos y motines de los descontentos. De ahí nacían rencores, que el contador José Sáez de Elorduy creyó ver en el origen verdadero de los ataques de los vicuñas.[29] Es obvio que se trata aquí de una argumentación ideologizada, pues aunque el contador tenía razón en que la gente interpretaba así la situación, él mismo reproduce uno de los mitos de la identidad vasca temprana, aludiendo a la vieja presunción de los vascongados de ser los vasallos más fieles del rey (aunque nunca faltaban vascos entre los rebeldes y los amotinados). De todas formas, en Potosí se daba un contradiscurso que arremetía contra el paisanaje de los vascos, el cual era usado para legitimar los ataques de sus enemigos. Éstos actuaban, como le decía un castellano a su amigo bilbaíno en un tratado dialogizado de la época, "obligados de las muchas demasías que les veían cometer y de verlos tan señores de la tierra que los castellanos tan abatidos habían ganado en tiempos pasados".[30] Por lo tanto, finalmente los vascos mismos tenían la culpa por el hostigamiento que sufrían,

---

26 Véase p.e.: Tratado breve de una disputa y diferencia que hubo entre dos amigos, el uno castellano de Burgos y el otro vascongado en la villa de Potosí, reino del Perú, Potosí, 1º de julio de 1624, BNM, Ms. 20134, 82 pp. (Se trata de una copia, al parecer, del siglo XIX). También: Acuerdo, Potosí, 22 de abril de 1599, ANB, CPLA 8, f. 196r.
27 Libro de la hermandad de Nuestra Señora de Aránzazu [...] desde primero de enero de 1655, f. 1r, AHP, Iglesias y Conventos 16.
28 Relación del visitador general fray Ambrosio Maldonado al virrey marqués de Montesclaros, s. l., 3 de agosto de 1613, BNM, Ms. 2010, f. 187r.
29 José Sáez de Elorduy al rey, Potosí, 12 de marzo de 1625, AGI, Charcas 36.
30 Tratado [...], Potosi, 1º de julio de 1624, BNM, Ms. 20134, p. 11.

pues, si "hubierades vosotros vivido en Potosí con la modestia y compostura que en España, y no os hubiera venido esta persecución".[31]

No obstante las fuentes que hacen alusión al poder de los vascos en Potosí, hay que poner en duda su verdadero alcance. Los vascongados nunca fueron más que una minoría bastante pequeña, según el contador Elorduy, de entre 100 y 150 hombres, "incluyéndose [...] los cojos, mancos y de edad", así que no había ni la masa suficiente para formar un bando como los vicuñas y menos para dominar una población que se estimaba en casi 4.000 "hombres de hábito español".[32] En el Cabildo, según la mayoría de los observadores, la plataforma de influencia vasca, tenían un patente peso, pero de control no se puede hablar. Entre los alcaldes ordinarios de la época se encuentran tanto los vascongados como sus adversarios, y otros personajes de una afiliación nada clara. En 1617 fueron elegidos Sancho de Madariaga y Domingo de Verasátegui, en 1619, Martín de Bertendona, en 1620, Juan Bautista de Ormaegui, y en 1622, Martín de Zamudio, los cuales, al parecer, fueron vascos de origen. Pero en 1616 y 1621 figura Lázaro de Hernani, no obstante su apellido, adversario del grupo vascongado. En 1618, Pedro Andrade de Sotomayor y en 1624, Alonso de Santana, según *vox populi* favorecedores de los vicuñas.[33]

De todas formas, más poderosos que los alcaldes ordinarios parece que fueron los funcionarios de la Real Hacienda. Una vez que tenían el título real su posición estaba asegurada. Además, no les faltaban posibilidades para usar el capital que pasaba por sus manos para sus propios negocios.[34] Disponían de los medios económicos para influir en lo que pasaba en la ciudad según sus intereses, inclusive las elecciones de los alcaldes ordinarios, en las que, según costumbre, también tenían voto.[35] Asumían el papel de banqueros, prestando dinero del rey a los interesados y las condiciones las negociaban según el caso. Distribuían el azogue a los mineros al fiado, un magnífico ins-

---

31 *Ibíd.*, p. 27. La misma argumentación se encuentra en muchos documentos, p.e.: Antonio de Castro del Castillo, juez vicario, al rey, Potosí, 16 de marzo de 1623. AGI, Charcas 53.

32 José Sáez de Elorduy al rey, Potosí, 12 de marzo de 1625, AGI, Charcas 36.

33 Sobre estas elecciones, véanse sobre todo los libros capitulares en ANB, CPLA.

34 El licenciado Luis Henríquez, fiscal de la Audiencia de Lima, al rey, Lima, 27 de abril de 1621, AGI, Lima 97.

35 Informe de Alonso Martínez Pastrana, Potosí, 8 de marzo de 1619, AGI, Charcas 36.

trumento para favorecer a unos o dañar a otros. A Juan Martínez de Mecalaeta se le imputó que daba grandes cantidades de azogue para la reventa, cuyo precio original nunca se pagó ni puntual ni completo. Se rumoreaba que con las ganancias hombres como Pedro de Verasátegui, Pedro de Urquizo, Juan de Duarte y Pedro de Ballesteros se compraron las plazas como regidores en el Cabildo, u otros como Gregorio de Lazarraga o Martín de Bertentona financiaban un lucrativo comercio de importación.[36] El visitador Martínez Pastrana denunció esta situación, y los oficiales reales, por lo tanto, no se cansaron en cuestionar el sentido de su visita.[37] La persona más influyente durante los eventos que aquí nos interesan fue probablemente el factor Bartolomé Astete de Ulloa,[38] que no era vasco. En total, entre los 14 funcionarios que hubo en la caja potosina entre 1612 y 1626 figuran sólo cuatro vascongados, el tesorero Esteban de Lartaun, de marzo de 1612 a junio de 1615, y los contadores Juan Martínez de Mecalaeta, de febrero 1612 a junio de 1615, Juan Bautista de Ormaegui, de abril de 1616 a marzo de 1619, y José Sáez de Elorduy, a partir de marzo de 1619, el único que estaba en función durante la guerra de los vicuñas.[39] Se percibe, por lo tanto, la presencia desproporcionada de los vascos también en esta esfera, pero de ninguna manera es patente una posición de predominio.

3. La lucha como conflicto social

La concurrencia de cantidad de vagabundos y soldados tenía en alerta a Potosí desde mucho antes de 1622. En 1594, por ejemplo, el Cabildo, alarmado por los robos y asesinatos casi cotidianos, propuso al corregidor que expulsara a los soldados de la ciudad.[40] Como "por la mayor parte" eran "enemigos de la gente rica" (*Descripción* 1958 [1615/20]: 69), constituían un potencial socialmente explosivo. La

---

36   Relación, 23 de noviembre de 1623, AGI, Charcas 134, n° 18, ff. 6v-7r.
37   Los oficiales reales, Bartolomé Astete de Ulloa, José Sáez de Elorduy y Tomás de Horna Alvarado al rey, Potosí, 10 de marzo de 1619 y 20 de marzo de 1620, AGI, Charcas 36.
38   El corregidor Fernando de Saavedra Monsalve al rey, Potosí, 1 de marzo de 1630, AGI, Charcas 55.
39   Libro de acuerdos y diligencias tocantes a la Real Hacienda, 1614-1621, AHP, C. R. 153; Libro de acuerdos y diligencias [...] que empieza a dos de enero de este presente año de 1621, AHP, C. R. 193.
40   Acuerdo, Potosí, 26 de mayo de 1594, ANB, CPLA 7, ff. 287r-287v.

rebelión de Alonso Yáñez, aunque sofocada, sirvió "para demostrar la existencia, en los trasfondos sociales de Potosí, de un hondo anhelo de acabar con el gobierno de los acaudalados", como escribe Alberto Crespo (^{3}1975: 44), interpretando este evento como un auspicio de los acontecimientos venideros. De esta forma se podría interpretar que la guerra entre vicuñas y vascongados fue en el fondo un conflicto entre pobres y ricos, originado por la distribución desigual de la riqueza y agravada por las dificultades que estaba pasando la minería.

En el contexto de la incipiente crisis minera sería lógico que los primeros afectados fueran quienes no tenían los medios suficientes ni los contactos políticos para contrarrestar las dificultades. Por lo tanto, los soldados probablemente perdían cada vez más las posibilidades materiales, de antemano reducidas, de mantener su estatus. Había sido tradición asignarles una cuota de indios de mita, pero en 1618, por orden superior, el virrey príncipe de Esquilache la restringió a 200 hombres.[41] Argumentó que los soldados abusaban de la concesión de mitayos alquilándolos a quienes mejor pagaran. De tal manera, en contra de su intención original, un sistema creado para suministrar la industria minera con mano de obra constante y barata se convirtió en renta improductiva que aumentaba, además, los costos de producción para los que de veras producían plata. Se podría decir que el virrey, en vista de los problemas de productividad, obró conforme a una clara lógica económica apostándole a las entidades de producción sólidas. Pero podría sospecharse también de una actitud parcial en favor de los ricos de la zona (los cuales, como se sabe, participaban plenamente en el alquiler prohibido de los indios). Tales medidas deben haber reforzado rencores ya existentes y no se quedaron sin respuesta. En 1625, en una larga relación sobre la mita de Potosí, se recomendaba dar más mitayos a los soldados, pues "son muy importantes en el [cerro] y los que han descubierto y descubren cada día nuevas labores ricas".[42] Las animadversiones se entienden aún mejor considerando la denuncia levantada contra los acaudalados de Potosí de haberse apoderado, con el apoyo de la justicia, de las minas opulentas que habían descubierto y empezado a trabajar gentes carentes de medios para resistir la expo-

---

41   El príncipe de Esquilache al rey, Lima, 27 de marzo de 1619, AGI, Lima 38: Libro de las 69 cartas que el príncipe de Esquilache envía a Su Majestad, 1619, f. 78r.
42   Relación de Pedro de Saravia, Potosí, 1 de julio de 1625, AGI, Charcas 53.

liación.[43] Cuando más tarde se les volvieron a repartir a los soldados 500 mitayos, en contra de la expresa prohibición aún vigente de no darles más de 200, quizás se trató de una reacción a los disturbios de los años veinte.[44] Pero en 1642 los soldados acuchillaron a un diputado de los azogueros y de nuevo el conflicto se centraba en la cuestión de la distribución de la mano de obra indígena.[45]

Los vicuñas, identificados por un documento provasco con la gente ruin que se había reunido en Potosí,[46] en su mayoría se reclutaban entre los soldados, sobre todo después de que sus promotores en las capas acomodadas de la sociedad empezaron a retirarse de la lucha, convertida en asunto demasiado arriesgado a raíz del ataque a la casa del corregidor Manrique en septiembre de 1623. Obviamente los vicuñas eran gente pobre. Pedro de Gallegos sólo poseía sus armas y ropas gastadas, cuando se le quitó la vida en enero de 1628.[47] Y también el legado de Luis de Barja, a quien se calificó como el único vicuña que "tenía hacienda de consideración",[48] era modesto comparándolo con lo que dejó un hombre como Pedro de Verasátegui.[49]

Sobre el capitán Luis Antonio de Valdivieso poseemos más detalles. Era andaluz según Arzáns, extremeño según Crespo, y en 1604 su hermano declaraba ser natural de Valladolid.[50] En 1603, se fue a Nueva España, junto con su mujer, como uno de los setenta criados del virrey marqués de Montesclaros.[51] Probablemente siguió a su patrón a Perú en 1607, y gracias a sus relaciones no le faltaron posibilidades para emprender un carrera más prometedora. Así, en 1616 se encon-

---

43 Relación, 23 de noviembre de 1623, AGI, Charcas 134, n° 18.
44 Testimonio del presidente Juan de Lizarazu, Potosí, 22 de marzo de 1636, AGI, Charcas 113.
45 Antonio de Verasátegui y Pedro de Ballesteros a la Real Audiencia, Potosí, 10 de diciembre de 1642, ANB, Minas 125, n° 1108, f. 149r.
46 Relación segunda [...], Potosí, 1 de marzo de 1624, AGI, Charcas 53.
47 Inventario de los bienes de Pedro Gallegos, asiento de Tiquiripaya, 23 de febrero de 1628, ANB, VV 92, ff. 4v-5r.
48 José Sáez de Elorduy al rey, Potosí, 12 de marzo de 1625, AGI, Charcas 36.
49 Poder para testar de Luis de Barja Otalora, Potosí, 18 de enero de 1625, AHP, E. N. 61B, f. 2008r-2011v; Testamento de Pedro de Verasátegui, La Plata, 22 de diciembre de 1624, ANB, E.P. 88, ff. 1282r-1286v.
50 Petición de Antonio de Valdivieso, 1604, AGI, Indif. 2071, n° 54; Arzáns de Orsúa y Vela (1976 [ca. 1700], I: 313); Crespo R. (³1975: 66).
51 Licencia de pasar a la Nueva España para el marqués de Montesclaros, AGI, Contr. 5273, n° 3.

traba como alcalde de minas en Oruro, pero ya entonces parece haber manifestado su carácter conflictivo y violento.[52] En 1618 se encontraba encarcelado por haber intentado acuchillar a dos clérigos en el cementerio de la ciudad de la Plata.[53] En Potosí intentó suerte en la minería y quiso conseguir un nuevo empleo de gobierno.[54] Referido a veces como el jefe de los vicuñas, el 10 de mayo de 1625 se le dio garrote. En su testamento hizo relación de casi nada, salvo sus muchas deudas, de una esposa abandonada en la Nueva España, de un hijo natural en el Callao y de una hija de paternidad dudosa en Oruro, para terminar diciendo: "Porque yo muero tan pobre que no tengo con que me enterrar, pido y suplico al convento de mi padre san Agustín me entierre de limosna por amor de Dios";[55] lo que parece una ironía, puesto que el convento de los agustinos con la capilla de la virgen de Aránzazu era también el lugar preferido de entierro de los vascongados.

Los vicuñas, étnicamente un grupo amorfo, eran en su mayoría españoles pobres, aunque reivindicaran con énfasis un rango social elevado. Como consecuencia de los trastornos de la conquista y las guerras civiles se había dado un profundo desajuste entre la estratificación económica y la estratificación ideológica y discursiva de la sociedad española en los Andes o, en otras palabras, entre el *status* real y el *habitus*.[56] Como la crisis del feudalismo en los siglos XIV y XV produjo una clase de caballeros que festejaban sus ideales tradicionales condenados a la muerte –o ya muertos– como Don Quijote o, empobrecidos, se convirtieron en asaltantes de caminos, así los vicuñas, sin los medios materiales correspondientes a sus pretensiones sociales, se lanzaban contra los más afortunados, resaltando cualidades discursivas y simbólicas, tales como su descendencia de los conquistadores españoles, su honor o su recelo a someterse a la nueva autoridad real de roce absolutista. Al legitimarse con un discurso de este tipo también tuvieron que legitimar su lucha con argumentos análogos. Por lo tanto

---

52 ANB, CACh 1616, n° 1215ª, y ANB, CACh 1617, n° 1222.
53 Declaración, de Diego de Zárate, La Plata, 11 de agosto de 1618, ANB, ExACh 1618, n° 7.
54 AHP, E.N. 53, ff. 2648r-2650r, 54, ff. 929r-930v, y 56, ff. 95v-97r.
55 Testamento de Luis Antonio Valdivieso, Potosí, 21 de enero de 1625, AHP, E. N. 61B, ff.2078r-2081v.
56 Compárese Presta (2000: 251-252).

los vicuñas no luchaban por plata o por el acceso al trabajo forzoso de los indígenas, sino que luchaban por un derecho mítico del que fueron privados por otro grupo igualmente mítico, es decir, los vascos, al que se constituye con adscripciones tales como la falta de valores guerreros o la función de siervos del rey.[57] De esta forma enfrentaban los valores de la nobleza castellana, basada en los méritos, sobre todo en los méritos guerreros, con el de la hidalguía vasca basada en primer lugar en la limpieza de sangre, la cual no pudo ser dañada por ocupaciones viles, pero importantes para triunfar en el campo de los negocios (Martínez de Isasti 1972 [1625]: 47).

Así, los vicuñas eran pobres y los ricos, como se llegó a decir, eran vascos. Obviamente los vicuñas etnizaron sus pretensiones. Dirigían su ataque contra los vascongados, pero también contra los funcionarios reales supuestamente comprados por ellos. Se acusó a tres corregidores sucesivos, Rafael Ortiz de Sotomayor, Francisco Sarmiento de Sotomayor y Felipe Manrique, de haber favorecido a los vascos.[58] Hay que anotar que ninguno de ellos era vasco, sino castellano, al parecer, el primero, gallego el segundo y andaluz el tercero (Lohmann Villena 1947, I: 245-246, 394). Pero para los vicuñas, todos, fueran vascos o no, eran traidores del derecho y sus enemigos. Según su modo de ver las cosas, "como los corregidores vienen con tan gran ansia de buscar plata, arrímanse a la parte de donde hallan más comodidad",[59] esto es, al grupo vascongado dominante. De los corregidores, por lo tanto, no se podía esperar que intentasen corregir las estructuras de poder injustas que habían construido los vascos, sino al contrario, que las fortalecieran para su provecho propio, y el resultado fue una administración de justicia extremamente desequilibrada.[60]

Parece, por lo tanto, que estamos ante un conflicto político-social que se desarrolla con un frente étnico. "[...] los extremeños ganaron el Perú", dice una relación económica, "y los vizcaínos son ahora la gente más rica del Perú y los que tienen mejores cargos del rey" (*Descripción* 1958 [1615/20]: 73-74). En realidad, fue un grupo de mineros

---

57 Por ejemplo: Tratado [...], Potosi, 1º de julio de 1624, BNM, Ms. 20134, p. 11.
58 Relación, 23 de noviembre de 1623, AGI, Charcas 134, n° 18, f. 1v; Tratado [...], Potosí, 1º de julio de 1624, BNM, Ms. 20134, pp. 4-5.
59 Relación, 23 de noviembre de 1623, AGI, Charcas 134, n° 18, f. 2r-3v.
60 *Ibid.*, f. 1r.

privilegiado al parecer por su riqueza, por su acceso a la mano de obra indígena y por sus intrigas políticas el que fue objeto del odio de los vicuñas. Este grupo se identificó con los vascos, aunque el terminó implicó una extensión a personas de otro origen.

4. La lucha como pelea entre grupos de poder

Hubo voces que afirmaban que los soldados vicuñas eran sólo instrumentos en manos de ciertos miembros de la élite, utilizados contra competidores de la misma clase. Las fuentes no ocultan los nombres de estos "vicuñas gordos",[61] entre los que se señala, por ejemplo, a Pedro Sayago, a Pedro de Andrade y Sotomayor o a Juan de Cabrera Girón. Las fuentes también suelen identificar las fracciones opuestas con los términos étnicos referidos. Hay, sin embargo, varios testimonios que relativizan el carácter étnico de la pelea. Afirman que las denominaciones de castellanos y vizcaínos provenían de dos zonas de ingenios mineros cuyos propietarios vivían en competencia, aunque ni de un lado fueran todos castellanos ni del otro todos vizcaínos.[62] De esta forma, el conflicto de clases resultaría ser una pelea por el poder entre facciones de una misma clase, en muchos aspectos muy unidas entre sí. Todos estaban vinculados a la industria minera y a veces participaban en las mismas cofradías. Así por ejemplo, el "gordo" Pedro Andrade de Sotomayor y el "vascongado" Pedro de Ballesteros (que probablemente no era vasco) figuran como diputados de la Cofradía del Santísimo Sacramento.[63]

Las rivalidades dentro de la élite se daban en el marco de la crisis minera. Siempre se ha insinuado que la guerra entre vascongados y vicuñas estalló como una lucha por el poder en el Cabildo, descrita en todo detalle por Alberto Crespo ([3]1975). Ya en 1617 el virrey príncipe de Esquilache, preocupado "de los bandos que estaban tablados en Potosí entre castellanos y vizcaínos", había anulado la elección de dos

---

61 "[...] démosles este nombre de gordos a los ricos que han concitado la plebe y gente perdida a estos alborotos [...] estos ricos (que llaman vicuñas gordos) han repartido dineros y armas"; Relación segunda [...], Potosí, 1 de marzo de 1624, AGI, Charcas 53.

62 *Ibíd.*; Copia de carta del factor y del tesorero Bartolomé Astete de Ulloa y Tomás de Horna Alvarado, Potosí, 23 de marzo de 1624, AGI, Lima 40, libro 4, f. 94v.

63 Información de Pedro de Andrade y Sotomayor, Pedro de Ballesteros y Luis de Ribera, Potosí, 19 de abril de 1618, ANB, CPLA 16, f. 21-22r.

vizcaínos como alcaldes ordinarios, para guardar el equilibrio políti-co.[64] Aunque el príncipe podía notificar su actitud enérgica a Madrid, en Potosí la repetición de la elección no cambió nada y los dos vizcaí-nos permanecieron en sus funciones.[65] Estos conflictos se agudizaron a causa de la intervención del visitador Martínez Pastrana.[66] El visita-dor se empeñó en el pago puntual de los impuestos y gravámenes esta-tales, por ejemplo en el ramo de la venta de oficios o en el de la distri-bución del mercurio a los azogueros potosinos por el estanco real. El azogue se entregaba a los mineros como avance de la producción futu-ra, pero el débito resultante con frecuencia nunca se saldaba comple-tamente. De tal suerte, con el transcurso de los años, se habían acumu-lado inmensas sumas de deudas por parte del empresariado.[67] Martí-nez Pastrana, buscando el modo de cobrar a los vecinos lo que se le estaban debiendo al rey, exigía que en el futuro el ramo de azogues no concediera más créditos a los interesados, con lo cual amenazaba la minería en sus fundamentos. Como nadie quería obstaculizar el flujo de la plata, resultó imposible poner en práctica tal propuesta, aunque a veces estuvo a punto de imponerse.

Así, Martínez Pastrana concentró sus esfuerzos en forzar a las éli-tes a cumplir con sus deudas a través de un ataque a su posición políti-ca. Apoyado en las leyes, intentó privar a todos los que tuvieran deu-das con la Corona del derecho al voto activo y pasivo en las eleccio-nes que cada enero los regidores celebraban para elegir a los dos alcaldes ordinarios. La mayoría de los regidores ni siquiera habían pagado el precio de su empleo, además eran mineros y debían al ramo de azogues.[68] En una pugna tenaz con el Cabildo, que le negaba com-petencia para intervenir en sus asuntos, el visitador incluso destituyó a algunos de los regidores endeudados, sacó sus plazas a la venta públi-ca e impuso en sus cargos a los compradores.[69] Finalmente el visitador

---

64   El príncipe de Esquilache al rey, Lima 6 de abril de 1617, AGI, Lima 36.
65   Relación, 23 de noviembre de 1623, AGI, Charcas 134, n° 18, f. 2r.
66   Virrey marqués de Guadalcázar al rey, Lima, 15 de diciembre de 1622, AGI, Lima 39, libro 1, ff. 96v-98r. Relación segunda [...], Potosí, 1 de marzo de 1624, AGI, Charcas 53.
67   Relación de Alonso Martínez Pastrana de las deudas que se deben a Su Majestad en la real caja de Potosí hasta el 7 de marzo de 1619, AGI, Charcas 36.
68   Véase por ejemplo: Relación del Alonso Martínez de Pastrana de lo que deben algunos capitulares, Potosí, 1 de junio de 1621, AGI, Charcas 36.
69   Por ejemplo: ANB, CPLA 16, ff. 86r-95r, 156r-160v, 184r-190v, 284r-293v.

consiguió el respaldo de la Corona y de la Audiencia de Charcas y el Cabildo tuvo que someterse, aunque se consiguió que se exceptuasen los azogueros que debían el azogue.[70] La consecuencia fue una elección muy conflictiva, de la cual quedaron excluidos gran parte de los capitulares. Salieron elegidos Martín de Zamudio y Diego de Villegas,[71] resultado que fue considerado como victoria del grupo vascongado. El factor de la Real Hacienda, Bartolomé Astete de Ulloa, sospechó en toda la elección el manipuleo de un grupo de hombres "banderizados" alrededor del corregidor Francisco Sarmiento, "persona poco capaz para la administración de este oficio por la total postración suya a hombres sediciosos y alborotadores, con nombre de bandos de vizcaínos", a cuya cabeza identificó a los hermanos Verasátegui y a Pedro de Ballesteros.[72] Tales informes llevaron a Alberto Crespo (³1975: 83-88) a interpretar la elección capitular de 1622 como una toma del poder por parte de los vascos, la cual provocaría la reacción violenta que iba a ser la guerra de los vicuñas. Esto, sin embargo, no parece nada claro. De la elección habían quedado excluidos tanto vascos como no vascos, y todo el mundo interpretaba la actuación de Martínez Pastrana como hostilidad contra los vascongados, aunque otros denunciaban que le había servido a aquéllos para aumentar su poder, pervirtiendo los esfuerzos del visitador.[73]

Los rumores contra los promotores de los vicuñas desafortunadamente nunca se esclarecieron. En la Audiencia de Charcas desde el principio hubo voces que recomendaron mucha cautela en las investigaciones al respecto. Tal posición era sostenida, por ejemplo, por el oidor Diego Muñoz de Cuéllar, que el 17 de septiembre de 1623 escribió desde Potosí:

> [...] están muchos de los hacendados de esta villa con grandes recelos de que no se descubra el fondo de este negocio [...]; siento que se podía tomar medio disimulando todo lo que toca a vecinos hacendados y de mejor reputación y procediendo sutilísimamente contra esta gente per-

---

70 Alonso Martínez Pastrana al rey, Potosí, 15 del enero de 1622, AGI, Charcas, 32, n° 99.

71 Testimonio de la elección de alcaldes ordinarios que hizo el Cabildo de Potosí, 1 de enero de 1622, AGI, Charcas 32, n° 97, ff. 1r-9v.

72 Bartolomé Astete de Ulloa al rey, Potosí, 10 de enero de 1622, AGI, Charcas 32, n° 98a.

73 Carta a la provincia de Guipúzcoa, La Plata, marzo de 1623, AGG, JD, IT 4063,5.

dida perturbadora de este y otros delitos, no preguntándoles ni apuntándoles para que descubran cómplices y ayudadores, que es lo que he dicho se recelan [...]; considerando los hechos [...], se puede temer y se recela por muchos no den alguna desesperación.[74]

Esta política se aplicó en lo venidero. En 1625, la Audiencia de Charcas decidió castigar a los directamente involucrados en las matanzas más sonadas sin interrogatorio previo y renunciar por lo demás a cualquier intento de aclarar el trasfondo de la guerra civil potosina, para demostrar fuerza sin inquietar al vecindario.[75] Esta solución fue factible por el estado de ánimo en Potosí. Frente a la amenaza de una dura reacción por parte de la Corona, pero con la perspectiva de salir indemne de la guerra civil si actuaban con prudencia, los ricos cerraron filas. Pedro Sayago, uno de los llamados "vicuñas gordos", ofreció su colaboración a las autoridades a cambio del perdón para él y otras tres personas.[76] Alonso de Santana, supuestamente uno de los cabecillas de los vicuñas, siendo en 1625 alcalde ordinario, al parecer no hizo nada para defender a sus compañeros, ni siquiera para salvar a su cuñado Luis de Barja de la ejecución. Para conseguir el nombramiento como alguacil mayor de la ciudad de la Plata, el prestigiado vasco Sancho de Madariaga se servía de Juan de Cabrera Girón, sobrino del visitador Alonso Martínez Pastrana y denunciado como uno de los instigadores más radicales de los tumultos, el cual, mientras tanto, había obtenido la plaza de escribano de la Audiencia.[77] Así se estableció poco a poco la paz mediante un compromiso que implicaba no tocar a los "gordos" y sacrificar a los soldados que luchaban en las calles por ilusiones de revertir la historia.

En todo esto queda definitivamente en duda el afirmado dominio de los vascos sobre Potosí, aun cuando como grupo ejercían una fuerte influencia en la ciudad. Lo que existía eran grupos de poder que en alianza con representantes de la Corona perseguían sus intereses particulares. Podemos dar algunos indicios. Cuando, por ejemplo, el corre-

---

74 Diego Muñoz de Cuéllar al presidente Diego de Portugal, Potosí, 17 de septiembre de 1623, ANB, CACh 1623, n° 1267 (= VV 15).
75 Acuerdo, La Plata, 15 de enero de 1625, ANB, AChLA, 7, ff. 64r-68r (= VV 75).
76 Acuerdo extraordinario, La Plata, 7 de enero de 1625, ANB, AChLA, 7, ff. 60v-63r (= VV 76).
77 Carta de Diego Muñoz de Cuéllar, Potosí, 22 de septiembre de 1623, ANB, CACh 1623, n° 1283 (= VV 19); Poder otorgado por Sancho de Madariaga, Potosí, 13 de febrero de 1626, AHP, E.N. 62, ff. 380r-381v.

gidor Rafael Ortiz de Sotomayor, que había favorecido siempre los intereses empresariales, dejó su empleo en 1618 e iba a ser sometido a un juicio de residencia, fueron Domingo de Verasátegui y Pedro de Ballesteros, azogueros y regidores, siendo vasco el primero y no el segundo, los que solicitaron al Cabildo respaldarle en todo lo que se ofreciera,[78] personajes que más tarde fueron mencionados por el factor Bartolomé Astete de Ulloa como responsables de los ataques que los vascos tenían que soportar. Domingo de Verasátegui murió imprevistamente en agosto de 1622, y para escándalo de muchos, su viuda, Clara Bravo de Cartagena, se casó con el saliente corregidor Felipe Manrique, el 20 de febrero de 1624, al día siguiente de la investidura de su sucesor (Crespo R. [3]1975: 194-195). De esta forma se eludió la prohibición vigente de que los funcionarios del rey se casaran en los distritos de su administración. Una vez más se repetía la típica actitud de las autoridades superiores que estaban bien conscientes de la problemática de tales enredos, pero como dijo el virrey marqués de Guadalcázar: "[...] ahora no es tiempo de apurar culpas de ministros de justicia, sino de poner en buen lugar su reputación y quietarla". Así, el virrey sacó a Manrique de Potosí para darle el corregimiento de Cuzco, y ordenó a la Audiencia "que hasta que pasase un año no se le tomase residencia ni se tratase de admitir ningunas querellas ni capítulos contrá él".[79] Pasado el año, tampoco pasó nada.

El peso que tenía el paisanaje en la constitución de estas redes es muy difícil de desentrañar. La afiliación de gran parte tanto de los alcaldes como de los funcionarios nunca es del todo transparente. Fernando de Loma Portocarrero, por ejemplo, el alcalde ordinario en 1623, había ocupado una serie de diferentes oficios públicos desde 1591 y después de una larga estadía en Potosí en 1626 se fue con un nuevo empleo al distrito de la Audiencia de Quito. Fue natural de Toro y gallego, como el vicuña Pedro Andrade de Sotomayor, pero su cercanía a los vascos de Potosí se puede deducir de que al ocupar el oficio de corregidor de la villa de Oropesa, en el valle de Cochabamba, figuraran como sus fiadores Pedro de Verasátegui, Juan de Ugarte,

---

78 Acuerdo, Potosí, 29 de noviembre de 1617, ANB, CPLA, 15, ff. 386v-387v.
79 El marqués de Guadalcázar al rey, Lima, 30 de abril de 1624, AGI, Lima 40, libro 4, ff. 5r-5v.

Martín de Bertendona y Martín de Ormache.[80] Un ejemplo más: Manuel de Guevara, prominente minero, alcalde ordinario de 1624 y figura clave en la liquidación de los vicuñas a partir de este año, era originario de Segovia y no suele ser identificado como vascongado. Pero sus padres, Juan Pérez de Junguito y María Núñez de Nanclares, habían sido vecinos del lugar de Azua de la hermandad de Gamboa en Álava, y salta a la vista que el apellido de su padre figura en la familia, también alavesa, de los Verasátegui. Importante parece ser que ya en el "cabildo abierto" organizado por el oidor Diego Muñoz de Cuéllar, el 7 de noviembre de 1623, Guevara figuraba como uno de los dos "diputados de la congregación de los azogueros". El hecho de ser elegido alcalde ordinario precisamente él poco después con el encargo de la represión definitiva de los vicuñas se puede tomar como maniobra de los vizcaínos, pero igualmente como expresión de la voluntad de la industria minera de establecer el orden.[81]

5. Consideraciones finales

En la guerra de los vicuñas intervinieron las fuerzas y los motivos más diversos, producto de una situación embrollada que caracterizó al espacio andino de la época. La etnización extendida de los conflictos sociales y de los discursos tiene uno de sus orígenes en este enredo. Los protagonistas recurrían a las categorías étnicas, sin duda simplistas, aunque promovidas por las estrategias usadas por algunos grupos, para orientarse tanto en sus acciones como en sus emociones, en un mundo que se escapaba a su comprensión y que había dejado a mu-

---

80 Certificación de Alonso Maldonado de Torres, presidente de Charcas, La Plata, 9 de octubre de 1609, AGI, Charcas 91, n° 1/1, ff. 80r-80v; Título de corregidor de Latacunga, Lima, 26 de noviembre de 1625, y Certificación del escribano Diego Suárez de Figueroa, Quito, enero 1626, AGI, Charcas 91, n° 1/1, ff. 116v-120r; AGI, Pasajeros, L. 7, E. 938; Lohmann Villena, Guillermo (1947, I: 237-238).

81 Información hecha de oficio en el *[sic]* Audiencia Real de la Plata de los servicios que ha hecho a Su Majestad el capitán Manuel de Guevara, AGI, Charcas 88, n° 6; Proposición de sujetos para la alcaldía mayor de minas del cerro de Potosí, Madrid, 10 de enero de 1622, AGI, Charcas 2, r. 2, n° 34; Testimonio de autos, Potosí, 7 de noviembre de 1623, ANB, CACh 1623, n° 1293 (= VV 46); Muñoz de Cuéllar a la Audiencia, Potosí, 7 de noviembre de 1623, ANB, CACh 1623, núm 1296[b] (= VV 47). Compárese: Testamento de Pedro de Verasátegui, La Plata, 22 de diciembre de 1624, ANB, E. P. 88, ff. 1282r-1286v.

chos con una profunda amargura por sus frustradas ilusiones. Pero cabe recordar que el representante más famoso de tal resentimiento, similar al ostentado por los vicuñas, fue el guipuzcoano Lope de Aguirre, lo que demuestra la fragilidad de toda adscripción étnica a los conflictos que se daban entre los españoles que habitaban los Andes coloniales. El antagonismo con los vascos tampoco era el único fenómeno de tal etnización y tampoco el más duradero. Con frecuencia –y también en Potosí, en un momento del conflicto– estallaba la agresión contra los portugueses.[82] Al mismo tiempo se desarrolló la conciencia criolla en la América hispánica (Lavallé 1993), la cual reivindicaba derechos no muy diferentes a los demandados por los vicuñas, aunque éstos fueran peninsulares.

Lo que puede verse con alguna claridad es que la lucha contra los vascongados de Potosí se dividía en dos fases. Empezó como una pelea entre grupos de poder que habían formado redes mediante lazos –verticales y horizontales– de interés, de amistad, de parentesco y de paisanaje, pero adoptando un punto de vista funcional, cada integrante recurría a las relaciones que en el momento dado le parecieron más adecuadas, lo que significa que la pertenencia étnica pudo con frecuencia pasar a un segundo plano u olvidarse del todo (Wallman 1983: 69), si no existe un discurso etnicista que la resalte insistentemente porque explica todo en sus términos. Más adelante, el conflicto se convirtió en una lucha de los españoles desprivilegiados contra los ricos, sin que por esto se perdiera el discurso étnico. En 1625, Bartolomé Astete de Ulloa resumía los eventos: "[...] los alborotos e inquietudes que ha habido en esta villa de tres años a esta parte, causados en su principio entre naciones y después por soldados sueltos forajidos salteadores".[83]

Tal juicio ilustra también cómo esta transformación llevó a la progresiva criminalización del movimiento antivasco, o talvez sea más correcto decir, a la recriminalización. Los grupos de soldados, muchas veces denominados étnicamente, habían sido descritos con anterioridad como bandos "que por juegos, mujeres y otras ocasiones han hecho hartos daños e insolencias. Salen a veces a matarse en cuadrillas

---

82   Por ejemplo: Tratado [...], Potosí, 1º de julio de 1624, BNM, Ms. 20134, p. 29.
83   Certificación de Bartolomé Astete de Ulloa, Potosí, 1 de octubre de 1625, AGI, Charcas 54.

y se hacen mil traiciones".[84] En cierto momento, de repente, se entienden las razones de su pasión y se les agracia comparándolos con "ciertas cuadrillas de mancebos a manera de los bandos de los estudiantes de Salamanca".[85] Pero finalmente en el discurso de las élites predominó la denominación de "forajidos",[86] y los describe "con monteras de rebozo, pistolas y arcabuces como bandoleros de Catalunia".[87] Ciertamente, los soldados vicuñas tenían algo de bandidos sociales, con todas las implicaciones que ha puesto de relieve Eric Hobsbawm (1969). No luchaban precisamente por los pobres, a los que maltrataban sin muchos recelos, mas luchaban contra los poderosos, identificados en el prejuicio público con los vascongados. Hoy en día se les llamaría terroristas, sin duda.

Aunque el movimiento de los vicuñas se puede ubicar en la tradición de las guerras civiles peruanas iniciada en la conquista misma, pone de manifiesto que las épocas estaban cambiando o ya habían cambiado. "[...] si bien se considera que el siglo XVII fue testigo de la consolidación del sistema colonial, lo fue sólo en el hecho de que las rebeliones armadas dieron paso a las prácticas corruptas", dice Ana María Lorandi (2002: 153). Esto fue posible a raíz del acuerdo tácito entre las élites establecidas, por un lado, y las autoridades reales, por el otro, un acuerdo negociado y puesto en práctica mediante la corrupción. En el Perú de las primeras décadas del siglo XVII se llegó a establecer una identificación estrecha entre vascos, nepotismo siniestro y riqueza no merecida, mientras que los vicuñas pertenecían al pasado violento de los soldados. Aunque su agresión no se dirigió directamente contra la autoridad real, sino contra los círculos corruptos de los nuevos ricos que habían comprado la alianza con el magistrado, todo ataque al sistema significaba también un ataque al rey conforme, aunque fuera de mala gana, con este arreglo. Este sistema se mostró cada vez más reacio a las denuncias y los intentos de cambiarlo por vía legal. Forzosamente el descontento llegó a la exasperación y tuvo que encontrar una válvula de escape, pero quien caía en la trampa de

---

84 Historia de huérfano, por Andrés de León, s.f. [1621], RAH, Col. Muñoz 9/4807, f. 197r.
85 Relación, 23 de noviembre de 1623, AGI, Charcas 134, n° 18, f. 1r.
86 Acuerdo, Ciudad de la Plata, 4 de mayo de 1623, ANB, AChLA 7, ff. 1r-4r (= VV 2, S. 1-6).
87 Jorge Manrique de Lara al rey, La Plata, 10 de marzo de 1624, AGI, Charcas 53.

la violencia sólo cavaba su propia tumba, porque la alianza entre Estado y élites locales no vacilaron en remediar la situación mediante la horca.

Bibliografía

Arzáns de Orsúa y Vela, Bartolomé (1976): *Historia de la Villa Imperial de Potosí*, ed. por Lewis Hanke y Gunnar Mendoza. 3 vols., Providence: Brown University Press (escrito hacia 1700).

Azurmendi, Mikel (2000): *Y se limpie aquella tierra. Limpieza étnica y de sangre en el País Vasco (siglos XVI-XVIII)*. Madrid: Taurus.

Bakewell, Peter (1975): "Registered Silver Production in the Potosí District, 1550-1735". En: *Jahrbuch für Geschichte von Staat, Wirtschaft und Gesellschaft Lateinamerikas*, 12, pp. 67-103.

— (1984): *Miners of the Red Mountain. Indina Labor in Potosí, 1545-1650*. Albuquerque: University of New Mexico Press.

— (1988): *Silver and Entrepreneurship in Seventeenth-Centruy Potosí. The Life and Times of Antonio López de Quiroga*. Albuquerque: University of New Mexico Press.

Caro Baroja, Julio (1972): *Los vascos y la historia a través de Garibay (ensayo de biografía antropológica)*. San Sebastián: Editorial Txertoa.

Cole, Jeffrey A. (1985): *The Potosí Mita, 1573-1700. Compulsory Indian Labor in the Andes*. Stanford: Stanford University Press.

Crespo R., Alberto ([3]1975): *La guerra entre vicuñas y vascongados (Potosí, 1622-1625)*. La Paz: Librería Editorial Juventud.

Descripción (1958): *Descripción del virreinato del Perú. Crónica inédita de comienzos del siglo XVII*, ed. por Boleslao Lewin. Rosario: Universidad Nacional del Litoral (escrita aproximadamente entre 1615 y 1620).

Fried, Charles (ed.) (1983): *Minorities: Community and Identity*. Berlin et al.: Springer-Verlag.

González Casasnovas (2000): *Las dudas de la Corona. La política de repartimientos para la minería de Potosí (1680-1732)*. Madrid: CSIC.

Guaman Poma de Ayala, Felipe (1987): *Nueva crónica y buen gobierno [El primer nueva corónica i bven gobierno]*, ed. por John V. Murra, Rolena Adorno y Jorge L. Urioste. 3 vols., Madrid: Historia 16 (escrito alrededor de 1615).

Hausberger, Bernd (en prensa): "La guerra de los vicuñas contra los vascongados en Potosí y la etnización de los vascos a principios de la Edad Moderna". En: Langue, Frédérique/Büschgens, Christian (eds.): *Excluir para ser. Configuraciones identitarias en la América ibérica (siglos XVI-XIX)*. Madrid/Frankfurt am Main: Iberoamericana/Vervuert.

Helmer, Marie (1960): "Luchas entre vascongados y 'vicuñas' en Potosí". En: *Revista de Indias*, 20, pp. 185-195.

Hobsbawm, Eric J. (1969): *Bandits*. London: Weidenfeld and Nicholson.

Lavallé, Bernard (1993): *Las promesas ambiguas. Ensayos sobre el criollismo colonial en los Andes*. Lima: Instituto Riva-Agüero/Pontificia Universidad Católica del Perú.

Lockhart, James (1968): *Spanish Peru, 1532-1560. A Colonial Society*. Madison: The University of Wisconsin Press.

Lohmann Villena, Guillermo (1947): *Los americanos en las órdenes nobiliarias (1529-1900)*. 2 vols., Madrid: CSIC/Instituto "Gonzalo Fernández de Oviedo".

Lorandi, Ana María (2002): *Ni ley, ni rey, ni hombre virtuoso. Guerra y sociedad en el virreinato del Perú. Siglos XVI y XVII*. Barcelona: Gedisa.

Martínez de Isasti, Lope (1972): *Compendio historial de Guipúzcoa*. Bilbao: La Gran Enciclopedia Vasca (1ª ed. 1625).

Mendoza L., Gunnar (1953/54): "Guerra civil entre vascongados y otras naciones de Potosí. Documentos del Archivo Nacional de Bolivia (1622-1641)". En: *Sur*, 2, pp. 117-186.

Poza, Licenciado [Andrés de] (1959): *Antigua lengua de las Españas [De la antigva lengva, poblaciones, y comarcas de las Españas, en que de paso se tocan algunas cosas de la Cantabria]*. Madrid: Ediciones Minotauro (1ª ed. Bilbao 1587).

Presta, Ana María (2000): *Encomienda, familia y negocios en Charcas colonial (Bolivia). Los encomenderos de la La Plata, 1550-1600*. Lima: IEP/Banco Central de Reserva del Perú.

Ramírez del Águila, Pedro (1978): *Noticias políticas de Indias y relación descriptiba de la Ciudad de la Plata metrópoli de las provincias de los Chacras y nuebo reyno de Toledo, en las occidentales del gran imperio del Piru, [...] 1639*, transcripción de Jaime Urioste Arana. Sucre: División de Extensión Universitaria.

Serrano Mangas, Fernando (1993): *Vascos y extremeños en el Nuevo Mundo durante el siglo XVII: un conflicto por el poder*. Mérida: Asamblea de Extremadura.

Wallman, Sandra (1983): "Identity Options". En: Fried (ed.), pp. 69-78.

Wolff, Inge (1970): *Regierung und Verwaltung der kolonialspanischen Städte in Hochperu 1538-1650*. Köln/Wien: Böhlau.

Wolfgang Gabbert

Flux and Stability in Nineteenth-Century Kruso'b Political Organization

1. Introduction

The term *kruso'b*, which simply means "the crosses", is derived from a religious cult.[1] It is frequently used to denote the several thousand speakers of Yucatec Maya who now occupy the central part of the Mexican state of Quintana Roo in the east of the Yucatan peninsula.[2] They are descendants of the rebels who fought against the government of Yucatan in the rebellion that began in 1847. This uprising, known as the "Caste War of Yucatan", was primarily supported by a section of the Maya-speaking lower class. It was the most significant of the many rural uprisings that unsettled Mexico during the nineteenth century (González Navarro 1976; Reina 1980). After some initial success in 1847/48, the rebels were forced to retreat to the isolated southeastern part of the peninsula, where they established independent polities. The result was a bloody frontier war that continued for more than fifty years. The rebel descendants preserved political autonomy de facto up to the first decades of the twentieth century.

Kruso'b political organization in the second half of the nineteenth century has been characterized in different ways. Some scholars consider it to be a chiefdom (Villa Rojas 1945) or an aggregate of several

---

1   I would like to thank Paul Sullivan for his critical comments on an earlier version of this paper.

2   Bartolomé/Barabas (1977: 87) estimated their number to be around 6,000 in 1970. The rebels usually referred to themselves as *cristianoo'b* (Christians), *otsilo'b* (poor), or *masewalo'b*. The term *kruso'b* (crosses), in comparison, appears only rarely (For *cristiano'ob*, *otsilo'b*, and *masewalo'b* cf. e.g., Proclamation of Juan de la Cruz (Bricker 1981: 188-207); Libro sagrado (Chi Poot 1982: 277-294); Juan de la Cruz, Chan Santa Cruz, February 1, 1850 (Quintal Martín 1992: 68); for *kruso'b* cf. Libro sagrado, March 15, 1903 (Chi Poot 1982: 285); A. Dzul, R. Pec, and A. Chi to governor, January 8, 1888, in R. T. Goldsworthy confidential dispatch, January 26, 1888, Colonial Office, 123/189 (Dumond 1997: 359). Made popular by Reed (1964), however, it is frequently used by scholars and the wider public.

chiefdoms (Dumond 1977), while others see it as a centralized state.[3] I
will suggest in the following that, contrary to assuming a consolidated
governmental structure, Kruso'b political organization should rather
be understood as a form of "caudillo politics". This is the analytical
framework proposed by Eric Wolf and Edward Hansen (1967). They
define "caudillo politics" as: 1. the "emergence of armed patron-client
sets, cemented by personal ties of dominance and submission, and by
a common desire to obtain wealth by force of arms; 2. the lack of in-
stitutionalised means for succession to offices; 3. the use of violence
in political competition; and 4. the repeated failures of incumbent
leaders to guarantee their tenures as chieftains" (Wolf/Hansen 1967:
169; Riekenberg 1998: 201).[4]

I will attempt to demonstrate the productivity of this approach
with a brief discussion on some features of the peculiar form of political organization that developed in the area controlled by the Kruso'b
after 1850, with particular reference to the role of violence.

2. The Beginnings

The Yucatan Caste War, which upset the peninsula after independence
from Spain in 1821, was the unexpected outcome of factional disputes
between the Yucatecan elites. This opposition between two liberal
factions determined political conflict from the end of the 1830s up to
the 1850s. The factions were grouped around the politicians Santiago
Méndez, representing the interests of the city of Campeche, and Miguel Barbachano acting on behalf of the Mérida elite (Cline 1950, V:
619-622; Betancourt Pérez/Sierra Villarreal 1989: 57-59, 111-113;
Negrín Muñoz 1991: 59-62). As elsewhere in Mexico, Yucatan developed a pattern of politics characterized by rapid change of government, frequent coups, and a marked instability of government institutions.

Since political parties with a solid organization and ideology were
non-existent, the major political actors – Méndez and Barbachano –

---

3   See Rugeley (1997: 495-496); Sapper (1895); Jones (1974: 659); Hostettler
     (1996: 19); Reed (1997: 523).
4   The role of religion in caudillo political systems was not discussed by Wolf/Han-
     sen (1967). However, its importance in Kruso'b political organization is obvious.
     The hypotheses I suggest here will have to be refuted or confirmed by future
     studies.

had to rely on multiple chains of vertical political alliances that linked politics at the peninsular, regional, and local levels. This included ties to the Maya-speaking population in the towns and villages of the hinterland, which were mainly secured by the *batabob*, as the caciques or governors of Indian town and village administrations *(repúblicas de indígenas)* were known as in Yucatan.

Since 1839, Ladino[5] leaders had begun to systematically recruit part of the Maya-speaking population as soldiers for the civil wars between the factions of the elite.[6] The character of confrontation changed in 1847, when several groups, composed of members of the Maya-speaking lower classes, began to act independently and fight for their own agenda, which included the reduction of taxes, free access to land, and equal rights. Although many of these rebels were non-Indians *(vecinos)*, the uprising that followed has often been characterized as an ethnic or racial war.[7] A critique of this interpretation, however, is not the focus of this paper (Gabbert 1997; 2000; n.d.). I will concentrate instead on the military and political organization that developed in the rebel forces during the decades that followed the outbreak of that war.

Rebel fighting units were modelled initially on the Yucatecan militia. Companies consisted of men from individual towns who were led by elected officers under an elected captain, a position frequently filled by the local *batab* (Jones 1974: 665-666; Rugeley 1995: 486). Nominally they were grouped into larger units under majors *(comandantes)* or generals. In actual fact, however, each company operated independently without a visible command structure (Reed 1964: 122-123; Dumond 1977: 106-107; 1985: 292-293). Coordination at a more inclusive level was achieved only by the more or less stable attachment of individual companies to the few leaders with regional influ-

---

5 The term *ladino* is used in other parts of Middle America but not in Yucatan. Nevertheless, it seems more suitable than other terms (e.g., white) to describe the culturally and linguistically hispanicized section of the population, since it contains less phenotypical and genetical connotations inappropriate to Yucatan.

6 See Baqueiro (1990 [1878-1887], I: 228, 230-231, 234, 370); Ancona (1978 [1879/80], IV: 17, 24); Norman (²1843: 227); Stephens (1963 [1843], II: 160, 226, 229); Reed (1964: 126).

7 See Buisson (1978: 8, 21-22); Montalvo Ortega (1988: 301, 314); Quintal Martín (1988: 13); Bartolomé (1988: 179).

ence *(caudillos)*, such as Jacinto Pat, Cecilio Chi, and Florentino Chan.

In 1849, these overarching command structures collapsed. The rebels were thrown onto the defensive by government forces and within a few months two of their most important chiefs had been killed.[8] Moreover, many of the early *batab* company leaders had died in battle, companies were decimated and, depending on the fortunes of war, survivors joined other units (Reed 1964: 122-123; Rugeley 1995: 486).

Now, a second generation of leaders began to emerge. In addition to their ability to lead their followers on successful pillage raids, some of these rebel caudillos attempted to back up their leadership claims with alleged connections to supernatural forces.[9] This was to be of significance in 1850, when José María Barrera and his men were forced to flee from advancing government troops. Although accounts differ greatly with regard to detail, there is evidence that they established a new settlement around a natural well *(cenote)* that had once allegedly harboured three miraculous crosses with the power of speech. Known as Chan Santa Cruz or "Little Holy Cross", this place became the centre of a religious cult, attracting hundreds of rebels who began to form villages in the vicinity.[10]

In a desperate situation of near defeat and fragmented forces, the new Cult of the Speaking Cross became a key element in fostering

---

8   Cecilio Chi was murdered by his secretary in the spring of 1849, apparently for personal reasons. Jacinto Pat was killed by Venancio Pec in September of the same year as a result of trying to open negotiations with the government (Ancona 1978 [1879/80], IV: 260-264).

9   This seems to have been a frequent phenomenon among caudillos of lower-class background in Latin America (Riekenberg 1998: 204-205).

10 See Manuel Micheltorena to governor, Mérida, April 2, 1851, *El Siglo Diez y Nueve*, Mérida, April 7, 1851, p. 1; Ancona (1978 [1879/80], IV: 314-316); Baqueiro (1990 [1878-87], IV: 118-123); Reed (1964: 135-136). Ladino sources generally depict the "Cult of the Speaking Cross" as a trick whereby leaders consciously deceive their followers. This, of course, was standard practice in ideological warfare, and aimed at questioning the legitimacy of the rebel political structure. Whether the rebel leaders were true believers, as Paul Sullivan suggests (personal communication, 6/27/2002; see also Dumond 1997: 420), or not is hard to decide, given the limitations of existing sources. Suffice it to say here that the success of the cult suggests whatever the leaders did or said seems to have carried conviction for their audience and obviously addressed the psychological needs of many of the insurgents.

cohesion among the rebels. It not only gave the rebels an interpretation of their destiny[11] and inspired them with hope for a better future, but also provided inhabitants of different villages and followers of different leaders with a common point of ideological identification.

3. Kruso'b political organization – structure or process?

The following decades saw the emergence of a religious, military, and social organization that integrated several local groups. In his now classic book on the Caste War, Nelson Reed (1964: 212), following in the footsteps of Alfoso Villa Rojas (1945: 22-25), developed a diagram of Kruso'b political organization which has had enormous influence on later scholars and the interested public. Under the heading "Cruzob, 1850-1901" it shows, among other things, a three, respectively four-tiered hierarchy of political and religious offices above the common people. The "Patron of the Cross" or *tatich* is placed at the top, the second tier is comprised of the "Interpreter of the Cross" *(tata polin)* and the "General of the Plaza" *(tata chikiuc)*, followed by the priests and company officers that form the third tier, while the medicine men *(h-menob)* and village secretaries *(ahdzib huunob)*, subordinate to the priests, make up the fourth and last tier. Although schematic representations have their merits, they tend to emphasise structure[12] rather than process and run the risk of suggesting stability even in cases where change has emerged as the outstanding quality of a certain historical development. This seems to be the case with Kruso'b society during the nineteenth century. Reed's schema assumes that:

1. a stable authority structure existed;
2. there was only one ritual centre[13] and the highest religious leader (the Patron of the Cross) was the supreme authority of all Kruso'b;
3. the relative importance of religious and political positions remained fairly constant.

---

11 For example, by representing past defeat as a sanction for offending God's orders (see Juan de la Cruz, X-Balam Nah, Xocen, Xcenil, Xocen, December 11, 1850, Villa Rojas 1945: 162).

12 See Reed (1964: 160-161, 209-220) and to a lesser extent, Bartolomé/Barabas (1977: 33-35).

13 Although he himself mentions the centre at Tulum (Reed 1964: 223-224).

A closer look at the sources leads me to doubt all three assumptions.

1. There was apparently no stable political hierarchy in existence to govern the rebel population, but almost constant rivalry between leaders for power and wealth. Thus, one traveller commented at the beginning of the twentieth century:

> On the death of a head chief of the Santa Cruz Indians the oldest of the sub-chiefs is supposed to succeed him; as a matter of fact, there are always rival claimants for the chieftainship, and the sub-chief with the strongest personality or greatest popularity amongst the soldiers usually succeeds in grasping the office. There are nearly always rival factions endeavouring to oust the chief in power, and the latter rarely dies in bed (Gann 1924: 49; Adrian 1924: 237).

Table 1: Causes of Death of Major Rebel Leaders

Name	Date	Cause of death
Cecilio Chi	early 1849	killed by his secretary
Jacinto Pat	Sept. 1849	killed by rival leader
Manuel Nahuat	3/23/1851	killed in battle
Venancio Pec	spring 1852	killed in battle
Juan Bautista Yam	spring 1852	killed in battle
José María Barrera	Dec. 1852	murdered?
Paulino Pech	May 1853	killed in battle
Agustín Barrera	Dec. 1863	killed by rival leaders
Venancio Puc	Dec. 1863	killed by rival leaders
Apolinario Sánchez	Dec. 1863	killed by rival leaders
Bernardo Ueh	Feb. 1864	killed in battle
Dionisio Zapata	April 1864	killed by rival leaders
Leandro Santos	April 1864	killed by rival leaders
Pedro Tsul	1871	killed in battle
Bonifacio Novelo	July 1874?	unclear
Claudio Novelo	July 1874?	unclear
Bernardino Ken	Oct. 1875	killed in battle
Juan de la Cruz Pat	Oct. 1875	killed in battle
Crescencio Poot	Aug. 1885	killed by rival leader
Juan Bautista Chuc	Aug. 1885	killed by rival leaders
José Crescencio Puc	Sept.? 1894	killed by rival leaders

Name	Date	Cause of death
Román Pec	1896	killed by rival leaders?
José María Aké	early 1897	killed by rival leaders
Hilario Cab	early 1897	killed by rival leaders
José María Canul	early 1897	killed by rival leaders
José María Aguilar	April 1897	killed by rival leaders
Felipe Yama	1899	killed by rival leader
Felipe May	April 1901	killed by rival leader

Sources: Razón del Pueblo, Mérida, August 5, 1874, and October 20, 1875, p. 1; Información practicada con Saturnino Fernández et al., Tekax, September 1886, AGEY, Poder Ejecutivo, box 241; Ancona [1879/80] 1978, IV: 80; Sapper (1895: 197); Reed (1964: 109, 121-122, 227, 287-288); Jones (1974: 660, 676-677); Dumond (1985: 295, 301; 1997: 254-256, 381, 395); Angel (1997: 532).

A look at Table 1, showing the causes of death of major Kruso'b leaders, proves that this was not mere sensationalism. Whereas many Kruso'b leaders died in battle, the majority were victims of internal power struggles. This strongly suggests that violence was not an aberration but an inherent feature of Kruso'b politics in the nineteenth century. It was one of several resources potential caudillos could make use of to gain and retain leadership positions. As has already been said, many of the first rebel chiefs were *batabob*, that is, men who could count on some "traditional legitimacy", to adopt a Max Weber term, and wealth to attract followers.[14] The next generation of leaders were all "men of obscure origins", whose success was based on "luck, audacity, military skill, and sheer personal charisma" (Rugeley 1995: 486).[15] Having no significant property or status, these leaders felt a greater need than their predecessors to secure their followers' loyalty with other means. Successful pillaging was initially the only course open to them in order to obtain the wealth to be distributed. The use of physical violence against their enemies, as well as against rivals for leadership or followers who questioned their authority was a neces-

---

14 Pat, for example, was a personal acquaintance of Barbachano. He was an educated man and owned considerable landed property (Baqueiro 1990 [1878-87], II: 140; Bricker 1981: 98). Pat, Chi and Chan were all *batabob* (Rugeley 1995: 486).

15 José María Barrera, another example, did not play a role in the organization of the rebel forces up to 1850. He does not appear in the correspondence of that time (Jones 1974: 669). Bonifacio Novelo had been a "peddler, agitator, and general riffraff" before the war (Rugeley 1995: 492-493, note 34).

sary evil in maintaining their position. As Wolf and Hansen pointed out,

> the claimants to victory must be prepared to kill their rivals and to demonstrate this willingness publicly. For the loser there is no middle ground; he must submit to the winner, or be killed. [...] Given the terms of competition, violence constitutes a predictable aspect of the system. Leadership can be achieved only through violence; resources claimed only through violence (Wolf/Hansen 1967: 174, 177; Riekenberg 1998: 210-211).

Consequently, leaders required a specific personality or, at least, an assertive image that expressed masculinity and the ready use of violence. This is aptly illustrated in the following description of Bernardino Ken, one of the rebel chiefs in the 1860s and 1870s:

> Although he is of advanced age, the strength of his character, his eminent services and sanguinary instincts make him dreadful not only among his followers but even to Poot himself who is also respected and feared as a leader of major rank. In his bacchanals Cen even takes the liberty to kill anybody who gets in his way [...].[16]

The excessive consumption of alcohol has frequently been interpreted as a pathological trait and especially Yucatecan sources depict the rebel leaders as bloodthirsty drunkards.[17] However, heavy drinking may have been an essential component of the social assertion of masculinity in a male-dominated context.

2. The Cult of the Speaking Cross has been frequently been depicted as a unitary movement with a single ritual centre at Chan Santa Cruz in the nineteenth century (Villa Rojas 1945: 22-25; Reed 1964; Bricker 1981). However, Don Dumond (1985: 291; 1997: 421-422) has convincingly argued that not only was there a tendency to fragment politically but also "toward real and profound fission [...] inherent also in the cult". He has shown that after 1853 several essentially independent and equal religious centres emerged in the Kruso'b area, which drew on separate constituencies. A separate ritual centre existed in the 1850s at Mabén, 40 kilometers north-east of

---

16 "La Guerra de Castas", *La Razón del Pueblo*, Mérida, March 29, 1871, p. 2; see also Antonio Espinosa to governor, Valladolid, February 28, 1871, *La Razón del Pueblo*, Mérida, March 1, 1871, p. 1.

17 See, for example, "Comisión del gobierno de Yucatán [...]", Mérida, June 13, 1864, *La Nueva Época*, Mérida, June 24, 1864, p. 2.

Valladolid, which was shifted to Kantunilkin in 1858 as a result of frequent army attacks. Other ritual centres emerged at Tulum in 1864, at Muyil in the early 1870s and, possibly at Chunpom around the same time or later. All of these places had a church with several crosses, as well as a number of barracks where men from the villages attached lived during their periodic guard services *(guardia)*.[18] The sources also indicate that "Patron of the Cross" was not a unique title but one held by individuals in the ritual centres mentioned (Miller 1889: 26; Dumond 1985: 296-297, 300-301; 1997: 317-319, 371).

There is, in fact, a hierarchy of crosses in the Kruso'b religious system. Patron crosses (also called saints) are seen as intermediaries between God and man, while domestic crosses are held to protect the elementary family. Some domestic crosses gain prestige by virtue of their exceptional powers and become the patron of all families belonging to a patrilineage. The lineage cross, which is ascribed the greatest power, becomes the patron cross of the village and is kept in the village church. Finally, a village cross can acquire such regional importance that homage is widely paid and guard service performed (Miller 1889: 26; Villa Rojas 1945: 97-98; Dumond 1985: 295). It seems obvious that a potential for fragmentation lies within such a system, since crosses differ not in kind but in their degree of supernatural power, of which there may be conflicting evaluations. As Don Dumond puts it:

> As the quasi-military company was the building block of the segmental political organization, so it was also the unit of worship and guardia in the religion of the oracular crosses. And thus it is no surprise to find that the periodic fragmentation of political rule was accompanied inevitably by fragmentation of the religious organization, or that regional splinters within the religious cult became the separatist centers of diverging polities (Dumond 1985: 303).

3. It appears that the relationship between religious and secular power was by no means stable.[19] While José María Barrera, who is generally seen as the founder of the cult, succeeded in attracting nu-

---

18 All male Kruso'b who were married or over sixteen years of age were required to guard the major military and cult centres for fixed terms (Villa Rojas 1945: 24; Sullivan 1997, II: 3).

19 This point has been already stressed by Jones (1974) and Dumond (1977, especially p. 126).

merous followers, it is still not clear whether he was also able to establish unchallenged political authority over the rebels.[20] An early sermon of the Speaking Cross that survived in written form complained about the disobedience of many military leaders and can be interpreted as an indication of factional conflict: "[...] there are very few generals that come because none of the generals believe in any of my ordinances and the generals say that there is no truth whatever in my orders [...]".[21]

Barrera died in 1852 and there is a great dearth of information on the rebel politics of the years that followed. It does, however, seem to be clear that Venancio Puc established himself as the highest religious and military leader in 1857 or earlier. His claim to political supremacy was thus backed by his religious authority.[22] However, this state of affairs only lasted until December 1863, when Puc was killed by two of his generals (Dionisio Zapata and Leandro Santos). They not only questioned Puc's political position but also his charismatic authority as Patron of the Cross and, apparently, also several aspects of the cult itself.[23] After a further coup only four months later, authority was more or less evenly shared by three leaders. According to a report by a British visitor, one of them (Bonifacio Novelo) acted as the "head of the church" while his fellow leaders (Crescencio Poot and Bernardino Ken) were mainly concerned with military affairs.[24] Poot probably became supreme in late 1868.[25] According to Jones (1974: 677-678) and Dumond (1977: 125-126; 1985: 299), the cult and its priests lost

---

20 But see Jones (1974: 676).
21 Juan de la Cruz, X-Balam Nah, Xocen, Xcenil, Xocen, December 11, 1850, Villa Rojas (1945: 162). Jones (1974: 668-669) has already made this point.
22 See, for example, Aldherre (1869: 75); Jones (1974: 670-674). Puc did also participate in military expeditions (e.g. Jones 1974: 672; Dumond 1997: 221, 252, 259).
23 See, for example, Angel Dugall to Pantaleon Barrera, Corozal, n.d. [the document is dated "15 del pasado" and although the year is not mentioned, the letter's content suggests that it was written in 1864], CAIHDY, XLIV-1850-1859, 004; Jones (1974: 675); Dumond (1985: 298; 1997: 254-256, 258).
24 See John Carmichael to Longdon, Corozal, November 15, 1867, Archives of Belize (Belmopan), Record 96, printed in Rugeley (2001: 82-87); Jones (1974: 676-677).
25 The reason for this development is not clear. According to Dumond (1997: 303), Novelo's name never cropped up in an active context again in the documents. See also Bricker (1981: 112, 339, note 58).

much of their political influence the patron of the cross at Chan Santa Cruz no longer gave secular orders, and administration was almost fully secularized. They suggest that civil-military leadership became separated from the ritual leadership.[26] By comparison, Paul Sullivan (personal communication, 6/27/2002) argues for the continuity of the cult and its forms, as well as its role in Kruso'b society. He rightly stresses that the cult did not completely lose its political significance and that military leaders remained true believers.[27] Villa Roja's description of Kruso'b society in the 1930s supports to a certain extent both points of view. On one hand, it differentiates between the ritual and political roles in office and, on the other hand, makes clear that this separation was, however, far from complete since the ritual leader continued to play a role in secular matters (1945: 72, 92-93). It is impossible to resolve this point here. However, I would argue that although Kruso'b politics did not become an entirely secular affair, there are clear indications that the relation between and the relative importance of religious and political positions changed over time. Whereas some leaders held the uppermost ritual and political positions simultaneously (e.g., Venancio Puc), they were held by different people in other periods (e.g., Novelo and Poot between 1864 and 1868). Furthermore, while all important leaders lived in Chan Santa Cruz for many years, there were no permanent residents there from the 1880s onwards, as the Kruso'b and their leaders lived dispersed throughout the surrounding villages.[28]

4. Conclusion

Leadership positions among the Kruso'b were mainly based on personal loyalty and face-to-face relationships. I agree, therefore, with Don Dumond (1985: 302) that "the ability of the political leaders to unify their followers was sharply limited in both the number of people they could organize and the size of the area they could dominate".

---

26   The supremacy of the religious leaders in Tulum persisted up to 1892, when the inhabitants vacated the place (Jones 1974: 678; Dumond 1985: 301-302, 369).

27   In fact, an anonymous report mentions Poot as the "Governor" or "First General", who "communicates directly with the 'Cross'" (Anonymous to Guillermo Palomino, n.l., [1873?], printed in Rugeley 2001: 95).

28   See "Anonymous Report on Rebel Military Capacity", 1878, printed in Rugeley (2001: 88); Miller (1889: 25, 27); Dumond (1977: 125).

Since the economic foundations of domination were weak – leaders, for example, did not control the basic means of production such as land – and the importance of war as a potential foundation for social and political hierarchy fell into decline, no stable centralized form of political organization could be established.[29] Political organization above the local level was based on a number of competing leaders who managed to rise to regional importance and become caudillos as a result of their capacity to conduct raids on Yucatan and organize supplies from Belize, as well as on their military prowess, masculine *(machista)* performance and, possibly, rhetorical abilities. In many cases, although not all, these qualities were combined with a charisma gained by being considered especially close to the holy cross (or crosses).

Although the ability of individual caudillos to consolidate their power may have been limited, the entire system, based on military organization in companies and the relgous cult, worked quite well for several decades and allowed the Kruso'b to defend themselves against the Yucatecans for more than fifty years.[30] I do not agree with Dumond (1985: 302-303) that this was "a reflection more of Yucatecan weakness", but would argue that to a significant extent it was the result of a highly effective military organization capable of motivating warriors to fight, the ability to procure the necessary supplies in a society with relatively few resources, and the development of specific forms of warfare (guerrilla tactics, ambushes, etc.) that even allowed a triumph over the superior Yucatecan forces. Although Kruso'b political and religious organization was far from static, as Dumond (1985; 1997) and Jones (1974) have argued, and as I have attempted to demonstrate in this paper, and although their leaders were overthrown from time to time, there was an impressive continuity in many cult-related religious practices. Although the cult contained the potential for both religious and social fragmentation into various sub-units, at the same time it provided the basis for social cohesion beyond the levels of kinship and locality.

---

29 I plan to discuss the political economy of Kruso'b political organization in a future article.
30 Thanks to Paul Sullivan (personal communication, 6/27/2002) for raising this point.

Bibliography

Adrian, H. (1924): "Einiges über die Maya-Indianer von Quintana Roo". In: *Zeitschrift der Gesellschaft für Erdkunde zu Berlin*, 5-7, pp. 235-247.

Ancona, Eligio (1978): *Historia de Yucatán desde la época más remota hasta nuestros días*, vols. 3-4. Mérida: Universidad Autónoma de Yucatán (original 1879/80).

Aldherre, Fed. (1869): "Los indios de Yucatán". In: *Boletín de la Sociedad Mexicana de Geografía y Estadística*, 2ª época, 1, pp. 73-81.

Angel, Barbara (1997): "Choosing Sides in War and Peace: The Travels of Herculano Balam among the Pacíficos del Sur". In: *The Americas*, 53/4, pp. 525-549.

Baqueiro, Serapio (1990): *Ensayo histórico sobre las revoluciones de Yucatán desde el año de 1840 hasta 1864*. 5 vols., Mérida: Universidad Autónoma de Yucatán (original 1878-1887).

Bartolomé, Miguel Alberto (1988): *La dinámica social de los mayas de Yucatán. Pasado y presente de la situación colonial*. México: INI.

Bartolomé, Miguel Alberto/Barabas, Alicia (1977): *La resistencia maya: Relaciones interétnicas en el oriente de la Península de Yucatán*. México: INI.

Betancourt Pérez, Antonio/Sierra Villarreal, José Luis (1989): *Yucatán – una historia compartida*. México: SEP/Instituto Mora/Gobierno del Estado de Yucatán.

Bricker, Victoria R. (1981): *The Indian Christ, the Indian King: The Historical Substrate of Maya Myth and Ritual*. Austin: University of Texas Press.

Buisson, Inge (1978): "Gewalt und Gegengewalt im *Guerra de Castas* in Yukatan, 1847-1853". In: *Jahrbuch für Geschichte von Staat, Wirtschaft und Gesellschaft Lateinamerikas*, 15, pp. 7-27.

Chi Poot, María Bonifacia (1982): *Medio siglo de resistencia armada maya: fuentes documentales*. México: SEP/INI (Etnolinguistica 27).

Cipolletti, Maria Susana (ed.) (1997): *Resistencia y adaptación nativas en las tierras bajas latinoamericanas*. Quito: Abya-Yala.

Cline, Howard F. (1950): *Related Studies in Early Nineteenth Century Yucatecan Social History*. Microfilm Collection of Manuscripts on Middle American Cultural Anthropology, no. 2. University of Chicago Library. Part V: Regionalism and Society in Yucatan, 1825-1847.

Dumond, Don E. (1977): "Independent Maya of the Late Nineteenth Century: Chiefdoms and Power Politics". In: Jones (ed.), pp. 103-138.

— (1985): "The Talking Crosses of Yucatan: A New Look at their History". In: *Ethnohistory*, 32/4, pp. 291-308.

— (1997): *The Machete and the Cross. Campesino Rebellion in Yucatan*. Lincoln/ London: University of Nebraska Press.

Gabbert, Wolfgang (1997): "Ethnicity and Forms of Resistance: The Caste War of Yucatan in Regional Perspective". In: Cipolletti (ed.), pp. 205-232.

— (2000): "Violence and Ethnicity in the Caste War of Yucatan", paper presented at the 2000 Meeting of the Latin American Studies Association, Miami, March 16-18.

— (n.d.): *Maya or Mestizo? Ethnicity and Social Inequality in the Yucatan Peninsula, From the Fifteenth Century to the Present.* Tucson: University of Arizona Press (in press).

Gann, Thomas (1924): *In an Unknown Land.* London: Duckworth.

González Navarro, Moisés (1976): "Las guerras de castas" In: *Historia Mexicana*, 26/1, pp. 70-106.

Hostettler, Ueli (1996): *Milpa Agriculture and Economic Diversification: Socioeconomic Change in a Maya Peasant Society of Central Quintana Roo, 1900-1990s.* Ph.D. Dissertation, University of Bern.

Jones, Grant D. (1974): "Revolution and Continuity in Santa Cruz Maya Society". In: *American Ethnologist*, 1, pp. 659-683.

Jones, Grant D. (ed.) (1977): *Anthropology and History in Yucatan.* Austin: University of Texas Press.

Katz, Friedrich (ed.) (1988): *Riot, Rebellion, and Revolution. Rural Social Conflict in Mexico.* Princeton: Princeton University Press.

Miller, William (1889): "A Journey from British Honduras to Santa Cruz, Yucatan". In: *Proceedings of the Royal Geographical Society*, N.S., 2, pp. 23-28.

Montalvo Ortega, Enrique (1988): "Revolts and Peasant Mobilizations in Yucatan: Indians, Peons, and Peasants from the Caste War to the Revolution". In: Katz (ed.), pp. 295-317.

Negrín Muñoz, Alejandro (1991): *Campeche – una historia compartida.* México: Gobierno del Estado de Campeche/Instituto Mora.

Norman, Benjamin Moore (1843): *Rambles in Yucatan: or, Notes of travel through the peninsula, including a visit to the remarkable ruins of Chi-Chen, Kabak, Zayi, and Uxmal.* New York/Philadelphia: J. & H. G. Langley (2nd ed.).

Quintal Martín, Fidelio (1988): "Inicio interpretativo de la correspondencia en maya sobre la 'guerra de castas' (1842-1866)". In: *Revista de la Universidad Autónoma de Yucatán*, 3/165, pp. 3-19.

— (1992): *Correspondencia de la Guerra de Castas. Epistolario documental, 1843-1866.* Mérida: Universidad Autónoma de Yucatán.

Reed, Nelson (1964): *The Caste War of Yucatan.* Stanford: Stanford University Press.

— (1997): "Juan de la Cruz, Venancio Puc, and the Speaking Cross". In: *The Americas*, 53/4, pp. 497-523.

Reina, Leticia (1980): *Las rebeliones campesinas en México, 1819-1906.* México: Siglo XXI.

Riekenberg, Michael (1998): "Kriegerische Gewaltakteure in Lateinamerika im frühen 19. Jahrhundert". In: Sieferle/Breuninger (eds.), pp. 195-214.

Rugeley, Terry (1995): "The Maya Elites of Nineteenth Century Yucatan". In: *Ethnohistory*, 42/3, pp. 477-493.

— (1997): "Rural Political Violence and the Origins of the Caste War". In: *The Americas*, 53/4, pp. 469-496.

Rugeley, Terry (ed.) (2001): *Maya Wars. Ethnographic Accounts from Nineteenth Century Yucatan.* Norman: University of Oklahoma Press.

Sapper, Karl (1895): "Die unabhängigen Indianerstaaten von Yucatan". In: *Globus*, 67, pp. 197-201.

Sieferle, Rolf Peter/Breuninger, Helga (eds.) (1998): *Kulturen der Gewalt: Ritualisierung und Symbolisierung von Gewalt in der Geschichte*. Frankfurt/Main: Campus.

Stephens, John L. (1963): *Incidents of Travel in Yucatan*. 2 vols., New York: Dover Publications (original 1843).

Sullivan, Paul (1997): "Para qué lucharon los mayas rebeldes?". En: *Unicornio*, cultural supplement of *Por Esto* (newspaper, Mérida, Yucatán), August 3, 1997: 3-9 (I), and August 10, 1997: 3-9 (II).

Villa Rojas, Alfonso (1945): *The Maya of East Central Quintana Roo*. Washington, D.C.: Carnegie Institution of Washington.

Wolf, Eric/Hansen, Edward C. (1967): "Caudillo Politics: A Structural Analysis". In: *Comparative Studies of Society and History*, 9/2, pp. 168-179.

Stephan Scheuzger

Resistencia ilimitada: las múltiples representaciones de la Coalición Obrera Campesina Estudiantil del Istmo (COCEI)

El este del estado de Oaxaca está constituido por el Istmo de Tehuantepec, donde el territorio mexicano se contrae a un puente de tierra de doscientos kilómetros entre los océanos. Las comunicaciones de la región con los vecinos estados de Veracruz, que incluye la parte norte del Istmo, y de Chiapas al este son relativamente buenas, mientras que del valle de Oaxaca, con la capital del estado, la región está separada por las montañas escabrosas del encuentro de la Sierra Madre del Sur y de la Sierra Madre de Oaxaca. Según el evangelio del turista individual en México: "This is sweaty, flat, unpretty country" (Noble et al. 1995: 770). En la geografía imaginaria, el Istmo de Tehuantepec representó desde el siglo XIX un espacio privilegiado del mito indígena (Monsiváis 1996: 62), y por ende también del mito nacionalista de un México autorretratándose como mestizo. Donde se superponían el exotismo en búsqueda de la unión vernácula del hombre con una naturaleza paradisíaca, el nacionalismo cultural de la Revolución mexicana y un arte pregonando por la revolución socialista; y donde se superponían también fantasías masculinas y proyecciones feministas, encarnó en primer lugar la figura de la tehuana, mujer zapoteca del Istmo, las necesidades de alteridad integrable en los proyectos propios, tanto nacionales como internacionales. Entre los creadores del icono de la tehuana con sus atributos no solamente de extraordinaria belleza y de sensualidad sino también de independencia y de braveza se encuentran nombres tan ilustres como Saturnino Herrán, Diego Rivera, Frida Kahlo, Edward Weston, Tina Modotti o Sergei Eisenstein. Durante el nacionalismo cultural de los años veinte y treinta del siglo pasado, el Istmo, a pesar de los pocos atractivos de su medio ambiente, ya había sido un destino de moda de un turismo intelectual y artístico.

Medio siglo después, la región vivió otro auge de visitantes mexicanos y extranjeros. Entonces se concentraron en Juchitán, ciudad que disputaba con el puerto istmeño de Salina Cruz el segundo lugar en la lista de los centros urbanos más grandes del estado de Oaxaca, y en la cual, según el censo de 1980, un 98,5% de la población era de habla zapoteca (Stephen 1996: 105). Llegaron otra vez artistas y escritores, pero ahora también periodistas y un considerable número de científicos sociales. En el foco del interés se encontraba la Coalición Obrera Campesina Estudiantil del Istmo (COCEI).

La COCEI nació en Juchitán en 1973. El momento desencadenante lo constituyó una protesta básicamente estudiantil en contra del director del hospital público de la ciudad acusado de corrupción. De ahí se formó un movimiento que, acompañado de los respectivos cambios programáticos de su nombre, empezó a pugnar por los intereses de los campesinos juchitecos y, poco después, también a realizar labor organizativa entre los trabajadores de diversas empresas locales.[1] Sin embargo, la COCEI mantenía un perfil dominante de movimiento campesino. Ya en 1974 la organización participó por primera vez en las elecciones por el Ayuntamiento de la ciudad. Se inició una ardua lucha con el gobernante Partido Revolucionario Institucional (PRI) que se extendió por toda la segunda mitad de la década, marcada por repetidos fraudes electorales, escaladas de protestas, así como por la represión y la violencia política que cobró víctimas más que nada en las filas de los activistas y simpatizantes de la Coalición. Derrotada en las urnas en 1974 y 1977, la COCEI se alió para los comicios de noviembre de 1980 con el Partido Comunista Mexicano (PCM). Y una vez más perdió una elección que ostentaba las señas del fraude. Después de una serie de acciones de protesta espectaculares, sin embargo, la COCEI y el PCM lograron a la vista del público mexicano una repetición del escrutinio para marzo de 1981. Una coincidencia de varios factores políticos a nivel nacional, regional y local hizo posible que la Coalición finalmente resultara ganadora.

Así, se estableció en Juchitán el primer Ayuntamiento de todo el país controlado por la izquierda. En esta histórica posición, el llamado

---

1 Hacia finales de 1973 se fundó la Coalición Campesina Estudiantil de Juchitán (CCEJ) que cambió su nombre en octubre de 1974 por el de Coalición Obrera Campesina Estudiantil de Juchitán (COCEJ). El nombre definitivo no se dio antes de fines de 1975 (Gutiérrez 1981: 254-258).

Ayuntamiento Popular bajo el alcalde Leopoldo de Gyves de la Cruz se vio expuesto a un complejo y enconado juego de poder. La apertura democrática del sistema político mexicano proclamada por el presidente de la República Luis Echeverría (1970-1976) y continuada por su sucesor, José López Portillo (1976-1982), creó las condiciones generales para el reconocimiento oficial del Ayuntamiento. Al mismo tiempo, las autoridades del estado de Oaxaca siguieron una política de obstrucción financiera en contra de la ciudad herética, reteniendo recursos correspondientes al presupuesto juchiteco.[2] En la ciudad misma, la oposición priísta simpatizante de la fuerza bruta se organizó en el, eufemísticamente bautizado, Comité Central para la Defensa de los Derechos del Pueblo de Juchitán (CCDDPJ). Éste, capitaneado por el cacique Teodoro "el Rojo" Altamirano, no solamente efectuó una campaña difamatoria de una extraordinaria crudeza anticomunista en contra de la COCEI, sino que fue, sobre todo, responsable de que los ataques contra los seguidores de la Coalición y los asesinatos políticos no cesaran bajo el Ayuntamiento Popular e incluso de que, a partir de 1982, Juchitán viviera en un clima de inseguridad y violencia.

La COCEI en el poder no pudo cumplir con todas sus promesas electorales, y los errores de su gestión no se dejan explicar solamente con la estrategia de estrangulación financiera del gobierno estatal. Sin embargo, era evidente que el nuevo Ayuntamiento emprendió un mejoramiento sustancial en la infraestructura de la ciudad, dejada por sus antecesores en un estado deplorable. Símbolo de estos esfuerzos fue la renovación del palacio municipal, que estaba a punto de desmoronarse. Se impusieron también medidas para aliviar la situación de los trabajadores y de los campesinos locales. Y el Ayuntamiento Popular llevó adelante una política cultural sumamente activa: Juchitán recibió una biblioteca pública, se realizó una campaña de alfabetización y se promovieron las actividades de la Casa de la Cultura, existente desde principios de los años setenta. Motivo de controversias fue, entre otras cosas, la práctica de la COCEI de cobrar a campesinos beneficiados con créditos negociados por el Ayuntamiento una "contribución" que se destinó a las cajas de la organización (Rubin 1997: 166, 286). Igualmente, la COCEI retenía, para fines propios, partes de los pagos

---

2 Se alegaron oficialmente las deudas de las administraciones locales anteriores priístas.

que se habían recaudado entre los negociantes locales a causa de la apremiante situación financiera del gobierno de la ciudad.

Hacia 1983 las filas de la oposición contra el Ayuntamiento coceísta se habían cerrado. El movimiento enfrentó a sus adversarios tradicionales: el PRI, los latifundistas y la mayoría de los hombres de negocios locales. Al mismo tiempo, los grupos moderados que anteriormente habían abogado por una reforma de la vida política juchiteca y que habían apoyado a la COCEI le fueron dando paulatinamente la espalda. A nivel regional, el sector más conservador se había apoderado del liderazgo de la organización empresarial oaxaqueña y ejerció presiones en todo el estado para la destitución del Ayuntamiento. A nivel nacional, finalmente, con Miguel de la Madrid (1982-1988) en la presidencia, se habían desplazado los pesos políticos también. La situación de violencia política en Juchitán se agudizó y en julio un enfrentamiento entre seguidores del PRI y de la COCEI en el centro de la ciudad, que cobró dos muertos y alrededor de veinte heridos, brindó la ocasión a la Cámara de Diputados de Oaxaca para retirar el reconocimiento legal al Ayuntamiento Popular. Después de unos meses con una presidencia priísta interina y la ocupación del palacio municipal por militantes de la COCEI, el PRI fue declarado a finales del año ganador de los nuevos comicios y el ejército y la policía desalojaron el palacio municipal. En Juchitán imperó durante meses el estado de sitio. La COCEI volvió al Ayuntamiento en 1986 en un gobierno de coalición liderado por el PRI y ganó las elecciones municipales de nuevo en 1989.

La COCEI fue talvez el movimiento más exitoso de la izquierda social *(grassroot movement)* en México, y probablemente uno de los más exitosos de toda América Latina. Dándose a conocer como un movimiento étnico, zapoteco, la Coalición aumentó todavía más su atractivo como objeto de estudio. El fenómeno fue ampliamente descrito. Las múltiples (auto)representaciones convergían en la noción de la resistencia.

Al principio, cuando la COCEI entró a la lucha como una izquierda étnica, todavía se discutían intensamente, entre los representantes de los marxismos en México, las relaciones de la etnicidad con la entidad básica de la organización social, la clase. Y no pocos de ellos no podían considerar las identidades étnicas de otra manera que como elementos divisorios para la conciencia de clase y por ende como elementos de retraso para la lucha social (Pozas Arciniegas/Pozas 1971: 177). De acuerdo con el pensamiento postmodernista de la década siguiente, se empezaron a declarar empolvadas las nociones de jerarquización de identidades y las ciencias sociales se mostraron conscientes de las interdependencias entre clase y etnicidad. La disolución de la idea del sujeto ideológico homogéneo encontró su reflejo también en los estudios sobre el Istmo. La dedicación a las relaciones entre clase y etnia ha sido introducida en los estudios sobre la COCEI de manera prominente por los numerosos, voluminosos y multicitados trabajos de Howard B. Campbell (1989; 1990). Su conceptualización de la COCEI basándose en la idea de un "proyecto cultural politizado" ha señalado, sin embargo, que las primordialidades no se han dejado disolver tan fácilmente. Los investigadores han seguido en búsqueda de sustancias de resistencia. La trascendencia de las antiguas dicotomías ha acabado por lo regular en la introducción de nuevos límites a lo largo de superficies de corte entre cultura y divisiones sociales. El resultado ha sido la visión generalizada según la cual la COCEI diseñaba la 'zapotequidad' como una cultura del sector desprivilegiado y explotado de la población juchiteca; en palabras de Leigh Binford (1996: 69), "in the dicourse of COCEI, to be truly Zapotec is to be among the poor and the exploited". En el fondo se ha mantenido, por lo tanto, una idea monosemántica de resistencia.

La tesis sustentada aquí es que la eficacia de la resistencia de la COCEI no provenía tanto de la profundidad de su raigambre en un suelo cultural, sino de su capacidad de manejo de múltiples formas híbridas de resistencia. En lugar de destilaciones esencialistas, se privilegia la localización de manifestaciones concretas de resistencia, emergidas en y ligadas a situaciones históricas y por lo tanto cambiantes, una perspectiva a la cual hace unos años se ha acercado Jeffrey W. Rubin (1997) en un trabajo muy meritorio. A diferencia de Rubin y de su enfoque politológico en las negociaciones de poder entre fuerzas regionales y el gobierno nacional, aquí interesan las construcciones identitarias para contribuir con algunas anotaciones acerca del elaborado discurso de resistencia que cultivaba la COCEI.

Nutrida por un imaginario rico y profundo relacionado con el Istmo, con los zapotecas y con Juchitán, así como con 'lo indígena' en general, también en los estudios de los científicos sociales sobre la COCEI se ha generado una cierta romantización de la resistencia.

Testigo principal ha sido la mujer juchiteca, cuya impresionante y fotogénica presencia en el movimiento, apareciendo en las manifestaciones coceístas en primera fila, vestida con su vistoso atuendo tradicional, ha sido relacionada tanto con las imágenes míticas de la tehuana como con conceptos de un supuesto matriarcado en la sociedad zapoteca de Juchitán. Sin poder ahondar en este aspecto, parece imprescindible señalar aquí que la interrogante por los límites de la resistencia tiene que ser también la de los límites epistemológicos de la noción de la resistencia misma: ¿cómo distinguir entre atribuciones legítimas y arbitrarias de resistencia? ¿Cómo evitar desconocer formas de resistencia (Abu-Lughod 1990: 47)? O, en otras palabras, ¿llevar huaraches en Juchitán era realmente un acto de resistencia, como ha afirmado Campbell (1989: 249)?

Un discurso de resistencia sería, en la distinción de Michael Kearney (1989: 135), una forma de resistencia "activa". Condición de ésta es *per definitionem* su realización consciente. Y conciencia implica identidad. Es este quehacer de la construcción de la identidad involucrado en las representaciones de la resistencia coceísta sobre el cual se quieren arrojar unas luces. Con las manifestaciones de resistencia "pasiva", que desde la publicación de James C. Scott (1985) se definen como "weapons of the weak", se puede dejar a un lado aquí también el difícil problema de la delimitación exacta de la categoría de la resistencia, del campo de su aplicabilidad.

Para esbozar los componentes constitutivos ideológicos de la COCEI durante los diez primeros años de su existencia, es conveniente proporcionar algunos elementos para una revalorización de las diferentes narraciones que participaban en el discurso de resistencia, cuestionando los residuos sustancialistas persistentes en la idea dominante entre científicos sociales sobre la COCEI como "una etnia en lucha" (López Monjardín 1983b)[3] y dando paso a la perspectiva sobre una resistencia que no se deja limitar por identidades unívocas. Frente a las tipologías se favorecen los espacios intermedios y las inestabilidades productivas. En la visión antropológica prevaleciente, el marxismo de la COCEI ha sido relegado a la esfera de la "retórica" –enten-

---

3   La misma idea se ha expresado en la intitulación de la importante compilación de textos sobre la COCEI editada por Howard Campbell, Leigh Binford, Miguel Bartolomé y Alicia Barabas: *Zapotec Struggles* (Campbell et al. 1993).

dida en el sentido coloquial como forma carente de contenido–, sobre-
puesta a una tradición de lucha enraizada en las entrañas culturales
(Campbell 1990: 329-330), a pesar de las confesiones generalizadas
en la disciplina a favor de un concepto de la cultura como procesada
en negociaciones permanentes. Si el marxismo entra aquí de nuevo
con peso en el escenario, no es para revitalizar una anacrónica discusión sobre las primordialidades de las identidades, sino, al contrario,
para reafirmar la multivectorialidad de la resistencia (Foucault 1983:
113-118).

La COCEI tuvo sus orígenes en las actividades de un grupo de estudiantes juchitecos que se habían politizado sobre todo en el movimiento estudiantil de 1968 y en sus radiaciones revolucionarias en los
años posteriores en la ciudad de México.[4] La idea de una coalición
entre campesinos, obreros y estudiantes pertenecía al fondo teórico de
los laboratorios de la izquierda estudiantil de la época. Pero los jóvenes istmeños no solamente se ideologizaron en la efervescencia marxista de las universidades a principios de la década. También fue en la
capital donde desarrollaron una conciencia étnica. Sin embargo, cuando jóvenes mujeres estudiantes de Juchitán empezaron a vestir en
pleno Distrito Federal huipiles y enaguas, no manifestaban solamente
una distinción étnica (Campbell 1990: 295), sino que mostraron también su apertura a las corrientes de la moda capitalina: vestirse a lo
indígena era sumamente popular entre los universitarios y un signo de
protesta juvenil más allá de identidades étnicas.

También en el regreso del núcleo de los futuros líderes de la
COCEI de la capital a Juchitán se dieron diferentes matices. Era un
regreso al pueblo –al lugar de origen, o más al estilo etnicista: al lugar
de las raíces– pero al mismo tiempo era una "ida al pueblo", según el
lema un tanto maoísta y otro tanto narodnista, bajo el cual se efectuó
en México a principios de los setenta una verdadera migración política
de los centros urbanos a la provincia y al campo, a donde sobre todo
jóvenes estudiantes se habían decidido llevar la agitación revolucionaria.

La ideología de la COCEI era un *bricolage*, la escasez de textos
programáticos era, en este sentido, sintomática. Para los ocho años de

---

4   Los tres líderes sobresalientes de la primera década de existencia de la COCEI
    eran Héctor Sánchez, Daniel López Nelio y Leopoldo de Gyves de la Cruz.

existencia hasta la toma del poder en el Ayuntamiento en 1982, se pueden mencionar dos documentos: uno era "La tenencia de la tierra y el movimiento campesino en el Istmo de Tehuantepec", que se presentó en un congreso nacional sobre el problema agrario, celebrado en la Universidad Autónoma de Guerrero en 1979, y que contenía las "Alternativas de lucha", reproducidas repetidas veces durante años;[5] el otro era la plataforma elaborada junto con el PCM para las elecciones locales de 1980 (Gutiérrez 1981: 261-264). La COCEI vivía sobre todo de su contacto directo con la cotidianidad de los juchitecos. Identificaciones y lealtades políticas se produjeron de manera decisiva a través de relaciones personales, de movilizaciones y de la ayuda en situaciones concretas (Rubin 1997: 113-119). En esas circunstancias, el movimiento campesino le daba la cohesión a la temprana COCEI de los años setenta, en primer lugar, a pesar de sus actividades entre grupos de trabajadores y de su compromiso con intereses estudiantiles.

Una dinámica social muy importante y poco realzada en los trabajos no mexicanos sobre la COCEI era el nuevo ciclo de movilizaciones campesinas que se extendió hasta mediados de la década a un fenómeno de alcance nacional (Bartra [2]1992: 100-125). La Coalición se inscribió con sus reivindicaciones de manera evidente en esta coyuntura y subrayó su pertenencia al amplio movimiento campesino independiente nacional, adhiriéndose como miembro fundador a la Coordinadora Nacional Plan de Ayala, fundada en 1979. Este disperso movimiento tenía en ciertas regiones del país fuertes componentes indígenas, además de Oaxaca, por ejemplo, en los estados de Michoacán o de Hidalgo. En la heterogeneidad de los discursos, por ende, se introducían también identidades étnicas. Sin embargo, aquí la COCEI estaba más que nada conectada a un conjunto de argumentos en cuyo centro se hallaba un sujeto revolucionario que construía su identidad a través de una contradicción de clase entre trabajadores agrícolas y pequeños productores, por un lado, y la burguesía agraria y la oligar-

---

5   Coalición Obrera Campesina Estudiantil del Istmo, "La tenencia de la tierra y el movimiento campesino en el Istmo de Tehuantepec", presentado en el Primer Congreso Nacional sobre Problemas Agrarios, realizado en la Universidad Autónoma de Guerrero, 6 de marzo de 1979 (manuscrito), Archivo del Instituto Maya, México, D.F., Organizaciones campesinas, folder: COCEI. El texto fue publicado por el Ayuntamiento Popular en 1983 en una compilación de documentos de la COCEI (COCEI 1983: 2-7).

quía, por el otro. "La tenencia de la tierra y el movimiento campesino en el Istmo de Tehuantepec" era, en este sentido, un texto representativo. En su presentación sintetizada en diez puntos de la situación istmeña no se encontró ninguna referencia a categorías étnicas. En los planteamientos había una sola entre doce puntos: se reivindicó una educación que respondiera a los intereses y necesidades de los indígenas de la región. El hecho de que en las escuelas del Istmo se enseñara a los niños zapotecas solamente en español, sin embargo, no fue criticado como opresión de la identidad cultural sino como discriminación de otra índole: se vio en la barrera lingüística una limitación decisiva de la movilidad social de los jóvenes indígenas.[6]

Si las reivindicaciones étnicas en este texto fueron marginales (un hecho cuya explicación no se deja hallar únicamente en la ocasión de las enunciaciones y en el interlocutor), en la plataforma electoral de 1980 estuvieron completamente ausentes. Los textos de la COCEI de los años setenta se mostraban, en su inclinación a las categorías marxistas del análisis de clases, en gran parte indiferentes respecto a lo étnico. Historizando la resistencia "activa" coceísta en la primera década de su existencia mediante la lectura de sus textos y sus contextos, se tiene que relativizar la idea de un "proyecto étnico explícito [sic]" (Campbell 1989: 253). Era evidente la distancia frente a los discursos etnicistas o indianistas, los cuales habían sido recogidos también por organizaciones indígenas en México, aunque, en comparación con los países andinos de orientación menos radical, matizados por la influencia de la Revolución mexicana y por la cooptación estatal por lo menos parcial de organismos como el Consejo Nacional de Pueblos Indígenas y la Alianza Nacional de Profesionistas Indígenas Bilingües A.C. (Bonfil Batalla 1981). Y debería llamar la atención que en la programática de la COCEI se encontraran menos referencias a una situación étnica que en el programa del PCM, conocido por su negligencia en la cuestión indígena. La cultura desempeñaba un papel clave en la movilización de la COCEI, no cabe la menor duda. Pero el proyecto étnico de la COCEI no era una visión política del ser indio, no mostraba perfiles ideológicos formulados y contaba con una presencia muy reducida a nivel de los reclamos de la organización.

---

6   *Ibíd.*, pp. 13-14, 20-22.

El discurso de resistencia de la COCEI giró alrededor de una tradición inventada (Hobsbawm 1992). Enlazándose el mito y la historia, se remontaba hasta épocas precortesianas, pintando la imagen de un pueblo zapoteco-istmeño indómito, nunca vencido y resistiendo a los poderes forasteros de los aztecas y de los mixtecos, primero, de los españoles durante la Colonia, después, y, finalmente, de los gobiernos federales mexicanos, consagrados a la tarea unificadora del *nation-building*, y de los gobiernos del estado de Oaxaca, controlados por las oligarquías del valle de Oaxaca, buscando mantener el Istmo en una posición de sumisión y explotación. Esta tradición inventada conocía sus momentos de concordancia así como sus momentos de oposición con la historia nacional, oficializada sobre todo en el caso del máximo héroe nacional e indígena por antonomasia en el panteón de la nación mestiza, Benito Juárez, de origen oaxaqueño, pero tildado en la memoria juchiteca como opresor de la ciudad. La invención de la tradición se comprende aquí en un sentido deconstructivista. Las rebeliones en el Istmo fueron de hecho tan numerosas que se dejan organizar en una sucesión histórica fehaciente (Cruz 1983; Tutino 1993). El acto de invención consistía en la interpretación exclusiva de la historia como una continua resistencia zapoteca, caracterizada como una resistencia local contra "los de afuera", que investía la lucha de la COCEI con una esencia históricamente autorizada. Y, en consecuencia, había una serie de sucesos omitidos. Así, se eludían, por ejemplo, las relaciones con otros pueblos de la región (como los huaves, los mixes o los zoques), no tanto en la época precolonial de la expansión zapoteca como en el tiempo desde la conquista hasta la actualidad, una historia que habría mostrado a los zapotecas en una posición de poder difícilmente concordante con la narración de eterna resistencia. También se silenciaba la política zapoteca de alianzas con los españoles, motivada por una rivalidad tradicional con los aztecas y mixtecos y responsable de la integración más o menos pacífica en las estructuras coloniales (Campbell 1989: 248), la que en retrospectiva a la vez se interpretó como un episodio más en la épica de un pueblo invicto.

La invocación de esta tradición alcanzaba la calidad de un ritual discursivo. En su repetitividad formaba parte indispensable de todos los textos y de todos los discursos públicos de la COCEI, investida con la fuerza explicativa para la lucha actual del movimiento mediante una retórica de paralelización. En tal labor anacrónica, el movimiento se encontraba con la tradición oral popular: en los días agitados de septiembre de 1983 había campesinos que advirtieron a los líderes de la COCEI que no aceptaran comida de sus adversarios, porque de esta manera se había envenenado en 1853 a Che Gorio Melendre; otros aconsejaron a Leopoldo de Gyves que no viajara solo, recordando la suerte del en 1911 también asesinado Che Gómez (López Monjardín 1983a: 77).[7] El discurso coceísta estaba vinculado a la memoria colectiva del lugar. Sin embargo, el movimiento no se deja interpretar simplemente como manifestación reciente –reflejando el contexto contemporáneo– de una voluntad de resistencia étnica secular. Tal explicación se abstrae de las prácticas históricas que intervienen en la representación de la resistencia. El discurso escogía los elementos propicios de la memoria, organizaba el conocimiento y otorgaba significados. Era una instancia productiva.

De ese juego representativo, las ciencias no se eximen. La autorrepresentación de la COCEI como heredera de una tradición rebelde zapoteco-istmeña dejó huellas en varios estudios que concibieron la resistencia como un continuo histórico situado en un sustrato étnico. Los métodos antropológicos que después de la autocrítica de la disciplina buscaban recuperar las voces de los estudiados contribuían con lo suyo (Campbell et al. 1993: xix, xx). Así, Howard Campbell (1989: 249) ha hablado de "una identidad étnica –forjada en la lucha– que se caracteriza por un espíritu indómito de autodeterminación". La resistencia no es naturalizable –donde "indígena" significa "innato"–, y su historización ha de incluir el considerarla también como representada, en una vasta red de atribuciones propias y ajenas sobre la cual recae el peso del mito. Para dar un ejemplo: en el discurso de resistencia de la COCEI era inmanente la alusión a la imagen del indio bárbaro y rebelde, establecida en el imaginario mexicano durante las insurrecciones indígenas decimonónicas. La connotación apoyaba una posición política que amenazaba, por lo menos implícitamente, con violencia (Rubin 1997: 210-213). Afirmaciones como la de un representante de la COCEI, en entrevista con el periódico de izquierda *Punto Crítico*,

---

7   Che Gorio Melendre había encabezado en 1834 el primer levantamiento zapoteco armado en el siglo XIX y había permanecido en el liderazgo de los zapotecos hasta su muerte en 1853. Che Gómez había resistido también de forma armada y con amplio respaldo popular en 1911 a las imposiciones políticas del gobierno del estado; fue asesinado ese mismo año (Cruz 1983: 64-66, 68-70).

sobre sus paisanos juchitecos eran moneda corriente: "La población de allá es muy fogosa" (COCEI 1977: 21). Que las imágenes del indio bárbaro todavía en los años setenta del siglo XX surtieron su efecto lo confirma un acontecimiento en Huejutla, centro administrativo de la Huasteca hidalguense, donde se efectuaron los conflictos agrarios más encarnizados de la segunda mitad de la década. En abril de 1978, miles de habitantes huyeron de la ciudad, espantados por el grito: "¡Vienen los indios!" (Schryer 1990: 3).

La narración de la resistencia zapoteca no estaba hegemonizada por la COCEI. La Coalición estaba aliada a un movimiento cultural en Juchitán que se había iniciado décadas atrás en las obras del pintor de renombre nacional e internacional Francisco Toledo. Gracias al respaldo de Toledo había sido posible la fundación de una Casa de la Cultura en la ciudad en 1972, centro de gravedad de la movilización cultural. Un gran número de artistas y escritores juchitecos se identificaba con la causa de la COCEI. La Casa de la Cultura, a su vez, vivió un considerable auge durante el Ayuntamiento Popular. Se promovieron las artes plásticas, la literatura, la música. Un éxito excepcional era la revista cultural *Guchachi' Reza* ("Iguana Rajada"; la iguana en el Istmo es un símbolo de la resistencia a circunstancias adversas), que con los años –según Campbell (1996: 88)– debe haber encontrado más lectores entre la inteligencia de las ciudades de Oaxaca y de México y entre antropólogos estadounidenses que entre los propios juchitecos. Sobre el carácter de diálogo de la identidad, este movimiento cultural reclamaba esencialidades zapotecas, pero vivía al mismo tiempo abiertamente y con placer tanto de apropiaciones y sus transformaciones, junto con las herencias propias, como de las proyecciones hacia afuera (quiere decir también hacia un mercado de arte nacional e internacional). *Guchachi' Reza* publicaba no solamente textos de visión zapoteca (o de otras etnias istmeñas), sino también representaciones del Istmo y de los zapotecas de los misioneros, de antropólogos mexicanos o de científicos sociales extranjeros. La revista, en su localismo cosmopolita, revelaba cómo el etnocentrismo zapoteco se comunicaba con el mundo exterior, que era más bien el mundo compartido. Víctor de la Cruz, director de la Casa de la Cultura hasta 1977 y talvez un intelectual orgánico de la COCEI, indicó que el momento clave para su decisión de comprometerse por la cultura zapoteca y por una reescritura de la historia indígena había sido la lectura del prefacio de

Jean-Paul Sartre en *Les damnés de la terre*, de Frantz Fanon, durante el movimiento estudiantil del 68 (Cruz 1983: 56). Y cuando escribió sobre "El idioma como arma de opresión y liberación", argumentó basándose en la crítica marxista de ideología citando, entre otras obras, los *Siete ensayos* de José Carlos Mariátegui (Cruz 1980).

El terreno privilegiado de la construcción de la identidad es el idioma. El zapoteco recuperó por las movilizaciones de la COCEI en los años setenta y durante el primer Ayuntamiento grandes partes del espacio público de Juchitán y un lugar en la producción literaria. En el Ayuntamiento Popular el zapoteco se estableció como lengua administrativa de hecho. Cuando en 1983 entró al aire XEAP (Radio Ayuntamiento Popular), una de las primeras estaciones de radio independientes en el país, se transmitieron programas en zapoteco. Por otro lado, en el discurso de la COCEI estaba casi ausente el postulado más prominente en materia indigenista de la época, respaldado por todas las organizaciones indígenas, todos los partidos de izquierda y grandes partes del aparato oficial: la educación bilingüe-bicultural. La COCEI no mostró intenciones de introducirla durante su gobierno, no existieron en Juchitán escuelas oficiales bilingües durante el Ayuntamiento Popular. Las exigencias metódicas y los gastos habrían sido, sin duda, considerables, un argumento que tiene todavía más relevancia ante el presupuesto dolorosamente escaseado. En otros rubros de la política educacional, sin embargo, el Ayuntamiento Popular no temía enfrentarse a las autoridades estatales. El hecho de que una enseñanza bilingüe que revalorizaba la cultura zapoteca en los currículos tuviera en un principio fundamentos didácticos todavía no del todo elaborados no parece haber sido de la clase de razones que impidieron al gobierno coceísta su introducción. Nada más la plusvalía simbólica como gesto de autodeterminación habría recompensado esas deficiencias.

El Ayuntamiento realizó una campaña de alfabetización en Juchitán, pero en español. Y su significado para la COCEI se hizo patente en la sincronización de su inicio con el de la campaña de alfabetización de los sandinistas en Nicaragua. La educación para la COCEI no parece haber sido, en ese momento, en primer lugar un espacio de afirmación étnica, sino un medio de emancipación social. En la inauguración de la biblioteca en Juchitán, resumida por la COCEI entre las importantes conquistas de su gestión, el orador oficial enfatizó el papel de la educación y de la cultura en la política del Ayuntamiento.

Pero los conocimientos reunidos en la biblioteca, que prometían la emancipación del pueblo, pertenecían a una cultura universal. Se mencionó la donación de "varios ejemplares de libros que versan fundamentalmente sobre la cultura zapoteca", pero los autores, de cuyas obras la institución se vanaglorió de tener en su acervo, eran más bien latinoamericanos como Pablo Neruda, Nicolás Guillén, Miguel Ángel Asturias o Gabriel García Márquez y mexicanos de otras regiones como Alfonso Reyes o Juan Rulfo.[8]

La COCEI vivía de sus movilizaciones permanentes y su íntimo contacto con la vida diaria de sus seguidores y por ende con la cultura lugareña. Sus organizaciones básicas, los llamadas "comités de sección",[9] se inscribían en estructuras organizativas étnicas. Los frecuentes mítines coceístas, que se convertían en rituales de resistencia, se realizaban en forma de las fiestas zapotecas tradicionales de las velas. No se trataba de una adopción del imperativo estaliniano de "nacional en la forma, socialista en el contenido", pero tampoco de un continuo de substancia étnica sobre la cual un marxismo coyuntural se levantara a la esfera de la pura "retórica". Se podría hablar más bien de una situación de diglosia (Lienhard 1994). Los antropólogos han notado el uso del tratamiento de *bichi* ("hermano" en zapoteco) entre los coceístas, pero han pasado por alto el de "compañeros" con que, por ejemplo, Leopoldo de Gyves se dirigió a la multitud en su discurso inaugural como presidente electo del Ayuntamiento en 1981 (Gyves de la Cruz 1981: 10). Seguidores de la Coalición bautizaron a sus hijos con nombres zapotecos como *guie' xhuuba* ("jazmín") o *sica bi* ("como el viento"), pero gozaron también de alta popularidad nombres como Lenin o Sandino para la nueva generación (Campbell 1990: 360, 434). Los fragmentos culturales e ideológicos se combinaron de forma dinámica y variada. En el techo del Palacio Municipal, que el Ayuntamiento Popular renovó los domingos mediante la institución indígena

---

8 "La biblioteca que hoy se inaugura cuenta en su acervo con obras de diversas corrientes del pensamiento universal y de todas las fases del desarrollo social, libros que dan cuenta de las innovaciones técnicas y científicas habidas desde el origen de la sociedad. Desde hoy, se podrán leer a pensadores geniales que han aportado ideas originales al campo de la cultura. Se encuentran aquí reunidos en un solo lugar, las expresiones culturales de los pueblos del mundo, cuyos autores han plasmado en obras técnicas, humanísticas y literarias lo más sobresaliente de su época" (*Cultura* 1982).

9 Los barrios en Juchitán se llaman secciones y son numeradas.

del *tequio* (el trabajo voluntario al servicio de la comunidad), ondeaba la bandera roja con hoz y martillo.

Se puede distinguir la cristalizaciones de tres formas identitarias alrededor de las cuales se tejía el discurso de resistencia de la COCEI, las cuales se entreveraban y se solapaban, y en sí mismas eran también altamente móviles. La etnicidad era uno de estos momentos cohesivos. La identidad étnica se movía entre la categoría abstracta y generalizadora del "indígena", que dejaba reflejar la solidaridad frente al hecho homogeneizador de la colonización, y la categoría del grupo étnico, 'lo zapoteco'. En esta oscilación, el discurso de la COCEI tenía que rozar con la experiencia histórica de la opresión zapoteca hacia otros grupos étnicos de la región, con la persistencia de mecanismos de control económico sobre ellos, o con un imaginario zapoteco que representaba las diferencias interétnicas con tanta profundidad que podía rayar con el racismo. El idioma zapoteco, expresión sobresaliente de la etnicidad, se muestra, por su parte, dividido en varias ramas tan diferentes entre sí como las lenguas romances, y después en un gran número de dialectos (Stephen 1996: 108).

Ahí, la identidad étnica fragmentada se relacionaba con un segundo punto cristalizador: el localismo. El discurso de la COCEI se refería en realidad más a una identidad juchiteca que a una identidad zapoteca. Pero también aquí las fronteras eran dinamizadas por el discurso: las referencias geográficas pulsaban entre la extensión a toda la región –el Istmo de Tehuantepec– y la retracción a la ciudad de Juchitán. El Istmo tenía tradición de deslinde y de resistencia ante el valle de Oaxaca y la capital, una tradición inscrita en la topografía del estado que culminó en el intento de lograr la erección de un propio estado en el congreso que, en 1917, elaboró en Querétaro la constitución del México postrevolucionario (*Diario* 1980/81). Empezando con su nombre, la COCEI declaró su pretensión de ser un movimiento de todo el Istmo. Sin embargo, el discurso regional fue complementado y contrastado por un discurso enfocado fuertemente en lo local, en lo juchiteco. Políticamente, la reivindicación del control del Ayuntamiento se ligaba con la lucha de la izquierda a nivel nacional al exigir la autonomía de los municipios, uno de los pilares programáticos en el nuevo discurso de democratización de la década.

El tercer campo donde las redes de resistencia se densificaban y creaban identidad era la diferencia de clase. El movimiento se entendía como representante de "los campesinos, trabajadores y demás sectores explotados del pueblo juchiteco".[10] Elementos del análisis marxista de la sociedad estaban omnipresentes en el discurso de la COCEI. Este marxismo, sin embargo, era más bien rudimentario, nada excepcional en una época en la cual un marxismo masificado se volvía el código predilecto de casi toda una generación académica en México para descifrar la vida social, pagando su extensión con aplanamiento. Pero también era la consecuencia de la yuxtaposición de dos narraciones que no dejaban unirse sin rupturas. La historia propia no se contaba como historia de las luchas de clases sino como historia de una resistencia zapoteco-juchiteca contra la intromisión y la opresión. Oposición étnica y oposición social no dejaban ponerse en congruencia por completo. En una metáfora orgánica elocuente, De la Cruz habló de "aquellos vasos capilares y venas que atravesaban la pirámide social de abajo hacia arriba y viceversa, a través de las clases sociales, alimentando la sociedad zapoteca" (Cruz 1983: 59). A pesar de la inclinación de la COCEI por localizar la defensa de los valores culturales, en las condiciones polarizantes del capitalismo, en las clases explotadas, las referencias a la cultura zapoteca abrían un imaginario que atravesaba las contradicciones de clase.

Así, el discurso de la COCEI no investía al proletariado o a su alianza con el campesinado como sujeto de liberación revolucionario, sino al 'pueblo'. El 'pueblo' marcaba en el léxico la intersección de estas tres redes imaginarias de la resistencia. Su semántica abría la manipulación de las identidades, cubriendo a la vez las tres significaciones: de localidad, de grupo étnico y de masas oprimidas y explotadas. Basándose en su polivalencia, el discurso de resistencia podía circular entre las diferentes construcciones de identidad.

Multiplicando la propia identidad, se multiplicaron los enemigos y los aliados. La autorrepresentación multifacética ampliaba los espacios de resistencia y de cooperación. Los límites entre interior y exterior se desplazaban permanentemente, las alteridades eran inestables.

10 Coalición Obrera Campesina Estudiantil del Istmo, ¡Contra la política de austeridad del PRI-gobierno! ¡Alto al estrangulamiento económico al Ayuntamiento Popular de Juchitán! Campaña Económica Nacional en apoyo al Ayuntamiento Popular de Juchitán. Boletín Popular. Istmo de Tehuantepec, Oax., octubre de 1982, Archivo del Instituto Maya, México, D.F., Organizaciones campesinas, folder: COCEI, p. 1.

La COCEI aprovechaba los espacios intermedios. En su discurso atacaba a las clases pudientes, al PRI, al gobierno nacional, a las empresas transnacionales, a la "vallistocracia" (la oligarquía del valle de Oaxaca), a los "turcos" (los inmigrantes libaneses en Juchitán), al imperialismo y a los Estados Unidos. Al mismo tiempo compartía, por ejemplo, con las clases medias altas y altas de Juchitán gran parte del imaginario zapoteco y local, o podía cambiar, en diferentes momentos, de una oposición frontal a estrategias de negociación, particularmente con instancias del gobierno nacional para esquivar las autoridades estatales (Rubin 1997: 144-147). Con los partidos de la izquierda, la COCEI mantenía una relación de distancia (enfatizando tanto su singularidad local como su calidad de movimiento social) y cercanía (como parte del mismo campo ideológico) simultáneamente.[11] Se refería a una identidad sumamente local, para expresar al mismo tiempo en el mejor estilo internacionalista la solidaridad con los movimientos de liberación de América Central. En nombre de una tradición secular de resistencia istmeña y zapoteca, los coceístas marcharon en las calles de Juchitán no solamente en contra de los terratenientes locales y de los caciques priístas, sino también para conmemorar la masacre de Tlaltelolco o para protestar contra el golpe de Pinochet en Chile (Cronología 1976: 125). La inestabilidad era también movilidad. Lo inacabado e híbrido de las formas y los contenidos de resistencia producía lo que Rubin (1997: 207) ha llamado una "tensión creativa" y en lo que se deja localizar una de las principales razones de la efectividad política de la COCEI.

Una ilustración de esta agilidad táctica y estratégica radicada en el juego de identidades de la resistencia la ofrecen las posiciones de la COCEI hacia la izquierda nacional en los meses del cambio de las relaciones de poder, cuando en verano de 1983 el poder legislativo estatal desconoció al Ayuntamiento. La situación obligó a la COCEI a

---

11 En la alianza electoral con el PCM, Leopoldo de Gyves afirmó la independencia de su organización con toda la conciencia de sí misma que caracterizaba al movimiento: "Esta alianza es una alianza de carácter totalmente temporal, en la que es la COCEI, como el organismo de masas de Juchitán, la que condiciona esta alianza [...] Una característica más de esta alianza fue la siguiente: que la iniciativa siempre la ha tenido la COCEI. En este caso nosotros podremos terminar, para tratar de definir esta alianza, que en este caso la revolución encabezaba el movimiento popular y el reformismo estuvo a la cola. Esa fue la característica esencial de la alianza entre la COCEI y el PCM" (Gutiérrez 1981: 275-276).

buscar apoyo político en el país. Frente a una izquierda potencialmente solidaria se puso énfasis en los lazos de las comuniones. Las referencias geográficas y étnicas se redujeron en los textos y las alocuciones coceístas notablemente. Al revés, se ponían en primer plano elementos del discurso clasista así como del discurso de democratización emergente entre la izquierda mexicana.[12] El polivalente término del pueblo se comprometió siempre más evidentemente con una interpretación dentro del marco del análisis de clase, y la clase trabajadora fue dotada con una prominencia discursiva destinada a testimoniar la adhesión de la COCEI a las categorías globales del socialismo.[13] En lugar de idiosincrasias locales se subrayó la representatividad del movimiento para las organizaciones de izquierda en todo el país: "Si se hunde Juchitán, se hundirá cualquier tipo de disidencia a nivel social y político".[14]

Las redistribuciones de las identidades en el cambio de las constelaciones de poder confirma la relacionalidad entre las formas de resistencia y de dominación. La multivectorialidad del poder –manifestada en la posición de la COCEI como autoridad de la segunda ciudad más grande de Oaxaca y fuente de resistencia al mismo tiempo de 1981 a 1983– aconseja observar la resistencia tomando en cuenta la regla de la variación. Como punto de partida de un análisis de prácticas sociales, ideológicas y semánticas en el campo de fuerzas de la resistencia

---

12 En el acto de constitución de un comité de solidaridad en agosto en la ciudad de Oaxaca, Leopoldo de Gyves leyó un texto que introdujo con las palabras siguientes: "Juchitán, pueblo heroico, vive actualmente días que son decisivos. Aquí está en juego no sólo el porvenir del pueblo juchiteco, a la posibilidad futura de que haya mayor número de ayuntamientos electos por la voluntad popular en el país, sino, sobre todo, la posibilidad de enfrentar los planes de explotación y dominación de los ricos del país en alianza con el imperialismo, principalmente el de los Estados Unidos de Norteamérica"; Documento leído por el presidente del Ayuntamiento Popular de Juchitán, C. Leopoldo de Gyves de la Cruz, en el acto de constitución del Comité de Solidaridad con dicho Ayuntamiento y el pueblo de Juchitán, celebrado en el Auditorio de la Sec. 22 del SNTE, el 23 de agosto de 1983, en la ciudad de Oaxaca, Oax. (copia del manuscrito), Archivo personal de Macario Matus, p. 1.

13 "El Ayuntamiento Popular de Juchitán es producto principalmente de la lucha de los obreros y campesinos que, nacida en Juchitán, se ha arraigado en la región del Istmo; como conquista popular ha brindado su apoyo decidido a todas las luchas que las clases trabajadoras han desarrollado para conseguir sus demandas y el respeto a sus derechos"; *ibídem*.

14 Macario Matus, director de la Casa de la Cultura, en entrevista (Acierto 1983: 6).

y del consenso se ofrece la noción de la elección, pero una elección, cuya libertad es medida por un poder del cual, en palabras de Michel Foucault, no se puede escapar, porque siempre está ahí y da el fundamento a lo que quiere ponerse en su contra (Foucault 1983: 102). La COCEI no defendía fronteras, sino que luchaba por espacios.

Bibliografía

Abu-Lughod, Lila (1990): "The Romance of Resistance: Tracing Transformations of Power through Bedouin Women". En: *American Ethnologist*, 17/1, pp. 41-55.

Acierto (1983): "Acierto del Ayuntamiento Popular". En: *Universidad. Órgano de Difusión de la Universidad Autónoma de Puebla*, 3/24, pp. 5-6.

Bartra, Armando ([2]1992): *Los herederos de Zapata. Movimientos campesinos posrevolucionarios en México, 1920-1980*. México: Era.

Binford, Leigh (1996): "New Social Movements, the State, and Ethnicity in Rural Oaxaca". En: Campbell (ed.), pp. 59-76.

Bonfil Batalla, Guillermo (ed.) (1981): *Utopía y revolución. El pensamiento político contemporáneo de los indios en América Latina*. México: Nueva Imagen.

Campbell, Howard B. (1989): "La COCEI: cultura y etnicidad politizadas en el Istmo de Tehuantepec". En: *Revista Mexicana de Sociología*, 51/2, pp. 247-263.

— (1990): *Zapotec Ethnic Politics and the Politics of Culture in Juchitán, Oaxaca (1350-1990)*. Madison: University of Wisconsin (Ph.D. Dissertation).

— (1996): "Isthmus Zapotec Intellectuals: Cultural Production and Politics in Juchitán, Oaxaca". En: Campbell (ed.), pp. 77-98.

Campbell, Howard B. (ed.) (1996): *The Politics of Ethnicity in Southern Mexico*. Nashville, Tennessee: Vanderbilt University.

Campbell, Howard B./Binford, Leigh/Bartolomé, Miguel/Barabas, Alicia (eds.) (1993): *Zapotec Struggles. Histories, Politics, and Representations from Juchitán, Oaxaca*. Washington/London: Smithsonian Institution Press.

COCEI (Coalición Obrera Campesina Estudiantil del Istmo) (1977): "COCEI: imponer la voluntad del pueblo". En: *Punto Crítico*, 6/83, p. 21.

— (1983): *Alternativa de organización y lucha para los pueblos del Istmo*. Juchitán: Chispa Popular.

Cronología (1976): "Cronología de las movilizaciones de la Coalición Obrero Campesina Estudiantil del Istmo de Tehuantepec". En: *Cuadernos Agrarios*, 1/4, pp. 111-127.

Cruz, Víctor de la (1980): "El idioma como arma de opresión y liberación". En: *Guchachi' Reza*, 4, pp. 5-10.

— (1983): "Rebeliones indígenas en el Istmo de Tehuantepec". En: *Cuadernos Políticos*, 38, pp. 55-71.

Cultura (1982): "Cultura y educación. Preocupación del Ayuntamiento". En: *Hora Cero*, 2/51, p. 5.

— (1996): *Cultura y derechos de los pueblos indígenas de México*. México: AGNM/FCE.

Diario (1980/81): "Del diario de los debates del congreso constituyente de 1917". En: *Guchachi' Reza*, 5, pp. 13-17; 6, pp. 3-6.

Foucault, Michel (1983): *Sexualität und Wahrheit*, t. 1: *Der Wille zum Wissen*. Frankfurt/Main: Suhrkamp.

Gutiérrez, Roberto J. (1981): "Juchitán, municipio comunista". En: *A. Revista de Ciencias Sociales y Humanidades*, 2/4, pp. 251-280.

Gyves de la Cruz, Leopoldo de (1981): "Discurso pronunciado por Leopoldo de Gyves de la Cruz en la toma de posesión el 10 de marzo de 1981". En: *Guchachi' Reza*, 9, pp. 10-11.

Hobsbawm, Eric (1992): "Introduction: Inventing Traditions". En: Hobsbawm/Ranger (eds.), pp. 1-14.

Hobsbawm, Eric/Ranger, Terence (eds.) (1992): *The Invention of Tradition*. Cambridge: Cambridge University Press.

Kearney, Michael (1989): "Mixtec Political Consciousness: From Passive to Active Resistance". En: Nugent (ed.), pp. 99-122.

Lienhard, Martin (1994): "Sociedades heterogéneas y 'diglosia' cultural en América Latina". En: Scharlau (ed.), pp. 93-104.

López Monjardín, Adriana (1983a): "Juchitán, las historias de la discordia". En: *Cuadernos Políticos*, 38, pp. 72-80.

— (1983b): "Una etnia en lucha". En: *Guchachi' Reza*, 17, pp. 2-5.

Monsiváis, Carlos (1996): "Versiones nacionales de lo indígena". En: *Cultura*, pp. 55-74.

Noble, John et al. (⁵1995): *Mexico – a Travel Survival Kit*. Hawthorn: Lonely Planet.

Nugent, Daniel (ed.) (1989): *Rural Revolt in Mexico and U.S. Intervention*. La Jolla: Center for U.S.-Mexican Studies, University of California (Monograph Series, 27).

Pozas Arciniega, Ricardo/Pozas, Isabel H. de (1971): *Los indios en las clases sociales de México*. México: Siglo XXI.

Rubin, Jeffrey W. (1997): *Decentering the Regime. Ethnicity, Radicalism, and Democracy in Juchitán, Mexico*. Durham/London: Duke University Press.

Scharlau, Birgit (ed.) (1994): *Lateinamerika denken: Kulturtheoretische Grenzgänge zwischen Moderne und Postmoderne*. Tübingen: Gunter Narr.

Schryer, Frans J. (1990): *Ethnicity and Class Conflict in Rural Mexico*. Princeton: Princeton University Press.

Scott, James C. (1985): *Weapons of the Weak. Everyday Forms of Peasant Resistance*. New Haven/London: Yale University Press.

Stephen, Lynn (1996): "The Creation and Recreation of Ethnicity: Lessons from the Zapotec and Mixtec of Oaxaca". En: Campbell (ed.), pp. 99-122.

Tutino, John (1993): "Ethnic Resistance: Juchitán in Mexican History". En: Campbell et al. (eds.), pp. 41-61.

Claudia Haake

Two Stories:
Yaqui Resistance in Sonora and Yucatan
Towards the End of the Porfiriato

Over centuries, the Sonoran Yaquis' behavior can best be described as non-conformist. The first contacts between Yaquis and Spaniards on the Pacific coast of Mexico occurred around the year 1533. The Yaquis, who call themselves *yoreme*, were originally loosely organized into scattered semi-permanent settlements, numbering approximately 80 different *rancherias*. The area they occupied was about 60 miles long and 15 miles wide on both sides of the Yaqui River, which flows from the mountains of Northwest Mexico to the Pacific. This traditional Yaqui homeland was known among them as *yaquimi*. The primary weapons of the Yoreme were bows and arrows.

The early contacts between Yoreme and Spaniards alternated between hostility and friendship – depending on the conduct of the colonists and also on practical assessments by the Yaquis. They profited from the Habsburg's neglect of New Spain's northwest frontier. Between 1533 and 1617, the Yaquis managed to survive the sporadic encounters with the Europeans. At the time, the Yaquis probably numbered about 30,000 people (Hu-DeHart 1984: 12). In 1617 the Yoreme accepted the Jesuits among them, and the missionaries henceforth remodeled Yaqui society and gave it a rigid new cohesive structure.[1] Under Jesuit tutelage, the eighty or so formerly independent *ranchería* hamlets were transformed into eight tightly structured towns, each eventually supervised by a priest.[2] This reorganization by the *padres* was important for two reasons: first it improved local production and made the Yoreme economically self-sufficient, and secondly it gave them a heightened sense of political and cultural identity

---

1 For a more detailed account see Hausberger (2000: 97-100).
2 In the very beginning, however, there were only two priests (Hu-DeHart 1984: 13).

that seemed to be of vital importance in the future. For over a hundred years these arrangements seem to have worked fairly well.[3]

Still, Jesuit control was not necessarily always harmonious, as the 1740 uprising against some of the *padres* proves.[4] The uprising was a signal that the Yoreme were unwilling to accept just any treatment by the missionaries. And the now prospering frontier economy, with its mines and *haciendas* offered the Yaquis multiple opportunities to work outside of their traditional territory on the Río Yaqui, which they intended to take. Among the grievances the Yoreme' representatives uttered as early as 1736 was that they wanted to be allowed to carry their traditional weapons. They also argued against the missionaries taking away their land. And they wanted to elect their traditional authorities themselves and not be forced to accept the friars' choices in this respect. Among the many grievances stated, these are the ones to reappear again and again over the course of three centuries.[5]

After the Jesuits were expelled from Spanish America in 1767, the Yaqui communities – unlike other missions – did not fall apart. They intensified their work on *haciendas* and in mines outside of their territory, becoming an indispensable source of labor especially for the mines.[6] Although there naturally may have been disagreements among the Yoreme, they always shared one belief in questions of autonomy. In their territory there would be only Yaquis, and they always distinguished between their own government and the colonial, and later, the Mexican authority.[7] Through the application of that attitude they managed to keep outsiders from settling among them. While the Bourbon authorities attempted to extract tribute from the Yaquis, they eventually settled for their surplus labor instead, something the Yaquis gave

---

3   The Jesuits were not very content with the continuous coming and going of the Yaquis (Hausberger 2000: 70-71).

4   See the corresponding sections of Hausberger (2000).

5   The uprising did not last long and neither did it bring many changes. It did not establish a system of payments of tribute to colonial authorities, as the governor had suggested at one point. It showed that the Yaquis did value the exemption from tribute and the protection they received through the Jesuits.

6   They had been taking work outside of the missions before, in spite of the Jesuits who would have preferred to have the only contacts between Yaquis and Spanish colonists to be made through themselves.

7   The Yaquis wanted political as well as cultural separation (Hu-DeHart 1988: 156).

willingly. Thus, a balance was achieved between the demands of the state and the *vecinos*, and the aims and goals of the Yoreme themselves.

This fragile balance lasted through Independence (1810-1821), which extended citizenship to all Indians. This, the Yoreme did not acknowledge at all (Hu-DeHart 1984: 19). What they again claimed for themselves was the sole ownership of the Yaqui territory in one piece. They could not be coerced into paying taxes or serving in the military. If need arose, they took up arms against the Mexicans. And especially since many Yaquis had returned to their pueblos after the post-Independence decline of the mines, they were a force to be reckoned with. It took the government several years to deal with the rebellion by the Yaqui known as Juan Banderas in the 1820s and early 1830s. During this rebellion, the by then familiar demands were voiced once again. The Yaquis wanted the retreat of all troops from the Yaqui River, and to be recognized as sole and undisputed owners of their land. They insisted that the *yori*-families, the name the Yoreme used for non-Yaquis, having fled the river should not return.

It was during this time that the Yoreme first experienced deportations. Frustrated by their own inability to win, the government forces' treatment of the Yaquis taken prisoner became more and more ruthless. Many were executed on the spot, while others were sent to Mexico City. Supposedly the latter were to be tried in court for their crimes but they were really drafted into the marines of Veracruz (Hu-DeHart 1984: 29). "This was the first documented case of deportation, a punishment which was meted out sporadically during the next few decades but which became a major policy at the end of the century" (Hu-DeHart 1984: 29).

Even though Banderas was eventually arrested and executed and the Yaqui resistance subsided for a while, the problem of pacifying or reining in the Yoreme remained unsolved when Porfirio Díaz came to power in Mexico in 1876. At the time, the Yaqui resistance had already acquired a new leader, a Yaqui known as Cajeme. The government had actually sent him back to the Yaquis in yet another attempt to appease them. As it turned out, he was to do quite the contrary. Cajeme started yet another rebellion in 1875 and during this time, significant changes were introduced into Yaqui society. "Using a combination of Yaqui traditions and what he had learned from the

Mexicans, Cajeme disciplined his people to rely on their own re-sources, initiative and leadership, rather than to work for, pillage from, or ally with, outsiders" (Hu-DeHart 1988: 160).

Essentially, this rebellion was a defensive one, its object merely to keep the traditional territory and to strengthen and preserve Yaqui autonomy. The goals were clear and at the same time very traditional. The rebellion came at a time when Sonora was already torn over an election. "Threatening to rebel if his message was not heeded, Cajeme announced he would not recognize the government unless the Yoreme were granted total freedom to govern themselves, because they were the 'natural owners' of the Yaqui River" (Hu-DeHart 1993: 143). It was during this revolt that the Yaquis were closest to complete isola-tion. They hardly worked outside their territory and they did not take any allies this time. Still the Yaquis never did shut themselves off entirely since they needed the contacts to the outside, especially to obtain weapons.

The "Yaqui tradition of not isolating themselves entirely from the outside world, while claiming the right to autonomy", as Hu-DeHart (1988: 160) has termed it, created something like a state within a state, a nation within, that was unacceptable to the Porfiristas who had come to power in Sonora in 1879. Hence, they attempted both to crush the Yoreme using military means and to colonize and develop their lands. In the 1880s "Yaqui and Mayo lands were declared terrenos baldíos and, because the Indians were unable to produce recorded titles to their property, their lands were surveyed and sold" (Hatfield 1998: 7).[8] Naturally, the Yoreme did not just accept this. They were set on autonomy, self-reliance, and self-sufficiency.

The ensuing Yaqui wars lasted twelve years in spite of the serious interest and involvement of federal forces. It was hard to defeat the Yaquis under Cajeme, who was eventually apprehended and executed by a firing squad on 21 April, 1887, mainly because the territory, the Sierra de Bacatete where they went to hide, was so difficult.[9] Further-more, the climatic conditions were very hard on people unused to

---

8   This declaring the lands to be *terrenos baldíos*, empty, vacant lands, was done on
     the basis of the so-called *Ley Lerdo*, passed in 1856, but a fair amount of land
     had remained untouched until Díaz came to power.
9   After having been marched through all the Yaqui pueblos, Cajeme was executed
     by a firing squad.

them and even on the animals used in the campaigns. Greatly superior strength was needed to finally defeat the Yaquis and the government came out of this conflict badly embarrassed in military matters. Their status as an important labor force may have saved the Yaquis from more severe measures at the time.

Even after the defeat and the death of Cajeme in 1887 the resistance of the Yaqui tribe remained solid in spite of the government's hopes of having finally pacified them. Now the Indians carried on with the battle by means of guerrilla warfare. According to the government's intention they were to keep as much of their land as they could cultivate themselves and the remainder was to be put to other uses by other people. Few Yaquis were willing to accept the option of working their traditional land as mere colonists. "The mass exodus of Yaquis that followed Cajeme's defeat amounted to a self-imposed exile that would have been acceptable to the government as a final solution to the Yaqui problem had it entailed no other consequences" (Hu-DeHart 1988: 163). Rather, in once again opting for wage labor they adapted their resistance to yet another change in the prevailing circumstances. The by now accustomed raiding and hit-and-run attacks were kept up, only now as a form of exclusive guerrilla warfare, at first under the leadership of the Yaqui Juan Maldonado, better known under his war name Tetabiate. The Yoreme who worked outside of *Yaquimi* now functioned as a base for the active resistance of the so-called *broncos*, the hard core of rebels. Although only a minority was actually involved actively in the fighting, almost every Yaqui had a part in this struggle. The so-called *pacíficos* or *mansos* supported the *broncos* and made it hard, if not impossible, for the Mexican forces to overcome the armed resistance fueled by the 'peaceful' members of the tribe. The money they made went into weapons – usually into high-calls American manufactured ones.[10] Furthermore, the rebels sometimes went to the *haciendas* to rest and recharge while former workers took their part in the fight.[11] This constant exchange

---

10 The border to Arizona was strictly patrolled and the Americans involved in the attempt to keep guns and ammunition from the Yaquis. See for example AHGES, tomo 1794 (1903) and 1881 (1904).

11 Rebels went to *haciendas* to recharge or switch places with the *pacíficos*. See for instance AHGES, tomo 1700 (1902) and 1794 (1903). See also various references in newspaper articles as collected in INAH, primarily in Sonora 8. See also

prevented the military from effectively isolating the rebels from the other Yoreme. In a way, almost every Yaqui was a rebel. Thus it proved to be next to impossible to dry-up the social base supporting and replenishing the rebels so that the Sonoran and the federal government in the end arrived at deportation as the only option left to them.

At some time during the campaign against the Yaquis, deportation of captured rebels was introduced as a measure.[12] This practice had been applied before if only in very few cases. Male Yaquis were taken to the South of Mexico and drafted into the army. Some women and children supposedly were sent into labor gangs (Hu-DeHart 1984: 132).

Eventually, rebel chief Tetabiate gave signs of interest in a peaceful solution of the conflict. An unconditional peace agreement was signed on May 15, 1897 at Ortiz. It proved to be short-lived, holding for only two years. But the peace of Ortiz sent over 6,000 Yaquis back to the river within the following two years. As Hu-DeHart (1984: 138) puts it, "this mass migration back to the Yaqui ... poignantly illustrated the desire of Yaquis to return home after a long sojourn outside". But this happened on a set of unwritten premises like the aforementioned withdrawal of troops. And when their expectations were not met and more and more white colonists settled within their territory, the Yoreme again took up arms in July 1899, a mere two years after the signing of the peace of Ortiz. However, this time around the fighting did not go very well for the Yaquis and they suffered many losses and defeats.

The government forces came up to almost 5,000 men – greatly superior to the rebel strength. Additional measures were reintroduced or more strictly enforced than before. For instance, the *hacendados* were by law required to keep a register of their Yaqui workers and to detain all suspects of being rebels. Yaquis were only to live in designated areas. Any Yoreme was supposed to carry a passport with him, the so-called *salvoconducto*.[13] "Indios sospechosos", suspects, were kept

---

CEHM CONDUMEX, Col. B. Reyes, carpeta 34, legajo 6738; and AHUIA, Col. P. Díaz, L15: Letter from Corral to Díaz, June 14, 1890.

12   According to Hu-DeHart (1984: 132) this happened between 1895 and 1897.

13   See for instance AHGES, tomo 1632 (1901) or 1700 (1902).

under surveillance.[14] Many Yaqui living quarters were searched for guns and ammunition.[15] And the deportations were stepped up.

While none of these measures managed to effect the Yaquis' surrender they did reduce the number of active rebels to about 300. In one encounter Tetabiate was killed. And while one could still not speak of a complete victory of the government forces the campaign was called off on August 31, 1901. What was thought to be a limited clean-up program aimed at 150 to 300 rebels was left to the state government of Sonora. The latter put together a surveillance program and established compulsory Yaqui registers.[16] The passport system proved ineffective since the rebels often borrowed papers or even obtained work without them. The Sonoran *hacendados* were desperate for workers and therefore even willing to break the law to get them.[17]

When these measures did not work out even after two years, the government saw its only remaining chance in drying up the social base of the rebels, concluding that without it the fighting would necessarily cease. "Moreover, it was far easier to deal with the visible, relatively stable working population than with the ghost-like rebels in the sierra" (Hu-DeHart 1984: 156) Consequently, between 1902 and 1904, several hundred Yoreme, men, women, children, were rounded up and subsequently jailed. At this time it was still official policy to deport only hardcore rebels though this was not followed strictly. Some women and children were also deported; some men hanged or sentenced to other punishments.

It was partly the commercial interest from the United States, especially from Arizona, that inspired the Mexican government to finally rid itself of the 'Yaqui nuisance' and open the way for commercial agricultural development of the area. This was so ironical because without the Yaquis and their labor the very same development would in all likelihood been much slower in taking off. Additionally, the Yaquis suffered from technical innovations, especially from the advance of railroads. At first, they were convenient for this development, supplying mines, railroads, industries, but most of all the ex-

---

14 See AHGES, tomo 1632 (1901).
15 See AHGES, tomo 1552 (1900).
16 See AHGES, tomo 1700 (1902).
17 See for instance the case of the Maytorenas who were caught smuggling Yaquis. See AHGES, tomo 2316 (1908).

panding agriculture, with cheap labor. But then the already mentioned need for labor on the henequen plantations counteracted the need of Yaqui labor in Sonora. The *hacendados* of the province had been willing to balance the need for the Yaqui labor force against the fear of attacks and until that point the government had agreed with that. But now they could have both; they could deport the Yoreme and at the same time satisfy labor needs – only not Sonora's.

Yet even the draconian policy of deporting the Yoreme did not bring forth the desired results. The rebels still held out and kept up their resistance. In their attempts to evade capture they roamed an even wider area than before. Raids and plunder sustained them along with what the by now severely restricted *mansos* could muster. Any attempts the Yaquis made to obtain peace failed – most likely because they still made the traditional demands.

The prisoners obtained in the campaign and its various measures were usually taken to Hermosillo and then to Guaymas to be shipped to their future destinations.[18] Most were jailed repeatedly or put into guarded camps where they awaited their fate and quite possibly their deportation from Sonora. Judging from the frequent deaths, the conditions inside the prisons must have been very harsh. By 1904 the deportations had increased very much, were an obvious threat to the tribe. In 1904 alone, the official correspondence mentions 822 Yaquis to be deported or to have been deported already.[19] In 1908, the number came up to 1198.[20] As destinations, both Yucatan and Oaxaca were given, but the former decidedly more than the latter. Infinitely more of the Yoreme may have already been sent or were supposed to go later on: They may also have been imprisoned at the time or sent somewhere to work, or were even released. And in the whole venture that removal was, the decision of who went and who stayed was not always a logical one. Some who admitted to be involved in the rebellion were let go while others, even children, were deported. And even

---

18 See for instance AHGES, tomos 1881 (1904), 1984 (1905), 2077 (1906), 2078 (1906), 2193 (1907), 2313 (1908), 2663 (1911).

19 See AHGES, tomos 1881 (1904) and 1882 (1904). Unfortunately, the data are not as rich in other years, except for 1908.

20 See AHGES, tomos 2313 (1908), 2314 (1908), 2315 (1908), and 2316 (1908). The above number refers to Yucatan and, in a few cases, to an unspecified destination, not to Oaxaca.

those of the Yoreme who had fought for the government were not necessarily safe from deportation. A few men were always hanged though it is impossible to tell from the source material why some were selected for this punishment and others went free. Historian Alan Knight (1986: 79) consequently has termed the fight against the Yaquis a 'crusade'.

In view of the rebels' success in still somehow eluding apprehension and castigation or deportation, the government's step to by 1907 adopt deportation as the official policy becomes almost logical (Hu-DeHart 1984: 180).[21] It is not evident from the sources available who was behind this decision or the idea behind the program.[22] However, it is startling that some areas of the project are so well documented through official governmental and military correspondence while others remain almost entirely in the dark. This is probably due to the fact that certain government officials (ab)used their positions for some kind of semi-private enterprise. They could justify the deportations to the federal government as a necessary cleanup-program while at the same time personally benefiting from sending the Yaquis to Yucatan.[23] The henequen industry on Yucatan was booming and therefore for the federal government of higher importance than the Sonoran economy.

---

21 Many officials were of the opinion that only the Yaquis' elimination from Sonora could bring peace to the state. See CEHM CONDUMEX, Col. R. Corral, carpeta 1/3, legajo 30: Letter from Alberto Cubillas to Ramón Corral, September 1908.

22 Hu-DeHart (1984: 180) speaks of the "ruling elites of Sonora and Yucatan". She is referring to Olegario Molina, Ramón Corral, Luis Torres, and Rafael Izábal. Raquel Padilla Ramos (1995: 105) analyzes this further. I have found no reason to doubt their conclusions even though they do not explain why some Yaquis were sent to Oaxaca rather than to Yucatan. However, the information that can be found in the archives in Sonora and Yucatan is rather sketchy and confusing. The apprehension and the rounding up of Yaquis clearly seems to have fallen among the responsibilities assigned to various Sonoran government officials like the prefects. Troops were used to guard the captives and the latter were often kept in prisons. The official correspondence also points to a governmental involvement in the organization of the shipment of Yaquis at least to their first stopover on their way to Yucatan. See AHGES, tomos 2319 (1908), 2077/78 (1906), 2193 (1907).

23 Yucatan's henequen plantations were in constant demand of cheap labor. During the first decade of the twentieth century henequen had become one of the largest exports of Mexico and had thus made the owners of the vast plantations very influential.

The peak of these deportations may have been around the year 1908. Exact numbers are not known but it seems to be certain that thousands of Yaquis – and not only Yaquis but also other Indians were removed from their homes this way. Raquel Padilla Ramos (1995: 115-118, 130), as a preliminary estimate, mentions a number of over 6,000 Yaqui deportees to Yucatan alone.[24] Other estimates for the period between 1902 and 1908 run as high as 15,000.[25] Even assuming a population of 30,000 Yoreme on the eve of the deportations, which is one of the higher estimates, that would still mean that they lost between one-fourth and one-half of the entire Sonoran Yaqui population. And these numbers do not even include the ones who escaped over the border to the United States or those who had died. Generally the apprehension of the Yoreme seems to have been followed by their transfer into special camps or by imprisonment. They were then shipped by boat from Guyamas down the coast, marched across the width of Mexico in order to be shipped again to Yucatan, their final destination.

By 1908, the deportations had taken their final toll on the rebellion, they had removed the base that had supported the whole venture. The same year, a delegation of Yaquis approached the officials for peace – under the traditional conditions of keeping their arms while keeping intruders out. It is telling that these Yaquis were *pacíficos* and not rebels (Hu-DeHart 1984: 182). Not surprisingly the government refused these demands, but the negotiations were kept up.

Subsequently, in May of 1908, government representatives met with the rebel chieftain Luis Bule. They required complete submission to the government and disarmament. Bule accepted the conditions but also asked about the return of the Yoreme who had been deported to Yucatan.[26] Furthermore, he refused to accept any of the proposed con-

---

24 Her main sources are newspapers.

25 The total number of deportees from the Yaqui tribe has never been officially tabulated. Estimates for the period between 1902 and 1908 range from 8,000 to about 15,000. It is also next to impossible to estimate the total number of Yaquis at the eve of the deportation, due to wide dispersal, wars, and a generally high mobility (Tronosco 1977: 265).

26 "En seguida manifestaron que les trajeron las familias de ellos que estaban en Yucatán y se les manifestó que después de sometidos podían solicitarlo del Gobierno, el que resolvería lo conveniente, con lo que también quedaron conformes"; AHGES, tomo 2315 (1908). See Hu-DeHart (1984: 184).

ditions and he asked for time to gather the *parientes*.[27] Unfortunately, as Bule did not represent all the Yaquis, he could not convince them to surrender and so the deadline to turn over the weapons could not be met. Infuriated, the government once again enforced the deportations.[28]

The largest shipments probably took place in June and July of 1908. The only exceptions made were for small Yaqui orphans, brought up in non-Yaqui families, not speaking any Yaqui. Almost all others were pursued relentlessly. The Vice-President and the Secretary of War had decreed that all Yaquis, "sin excepción", were to be removed from Sonora.[29] In July the Secretary of War made it known to the Yaquis that for every attack 500 of them would be deported to Yucatan.[30] This was to be communicated to the *mansos* so they would relate the news to the rebels.

The massive embarkations of Yaquis stopped abruptly at the end of July but smaller numbers continued to be deported. There were also still prices on the heads of Yaquis but by the end of this month the so-called concentration of *pacíficos* was considered complete.[31] Maybe the slowdown in the deportations was due to the decrease in labor demand in Yucatan. The henequen market depended largely on export and also suffered from the depression in the United States, possibly having a beneficial effect for the Yaquis.

In late August of 1908, Bule and his second-in-command formally agreed to the peace conditions from May. But, as it turned out, once again not all his people backed Bule. And even though the initial talks seem to have gone well the Yaquis later insisted on keeping their arms, asked for guarantees for their lives and for the return of the deported *parientes*.[32] Life guarantees were given under the condition of the complete submission of the Yaquis and only a few of them were to

---

27 See AHGES, tomo 2315 (1908).
28 See AHGES, tomo 2316 (1908).
29 See AHGES, tomo 2316 (1908).
30 See AHGES, tomo 2315 (1908).
31 See AHGES, tomo 2315 (1908).
32 "Pidieron que se les permitiera á los que fueron deportados á Yucatán últimamente que regresaran; á esto contestó el Señor Gobernador que el regreso de los de Yucatán depende de la conducta que éstos observen aquí"; AHGES, tomo 2316 (1908). See also CEHM CONDUMEX, Col. R. Corral, carpeta 1/3, legajo 4: Letter from Alberto Cubillas, Secretarian, to Ramón Corral, May 4, 1908.

keep their weapons. They were also told that the return of the deportees depended entirely on the conduct of the Sonoran Yaquis. The
government refused to make any further concessions.

In January of 1909, Luis Bule and some 180 rebels did agree to
the original peace conditions and were disarmed. The deportees to
Yucatan remained unmentioned. But even before the conclusion of the
meeting the government representatives present had doubts about the
validity of the peace agreement for the Yaquis as a tribe, since not all
the rebels had come together for the occasion. They were soon to find
out that they had been correct in this assumption. For the time being,
however, Luis Bule and some of his men were incorporated into the
government troops as a special auxiliary force. Bule seems to have
honestly tried to fulfill his promises and repeatedly sent letters to the
rebels still in the *sierra*. However, only occasionally did a few men
come down from the mountains. Luis Espinosa, one of Bule's old
comrades, commanded the last faction holding out there. But probably
since the remaining rebels were few in number and did not constitute
much of a problem, the troops only went after the small groups coming out of the *sierra* instead of risking a pursuit in the difficult moun-
tainous terrain. Not much of this situation changed in 1910. Compared
to previous years, the whole area did indeed appear tranquil with no
one but the Espinosa faction occasionally causing trouble. The other
Yoreme stayed quiet.

Apparently, the government's efforts were finally paying off.
"Had it not been for the Mexican Revolution which terminated the
Díaz regime in 1911, it might have succeeded in isolating the
Espinosa faction from the rest of the Yaqui people, ultimately destroying it" (Hu-DeHart 1984: 197). Indeed, as early as 1910, the shadow
of the revolution may have relieved the rebels a little. In the end, the
Yaqui tribe was saved from complete disintegration by the outbreak of
the Mexican Revolution, because it enabled some of them to go back
to their original homes. Still, Friedrich Katz (1991: 91) has concluded
that overall the Yaquis offered the greatest resistance to Profirian
modernization. They "constituted a traditional sector in the sense that
they clung to their established rights and lands" (Katz 1991: 91). And
they clung to these things successfully, although that also meant the
forced sacrifice of some tribal members, by death or by removal.

As seen, the Yaquis almost always seemed willing to rise up for their demands. Even in times of peace, the situation was never relaxed, but there were processes of adjustment and negotiation, which often again resulted in armed conflicts. Thus over time, an uneasy balance of power developed, in which the Yaquis managed to hold their own for a long time.

In the conflicts explored, the Yaquis proved that they considered themselves to be outside of the social hierarchy envisioned by the government. It becomes evident by their steadfast attempts to resist incorporation and the taking of their lands. The latter did not meet with complete success and there were some land losses and encroachment. However, the Yaquis retained something like an autonomous space, both in a metaphorical way – their separateness and autonomy – and also in a very tangible, practical way – the territory they themselves called *Yaquimi*. But this is only one story, the Sonoran one. What happened in Yucatan was an entirely different story.

While resistance never did cease in Sonora, it was suspiciously lacking among those Yaquis deported to Yucatan. That is a strange thing to encounter when Yaquis are concerned. The Yucatecan sources rarely mention the Yaquis and when they do, it is mostly in cases of them having contracted Yellow Fever. Apart from those instances, Yaquis only appear in a few court cases. Such a almost complete silence seems out of place with the Yaquis – but then, the Yaqui deportees were out of place in Yucatan.

Hardly a trace can be found about the Yaquis on Yucatan and the largest part of the information available is due to the fact that a sizeable number of them at one time suffered from Yellow Fever.[33] Yucatecan officials were desperately trying to curb outbreaks of the much-feared disease, also known as the Black Vomit. So what can be found out about the lives of the Yucatecan Yoreme is mostly about sickness and death. What can be discovered is a far cry from what continued to take place in Sonora at the same time. In their native

---

33   The Yellow Fever is a disease contracted and spread through the bite of a mosquito. The first symptoms are fever, headaches, backaches, and nausea. The disease reduces the number of the white blood cells and causes hemorrhages. It is also known as Black Vomit ("vómito prieto") because the patients in an advanced stage of the disease start to bleed from the nose and mouth. In its final stage, the patient turns yellow.

Sonora, the Yoreme were troublemakers – but not in Yucatan. Had it not been for the Yellow Fever, they would have remained largely absent from the sources, something unimaginable for Sonora. And in the instances they do appear in other types of sources, generally in court records, the reasons are usually rather minor ones, generally "lesiones", bodily harm.[34] What is really curious about this is that in all of the cases found, more than just one Yaqui appears to be involved. Usually, they seem to be cases of Yaquis quarreling with other Yaquis, mostly in a state of drunkenness. It seems like they kept largely to themselves – and to drink – in their exile, even when it came to quarreling and fighting. It is these court cases that tell about the life of the deported Yoreme, that tell the Yucatecan story most clearly. A small but conclusive selection of these will now be examined.

In the case of Octaviano Bacasena [Bacasehua], a *hacienda* worker of eighteen years, it was a fight between him and his *compañeros de trabajo*, also presumably Yoreme.[35] Bacasena, a native of Alamos (Sonora) worked on the *hacienda* Cancachén, Augustín Matos [Matus?], the victim, was a servant "del señor ingeniero David Casares".[36] On October 17, 1907, around eight o'clock at night, Bacasena and three of his *compañeros* were drinking together. As the victim, Augustín Matos, recalled, they had been drinking together and talking to Antonio Valencia when something he, Matos, said caused Bacasena to get mad at him and to lash out with a bottle and hurt him. Octaviano Bacasena himself claimed that he thought Matos wanted to

---

34   The Court records are sometimes subdivided into criminal and civil cases. On the whole, the archive is still very disorganized. For "Justicia", there is no index and so that I had to limit my search to two sample years (1908 and 1912) for reasons of sheer magnitude of the documents to be examined for every year. 1908 was supposed to be the high point of the deportations, which had been going on for several years already. Thus the probability to find material was comparatively high. The second reason was the outbreak of the Mexican Revolution in 1910/11. Thus by 1912, changes should have manifested themselves in the sources. The names are given in the spelling found in the sources, with the correct spelling in brackets.

35   The identification of Yaquis can only be a tentative one, based on whatever information available, in this and the following cases primarily on names and places of origin.

36   AGEY, Fondo Justicia, 1908, caja 704. Later in the document, Bacasena is also called a servant of the finca Cancachén, of which Casares was the proprietor.

fight with yet another man, Villanueva, and that this was the reason why he went over to him. This was the only time the name Villanueva appears in the documentation. There may have been another, previously unmentioned person present or the writer may have confused the name of Antonio Valencia, who had also been present.[37] The fact remains that Bacasena stated Matos to have been drunk and that the latter had wanted to fight with someone, be this Valencia or Villanueva. According to his own statement Bacasena only wanted to intervene. The witnesses, Ignacio Molina and Antonio Valencia, did not throw any more light on the matter and just claimed to ignore the reason for the falling-out. In the end, Octaviano Bacasena was sentenced to 24 days of arrest and was to cover the costs of the trial.

In June of 1908, Francisca Loor Ségua received a sentence of 64 [69] days of arrest. A native of Hermosillo (Sonora), she by that time lived on the *hacienda* Fanil [Tanil] where she did "female work". Francisca was 40 or 44 years old and married. The document states that Francisca, the woman or maybe the wife *(mujer)* of José Salazar, was accused for bodily harming the *mujer* of a man named José María Mendoza.[38] The incident happened on the same *hacienda*, Fanil [Tanil], where they all lived. Again, we do have confusion about the names of one of the persons involved, probably because the typical Yaqui names sounded more than strange to Yucatecan ears. First, the defendant was referred to as Francisca Flores until she explicitly stated her name to be Francisca Loor Ségua. In the following, a veritable drama of love, hate, and jealousy between exiled Yoreme unfolded. The victim, Luz Yoqihua, reported that Francisca came to her house at ten o'clock in the morning and simply attacked her with a chisel. Luz cried for help and a female neighbor came to her aid. Francisca herself readily admitted to the attack and explained that it happened in revenge for a beating she herself had received from her husband a week before. In addition, her husband was having an affair with Luz Yoqihua, angering Francisca doubly. So she took the opportunity when she knew Luz to be home alone, "to give her what she deserved".[39] Luz' wounds were not grave. But what really spoke for

---

37 Parts of the documentation have been severely damaged by water and/or fungi destroying the paper.
38 AGEY, Fondo Justicia, 1908, caja 704.
39 "[…] le fue a dar su merecido"; AGEY, Fondo Justicia, 1908, caja 704.

Francisca was that Luz was suffering from a venereal disease which Francisca's husband had contracted through her and passed it on to his wife. Luz herself had been in such a bad condition on account of this disease that in May she had had to be hospitalized. This and the light character of the wounds inflicted on Luz were factors in favor of Francisca. The sentence eventually passed was 69 days of arrest. Because of good conduct, part of it was lifted.

While the court cases involving Yaquis are more than scarce with only two criminal offenses by Yoreme in 1908 – and one of them even with the crime having taken place in 1907 – two more can be found in 1912.[40] In both, the offense was bodily harm, in one instance committed by a man, in the other by a woman. And the people involved can clearly and without any doubt or the use of circumstantial evidence be identified as Yaquis.

The first appearance of Yoreme in a Yucatecan court in 1912 was about such a fight among two Yaquis. At the bottom of the occurrences in the month of May was the "jornalero yaqui" Miguel Buitimea, who had been attacked by his compatriot Fidencio Alvarado Fodo.[41] Buitimea was 40 years old, married, and from Magdalena (Sonora). He in 1912 worked and lived on the *finca* San Ignacio. Alvarado, his attacker, was 26, unmarried, originally from Tórin (Sonora) and residing on the same *hacienda*. Both men were drunk when they coincided. Alvarado was reported to have said "voy a chingar al yaqüi, voy a matarlo".[42] The two fought and Buitimea was knocked down. He claimed to have had no chance because he was intoxicated while Alvarado was sober. Apparently there were some bystanders but none known to Miguel Buitimea. The latter added that he believed Alvarado to have been fed up with the work for a while, "disgustado por trabajo".[43] In contrast to what Buitimea had told, Alvarado also admitted to having been under the influence. In any case, the fight resulted in Buitimea having the tip of his nose bitten off by Alvarado.

---

40 In addition to the criminal cases mentioned, there are four cases of orphaned Yaquis in 1908 and two in 1912.

41 AGEY, Justicia, 1912, caja 870.

42 Here, the statement is very ambiguous. It could also have been Buitimea making this utterance. In that case he would have initiated the fight himself and that probably would have resulted in a much shorter sentence for Alvarado.

43 AGEY, Justicia, 1912, caja 870.

The defendant claimed to remember nothing of the fight itself but that his wife had later told him about it. The court made an attempt at obtaining her for a statement but she seemed to have left the *finca*. Indeed, she may have been among those who left the *haciendas* in 1912, making their way to Mérida and presumably also to Progreso (Padilla Ramos 1995: 156). With all probability, these Yaquis, set free by the Revolution, were trying to escape the *fincas* and, maybe, to return to their native Sonora. Apparently, other Yaquis were also missing from the same *finca*.[44] Alvarado was released from prison in August.

In the court proceedings against María de la Luz Flores, taking place in January of 1912, we have not only a case of Yaquis fighting among themselves but also of a couple quarreling. The whole affair puzzled the court so much, that it was investigated repeatedly. It was assumed that Luz had wounded her spouse with a knife but since she was also injured the investigators were doubtful about what had actually happened. The defendant, Luz, was a widow, originally from Sonora, and thirty years old. As it turned out in the course of the hearings, she had been living with the victim, Juan Fierros, for seven years, presumably always on the same *hacienda*, Tixnuc. Upon questioning, she stated that they had never legalized their relationship, which in the following was therefore referred to by the court as a "concubinato". Juan was 26, unmarried, and also from Sonora. Upon him, four large wounds had been inflicted and, when questioned, he stated that his spouse Luz had caused these. He claimed the weapon to have been an axe, not a knife, and the woman to have been drunk. He also said that there had been no falling-out with her and that he could not explain her behavior to himself. Luz, however, reported not to know who had attacked and wounded Juan. Since she had been completely drunk she could not remember anything. Luz and a friend had been drinking with another woman, who was clearly identified as Yaqui.

Several witnesses, neighbors and friends, were questioned, all of them Yaquis, but no one could throw any light on the matter. Consequently, Luz was questioned yet again and stated that Juan had hurt her a few days earlier, in an attempt to kill her with a knife. So the knife wounds were explained. Later on, both Juan and Luz seemed to

---

44 "Están fuera de la finca ... los referidos yaquis"; AGEY, Justicia, 1912, caja 881.

have agreed that he had only wanted to scare and not to hurt or kill her. But, in an attempt to take the knife off him, she still had been injured. Once talking, she also reported that he had been speaking about leaving her and about going back "á su tierra" by himself. He had told her he did not want to be with her anymore. Finally, she also admitted that she did believe to have hurt him with the axe referred to earlier. She explained that when drunk, she always got very sad, cried, and remembered the children she had in Hermosillo and the one child who had died.

That along with the physical and emotional hurt Juan had caused her had finally brought her to the brink and, together with her intoxication, was the cause for attacking him. If the judge thought her story touching cannot be ascertained, neither can the penalty she received.[45] Luz was released from prison in March of 1912.

Especially the latter two cases are very revealing about the situation the Yoreme faced on Yucatan. The work must have been very hard and the life probably equally unappealing. Many died. The deportees had hardly any contacts to other workers on the *haciendas*. This may have been due to the language barrier – as some of the Yoreme hardly spoke any Spanish, let alone Maya – or it could have been by choice. Maybe by isolating themselves they somehow tried to keep up their sense of identity. What is pretty obvious is the fact that even the fighting seems to have been limited to the exiled Yoreme, instead of against workers of other ethnicities or even the *hacendados* or their representatives.[46] The reasons for this isolation could well have been much more complex, too. Since there are virtually no documents from the deportees themselves, it will not be possible to ascertain what really went on. What the existing documents do tell us is that the Yaquis seem to have given up their struggle once they had been removed from their native Sonora, or better from their traditional territory and that they largely stuck to themselves. Only this explains the almost complete absence of other cases like riots or uprisings by Yaquis – as were typical for Sonora at the same time. Instead, many of the depor-

---

45 She may have benefited from his opinion that she did not profit from her deed, "no hubo ventaja por parte de la heridora". As in most cases, parts of the document have been destroyed; AGEY, Justicia, 1912, caja 881.
46 The exception being a brief outbreak of hostilities in 1911. See Raquel Padilla Ramos' forthcoming book.

tees seem to have sought refuge in alcohol, as the cases at hand prove. Still, they kept their sense of (ethnic) identity as becomes apparent from their clear self-identification as Yaquis, as found repeatedly in the sources.

Through the case of María de la Luz Flores we gain insights into the situation many Yoreme faced and learn how they might have felt. Luz is far removed from her home in Sonora. She was widowed, maybe through the ongoing guerilla fight in Sonora or even the very deportations. Her children were presumably still in Hermosillo and, quite naturally, she missed them unbearably, even though, or maybe because, she has been away from them for at least seven years. Another child of hers had apparently died and she still had not gotten over the loss. It seems like she had kept her sadness under control for the longest time but it resurfaced and overwhelmed her when her situation changes again drastically. With the revolution, changes were also brought to Yucatan and consequently many, maybe most, Yaquis left the *haciendas*, as becomes evident from the *boletines* of that time and from the case of Buitimea and Alvarado. And Luz' spouse, Juan, did also talk about leaving – leaving the state and leaving her. He wanted to return to Sonora and threatened her with not taking her along. Luz may or may not have loved Juan, but he had given her some security over the past years, a sense of belonging. All of a sudden she was faced with being abandoned and being alone once again, with losing what little she has retained without gaining anything in return. She may have feared that by herself she would never make it home and therefore never to see her children and her home again. All of this completely overwhelmed her when her defenses were lowered by alcoholic intoxication. And in this situation she did lose control and both she and Juan got hurt in the process. Yet for us this was a most fortunate occurrence since it prompted a court action and her to testify in the course of it. Thus Luz is one of the very few voices telling the Yucatecan story – a story very different from the Sonoran one. While some Sonoran Yoreme never stopped fighting, it seems like the deportees to Yucatan had ceased to do so.[47]

---

47 The possibility that struggled cannot be ruled out entirely. Minor matters were probably never known outside the haciendas.

So how come the Yaquis, ever troublesome in their native Sonora, ceased all their resistance upon their arrival in Yucatan? Unfortunately, there is no clear and conclusive explanation – only guesses. As Evelyn Hu-DeHart (1984: 205) has concluded: "Deportation created a new, much more severe kind of diaspora, which saw not only individual Yaquis flung farther afield than ever but communities and families torn apart as well, that caused the legendary Yaqui stamina finally to a near breaking point." Power and power relations need a base, an ideological and/or a more tangible one. This base lacked in Yucatan, along with feasible perspectives for the deportees and therefore the resistance could not be kept up. The will to resist came back with the possibility to go home to Sonora, when, after outbreak of Revolution, the Yaquis left the haciendas, hoping to return to their native land, trying to regain their base of power.

In Sonora, on the other hand, the deportations may even have given the Yaquis an additional incentive to fight – the demand that the deportees be returned – along with the traditional demand for autonomy.

Thus the question about the Yaquis' base of power is not an easy one to answer, especially since there is not much evidence to judge from. My guess would be that it was a combination of land and community, and religion from which the Yaquis derived their strength and their will to resist and to keep up the fight. This might explain why there is no single Yaqui story but different and differing ones.

Bibliography

Bethell, Leslie (ed.) (1991): *Mexico Since Independence*. Cambridge: Cambridge University Press.

Hatfield, Shelley Bowen (1998): *Chasing Shadows. Indians Along the United States-Mexico Border, 1876-1911*. Albuquerque: University of New Mexico Press.

Hausberger, Bernd (2000): *Für Gott und König. Die Mission der Jesuiten im kolonialen Mexiko*. Wien/München: Verlag für Geschichte und Politik/Oldenbourg.

Hu-DeHart, Evelyn (1984): *Yaqui Resistance and Survival: the Struggle for Land and Autonomy, 1821-1910*. Madison: University of Wisconsin Press.

— (1988): "Peasant Rebellion in the Northwest: The Yaqui Indians of Sonora, 1740-1976". In: Katz (ed.), pp. 141-175.

— (1993): "Yaqui Resistance to Mexican Expansion". In: Kicza (ed.), pp. 141-169.

Katz, Friedrich (ed.) (1988): *Riot, Rebellion and Revolution. Princeton*: Princeton University Press.

— (1991): "The Liberal Republic and the Porfiriato, 1867-1910". In: Bethell (ed.), pp. 49-124.

Kicza, John E. (ed.) (1993): *The Indian in Latin American History. Resistance, Resilience, and Acculturation*. Wilmington: Scholarly Resources.

Knight, Alan (1986): *The Mexican Revolution*. Lincoln, NE/London: University of Nebraska Press.

Padilla Ramos, Raquel (1995): *Yucatán, fin del sueño yaqui*. Hermosillo: Gobierno del Estado de Sonora.

Spicer, Edward Holland (ed.) (1961): *Perspectives in American Indian Culture Change*. Chicago: University of Chicago Press.

Tronosco, Francisco P. (1977): *Las guerras con las tribus yaqui y mayo*. Mexico: INI.

Sérgio Costa

Formas y dilemas del antirracismo en Brasil[*]

"Do you have blacks, too?"
(Pregunta de G. W. Bush a F. H. Cardoso, mayo del 2002)

No son solamente las investigaciones académicas las que detectan las prácticas racistas y discriminatorias en la sociedad brasileña. Las encuestas de opinión pública indican que la población al brasileña, en casi su totalidad, es consciente de que negros y blancos no disponen de las mismas oportunidades. Se trata, por lo tanto, según tal percepción, de una sociedad injusta no sólo porque hay desigualdades sociales: lo que se percibe es que el reconocimiento de los méritos y las recompensas individuales no son distribuidas de acuerdo con un criterio universal, como el de la justa retribución del esfuerzo personal, sino de acuerdo a adscripciones, es decir, características resistentes a la acción transformadora del individuo. La sociedad se presenta en el nivel político y jurídico como liberal, en el sentido que se orienta por el principio individualista de la ciudadanía, pero en verdad funciona como una sociedad de castas que limita sistemáticamente las posibilidades de ascenso social de los grupos demográficos, conforme éstos se distancien del conjunto de características físicas que son asociadas, imaginariamente, al origen europeo.

Si la presencia del racismo no es negada por ningún sector representativo en el espacio público brasileño, los medios para combatirlo son, todavía, objeto de una intensa y rica controversia, no sólo en los medios académicos, sino también en la política contemporánea de Brasil y hasta dentro de los propios movimientos sociales. Simplificando mucho un debate extremamente complejo y moralmente difícil, se trata, fundamentalmente, de variaciones en torno a dos formas asumidas por el antirracismo, las cuales son orientadas por dos metas igualmente deseables, pero que son presentadas en el debate como

[*] Agradezco a María Ester Lenci por la corrección del texto en español. Las imprecisiones idiomáticas todavía encontradas eventualmente en la presente versión son de mi responsabilidad.

incompatibles. La primera corriente antirracista tiene como prioridad la construcción de un orden social justo que proporcione a todos los grupos demográficos, independientemente de sus características físicas, una verdadera igualdad de oportunidades. Tal corriente acredita que el único camino para alcanzar tal igualdad substantiva es una explicitación de las jerarquías "raciales" existentes en la sociedad brasileña, a través de la racialización de las relaciones sociales. La segunda corriente quiere combatir el racismo manteniendo las identidades existentes, en el interior de lo que se entiende como la dinámica cultural de inclusión vigente en la sociedad brasileña y que se traduciría en la oferta de convivencia e integración efectivas entre los distintos grupos demográficos.

Quizá no sea impropio descodificar las discusiones en el interior del campo antirracista en Brasil en los términos de una conocida polémica presente en el debate contemporáneo, es decir: se trata, en el primero de los casos, de una defensa irrestricta del principio de la igualdad, y en el segundo caso, de la atribución de un valor innegociable a la particularidad cultural, destacándose el poder de la cultura para proporcionar inclusión. Por eso, en términos prácticos, se hace referencia, en este artículo, a la primera forma como antirracismo igualitario y a la segunda como antirracismo integracionista.[1]

Estas dos líneas de análisis y acción política son generalmente presentadas como antinómicas e irreconciliables. En la opinión pública dominante, esta supuesta contradicción asume la forma de dilema: ¿cómo tornar Brasil menos racista, sin renunciar a la convivencia po-

---

1 Tal clasificación es naturalmente una tentativa y no agota plenamente el tema del antirracismo brasileño. Autores como Schwarcz (1995; 1996; 1998), Reis (1997), Sansone (1995; 1996; 1999) o Almeida (2000) muestran, por caminos diversos, la preocupación en contemplar ambas metas: la construcción de la igualdad y el respeto por las particularidades culturales. A su vez, la distinción establecida en el campo del antirracismo brasileño, desde corrientes consagradas en la filosofía política, entre un antirracismo diferencialista y un antirracismo universalista, como hace el trabajo innovador de d'Adesky (2001), parece privilegiar los medios políticos utilizados por cada una de las corrientes: una política de identidad, por un lado, y la búsqueda de la realización de la ciudadanía universal, por el otro. Entretanto, el análisis de los objetivos de cada una de las formas del antirracismo modifica, hasta la inversión, los términos de la distinción diferencialismo/universalismo, ya que, como se muestra más abajo, el diferencialismo se revela como un medio de instauración de la igualdad substantiva y el universalismo, como un recurso para preservar las particularidades culturales.

sible entre todos los grupos de la población? La referencia aquí es siempre el caso americano y la pregunta es en general formulada en relación con los Estados Unidos. Es decir, la duda se expresa de la manera siguiente: ¿cómo crear oportunidades iguales para negros y blancos, sin que se genere simultáneamente la intolerancia, y sin que negros y blancos se odien y se rechacen mutuamente, como en la representación estereotipada de la experiencia americana?

Se procura explicitar las diferencias entre estas dos formas de antirracismo, considerándose tres aspectos fundamentales e interrelacionados, a saber: la interpretación del proceso de formación nacional, el sentido atribuido a la relación entre color/raza y cultura y las políticas vislumbradas para el combate del racismo. Por último, se intenta mostrar que, tanto en el plano analítico, como en el político, las dos corrientes necesitan ser comprendidas como complementarias para que el antirracismo lleve a la realización ambas metas: la producción de igualdad efectiva de oportunidades y la preservación de las particularidades culturales.

1. Mestizaje, nacionalidad, raza

Una discordancia básica entre las dos corrientes antirracistas parece residir en el análisis distintivo del proceso de redefinición y reconstrucción simbólica de la nación, que tiene lugar particularmente en los años treinta del siglo XX, en el marco de la ideología del mestizaje, la cual reformula los términos en que se produce la formación de la identidad nacional. Como se sabe, ese periodo caracteriza, en el Brasil, el momento de superación del racismo biologista. Influenciados directamente por las tesis científicas vigentes en Europa a finales del siglo XIX, los pioneros de la República buscaban superar las barreras para el progreso que creían ver en la composición racial adversa de la población brasileña. Las salidas apuntadas para esa presumida falta de vocación biológica para el progreso, atestada por la ciencia del iluminismo europeo eran, como está ampliamente documentado en la historiografía, de las más creativas. La sugerencia de Oliveira Vianna y Sylvio Romero era la política del blanqueamiento, según la cual, la población, a través de mezclas sucesivas, tendría la sangre cada vez más europea y la piel cada vez más blanca. El investigador racial nazi Heinrich Krieger tenía otra opinión: para él, la mezcla llevaría a la degeneración irremediable, la salida era, por lo tanto, permitir que una élite blanca, mantenida espacialmente y sexualmente separada de los negros y mestizos, manejase el país para el progreso (Costa 2001a).

En ese contexto, la ideología del mestizaje, basada en la mitología de una brasilidad mestiza, integradora de todas las etnias y punto de equilibrio de las diferencias culturales, canonizada por Gilberto Freyre (1999 [1933]) en *Casa grande & senzala*, representó una ruptura y una superación del racismo biologista precedente. La revolución promovida por la ideología del mestizaje es, entretanto, ambivalente. Por un lado, reitera la legitimación científica del racismo;[2] pero, al mismo tiempo, al romantizar el pasado colonial y esclavista, dicha ideología del mestizaje, por el otro lado, abre la puerta para la naturalización de la desigualdad y para la desconsideración de la importancia de constituir un orden social basado en normas universalistas. En consecuencia, la proclamada "comunión nacional", materializada en la cultura mestiza, que a todos incluiría en las relaciones sociales moldeables y flexibles, sugería una igualdad simbólica, sin llevar a la formación de normas sociales efectivas y una forma legal capaz para garantizar la igualdad substantiva.

Esas ambigüedades de la ideología del mestizaje son tratadas de maneras radicalmente distintas por las dos corrientes antirracistas discutidas aquí. Aquella corriente que enfatiza la importancia de la preservación de las particularidades culturales –el antirracismo integracionista– encuentra en el ideario del mestizaje no solamente una ideología, manipulada por el Estado y por las élites con el propósito de legitimación de un orden social injusto. Según tal visión, desarrollada en los trabajos de Yvonne Maggie (2001a; 2001b) y Peter Fry (2001) se trata de un conjunto de prácticas y valores interiorizados como legítimos y que, por estar enraizados en la cultura y en la historia del país, no son mera ideología, siendo en cambio, expresión de una identidad personal y cultural, la cual sus portadores quieren ver preservada. Según Fry (2001: 52), el elogio del mestizaje no llevó históricamente al ocultamiento del racismo, sino al surgimiento de una

---

2   Eso conduce, históricamente, como enseña Birman (1997: 55), a que, a diferencia "de otras sociedades, la nuestra no admite cualquier valor positivo en la discriminación".

[...] tensión entre los ideales de la mezcla y del no-racismo (es decir, la resistencia de reconocer "raza" como categoría de significación en la distribución de juicios morales o de bienes y privilegios) por un lado, y las viejas jerarquías raciales que datan del siglo XIX, por el otro. El primer ideal, frecuentemente llamado "democracia racial", es considerado políticamente correcto (nadie quiere ser llamado racista). La otra idea, la de la inferioridad de los negros, es considerada nefasta, aunque se reconoce como largamente difundida. [...] Vista de esa manera, la democracia racial es un mito en el sentido antropológico del término: una afirmación ritualizada de principios considerados fundamentales en la constitución del orden social.

En contraposición, aquella corriente que prioriza la construcción de la igualdad de oportunidades –el antirracismo igualitario– encuentra en la ideología del mestizaje y especialmente en uno de sus elementos, el mito de la democracia racial, la explicación y la causa de la persistencia del racismo en Brasil. Según Guimarães (2000), por ejemplo, los trabajos de Gilberto Freyre de los años treinte reflejan la influencia francesa, de la cual se ha heredado la ambigüedad en el tratamiento de la raza. Es decir, de manera distinta de como los integracionistas interpretan a Freyre, Guimarães no cree que el autor provoque una inflexión definitiva en el discurso racista dominante; según él, Freyre rompe con el biologismo, pero no con la idea de raza. Para Guimarães, Freyre defiende una "concepción eurocéntrica de blanqueamiento" que

[...] pasó, por lo tanto, a significar la capacidad de la nación brasileña (definida como una extensión de la civilización europea en la que emergía una nueva raza) de absorber e integrar a mestizos y negros. Tal capacidad requiere, de modo implícito, la conformidad de las personas de color para renegar de su ancestralidad africana o indígena. "Emblanquecimiento" y "democracia racial" son, pues, conceptos de un nuevo discurso racista (Guimarães 1999a: 53).

Apoyada en la perspectiva de Freyre, la teoría generada más tarde, según Guimarães, es poco atenta al carácter racial del modelo de nacionalidad acuñado en los años treinta, identificando la persistencia del tratamiento desigual como preconcepto de color y no de raza y negando a las clasificaciones raciales un carácter estructural, genético para las relaciones sociales.

Los avances políticos recientes observados en el interior del movimiento negro podría decirse que han puesto definitivamente en jaque al mito de la democracia racial.[3] Ahora, la nacionalidad construida históricamente como identidad mestiza en el "espacio de representación demarcado por tres polos raciales –el blanco, el negro y el indio–" estaría pasando por una inflexión significativa:

> El blanco de clase media busca su segunda nacionalidad en Europa, en los Estados Unidos o en el Japón – o crea una xenofobia regional racializada; en cambio, el negro construye una África imaginaria para trazar su ascendencia, o busca los Estados Unidos como Meca afroamericana; y los indios recrean su tribu de origen (Guimarães 2000: 28).

Los puntos débiles observados en la manera como los antirracistas integracionistas y los antirracistas igualitarios tratan el mestizaje y la formación de la identidad nacional brasileña, sobre todo a partir de los años treinta del siglo XX, son, en cierto sentido, opuestos. Mientras se puede reclamar de los integracionistas una mayor atención para con el componente racial de la ideología del mestizaje, los igualitarios buscan reducir tal ideario a una ideología racial. En verdad, la ideología o, si se quiere, el mito que reinventa el Brasil en los años treinta no es un mito (de la democracia) racial, sino una reconstrucción amplia que reordena y reorganiza los valores y posiciones sociales en el campo de la cultura, del género, de las regiones, etc. *Casa grande e senzala*, el clásico de Gilberto Freyre, como síntesis de la inflexión de los discursos sobre la nación, en uso a partir de entonces, es en sí mismo un ejercicio de "formación nacional en el sentido de una etnografía histórica", como lo define muy propiamente Fry (2001). No se trata de la construcción de una simple representación invertida del mundo, cuyo sentido es el ocultamiento de la opresión (racial) que no puede ser manifestada. El carácter de la inflexión observada en ese periodo es el de redefinición del substrato simbólico que constituye la comunidad nacional imaginada, en el sentido de Anderson (1983), reformulando tanto los elementos pedagógicos como los performativos que constituyen al "nacional" en oposición al otro que vive ahora fuera de las fronteras de la nación. En ese marco, la ideología del mestizaje significaba la absorción simbólica de "negros" y "mestizos", quienes constituían hasta entonces el otro de la nación, dado una supuesta inferio-

---

3   Michael Hanchard (1994: 43), otro autor vinculado al campo del antirracismo igualitario, nota el descenso histórico del mito de la democracia racial, pero entiende que el mito de la "excepcionalidad racial" brasileña sigue existiendo.

ridad biológica. Se construye de este modo, un suelo cultural común para todos los que viven en las fronteras del país.[4]

Por eso, a diferencia de la visión dominante en el campo del antirracismo igualitario, lo que se parece revertir, a partir de los años ochenta, en el ámbito del pronunciado proceso de pluralización cultural por el que pasa el país, es precisamente el mito de la nacionalidad homogénea, capaz de absorber en sí todas las diferencias. No se trata, por lo tanto, de la afirmación del *carácter multirracial* del Brasil, sino de la reivindicación de una *identidad multicultural*. En ese sentido, existe una reidentificación, una separación de lo que el mestizaje en el plano cultural juntó, la cual sólo puede ser de naturaleza étnica. Quienes buscan una segunda referencia de identidad fuera de Brasil, lo hacen como descendientes de japoneses, alemanes o italianos. Así como los indígenas buscan la pertenencia a una etnia, de la misma manera la afirmación de la identidad de los negros se basa, como se muestra más abajo, más bien en la construcción de una nueva etnicidad afrobrasileña que en un discurso de la racialización de las relaciones sociales.

Sin embargo, es ineludible que la ideología del mestizaje presenta, como una de sus dimensiones, un rasgo racial. Es decir, las clasificaciones raciales son borradas de los discursos públicos, sin que ciertamente sean borrados los mecanismos que reproducen, en el seno de las estructuras sociales y cotidianas, el orden social racista. Esa dimensión parece quedar obscurecida en la perspectiva del antirracismo integracionista. Además, al privilegiar el enfoque hacia la cultura nacional, los integracionistas muchas veces definen como un repertorio fijo de representaciones algo que está en permanente movimiento, perdiendo así de vista fenómenos recientes que muestran la profunda heterogeneización cultural interna y la propia revalorización de una etnicidad negra o afrobrasileña, cuyo surgimiento es inseparable de los movimientos culturales transnacionales de reinvención del vínculo

---

4   La comparación de Senkman entre el varguismo de los años treinta y cuarenta y el peronismo es esclarecedora en tanto que muestra cómo la lógica de identidad que se construía en ambos casos no "buscaba excluir, sino más bien integrar a todos los agregados al pueblo para redefinir la nueva nación". En el caso brasileño, "las masas urbanas de color" tratadas por las oligarquías del café, hasta los años treinta del siglo XX, como "un otro en el interior de la nación" son absorbidas en esa nueva identidad nacional (Senkman 1997: 133).

con África. Aun cuando tales procesos de pertenencia étnica no presenten una superposición inmediata con un grupo demográfico específico, se observa que apenas una frontera muy tenue y fluida separa los procesos de pertenencia étnica, en cuanto a producción de señales e identidades culturales y las experiencias cotidianas determinadas por las marcas que se inscriben en el cuerpo.[5]

2. De colores y de razas

La raza no tiene, en el argumento de los antirracistas igualitarios, un sentido biológico: la categoría tiene el sentido de buscar revelar un nexo oculto en la lógica de las estratificaciones observadas en Brasil. El argumento se basa en conclusiones extraídas de los estudios sobre desigualdades raciales que, a partir del final de los años setenta, ganan un renovado impulso (Hasenbalg 1979; Hasenbalg/Silva 1988; Silva/ Hasenbalg 1992) y que permiten fundamentalmente tres observaciones:

– Las desigualdades sociales entre los cinco grupos demográficos identificados por las estadísticas oficiales brasileñas –negros, blancos, pardos, amarillos e indígenas– pueden ser agrupadas en dos únicos grupos: blancos y no blancos.[6] Eso significa que, a pesar de las variantes cromáticas a través de las cuales las personas se autorepresentan, el acceso a las oportunidades sociales sigue siendo condicionado por una jerarquía bipolar.

– Aunque se neutralicen estadísticamente los factores ligados a la clase (escolaridad, formación profesional, etc.), persisten las desigualdades sociales que sólo pueden ser explicadas si uno introduce la dicotomía blanco/no blanco como orden clasificador. No se

---

5 Conforme a Sansone (1995: 66-67), "las poblaciones negras del Nuevo Mundo y de la diáspora caribeña en Europa producirán una variedad de culturas e identidades negras que se reportan, por un lado, al sistema local de relaciones raciales y, por otro lado, a fenómenos internacionales e internacionalizantes". Aparecen en ese proceso como elementos catalizadores la "negrofobia blanca", la percepción de la "discriminación racial" y, conforme el autor verifica empíricamente en el caso de la cultura afrobahiana de la ciudad de Salvador, el "manejo en público del cuerpo negro (la moda, el pelo, ciertos aspectos de la mímica)" (p. 80).

6 En rigor, amarillos e indígenas, por el hecho de ser grupos demográficos minoritarios, quedan fuera de las simulaciones estadísticas hechas por los estudios sobre desigualdades raciales.

trata, por eso, de la afirmación de la existencia biológica de razas entre seres humanos, más bien se trata de una referencia a la raza como una construcción social que funciona como mecanismo de adscripción y jerarquización.

- Las oportunidades sociales menores que tocan a los grupos no blancos no pueden ser entendidas como mera reproducción de las desigualdades históricas heredadas del pasado esclavista. La comparación entre diferentes generaciones de blancos y no blancos permite demostrar que los no blancos tienen sistemáticamente menores oportunidades de ascenso social que los blancos, aunque los ascendentes de los blancos y no blancos tengan niveles socioculturales similares.

De la confrontación analítica de las desigualdades raciales, el antirracismo igualitario extrae consecuencias políticas importantes. En líneas generales, muestra que si la clasificación racial blanco/no blanco es determinante en las oportunidades sociales, entonces ella debería conformar también las identidades sociales. Si esto no ocurre, es porque hay una cortina ideológica representada por el mito de la democracia racial que permite, en el plano político, que el orden racial desigual pueda ser reproducido. Por eso, para "los afrobrasileños, para aquellos que se llaman a sí mismos 'negros', el antirracismo tiene que significar [...], ante todo, la admisión de su 'raza', es decir, la percepción racial de sí mismo y de los otros" (Guimarães 1995: 43). Esa construcción de identidad, determinada por el imperativo político de combatir las estructuras que reproducen las desigualdades raciales, sería motivada tanto por la "cultura afrobrasileña" cuanto por el "legado cultural y político del 'Atlántico Negro', a saber el Movimiento por los Derechos Civiles en los Estados Unidos, el renacimiento cultural caribeño, la lucha contra el apartheid en África del Sur, etc." *(ibídem)*.

Basándose en los parámetros para la formación de la identidad racial, resulta, a partir del grado de conocimiento y de la interiorización de la polarización blanco/negro, una escala evolutiva que permite hablar de niveles distintos de "conciencia racial" (Hanchard 1994: cáp. 4; French 2000).

Para el antirracismo integracionista, las múltiples autorepresentaciones del tipo físico, no son tratadas como falsa interpretación de la realidad, sino como aspiraciones legítimas del reconocimiento que necesitan ser tomadas en cuenta. Según tal interpretación, las distinciones polares entre grupos de color, como el "negro es negro, blanco es blanco", característico de la sociedad americana, no tiene sentido en el Brasil. Se trata aquí, de categorías en las cuales los propios actores sociales no se reconocen. Prevalecería, entre nosotros, un *continuum* cromático que define relaciones sin basarse en la oposición negro/blanco, sino en una multiplicidad de clasificaciones entre el oscuro y el claro.

La denuncia de la incompatibilidad entre el proyecto político racial de las identidades y de las relaciones sociales y las concepciones dominantes entre los propios actores sociales gana nitidez en el texto de João Batista Félix, antropólogo y líder del movimiento negro en São Paulo. Estudiando los bailes *black*, el autor constata:

> Si miramos internamente lo que tenemos es un grupo bien heterogéneo. Esa diversidad necesita ser entendida como una forma legítima de existencia. Así no es legítimo asumir que todos son simplemente "negros" [...]. Proponemos que los estudios sobre identidad tomen en cuenta, definitivamente, este 'arco iris' como forma característica brasileña de proceder en nuestra sociedad. Ella no es sólo una forma de no-decir, de no-ser, todo lo contrario. Muchas veces, ésta, nuestra particularidad afirma y revela muchas cosas (Félix 2000: 163).

De hecho, la resistencia de sectores del propio movimiento negro de aceptar el imperativo de la construcción de identidades sociales que enfaticen la polaridad entre blancos y no blancos subraya algunas de las limitaciones del antirracismo igualitario.

Desde el punto de vista analítico, si bien es cierto que la adscripción "racial" representa un elemento estructural de las desigualdades sociales en el Brasil, tal categoría no condensa todas las jerarquías, es decir, las de género, regionales, de clase, étnicas (de origen), etc. Por lo tanto, aunque uno acepte la premisa teórico-normativa discutible, según la cual, en un contexto político ideal, las identidades sociales deberían corresponder a las inserciones personales en las estructuras sociales, tendríamos problemas para defender la identidad racial, como forma "adecuada" de autorepresentación de los diferentes grupos de color en el Brasil. Es decir, aunque deseáramos desprender a las identidades sociales unilateralmente de las estructuras sociales, tendríamos barreras lógicas para utilizar la raza como eje articulador de las identidades, ya que la categoría no incorpora los múltiples condicionantes y adscripciones sociales que definen las jerarquías sociales en el Brasil.

El problema más obvio que manifiesta la estrategia racial del antirracismo igualitario es naturalmente el sentido instrumental atribuido a la identidad, haciendo de la cultura una variable dependiente de la política antirracista y de la dimensión estética, un mero instrumento de la construcción de la "conciencia racial". De un lado, tienen razón los antirracistas igualitarios cuando subrayan el sentido heurístico de la raza, como categoría sociológica capaz de expresar un cierto tipo de jerarquía social existente en el Brasil. Por otro lado, incurren en un reduccionismo y un objetivismo, cuando buscan hacer que la categoría raza vuelva, por el camino de la política antirracista, de la sociología a la historia, para así reformular las relaciones sociales y la cultura y elevar a un nuevo estadio de desarrollo las conciencias "alienadas".

Si la apología de la cultura nacional inclusiva operó históricamente en el Brasil como instrumento de opresión de las diferencias y bálsamo político para la manutención del orden social injusto, el elogio de la conciencia (racial) puede meramente invertir los términos de una ecuación compleja, imponiendo la superposición entre trazos fenotípicos, decisiones políticas y prácticas culturales. Actualmente, los investigadores que vienen estudiando el surgimiento de la etnización negra en el Brasil constatan que, en lugar de una analogía entre estas tres dimensiones (cuerpo, cultura, política), lo que observamos es un juego múltiple de interacciones que niega el determinismo histórico y rechaza, con la misma intensidad, nuevos vínculos adscriptivos mecanicistas. Cabe destacar la perspicaz etnografía de Miguel Vale de Almeida (2000) sobre el movimiento afrocultural en Ilhéus, que nos muestra varios puntos esenciales:

– El carácter dinámico de la constitución de identidades implica la necesidad del recurso a estrategias políticas variadas, de tal modo que sean evitados esencialismos que "pueden naturalizar e deshistorizar la diferencia" (*ibíd.*: 151).

– La identidad negra se forma en el espacio de la "afirmación del aporte del negro para el Brasil y una etnicidad que quiere libertar la cultura negra del 'caldo de la brasilidad', cuando este deja de ser visto como igualitario" (*ibíd.*: 154).

– Se observa efectivamente un movimiento de ruptura de la disocia-
ción clásica desarrollada por la antropología entre raza y cultura,
es decir, determinadas manifestaciones culturales relacionadas
imaginariamente con el origen africano vienen siendo vinculadas
crecientemente a una corporalidad negra. Tal proceso se verifica,
no en el ámbito del orden racializado que opone negros y blancos,
sino en un orden fluido del claro y del oscuro. Parece posible interpretar las constataciones de Almeida como indicación de que la
corporalidad negra también es construida culturalmente, basada
solamente en parte en el cuerpo en su sentido biológico (*ibíd.*:
158-159).

– Tomando el registro político, el eje de la movilización no está en
la polarización (racial), sino en la fuerza retórica de los términos
"raíces, resistencia y concienciación". Aislados, cada uno de ellos
carece de desconstrucción crítica, pero juntos adquieren una dinámica creativa y específicamente política (*ibíd.*: 159).

Estudios como los de Almeida o los de Sansone, a los que se referirá
más arriba, mientras constatan el surgimiento de una etnicidad negra
en el Brasil contemporáneo, implican al mismo tiempo consecuencias
importantes para el proyecto político del antirracismo igualitario.
Ellos demuestran que, hasta entre aquellos sectores "conscientes" de
la opresión racial, la idea de una identidad racial del negro en oposición al blanco, que funcione como eje de la resistencia política al
racismo, no tiene la receptividad imaginada por los antirracistas igualitarios. En el plano cultural, la relación es de ruptura, pero simultáneamente de continuidad y afirmación de la nación que integra las
diferencias. En el plano político, se trata, de forma similar, de la denuncia de la discriminación, pero también de la tentativa de concreti-
zar y realizar el mito de un orden que proporcione el tratamiento igualitario a todos. Del mismo modo, desde el aspecto que podría ser tratado como la dimensión racial, la construcción de la corporalidad
diferenciada se hace en un contexto que no es el de la polarización y la
determinación rígida de fronteras, sino el de la negociación y del diálogo con el entorno cultural.

3. Las políticas del antirracismo

El combate al racismo se efectúa, para los antirracistas igualitarios, a través de la explicitación de las jerarquías raciales inherentes a las estructuras sociales, se trata, en resumen, de volver pública y transparente la realidad objetiva de las desigualdades raciales en el ámbito del proceso de la "construcción política del negro" (Reichmann 1999: 11).

Los instrumentos por excelencia del antirracismo igualitario son las políticas de acción afirmativa que tienen un doble sentido estratégico: se prestan, en un primer plano, a la compensación y a la corrección de las desigualdades de acceso a los bienes públicos. Pero al mismo tiempo, ellas deben favorecer el proceso de construcción de la identidad racializada, fortaleciendo la movilización social y la construcción de las víctimas del racismo como sujeto político.

Juntamente con las políticas de acción afirmativa, la acción del movimiento negro y los programas de concienciación racial proporcionados por organizaciones diversas (ONGs y otras) deben participar en el proceso de construcción de las identidades raciales (Guimarães 1999b). Hanchard (1994: 162), sin embargo, orientado por la idea gramsciana de bloque histórico, pondera que la identidad negra a ser construida en Brasil debe ser menos *diasporic* y más nacional, apuntando a la formación de un abanico amplio de alianzas. De todas maneras, la construcción de una identidad negra y de una conciencia racial aparece, repetidamente, entre los antirracistas igualitarios como el eje central de combate al racismo. El contexto institucional en que las políticas antirracistas igualitarias son formuladas es bien demarcado. Se trata aquí del esfuerzo complementario desarrollado por algunas organizaciones no gubernamentales, activistas y científicos sociales vinculados con los llamados estudios raciales, en general formados en universidades americanas, así como fundaciones filantrópicas que, teniendo la Fundación Ford por delante, financian gran parte de las investigaciones y de los programas de las organizaciones no gubernamentales dedicados al combate de las llamadas desigualdades raciales, o sea, las desigualdades sociales que tienen su origen en la discriminación (Costa 2001b; 2002).

Los antirracistas integracionistas rechazan en general las políticas de acción afirmativa, reivindicando, conforme percibe Grin (2001: 183), que "se trate a la desigualdad racial en el país en sus propios términos, ya que la mera copia de *policies* producidas en otras culturas y ordenadas por otras moralidades puede no producir los beneficios que de ellas se esperan".[7] De esta manera, las estrategias antirracistas construidas en el seno de la corriente integracionista siguen una lógica de "apostar en aquello que une y no en lo que separa". En lugar del énfasis en la conciencia racial, la categoría fundamental que se utiliza es la de la ciudadanía universal como posibilidad y referencia a la integración justa de todos los brasileños. Semejante premisa no implica la desconsideración de la realidad marcada por el acceso desigual a los derechos de ciudadanía y a los bienes públicos. Sin embargo, la referencia a la ciudadanía universal permanece como meta y objetivo.

Una experiencia particular es tratada por Maggie (2001b) como emblemática del esfuerzo de dar materialidad a la ciudadanía universal, más allá de las distinciones de color. Se trata aquí del "Pré-Vestibular[8] para Negros e Carentes" (PVNC) que cuenta con cerca de 80 núcleos en el estado de Rio, los cuales funcionan financieramente de forma autosuficiente. Como el propio nombre revela, el énfasis está en la raza, pero también en la dimensión socioeconómica: se trata de una iniciativa dirigida para negros, pero también para pobres que no se autodefinen como negros. En la evaluación de la autora, esa experiencia sigue muy bien en marcha, por la tarea de hacer viable la entrada de alumnos egresados de las escuelas públicas, y de los estratos más pobres, en las universidades. Yvonne Maggie hace una comparación entre los alumnos del PVNC que consiguen entrar en la universidad y concluyen sus estudios con los mulatos del final del siglo XIX que, superando las adscripciones racistas, estudiaban en el exte-

---

7   En su esclarecedora organización del debate sobre la acción afirmativa, Monica Grin (2001) distingue, al lado de los entusiastas de las acciones afirmativas y de los que rehusan esas políticas, en función de la particularidad del sistema de clasificaciones "raciales" vigente en Brasil, un tercer grupo liberal-individualista que pone al individuo en el centro de la política y condena, por principio, las políticas de identidad dirigidas a colectividades.

8   Vestibular es el examen de admisión que se hace para seleccionar los candidatos a las universidades brasileñas. En general, las universidades públicas ofrecen mejor calidad y son las más disputadas. Los candidatos de los estratos más privilegiados de la sociedad, egresados de las escuelas secundarias particulares, que son mejores que las públicas, salen mejor clasificados en el examen y obtienen el derecho de estudiar en la universidad pública. El curso prevestibular para negros y necesitados busca preparar los candidatos más pobres para que entonces tengan la oportunidad de estudiar en las universidades públicas.

rior y llegaban a cargos de poder y a constituir una "élite de bachilleres" en Brasil (Maggie 2001b: 201). Según la autora, el PVNC demuestra que es posible combatir el racismo sin recurrir al modelo de las identidades racializadas o a las acciones afirmativas:

> Entre el favor y el privilegio, los estudiantes que conocí en estas clases precarias de los suburbios de Rio de Janeiro, apuestan al mérito y rechazan cualquier salida que los favorezca. Por eso están contra cualquier tipo de acción afirmativa. Rechazan la lógica del favor, de la brujería, de la red de protegidos y buscan romper el círculo vicioso afirmando la creencia en sus propias habilidades individuales (Maggie 2001a: 73).

La discusión sobre las políticas apropiadas para el combate del racismo en Brasil es seguramente compleja y no puede ser adecuadamente tratada aquí. Aun así, vale la pena resaltar algunos aspectos contradictorios de las estrategias defendidas por las dos corrientes antirracistas destacadas.

Los integracionistas a pesar de reconocer las desigualdades raciales rechazan las políticas de acción afirmativa, no porque consideren que tales políticas sean ineficientes para construir la igualdad de oportunidades, sino por el temor de que ellas destruyan las identidades existentes y la posibilidad efectiva de convivencia entre los diferentes grupos demográficos. Los igualitarios quieren combatir el orden social injusto, pero para eso esperan que el Estado no sólo instituya políticas compensatorias, sino que también favorezca la construcción, contra la voluntad de los actores sociales, de una sociedad racializada.

Ciertamente, la eficiencia de las medidas de acción afirmativa necesita ser discutida en cada campo específico. Asimismo, parece posible defenderlas abstractamente, aunque en el ámbito de una concepción liberal de la política. Conforme mostramos en otro contexto (Costa/Werle 2000), valiéndonos de la distinción de Forst (1993: 189), la neutralidad liberal puede ser interpretada desde tres perspectivas: a) *neutralidad de las consecuencias*: las reglas establecidas deberían tener las mismas consecuencias para todas las comunidades que compartan un mismo sistema político; b) *neutralidad de los objetivos*: el Estado liberal no defiende cualquier concepción de bien en detrimento de otras concepciones; c) *neutralidad de la justificación*: los principios de justicia no pueden estar basados en valores éticos substantivos, deben apoyarse en conceptos morales universalmente aceptados, por lo tanto, imparciales.

En esos términos, medidas de acción afirmativa que favorezcan a los negros en Brasil pueden perfectamente estar orientadas por la *neutralidad de las consecuencias*, ya que no buscan privilegiar un grupo particular, sino garantizar una igualdad efectiva de oportunidades a los diferentes grupos de color. La *neutralidad de la justificación* de tal política puede también verificarse, en la medida que su defensa sea ubicada en el ideal, compartido por igualitarios e integracionistas, según el cual la recompensa de los méritos individuales no es influida por las adscripciones raciales.

Es decir, las políticas de acción afirmativa en sí no parecen constituir una amenaza a la neutralidad del Estado. Lo que es difícil aceptar es su justificación a través del argumento utilizado por los antirracistas igualitarios de que tales medidas son necesarias para construir la conciencia racial y las identidades racializadas. En ese caso, no se verifica la *neutralidad de los objetivos* de la acción del Estado. En lugar de la neutralidad, aparecería aquí el vínculo del Estado a una concepción de bien particular y a la imposición autoritaria de una forma cultural de vida específica (la sociedad racializada) y compartida sólo por un grupo muy pequeño de activistas al conjunto de la población.

4. Consideraciones finales

Tanto el antirracismo igualitario como el antirracismo integracionista presentan problemas en su diagnóstico y en sus propuestas, los cuales son resumidos en esta breve conclusión.

El antirracismo integracionista, por restringir su enfoque a la esfera de la cultura, presenta alternativas limitadas para combatir la opresión racista, en su dimensión material-estructural. Es decir, independientemente de las formas como la jerarquización social producida por el racismo es representada en el universo de la cultura y del discurso, las desigualdades raciales son parte de la realidad social. Combatir esas desigualdades es, por lo tanto, un imperativo político y moral.

Los antirracistas igualitarios, a su vez, transforman la existencia objetiva del racismo en un hecho absoluto que prescinde de la descodificación social, por lo que todos aquellos que no construyen sus identidades basándose en la polarización entre blancos y negros termina siendo tratados como portadores de una conciencia racial poco desarrollada. En realidad, la construcción de identidades personales y

colectivas envuelve procesos de búsqueda y conquista del reconocimiento social y comprende por lo tanto un conjunto de decisiones
múltiples, involucrando mitos, deseos, experiencias y conocimientos.
En ese sentido, no hay un punto de Arquímedes fuera de la historia y
fuera de las relaciones sociales que permita juzgar las experiencias
sociales, calificando de falsa conciencia aquellas construcciones de
identidad no articuladas a partir de un conocimiento legado por una
lectura sociológica particular de las relaciones sociales en Brasil.
Cuando se jerarquizan las elecciones personales y los patrones de
identidad efectivamente existentes, el antirracismo igualitario acaba
por interpretar las diferencias substantivas entre la identidad propia de
los afrodescendientes brasileños y la imagen idealizada del negro
americano "consciente de su raza", como un mero desfase temporal
que hace de la autoimagen predominante entre los brasileños, un pre-
estadio de la "identidad de oposición afro descendiente" (French
2000: 118). Lo que parece escapar de la percepción de los antirracistas
igualitarios es que el propósito de crear un orden social regido por la
norma universal de la igualdad efectiva de oportunidades es algo que
puede y debe ser extendido a todas las partes del mundo. Entretanto, la
forma concreta que la lucha por la creación de un orden social justo en
los Estados Unidos asumió históricamente, con mayor o menor éxito,
constituye apenas una posibilidad particular. No hay garantías, ni
tampoco indicios, de que ese modelo específico pueda producir resultados en todas partes.

Al fin y al cabo, se constata que tanto el antirracismo igualitario
como el antirracismo integracionista parecen ignorar una distinción
que hace la sociología entre dos órbitas de la vida social, a saber, la
esfera de la integración social y la esfera de la integración cultural.

Siguiendo la esclarecedora formulación de Joas (1997), encontramos que el nivel de la integración social hace referencia al plano en
que ocurren los conflictos de intereses y las luchas distributivas, y que
es el mismo plano en el cual las normas ganan validez. La integración
cultural está relacionada con las formas de descodificación social de
las estructuras y con el universo donde se forman los valores. La dinámica social es siempre el resultado de la combinación de los procesos de integración que ocurren en esos dos planos, no queda reducido
ni a un nivel ni al otro. Es decir, deducir el movimiento en el interior
de una sociedad determinada solamente por la integración social sería

cometer el error "materialista-utilitarista". Por otro lado, deducir la vida social únicamente de los procesos culturales, sería incurrir en el "idealismo culturalista". En ese sentido, el desafío consiste exactamente en descifrar, frente a cada contexto de acción particular, la forma cómo interactúan los procesos de integración cultural e integración social en la definición de las configuraciones sociales particulares.

Si hay racismo, significa que el orden social, en su conjunto, es particularista, es decir, no está gobernado por normas de validez generales, ni tampoco por valores universales. Por lo tanto el problema se ubica en dos niveles: en el plano de la integración social, donde operan las normas, y en el plano de la integración cultural, donde se constituyen los valores.[9]

El límite del antirracismo igualitario es ignorar la dinámica de la integración cultural y tratarla como una simple variable subordinada de la integración social, como si fuera posible contraponer una norma social universalista y el modelo cultural de sociedad correspondiente al orden racista, particularista. Es decir, los igualitarios proponen el combate al particularismo (moral), sacrificando la particularidad (cultural), lo que llevaría a una frágil sustentación social del patrón propuesto.[10]

El antirracismo integracionista indica, de una forma implícita, que, en la medida en que las víctimas del racismo afirmen la igualdad de oportunidades como valor, la norma social de la igualdad de oportunidades será instituida como realidad. En otras palabras, se ignora la dinámica social, como si ésta pudiese ser absorbida en el proceso de la integración cultural.

De esa manera, regresamos a nuestro postulado inicial, según el cual el antirracismo necesita considerar tanto la meta de la construc-

---

9   "Valores" significan para Joas (1997) las disposiciones personales y colectivas duraderas, aunque formadas de manera contingente. Normas no son, en ese contexto, meras reglas acordadas y escritas, sino códigos de procedimiento que efectivamente operan, observados en el espacio de interpretación y manejo de la ley, en el contexto de la acción individual y colectiva.

10 La referencia teórica aquí sigue siendo el estudio de Joas sobre la relación entre valores y normas: "[...] la idea de que, para superar el particularismo, la particularidad como tal debe desaparecer desconociendo el carácter necesariamente contingente de los valores. Se condena a sí misma a permanecer en una mera moral, rompiendo con el poder de atracción de los valores, para declarar la motivación [para la acción] basada únicamente en la moral como posible" (Joas 1997: 174).

ción de la igualdad de oportunidades como la meta de la atención a las particularidades culturales. Debería ser, al mismo tiempo pues, igualitario e integracionista. Para la acción política antirracista, esto implica la necesidad de la acción en el nivel de las instituciones y de las normas, es decir, a través de políticas de acción afirmativa o por medio de la creación de mecanismos eficientes de criminalización del racismo, la norma universal de la igualdad de oportunidades debe tener una validez concreta. Simultáneamente el antirracismo necesita ser fortalecido como valor, en el plano de la integración cultural existente. La población brasileña percibe la existencia del racismo. Falta el próximo paso que es reconocer la necesidad de combatirlo. Aquí parece ayudar poco copiar la forma particular que asumió el antirracismo en otros países, no parece que, inventándose identidades, se pueda crear valores, en un sentido real. En lugar de una política dirigida para la racialización de las relaciones sociales, lo correcto sería la utilización de iniciativas culturales y procesos educativos y pedagógicos capaces de dar al valor del antirracismo raíces en el seno de la sociedad. En ese proceso colectivo de aprendizaje debe quedar claro que, si existen personas que son perjudicadas en sus posibilidades sociales por el racismo, existen necesariamente aquellos que de ello se benefician. En un país que discrimina a los negros, los blancos, aunque no sean agentes directos del racismo, son los beneficiarios materiales de las desigualdades producidas por las adscripciones raciales.

En suma, si desde el punto de vista material el racismo produce ganadores y perdedores, en la perspectiva moral, todos salen perdiendo en un orden social injusto e inicuo, razón que hace que el antirracismo sea una tarea política de toda la sociedad.

Bibliografía

Almeida, Miguel Vale de (2000): *Um mar da cor da terra. Raça, cultura e política da identidade*. Oieieras: Celta.

Anderson, Benedict (1983): *Imagined Communities*. London: Verso.

Avritzer, Leonardo/Domingues, José Maurício (eds.) (2000): *Teoria social e modernidade no Brasil*. Belo Horizonte: Ed. UFMG.

Birman, Patricia (1997): "Maio de 88 – Outras histórias". En: Contins (ed.), pp. 48-74.

Contins, M. (ed.) (1997): *Quase catálogo. Visões da abolição 1988*. Rio de Janeiro: Escola de Comunicação.

Costa, Sérgio (2001a): "A mestiçagem e seus contrários: etnicidade e nacionalidade no Brasil contemporâneo". En: *Tempo Social*, 13/1, pp. 143-158.

— (2001b): "Social Integration in the Americas". <http://www.robarts.yorku.ca/ summerinstitute/resourcekit01.html>.

— (2002): *As cores de Ercilia*. Belo Horizonte: UFMG, 2002

Costa, Sérgio/Werle, Denilson L. (2000): "Reconhecer as diferenças: Liberais, comunitaristas e as relações raciais no Brasil". En: Avritzer/Domingues (eds.), pp. 207-230.

d'Adesky, Jacques (2001): *Racismos e antirracismos no Brasil*. Rio de Janeiro: Palas.

Estenci, Neide et al. (eds.) (2001): *Fazendo Antropologia no Brasil*. Rio de Janeiro: DP&A.

Félix, João B. (2000): *Chic Show e Zimbawe e a construção da identidade nos bailes 'black' paulistanos*. São Paulo: USP (tesis de maestría).

Forst, Rainer (1993): "Kommunitarismus und Liberalismus: Stationen einer Debatte [Comunitarismo e Liberalismo: Estações de um debate]". En: Honneth (ed.), pp. 183-196.

French, John (2000): "The Missteps of Anti-Imperialist Reason: Bourdieu, Wacquant and Hanchard's 'Orpheus and Power'". En: *Theory, Culture and Society*, 17/1, pp. 107-128.

Freyre, G. ([36]1999): *Casa grande e senzala*. São Paulo/Rio de Janeiro: Record (1ª ed., 1933).

Fry, Peter (2001): "Feijoada e *soul food* 25 anos depois". En: Estenci et al. (eds., pp. 35-56.

Grin, Monica (2001): "Esse ainda obscuro objeto de desejo. Políticas de ação afirmativa e ajustes normativos: o seminário de Brasília". En: *Novos Estudos Cebrap*, 59, pp. 172-192.

Guimarães, Antônio S. (1995): "Racismo e antirracismo no Brasil". En: *Novos Estudos*, 43, pp. 26-44.

— (1999a): *Racismo e antirracismo no Brasil*. Rio de Janeiro: Ed. 34.

— (1999b): "Measures to Combat Discrimination and Racial Inequalities in Brazil". En: Reichmann (ed.), pp. 139-154.

— (2000): "Prefácio". En: Guimarães/Huntley (eds.), pp. 11-30.

Guimarães, Antônio S./Huntley, L. (eds.) (2000): *Tirando a máscara. Ensaios sobre o racismo no Brasil*. São Paulo: Paz e Terra.

Hanchard, Michael (1994): *Orpheus and the Power*. Princeton: Princeton University.

Hasenbalg, Carlos (1979): *Discriminação e desigualdades raciais no Brasil*. Rio de Janeiro: Graal.

Hasenbalg, Carlos/Silva, Nelson V. (1988): *Estrutura social, mobilidade e raça*. Rio de Janeiro: Iuperj/Vértice.

Honneth, Axel (ed.) (1993): *Kommunitarismus. Eine Debatte über die moralischen Grundlagen moderner Gesellschaften*. Frankfurt/Main: Campus.

Joas, Hans (1997): *Die Entstehung der Werte*. Frankfurt/Main: Suhrkamp.

Maggie, Yvonne (2001a): "Fetiche, feitiço, magia e religião". En: Estenci et al. (eds.), pp. 58-73.

— (2001b): "Os novos Bacharéis. A experiência do Pré-Vestibular para negros e carentes". En: *Novos Estudos Cebrap*, 59, pp. 198-202.

Maio, Marcos C./Santos, Ricardo V. (eds.) (1996): *Raça, Ciência e Sociedade*. Rio de Janeiro: Fiocruz/CCBB.

Reichmann, Rebecca (ed.) (1999): *Race in Contemporary Brazil. From Indifference to Inequality*. University Park: Pennsylvania State University Park.

— (1999) : "Introduction". En: Reichmann (ed.), pp. 1-35.

Reis, Fábio Wanderley (1997): "Mito e valor da democracia racial". En: Souza (ed.), pp. 17-49.

Sansone, Livio (1995): "O local e o global na afro-Bahia contemporânea". En: *Revista Brasileira de Ciências Sociais*, 29, pp. 65-84.

— (1996): "As relações raciais em *Casa grande & senzala* revisitadas à luz do processo de internacionalização e globalização". En: Maio/Santos (eds.), pp. 207-218.

— (1999): *From Africa to Afro: Use and Abuse of Africa in Brazil*. Amsterdam/ Dakar: SEPHIS.

Schwarcz, Lilia M. (ed.) (1995): "Complexo de Zé carioca – Sobre uma ordem da mestiçagem e da malandragem". En: *Revista Brasileira de Ciências Sociais*, 29, pp. 49-64.

— (1996): "Questão racial no Brasil". En: Schwarcz/Reis (eds.), pp. 153-178.

— (1998a): *História da vida provada*. São Paulo: Cia das Letras.

— (1998b): "Nem preto nem Branco. Muito pelo contrario. Cor e raça na intimidade". En: Schwarcz (ed.), pp. 173-244.

Schwarcz, Lilia M./Reis, L. V. (eds.) (1996): *Negras imagens*. São Paulo: Edusp.

Senkman, Leonardo (1997): "La lógica populista de la identidad y alteridad en Vargas y Perón: Algunas implicaciones para los immigrantes". En: *Cuadernos Americanos*, 66, pp. 130-152.

Silva, Nelson V./Hasenbalg, Carlos (1992): *Relações raciais no Brasil contemporâneo*. Rio de Janeiro: Editora Record.

Souza, Jessé (ed.) (1997): *Multiculturalismo e racismo: uma comparação Brasil/ EUA*. Brasilia: Paralelo 15.

IV

Represión, revolución y resistencia cotidiana

Hermes Tovar Pinzón

Resistencia y vida cotidiana en la sociedad colonial (1500-1810)

Puesto que "no existen relaciones de poder sin resistencia" (Foucault 1992) me propongo mostrar cómo la construcción del mundo colonial se efectuó mediante el enfrentamiento de estrategias de dominación en los diversos campos de la vida cotidiana. El colonialismo como tal no fue sólo una disputa por la geografía sino por los recursos económicos, por las almas y por los sentidos. La sociedad colonial se desarrolló en tensiones entre colonizados y colonizadores por reinstalar en medio de la dominación sus propias estrategias de organización social.

1. Un lugar para el poder

A pesar de la aparente facilidad con que los europeos invadieron y asaltaron tribus, reinos, cacicazgos y señoríos no fue fácil lograr el control del mundo de los indios. Las quejas por la ineficacia de la evangelización, por las tendencias a la insurrección y, sobre todo, por la práctica de sus propias formas de vida, fueron comunes. El esfuerzo por lograr que vivieran "en policía", es decir, conforme a las leyes de los dominadores, generó múltiples conflictos y las ciudades, que operaban como centros de administración y de comunicación entre el mundo de los indios y el de los europeos, se erigieron en un proyecto que condujo a la destrucción de los sistemas de poblamiento de los nativos:

> [Los naturales deberán ser reducidos] a buena policía procurando de apartarlos de los vicios y picados y malos husos procurando por medio de religiosos y otras buenas personas de reduzirlos y convertirlos a nuestra santa fee católica y religión xristiana voluntariamente.[1]

---

[1] "El capitán Luis de Ángulo en nombre del Nuevo Reyno de Granada sobre hazer entradas y poder poblar, pide se le dé lizencia para ello", s.f. [1559], AGI, Patr., 27, R. 22, f. 1v.

Es decir, la idea de un espacio para el "buen orden", la fe, la moral y las prácticas religiosas se convertía en máscara de otras prácticas relacionadas con la imposición de leyes y normas reguladoras de la economía, la política y la fiscalidad. Por ello, las reducciones o ciudades fueron lugares de recomposición de costumbres antiguas y escenarios diferenciados de ritos y esperanzas. Tal es el origen de las ciudades americanas a partir de 1492. Desafortunadamente no conocemos las disposiciones de emergencia que utilizaron los poderes indígenas para sobrevivir a la invasión. La defensa de su universo está codificado en múltiples signos e imágenes ocultos en la lengua castellana y en representaciones del orden colonial. Solo la semiótica contribuye a mirar por las rendijas de múltiples testimonios la verdad de las disputas que los indios plantearon al orden español y el espacio fue el primer objeto de conflicto en las estrategias de poder.

Los españoles consideraron sus estructuras urbanas como diseños espaciales para el "buen gobierno". Por ello las ciudades fueron centros de opresión y no lugares de libertad. Los enfrentamientos en los campos militar, burocrático y económico, además de la elección de los sistemas de *asentamiento* se convirtieron en estrategias de dominación y de desarrollo de estructuras de poder para el control de la educación, los ritos y los códigos que marcarían pautas a la vida cotidiana.[2] Preservar sus sistemas de poblamiento no era para los indios un acto de simple rebeldía sino un modo de construir y reconstruir las estructuras del poder comunitario. Mientras las autoridades coloniales luchaban para congregarlos en lugares fáciles de ser vigilados y adoctrinados, los naturales hacían lo propio: predicaban para que no se atendiera a las autoridades civiles y eclesiásticas y se siguieran practicando sus propias creencias. Las doctrinas y misiones son un ejemplo de esta lucha por erigir o destruir poblados, es decir, por que cada cual tuviera un lugar en donde materializar formas y estrategias de poder. Un testigo manifestó en 1569:

---

2   A manera de ejemplo puede verse cómo en las misiones jesuitas del noroeste de México se desarrolló una pedagogía represiva sobre la vida de los indios (Hausberger 1993; 2002; véase también Duviols 1977).

Quando estaban sus pueblos poblados juntos y con sus calles, [los padres de la doctrina] sacaban todos los muchachos y las muchachas que abya syn se les esconder nada, [pero] "agora no están juntos como solyan syno que se [h]an buelto a sus antiguos [...] todos derramados como prymero solyan estar", por lo que los padres no pueden verlos "por sus ojos".[3]

A causa de estar "*derramados* no les temen" a los padres, y algunos indios huían a otros repartimientos "por no dar sus hijos para la dotryna".[4] De este testimonio se deduce que los pueblos congregaban y vigilaban, mientras que los asentamientos indígenas dispersaban y daban seguridad a la población. Uno y otro sistema respondían a conceptos vinculados a la política, la religión, la economía y la vida cotidiana de los indígenas. Mientras los indios vivían dispersos, los europeos conspiraban para reducirlos a núcleos urbanos, en tanto, los indígenas hacían lo propio para evitarlo. Los ataques, los incendios de pueblos, las fugas constituyen, entre otras conductas, armas estratégicas contra la ocupación.

Los esfuerzos de los españoles por preservar los pueblos eran interferidos mediante el éxodo y el despoblamiento practicados por los indígenas. En 1675 el cura de Morcote, en los Llanos Orientales, contaba que hacía 13 años luchaba por asentar a los indios. Ellos vivían a ocho y diez leguas de la iglesia sin quererse poblar "por estar en sus ritos gentilizos y supersticiones según públicamente se dice"[5]. En esta contienda lo que estaba en juego no eran caprichos de unos y otros ni meros sentimientos religiosos, sino la defensa de un universo amenazado por la presencia de un invasor que penetraba con sus estructuras de poder en la vida misma de los indios. El espacio no sólo tenía un símbolo sino un valor estratégico. Para los europeos el poblamiento era una estrategia de cristianización y de incorporación de los indios al sistema fiscal.

El poblamiento en zonas de misiones ejemplifica parcialmente la disputa por estructurar creencias sobre creencias y allanar el camino a la tributación y a la convivencia en "policía", es decir, conforme a normas y criterios españoles. El enfrentamiento por el lugar de poblamiento se mantuvo a lo largo del periodo colonial a medida que

---

3   AGNC, Caciques e Indios, 27, f. 665r.
4   *Ibíd.*, f. 665v.
5   AGNC, Miscelánea (Colonia), 68, f. 881r.

avanzaban la evangelización y la fiscalidad como estrategias de ocupación.

En 1794, los padres misioneros del pueblo de Güican acusaron a los indios ladinos Josef Casiano y Lorenzo Ritacuba de trabajar con "el demonio, perturbando con sus cismas el establecimiento de la ley de Jesu-Christo".[6] Hacía más de 40 años que los tunebos habían sido conquistados y aunque tenían frutos en sus resguardos no pagaban diezmos.[7] El padre fray Juan A. Nieto hizo un recuento de sus esfuerzos por recuperar la misión, manifestando que cuando llegó estaba en tal detrimento no sólo por la falta de evangelización de los indios tunebos sino por la escasa instrucción de los que habitaban el sitio de El Pantano y por la carencia de indios ladinos viejos. El padre Nieto los socorrió y alimentó y llegó a tener en la misión más de 130 chinos y chinas (ver Cuadro 1) que en el día se habían vuelto a retirar tierra adentro, obedeciendo a Josef Casiano y a Lorenzo Ritacuba. Lo grave era que Casiano, su mujer y su hijo no se confesaban, mientras que Ritacuba se había retirado al sitio de El Pantano. Uno y otro no pagaban ni dejaban pagar diezmos y primicias a la Iglesia ni que acudieran a misa. Antes bien se quejaban a las autoridades de Santafé sobre las misiones.[8]

Cuadro 1: Estado de la misión de los tunebos en 1794

Años	Confesiones Indios e indias	De doctrina Chinos y chinas
Primer año	62	8 o 10
Segundo año	400	más de 80
Tercer y cuarto año	500 y más	136
Quinto año	28	30

Fuente: AGNC, Caciques e Indios, 70, f. 464r.

En su investigación, el corregidor constató que los indios tunebos vivían a un cuarto de legua del pueblo y cuando llegaban a él no oían misa ni concurrían a la doctrina ni se confesaban. Su resistencia a ser reducidos se originaba en que Casiano y Ritacuba "los tienen alucina-

6   AGNC, Caciques e Indios, 70, ff. 478r-478v.
7   *Ibíd.*, f. 472r.
8   *Ibíd.*, ff. 458v-459v.

dos para que no observen sus obligaciones; y sigan la vida y costumbres de su antigua gentilidad". A Casiano lo obedecen "no como a capitán, sino como a su Dios".[9] Como el efecto de estas actitudes podía repercutir sobre otras misiones, los indios Casiano y Ritacuba fueron llamados y hechos prisioneros. Casiano negó los cargos y precisó que "no era capitán general" como se decía, sino que en tiempos del virrey Flores "ajitó unas diligencias, para la recaudación de las tierras que les quitó el corregidor don Josef María Campuzano, quando efectuó la vicita del citado pueblo, por cuias diligencias que practicó, lo miran como tal capitán aquellas gentes" y no porque él lo haya asumido. Que no se confesaban "porque es gente tuneba, y porque no están instruidos de la doctrina [...]". Que antes se confesaban, en tiempos de los jesuitas porque "les entendían su lengua" y porque a los nuevos curas no les entienden, que además habían castigado a un mozo llamado Roque León "yndio de Chita [...] por haber faltado a la doctrina".[10]

La disputa por las almas era el fundamento del poder puesto en escena por españoles y naturales, en lugares concretos como pueblos de misiones y doctrinas. La conquista del territorio abriría las avenidas para la destrucción del otro. Por ello la lucha fue encarnizada y no se dio sólo por medio de las armas sino con otros instrumentos, como la prédica y el castigo, en ejercicios de doble vía. Casi tres siglos después de la conquista el enfrentamiento no cesaba.

Los indios de misiones no sólo resistieron la doctrina y la práctica de los santos sacramentos sino que atentaron contra los bienes de los blancos de los alrededores, en su estrategia de defender sus espacios. En 1803, el Cabildo de Pore denunciaba que los indios gentiles cometían excesos, incendios y otras hostilidades. Ellos habían asaltado, robado y asesinado a dos hombres en el hato Santa Marta, y habían cometido fechorías similares en los hatos de Santa Teresa, Gandul y Tigre. Se supo que los asaltantes se componían de "ocho capitanías de yndios" salidas de las misiones del Meta.[11] Dos años antes fue el Cabildo de Chire el que denunció los atropellos cometidos por los indios que habían intentado asentarse en Zuni a orillas del río Casanare. El

---

9   *Ibid.*, ff. 471r-472r.
10 *Ibid.*, ff. 477r- 480r.
11 *Ibid.*, f. 905r.

14 de mayo asaltaron y quemaron una de las "estancias del sitio de la Manga", asesinaron a seis hombres, y en un recorrido por casas del lugar robaron miel enzurronada, muebles diversos, maíz, canoas y caballos. En la semana anterior habían quemado el hato de Civigare, perteneciente a la hacienda de Caribabare, habían matado una yegua y un potro, y del hato la Yeguera se habían llevado ocho caballos.[12] El Cabildo quería iniciar una correría para castigarlos, pero el gobernador se oponía.

Los actos de violencia tenían que ver con el gran esfuerzo hecho, a lo largo de la dominación colonial, por las sociedades indígenas de conservar el poder sobre sus propios destinos. Sociedades con tradiciones milenarias en el campo de las creencias, las costumbres y los afectos no aceptaron con docilidad el fundamentalismo e integrismo cristiano ni el orden colonial. Si bien la resistencia militar propia de los tiempos de conquista no tuvo éxito, sí lo tuvo la resistencia a la prédica, al cambio de la lengua y a las estructuras de parentesco. Pero tal resistencia se gestaba en las estructuras de poder prehispánicas que circulaban sobre el quehacer de cada día. No era sólo el formalismo administrativo y material sino todo aquello que endógenamente regulaba la vida de los naturales. Y la vida comenzaba en un lugar organizado o por organizar. Y los europeos hicieron del orden un mito, orden que empezaba por desordenar el orden espacial de los naturales (*Ciudad* 1997).

2. El paisaje y el poder

La disputa por la geografía continuó fuera de los pueblos y ciudades. El paisaje que era una función del poder se convirtió en el umbral de nuevos conflictos. Después de la primera embestida del cristianismo, los lugares en donde se ejecutaban ritos eran templos, bosques, casas, cuevas. Sus ejecutores eran *jeques*, santeros y shamanes. La circulación de prácticas y prédicas se hacía en el hogar, en el trabajo y en la dinámica de la soledad y el silencio. El enfrentamiento hizo retirar los santuarios de espacios visibles alterando la estructura del paisaje. En el proceso de recogimiento, los centros de culto se transfiguraron en bóvedas cada vez más invisibles en medio de los bosques y cuando

---

12 *Ibíd.*, ff. 740r-742r.

llegaron hasta allí los españoles, la casa, los graneros y las habitaciones aledañas sirvieron de refugio a estos lugares sagrados. El paisaje visible se había convertido en un paisaje cuasivirtual, que contenía los mapas imaginarios de los espacios nativos.

Hacia 1595 los santuarios no se definían tanto por su forma como por el lugar:

> [...] los santuarios que suelen poner en los canpos los ponen agora en sus despensas y bohíos de moradas así de los caciques como de los capitanes y yndios y ponen en ellos sus tunjos de palo y de barro y de algodón con quien hablan y sacrifican y ofrecen y que agora se haze mejor que nunca porque esto hazen agora por themor de que los xpistianos no se los tomen ni saquen ni quiebren en el campo como solian hazer y en bohíos que tenían señalados para ello y no para otra cosa [...].[13]

Es decir, lo que un día era poética del paisaje se había convertido en metáfora del recuerdo. En su retirada a refugios cada vez más cercanos a la habitación de los naturales, los santuarios quedaron reducidos a simples representaciones o a cuevas y rincones ocultos. Del paisaje abierto se pasó al medio del bosque, a un granero, a una labranza o al interior de la misma casa. La estrategia de marchar de lo público a lo privado se reelaboraba en el seno del poder de la Iglesia católica y de sus estrategias para consolidar la fe. Por ejemplo, los indios de Iguaque habían enterrado a sus antepasados en "unas labranzas y questos estaban por santuarios en este pueblo".[14] Al describir el santuario que tenía bajo su cuidado, un indio dijo que:

> [...] su santuario lo thenía el dicho su hermano y que él lo daria y ansi fuimos con el dicho su hermano a su casa y sacó de un tambor pequeño de hilo de algodón con plumería de guacamaya y luego nos llevó a un buhío pequeño questaba más delante de su casa que thenía una puerta muy baja y dentro del estaban unas petacas // aforradas con cuero de venado y muy bien puestas y una caveza de león y en las quatro esquinas del dicho buhío por la parte de adentro estaban quatro gachas donde dizen que queman el moque y tienen pacto con el demonio [...] y dentro de las dichas petacas avía muncha plumería y mantas pequeñas que según dixeron son de santuario [...].[15]

Lo que se debe entender de la confesión es cómo el poder del pasado seguía circulando en silencio y casi con el mismo ajuar de los tiempos

---

13 AGNC, Caciques e Indios, 27, f. 667v.
14 AGNC, Caciques e Indios, 58, f. 31v.
15 AGNC, Caciques e Indios, 16, ff. 565r-565v.

prehispánicos. Muchos de los instrumentos del ritual sobrevivían y guardaban un orden dentro del espacio que se enmascaraba con construcciones impuestas por el orden colonial. Los paisajes exteriores habían sido destruidos, pero los interiores se mantenían en un esfuerzo de afirmación. Esta estrategia de supervivencia sacrificaba la forma a la existencia del fondo de la cuestión.

3. El poder de encantar

La extirpación radical del ceremonial y del espacio que lo hacía posible se intensificó durante los siglos XVII y XVIII. El poder se aferró al mundo interior, al de las vivencias, al de la memoria, al del pasado. Pero la reducción al mundo interior abrió otros campos de acción que fueron comunes en el siglo XVIII. Así, la yerbatería y la brujería actuaron como reservas en este enfrentamiento de poderes entre indios y españoles. Y las brujas desafiaron a la religión y al orden civil. Fueron mujeres, sobre todo, las encargadas de liderar la defensa de tradiciones culturales y los vínculos con el pasado. En este enfrentamiento, el futuro que se metía a la fuerza, que intentaba desplazar el pasado como tradición, seguía significando desorden e imposición para la vida de los indios. Para las brujas el presente era la reproducción de instituciones y ritos ajenos, mientras que el pasado era la defensa del orden. Talvez en esta visión retrospectiva muchas tradiciones se conservaron pero otras tuvieron que ceder ante la fuerza del colonialismo. Los movimientos milenaristas y utópicos no deben ser estudiados únicamente como "rebeliones" externas al poder hegemónico sino como estrategias elaboradas dentro del poder (Brown 1991).

En el siglo XVIII hubo una explosión de brujería en el Nuevo Reino y curiosamente fueron los mismos indios ladinos y cristianos los que se encargaron de su persecución y exterminio. En 1747, en Tabio fue atormentada y azotada una india acusada de brujería, en 1748 en Silos por la misma razón ahorcaron a tres indias, en Tota en 1755 quemaron otras tres y nuevamente en Silos en 1764 la comunidad ejecutó a tres indias más.[16] El alcalde de Silos, en 1748, al ser requerido ante la justicia para que respondiera por el crimen, manifestó que el ajusticiamiento había sido por "leyes que allamos de su magestad en

---

16   AGNC, Caciques e Indios, 72, f. 408v.

amparo nuestro y [de] que no se consientan semejantes *jeqes* y ministros del demonio [...]".[17]

Todo parece indicar que las brujas buscaban controlar el poder de
la Iglesia y del Estado. Muchas cosas habían cambiado. En primer
lugar su lucha no era defensiva sino que, paradójicamente, estaban a la
ofensiva, al haber derivado en agresión hacia la misma comunidad que
debían defender. En segundo lugar la comunidad agredida había aceptado el poder colonial y de hecho se había convertido en defensora de
la religión de los invasores. Por ello actuaron contra las brujas y
hechiceras delatándolas, juzgándolas y ejecutándolas sin orden judicial expresa. Al perder el poder de su historia, los naturales optaron
por el "nuevo mundo" y en consecuencia actuaron contra los últimos
refugios de su pasado. Por causa de estas brujas, "tiene todo este pueblo el crédito perdido para no pedir curas por la ynfamia de los malos
bicios [...]", dijeron las autoridades de Silos legitimando el proceso
contra las *mohanas* recién capturadas en 1764.[18] Éstas reconocieron
haber encantado la casa real para que no hubiera justicia y "siempre
estuvieran peleando", y habían puesto "un congolo negro con polbos y
un atadito de yerbas verdes trementinosas" como encantamiento para
que no hubiera cura permanente, al igual que habían encantado el
"hato de nuestro amo".[19] La Iglesia dejó en manos de sus propios con-
versos la resolución de los conflictos, segura de que triunfaría su doctrina. Y así fue. Las autoridades de Silos dijeron que "conociendo que
en qualquier parte" nos tienen porque "somos brujos" y por tal razón,
"se quitaron hestos ministros del demonio y rebeldes contra la ley de
Dios". Los mismos indios, cristianizados, ejecutaban a sus representantes de antaño "por sus ynfamias y delitos, que han hecho, en perjuicio de Dios y del mundo y perdisión de todos nosotros".[20] Los naturales habían perdido definitivamente el poder y sólo la marginalidad
sería el último refugio de una identidad que se circunscribía a quienes
vivieran lejos de la sociedad de blancos y mestizos.

---

17 *Ibíd.*, f. 421r.
18 *Ibíd.*, f. 393r.
19 *Ibíd.*, f. 399r y f. 397v.
20 *Ibíd.*, ff. 393r-393v.

4. El poder y la prédica

Al mantener las redes que articulaban la vida material y espiritual de las comunidades indígenas, se producía un rechazo de las redes de poder hispánicas que debían actuar en la vida cotidiana de los conquistados. Es decir, que por donde circulaba un sistema interiorizado de jerarquías y de ritos debía circular otro totalmente nuevo. Para ello era necesario predicar, vigilar y castigar. Predicar a los niños, vigilar a los padres y castigar a quienes se obstinaran en mantener las viejas rutas y caminos de su cultura, sobre todo los que tenían que ver con el modo de ordenar el mundo. En 1569 los indios de Suba y Tuna usaban las "[...] predicaciones y ritos y cerimonyas y sacrificios y santuarios y ofrecimyentos mejor que nunca pero que lo hazen y procuran hazer más secretamente y de noche que no lo entiendan los sacerdotes ni los españoles".[21]

El secreto, el silencio y la soledad fueron tres instrumentos que contribuyeron a la supervivencia de la cultura indígena, en medio de su derrota, a las presiones de los europeos. El mundo colonial recluyó a la privacidad lo que era público y fue allí en donde se dieron las mayores batallas por el poder. Pero lo público y lo privado no eran dos mundos separados sino interrelacionados. Por ello la confesión fue ante todo un puente hacia la verdad. Ella actuaba como un instrumento más del poder que circulaba entre la vida privada de los naturales. Por otro lado, la mentira se erigió en estrategia de un poder silencioso y dormido que seguía actuando públicamente enmascarado de una ritualidad que se mezclaba con aquella que introdujeron los extranjeros. Aunque las prácticas públicas y privadas del rito debían ser adecuadas a la ley, en muchas comunidades los rituales públicos ocultaron la producción, la circulación y el consumo de sus propias creencias. Así, la colonización fue el enfrentamiento de dos poderes y de los instrumentos de dos ritos. Por ejemplo, las fiestas y borracheras públicas vinculadas al calendario cristiano, eran también actos privados de consagración de *jeques* y *cucas* o *santuarios*:[22]

---

21 AGNC, Caciques e Indios, 27, f. 666v (trascrito en Tovar Pinzón 1995: 239-265).
22 La palabra *cuca* significa "seminario". Sin embargo, la palabra "cu-ca-ita: cercado parecido a la mano. Seminario cercano". Pero la palabra "santuario" o "tabernáculo" equivale a *chunsua*. Estos significados provienen de Acosta Ortegón (1938). *Cuca* y no *chunsua* es usado en los textos del siglo XVI.

[...] quando dally salen, sus tyos les sacan con gran fyesta [y] // hazen borrachera y santuaryo por su salyda y que ansy mysmo los caciques hazen
sacrefycio mandandolo hazer a sus geques y santeros que son seys santeros de cada cacique grande y de cada capitan uno y dos sy es capitan
grande y que sacryfican uno o dos muchachos y estos an de ser estrange-
ros y los deguellan como carneros y toman la sangre en un goyo [gacha?]
para que ally la beba el demonyo y el querpo unos los ponen en sus san-
tuaryos y otros los entyerran en los enterramyentos de los caciques y luego por la mañana se [e]nbyjan las cabezas y el querpo todos los que ofre-
zen al cacique para el santuario y hazen una borrachera solene por el sacrefycio que hycieron al santuaryo y dizen que hazen la borrachera por
algún buhyo o cercado nuevo que hycieron porque los espñoles ni la
justicia no lo sepan y es por el sacrefycio que hycieron [...].²³

El ritual indígena que reproducía mediadores entre los hombres y los
dioses se hallaba intacto 30 años después de la conquista. Entre tanto
la Iglesia cristiana, inquieta por su fracaso evangelizador, simplificaba
los hechos con el término de engaño. Recuérdese que en el Perú estos
son los tiempos del Taki-Onqoy y de los primeros esfuerzos de extirpación de la fe de los indios (Duviols 1977). Entre los mwiskas el
ceremonial reproducía espacios sagrados de donde habrían de salir
nuevos rectores de las cosas naturales y sobrenaturales. La idea del
espacio y su *jeque* opera como metáfora de una crisálida o de un hue-
vo que contiene la célula de un nuevo ser. Y cada ser viviente que deja
el santuario retornará a él para predicar, en un proceso que engendra-
ría nuevos huevos que seguirían consagrando las renovadas crisálidas
del poder del ritual y de la vida. Éste era una especie de acto de creación y de reproducción del mundo. Por ello es tan importante defender
los santuarios o *cucas* pues son la matriz del poder espiritual y material. "Haced santuarios para poder sanar", tal es la fórmula de *santeros*
y *mohanes* cuando los indios ladinos y chontales acuden para curar
sus males.²⁴

Los santuarios o *cucas* eran lugares sagrados para consagrar nuevos *jeques* y asegurar la reproducción de las estructuras del poder
religioso. Así, la vida continuaba articulada al pasado. El poder estaba
en la memoria y ésta era esencialmente práctica. Por ello *jeques*, *mohanes* y santeros insistían en "traer a la memoria los yndios antepasados que fueron señores y rrycos de onbres", gracias a los sacrificios y

23 AGNC, Caciques e Indios, 27, ff. 664r-664v.
24 *Ibíd.*, ff. 662r-662v y f. 661r.

a lo mucho que habían hecho por "sus santuarios".[25] Asilados en la soledad y el silencio ante la presión europea y el poder de la Iglesia, los naturales tuvieron que recurrir al engaño y a la apariencia cuya esfera soportó el flujo de las relaciones de poder. Así, la fiesta que consagraba a uno de sus *jeques* y el espacio que anunciaba a un nuevo sacerdote eran presentados a los españoles como una expresión de alegría por la construcción de un bohío y no por el santuario y los sacrificios que acompañaban el ritual.[26] Por ello la Iglesia prohibió construir templos sobre lugares sagrados de los indios, a fin de evitar cultos velados a dioses paganos:

> Y aunque el Sínodo antiguo manda que se ponga allí alguna cruz o puri-ficando aquel lugar se haga alguna ermita, por la mucha experiencia que se tiene de la malicia destos indios que debajo de especie de piedad van al mismo lugar a idolatrar, pareció ser más conveniente raer de la tierra totalmente la memorias destos santuarios (Germán Romero 1960: 465, n. 1).

La Iglesia no pudo evitar que el poder de las creencias indígenas cir-culara por entre las arterias del ritual cristiano; y que la sociedad com-partiera uno y otro culto. En 1595 se siguió causa criminal contra los Indios de Iguaque por tener Santuarios. Los caciques y capitanes con-servaban las *cucas* o "casa santa" que les habían dejado sus antepasa-dos.[27] A su vez, el alcalde del pueblo de Lenguazaque y otros indios fueron procesados, en el mismo año, por tener santuarios en donde practicaban sus idolatrías y adoraciones teniendo para ello "sus moja-nes y jeques".[28] Ellos confesaron que los indios viejos de este pueblo,

> tienen yglesias donde guardan la *plumería* y questa se llama en nombre de yndio *cuca*, que en lengua española quiere decir casa santa que nadie a de entrar en ella sino es el yndio que tiene a cargo el myralla que en lengua de yndio se llama *chicua* que en lengua española quiere decir sa-cerdote y questo la guarda el tal yndio y que de diez años a esta parte ayunaban los tales yndios que guardaban la dicha yglesia y que ya no ayunan y a las tales yglesias ofrecen los dichos yndios, que las guardan, esmeraldas y queman *moque*, ques el sahumerio que ellos tienen para los santuarios [...].[29]

---

25   *Ibid.*, f. 660r.
26   *Ibíd.*, f. 663r.
27   AGNC, Caciques e Indios, 58, ff. 16r-32v.
28   AGNC, Caciques e Indios, 16, f. 564r.
29   *Ibíd.*, ff. 569v-570r.

La autoridad indígena utilizaba el poder administrativo instaurado por los españoles para preservar el culto a sus antepasados, en una operación de tolerancia y de ejercicio ambiguo del poder. Pero tal ambigüedad se constituía en el enfrentamiento mantenido en los canales de circulación de las ideas, de los sentimientos, de la memoria y de las creencias. Sólo que una práctica era pública mientras que la otra se ejercía "muy ocultamente".[30] Hasta bien entrado el siglo XVIII se seguían adelantando procesos contra caciques y capitanes por construir sus santuarios. En 1711 indios de Simijaca y Ubaté fueron interrogados por haber sacado oro de santuarios indígenas.[31]

El enfrentamiento a nivel religioso y cultural, simplificado con los conceptos de "sincretismo" y "mestización", constituyó en última instancia, la más agria disputa por mantener los flujos del poder en todos y cada uno de los actos de la vida cotidiana. Porque el poder no fue sólo dominación sino creación y reproducción de elementos de identidad, de tradición y de memoria. Y el mundo de las apariencias y el engaño sirvieron no sólo de instrumento de penetración y difusión sino de preservación y representación. La cultura es atadura de conceptos, de prácticas y de comparecencias colectivas en la esfera de la vida diaria. Y, más que conceptos en torno a ella, lo que el poder puso en juego fueron estrategias operativas que le daban vida y la enriquecían. Y tal enriquecimiento estuvo determinado por la ambigüedad de vivir la esperanza. Las ideas pueden ser toleradas en abstracto, pero si se practican para alterar el orden dominante, los aparatos de poder entran en escena.

En la sociedad colonial la disputa no fue sólo por las almas sino por aquellos rituales que iban dando sentido y carácter a la vida en sociedad. Así, la muerte fue, de hecho, un campo de enfrentamiento entre españoles e indios. Al morir un cacique, los naturales ocultaban su cadáver, mientras hacían los sacrificios respectivos y procedían a efectuar su entierro conforme a sus tradiciones. Para cumplir con el funeral cristiano mataban a un indio que llevaban a la iglesia, y sus lloros y lamentos no eran por éste sino por aquél:

[...] ansy mysmo quando algún cacique grande se muere sacrefycan dos o tres mochachos o yndios grandes sus catybos y depues de degollados

---

30 *Ibíd.*, f. 564r.
31 AGNC, Caciques e Indios, 13, ff. 35r-36v, y 32, ff. 294r-295r.

unos los echan en el agua y otros los entyerran cada uno como tyene la costumbre y q[ue] los caciques los lleban a enterrar aunque sean crystyanos a sus enterramientos con su oro y mantas y de noche matan un yndio y lo amortajan en las mantas conocidas del cacique y lo ponen ally en casa del cacique y lo estan llorando para que lo lleven a enterrar a la yglesya en nonbre del cacique [...].[32]

Mantener la "costumbre" no se refería sólo a sus señores. Hacía referencia también a la comunidad. Por ello permanentemente se convocaba a los comuneros para que murieran como "sus antepasados". Es indudable que el poder requería de prédica, educación y voceros que hicieran de pedagogos del orden político, en donde circulara la fe, la ideología y toda normatividad. Afirmaban que los curas mienten al común de los indios, los caciques, capitanes y a su escuela de seguidores. Y al ser mentira la religión cristiana, su deber de naturales era hacer lo que "hicieron sus antepasados y que se entyerren como sus pasados con su oro en sus enterramyentos y no en las yglesias con una sola manta como chyngamanales".[33] La historia se había convertido en un instrumento de lucha en donde la memoria era activada para actuar conscientemente en la vida cotidiana. Y el ritual de la muerte un modo de seguir vivos en su cultura.

Como contrapartida, el otro poder predicaba lo suyo y tomaba medidas y efectuaba movimientos estratégicos con el fin de avasallar aquellas formas ocultas que atentaban contra el adoctrinamiento cristiano. Así, el Sínodo de 1556 mandó que para evitar estos "abusos antiguos" no se permitirá que "lloren al difunto más de un día, y al tiempo que lo enterrare hágale descubrir el rostro para ver si es él u otro no consintiendo les pongan más ropa que la mortaja, ni después de enterrado sobre la sepultura comida, ni bebida, ni otra cosa alguna" (Germán Romero 1960: 474).[34]

Como estas disposiciones fueron ineficaces, tanto en 1569 como en 1595 se tomaron nuevas medidas que incluían la destrucción de todos los elementos del ritual hasta llegar al cuerpo, que se convirtió en escenario de castigo y en espacio para la tortura. El Sínodo ordenó azotes, el auto de 1569 del licenciado Cepeda mandó que cualquier español podía apropiarse de lo que encontrara en los santuarios y el

---

32 AGNC, Caciques e Indios, 27, f. 664v.
33 *Ibíd.*, ff. 663v-663r.
34 Talvez éste es el origen de una costumbre campesina en la Colombia del siglo XX, consistente en fotografiar al muerto rodeado por todos sus dolientes.

auto de 1595 usaba la amenaza de torturas para arrancar del cuerpo confesiones de los indios.[35]

5. La pedagogía y el poder

Las circunstancias críticas en que vivió la cultura indígena desde el momento de la conquista llevó a límites extremos la tolerancia ante la pérdida de los sistemas de articulación del poder. Por ello, internamente la represión se acentuó mediante el castigo, el encantamiento, los trastornos y la muerte. Los sistemas de vigilancia y delación fueron instrumentos de preservación de la tradición y de implementación del "buen gobierno". Y si el "nuevo mundo" se construyó a sangre y fuego, el pasado indígena se preservó también recurriendo a la violencia. Los delatores eran ejecutados clandestinamente por las autoridades indias. Cuando un nativo confesó que eran muy pocos los indios e indias ladinos "que secretamente" no iban a hacer ofrecimientos "a los santuarios", y describió ritos y estructuras del poder religioso, pidió encarecidamente a las autoridades españolas que sus delaciones no se dieran a conocer a "los caciques ni capytanes porq[ue] sy lo saben luego le darán yerbas en una tetuma de byno sin que él lo sienta pa[ra] matarle".[36] La estrategia de espiar fue común en esta guerra por saber uno del otro. En 1569, Lucas, lengua de la Real Audiencia fue señalado como miembro de una red encargada de "decyr a los caciques" todo cuanto pasaba en Santafé.[37]

La preservación del poder pasaba por los sentidos, mediante la violencia que utilizó tanto el mundo indígena como el de los cristianos. Los muchachos que se negaban a asistir a las prédicas eran azotados públicamente por los caciques y a otros se les reñía por negarse a "oyr a los santeros y mohanes".[38] La pérdida del control de la población y la práctica cada vez más oculta reducían la acción de fuerza sobre los naturales. Aunque los *mohanes* y *jeques* siguieron existiendo, la religión se convirtió en una visión de sectas y de escuelas muy reducidas que terminaron siendo perseguidas por la misma sociedad de mestizos.

---

35   AGNC, Caciques e Indios, 70, f. 613r, y 16, f. 567r.
36   AGNC, Caciques e Indios, 27, f. 662v.
37   *Ibíd.*, f. 663v.
38   *Ibíd.*, f. 660v.

Lo que ocurrió en el siglo XVIII con las llamadas brujas, no fue nuevo. Aferrarse al pasado, aun en contra de la evidencia histórica, es un recurso al que acude toda cultura al borde de su disolución. O más bien al momento de su dilución. Su verdad se viste de fundamentalismo para evitar el juego dialéctico que nace de la interacción entre culturas. Practican cierto radicalismo que no discrimina enemigos hasta caer casi en el suicidio étnico. Éste es el sabor de la brujería del siglo XVIII, un recurso extremo de los nativos contra todos los agentes de la descomposición del mundo indígena. La bruja Juana Canuto, cuyos artificios habían llegado a hacer oscurecer el sol con sus propias nubes, confesó haber dado muerte al cura del pueblo de Silos, a Francisco Chicaragua, a un niño de don Joseph Caseres, a Jervasio, a Luis Sativa y a dos hijos del capitán Tanyslao.[39] La comunidad mayoritariamente aculturizada, forzada a retornar al pasado, observaba el uso de la fuerza y las prácticas culturales de los grupos minoritarios con reserva y desconfianza hasta rechazarlos. El poder destinado a sembrar pánico y terror puede generar miedo, silencio y prudencia pero nunca consenso. Ésta fue la causa por la cual la llamada brujería o hechicería como generadora de reacciones sociales de consenso fracasó en su empeño de reinstaurar la cultura y la religión indígenas. Sus estrategias de poder se diluyeron en la utopía.

Las brujas, hechiceras o *mohanas* sabían hacer sufrir a sus víctimas. Los venenos actuaban lentamente como si fuesen una pócima de agonía. Por ejemplo a un indio se le dio "en unas turmas y agiagua" un veneno que le formaría un lagarto en el estómago. A otro se le hizo beber una pócima para que "muriera seco", tal como habían muerto Tudencia Delgado y dos indios más. La *mohana*, Juana Mogotoro confesó haberle echado veneno al cura de Silos para que muriera deshecho, y a un indio para que lo estropeara una vaca. El veneno lo había aprendido a hacer de su maestra, la *mohana* María Romualda. La pócima debía contener "pepitas de borraquero y altamiz, culebra, lagarto y sapo". Tres símbolos de la naturaleza y la religión nativas que como castigo se reproducían en el vientre de sus víctimas. En sus barrigas renacían estos seres míticos que debían crecer en el vientre de sus enemigos como si fuesen santuarios en donde renacían la tradición y las costumbres de otros tiempos. María Romualda tenía tal capaci-

---

39　AGNC, Caciques e Indios, 72, ff. 393r-393v.

dad de encantar que le hizo perder la cabeza a Andrés Bermúdez, le metió una culebra en la barriga a Dominga Curtidora y otra a Laureana, mientras que a Juan de Villamizar Blanco le formó unos venados en un "alto para que espantaran su caballo en que yba y lo matara". Pero la riqueza de su poder no se demostró en los anteriores crímenes, sino que a Cristina le hizo caer la cara de llagas y a Gerena a pedazos, mientras que a otra india la hizo morir de puses por haberla hecho barrer la casa del cura.[40] Cuando fue ajusticiada dejó siete enfermos con "ratones, tábanos, cangrejos y lagartos" creciendo en sus organismos[41] de buenos y santos cristianos.

Este mapa de magia real, inverosímil y cierta, fantástica y criminal constituía el último afán por aferrarse al pasado. Un esfuerzo por evitar la corrupción del tejido social mediante la destrucción de los cuerpos cristianizados de su comunidad. Es decir que el proceso de extirpación de idolatrías se hizo en doble vía: contra los indígenas y desde éstos contra los cristianos. Fue un enfrentamiento a muerte. Las brujas constituyeron en la América española un bastión de verdad y el último rincón de defensa de los valores nativos frente a un mundo cada vez más mestizo y menos indígena.

Pero en el siglo XVIII la Iglesia había triunfado al haber pegado primero y dos veces. Primero con su propio poder y el de la autoridad civil y, luego, con el que surgió de la transformación de las comunidades. La evangelización y la enseñanza de la doctrina cristiana no fueron menos crueles que la defensa que hizo la religión indígena al interior de sus comunidades. El problema radicaba en que, mientras la Iglesia luchaba fuera de su comunidad para imponer su fe y sus creencias, los indígenas luchaban dentro de sí para impedir la conquista del espíritu. Los nativos nunca disputaron a los blancos los espacios de su fe. La Iglesia llevó la guerra al campo contrario y las comunidades indígenas se defendieron combatiendo a sus propios comuneros y espiando y simulando en los campos de acción cristiana. Los campos de acción de una y otra creencia fueron distintos, aunque los métodos y las estrategias pedagógicas fueron similares. Así, el rechazo a la enseñanza y práctica del evangelio debía ser castigado. Y el castigo se erigió en un recurso de persuasión para el buen gobierno. En 1564 el

---

40 *Ibíd.*, f. 396v, y ff. 397r-397v.
41 *Ibíd.*, f. 398v.

visitador Diego de Narváez acusó al corregidor Gonzalo Hernández por malos tratos contra el cacique de Paluapo. El acusado negó los cargos pero aceptó haberle dado de palos a "un indio mandador al qual yo le reñí un día domingo porque no quería traer los yndios a la doctrina para que rezasen [...]".[42] Este funcionario actuaba de conformidad a lo dispuesto por el Sínodo de 1556 que ordenaba prisión y azotes cada vez que los indios bautizados faltaren a la doctrina (Germán Romero 1960: 469). Recuérdese que los caciques hacían lo mismo con aquellos que no atendían las prédicas de sus santeros y *mohanes*.

Los pleitos y las quejas de obispos, curas y misioneros contra los naturales y la sociedad de mulatos y mestizos por su rechazo a cumplir con los mandatos de la religión indican que la Iglesia y el Estado mantuvieron el orden más por la fuerza que por consenso social. El poder de la religión se construyó entre canales de persuasión y represión que incluyeron la prisión, los azotes, la tortura y la expropiación de bienes. La cristianización no era un simple deseo sino un deber, así como vivir en "policía" constituía una obligación. Y el orden civil y religioso no se excluían sino que eran incluyentes.

Aunque la destrucción de los instrumentos del culto y del medio en donde se congregaban las comunidades para sus ritos fue un recurso en esta guerra sagrada, hubo otros códigos sobre el castigo centrado sobre el cuerpo. La extirpación de los referentes cósmicos de los lugares a donde acudían las divinidades fue tan importante como la destrucción del cuerpo que encarnaba la rebeldía, al defender la memoria y la tradición. La exhibición pública, los azotes, la enseñanza de los instrumentos de tortura, la tortura misma y la muerte fueron elementos de un orden que jerarquizaba la represión. Había una racionalidad en el uso de los instrumentos que contribuían a fortalecer las relaciones de poder en la vida cotidiana. No se trata sólo de la fe sino de vivir conforme a ella cada día, según el buen gobierno del rey y de la Iglesia. En el proceso seguido a los indios de Iguaque en 1595, fueron encontrados culpables por tener santuarios, y se les castigó cortándoles el cabello a los caciques Joan y Fernando, mientras que el indio Ventura debía recibir 50 azotes. Además se ordenó quemar las *cucas* o santuarios y todos los símbolos de su pasado que se encontraren en

---

42 AGNC, Juicios Criminales, 180, ff. 505r-509r.

entierros y en lugares sagrados. Lo más notable de este proceso fueron las estrategias de tortura seguidas para hacer confesar a los indios.[43]

6. La tortura como estrategia de poder

La tortura fue un mecanismo de confesión que los europeos utilizaron desde su llegada a América como estrategia de poder. Desperraban, mutilaban o quemaban a naturales a fin de obtener información básica para la guerra. Esta práctica se mantuvo a lo largo de la dominación colonial, y en su lucha contra las idolatrías usaron la tortura en sus diferentes fases. Al conocer la existencia de santuarios indígenas, casi todos los responsables fueron sometidos a la "prueba de la cabuya", que consistía en desnudar al interrogado, atarle los brazos a la espalda y alzarle "del suelo cosa de un ynstante" para amedrentarlo. Si no confesaba, le volvían a atar las manos atrás y los pies, y con la cabuya le alzaban "cosa de un palmo hasta que confesaban en donde tenían los santuarios".[44] La tortura pasaba por los sentidos. Empezaba a circular con la *palabra y el oído* tal como se dispuso en un auto de 1595 para que "se amenace a los yndios que están inducidos de tener santuarios con una cabuya atada en los brazos".[45] Seguía luego con la *vista*, mostrándole al procesado los instrumentos de la tortura y terminaba con el *tacto* al aplicarse toda la parafernalia capaz de generar dolor en partes especiales del cuerpo, hasta alcanzar la muerte si el silencio era obstinado. La tortura era un problema de comunicación a través de símbolos, orientados a causar temor, dolor y terror. La comunicación era un puente hacia el mundo de las creencias que vivían en el silencio. Y el lenguaje para descifrarlo era el suplicio.

Cuando los visitadores llegaron a la casa de Sebastián Sepaque, sospechoso de tener santuarios en Iguaque, el oidor mandó a un indio ladino a "atemorizar[lo] de palabra mostrándole un cordel", y luego "comenzaron a atar las manos". El indio pidió que "no le hiciesen mal" que él quería hablar y acusó a Pedro Conba a quien se le desnudó y se le dijo que "si no decía la verdad" se le "avía de dar tormento". Así, los indios fueron hablando uno a uno y los españoles pudieron

---

43   AGNC, Caciques e Indios, 58, ff. 16r-32v.
44   *Ibíd.*, ff. 29v-30r.
45   AGNC, Caciques e Indios, 16, ff. 567r-567v.

destruir las reliquias de sus antepasados,[46] los fundamentos de su historia, los ejes de su memoria. Por ejemplo, Gonzalo Conbarca fue obligado a sacar los huesos de dos muertos indios que,

> [...] eran del t[iem]po pasado antes que viniesen los españoles y que estaban enterrados en unas labranzas y questos estaban por santuarios en este pueblo y que los manifestaba y traía ante el señor oydor juntamente con una cinta de oro batido que dixo tenían los suso dichos [...].[47]

El oidor procedió a ordenar que los dichos muertos "se quemen atento a ser huesos de yndios ynfieles", lo cual se hizo "en la plaza deste dicho pue[bl]o" de Iguaque, a la vez que se ordenó proceder a quemar las respectivas *cucas*.[48] Pero no bastó todo esto, sino que a Conbarca se le apremió y se le hicieron las "diligencias" para que declarara en dónde tenían el oro de los dichos santuarios. Para ello se le puso "en la dicha cabuya y fue puesto en alto del suelo como dos palmos" antes de que aceptara decir la verdad.[49]

El *método de la cabuya* no sólo fue usado por las autoridades sino por los mismos particulares. Los torturadores oficiales actuaban dentro de la ley. Y, como partes de esa legalidad, los hombres poderosos podían imitarlos. Un indio del pueblo de Ubaque se quejó en 1630 contra Juan Vásquez y su hijo por haberlo torturado al no poder informar sobre la existencia de un santuario. Vásquez,

> [...] le enlazó a este que declara los genitales con una cabulla y lo colgó de ellos en un árbol la cabeza baja y éste que declara quedó como muerto y así no supo el tiempo que estuvo colgado y luego que volvió en sí comenzo a dar gritos y el dicho Juan Vásquez le puso el pie en el pesqueso que le hizo hechar la lengua fuera de la boca y como [...] no decía de santuario [...] lo llevaron al páramo [...] y allí lo bolvieron a colgar de los genitales y de un árbol y como se quedó como muerto no supo el tiempo que allí estuvo colgado [...].[50]

El torturado no resistía el martirio, por ello hablaba y delataba. Era más frágil el cuerpo que la fe, aunque hubo casos en que el método no pudo extraer lo conocido. Ni siquiera una confesión falsa. Por ello muchos naturales murieron y otros, como este indio de Ubaque, lograron huir.

---

46 AGNC, Caciques e Indios, 58, ff. 19r-32r.
47 *Ibíd.*, f. 31v.
48 *Ibíd.*, f. 31v y f. 33r.
49 *Ibíd.*, f. 31v.
50 AGNC, Caciques e Indios, 35, ff. 131r-131v.

Cuando la represión se acentuó mediante la tortura y la persecución sistemática, el mundo de las creencias se refugió en el inconsciente y en lo local. Esta dispersión hizo posible que sobrevivieran las escuelas de brujos y brujas que seguían combatiendo el poder de la Iglesia y a quienes introducían elementos modernizadores en la vida diaria de las comunidades. Elementos que eran tomados como atentatorios contra las tradiciones y los poderes ocultos del universo de sus ancestros. Es decir que el poder se elaboraba y cristalizaba en la vida diaria de la sociedad colonial, como un ejercicio de oposiciones entre lo de afuera y lo de adentro. Lo privado y lo público.

7. El poder y los afectos

Hubo también disputas en el campo de los sentimientos. Más específicamente en el campo del amor y el matrimonio. Amar sólo era posible según lo establecía un "corpus" que jerarquizaba el ritual, el tiempo del amor y la reproducción. El sexo estaba supeditado a la procreación. La tentación, la exploración y el gozo de los sentidos estaba reservado para los amantes que con ello sobrepasaban la delgada línea del delito (Vega U. 1994).

Sin embargo, con el matrimonio y la monogamia interactuaron formas abiertas de unión libre y ejercicios de convivencia informal. Barraganería, concubinato, amancebamiento y estupro eran estrategias de supervivencia afectiva. Tales prácticas no fueron propias sólo de hombres sino de mujeres que encontraron en los afectos ocultos una manera de rechazar la acción de estructuras de dominación matrimonial y sistemas de patriarcado (Mannarelli 1994). Incluso el derecho mismo permitió acciones de amparo que mitigaron el dominio que privilegiaba a los hombres sobre las mujeres. La negación al consumo formal del matrimonio fue un modo de lucha de los sentidos. La sociedad elaboró al margen del sistema formal de convivencia y de prácticas sexuales otro tipo de acciones que escandalizaron a la Iglesia y al Estado. Se encontró que el dominio de otras prácticas amorosas se expandía y contribuía a diluir el matrimonio frente a elaboraciones afectivas que proponía la sociedad colonial en la clandestinidad. Las fiestas, los escenarios para el teatro, los toros y las procesiones fueron lugares para la circulación del deseo que predisponía los cuerpos a la alegría pasional del tacto. El ejercicio del amor no se efectuaba necesariamente en las habitaciones, sino en los matorrales, los árboles, las orillas de un río, una cañada o una cuja abandonada. La geografía de los espacios para amar no estuvo circunscrita a la formalidad de una casa. En el mundo de miles de besos indiscretos e ilegítimos se diluía el poder de la Iglesia sobre el mundo de los sentidos y de hecho perdía el control sobre el cuerpo como escenario de recato pero no de placer. El poder colonial no eran sólo ejércitos y leyes sino la incontrolable capacidad de reproducir lo negado y de hacer del amor una guerra contra el orden. La fe y los afectos crecieron en la clandestinidad como desafíos a las acciones de la Iglesia y el Estado por ejercer un dominio absoluto sobre la vida sexual y material de los hombres. Y para derrotar la vigilancia y la luz, los rumores y las delaciones, la separación del tacto y el ocultamiento del cuerpo, la sociedad en general buscó las sombras, las fiestas, la complicidad, el silencio y la danza para mirar y acceder al desnudo, a la piel, a los besos como templos prohibidos por la ley. Era una guerra de estrategias con movimientos tácticos para sobrepasar la muralla que separaba lo público de lo privado.

Quisiera hacer referencia al caso de un indio peón de hacienda llamado Manuel Umbarila, vecino de Chocontá, y de su "compañera", como diríamos hoy, Juana María Quevedo, hilandera mestiza de 25 años, vecina de Santafé, acusados del delito de concubinato.[51] Él era casado y ella soltera y para unir sus vidas huyeron a la hacienda La Hortiz, en jurisdicción del pueblo de Bojacá. Al solicitar que los recibieran como concertados, dijeron que eran casados y durante dos años vivieron "como sirvientes de la referida hacienda". Pero un día, otro indio que los conocía los delató. Dio nombres de la esposa de Umbarila y detalles sobre una enfermedad que la hacía cojear. Por supuesto que fueron hechos prisioneros y objetos de un juicio criminal.

Más allá de las razones que uno y otro tuvieron para juntar sus vidas, como por ejemplo que la suegra maltrataba a Umbarila y que Juana María se unió a él con la esperanza de casarse, están las disquisiciones de los abogados sobre lo oculto y lo público y sobre aquello que la ley entendía por concubinato. El protector de naturales alegó que el amancebamiento de Umbarila "ha sido oculto y no público" y

---

51 Criminales contra Manuel Umbarila y Juana María Quevedo por concubinato, 1807, AGNC, Juicios Criminales, 78, ff. 749r-775r.

que la ley restringía el derecho a ser acusado de concubinato sólo por las personas señaladas en la ley 2, tit. 17, p. 7.[52] Que era tan estrecha la ley que "aun la propia mujer, no puede acusar a el marido" de concubinato. La contraparte afirmó que al momento de ser descubiertos, su relación de amancebamiento se volvía pública y escandalosa. Por ello eran dignos de castigo. Estas revelaciones del derecho nos indican por qué las mujeres acusaban a sus esposos de relaciones adulterinas, y dejaban a los jueces la calificación del mismo, y de otro lado, cómo la ley preveía la existencia de la relación extramatrimonial y la definía como un delito, contra el orden social y divino.

Digamos que el amor es como el poder, opera en doble vía y no lo define una norma. Uno y otro son una creación que se expande y se contrae en su devenir personal y social. Son una creación diaria y aunque le compete a dos, su práctica le pertenece a toda la comunidad. Por ello uno y otro no pueden entenderse desde la legalidad y la convivencia formal. Su dinámica está en su construcción y su forma, en los momentos de consenso y disenso. Por ello las pasiones crecen en el encuentro como en el desencuentro. ¿Qué más cotidiano entonces que el deseo de amar y el de querer dominar? La metáfora no es retórica sino un signo de la complejidad que ha significado para los seres humanos erigirse en sujetos constructores de historia, una complejidad más trágica en sociedades colonizadas que en otras. En general, los hombres no aprenden sólo a reconocerse a sí mismos como sujetos en la sexualidad sino en la política.

8. Conclusión

Quisiera concluir anotando que la disputa por gobernar la sociedad a través de instancias de poder como el paisaje y la religión no fueron los únicos campos de batalla en donde la sociedad colonial se consolidó. La creación de sujetos colonizados y colonizadores se manifestó en la economía, la ciencia, el arte, el vestuario, la alimentación, la música y la lengua. El conocimiento del sistema colonial pasa por los individuos y las comunidades y por el modo como ellos afrontaron la ocupación del territorio y la vida cotidiana. Las expediciones botánicas contribuyeron a utilizar mejor los recursos de las colonias median-

---

52 Esta referencia no aparece en las Leyes de Indias. Puede tratarse de un error del escribano.

te el saber, al igual que la cartografía y las descripciones de la Marina fortalecían la defensa del territorio y lo hacían más viable al comercio y la navegación. La pintura representó el mundo con sus castas, sus ángeles y arcángeles para visualizar sentimientos de obediencia, y principios de discriminación al igual que los trajes y los alimentos, así como la música tenían mesas, auditorios y signos diferentes. Fue la creación de estrategias lo que permitió preservar costumbres y modos de vida que con la república sobrevivieron hasta que la nueva ciudadanía reconoció tales modos de vida, como esqueletos de otro saber y de otro conocimiento hasta ahora desdeñado.

Me parece oportuno recordar que Foucault nos ha sugerido que es necesario avanzar "hacia una nueva economía de las relaciones de poder, que sea a la vez más empírica, más directamente relacionada con nuestra situación presente" y con más implicaciones entre la teoría y la práctica. Dice:

> Este nuevo modo de investigación consiste en tomar como punto de partida las formas de resistencia contra los diferentes tipos de poder. O, para utilizar otra metáfora, consiste en utilizar esta resistencia como un catalizador químico que permita poner en evidencia las relaciones de poder, ver dónde se inscriben, descubrir sus puntos de aplicación y los métodos que utilizan. En lugar de analizar el poder desde el punto de vista de su racionalidad interna, se trata de analizar las relaciones de poder a traves del enfrentamiento de las estrategias (Foucault 1988: 5).

Esta y otras preocupaciones son las que sustentan el esfuerzo por conocer más desde el empirismo que desde la teoría misma el modo como funcionó el poder en el sistema colonial, es decir, dilucidar qué estrategias hacían vivir a los hombres para modelar sus subjetividades. Y lo que apenas hemos intentado hacer es abrir un código de acomodamientos y rebeldías, entre los múltiples que definen la vida de colonizados y colonizadores en la América española.

Bibliografía

Acosta Ortegón, Joaquín (1938): *El idioma chibcha o aborigen de cundinamarca.* Bogotá: Imprenta del Departamento.

Brown, Michael F. (1991): "Beyond Resistance: A Comparative Study of Utopian Renewal in Amazonia". En: *Ethnohistory*, 38/4, pp. 388-413.

Ciudad (1997): *La ciudad hispanoamericana. El sueño de un orden.* Madrid: Cehopu – Cedex.

Cook, Noble David/Lovell, W. George (eds.) (1999): *Juicios secretos de Dios. Epidemias y despoblación indígena en Hispanoamérica colonial.* Quito: Ediciones Abya-Yala.

Cornblit, Oscar (1995): *Power and Violence in the Colonial City. Oruro from the Mining Renaissance to the Rebellion of Tupac Amaru (1740-1782).* Cambridge: Cambridge University Press.

Duviols, Pierre (1977): *La destrucción de las religiones andinas (conquista y colonia).* México: UNAM.

Foucault, Michel (1988): "El sujeto y el poder". En: *Revista Mexicana de Sociología*, 50/3, pp. 3-20.

— (1992): *Microfísica del poder.* Madrid: Ediciones Endimión.

Germán Romero, Mario (1960): *Fray Juan de los Barrios y la evangelización del Nuevo Reino de Granada.* Bogotá: Academia Colombiana de Historia.

Gruzinski, Serge (1991): *La colonización de lo imaginario. Sociedades indígenas y occidentalización en el México español. Siglos XVI-XVIII.* México: FCE.

Hausberger, Bernd (1993): "La violencia en la conquista espiritual. Las misiones jesuitas de Sonora". En: *Jahrbuch für Geschichte von Staat, Wirtschaft und Gesellschaft Lateinamerikas*, 30, pp. 27-54.

— (2002): "Vida cotidiana en las misiones jesuitas en el noroeste de México". En: *Iberoamericana. América Latina – España – Portugal*, 2/5, pp. 121-135.

Mannarelli, María Emma (1994): *Pecados públicos. La ilegitimidad en Lima, siglo XVII.* Lima: Ediciones Flora Tristán.

Mora de Tovar, Gilma (1988): *Aguardiente y conflictos sociales en la Nueva Granada. Siglo XVIII.* Bogotá: Universidad Nacional de Colombia.

Price, Richard (ed.) (1979): *Maroon Societies. Rebel Slave Communities in the Americas.* Baltimore/London: The Johns Hopkins University Press.

Taylor, William B. (1979): *Drinking, Homicide and Rebellion in Colonial Mexican Villages.* Stanford: Stanford University Press.

Tovar Pinzón, Hermes (1995): *Relaciones y visitas a los Andes, siglo XVI*, t. 3: *Región centro oriental.* Bogotá: Colcultura – Biblioteca Nacional, Bogotá.

Vega U., Leonardo (1994): *Pecado y delito en la Colonia. La bestialidad como una forma de contravención sexual, 1740-1808.* Bogotá: Instituto Colombiano de Cultura Hispánica.

Sandra Carreras

Salud y poder en las metrópolis del Río de la Plata (1870-1930)

Como es ampliamente conocido, Michel Foucault describió el aparato sanitario como uno de los grandes sistemas de disciplinamiento de la modernidad. En sus reflexiones sobre la medicalización de las sociedades occidentales, este autor distinguió tres momentos diferentes de ese proceso, los que a su vez corresponderían a tres modelos nacionales: la medicina de Estado en Alemania, una medicina social orientada a dar respuesta a los problemas provocados por la urbanización en Francia y una medicina de la fuerza laboral en Inglaterra.

De acuerdo con Foucault, como respuesta a la debilidad de los numerosos estados territoriales, en el siglo XVIII surgió en Alemania la *Staatswissenschaft,* y dentro de ella una área diferenciada denominada *Medizinische Polizey,* que fue concebida como una práctica médica orientada fundamentalmente al mejoramiento de la salud de la población, y se caracterizaba por la observación y el registro sistemático de la morbilidad y mortalidad, y por la creación de un cuerpo de funcionarios médicos que tenían la función de velar por el cuerpo de los individuos, en tanto ellos constituían el cuerpo del Estado. La medicina social de Francia, por su parte, se enfrentaba al problema de regular en forma homogénea y coherente el nuevo conglomerado urbano en el que se estaba transformando París en el siglo XVIII, por lo cual su atención se concentró en la noción de "salubridad", buscando identificar y anular los sitios que pudieran ser focos de epidemias y controlar la circulación del agua y el aire. Finalmente, en la Inglaterra del siglo XIX se llevó a la práctica una medicalización orientada a influir en la fuerza laboral. A partir de la Ley de pobres y del establecimiento de los *health services* alrededor de 1870 se combinó la asistencia médica de las clases no pudientes, el control de la salud de la fuerza laboral y el registro de la marcha general de la salud pública. De ese modo se buscaba proteger a las clases más ricas mediante tres sistemas superpuestos: una medicina asistencial para atender a los más pobres, una

medicina administrativa encargada de los problemas generales y una
medicina privada que beneficiaba a quienes podían pagarla (Foucault
1992).

No es el objetivo de este trabajo evaluar en qué medida esta descripción da cuenta realmente de la evolución histórica de los sistemas
sanitarios de esos tres países europeos. Su mención tiene otro objetivo: traer a la memoria la cuestión de la relación entre la medicalización y el poder. En ese sentido, la intención de esta presentación es
destacar y analizar con ánimo comparativo[1] algunas de las formas de
poder que se establecieron –o al menos se intentaron establecer–
en torno al complejo "salud-enfermedad" en las ciudades de Buenos
Aires y Montevideo entre las décadas de 1870 y 1930. Se trata sobre
todo de dar cuenta de las relaciones establecidas entre la política sanitaria y las formas de control social, así como entre las intervenciones
sobre el paisaje urbano y las intervenciones sobre los cuerpos y las
conductas individuales. Estas dimensiones del poder abarcan y a la
vez exceden los mecanismos político-institucionales, obligando a tomar en consideración acciones y discursos correspondientes a otras
áreas del sistema social.

Los casos elegidos presentan varias similitudes. Capitales y puertos principales de sus respectivos países, Buenos Aires y Montevideo
concentraban el poder político y económico de la región. Ambas ciudades experimentaron un fuerte crecimiento de población, estimulado
sobre todo por el ingreso de grandes contingentes de inmigrantes de
origen europeo, lo cual a su vez impulsó el desarrollo de las actividades económicas y la modernización. Durante el periodo estudiado
ambas metrópolis rioplatenses fueron centros de recepción y difusión
de las ideas positivistas y también escenario de un sostenido desarrollo

---

1   No se pretende por cierto aplicar aquí el método comparativo *strictu sensu*, tal
     como se lo conoce en las ciencias sociales, tanto por razones de espacio como
     sobre todo porque todavía no se puede recurrir a investigaciones de caso homo-
     logables y suficientes. Sólo en los últimos tiempos los historiadores de la salud
     de los distintos países latinoamericanos han comenzado a intercambiar resultados
     y realizar publicaciones conjuntas, entre las que cabe destacar los libros editados
     por Marcos Cueto (1996) y Diego Armus (2002). En ellos, sin embargo, no se in-
     cluyó ningún trabajo sobre Uruguay, a pesar de que el grado de medicalización
     de este país es muy probablemente el más alto de América Latina y de que exis-
     ten investigaciones de muy alta calidad sobre la temática, tales como los tres vo-
     lúmenes de José Pedro Barrán (1992; 1993; 1995).

de las instituciones sanitarias y de la difusión de hábitos y controles higiénicos.

1. La expansión de las instituciones sanitarias y el nuevo papel de los médicos

En el Río de la Plata de mediados del siglo XIX, la situación de la higiene pública era una cuestión que preocupaba a las autoridades ya desde hacía tiempo. Hasta ese momento los médicos diplomados eran escasos en las ciudades y brillaban por su ausencia en la campaña. En ambas capitales, la terrible experiencia de la fiebre amarilla[2] provocó que sectores más amplios se hicieran cargo de la problemática e intentaran introducir, con mayor o menor eclecticismo, los avances y las novedades provenientes de Europa. Se puso así en marcha un proceso de modernización y educación sanitaria de múltiples dimensiones, entre las que hay que destacar la profesionalización de la medicina, el establecimiento de agencias administrativas específicas por parte del Estado nacional y municipal, y la constitución de un grupo diferenciado de profesionales higienistas que actuaban en el área de intersección entre el sector médico y las agencias estatales.

La profesionalización de la medicina se inició con la (re)organización de los estudios correspondientes. Luego de la caída de Rosas (1852) se reabrió en Buenos Aires la Escuela de Medicina, que poco después adquirió la jerarquía de una facultad. En Montevideo también se fundó una Facultad de Medicina en 1875, tomando como modelo los planes de las universidades europeas. A partir de entonces, los médicos diplomados en las universidades nacionales buscaron asegurarse una posición monopólica como especialistas acreditados del "arte de curar", denunciando como ilegítimos a sus diversos competidores. Entre los blancos principales de los intentos de exclusión cabe mencionar, en primer término, a los médicos con diplomas obtenidos en el exterior que, de acuerdo con los nuevos reglamentos, podían ejercer la profesión en las ciudades del Río de Plata sólo después de haber rendido un examen de reválida en la Facultad de Medicina del lugar. En segundo término, la exclusión se aplicó a los diferentes adherentes de la medicina homeopática, entre los cuales había tanto mé-

---

2   Las grandes epidemias de fiebre amarilla se produjeron en 1857 en Montevideo y en 1870/71 en Buenos Aires (Berruti 1970; Buño 1983).

dicos diplomados como no diplomados, hecho que de por sí ponía en cuestión la estrategia de profesionalización encarada por los representantes de lo que estaba en vías de constituirse en la medicina oficial. Peor aún, los homeópatas gozaban de alta aceptación entre la población y no se cansaban de cuestionar públicamente los métodos de la medicina alopática en una época en la que logros curativos de esta última eran sumamente magros. En tercer término, se trataba de excluir a un amplio conjunto de practicantes del arte de curar que utilizaban métodos muy variados y hoy muy difíciles de reconstruir, los cuales fueron englobados en la categoría de "curanderos", o más bien "curanderas", ya que a diferencia de lo que ocurría en el sector de la medicina oficial, en este grupo la presencia femenina parece haber sido muy alta (González Leandri: 1999: 35-55; Barrán 1992: 29-62).

Pese a todos esto, no puede decirse que los esfuerzos de monopolización encarados por los profesionales médicos hayan sido completamente exitosos. Si bien tanto los testimonios médicos como las investigaciones existentes demuestran un fuerte avance del grupo de médicos profesionales sobre los otros sectores que practicaban el arte de curar, éstos no desaparecieron. Hubo incluso casos de homeópatas y curanderos que apelaron con éxito a diferentes instancias gubernamentales para conseguir el permiso de ejercer su oficio que le negaban las autoridades sanitarias y la Facultad de Medicina. Así, por ejemplo, el industrial Ramón Penadés, residente en Montevideo, pudo contar con el apoyo del presidente Cuestas y otras importantes personalidades que defendían su capacidad de curar enfermedades de diversa índole sólo a través de un ligero contacto de sus manos sobre los miembros afectados del paciente. En este caso, el Gobierno terminó emitiendo un decreto en el que se declaraba que Penadés no atacaba ningún principio científico pero que si quería abrir un consultorio debía colocarlo bajo la inmediata asistencia de un médico diplomado (Acevedo 1934, V: 246-247).

Por lo que hace a la expansión de las instituciones sanitarias, cabe mencionar que en 1895 se creó en Montevideo el Consejo Nacional de Higiene, en el cual se unificaron el antiguo Consejo de Higiene Pública y la Junta de Sanidad, organismos en los que había sido preponderante el rol de funcionarios no médicos, sobre todo el del capitán del puerto de Montevideo. El nuevo consejo estaba conformado en cambio por siete miembros titulares, que debían ser doctores en medicina y cirugía, y dieciséis miembros honorarios, que podían opinar pero no votar a menos que los titulares médicos lo solicitasen (Barrán 1992: 89-92).

En Argentina se había creado el Departamento Nacional de Higiene en 1880 y en 1883, la Asistencia Pública de la Ciudad de Buenos Aires, la cual tomó a su cargo organizar servicios de asistencia médica domiciliaria, asistencia hospitalaria y en asilos, asistencia en los consultorios de su casa central y la asistencia de enfermos. Si bien en los cargos directivos de estas entidades hubo cambios muy frecuentes, siempre estuvieron conducidas por médicos.[3]

Fue precisamente en el ámbito de estas instituciones donde desarrolló su actividad el nuevo cuerpo de funcionarios médicos, quienes elaboraron un programa de intervención y reforma del mundo urbano. Las medidas impuestas fueron variando a la par que variaba la percepción de los problemas considerados más acuciantes. Al comienzo del periodo, a partir del *shock* producido por la epidemia de fiebre amarilla que azotó a ambos puertos rioplatenses se trató en primer término de asegurar la "defensa sanitaria" contra las epidemias provenientes del exterior, una amenaza que en las ciudades-puerto se presentaba como extremadamente peligrosa. Algo más adelante, los esfuerzos de los responsables de la higiene pública se concentraron en la lucha contra las enfermedades infecto-contagiosas. Hacia fines de 1920 las autoridades porteñas podían jactarse del notorio descenso de la tasa de mortalidad de la ciudad, que de 31,3 por mil promedio en el periodo de 1861 a 1875 se había reducido a 15,2 entre 1907 y 1917. En Montevideo, la tasa de mortalidad había descendido por debajo de ese valor ya en la década de 1890. El factor de más impacto en la reducción de la mortalidad fue la notable disminución de las muertes por viruela, difteria y fiebre tifoidea.[4]

Una vez controlada la amenaza de las grandes epidemias, la atención se fue concentrando cada vez más en las llamadas "enfermedades

---

3   Sobre la creación de la Asistencia Pública y la designación de sus directores, véase Coni (1918: 300-313).

4   Véanse Acevedo (1934: V, 30) y Coni (1920: 15). En realidad, la tasa promedio de Buenos Aires correspondiente al periodo de 1861 a 1875 había sido de 38,9%. El valor consignado arriba resulta de eliminar los datos correspondientes al año 1871 cuando se produjo la epidemia de fiebre amarilla, por considerar que la misma había representado una variación extrema que desvirtuaba la tendencia general.

sociales", sobre todo la tuberculosis y la sífilis, ante las cuales la ciencia médica de la época no tenía ninguna cura eficaz que ofrecer. Lejos de confesar tal impotencia, los funcionarios médicos orientaron su discurso y sus acciones a fomentar la profilaxis, apelando muchas veces a mecanismos que poco tenían que ver con el arte de curar: su atención se concentró sobre todo en el control de los pacientes, tratando de lograr por esa vía que éstos sometieran sus conductas cotidianas al estricto cumplimiento del más moderno código higiénico.

En su retrospectiva sobre *La higiene pública en Francia y Argentina* publicada en 1920, Emilio Coni se quejaba amargamente de que si bien desde 1887 existía una ordenanza municipal que prescribía la declaración obligatoria por parte de los médicos y de las familias de las enfermedades infecto-contagiosas, la misma era "letra muerta para la inmensa mayoría del cuerpo médico" (Coni 1920: 8). A ello se agregaba que la administración sanitaria no contaba con los recursos y aparatos necesarios para llevar a cabo de manera eficiente la profilaxis de tales males, la cual por entonces se reducía básicamente al aislamiento de los enfermos para evitar el contagio y a la inculcación de hábitos de higiene entre la población.

A ojos de Coni, conocido como el "decano de los higienistas argentinos", la administración sanitaria de su país adolecía de problemas aún más serios. Uno era la ausencia de personal especializado, como consecuencia de la cual los cargos del Departamento Nacional de Higiene y de la Asistencia Pública de la Ciudad de Buenos Aires tenían que ser ocupados por "simples" médicos en contra de las prescripciones expresas de la ordenanza de 1892, que fijaban como requisito que los designados se hubieran distinguido en estudios de higiene pública (Coni 1920: 10). Otro gran problema que obstaculizaba el desarrollo efectivo de la administración sanitaria era que en el procedimiento de adjudicación de puestos para prestar servicio en sus dependencias muy poco o nada intervenían la competencia y los antecedentes, y mucho importaban en cambio las influencias políticas, especialmente el apoyo directo del presidente de la República o del intendente municipal cuando se trataba de cargos de alta jerarquía.[5]

---

5   "La Asistencia Pública [...] cuenta casi con tantos directores como años de existencia, a la inversa de la de París, cuyos directores se perpetúan en sus puestos hasta su fallecimiento o invalidez", observaba con envidia Coni (1918: xix).

Contra estas prácticas, Coni proponía, entre otras cosas, la unificación y centralización de las autoridades sanitarias no ya en un Departamento Nacional sino en un Ministerio de Higiene Pública, Asistencia y Previsión Social, cuyos recursos podrían obtenerse cercenando "los frondosos presupuestos de guerra y marina" (*ibíd.*: 16), ideas que difícilmente encontrarían eco en los más altos representantes del Estado argentino. Coni llegaba incluso a afirmar que los preceptos de los higienistas debían imponerse por cualquier medio: "[...] para que [el saneamiento y la higienización] alcancen resultados satisfactorios es menester crear una especie de dictadura higiénica, que si bien puede parecer dura en momento dado, es al fin apreciada por el pueblo en su justo valor" (*ibíd.*: 13).

Pero no sólo se trataba de crear esferas de poder para los profesionales y funcionarios médicos, sino muy especialmente de debilitar y desarticular otros poderes existentes. Uno de los principales blancos de crítica de los nuevos especialistas sanitarios argentinos eran los "arcaicos" consejos de higiene que, convocados por las autoridades locales, se conformaban en casos de emergencias epidémicas con la participación de "algunos médicos favoritos de la situación política imperante" (Coni 1920: 23).

También en el Montevideo de las dos últimas décadas del siglo XIX, diversos estudiantes que años más tarde se convertirían en médicos de gran prestigio y desempeñarían importantes cargos públicos en el área de la salud pública, habían reclamado en sus tesis que la Comisión de Caridad y Beneficencia Pública debía someterse a los dictados profesionales y estar presidida por un médico con conocimientos científicos y experiencias hospitalarias.[6] Tal Comisión, constituida generalmente por legos interesados en practicar la beneficencia, tenía a su cargo la administración de los asilos y hospitales de la ciudad, aunque en la práctica había delegado aspectos esenciales de sus tareas a las Hermanas de la Caridad. En 1905 los "librepensadores" lograron mayoría en la Comisión de Caridad y encabezados por el médico José Scoseria llevaron a término el proceso de transformación: entonces se suprimieron las prácticas religiosas y los crucifijos en las salas de los hospitales. En 1910 la Asistencia Pública Nacional se hizo cargo de la

---

6   Expresiones en ese sentido se encuentran, por ejemplo, en las tesis de José Repetto y Emeterio Camejo, presentadas ambas en 1892.

administración de todos los hospitales públicos del país, los cuales fueron colocados definitivamente bajo la dirección de profesionales médicos. De acuerdo con la nueva ley, todo individuo privado de recursos tenía derecho a asistencia gratuita por cuenta del Estado (Acevedo 1934, V: 523; Barrán 1992: 92-98).

2. Las relaciones de género en los conflictos de poder por el control de la atención sanitaria

Los cambios en el régimen administrativo de los hospitales montevideanos, es decir su sometimiento a la autoridad de profesionales médicos varones, tuvieron importantes consecuencias para el trabajo de las Hermanas de Caridad. En la etapa anterior, éstas habían conducido esos establecimientos siguiendo una concepción de la atención a los enfermos que era escasamente compatible con el positivismo reinante en las cátedras universitarias: no permitían la exposición de los enfermos con finalidades docentes, impedían el ingreso de los practicantes a las salas femeninas y se negaban a entregar los cadáveres de los indigentes para que fueran utilizados en las clases de la Facultad de Medicina. Luego de los cambios, ellas siguieron trabajando en algunos hospitales pero sus atribuciones quedaron limitadas a la vigilancia de los alimentos y las ropas de los enfermos.

En Buenos Aires, en cambio, algunas de las mujeres involucradas hasta entonces en la atención sanitaria demostraron tener mayor capacidad para resistir el embate de los funcionarios médicos. Los esfuerzos de Coni por lograr la concentración de las cuestiones higiénico-sanitarias en manos de los "profesionales idóneos" chocaron contra "una fortaleza inexpugnable, donde se han atrincherado una rutina secular e influencias tan poderosas que solamente una mano de hierro podrá quebrantar" (Coni 1920: 16). Con tales palabras se refería Coni a la Sociedad de Beneficencia, una institución difícil de clasificar, que había sido creada en 1823 por decreto del gobernador de la Provincia de Buenos Aires con el objetivo explícito de encomendarle las tareas sustraídas a las órdenes religiosas a raíz de la reforma eclesiástica.[7]

---

7   Durante toda su existencia, que se prolongó hasta 1947, la Sociedad de Beneficencia estuvo integrada exclusivamente por mujeres provenientes de la élite porteña. Sobre la historia y la organización de esta institución, véase Little (1980).

De acuerdo con el relato de Coni, el proyecto de centralización de los hospitales y hospicios de la comuna que él mismo había presentado en 1892 cuando se desempeñaba como director de la Asistencia Pública, fue rechazado tajantemente por el propio presidente Carlos Pellegrini con el argumento de que "no ha nacido aún el hombre público en este país que se atreva a retirarle a dicha asociación la dirección de los nosocomios a su cargo, so pena de levantar ante sí una enorme montaña de resistencias y malas voluntades" (Coni 1918: 311-312). Años más tarde, otro intento similar del doctor José Penna corrió la misma suerte. Los funcionarios de higiene pública consideraban que tales resistencias eran absolutamente injustificadas, pues la idea de confiar establecimientos técnicos a la dirección de señoras "por más merecimientos que puedan tener en su favor" les parecía absurda a todas luces (Coni 1920: 16).

Pero lo cierto es que en 1909 los asilos y hospitales regenteados por la Sociedad de Beneficencia sumaban 2.742 camas, una cifra similar al número controlado por los organismos municipales (Veronelli 1975: 33-41). Más aún, la Sociedad fue capaz de obtener en numerosas oportunidades subsidios especiales del poder ejecutivo nacional, así como de resistir a todos los intentos de la Facultad de Medicina por apropiarse de la Sala de Obstetricia primero y luego de todo el Hospital Rivadavia para sus prácticas y cursos.[8] Las socias también supieron elaborar un discurso de género funcional a la salvaguarda de sus intereses, ofreciendo voluntariamente su labor administrativa como la mejor garantía de que los dineros de la Nación serían prudentemente aplicados a su "piadoso destino", en momentos en que la construcción de los nuevos hospitales municipales a cargo de la Asistencia Pública consumían fondos importantes (Mead 2000).

Pero también en la Argentina la mayor parte de las mujeres involucradas en el sistema sanitario estaban en una posición de subordinación. La profesionalización de la enfermería avanzó paralelamente a su feminización (Wainerman/Binstock 1992). En momentos en que los médicos profesionales lograban sobreponer su influencia y autoridad a todas las otras profesiones vinculadas al arte de curar –y con ellas a los saberes femeninos tradicionales–, la presencia de las mujeres en las aulas universitarias era ínfima. A pesar de que Cecilia Grier-

8   AGNA, Sociedad de Beneficencia, leg. 160: Hospital Rivadavia, exp. 8918.

son, la primera médica graduada en la Argentina, obtuvo su título en fecha tan temprana como 1889, todavía en 1935 apenas el 1% de los profesionales médicos en ejercicio eran mujeres (Kohn Loncarica 1997). De acuerdo con los testimonios disponibles, el camino de la primera médica uruguaya, graduada en 1908, no fue precisamente fácil: "cuando Paulina Luisi estudió medicina [...] toda la sociedad estuvo en su contra".[9]

Cuando se trata de analizar las implicaciones de género en las relaciones de poder entabladas en torno a la salud pública, el caso más notorio es el de las medidas adoptadas para la profilaxis de la sífilis, una enfermedad considerada entonces por los médicos y las autoridades como uno de los mayores flagelos. Entre ellas se destacaba la obligatoriedad del control médico semanal de las prostitutas y la creación de sifilicomios y dispensarios, que actuaban en estrecha cooperación con la policía. Por medio del sistema de la prostitución reglamentada, las autoridades sanitarias de Buenos Aires y Montevideo se proponían controlar a las prostitutas activas –consideradas como foco infeccioso por excelencia– restringiendo su libertad de movimientos al obligarlas a recluirse en los burdeles.[10] El objetivo de los controles sanitarios no era evitar que enfermasen las mujeres ni curarlas, sino retirar a las contagiadas de circulación recluyéndolas forzosamente en hospitales especiales, en tanto que nada se hacía por controlar a los hombres que infectaban tanto a las prostitutas como a las "mujeres decentes". Tal sistema fue denunciado sobre todo por las primeras médicas mujeres, que –lejos de considerarlo eficiente– veían en él un intento de legitimación de la doble moral y la trata de blancas, y ponían en evidencia hasta qué punto atentaba contra la dignidad humana, pues el cuerpo de las mujeres controladas era tratado como un objeto:

---

9 Testimonio de Amalia Polleri, citado en Sapriza (1988: 87). El resto del testimonio es aún más elocuente: "[...] toda la sociedad estuvo en su contra, ¡cómo esa mujer, se mete ahí en la Facultad de medicina con hombres a ver cuerpos desnudos, a tocar enfermos, a auscultar, a palpar, cómo esa mujer se mete en esas cosas con compañeros hombres, qué vergüenza! qué van a pensar de ella y de la familia, que es una loca ... todos los días encontraba un miembro masculino cortado en la túnica [...]" *(ibíd.)*.

10 Sobre la reglamentación de la prostitución en Buenos Aires, véanse Guy (1995: 77-104) y sobre Montevideo, Trochon (1997).

La obligación de Inspección Médica de la Prostitución es revisar periódi-
camente a estas desgraciadas para que puedan ofrecer al hombre un uten-
silio en condiciones de supuesta limpieza con el fin de que, al evacuar
sobre estos receptáculos vivientes sus deposiciones, no se contamine con
las suciedades que les dejaron los que pasaron antes con el mismo objeto.
En una palabra, su rol es vigilar que estén siempre aparentemente limpios
los retretes que utilizan los otros hombres (Luisi 1948: 298).[11]

En general, la presión del sistema sanitario sobre las mujeres parece
haber sido mucho mayor que sobre los hombres,[12] lo cual no significa
que la salud de los varones no fuera de interés para las autoridades.
Por el contrario, era para preservar la salud de sus ciudadanos y la
fuerza de trabajo –dos categorías pensadas entonces en masculino–
que las instituciones sanitarias, con el apoyo entusiasta de las organizaciones caritativas, intervenían en forma masiva sobre el cuerpo de
las mujeres.

3. Enfermedad, pobreza y control sobre los cuerpos

El programa de intervención elaborado por los higienistas tuvo, en
general, buena acogida entre grupos políticos de muy diverso signo
ideológico, aunque no necesariamente en todos sus detalles. Según las
fuentes de la época, prácticamente todas las investigaciones referidas
al periodo que nos ocupa, incluidas las más modernas, coinciden en
considerar, en forma implícita o explícita, los temas de salud pública y
su contracara –las epidemias y sobre todo las enfermedades endémi-
cas– como parte de un problema más amplio que entonces se designa-
ba como "la cuestión social".[13] Ya los primeros escritos de los higienistas establecían la correlación –cuando no la identidad– entre enfermedad y pobreza, y llamaban la atención sobre la peligrosidad que
en su opinión encerraban las condiciones de vida de los sectores populares para el resto de la sociedad en términos muy explícitos:

---

11 Estas expresiones de Paulina Luisi, que fue quien desarrolló la actuación más
    sobresaliente en ese sentido y actuó como experta en diversos foros internaciona-
    les, corresponden a la última fase de su carrera, "después de cuarenta años de lu-
    cha". Véanse al respecto Sapriza (1988: 88-107) y Scarzanella (2001).

12 Es posible, sin embargo, que esta afirmación no sea del todo correcta, pues exis-
    tía por lo menos una institución que realizaba controles sanitarios exclusivamente
    sobre los cuerpos masculinos: el Ejército. Lamentablemente no existen todavía
    estudios sobre esta cuestión.

13 Véanse por ejemplo Morás (2000) y Suriano (2000).

De aquellas fétidas pocilgas, cuyo aire jamás se renueva y en cuyo ambiente se cultivan los gérmenes de las más terribles enfermedades, salen
esas emanaciones, se incorporan a la atmósfera circunvecina y son conducidos por ella tal vez hasta los lujosos palacios de los ricos (Rawson
1891: 108).

Como ha señalado José Pablo Barrán, el sometimiento de los pobres a
las normas de higiene buscaba su curación, pero también aportaba
otros beneficios, pues servía para preservar la salud del resto de la
sociedad disminuyendo el peligro de contagio, a la vez que imponía
normas de conducta consideradas indiscutibles: "La imposición de la
higiene fue una forma de control social, tanto más eficaz cuanto más
difícil de resistir por inadvertida" (Barrán 1993: 102-103).

En esa tarea de higienización intervenían los médicos, las asociaciones caritativas, la policía y los diferentes servicios sanitarios,[14]
organizaciones paramédicas como las ligas de acción contra determinadas enfermedades y las instituciones educativas. Con el peso de la
ley se impuso la vacunación obligatoria, el aislamiento de los enfermos y las desinfecciones forzadas. El sistema educativo fue desde el
comienzo un aliado muy eficaz en la cruzada por la higiene, a tal punto que cuando en 1894 se detectó una epidemia de escarlatina en Montevideo, el Consejo de Higiene intervino para que las autoridades escolares revisaran su decisión de clausurar las escuelas, argumentando
que los edificios debían ser desinfectados y los niños provenientes de
hogares con enfermos excluidos de las clases, pero que las escuelas
debían permanecer abiertas porque eso obligaría a las madres de familia a lavar y poner ropa limpia a sus hijos con más frecuencia de lo
que lo harían si los niños se quedasen en sus casas (Acevedo 1934, V:
105). También en Argentina, el Consejo Nacional de Educación organizó en 1886 el Cuerpo Médico Escolar y, ante la posibilidad de un
brote de cólera, se aprobó un plan de seguimiento de los niños y de
control de la salud familiar en cooperación con la Asistencia Pública,
aunque durante su aplicación hubo conflictos de poderes entre las dos
administraciones con respecto a la aplicación de vacunas (Bertoni
2001: 51-56).

---

14 Resulta sintomático, por ejemplo, que el primer objetivo mencionado en el *Reglamento provisorio para el servicio de sanidad del Ejército y la Armada*, apro-
bado en 1919, fuera "aplicar los principios de higiene para tutelar la salud del
Ejército y la Armada [...]", en tanto que la asistencia médica a los enfermos o
heridos aparecía en segundo lugar.

La escasez de éxitos terapéuticos en torno a las "enfermedades sociales" combinada con las recurrentes campañas de profilaxis no hacía sino alimentar el miedo al contagio. Las clases altas y algunos médicos conservadores interpretaban la difusión de las enfermedades como consecuencia de los "vicios" populares, culpabilizando a las clases subordinadas. Los liberales reformadores y los socialistas, por su parte, encontraban las causas en las condiciones de vida y la ignorancia de los sectores populares.[15] Ambos grupos colocaron en el foco de su atención a los niños y, por extensión, a sus madres, a quienes se consideraba necesario educar para que pudieran cumplir su tarea "natural" de acuerdo con los principios de la ciencia. Con ese objetivo se publicaron numerosos manuales de puericultura y se impartieron clases en las escuelas para niñas y señoritas, así como en una multitud de centros culturales.[16]

El desarrollo y la diferenciación de las instituciones sanitarias permitió una mayor interferencia en el ámbito de la reproducción. En Buenos Aires, de acuerdo con la ley, las parteras formaban parte del sistema público de atención sanitaria y se esperaba de ellas que actuaran como una verdadera policía ginecológica, informando a la Asistencia Pública sobre todos los casos que trataran, incluyendo los nacimientos, los abortos y el estado y destino de todos los niños a su cuidado.[17] La campaña principal fue en pro de la lactancia natural, considerada ahora como una obligación de la madre y como un derecho del niño. Para preservar la salud de los lactantes se creó también un servicio de inspección de nodrizas. Su función era certificar el buen estado de salud de las candidatas a emplearse y, a la vez, vigilar el desarrollo de sus hijos, ya que para trabajar como nodrizas, las mujeres debían ir a vivir a la casa de los patrones y dejar su propia criatura en manos de otra mujer. La legislación sancionada en 1910 por el Concejo Deliberante de la ciudad de Buenos Aires establecía todos los controles clásicos con respecto al ama, pero no incluía algunas de las

---

15 "La habitación, el vestido, el agua, los alimentos, los hábitos, las costumbres, todo es irregular, todo es erróneo y todo supone una ignorancia profunda", decía Francisco Soca (1972: 216), refiriéndose a la vida en la campaña uruguaya.

16 Véanse por ejemplo Agote (1901) y Aráoz Alfaro (1922) en Buenos Aires, y Bergalli (1892) y Lamas (1911) en Montevideo.

17 Sobre el rol de las parteras en la previsión y punición del infanticidio y el aborto, véase Ruggiero (1992: 368-371).

restricciones que había querido imponer el autor del proyecto, el doctor Etchegaray, en el sentido de que no pudiera emplearse como ama a ninguna mujer cuyo hijo fuera menor de tres meses. La ley tampoco prescribía la revisión médica del niño a criar, de modo que no se establecía ningún resguardo para evitar que las nodrizas pudieran ser contagiadas por un lactante enfermo. Las reglamentaciones uruguayas eran similares.[18]

Tanto las prácticas benéficas de las asociaciones caritativas como los controles a cargo de la Asistencia Pública incluían la inspección de los hogares pobres, tarea que fue quedando en manos de las visitadoras. Su presencia, y con ésta la de los preceptos a cuyo cumplimiento se condicionaba la ayuda, llegaba hasta la intimidad de las familias. En la década de 1920 se inició en la Universidad de Buenos Aires la formación de un cuerpo especializado de visitadoras de higiene. Poco después, los cuerpos de ese tipo pasaron a formar parte de los servicios hospitalarios. La misión de las visitadoras era acercarse a las esposas de los trabajadores e influir en el comportamiento y las costumbres de toda la familia. De ese modo, las tareas de control, disciplinamiento y moralización de los sectores populares fueron pasando paulatinamente de manos de las sociedades de beneficencia a los hospitales (Ciafardo 1990: 167-201).

También en Montevideo la policía sanitaria y moral actuaban conjuntamente. La Liga Uruguaya de Lucha contra la Tuberculosis, por ejemplo, condicionaba sus subsidios al estricto cumplimiento de los preceptos higiénicos y los hábitos considerados morales. Las damas y los inspectores de dicha institución controlaban los hogares de los enfermos a los que se proporcionaba ayuda. Y hacia 1930 los enfermeros visitadores se hacían presentes en las habitaciones de las personas afectadas por enfermedades infecto-contagiosas, con el fin de inducir a éstas y a sus familias a cumplir las prescripciones médicas, dar consejos sobre profilaxia y observar la posición económica y social de los enfermos (Barrán 1993: 104-116).

En Buenos Aires, la Sociedad Luz, una institución creada por los socialistas para la difusión del conocimiento entre las clases populares

---

18   Una evaluación de la normativa vigente en la primera década del siglo XX en Argentina se encuentra en Zauchinger (1910). Sobre Uruguay, véase Barrán (1993: 153-154).

se constituyó en uno de los principales centros de difusión de los "saberes" relacionados con la profilaxis. A partir de 1905 el médico Ángel M. Giménez se encargó de coordinar un programa de cursos y conferencias de "medicina social", dedicados a tratar diversos tópicos sanitarios vinculados con la salud de los obreros, la profilaxis de las enfermedades infecciosas, la sexualidad y el alcoholismo. También se distribuyeron miles de cartillas informativas y se produjeron series de publicaciones especiales. En ellas se aconsejaba a los hombres que tomaran distancia de las prostitutas y no malgastaran sus energías físicas en amoríos ni ejercicios onanistas. Quienes los hicieran –así se advertía– se verían amenazados por las enfermedades venéreas (Barrancos 1996: 41-43, 181-200).

Igualmente enconada fue la lucha contra el alcoholismo, que era visto como la causa de la degradación de la disciplina del trabajo, la criminalidad, la destrucción de la familias, e incluso como una amenaza para la especie. Socialistas y anarquistas coincidían en considerar el hábito de la bebida como el principal obstáculo que impedía a los trabajadores tomar conciencia de su situación y decidirse por la lucha política (Barrancos 1996: 201-207).

Hacia 1920, la preocupación por las "enfermedades sociales" –la tuberculosis, la sífilis y el alcoholismo– llegaba a su clímax. Tuberculosis y sífilis, males que entonces no tenían cura, eran justamente percibidos en ese sentido como una amenaza. Independientemente de esto, los temores al respecto eran celosamente azuzados por sanitaristas y reformadores. Lo mismo puede decirse con respecto del alcoholismo. No es casualidad que las tres dolencias fueran asociadas frecuentemente con el vicio de la incontinencia. La tríada de enfermedades sociales constituía así una superficie de proyección de los valores que ciertos grupos sociales pugnaban por imponer como hegemónicos.

Fuertemente combatidas fueron muchas costumbres ampliamente arraigadas: los chupetes de los niños, los besos en la boca y la "práctica infame" de tomar mate en rueda, que en 1912 llegó a ser en Montevideo tema de una sesión de la Cámara de Representantes, ante la cual el doctor Soca expuso sus preocupaciones:

> El mate en rueda, el mate que va de mano en mano, de boca en boca, que pasa de labios cancerosos, pustulosos, tuberculosos o sifilíticos a labios virginales, que como pone en camino las voluntades en una amable plática social, pone en común las enfermedades más asquerosas, más terri-

bles, más mortíferas, llegando a constituir un mal social contra el cual deben levantarse, con última energía, todas las almas honradas (Soca 1972: 217).

Dos años antes, el primer Congreso Femenino Internacional, organizado por un grupo de mujeres profesionales y reunido en Buenos Aires en mayo de 1910, hacía "votos para que se haga propaganda en la escuela y en los hogares para dar á conocer los peligros del beso y del mate" y también para que "se suprima el beso en las salutaciones" (Asociación "Universitarias Argentinas" 1910: 20). Lo que se condenaba en última instancia era el contacto corporal, reinterpretado como "promiscuidad", y con él numerosas formas de sociabilidad.

4. Salud, poder y orden político

Retomando las reflexiones de Michel Foucault que se mencionaron al comienzo, puede decirse que en la medicalización de las ciudades del Plata pueden rastrearse elementos de las tres variantes de la medicina social: tanto de la medicina de Estado, como de la medicina socio-urbana y de la medicina de la fuerza laboral.

Sería, sin embargo, erróneo creer que la higienización y la medicalización se impusieron exclusivamente desde arriba y contra los intereses o la voluntad de la mayoría de la población. Sin medios suficientes para acceder a la atención privada, pero con recursos mayores como para no tener que conformarse necesariamente con la atención pública para indigentes, los trabajadores y la naciente clase media se autoorganizaron en sociedades de socorros mutuos para alcanzar por ese medio los beneficios de la atención médica moderna. Lo hicieron con tanto éxito que en 1913 fue presentado en Montevideo un proyecto de reglamentación de dichas asociaciones, que entre otras cosas tenía por objetivo evitar que los médicos fueran explotados, pues los honorarios que percibían por atender a los socios de las mutualidades eran muchos menores que los que pagaban los pacientes privados. Dado que varias sociedades contaban con un gran número de afiliados, estaban en condiciones de negociar contratos generales, lo cual reducía notoriamente el costo promedio por paciente.[19]

---

19 De acuerdo con los datos aportados por Kruse (1995: 37), antes de 1910 se fundaron en Montevideo por lo menos 96 mutualistas. La mayor de ellas, la Asocia-

También hubo distintos intentos de organizar de manera homogénea la administración de los servicios médicos, imponiendo por ejemplo un seguro de salud obligatorio. Estos proyectos[20] tenían carácter nacional, pues el tema de la salud excedía ya con creces el ámbito urbano de las ciudades capitales. El tema había salido de la incumbencia exclusiva de los órganos administrativos conducidos por médicos magistrados para transformarse en una disputa social por la adjudicación del derecho a la salud y por la distribución de sus costos.

Seguramente no fue casualidad la fuerte identificación de varios de los más prominentes impulsores de la higienización y la medicalización con el progresismo en materia política: en Uruguay, muchos de ellos eran batllistas, en tanto que en Argentina tuvieron una actuación muy destacada los médicos socialistas. La mayoría de ellos bregaron por la mejora de la vivienda de los sectores populares, la reglamentación del trabajo, la protección especial para las mujeres obreras, la lucha contra la prostitución y la mejora general de las condiciones de vida, pues como expresaba el médico uruguayo Félix Vitale en un claro llamado a la acción política:

> El problema de la tuberculosis es un problema económico, a cuya solución todos deben contribuir. Nuestra *patología social* merece un estudio más profundo que el estudio de los besos y del vicio que tienen los niños en las escuelas, de chuparse los dedos. La educación de las masas es un problema que nos incumbe, pero hay que darse cuenta de lo que se entiende por educación. Educar hombres que están condenados a la miseria [...] puede ser tiempo perdido (citado en Barrán 1999: 22; el destacado es mío).

Planteada en estos términos, la cuestión recibiría respuestas diferentes en ambos países. Mientras que en el Uruguay conducido por José Batlle y Ordóñez se sancionó un conjunto de leyes sociales que reconocían los derechos de los trabajadores y reglamentaban la jornada de trabajo y el régimen de pensiones, en Argentina fracasaron diversos intentos en ese sentido, lográndose acuerdo sólo respecto de la necesidad de establecer una protección especial para las mujeres y los niños empleados como trabajadores industriales. De ese modo, grandes segmentos de la "cuestión social" siguieron por varias décadas a cargo

---

ción Fraternidad, contaba en 1912 con más de 18.000 socios (Acevedo 1934, V: 678).

20 Véase Kruse (1995: 61-67). En el caso argentino, el proyecto de mayor envergadura fue el de Augusto Bunge (1917).

de las instituciones caritativas. Eso era funcional a un orden "liberal", cuyos conductores eran plenamente conscientes de los graves problemas sociales por los que transitaba el país, pero no por eso menos renuentes a encarar su solución desde el Estado.

De todas maneras, el miedo a la posible extensión de las enfermedades reales y/o atribuidas a los sectores populares fue lo que abrió el camino al desarrollo de la medicina preventiva tanto en Montevideo como Buenos Aires y predispuso a muchos a dar su consentimiento a la intervención estatal en materia de salud. A ello se agregó poco después el miedo por la degeneración de la especie, que dio motivo a exposiciones e intervenciones eugenesistas, algunas de las cuales eran difícilmente compatibles con el progresismo político.

La imagen del cuerpo como una fortaleza asediada por enfermedades que estaban fuera de él correspondía con ciertas representaciones difundidas del orden social, como la de la sociedad burguesa amenazada por agitadores e ideologías disolventes. Ese orden mental no podía concebir que la sociedad establecida hubiera generado a su enemigo dentro de sí misma. La imposición en ambas orillas del Plata de restricciones sanitarias a la inmigración a partir de la década de 1930 fue sólo uno de los corolarios de esta percepción.

Otras consecuencias de la analogía establecida entre el cuerpo enfermo y el orden social fueron menos evidentes, pero quizás más profundas. Poco después del golpe de Estado de Gabriel Terra en Uruguay, el nuevo presidente del Consejo de Salud Pública declaró en un discurso transmitido por radio a la población que "el primer deber de una democracia moderna es consagrar y hacer efectivo el derecho a la salud [...]" (Blanco Acevedo 1933: 7). Durante esa misma administración, el Ministerio de Salud Pública, es decir una rama del poder ejecutivo, obtuvo la facultad de organizar y dirigir los servicios de Asistencia e Higiene y de adoptar "todas la medidas que estime necesario para mantener la salud colectiva", inclusive "determinar [...] por intermedio de sus Oficinas Técnicas, el aislamiento y detención de las personas que por sus condiciones de salud, pudieran constituir un peligro colectivo".[21] Varias décadas más tarde, entre los elementos constitutivos de la ideología de la dictadura militar que gobernó la Argen-

---

21 República Oriental del Uruguay, Ministerio de Salud Pública: *Ley Orgánica de Salud Pública.* Montevideo, 1934, art. 1 y 3.

tina entre 1976 y 1983 reaparecieron la obsesión por la difusión de males incontrolables y la necesidad de enfrentarlos por medio de acciones sanitarias. La "metáfora de la sociedad enferma" (Delich 1986: 29-53) fue utilizada entonces para justificar el terrorismo de Estado. Pero ésta es otra historia que no puede ser desarrollada aquí.

Bibliografía

Acevedo, Eduardo (1934): *Anales Históricos del Uruguay*. 5 vols., Montevideo: Barreiro y Ramos.

Acha, Omar/Halperin, Paula (eds.) (2000): *Cuerpos, géneros e identidades. Estudios de historia de género en Argentina*. Buenos Aires: Ediciones del Signo.

Agote, Luis (1901): *La salud de mi hijo*. Buenos Aires: Félix Lajoune.

Aráoz Alfaro, Gregorio (1922): *El libro de las madres. Manual práctico de higiene del niño con indicaciones sobre el embarazo, parto y tratamiento de los accidentes*. Buenos Aires: Cabaut.

Armus, Diego (2002) (ed.): *Entre médicos y curanderos. Cultura, historia y enfermedad en la América Latina moderna*. Buenos Aires: Norma.

Asociación "Universitaria Argentinas" (1910): *Primer Congreso Femenino Internacional de la República Argentina, 18-23 de Mayo de 1910. Votos del Congreso*. Buenos Aires: Imp. Fallica y Escoffier.

Barrán, José Pedro (1992): *Medicina y sociedad en el Uruguay del Novecientos*, t. 1: *El poder de curar*. Montevideo: Ediciones de la Banda Oriental.

— (1993): *Medicina y sociedad en el Uruguay del Novecientos*, t. 2: *La ortopedia de los pobres*. Montevideo: Ediciones de la Banda Oriental.

— (1995): *Medicina y sociedad en el Uruguay del Novecientos*, t. 3: *La invención del cuerpo*. Montevideo: Ediciones de la Banda Oriental.

— (1999): "Biología, medicina y eugenesia en Uruguay". En: *Asclepio. Revista de historia de la medicina y de la ciencia*, 51/, pp. 11-50.

Barrán, José Pedro/Caetano, Gerardo/Porzecanski, Teresa (eds.) (1997): *Historia de la vida privada en el Uruguay*, vol. 3: *Individuo y soledades, 1920-1990*. Montevideo: Taurus.

Barrancos, Dora (1996): *La escena iluminada. Ciencias para trabajadores (1890-1930)*. Buenos Aires: Plus Ultra.

Bergalli, Luis (1892): *Maternidad. Consejos a las madres y jóvenes esposas*. Montevideo: La Hormiga.

Berruti, Rafael (1970): "La epidemia de fiebre amarilla de 1870". En: *Boletín de la Academia Nacional de Medicina de Buenos Aires*, 48/2, pp. 663-683.

Bertoni, Lilia Ana (2001): *Patriotas, cosmopolitas y nacionalistas. La construcción de la nacionalidad argentina a fines del siglo XIX*. Buenos Aires: FCE de Argentina.

Blanco Acevedo, E. (1933): *Hechos y doctrinas sobre salud pública. Conferencia radiotelefónica pronunciada por el Presidente del Consejo de Salud Pública el 12 de julio de 1933*. Montevideo: Impresora Moderna.

Bunge, Augusto (1917): *Proyecto de Código de Seguro Nacional con exposición de motivos y proyecto de ley básica presentado a la H. Cámara de Diputados en la sesión N.° 70 de 21 Setiembre de 1917*. Buenos Aires: L. J. Rosso

Buño, Washington (1983): *Una crónica del Montevideo de 1857. La epidemia de fiebre amarilla*. Montevideo: Ediciones de la Banda Oriental.

Camejo, Emeterio (1892): *Profilaxia de la tuberculosis. Tesis presentada para optar al título de Doctor en Medicina y Cirujía*. Montevideo: sin ed.

Ciafardo, Eduardo (1990): *Caridad y control social. Las sociedades de beneficencia en la ciudad de Buenos Aires, 1880-1930*. Buenos Aires: Tesis de maestría, Facultad Latinoamericana de Ciencias Sociales (FLACSO).

Coni, Emilio (1918): *Memorias de un médico higienista. Contribución a la historia de la higiene pública y social argentina (1867-1917)*. Buenos Aires: A. Flaiban.

— (1920): *La higiene pública en Francia y Argentina*. Buenos Aires: Coni.

Cueto, Marcos (ed.) (1996): *Salud, cultura y sociedad en América Latina. Nuevas perspectivas históricas*. Lima: IEP/Organización Panamericana de la Salud.

Delich, Francisco (1986): *Metáforas de la sociedad argentina*. Buenos Aires: Sudamericana.

Foucault, Michel (1992): "Historia de la medicalización". En: Foucault (ed.): *La vida de los hombres infames. Ensayos sobre desviación y dominación*. Buenos Aires/Montevideo: Altamira/Nordan-Comunidad, pp. 121-152.

González Leandri, Ricardo (1999). *Curar, persuadir, gobernar. La construcción histórica de la profesión médica en Buenos Aires, 1852-1886*. Madrid: CSIC.

Guy, Donna (1995): *Sex and Danger in Buenos Aires. Prostitution, Family, and Nation in Argentina*. Lincoln/London: University of Nebraska Press.

Kohn Loncarica, Alfredo (1997): "Las primeras médicas argentinas (1889-1929)". En: *Desmemoria. Revista de historia*, 4/13-14, pp. 151-157.

Kruse, Herman (1995): *Los orígenes del mutualismo uruguayo*. Montevideo: Ediciones Populares para América Latina.

Lamas, Alejandro (1911): *Maternología*. Montevideo: Barreiro y Ramos.

Little, Cynthia Jeffress (1980): *The Society of Beneficence in Buenos Aires, 1823-1900*. Philadelphia: Temple University (Phil. Dissertation).

Luisi, Paulina (1948): *Otra voz clamando en el desierto (Proxenetismo y reglamentación)*. Montevideo: sin ed.

Mead, Karen (2000): "'La mujer argentina' y la política de ricas y pobres al fin del siglo XIX". En: Acha/Halperin (eds.), pp. 29-59.

Morás, Luis Eduardo (2000): *De la tierra purpúrea al laboratorio social. Reformas y proceso civilizatorio en el Uruguay (1870-1917)*. Montevideo: Ediciones de la Banda Oriental.

Potthast, Barbara/Scarzanella, Eugenia (eds.) (2001): *Mujeres y naciones en América Latina. Problemas de inclusión y exclusión*. Madrid/Frankfurt a.m.: Iberoamericana/Vervuert

Rawson, Guillermo (1891): "Estudio sobre las casas de inquilinato de Buenos Aires". En: *Escritos y discursos del Doctor Guillermo Rawson*, coleccionados y publicados por Alberto B. Martínez. Buenos Aires: Compañía Sud-Americana de Billetes de Banco, pp. 106-178.

Repetto, José (1892): *Apuntes para un hospital. Tesis presentada para optar al título de Doctor en Medicina y Cirujía*. Montevideo: Tipografía al Libro Inglés.

Ruggiero, Kristin (1992): "Honor, Maternity, and the Disciplining of Women: Infanticide in Late Nineteenth-Century". En: *Hispanic American Historial Review*, 72/3, pp. 353-373.

Sapriza, Graciela (1988): *Memorias de rebeldía. Siete historias de vida*. Montevideo: Puntosur.

Scarzanella, Eugenia (2001): "Proteger a las mujeres y los niños. El internacionalismo humanitario de la Sociedad de las Naciones y las delegadas sudamericanas". En: Potthast/Scarzanella (eds.), pp. 205-221.

Soca, Francisco (1972): "Discurso en defensa de la salud de los campesinos y trabajadores del medio rural". En: *Selección de discursos*. Montevideo: Biblioteca Artigas, pp. 207-221.

Suriano, Juan (2000): *La cuestión social en Argentina, 1870-1943*. Buenos Aires: La Colmena.

Trochon, Yvette (1997): "De grelas, cafishios y piringundines". En: Barrán/Caetano/Porzecanski (eds.), pp. 63-102.

Veronelli, Juan Carlos (1975): *Medicina, gobierno y sociedad. Evolución de las instituciones de atención de la salud en Argentina*. Buenos Aires: El Coloquio.

Wainerman, Catalina/Binstock, Georgina (1992): "El nacimiento de una ocupación femenina: la enfermería en Buenos Aires". En: *Desarrollo Económico*, 32/128, pp. 271-284.

Zauchinger, Adela (1910): *La protección a la primera infancia. Tesis presentada para optar al título de doctor en medicina*. Buenos Aires: J. M. Monqaut.

Peter Fleer

La continuidad de la dominación: legitimidad y represión en Guatemala

1. Introducción

La sociedad guatemalteca siempre se ha caracterizado por un alto grado de desintegración. Los investigadores se han planteado constantemente el concepto que englobe esta sociedad como una entidad a estudiar. Los intentos de calificar al conjunto de los guatemaltecos como una sociedad dual, formada por dos partes bien separadas no lograron superar los problemas teóricos. La segregación étnica entre indios y ladinos no se tradujo en una separación social y económica bien definida. Incluso en el campo cultural prevalecían las interjecciones sobre los momentos de separación, o sea, ni las culturas indígenas ni la cultura ladina son inteligibles por sí mismas sino sólo en relación de la una con la otra (Hawkins 1984: 5). Sin embargo, la sociedad guatemalteca ha sido amenazada permanentemente por fuerzas centrífugas. Paradójicamente, estas mismas ganaron vigor justamente cuando se intensificaron los intentos de formar un Estado nacional en el siglo XX.

Ante esta situación hay que preguntarse cuáles son los factores que garantizaban una cierta cohesión social mínima. ¿Sobre qué fundamentos se basaba una sociedad entre cuyos elementos regían fuerzas de repulsión tan fuertes? A primera vista la respuesta es fácil. Desde la Conquista, las relaciones sociales en el territorio de lo que iba a ser Guatemala después de la Independencia se destacaban por un marcado desequilibrio de poder, o sea, casi todos los recursos del poder se encontraban en las manos de los españoles y más tarde en las de la élite criolla. Ellos controlaron no solamente las instituciones jurídico-políticas y las fuerzas represivas sino también la economía y los aparatos ideológicos. La mayoría de la población, los indígenas, se veía desprovista de toda perspectiva de luchar con éxito por una participación social y política significativa. Esta situación desequilibrada fue la que determinó el marco general dentro del cual se desenvolvería la sociedad. Sin embargo, este enfoque no es capaz de explicar cómo las estructuras de poder se reproducían al ritmo cotidiano del intercambio social, económico, cultural y político.

Este artículo intenta reflexionar sobre el problema de cómo teorizar acerca de una sociedad como la guatemalteca. El enfoque principal no se centra, pues, en la mera descripción de estructuras y procesos, sino en los planteamientos teóricos para concebir las condiciones de reproducción de las primeras, el funcionamiento de los últimos y las relaciones entre ambos. El enfoque se centra, con todo, en la cuestión de la dominación y se mencionan las formas de resistencia solamente en tanto que sean necesarias para el entendimiento de ese problema. Tales reflexiones podrían después servir como base para la comparación, aunque esto no se intente aquí. No obstante este enfoque teórico, es preciso exponer primero el trasfondo histórico para estar en condiciones de evaluar los puntos medulares, pero también los límites del marco teórico. En todo momento hay que ser consciente de que la teoría siempre es una proyección fragmentaria de la realidad. Los capítulos siguientes se concentrarán en el contexto rural, destacando las relaciones de poder entre la población indígena, las élites ladinas y el Estado.

2. Doscientos años de violencia

En un libro introductorio a la historia latinoamericana, el autor considera la conquista como el pecado inicial que dio origen a la opresión y la violencia (Chasteen 2001). A partir de este momento, en América Latina, la historia se ha desenvuelto como una secuela de fases prolongadas de opresión y dependencia interrumpidas por intentos de liberación. No cabe duda de que la Independencia significó un gran paso hacia la liberación; sin embargo, el paso no fue suficientemente decisivo para superar la dependencia externa y la rígida estructura social interna. Esta afirmación es aplicable de manera paradigmática al caso de Guatemala. Aquí, opresión, resistencia e intentos de liberación se alternaron en un círculo vicioso marcado por la violencia.

Es cierto que los liberales que asumieron el poder después de la independencia se libertaron de la tutela española, pero fracasaron en integrar a la mayoría indígena en su proyecto liberal. Los indígenas se percataron en seguida de que la independencia no significaba la emancipación de la opresión colonial. Al contrario, aspirando a modernizar el país, los liberales reforzaron el control sobre las comunidades indígenas y aumentaron las exacciones tributarias y laborales. En consecuencia, los indígenas se unieron a los grupos conservadores de la élite que lograron derrocar a los liberales en 1839. Bajo los gobiernos conservadores, las comunidades indígenas mantuvieron gran parte de la autonomía de la que habían gozado durante el régimen colonial. Sin embargo, los conservadores no perseguían un modelo económico en esencia diferente del modelo liberal. Tampoco tenían la intención de fomentar la emancipación de los indígenas.

Cuando en 1871 los liberales volvieron a ocupar el poder e implementaron un programa de reformas extensas, la presión sobre las comunidades indígenas creció drásticamente. El auge de la economía cafetalera no solamente aumentó la demanda de la mano de obra sino que también fomentó un proceso de despojo de tierras a los indígenas. Al mismo tiempo, el nuevo Estado liberal tuvo más recursos de control y represión. Sin embargo, la capacidad del Estado para penetrar en la sociedad quedó restringida y las comunidades indígenas pudieron salvar partes significantes de su autonomía. En este ambiente represivo se formó un consenso frágil entre la élite criolla y los indígenas que se fundó en el paternalismo colonial. Esencialmente consistió en la aceptación en primer orden de la dominación criolla por parte de los indígenas a cambio de ciertos privilegios consuetudinarios mínimos. Por ejemplo, era de suma importancia para las comunidades indígenas que el consenso colonial respetara una cierta autonomía municipal y dejara intactas las bases del tradicional sistema de cargos. Económicamente el consenso colonial incluía en principio no sólo la coerción extraeconómica en la forma del peonaje por deudas, sino también ciertas prestaciones patronales que ayudaron a asegurar la subsistencia de los mozos de las fincas cafetaleras en tiempos de crisis. Sin embargo, no cabe duda de que se trataba de un compromiso altamente injusto y discriminatorio para los indígenas. El alto grado de represión necesario para mantenerlo no se manifestó en un gran número de conflictos violentos, sino más bien en una violencia cotidiana de relativamente baja intensidad y en la amenaza latente de la revancha marcial en caso de sobrepasar los límites acordados.

A partir de la década de los treinta del siglo XX los factores económicos y demográficos instaron a un cambio de este sistema social tan rígido, que se manifestó sobre todo en las relaciones laborales. Es cierto que el peonaje por deudas fue un sistema muy represivo, pero por otro lado los elementos paternalistas correspondían en cierto sentido a las necesidades de la economía de subsistencia de las comunidades indígenas. La flexibilización de las relaciones laborales fue posible solamente como contrapartida a la revocación de este compromiso mínimo, lo que desestabilizó el sistema de dominación. Evidentemente, sólo un régimen fuerte podría ser capaz de realizar tales cambios. Entre 1931 y 1944 la dictadura del general Ubico, conocida por su extraordinario nivel de represión, dio el paso decisivo hacia un mercado de trabajo libre. Impidió las habilitaciones que habían servido para endeudar a los indígenas del altiplano y hacerlos dependientes de las fincas cafetaleras del piedemonte. Al mismo tiempo, promulgó una nueva ley de vagancia más eficaz que las anteriores para forzar a los indígenas a buscar trabajo asalariado en las fincas cafetaleras.

Finalmente, Ubico fue derrocado por la clase media que había crecido en la corriente de su proyecto de modernización reaccionaria. Empezó un corto periodo excepcional en la historia de Guatemala, conocido por el término "diez años de primavera". Fue un corte radical con los regímenes anteriores y con el consenso colonial, tratando de abandonar el camino de la violencia y llevar a cabo reformas políticas y sociales con el fin de integrar a la clase media en el poder y a la mayoría indígena en la sociedad mestiza. En el plano de la organización laboral, se suspendió el servicio personal de vialidad que había servido como instrumento de coerción para forzar a los indígenas a trabajar en la construcción y el mantenimiento de caminos y carreteras. Además, la Constitución, aprobada en marzo de 1944, derogaba la ley contra la vagancia y garantizaba la libre sindicalización, así como el derecho a la huelga. En el plano político se instauró la libertad de expresión y de prensa, y el voto para todos los adultos, salvo las mujeres analfabetas. El gobierno del presidente Juan José Arévalo (1944-1951) aumentó la inversión pública y el presupuesto social. Se construyeron escuelas y hospitales, se reorganizó el sistema educativo y se lanzó una campaña de alfabetización. El Código de Trabajo que entró en vigor en 1947 garantizó los derechos laborales de los campesinos indígenas frente a los patrones. El paso más decisivo, sin embargo, fue la Ley de Reforma Agraria, aprobada en 1952 por el gobierno de Jacobo Arbenz. Abolió todas las formas de esclavitud y servidumbre en el campo, y previó la expropiación de las propiedades calificadas como latifundios. Las tierras expropiadas serían repartidas entre los trabajadores agrícolas, mozos, colonos y campesinos sin o con poca tierra (Rojas Bolaños 1993: 95-102).

Los dos elementos fundamentales de este proyecto, la apertura democrática y la reforma agraria, encontraron la resistencia enconada de la oligarquía tradicional, de las empresas bananeras estadounidenses y del Departamento de Estado de los Estados Unidos. En 1954 un pequeño grupo de mercenarios apoyado por la CIA derrocó el gobierno de Jacobo Arbenz y destruyó la esperanza de un futuro menos conflictivo.[1] Los siguientes regímenes militares interrumpieron este proceso modernizador. Acabaron con los derechos políticos y laborales de los trabajadores rurales y de los campesinos. El retroceso social y político frustró las ambiciones de las capas medias de un reparto justo de la riqueza nacional y del poder. Debido a esto, se formó a finales de los años sesenta una guerrilla en la parte oriental del país erradicada en seguida por una campaña contrainsurgente del Estado militar; pero ya a principios de los años setenta la guerrilla resurgió en la parte occidental donde predominaba la población indígena. Es en este momento cuando los militares inician una espiral de violencia que culmina en el genocidio a principios de la década de los ochenta. Solamente entre 1981 y 1983, 440 pueblos fueron destruidos; 150.000 personas fueron asesinadas o desaparecidas. Se contaron un millón de personas desplazadas en Guatemala y hasta 200.000 refugiados en México (Jonas 2000: 24; véase también REMHI 1998).

El retorno a una democracia formal en 1986 no cambió las bases de este sistema de dominación. El Ejército retuvo el poder *de facto*. En 1987, con motivo de un foro público, algunos oficiales describieron la situación muy adecuadamente cuando invirtieron la afirmación famosa de Clausewitz, declarando que en Guatemala la política no era más que la continuación de la guerra con otras medidas (Jonas 1991: 169). Es cierto que el gobierno democratacristiano de Vinicio Cerezo Arévalo (1986-1991) dio algunos pasos hacia una apertura democrática pero, en suma, era demasiado débil para superar la oposición absoluta a cualquier tipo de reforma política o social por parte de la élite eco-

---

1   Esta formulación se refiere al título del libro de Piero Gleijeses (1991) *Shattered Hope*. Véase al respecto el interesante estudio de Nick Cullather (1999).

nómica, de los terratenientes y del Ejército que conspiraban con los grupos ultraderechistas. Además, la insurgencia armada mantuvo su actividad con la pretensión de negociar las condiciones de paz desde una posición de fuerza. En esta situación, el Ejército reclamó el papel de árbitro supremo, el único legitimado para actuar en nombre del interés nacional, limitando el marco de acción tanto de las entidades civiles del Estado (el gobierno, el poder legislativo y el poder judicial) como la capacidad de las clases bajas y medias de articular sus intereses.

Aun después de la firma de los acuerdos de paz por el Estado y la guerrilla en 1996 la situación no mejoró. Es cierto que el Ejército perdió su preponderancia absoluta, pero como las estructuras civiles se debilitaron, la violencia no disminuyó. Sigue funcionando como un sistema de comunicación que emite señales de aviso para las organizaciones populares. Sin embargo, la violencia ha cambiado de carácter. Se puede distinguir cada día menos entre la violencia política y la violencia criminal. Ambas se entremezclan respecto a los motivos y las formas de organización, así como respecto a las personas involucradas.

3. Poder y dominación

Hablando de la "continuidad de la dominación" en Guatemala, se traslucen dos aspectos. Primero, el término hace referencia a la ininterrumpida preponderancia de relaciones de dominación muy asimétricas en Guatemala y, segundo, al continuo intelectual que se abre entre las manifestaciones ideales de dominación, es decir, entre sistemas de dominación plenamente legitimadas ante los ojos de los dominados y formas de dominación ilegítimas basadas en la mera represión. En lo concerniente al primer aspecto, el resumen histórico ha mostrado el funcionamiento y las consecuencias de tales desequilibrios de poder. Después de la Independencia, en toda Centroamérica se puso en marcha un proceso de formación de Estados y naciones. Con la excepción de Costa Rica, este proceso no fue acompañado en ninguno de los países en formación por una disminución de los desequilibrios de poder. Como caso extremo, en Guatemala, al contrario, se agudizaron porque la nueva élite criolla empezó a explotar nuevos recursos de poder, mientras la población indígena tuvo que adaptar sus formas tradicionales de resistencia a la nueva situación. Aunque lo hizo con mucha destreza y empeño, el abismo entre dominados y dominadores continuó abriéndose. No tenían nada que contraponer a los progresos que lograron las élites respecto a la organización, el financiamiento y la tecnología para ejercer el poder. No obstante esos progresos, la capacidad del Estado guatemalteco para moldear la sociedad según sus propias premisas y establecer formas burocráticas en el sentido weberiano en todos los niveles administrativos quedó limitada. Asimismo, la élite criolla fracasó al imponerse como clase hegemónica en términos gramscianos. En esta situación altamente frágil no era nada evidente que se desarrollara y se reprodujera un Estado capaz de ejercer cierto poder sobre un territorio tan vasto como Guatemala. Además, ante la población indígena este Estado no pudo recurrir a una memoria común que hubiera legitimado la idea de una nación moderna y modernizadora en la tradición y la cultura. El Estado criollo se vio ante el desafío de erigir una nación sobre el fundamento de una sociedad colonial.

Teóricamente tuvo cinco posibilidades para superar las dificultades eminentes de la situación colonial:

1. Podía tomar la vía norteamericana que consistía en la eliminación física de la población indígena. Aunque esta idea nunca fue llevada a cabo, hasta la época de posguerra se publicaron en los periódicos regularmente cartas de lectores a favor de esa estrategia. Hoy día tales proposiciones surgen normalmente solamente en círculos privados y a horas tardías.

2. En cierto sentido opuesta a tal solución del problema nacional es la vía del "campo de concentración", que no aspira a la extinción sino a la dominación total de la población indígena para erigir un sistema de explotación ilimitada.

3. Desde el principio estuvo presente también la vía indigenista, favoreciendo una dilución de la raza indígena en la nación mestiza mediante el mestizaje racial y la aculturación, o sea, la ladinización de los indígenas mediante la educación y la integración sociocultural.

4. Otra posibilidad teórica de formar una nación habría sido la vía del pluriculturalismo que hubiera aceptado la igualdad integral de las distintas etnias.

5. La última posibilidad habría consistido en la noción de una fusión productiva de las diferentes raíces culturales de la sociedad guatemalteca.

Las últimas dos posibilidades, que hubieran roto completamente con el pasado, nunca entraron en el horizonte mental de la élite criolla. Ésta más bien trató de adaptar la situación colonial a sus propias necesidades. La vía norteamericana tampoco fue realizable por razones demográficas y económicas. A diferencia de la situación norteamericana, el problema principal para la élite criolla no era la conquista de nuevos territorios para asentar la nueva mano de obra inmigrante, sino la penetración administrativa y económica *de facto* en un territorio dominado formalmente desde hacía tres siglos y el aprovechamiento de la fuerza de trabajo de una población sedentaria. No se necesitan conocimientos profundos de la historia guatemalteca para darse cuenta que fueron las posibilidades señaladas en los puntos dos y tres las que en realidad se practicaron en Guatemala. Desde el principio la vía "campo de concentración" era la opción preferida por la élite, aunque se propagó también el indigenismo racial, atribuyendo el estado miserable de los "indios" a la inferioridad inherente de la "raza indígena". Fue sólo en el siglo XX cuando surgió el indigenismo cultural, que tendió a responsabilizar a los factores socioeconómicos generales del retraso cultural de la población indígena. Pero la ola indigenista de las décadas de los cuarenta y cincuenta no iba a perdurar. No fracasó solamente por la militarización de la sociedad guatemalteca después de la caída de Jacobo Arbenz, sino por los límites de la ideología mestiza misma que nunca superó el paternalismo colonial y por ende no pudo hacer una oferta atractiva a la población indígena.

Ante la heterogeneidad de la sociedad guatemalteca, cuya historia estaba lejos de ser un proceso continuo de fusión racial y cultural, siendo más bien una yuxtaposición forzosa de partes muy desiguales, la cohesión social debía basarse necesariamente en la capacidad de dominación de las élites. Considerando el plano de acción, esta capacidad se manifestaba sobre todo en la cuestión de la tierra y el problema del trabajo. El enfoque del artículo se centra ahora sobre todo en las relaciones laborales, porque han sido los conflictos de trabajo los que han actuado fuertemente sobre las prácticas cotidianas, mientras que la lucha por la tierra ha dado origen a un sinnúmero de protestas, sublevaciones y disputas jurídicas.

En Guatemala, la formación nacional fue de manera muy marcada un acto voluntario. En este contexto las nociones de dominación, poder y Estado son de suma importancia. Max Weber (1976, I: 28) definió el termino "dominación" "como la probabilidad de encontrar obediencia para un orden específico entre un círculo definido de personas". En su terminología "poder" significa "cualquier posibilidad de imponer la propia voluntad dentro de una relación social aun en contra de resistencia, no importando en qué se base esta posibilidad". Al contrario de la dominación, la relación de poder es amorfa. O sea, que dentro de una relación social cada partido puede disponer de diferentes potenciales de poder en diversos ámbitos. También Anthony Giddens apunta que el poder siempre constituye una relación bidireccional.[2] Dentro de una relación laboral, por ejemplo, el patrón y los empleados tienen potenciales de poder que se basan en diferentes recursos. El patrón controla en gran medida las condiciones del trabajo, el salario, la contratación y el despido. En cierto grado, el empleado puede manipular el ritmo del trabajo y la calidad de los productos. La dimensión que tiene el desequilibrio de poder entre ambos depende de factores externos e internos de la relación específica. La importancia de una amenaza de despido, por ejemplo, depende de regulaciones institucionales y las condiciones coyunturales en el mercado de trabajo. Las posibilidades de manipular la calidad están determinadas por el carácter del trabajo y por los esfuerzos necesarios para controlarlo. Es obvio que es el patrón quien tiene más poder en estas relaciones, porque en la mayoría de los casos tiene una probabilidad más alta que el empleado de imponer su voluntad. Dependiendo del conjunto de sus experiencias, los participantes en la relación de poder estiman sus probabilidades a la alza o a la baja.[3]

---

2   Sin embargo, Giddens rechaza el punto de vista metódico de Weber, por su carácter normativo y subjetivo. Opina que entender el poder como un pretendido acto voluntario suprime la cualidad institucional y estructural del término. Según Giddens (1979: en particular 86-92), el término "poder" abarca tanto el plano de acción *(transformative capacity)* como el plano de estructura *(domination)*. Por ello es sorprendente que no se refiera en ningún lugar al concepto de dominación de Weber.

3   Luhmann (1975: 118) comparte la opinión de que la noción de "oportunidad" de Weber no representa una magnitud estadística sino que se refiere a la evaluación

Max Weber (1976, I: 122) habla de "dominación" cuando tales relaciones de poder se solidifican en relaciones sociales estables y cuando existe un cierto mínimo de voluntad de obedecer. Esto significa
que la dominación nunca puede basarse solamente en la amenaza o el
uso de la violencia. El consenso mínimo entre dominador y dominados requiere la legitimación de la dominación dentro de un marco
definido por un núcleo mínimo de normas y valores que sean aceptados por la mayoría. Sólo así se alcanza el grado de acuerdo necesario
para la estabilidad de la relación social. Basándose en estas condiciones, los grupos dominantes tienen ciertos límites para ejercer el poder.
Aun en relaciones con desequilibrios de poder muy marcados los dominados disponen de un resto de contrapoder.[4]

El mantenimiento de una relación de dominación se basa en la legitimidad así como en la represión. Cada uno de estos elementos depende del otro en sentido inverso (Singelmann 1981: 33). Cuanto menos legitimada esté la dominación tanto más se hace uso de medidas
represivas. Independientemente de las bases de la dominación se necesitan ciertas normas y reglas cuya imposición no se realiza sin costos
(North 1981: 18-19). Los dominantes tienen que ponderar entre los
costos de la legitimación y de la represión. Un grado más alto de legitimidad disminuye los gastos causados por el control y la imposición
de las normas y reglas. Es más fácil imponer las normas que son generalmente aceptadas como justas que aquellas rehusadas por la mayoría. Douglass C. North (1981: 50-53) considera la legitimidad como el
grado en que los actores perciben un sistema de relaciones sociales
como justo ("fair").[5] Destaca que la percepción de los actores tiene
que ver con la ideología. Una sociedad invierte en el aparato ideológico con el fin de bajar los costos de la imposición represiva de normas.
Cuando las condiciones percibidas como justas empeoran, las perso-

---

de los subordinados al poder. Sin embargo, existe un nexo entre la evaluación de
las oportunidades de poder por parte de los implicados y su experiencia real (estadísticamente comprobable) de la ejecución efectiva del poder.

4   Varios autores han señalado este aspecto. Véase Moore (1966: 457); Giddens
    (1979: 6, 149, 208-209); Wolf (1969: 282); Roseberry (1989: 186-196); Luh-
    mann (1975: 85); Scott (1976: 33, 193-203; 1985); Scott/Kerkvliet (1986); Har-
    vey (1982: 134); Bauer (1979: 38-41); Smith (1984: 194).

5   Véase al respecto también Adams (1975: 35): "Legitimacy refers to an agreement
    about the correctness of anything – a form of behavior, a law, an act of power, an
    authority".

nas afectadas vuelven a evaluar la legitimidad del modelo de dominación. Con ello, o bien los costos aumentan para las medidas represivas
o el orden vigente se desestabiliza (North 1981: 65). Por ejemplo,
cuando un patrón recorta ciertas prestaciones percibidas hasta el momento como justas, la legitimidad de su dominación sobre los empleados se debilita. Puede tratar de mitigar la pérdida de legitimación con
medidas ideológicas o represivas (Singelmann 1981: 132-137). El
nexo entre la "voluntad de obedecer" y los costos de la represión define los límites del espacio de acción de los dominadores. Sin embargo,
estos límites se manifiestan raramente en erupciones de resistencia
abierta; normalmente adoptan la formas estructurales, aunque no se
reconozcan como tales a primera vista.

Basándose en estas consideraciones, se puede esbozar un modelo
que reúna ideología, normas, legitimidad y represión. Por razones de
simplicidad se supone que los grupos dominantes y los grupos dominados tienen sistemas de valores y normas fundamentalmente diferentes.[6] El objetivo de la legitimación de la dominación es el de armoni-
zar una parte de ambos sistemas. La legitimidad depende del conjunto
de normas que, en las condiciones dadas, es percibido como justo
tanto por los grupos dominantes como por los grupos dominados.[7]
Cuanto más amplio sea el conjunto de normas comunes tanto más
estable será el sistema y tanto menos se requerirá de la represión. El
conjunto de normas comunes es el resultado de un continuo proceso
social de negociación entre dominadores y dominados y, por lo tanto,
sujeto a un cambio permanente. Pero no es solamente la dimensión del
conjunto de normas comunes lo que es interesante. Lo que importa
aquí también es su composición cualitativa.

Es preciso aclarar que la legitimidad no se basa necesariamente en
una "conciencia falsa" de los grupos dominados como el resultado de
la influencia ideológica por parte de los grupos dominantes, puesto
que básicamente la dominación puede ser legitimada tanto por la ideología como por concesiones materiales.[8] Incluso percepciones basadas
en la ideología no son objetivamente falsas desde el principio. Como
enfatiza Michael Mann (1994: 23), las ideologías nunca sirven sola-

---

6   Véase, para las nociones de cultura y subcultura, Scott (1985; 1990).
7   Véase al respecto también Mann (1994: 22).
8   Véase, para el concepto de la conciencia falsa, Giddens (1979: 168).

mente como legitimación de intereses privados y de dominación material. Para que tengan éxito tienen que ofrecer, por lo menos, explicaciones plausibles para los problemas sociales primordiales. Por lo
tanto, los grupos dominantes pueden manipular la cualidad de la legitimidad en dos aspectos. Primero, pueden hacer concesiones frente a
los grupos dominados aceptando con ello una parte de las normas de
aquellos. Segundo, pueden tratar de influir ideológicamente en la percepción de los dominados de manera que éstos interioricen ciertas
normas de los dominadores.

La relación entre ideología, normas, legitimidad y represión se
puede representar en un gráfico. En el esquema, las relaciones de dominación pueden ser clasificadas respecto a su legitimidad o represi-
vidad, respectivamente, y respecto a la relación entre ideología y concesiones materiales dentro del conjunto de normas comunes. Relaciones represivas y poco legitimadas solamente tienen un pequeño
número de normas comunes y se alojan en la cima del triángulo. La
cualidad de la legitimidad se manifiesta en la cantidad de normas que
aportan los dominadores y los dominados, respectivamente. Cuanto
más se basa el conjunto de normas comunes en la ideología tanto más
pueden imponer los dominadores sus propias normas. Al contrario,
una parte más grande de concesiones materiales significaría que los
dominados podrían aportar algo de sus propias normas.[9]

---

9   Por ello la línea de separación vertical no se encuentra necesariamente en la
    mitad del triángulo, sino que puede desplazarse hacia la derecha o la izquierda
    según la proporción entre concesiones e ideología.

Gráfico: Legitimidad y represión en las relaciones de dominación

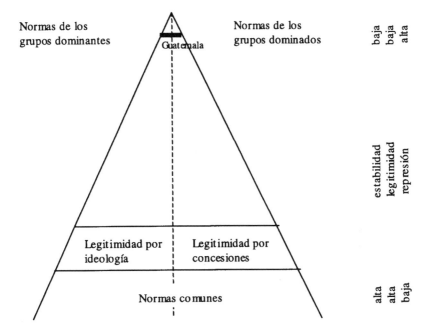

La mezcla entre ideología, concesiones, legitimidad y represión vendrá determinada por la base dada de recursos y por el hecho de que los actores gozan de un acceso desigual a los recursos. Como no todos los actores disponen de las mismas posibilidades y capacidades de hacer uso de los recursos para ejercer el poder se dan más o menos pronunciados desequilibrios de poder dentro de una relación de dominación. En referencia a esto, es cierto que el acceso a las medidas represivas es importante, pero no es el único recurso de poder. El poder sobre los factores productivos (tierra, capital, trabajo) y las instituciones políticas (Estado) es igualmente importante; y como sabemos todos, en las sociedades modernas el control sobre los aparatos ideológicos como escuelas, universidades y los medios de comunicación es un factor de poder decisivo.

El modelo aquí sugerido permite estudiar los motivos y las restricciones tanto de los dominadores como de los dominados, aunque el enfoque de este artículo es el de las formas de dominación y se dejan de lado las de resistencia. Además de ofrecer un marco estructurado para comparar casos diferentes como, por ejemplo, El Salvador o Guatemala, se presta para visualizar procesos de cambio sociopolíticos. La transición hacia un sistema más democrático en la segunda mitad de la década de los cuarenta se presentaría en el modelo como un desplazamiento hacia abajo; el retroceso después de 1954 relegó a la sociedad guatemalteca a un lugar muy cercano al ápice del triángulo. El retorno a modalidades más democráticas en 1986 fue el intento de ensanchar la base de legitimidad del sistema de dominación, integrando unas reivindicaciones populares en el conjunto de las normas generalmente aceptadas y lanzando una iniciativa ideológica con un intenso discurso nacionalista. Aunque estas estrategias quedaron estrechamente limitadas por el veto del Ejército, entablaron un proceso de diferenciación entre los distintos ámbitos de dominación. En la política se desató una competencia entre diferentes partidos políticos, obligando a las élites a buscar el apoyo de las masas por lo menos durante la campaña electoral; al mismo tiempo se formaron varias organizaciones populares que articularon los intereses de las clases bajas y medias. Mientras tanto, en la economía las relaciones laborales casi no cambiaron. La crisis económica de la década de los noventa debilitó la posición de los trabajadores y empleados: en el sector privado casi no existían sindicatos, mientras que en el sector público las cúpulas sindicales se insertaron en las estructuras corruptas de la administración estatal. Estos ámbitos de dominación, respondieron a diferentes niveles y modalidades de legitimación produciendo una tensión estructural que en la política se plasmó en un formalismo exagerado. De ese modo, los actores políticos trataron de separar la esfera política de las demás esferas de dominación manteniendo la apariencia del parlamentarismo. Sin embargo, este formalismo más que nada nutrió la burocracia del Estado y del aparato jurídico y redujo los espacios de acción de tal manera que se imposibilitó la búsqueda de soluciones por las vías democráticas.

Asimismo, se dejarían distinguir las diferentes prácticas de dominación a nivel local, regional y nacional. Esto permitiría analizar en profundidad la actuación de las entidades estatales. Así, el modelo puede aportar una noción diferenciada del Estado. Además, nos ayuda a distinguir entre varios niveles estructurales e identificar las interrelaciones entre los diversos planos de acción. En este sentido, es un instrumento heurístico cuya utilidad se manifiesta en la capacidad para describir procesos de transición. Sin embargo, es preciso advertir que el modelo no es apropiado cuando se trata de averiguar las causas sociales de tales transiciones.

4. A manera de conclusión

No cabe duda de que Guatemala se sitúa muy en la cima del triángulo, porque la población indígena oprimida y las élites y clases medias ladinas conocen sólo un conjunto muy reducido de normas comunes. Hasta hoy esto se ha mantenido en el campo como una clase de paternalismo muy asimétrico y represivo, cuya legitimidad, por muy reducida que sea, se ha basado más en las concesiones materiales que en convicciones ideológicas. La paradoja contenida en esta afirmación se resuelve si nos damos cuenta de que las concesiones siempre han sido mínimas y generalmente han sido parte del sistema de explotación económica.

En la segunda mitad del siglo XIX, a más tardar, este consenso colonial se fue diluyendo por varias razones. Las fincas cafetaleras de las zonas medias del piedemonte hacia el Pacífico siguieron en su afán de sustituir elementos paternalistas en la esfera de la producción por relaciones capitalistas. Redujeron los anticipos a los mozos y establecieron el salario por tarea como forma principal de remuneración, al mismo tiempo que cortaron las partes del salario pagadas en especie que no dependían del rendimiento del mozo sino de sus necesidades familiares. En relación con la intensificación del uso de la tierra, el número de los colonos permanentes que tuvieron el derecho de usufructo a una parcela de la finca declinó, mientras que el número de los jornaleros proletariados siguió aumentando.

Pero, en suma, todos estos cambios en el sector cafetalero ocurrieron de manera gradual. Fue ante todo la diversificación de la producción de exportación lo que aceleró el proceso hacia las relaciones de producción plenamente capitalistas. Durante la Segunda Guerra Mundial se expandió la industria algodonera que ya en los años treinta había empezado a desarrollarse en la costa del Pacífico. A mediados de los años sesenta la gran parte de la producción algodonera fue desplazada por la caña de azúcar, cuyas perspectivas en el mercado mundial parecían mejores.

El tercer rubro nuevo de exportación fue la ganadería, que experimentó una expansión considerable a partir de los últimos años de la década de los cincuenta a causa de la creciente demanda en los EE.UU. Todos estos nuevos sectores de exportación aceleraron la dinámica del capitalismo en la región, proceso que tendió a penetrar completamente las relaciones laborales y acabar con los elementos patronales restantes, lo que contribuyó a un aumento considerable de la productividad. Por ejemplo, en la década de los setenta, la producción de algodón en Guatemala alcanzó los más altos niveles de productividad a nivel mundial (Guerra Borges 1993: 27). A partir de los ochenta, la búsqueda de productos no tradicionales para la exportación como hortalizas, frutas y flores así como la ola del pensamiento neoliberal reforzaron esta tendencia.

Al mismo tiempo se habían deteriorado constantemente las condiciones de vida de la población indígena que constituía el depósito principal para el reclutamiento de la mano de obra rural. La economía de subsistencia fue amenazada, por un lado, por la intensificación de la monetarización, debilitando o corrompiendo los mecanismos tradicionales de compensación que tendían a garantizar a cada miembro de la comunidad un acceso mínimo a los recursos comunales para asegurar la supervivencia.[10] Y por otro lado, se deterioró la base de subsistencia en el altiplano indígena debido a la presión demográfica y crecientes problemas ecológicos, manifestados en el agotamiento de la tierra, la deforestación y la erosión de terrenos empinados. Estos factores por su parte forzaron a un crecido número de indígenas a buscar trabajo asalariado en el sector de la exportación.

La racionalización de las relaciones laborales vino acompañada de una acelerada burocratización del Estado, formalizando los canales de negociación política. El consenso colonial había integrado al gobierno central, a la administración local y a la población indígena en su pro-

---

10 Es preciso destacar que la economía tradicional de las comunidades indígenas nunca correspondió a un estado ideal de convivencia comunal, tantas veces evocado bajo el lema mal entendido de Eric Wolf (1955; 1986) de la "closed corporate community". Las comunidades campesinas nunca estuvieron exentas de desniveles sociales y conflictos internos, pero fundamentalmente los mecanismos socioeconómicos y los sistemas culturales de valor estaban diseñados para reducir los desequilibrios de riqueza y asegurar la subsistencia de los miembros de la comunidad. Una discusión concisa del problema se encuentra por ejemplo en Wimmer (1995, especialmente 71-91).

pia estructura política en un solo juego de influencias que abarcaba aspectos formales e informales. Las estructuras formales claramente discriminaban a los indígenas, porque se basaban en una legislación racista y, en la mayoría de los casos, eran manejadas por una élite local ladina que no vacilaba en modificar la ley en favor de sus propios intereses. Sin embargo, el consenso colonial garantizaba a los indígenas el acceso directo al gobierno central y al presidente mediante quejas y peticiones. Esta práctica informal de invocar al "rey benevolente" permitía a los indígenas, en ciertos casos, pasar por alto los formales procedimientos legales controlados por la élite ladina local y conseguir una intervención directa en su favor desde la cúpula del poder (Hobsbawm 1973: 14). La expansión general del Estado y la creciente institucionalización del aparato administrativo y jurídico, que comenzó en 1944 después de la caída de Jorge Ubico, el último de los dictadores liberales clásicos, redujo estos canales informales y fortaleció las estructuras formales. La toma del poder por el Ejército en 1954 privó a los indígenas de los derechos políticos y civiles establecidos por los gobiernos democráticos de Juan José Arévalo y Jacobo Arbenz. Fomentando la corrupción, los gobiernos militares erigieron una burocracia arbitraria que ahora quedaba reservada a personas que podían sobornar a los funcionarios o tenían acceso directo a la cúpula militar.

En estas condiciones, los indígenas no disponían ni de los derechos democráticos de una república moderna ni de las mínimas garantías patronales del consenso colonial para articular sus intereses. Las élites ni han tenido la voluntad ni han sido capaces de buscar otra base sólida de consenso social y menos aún de ensanchar la legitimidad de su dominación. Por último, sólo les ha quedado recurrir a la represión indiscriminada y transformar a Guatemala de un campo de concentración en un campo de exterminio. La firma de los acuerdos de paz en 1996 no ha sido un acto de liberación inmediata. En el mejor de los casos, se ha entablado un proceso duro y arduo para, al fin, poner en marcha de nuevo la rueda de la historia en Guatemala.

Bibliografía

Adams, Richard N. (1975): *Energy and Structure. A Theory of Social Power*. Austin: University of Texas Press.

Bauer, Arnold J. (1979): "Rural Workers in Spanish America: Problems of Peonage and Oppression". En: *Hispanic American Historical Review*, 59/1, pp. 34-63.

Chasteen, John C. (2001): *Born in Blood and Fire. A Concise History of Latin America*. New York: W. W. Norton & Company.

Cullather, Nick (1999): *Secret History. The CIA's Classified Account of its Operations in Guatemala, 1952-1954*. Stanford: Stanford University Press.

Giddens, Anthony (1979): *Central Problems in Social Theory: Action, Structure and Contradiction in Social Analysis*. Berkeley/Los Angeles: University of California Press.

Gleijeses, Piero (1991): *Shattered Hope – The Guatemalan Revolution and the United States, 1944-1954*. Princeton: Princeton University Press.

Guerra Borges, Alfredo (1993): "El desarrollo económico". En: Pérez Brignoli (ed.), pp. 13-83.

Harvey, David L. (1982): *Industrial Anomie and Hegemony*. En: McNall (ed.), pp. 129-159.

Hawkins, John (1984): *Inverse Images: The Meaning of Culture, Ethnicity and Family in Postcolonial Guatemala*. Albuquerque: University of New Mexico Press.

Hobsbawm, Eric (1973): "Peasants and Politics". En: *Journal of Peasant Studies*, 1, pp. 3-22.

Jonas, Susanne (1991): *The Battle for Guatemala – Rebels, Death Squads, and United-States Power*. Boulder: Westview Press.

— (2000): *Of Centaurs and Doves: Guatemala's Peace Process*. Boulder: Westview Press.

Luhmann, Niklas (1975): *Macht*. Stuttgart: Ferdinand Enke Verlag.

Mann, Michael (1994): *The Sources of Social Power*, vol. 1: *A History of Power from the Beginning to A.D. 1760*. Cambridge: Cambridge University Press.

McNall, Scott (ed.) (1982): *Current Perspectives in Social Theory*. Greenwich: Jay Press.

Moore, Barrington (1966): *Social Origins of Dictatorship and Democracy*. Boston: Beacon Press.

North, Douglass C. (1981): *Structure and Change in Economic History*. New York: W. W. Norton & Company.

Pérez Brignoli, Héctor (ed.) (1993): *Historia General de Centroamérica*, vol. 5: *De la Posguerra a la crisis*. Madrid: Ediciones Siruela.

REMHI (ed.) (1998): *Guatemala: Nie wieder – Nunca Más. Bericht des Interdiözesanen Projekts Wiedergewinnung der geschichtlichen Wahrheit*. Aachen: Bischöfliches Hilfswerk Misereor.

Rojas Bolaños, Manuel (1993): "La política". En: Pérez Brignoli (ed.), pp. 85-163.

Roseberry, William (1989): *Anthropologies and Histories. Essays in Culture, History, and Political Economy*. New Brunswick/London: Rutgers University Press.

Scott, James C. (1976): *The Moral Economy of the Peasant. Rebellion and Subsistence in Southeast Asia*. New Haven/London: Yale University Press.

— (1985): *Weapons of the Weak. Everyday Forms of Peasant Resistance*. New Haven/London: Yale University Press.

— (1990): *Domination and the Arts of Resistance: Hidden Transcripts*. New Haven/London: Yale University Press.

Scott, James C./Kerkvliet, Benedict J. Tria (1986): *Everyday Forms of Peasant Resistance in South-East Asia*. London: Frank Cass (Journal of Peasant Studies, 13/2, Special Issue).

Singelmann, Peter (1981): *Structures of Domination and Peasant Movements in Latin America*. Columbia/London: University of South Carolina Press.

Smith, Carol A. (1984): "Local History in Global Context: Social and Economic Transitions in Western Guatemala". En: *Comparative Studies in Society and History*, 26/2, pp. 193-228.

Weber, Max (1976): *Wirtschaft und Gesellschaft*. 2 vols., Tübingen: Mohr.

Wimmer, Andreas (1995): *Die komplexe Gesellschaft. Eine Theoriekritik am Beispiel des indianischen Bauerntums*. Berlin: Reimer.

Wolf, Eric R. (1955): "Types of Latin American Peasantry: A Preliminary Discussion". En: *American Anthropologist*, 57/3, pp. 452-471.

— (1969): *Peasant Wars of the Twentieth Century*. New York: Harper & Rowe Publishers.

— (1986): "The Vicissitudes of the Closed Corporate Community". En: *American Ethnologist*, 13, pp. 325-329.

Friedrich Katz

The Waves of Agrarian Movements
during the Mexican Revolution

The nineteenth-century not only brought independence to Mexico but transformed many people in the country side from objects to subjects of history. While different constitutions of independent Mexico had foreseen such a change it took place in a very different way than the framers of those documents had expected and specified. They had thought of a republic of enfranchised citizens, all of whom would determine the character of the country through their votes and who would create a stable and democratic Mexico. This was not to be the case.

The first massive entrance of the lower classes into the politics of what was then still New Spain was of a violent nature. Both Hidalgo and Morelos mobilized large segments of the rural populations to fight both for the independence from Spain and for more rights for the popular classes. Their defeat and execution by no means ended the role of the country people in shaping the destiny of Mexico.[1]

The newly acquired importance of the popular classes in the countryside in Mexican politics was partly due to their role during the Independence Wars. These wars had transformed their consciousness and taught them how to fight. These factors alone though do not explain the role that the popular classes in the countryside played in the history of the nineteenth-century in Mexico. One can not understand the developments in Mexico up to the end of the nineteenth century without considering the enormous weakness of the newly founded Mexican State. It was ravaged by constant civil wars, which made it impossible for any government to rule for a longer period of time and for the Mexican State to consolidate itself. These civil wars were of a multifaceted nature. At times they pitted liberals who wanted to de-

---

1   I prefer to use the term country people rather than peasants since the latter term is not only of a controversial but also of a limited nature while the first term encompasses the most diverse segments of rural society.

centralize Mexico and to limit to the power of the church against conservatives who wanted a strong state modeled on the Spanish colonial empire with a decisive role for the church. At times they pitted regional warlords against the central government. The army repeatedly staged coups. Frequently the state had to face popular uprisings. As if these convulsions from within were not sufficient, Mexico more than any other Latin American country became the preferred object of foreign aggression. In the Mexican-American war of 1846-1848 Mexico lost half of its territory to the United States and in the 1860's the French attempted to set up an empire there.

It is thus not surprising than the Mexican State did not have the power of its Spanish predecessor to mediate between peasants and landlords. The Spanish crown had been interested in maintaining village communities and to prevent their expropriation by large estates. What role idealism and humanism played in that decision is still a matter of controversy. What is not controversial is the fact that the state hoped in this way to continue levying tribute from village communities, a revenue that would have been lost if these communities became part of large estates which paid very few taxes. The Spanish courts frequently heeded appeals by villagers above all Indians. By the end of the colonial period between 25% and 30% of arable land was still in the hands of free villages communities (Borah 1993).

At the same time the Spanish authorities violently crushed village uprisings of which there were not too many prior to the war of independence. The Mexican state did not have the power even if they wanted to use it, which is debatable, to prevent attacks of landlords on village communities. It did not have the power either, which it would have preferred to use, to always protect landlords from attacks by popular classes in the countryside.

The most important way though, in which the weakness of the Mexican State affected the lower classes of society was that the power vacuum left by the national governments was largely filled by regional *caudillos* who constantly fought with each other for national power.

Unlike the national governments which for a time seemed to have been overthrown practically every year, regional strong men maintained their power for long periods of time, sometimes ranging to twenty or thirty years. In their struggles for national power or in their endeavors to maintain their regional control and protect it from the central government these regional warlords frequently made alliances with village communities. This was the case for both the liberals and the conservatives in Mexico.

In the state of Guerrero, liberal caudillo Juan Álvarez, gained a large degree of popular support by protecting village communities from attacks by landlords and by the central government. On the other hand he also made sure that most landlords could retain control of their properties (Guardino 1996).

In the western area of Tepic, the conservative warlord Manuel Lozada had created a kind of Indian republic based on Cora and Huichol Indians. Like Álvarez, Lozada guaranteed the villagers control of their lands and maintenance of their traditional customs. At the same time though Lozada had allied himself with one of the strongest merchant houses in the area, the Spanish establishment of Barron y Forbes, which exercised a decisive influence on the region's economy. Like Álvarez in Guerrero, Lozada too mediated between the upper and the popular classes.

In very different ways landlords and free villagers coexisted in Northern Mexico. After conquering Northern Mexico, the Spanish crown had established settlements there consisting mainly of mining towns and large estates. These settlements had been the consistent object of attacks by nomadic Indians.

In order to counteract these attacks, the Spanish crown set up military colonies consisting of free villagers. Whoever settled these colonies whether white, mestizo or indian was given the full right of Spanish citizenship i.e. he became a *vecino*. These military colonists were given substantial amounts of land, exemption from taxation for many years and not only the right but the obligation to bear arms. On the whole as long as the Indian wars lasted, their conflicts with neighboring large estates were extremely rare. Both sides saw nomadic Indians as the main enemies. In addition the value of land was limited in this period. This was not only due to the small number of inhabitants in the north but also to the fact that because of poor communication and danger from nomadic Indians the possibilities of exporting agricultural goods or meat or cattle were extremely limited.[2]

---

2   Nugent (1988); Orozco y Orozco (1995); Alonso (1995); Katz (1998).

While some *caudillos* such as Juan Álvarez in Guerrero and Manuel Lozada in Tepic clearly managed to control their popular allies, in other cases regional *caudillos* had very different experiences. In Sonora, local strong men who mobilized the Yaqui Indians to fight against rivals soon lost control of their erstwhile allies as the Yaquis set out to control their own destinies and their own lands.

Politicians from Yucatan who attempted to enlist the armed support of Mayan Indians in one of their many civil wars underwent similar and in many respects even more dangerous experiences. The Maya turned against not only the rival *caudillos* but against their erstwhile allies and for a time it seemed as if all non Indians might be expelled from the Yucatan Peninsula in the "caste war" which shook Yucatan in the 1840's. While the Maya were defeated they nevertheless managed to set up a quasi independent republic of their own in the southern tip of Quintana Roo (Reed 2001).

The attempts by Mexican factions to establish alliances with popular classes were by no means limited to civil wars. In the guerilla wars against the French invaders Mexico's liberal leaders attempted to mobilize large segments of the rural population. The same was true for emperor Maximilian who drafted legislation to improve the lot of the lower classes in Mexico's countryside and especially that of the Indians.

As a result of these heterogeneous alliances most village communities managed to retain control of their lands and at the same time to maintain a large degree of autonomy. They did so in spite of the efforts of the liberal government of Mexico which introduced a clause in the 1857 constitution that outlawed communal property of village lands. The drafters of that constitution seem to have hoped that by dividing these lands among individual community members, a class of individual farmers not dissimilar to those of the United States would emerge. What some of them did not anticipate and others may have hoped for was that in many cases the dissolution of the village communities and the end of their traditional prohibition of land sales might lead to the acquisition of many of these lands by outsiders many of them landlords or merchants.

The situation of Mexico's country people changed dramatically in 1876 when Porfirio Díaz staged a coup and set up a dictatorship that went on to last for thirty four years. He put an end to civil wars and created the first genuinely strong state in the history of independent Mexico. This state owed its strength to several factors. The first and perhaps the most important of these factors was that Mexico now became part of the world capitalist order. Exports and imports increased enormously as did foreign investments. One of the most important keys to this development was the construction of a railroad network in large parts of Northern and Central Mexico. As a result Mexican products could now be transported far more cheaply both to the United States and to the port of Veracruz.

The increasing revenues that the Central government received as a result of this rapid economic expansion allowed it to set up a strong bureaucracy and a strong army. Thanks to the railroads that army could rapidly be transported to many parts of Mexico and thus forestall or defeat any uprising.

It was of equal importance that the incentives for regional *caudillos* to rise up against the central government diminished dramatically. All of them profited both directly and indirectly from the increase in foreign investments. Some of them became intermediaries for foreign capitalists but even if this was not the case many landowners now found new markets for their products in other parts of Mexico and outside of the country. Any violent upheaval would have prevented foreign investments and rebellious *caudillos* would have paid a high economic price, not to speak of the personal risk they would have incurred, if they had attempted to arise against the existing government.

While Mexico's upper classes now had less incentive than ever before to attack the central government or to fight each other their incentive to turn against the popular classes increased by leaps and bounds. Land values rose as a result both of the construction of railroads and the ensuing economic boom. As landlords turned more and more to cultivation of cash crops their needs for supplementary labor increased. One of the best sources of such labor was constituted by the inhabitants of communal villages once they had lost all or part of their land and were forced to work on neighboring estates in order to survive.

While attacks on communal village lands had been difficult as long as the Mexican government was weak and the landlords could count on very limited support from that government the situation changed greatly under Porfirio Díaz. Rebellions by villagers could now be much more easily quelled by government troops and many *caudillos* who in the past had needed the help of neighboring villages to fight against their rivals no longer needed that help.

Under Porfirio Díaz the hitherto strongest in most effective attacks against the properties and rights of Mexico's lower classes took place. The nature of these attacks was highly heterogeneous. They were very different from area to area both in kind and in intensity.

There is little doubt that the greatest attacks on villages communities occurred in areas where railroads were built and land values correspondingly rose, areas where cash crop production greatly increased and in areas of massive cattle exports. In northern Mexico the states of Chihuahua and Durango were particularly affected. In Chihuahua a profound transformation of the social and economic situation of the state had taken place in 1884. In that year the first railway line linking the state both to the United States and to Central Mexico went into operation. In that same year the danger of attacks from nomadic Apache Indians was dramatically reduced when the most important Apache leader, Geronimo, was captured by American troops. There was a huge wave of American investment both in land and mines in Chihuahua. The demand for agricultural products and cattle rose and land values increased. On the other hand since the Apache wars had ended neither the *hacendados* none the state authorities needed the fighting power of the former military colonists anymore. The result was a concerted attack both on their properties and on their traditional municipal autonomy. Hitherto communally owned lands were forcibly offered up for sale after a land law was passed by the oligarchy in 1905. The beneficiaries of these forcible sales and a times out right expropriations were not always identical. At times there were direct land expropriations by *hacendados*. This was the case when the Hacienda de Sombreretillo in Durango owned by the López Negrete family confiscated the lands of San Pedro Ocuila and forcibly evicted the former inhabitants from their houses. In other cases the beneficiaries could be merchants as in the case of the former military colony of Janos in Chihuahua. Frequently wealthy inhabitants of villages not dissimilar to the Russian Kulaks, allied themselves with neighboring estates and began to expropriate traditional village lands as was the case in the frontier settlement of Cuchillo Parado in Chihuahua (Koreck 1985).

A further blow to Mexico's free villages was constituted by the survey and sale of Mexico's vast public lands. In order to gain some measure of control over lands that officially belonged to the government, the Díaz administration commissioned surveying companies to survey all of the lands considered public. In return they would receive one third on these lands. It has often been stated that these surveys resulted in massive expropriations of free villagers which had settled on these lands and did not have any official title to them. Recent research tends to disprove this idea (Holden 1994).

While some villagers were no doubt expropriated in many cases their lands were respected. That does not mean though, that the government measures taken with regard to public lands did not affect Mexico's free peasants. Before the surveys began anyone had access to good grazing lands and wild cattle on public lands. Once the surveys were completed many of these lands were privatized. Both the surveying companies and the government sold them to large investors and landowners. The attacks on the popular classes in the countryside were not limited to free villages but encompassed residents of haciendas as well. On many estates tenantry terms became much worse. In addition on a number of estates the best lands were now worked by the hacienda itself and many share croppers were relegated to marginal lands which were dependent on the highly irregular rainfall in many parts of Mexico.

In Southeastern Mexico above all in Chiapas, Tabasco and Yucatan there was a resurgence and expansion of conditions of debt peonage that in many senses were akin to slavery. The implementation of these attacks on the country people did not proceed without meeting significant degrees of resistance. Part of that resistance took place within the existing political and judicial system. Village communities complained to high officials in the Díaz government and to Díaz itself. They recurred to the courts and at times had their complaints printed in the weak and in some respects sporadic opposition press. To no avail. In most cases Díaz refused to intervene and told the complainants to resort to the courts. In the Spanish colonial period the courts were above all instruments of the Spanish crown and not of the domestic oligarchy in New Spain. As a result they frequently took decisions contrary to the wishes of Mexico's *criollos*. In the Díaz period the links between the domestic oligarchy and the courts were much closer and thus the lower classes could expect very little help from the courts. In desperation in the 1890's many villagers resorted to armed uprisings. They were mercilessly crushed. Not only was the Díaz administration far stronger than any preceding Mexican government but the country people had lost the support of their traditional caudillo allies who had made their peace with Díaz and were mainly interesting in profiting from the new opportunities for enrichment that Mexico's rising economy provided. One of the means most resented by people in the countryside that the government applied against them was the end of their traditional autonomy. In much of Mexico villagers could not elect their own mayor and local authorities which were now imposed on them by officials directly responsible to the central government and to the governors, the *jefes políticos*.

Not all parts of Mexico were equally affected by these attacks on the country people. In the Western state of Jalisco significant amounts of lands belonged to a kind of agrarian middle class, the *rancheros*. These were frequently descendants of Spanish conquerors who had acquired family sized parcels of lands and owned their lands individually. Legally the Díaz administration could not undertake any measures against them. Nor were they interested in doing so. They were part to a large degree of Mexico's modern economy.

In Nuevo León military colonies had also emerged up during the Spanish colonial period but unlike Chihuahua no great efforts were made to expropriate their lands. One of the main reasons for this development was doubtless the fact that Nuevo León's oligarchy, concentrated above all in the city of Monterrey, mainly consisted of industrialists and financiers who had little interest in land.

In Northern Mexico as well as in areas of the south close to large cities, expropriated villagers were able in economic terms to make up for their loss of lands by finding work elsewhere. In the North many began to work in the newly developed mines and in railway construction. In addition many migrated to the United States either on a temporary or permanent basis.

In the South in areas such as Morelos close to the capital others tried to find work in the large cities. When in 1907 the recession that began in the United States spilled over into Mexico many of these people faced a disastrous situation. They had lost the land, which had been their main means of subsistence and now they had lost the alternative employment that had allowed them to survive. It is thus not surprising that when a wealthy land owner from Northern Mexico, Francisco Madero, called for a massive uprising against the dictatorship of Porfirio Díaz and in his platform included a demand that lands confiscated from villagers be returned to them, he found massive support in Mexico's countryside.

This support by no means encompassed all of Mexico and was concentrated in certain areas on the country which had been the hotbeds of agrarian discontent. In Chihuahua the core of the revolutionary army consisted of former military colonists who had either lost some or all of their lands and grazing areas for their cattle. They also deeply resented their loss of municipal autonomy which they had enjoyed for nearly two centuries. In the Laguna area of Durango and Coahuila they were joined by many hacienda laborers. In Morelos it was above all inhabitants of communal villages who had suffered in one way or the other from the expansion of the large sugar estates who revolted. In all of these areas the revolution did not take the form of a spontaneous uprising but had been prepared by a large scale political awakening of the popular classes. For reasons that would go beyond the scope of this paper, Díaz in his last years in office had opened up a certain political space. As a result Madero could campaign in many parts of Mexico and set up his anti-reeleccionist party. While Madero and his party suffered frequent reprisals prior to the election of 1910 they still enjoyed a measure of freedom.

In Morelos it was not Madero but a gubernatorial candidate, Francisco Leyva, who managed to mobilize large segments of the country people. In the Leyva campaign many villagers came into contact with each other and bonds were created which would help in the ensuing revolution. An active participant in this campaign was a leader of the community of Anenecuilco, Emiliano Zapata. Most of the communities that revolted had an old fighting tradition. In the North it was a tradition of combat against nomadic Indians. In the South and above all in Morelos that tradition went further back to the struggle against the French invaders and the supporters of Maximilian's ill-fated empire.

In the North the literacy rate was among the highest in Mexico and while many communities were isolated by large distances and even separated by deserts from each other, opposition newspapers such as the *Correo de Chihuahua* allowed people in the country side to communicate with each other. In Morelos the closeness of most villages to each other accelerated communications. In the North thanks to the border with the United States revolutionaries had no great difficulty in acquiring arms. In the South this problem was more difficult but the closeness of Morelos to the city of Mexico also made it possible to buy weapons though this was a much more difficult undertaking than in the North.

In the North the uprising was led to a large degree by rebellious members of the upper class, above all Francisco I. Madero himself or by José María Maytorena in Sonora. In the South there were no revolutionary landowners and the middle class was small and under developed and thus the leadership of the revolution was assumed by country men such as Emiliano Zapata and Genovevo de la O.

With some exceptions this first phase of the revolution was not radical in nature in the sense that there were no massive occupations of hacienda lands and no massacres of land owners or hacienda administrators. Surprisingly very few jacqueries took place. Many parts of Mexico especially the country's Southeast were largely unaffected by Madero's revolution. In the latter areas the control of the *hacendados* was so pervasive, the isolation of peons from each other so great, that participation in the revolution was sporadic and minimal.

The participants in what I would call the second wave of revolution in Mexico which lasted from late 1911 through the overthrow of Madero in February of 1913 were disillusioned revolutionaries of the first wave. They deeply resented the fact that Madero had not complied with the promise he had made in the *Plan de San Luis Potosí* to return lands confiscated from the popular classes to their former owners. In addition many of the revolutionaries had been led to believe that in one or the other way profound social changes in their favor would take place. When nothing of the kind happened and on the contrary the federal army attempted to demobilize the revolutionary army by force and began a policy of persecution not only of former revolutionaries but of their families as well, Emiliano Zapata broke with the Madero government. He issued the *Plan de Ayala* which demanded the return all lands taken from villages and the division of one third of estate lands among the village communities. In the North, particularly in the states of Chihuahua and Durango disillusioned veterans of the Madero revolution also rose up in arms. No one has better expressed these feelings than the British consul in Durango:

> promises had been made to the men as inducement to enroll, by the lesser leaders; future large increases in wages, apportionment of land and other impossible benefits were not considered to be too extravagant or improper assurances when men were needed. Mr. Madero and his lieutenants have not found it easy to satisfactorily explain the non-compliance, nor why further patience must be exercised in these matters; the rank and file are feeling that the only real vestige of these promises is the resentment that non-fulfillments have left in their minds. Many state that they are victims of deception and injustice.

The revolt in the North though was far more complex than its counterpart in the South where the leadership clearly and unequivocally came from the lower classes of society. In the North the leader of the revolt Pascual Orozco who had also been the main military leader of the Maderista revolution in Chihuahua had allied himself with some of the wealthiest *hacendados* in Chihuahua. The latter were willing to take the risk of the popular revolution because they felt that Pascual Orozco could control it. If not, they hoped that the revolution would be defeated and the federal army would return to the North. As a result of the Madero revolution most federal troops had been withdrawn from that area and the oligarchy hoped that their return would clearly allow the area's upper classes to maintain their traditional control over these areas.

The Orozco revolt was defeated and he lost the support of many of the radical countrymen who had joined him. They felt that Orozco had betrayed them. Others reverted to banditry.

The third wave of revolution was very different of the first two, in that it was not organized and frequently comprised groups that had scarcely participated in the first two waves of revolt i.e. hacienda-peons. The victory of the Madero revolution and the obvious weakness of the traditional Mexican state produced the most different kinds of resistance. Some times resistance simple meant "saying no" to the hacienda on subjects that the peons had hitherto fully accepted. A characteristic expression of such of an attitude were the events on a

British owned hacienda *Dos Bocas* in the state of Oaxaca where no major revolutionary movement had occurred in 1910-1911.

Sometime in the nineteenth century, a Mexican landowner, General Mejía, owner of the hacienda of Dos Bocas, seized lands belonging to the peasant village of Zoquiapan with the help of the courts. "The Indians appeared and still appear to believe", the British Consul reported on these events to the Foreign Office in London,

> that they possess inherent rights to till these ancient communal lands, as they were tilled by their fathers and grandfathers, and hold the theory that they were wrongfully abdicated to the estate. They seem, nevertheless, or at all events, some of them, to have acquiesced more or less grudgingly, in the altered conditions, and to have been satisfied with the status of colonists, or settlers on the land, provided that certain lapses on their part, such as permitting their cattle to stray about the plantation, were not too closely inquired into.

General Mejía was obviously an old-line cacique who believed that a certain amount of flexibility and give and take was necessary to keep his peons in line and to prevent them from becoming desperate and thus resorting to desperate means. His British son-in-law who inherited the estate, Woodhouse, had no such beliefs. "In respect to such matters as these", the British Minister to Mexico stated in diplomatic terms,

> it is contended that Mr. Woodhouse has shown some want of tact and that, by adopting a more conciliatory attitude in dealing with ignorant Indians, who considered that they have been defrauded of their lands, although not directly by Mr. Woodhouse himself, much friction might have been avoided.

In the same diplomatic vein, the British Minister concluded, "the peculiar position of the settlers on his estate would appear to entitle them to be treated with a greater measure of forbearance than ordinary tenants would have the right to expect".

When some of the hacienda laborers who showed sympathy for the revolution (although they had never participated in it) were shot and wounded by the owner of the plantation, Woodhouse, and were later arrested by soldier a rebellion broke out on the hacienda and peons assumed control over the estate. An observer sent by the state government to evaluate conditions at the hacienda of *Dos Bocas* returned that by stating "all the troubles complained by Mr. Woodhouse are more or less chronic on all haciendas in the state of Durango".[3] In other cases large scale strikes of hacienda peons occurred demanding not only higher wages but for these wages to be paid in money and not in scrip only redeemable at the company store. In other cases many disillusioned country men resorted to banditry.

While the reaction of the Madero administration to the second wave of revolts was clearly antagonistic his attitude towards the third wave was far more differentiated and nuanced Madero's government tolerated many of the strikes and in many cases of conflicts within the haciendas as in Oaxaca, it carried out attempts of mediation.[4]

The Madero administration also legalized some of the changes that inhabitants of communal villages had sought for a long time: the right to elect their own officials. Some times these newly elected authorities tried to reverse some of the land expropriations that had taken place in the Díaz period. With few exemptions they did not touch the haciendas but they did attempt to reverse some of the expropriations carried out by local strong men, merchants or wealthier peasants. It is not clear how the Madero government reacted to this type of local change.

On the whole while the three waves of revolt and social movements had eroded the power of the traditional oligarchy and the power of the *hacendados* in much of Central and Northern Mexico that erosion was still very limited in scope. The vast majority of *hacendados* still controlled their lands and the Madero government had made no move to, in any way radically alter the agrarian status quo.

That situation would change dramatically in what I would call the fourth wave of the revolution. In February of 1913 Mexican conservatives with help of the Mexican Federal army and U.S. ambassador Henry Lane Wilson toppled the Madero government and established a military dictatorship headed by federal commander Victoriano Huerta. The attempts by the Mexican military to crush rural revolutionary movements once and for all were completely unsuccessful. On the contrary a fourth wave of revolutions now occurred. While in Morelos it represented a continuity with the second wave, in the North entirely

---

3   Prefect of Etla to state government, January 31, 1911, enclosed with message
     from Francis William Stronge, British minister to Mexico, of February 20, 1912,
     PRO, FO 37371-1396-11269-3738.
4   *Ibid.*

new revolutionary movements arose. Not only were these new revolutionary armies more powerful than their Maderista predecessors but
also far more radical. As these armies advanced southward large
groups of Mexican *hacendados* fled, since many had identified themselves with the Huerta dictatorship. Only foreign land owners whose
properties the revolutionaries respected because they needed access to
arms from the United States and *hacendados* such as the Madero family who had thrown in their lot with the revolutionaries remained.

The disappearance of the old army, the old authorities as well as
the flight of the *hacendados* created a partial power vacuum. This
power vacuum was enhanced by the civil war between the revolutionary factions that engulfed Mexico from the latter part of 1914 through
1915 which prevented any stable government from emerging in important parts of Mexico.

The consequences of this power vacuum for the countryside and
how it was filled remain one of the most controversial problems in the
historiography of Mexico. On the whole this period of power vacuum
was characterized by a tremendous heterogeneity. In the areas controlled by Emiliano Zapata the leader of the liberating army of the
South, the land of the large haciendas were divided among the adjoining villages and political power reverted to the *pueblos* as well as to
the leadership of the Zapatista army. While important differences did
exist between villages in Morelos and in adjoining areas, on the whole
the territories controlled by the Zapatistas showed the greatest degree
of homogeneity within the revolutionary zones of Mexico.

In the areas controlled by the other important movement with a
lower class leadership that of Pancho Villa conditions were far different and far more heterogeneous (Katz 1998: 397-633). Villa's main
policy with regard to the land was to confiscate the properties of the
large estates and have them administered by the state. The revenues
would be used to finance both the revolution and to provide cheap
food to people in the cities as well as to help the poor, the unemployed
and the widows and orphans of his soldiers. These confiscations were
linked to the promise to divide these lands once the revolution tri-
umphed among the soldiers of his army and to return confiscated
lands to their former owners. While this was Villa's official policy
which was applied in much of Chihuahua, in reality conditions within
the Villista coalition were far more heterogeneous. One of the main

characteristics of that coalition was that Villa allowed his allies out-side of Chihuahua to have a great degree of autonomy and leeway. The result of that policy is perhaps best described by looking at the situation in the state of Durango. In the most fertile part of the state, the "Laguna", which embraced both Durango and Coahuila many of the large cotton producing haciendas were confiscated from their for-mer owners and administered by the state and the revenues went to the state treasury. In another part of Durango Villa's old crony from ban-dit days, Tomas Urbina, appropriated the Hacienda of Canutillo and the surrounding town of Las Nieves. John Reed an American corre-spondent who visited Canutillo wrote:

> I went out at dawn and walked around Las Nieves. The town belongs to General Urbina – people, houses, animals and immortal souls. At Las Nieves he and he alone wields the high justice and the low. The town's only store is in his house (Reed 1969: 57).

By contrast in a third part of Durango centered around the town of Cuencame and controlled by the troops of Calixto Contreras, a very different situation existed. Contreras was a traditional leader of a vil-lage community, the community of San Pedro Ocuila and for years he had led his people in a struggle to maintain their lands against the encroachment of the neighboring hacienda of Sombrerete. Once he assumed control of his area a large scale occupation of hacienda lands and division of these properties took place.

In the areas dominated by Venustiano Carranza, an *hacendado* who led one of the strongest Mexican revolutionary factions the situa-tion was far less heterogeneous. Carranza was fundamentally opposed to any kind of large scale agrarian reform and hoped to maintain the hacienda as an institution. Nevertheless his generals forced him to acquiesce to a temporary occupation of Haciendas by revolutionary generals who thus hoped to finance the revolution. He nevertheless made it clear that such occupations were only temporary and should never result in the division of hacienda lands.

In contrast to the situation in the North and in much of Central Mexico in the country's Southeast very different conditions impaired. Here no real revolution had taken place, the *hacendados* had not fled and they continued to dominate their areas. One of the factors that helped them to maintain this control was that a large part of the in-habitants of the Southeast were debt peons living on haciendas and kept isolated from the rest of Mexico by the land owners. In addition since many of the peons were Indians who did not speak Spanish maintaining that isolation was even easier for the *hacendados*.

By the end of 1915 with the military defeat on the conventionnist forces (i.e. the forces led by Villa and Zapata), the situation in Mexico's country side once again underwent a profound change. Carranza who assumed power in Mexico and headed the country from 1915 to 1920 was deeply opposed to any massive land reform. To attribute this opposition solely to the fact that he was an *hacendado* is far too a simple explanation. Carranza was above all a nationalist who hoped to modernize Mexico as rapidly as possible so that it could maintain its independence from the Unites States. He was profoundly convinced that a land reform would transform Mexico's agriculture from cash crop production to subsistence agriculture and thus lead to an economic disaster for the country. As a result he waged a ruthless and bloody campaign against Zapata and against other radical agrarian revolutionaries. He returned the haciendas to their expropriated owners. He thus in many respects replicated the policies that Madero had carried out in 1912 and 1913. There was one essential difference though, Carranza had to contend with the strong radical wing of his own movement that demanded land reform. In order to conciliate these radicals Carranza agreed to substantial legislation that for the first time in Mexico's history included land reform as part of the country's constitution. Article 27 of the new constitution which the Mexicans congress enacted in 1917 stated that communities had the right to demand lands from the large estates to be distributed among them. While Carranza had no intention of applying these laws and never did apply them, they nevertheless had profound consequences. They created a mobilization among peasants who met and circulated petitions to the government to demand the division of neighboring hacienda lands. Important segments of Mexico's rural classes were thus politicized and these movements constituted the embryo of political peasant organizations that were to emerge a few years later. These peasant mobilizations also created a counterforce to *hacendados* who recovered their properties which had been confiscated by revolutionary armies. They never managed to recover the influence over their peons and neighboring free villagers that had been theirs before the outbreak of the revolution.

There was one kind of social movement that Carranza and his government initiated that I would call the fifth wave of the Mexican revolution in the countryside. This movement was centered in Mexico's Indian Southeast. The *hacendados* of that area whose power was still intact were very wary of Carranza and his government. In view of his radical legislation some of them feared that he might implement these laws. Others did not want to share power with the central government. Others still, who may not have believed in the sincerity of Carranza's agrarian radical legislation did have a serious divergence with Carranza with regard to debt peonage. As a convinced capitalist Carranza did not believed in conditions of semi slavery and greatly and sincerely opposed the institution of debt peonage that was so prominent in Mexico's southeastern regions. When the *hacendados* of Mexico's southeast refused to subordinate themselves to his government he sent troops to occupy these areas. This was not only due to his wish to control all of Mexico but also had its origins in the fact that some of the most important cash crops that could bring his government desperately needed revenue were produced in those areas. This was above all the case of Henequen in Yucatan whose price had increased by leaps and bounds after the outbreak of World War I prevented the transportation of competing raw materials from Africa to the Unites States.

In order to gain popular support in those areas and checkmate the power of the *hacendados* Carranza's generals once they entered the Southeast proclaimed the end of debt peonage. Some of the men charged with carrying out these policies were some of his most radical supporters such as Salvador Alvarado who was sent to Yucatan and Francisco Mugica whom Carranza sent to Tabasco. It was a convenient way not only of maintaining the support of these radicals who were disillusioned by Carranza's conservative policies in Northern and Central Mexico but also of maintaining them far away from the center of his administration. The most successful of these radicals was Alvarado in Yucatan who had not only abolished debt peonage but sent radical instructors not dissimilar to political commissars as they existed in the Soviet Union, to the Haciendas to mobilize the peons against their owners. The result was an enormous radicalization in the countryside of Yucatan, that finally led to the creation of the first genuine radical party to emerge from the Mexican Revolution, the

Socialist Party of the Southeast led by one of Mexico's most interesting and original ideologues, Felipe Carrillo Puerto (Joseph 1980).

These policies were least successful in Chiapas where clientelistic
relations between *hacendados* and peons on the one hand and
depredations committed by Carranza's troops led by the relatively
corrupt Jesús Agustín Castro, resulted in a united opposition by Indian
peons and *hacendados* to the Carranza regime which prevented it from
effectively controlling that state.

In 1920 a new phase of the history of the Mexican Revolution began. Mexico's army led by Álvaro Obregón overthrew the administration of Venustiano Carranza. Unlike his predecessor Obregón was
willing to make large scales concessions to rebellious countrymen in
order to pacify the country. He signed an agreement with the Zapatistas (Emiliano Zapata had been assassinated two years earlier by orders
of Venustiano Carranza) to lay down their arms in return for being
allowed not only to keep their lands but to have a Zapatista governor
of Morelos.

In the North the new Obregón government granted an amnesty to
Pancho Villa, gave land to all of his veterans and undertook a large
scale land reform in Chihuahua. In other parts of the country where
rebellious countrymen where still under arms, Obregón made similar
concessions.

In many respects Mexico's situation in the 1920 was strangely
reminiscent of the situation that had impaired in the country one century earlier. The newly emerging Mexican government though not as
weak as its predecessors a century earlier, still faced a tremendous
amount of opposition from warlords or old line conservatives. In order
to be able to maintain itself the new revolutionary government as well
as *caudillos* i.e. warlords in different parts of the country made alliances with inhabitants of free villages and frequently with their newly
created political organizations and thus once more the peasantry entered Mexican politics.

Bibliography

Alonso, Ana (1995): *Thread of Blood: Colonialism, Revolution, and Gender on Mexico's Modern Frontier*. Tucson: University of Arizona Press.

Borah, Woodrow (1993): *Justice by Insurance*. Berkeley: University of California.

Guardino, Peter F. (1996): *Peasants, Politics and the Formation of Mexico's National State: Guerrero 1800-1857*. Stanford: Stanford University Press.

Holden, Roberto (1994): *Mexico and the Survey of Public Lands:The Management of Modernization, 1876-1911*. DeKalb: Northern Illinois University Press.

Joseph, Gilbert Michael (1988): *Revolution from Without: Yucatán, Mexico, and the United States, 1880-1824*. Durham: Duke University Press.

Katz, Friedrich (1998): *The Life and Times of Pancho Villa*. Stanford: Stanford University Press.

Koreck, María Teresa (1985): "Social Organization and Land Tenure in a Revolutionary Community in Northern Mexico, Cuchillo Parado, 1865-1910". In: *Séptima Reunión de Historiadores Mexicanos y Norteamericanos, Oaxaca, México* (unpublished paper).

Nugent, Daniel (1988): *Rural Revolt in Mexico and U.S. Intervention*. San Diego: University of San Diego.

Orozco y Orozco, Victor Manuel (1995): *Historia general de Chihuahua*, vol. 3: *Tierra de libres: Los pueblos del Distrito Guerrero en el siglo XIX*. Ciudad Juárez: Universidad Autónoma de Ciudad Juárez.

Reed, John (1969): *Insurgent Mexico, 1914*. New York: Simon & Schuster.

Reed, Nelson (2001): *The Caste War of Yucatan*. Stanford: Stanford University Press.

Ulrich Mücke

Historia de un fracaso anunciado: Sendero Luminoso y la crisis del Perú actual (1970-1992)

La historia de Sendero Luminoso parece –a primera vista– más una novela mal inventada que el pasado de un país real. Fundado en 1970 como escisión local de uno de los dos partidos comunistas prochinos, Sendero Luminoso fue un grupito minúsculo limitado al ámbito local de Ayacucho, una ciudad sin ninguna importancia a nivel nacional, sea política, económica o geográficamente. Cuando el país regresó a la democracia en 1980, Sendero Luminoso declaró la guerra popular y empezó a combatir no simplemente al Estado peruano sino a todos los actores sociales y políticos existentes. Mataba a militantes de partidos desde la ultraderecha hasta la ultraizquierda, a sindicalistas, representantes de organizaciones no gubernamentales extranjeros, policías y militares. Fue la guerra de un puñado de fanáticos contra el resto del país. Sin embargo, once años más tarde, Sendero Luminoso declaró que se había conseguido el equilibrio estratégico, vale decir que los insurgentes habían acumulado tanto poder que sus enemigos difícilmente les podrían derrotar.[1] A lo mejor, fue la única ocasión en la cual la gran mayoría de los peruanos le daba razón a Sendero Luminoso. Parecía que era invencible y que el Estado peruano estaba a punto de desaparecer. Pasó todo lo contrario. En 1992 se detuvo al líder indiscutido de la secta junto con otros líderes y dentro de menos de un año en la llamada guerra popular había prácticamente terminado. Hoy en día, Sendero Luminoso, ya no es un actor político de importancia. Es una banda criminal que de vez en cuando comete atentados y asesinatos, viviendo una agonía que puede durar mucho tiempo.

---

[1] Sendero Luminoso "constituye una amenaza existencial para el sistema político y el Estado" (Krennerich 2000: 26).

¿Cómo podemos explicar que un grupúsculo político, aislado tanto geográfica como socialmente, pueda convertirse en una de las más importantes fuerzas políticas del país sin unirse y ni siquiera acercarse a otra fuerza política o social? ¿Y cómo fue posible que Sendero Luminoso siendo uno de los actores políticos más importantes del Perú desapareciera casi de la noche a la mañana? En estas líneas voy a desarrollar dos argumentos que pueden ayudar a explicar la increíble historia de Sendero Luminoso. En primer lugar hay que diferenciar entre los diferentes ámbitos geográficos y sociales en los cuales Sendero Luminoso actuó. Si uno analiza las historias de Sendero Luminoso en cada región separadamente, uno se da cuenta que después de haber comenzado la guerra, éste fue rechazado en todas partes al poco tiempo. La continuada extensión de la guerra fue una victoria pírrica de Sendero Luminoso, la cual disfrazaba las derrotas que le obligaban a ir de una a otra parte del país. Entonces, lo que parecía un avance continuo de Sendero Luminoso era a la vez una fuga (hacia adelante) permanente. La derrota final a principios de los años noventa no se debió simplemente a la captura de Abimael Guzmán (el llamado "presidente Gonzalo" de Sendero Luminoso), sino más bien a que este golpe se dio junto con duros reveses en otras zonas del país. La simultaneidad de estos golpes destruyó a Sendero Luminoso.

En segundo lugar, este trabajo defiende la tesis de que los éxitos de Sendero Luminoso en cada región (aunque fueran parciales y no duraran mucho) se debían a factores propios de cada esfera geográfica y social en la cual Sendero se movía. Estos factores (como la bonanza cocalera en los Andes orientales o el derrumbe de la industria manufacturera en Lima) no eran previsibles, ni siquiera para personas tan iluminadas como el presidente Gonzalo. Aunque las estructuras económicas y sociales, como la pobreza o el racismo, también son importantes para acercarse al fenómeno Sendero Luminoso, un análisis estructural no es suficiente para explicar el por qué Sendero Luminoso tuvo éxito en una región y en otra no.

Por lo tanto, hay que descender de la historia nacional a la historia regional para comprender el porvenir de Sendero Luminoso. Sin embargo, estas historias regionales se desarrollan como parte de una historia nacional. De ahí que haya que mencionar algunas coyunturas a nivel nacional en los años setenta y ochenta que fueron importantes para los éxitos y derrotas de Sendero Luminoso.[2] En primer lugar, justamente cuando la facción liderada por Abimael Guzmán decidió constituir su propio partido político tras salir (según unos) o ser expulsados (según otros) de uno de los dos partidos comunistas prochinos, el gobierno militar de Velasco Alvarado puso en marcha una reforma agraria que acabó con los terratenientes tanto en la costa como en los Andes. Desde entonces, la tierra en el Perú pertenece a cooperativas controladas al principio por el Estado, a comunidades campesinas y a campesinos individuales. Ya no había una clase terrateniente. Los conflictos en el campo eran muy complejos, ya que no se limitaban a un simple antagonismo entre campesinos y terratenientes (sean personas naturales o jurídicas) como pensaba Sendero Luminoso. En segundo lugar, Perú vivía una enorme movilización social y política por lo menos desde los años sesenta. Lo que se llamó "desborde popular" no fue simplemente un fenómeno social, sino también tuvo un impacto político importante (Matos Mar 1984). Cuando Sendero Luminoso empezó su lucha armada, existían miles y miles de organizaciones campesinas, obreras, vecinales, estudiantiles, de mujeres, frentes de defensas, partidos políticos, etc. Eso significa que había cientos de miles de personas con experiencia en el trabajo político de base, las cuales no estaban dispuestas a subordinarse a una agrupación como Sendero Luminoso que no tenía ni vínculo ni experiencia en el movimiento popular (con excepción de Ayacucho). Además, el regreso a la democracia abrió espacios al movimiento popular que la guerra de Sendero Luminoso amenazaba con cerrar nuevamente y de ahí que la "guerra popular" tenía muy poco que ofrecer a los pobres del país. Sin embargo, la crisis económica –cada vez más fuerte desde 1983– significó una coyuntura propicia para Sendero Luminoso. Es difícil sobreestimar el impacto de la crisis. La economía formal prácticamente desapareció y cada vez era (y es) más frecuente comparar el Perú con los países más pobres de África. Hernando de Soto que originalmente había alabado el surgimiento de la informalidad, diciendo que esto era el capitalismo de los pobres (Soto [2]1987), a principios de los años noventa lamentaba que el país se estuviera colapsando, puesto que ya no se respetaba ninguna ley o institución, desde el Parlamento hasta

---

2   Unas excelentes introducciones a la historia del Perú las hacen Klarén (2000) y
     Contreras/Cueto (1999).

los semáforos (Klarén 2000: 406). La reducción de la economía formal a niveles desconocidos trajo consigo la destrucción de la izquierda
antigua, cuya base habían sido los obreros y empleados sindicalizados.
Gran parte de ellos perdían su trabajo asalariado y los que seguían en
sus empresas tenían que buscarse un trabajo adicional como pequeños
empresarios informales, es decir vendedores ambulantes, taxistas, etc.
El derrumbe de la Unión Soviética sólo fue el golpe de gracia para una
izquierda que había perdido su base social. Junto con la izquierda,
pareció que el Estado peruano iba a deshacerse por la crisis económica. Los impuestos en 1990 eran la mitad de los existentes en 1980
(con una población mucho mayor). A fines de la "década perdida" –
los ochenta– el Estado recaudaba menos del cinco por ciento del ingreso nacional, cifras que hacen recordar los tiempos coloniales. Los
empleados del Estado y los municipios si no dejaban de recibir sueldos en absoluto, cobraban cantidades tan ridículas que estaban obligados o a buscarse un trabajo adicional o a cobrar por sus servicios. De
ahí que la corrupción llegara a niveles increíbles. El malestar general
de los peruanos con la situación que vivían se expresaba en todas y
cada una de las elecciones. Siempre se castigaba al gobierno actual,
eligiendo los candidatos que parecían lo más diferente de quien estaba
gobernando. De esta suerte, hasta un candidato totalmente desconoci-
do como Alberto Fujimori pudo ganar las elecciones en 1990, porque
su falta total de experiencia y de contactos en el mundo político era
vista como una característica que le distinguía positivamente del resto
de los candidatos que a partir de entonces se iban a llamar "políticos
tradicionales". Entonces es sorprendente que Sendero Luminoso no
haya podido aprovechar más esta decepción con la clase política. Para
comprender el por qué desperdició todas las oportunidades que se le
presentaban en los años ochenta, hay que empezar con la historia del
Partido Comunista Peruano en los años sesenta.
   El Partido Comunista nunca había sido muy poderoso en el Perú y
generalmente vivía al margen de otros partidos, como por ejemplo del
APRA. No obstante, los comunistas se permitieron el lujo de participar en la contienda entre la línea prochina y la prosoviética que en
1964 les llevó a la separación en un PCP-Unidad (prosoviético) y un
PCP-Bandera Roja (prochino). Los últimos calificaron el Perú como
país semifeudal y semicolonial y decidieron que la revolución sólo era
posible mediante una guerra popular prolongada. Hasta ahora, Sende-

ro Luminoso defiende esta descripción sorprendente del país y de la revolución. Pero la línea de Sendero Luminoso no es idéntica a la línea maoísta del Partido Comunista. Muy al contrario, constituye una de las subsiguientes escisiones del Partido (los numerosos partidos comunistas del Perú hasta ahora debaten cuál es el verdadero partido comunista y cuáles son las escisiones, tema que aquí no vamos a profundizar). Después de que los maoístas se habían dividido en dos partidos comunistas, en 1969, dentro de uno de los dos, un grupo arraigado en la ciudad de Ayacucho criticó a gran parte de la dirigencia por no prestar la suficiente atención a la preparación de la guerra popular.[3] En 1970, este grupo formó un partido comunista más, después llamado Sendero Luminoso. El nombre se deriva del lema "[...] en el sendero luminoso de José Carlos Mariátegui" con el cual el Frente Estudiantil Revolucionario (muy vinculado con el nuevo partido) firmaba sus comunicados. Pero hasta ahora en ningún documento oficial de Sendero Luminoso aparece el nombre "Sendero Luminoso". Ellos siempre hablan del Partido Comunista del Perú. Si uno se imagina que el Partido Comunista nunca había tenido gran importancia en el Perú, que se había dividido en 1964 y que Sendero Luminoso era nada más que una fracción local de uno de los dos partidos comunistas maoístas, entonces uno comprende que no jugó ningún rol importante en la política nacional. Su líder fue desde el principio Abimael Guzmán, un profesor universitario de filosofía.

Nacido en 1934 en el sur del Perú, Abimael Guzmán llegó en 1963 a la Universidad San Cristóbal de Huamanga, en Ayacucho, que recién se había reabierto. Desde el comienzo militaba en el Partido Comunista, y a lo mejor el conflicto en 1969/70 fue puesto en escena por el mismo Guzmán para crear su propio partido comunista. Desde la fundación de Sendero Luminoso, él es el líder indiscutido que poco a poco instituyó un culto a su personalidad que ningún partido comunista en el mundo había conocido antes de tomar el poder. Siendo Guzmán profesor universitario, no es de sorprender que el centro del trabajo partidario se encontrara en la universidad. Gran parte de los dirigentes y de los militantes del partido fueron profesores y estudiantes de la universidad. A Guzmán se le llegó a llamar "Dr. Shampú" por los lavados de cerebro que aplicaba a sus alumnos (Starn 1995:

---

3   Para la historia temprana de Sendero Luminoso, véase Degregori (1990).

404). No está del todo claro si Sendero Luminoso preparó desde el
comienzo la lucha armada. En aquella época todos los grupos izquier-
distas radicales hablaban de la guerra revolucionaria, aunque la lucha
armada había fracasado estrepitosamente en los años sesenta. Sendero
Luminoso era un grupito más y nadie podía prever que a diferencia de
los otros iba a tomar las armas de verdad. Sea como sea, parece que
hasta mediados de los años setenta, Sendero Luminoso se concentraba
en el trabajo legal, ya que no se podían observar medidas para la lucha
armada y ni siquiera para la clandestinidad. En el ámbito local de
Ayacucho, Sendero Luminoso rápidamente llegó a ser un grupo político de gran poder. Sus cuadros ocupaban cargos centrales en la universidad que les permitían recompensar trabajos partidarios con servicios
de la universidad y con puestos en ella. El Frente Estudiantil Revolucionario –organización senderista– fue una de las más importantes
organizaciones estudiantiles en Ayacucho. Lo que Sendero significó
para la ciudad de Ayacucho sólo se puede comprender si uno tiene en
cuenta que la vida de este ciudad giraba alrededor de la universidad.
En el lugar no había industria, la posición geográfica lo aislaba de las
más importantes rutas comerciales y la agricultura estaba tan decaída
que gran parte de los grandes terratenientes se había desprendido de
sus tierras antes de la reforma agraria del gobierno militar. De ahí, el
conflicto social más importante en el Ayacucho de aquel entonces no
se originó por la cuestión de la tierra, sino por la gratuidad de la enseñanza universitaria. Cuando el gobierno militar decretó en 1969 que la
gratuidad iba a desaparecer, toda la ciudad vivió una impresionante
movilización en favor de la gratuidad. Acabar con ella, para los ayacuchanos hubiera significado perder gran parte de su población estudiantil que venía del mismo departamento o departamentos vecinos, es
decir de las zonas más pobres del país. Ellos no podían pagar por su
educación universitaria. Al contrario, estudiar ya significaba un gran
sacrificio económico para ellos y sus familias. Así, la cuestión era de
vida o muerte para Ayacucho. No se sabe si las movilizaciones en
Ayacucho impresionaron al gobierno militar que finalmente revocó su
decisión. Lo que sí se sabe es que el grupo liderado por Guzmán jugó
un papel central en la defensa de la gratuidad de la enseñanza y que
fue un momento en su historia en el cual fue sumamente popular en
Ayacucho. Sin embargo, no logró mantener esta popularidad y su
Frente Estudiantil Revolucionario perdió las elecciones estudiantiles

en 1974, al igual que varios profesores senderistas tuvieron que dejar puestos claves en la administración universitaria después de haber perdido las elecciones respectivas. Recién a partir de estos fracasos se pueden notar pasos concretos hacia la guerra armada. Sendero Luminoso dejó de esforzarse en el trabajo legal estudiantil y sus dirigentes dejaron de aparecer en público. Sendero Luminoso no pasó a la clandestinidad por los muchos éxitos que tuvo, al contrario, empezó a preparar la guerra después de haber sufrido fuertes reveses en el trabajo legal.

La historia de la ideología de Sendero Luminoso refleja su distancia cada vez más grande de los hombres y las realidades del país.[4] Desde que existe, Sendero Luminoso ha tildado a todos los gobiernos de fascistas. Todos los grupos políticos –con excepción de Sendero Luminoso, naturalmente– ayudan al sistema fascista, incluyendo los grupos de la izquierda radical, sindicatos, organizaciones vecinales, etc. Por lo tanto, Sendero Luminoso se encuentra en la necesidad de crear sus propias organizaciones –como el Frente Estudiantil Revolucionario– que reemplacen a las organizaciones existentes (en el ejemplo serían todas las organizaciones estudiantiles). Tanto las organizaciones creadas como –a partir de 1980– el Ejército Guerillero Popular (es decir, el brazo armado de Sendero Luminoso) están subordinados al Partido (es decir, Sendero Luminoso). El Partido es un partido de cuadros con democracia centralizada; es decir, quien manda es el comité central. En una palabra, un puñado de profesores ayacuchanos iba a hacer la revolución en el Perú contra todos los grupos sociales y políticos establecidos. En su visión, esto no era de alguna manera un plan presuntuoso, ya que toda la historia desde la formación de la materia misma llevaba necesariamente al comunismo. Contra todo lo que había pensado Marx, Sendero Luminoso no veía al ser humano como agente de su historia. Al hombre le tocaba descubrir las leyes de la historia para aplicarlas. Como los senderistas son los únicos que aplican el análisis científicamente correcto, ellos triunfarán infaliblemente. Más que una ideología, el pensamiento de Sendero Luminoso se asemejó (y se asemeja) a una religión (Degregori [2]1990). Consiguientemente, Sendero Luminoso ha sido tomado como un fundamentalis-

---

4   Los más importantes documentos se encuentran en Arce Borja (1989). Las líneas
     generales también se explican en Guzmán (1988).

mo del Tercer Mundo (Hertoghe/Labrousse 1989). El carácter religioso se iba a reforzar en los años ochenta cuando, en el transcurso de la
guerra, Abimael Guzmán gana cada vez más importancia dentro del
partido. A principios de los setenta, Sendero Luminoso se había pro-
clamado seguidor del marxismo, del leninismo y del pensamiento Mao
Tsetung. Con el transcurso de los años, el pensamiento Mao Tsetung
fue reemplazado por el maoísmo y se le añadió el pensamiento guía
que rápidamente fue llamado pensamiento Gonzalo, celebrando a
Abimael Guzmán como un semidios comparable con los dioses ale-
mán, ruso y chino.

La guerra popular de Sendero Luminoso empezó el 17 de mayo de
1980 en Chuschi, un poblado en el departamento de Ayacucho.[5] Un
puñado de senderistas –con la excepción de uno, todos detenidos al
día siguiente– robó y destruyó las urnas y documentos para las elecciones presidenciales a realizarse al día siguiente. En los próximos
meses, Sendero Luminoso desarrollaría una gran cantidad de acciones
que por lo general no cobrarían víctimas mortales. Se trató más bien
de acciones de propaganda y de robos para conseguir dinero, armas y
material explosivo. Los policías de los pueblos andinos no estaban
preparados de ninguna manera para combatir a Sendero Luminoso.
Algunos fueron asesinados, otros huyeron de sus puestos para evitar la
suerte de sus colegas. Sendero Luminoso no encontró gran oposición
en una región donde estaba trabajando desde hacía más de una década
y donde vivían generaciones de ex estudiantes adoctrinados por el
Dr. Shampú y sus partidarios. Era la "fase Robin Hood" de Sendero
Luminoso. Su campaña no se dirigió simplemente contra representantes del Estado, sino contra todos los elementos de mal vivir. Imple-
mentó un régimen moral estricto y autoritario castigando no sólo a
abigeos sino también a adúlteros, a personas que se emborrachaban o
que no cumplían sus obligaciones comunitarias. En los primeros meses, la guerra de Sendero Luminoso fue bien recibida en Ayacucho.
Los agentes estatales corruptos huían de los pueblos y se implantó un
orden estricto de todas maneras mejor al anterior. Visto desde Lima,
Sendero Luminoso no constituía ninguna amenaza. El recién electo

---

5   Historias narrativas de la guerra de Sendero Luminoso se encuentran en Gorriti
     Ellenbogen ([3]1991); Freire (1995). Para la fase ayacuchana, véase también Man-
     rique (1989); para un acercamiento bibliográfico, Bennett (1998) y Stern ([2]1996).

gobierno del presidente Belaúnde prefirió ignorar lo que pasaba en los Andes. Oficialmente, Sendero Luminoso no era nada más que una banda de criminales comunes. Cuando las acciones armadas aumentaron, se dijo que se trataba de agentes del extranjero. De todas maneras no era nada de temer. Belaúnde había sido el presidente del Perú depuesto por el golpe militar de 1968. Reelecto en 1980, parece que temía más otro golpe militar que a una secta de comunistas. De ahí que tardara mucho en desarrollar una estrategia contrasubversiva. Sendero Luminoso mientras tanto vivió su mejor momento. En 1982 liberó a cerca de 250 militantes detenidos en la cárcel de la ciudad de Ayacucho. Pocas semanas después, unos treinta mil ayacuchanos participaban en el entierro de Edith Lagos, una senderista muerta por fuerzas del orden. Fue la más grande manifestación de apoyo que Sendero Luminoso iba a organizar después de 1980.

En un primer momento se pensó que Sendero Luminoso era un movimiento neoindígena. Había surgido y gozó de apoyo en una de las regiones más pobres del país, la cual forma parte de lo que se llama despectivamente la mancha indígena. Así, algunos autores explicaron la violencia desmesurada de Sendero Luminoso con su carácter indígena (Starn 1995: 405-406). No obstante, esta explicación dista mucho de la realidad. Sendero Luminoso nunca ha sido un movimiento indígena. La mayoría de sus líderes (y casi todos sus líderes históricos) son mestizos. En su discurso, no existe la cuestión indígena. La palabra "indio" o "indígena" prácticamente no aparece. Se habla de campesinos y del problema de la tierra como cuestiones económicas sin prestar ninguna atención a aspectos de cultura y raza. No hay referencias al pasado precolombino peruano o a tradiciones culturales indígenas. Aunque Sendero Luminoso se cree fiel seguidor de José Carlos Mariátegui, ignora su análisis de la cultura andina, según el cual las tradiciones comunitarias andinas forman una base *sui generis* para el socialismo en el Perú. En el pensamiento senderista no hay ningún aporte propio de la cultura indígena para la revolución mundial. Aunque el pensamiento Gonzalo es definido como la aplicación del marxismo-leninismo-maoísmo a la realidad concreta del Perú, más bien se trata de una abstracción total del Perú real en la cual todo lo que es indígena desaparece. Esto no sólo se observa en el discurso sino también en la iconografía. No hay ningún símbolo o dibujo en la propaganda senderista que se refiera a la cultura indígena. Abimael

Guzmán aparece en varios dibujos como profesor con camisa blanca, terno y gafas, a veces con un libro en la mano. En uno de los cuadros más conocidos está dando clases (de guerra popular) a un grupo de alumnos, y ninguno de ellos se puede caracterizar como indio (ya sea por su vestido, su cara u otro aspecto). Abimael Guzmán se encuentra delante de los cuadros de Marx, Lenin y Mao y su cabeza está colocada de tal manera que forma un conjunto con los cuadros.

Otro análisis de Sendero ha llegado a la conclusión que los militantes medios y bajos generalmente son jóvenes urbanos con un trasfondo familiar rural que muchas veces han cursado estudios universitarios. Según este análisis –desarrollado originalmente por Carlos Iván Degregori– estos cuadros militaban en Sendero Luminoso porque habían entrado con grandes esperanzas a la universidad, para darse cuenta después que a pesar de sus estudios sus perspectivas económico-sociales no habían cambiado mucho (Degregori 1989; 1990; ²1990). Ellos seguían sufriendo la marginación como pobres e indios (o hijos de indios, llamados de manera despectiva cholos). Esta tesis fue reforzada por un pequeño trabajo estadístico sobre senderistas detenidos en Lima en los años ochenta (Chávez de Paz 1989).[6] Sin embargo, este análisis no ayuda mucho a comprender los éxitos y fracasos de Sendero Luminoso. El Perú desde los años sesenta se ha convertido en una sociedad urbana. La migración del campo a la ciudad ha sido masiva. Además, la población en general ha crecido enormemente. Es decir, el peruano típico en los años ochenta fue joven y tenía parientes en el campo. Además, quería superar a sus padres, que muchas veces venían del campo. Si esto hubiera sido el primer paso para hacerse senderista, la secta maoísta debería haber contado con millones de cuadros en vez de contar con cientos o miles. Es más bien sorprendente que un porcentaje tan reducido de los millones de jóvenes descendientes de gente del campo, con estudios escolares o incluso universitarios y sin ninguna perspectiva profesional en el Perú se haya unido a Sendero Luminoso.[7]

---

6   Para un estudio sobre las mujeres en Sendero Luminoso, véase Kirk (1993).

7   Otro punto a mencionar es que en todo el mundo occidental desde los años sesenta, la izquierda radical ha reclutado buena parte de sus militantes en las universidades. Por eso, el alto porcentaje de personas con estudios universitarios en las filas senderistas es un fenómeno bastante común. Véase la comparación entre el

Después de dos años y medio de guerra popular, la luna de miel entre Sendero Luminoso y Ayacucho acabó. En diciembre de 1982, el gobierno declaró el estado de emergencia en siete provincias de Ayacucho y Apurímac, anulando así las garantías constitucionales en estas provincias y dejando mano libre a las fuerzas armadas para combatir el terrorismo. La estrategia de las fuerzas armadas fue la guerra sucia. Se masacraban pueblos enteros, se torturaba y asesinaba a los detenidos, los cuales por lo general eran totalmente inocentes. En 1980 se habían reportado 11 víctimas mortales de la violencia política, en 1981, 82 y en 1982, 193. Después de que las fuerzas armadas se encargaron de la lucha antisubversiva, se reportaron 1.979 víctimas en 1983 y 3.588, en 1984. De los más de 5.500 muertos en 1983 y 1984 ni siquiera 150 fueron militares o policías (*Violencia* 1989, I: 43). Hablar de una guerra civil o popular es cínico, fue una masacre de civiles. Sendero Luminoso no sabía cómo responder. Buena parte de sus cuadros huyeron de las zonas declaradas en estado de emergencia, dejando a la población a merced de los militares. Para muchos campesinos, fue una traición. Como Sendero Luminoso no pudo impedir que las fuerzas armadas entraran donde quisieron, los maoístas intentaron obligar a la población a luchar contra los militares. Para eso se "castigó" la colaboración, es decir se mataba a colaboradores como enemigos del pueblo. Pronto Sendero Luminoso llegó a competir con las fuerzas armadas en difundir el terror masacrando a la población civil. Abimael Guzmán se ufanaba con masacres de civiles cometidas en estos años. Llegó a llamar "un golpe contundente" a la matanza de decenas de campesinos cometida por Sendero Luminoso en una población andina (Guzmán 1988: 19). Los civiles se encontraban entre dos fuegos porque, por cualquier cosa que hicieran, uno de los dos bandos les iba a ver como enemigos. La gente huyó de las zonas de "guerra", el campo se despobló y las barriadas en Ayacucho, Ica y Lima crecieron.[8] Sendero Luminoso perdió el apoyo de los ayacuchanos no sólo por su actuar terrorista sino también por su decisión de cerrar las ferias locales. En estas ferias los campesinos vendían sus

---

FMLN y Sendero Luminoso en McClintock (1998: 250-281). Para América Latina, véase Wickham-Crowley (1992: 30-48).

8   Blum (2001: 355) calcula para Ayacucho 180.000 personas desplazadas, un tercio de la población departamental. El número se refiere a las décadas ochenta y noventa.

productos para comprar productos manufacturados para el trabajo y el consumo. De tal manera el mundo manufacturero/industrial y el mundo campesino estaban vinculados desde hacía siglos. Sin embargo, en el mundo de Sendero Luminoso había que cercar las ciudades para aislarlas del campo, interrumpiendo estos lazos. Esta estrategia amenazaba interrumpir el acceso a productos indispensables para la vida campesina y además iba a destruir un aspecto central de la vida andina: la feria, donde uno se encontraba con otros, donde uno se divertía un rato o consumía algo especial. La guerra sucia de los militares y la total incomprensión de la realidad peruana por parte de los senderistas eran motivos más que suficientes para que Sendero Luminoso perdiera el apoyo en su región de origen. A mediados de los años ochenta, los militares mandaban en Ayacucho. Sendero Luminoso seguía cometiendo atentados y asesinatos, pero era obvio que no podía generar zonas liberadas, es decir territorios bajo su exclusivo control.

Ayacucho siguió siendo una región de cierta influencia senderista, pero, considerando su trabajo proselitista de décadas, la guerra sucia de las fuerzas armadas había sido un revés irreparable para los subversivos. A partir de mediados de los ochenta, otras regiones ganaban más importancia para la guerra popular. Aquí hay que mencionar en primer lugar el Alto Huallaga que poco a poco se convertía en la zona de producción cocalera más importante del mundo.[9] Esto fue una coyuntura totalmente nueva, igualmente como lo fue todo el auge de la cocaína que recién había comenzado unos años antes. Se estima que en 1973 había sólo unos centenares de hectáreas de plantaciones de coca, sobre todo para el consumo interno. Los campesinos andinos masticaban –legalmente– la hoja de coca y no se procesaba para producir cocaína (o sólo en cantidades mínimas). En 1978 ya existían casi 20.000 hectáreas de plantaciones cocaleras y en 1990 unas 125.000. Mientras que la economía peruana vivía la crisis más importante desde los años treinta, en los años ochenta el negocio de la coca generaba ingresos anuales alrededor de unos mil millones de dólares en el Perú. Esto equivalía a la tercera parte de todas las exportaciones del país. A finales de los ochenta un tres por ciento de la población económicamente activa vivía de la coca, del procesamiento en pasta básica de

---

9   Uno de los trabajos mejores sobre Sendero Luminoso y el Alto Huallaga es el de Kay (1999).

cocaína, del transporte, etc. Cualquier persona que controlara una parte importante de este negocio iba a ostentar un enorme poder en el país.

La zona cocalera más importante en los años ochenta fue el Alto Huallaga. Por razones climáticas y geológicas, el arbusto de la coca crece muy bien en esta región. Además era una zona poco poblada y geográficamente aislada, donde la presencia del Estado era mínima o inexistente. Es decir existían condiciones ideales para un negocio semilegal, ya que no era ilegal plantar coca, pero sí estaba prohibido producir pasta básica de cocaína. El Alto Huallaga vivió una era de verdadera fiebre cocalera. Era una tierra de nadie que generaba ingresos enormes y donde se impusieron los más fuertes. Al principio fueron los narcotraficantes colombianos los que compraban la pasta básica de cocaína a los peruanos para producir la cocaína en laboratorios localizados en suelo colombiano. Sin embargo, los colombianos no eran capaces y tampoco estaban interesados en establecer orden, estabilidad y protección para los campesinos cocaleros. La zona más bien se caracterizó por la brutalidad generalizada, la corrupción, prostitución, etc. Por los golpes sufridos en los Andes, Sendero Luminoso empezó a interesarse en esta zona. Pudo ofrecer a los campesinos cocaleros lo que no habían ofrecido ni los narcos colombianos ni el Estado peruano ni ninguna otra fuerza política: orden, seguridad y protección a las plantaciones cocaleras. Es decir, Sendero Luminoso iba a cumplir el rol de Estado que el Estado peruano simplemente no podía cumplir porque se trataba de un negocio ilegal, la venta de pasta básica de cocaína sobre todo. Como cualquier Estado, Sendero Luminoso impuso una legalidad; a saber, garantizó a los cocaleros la existencia de las plantaciones y les protegió contra los abusos y las amenazas de los narcotraficantes. Además, Sendero Luminoso cobró impuestos, sobre todo de los campesinos cocaleros y fabricantes de pasta básica de cocaína. Sin embargo, los más altos ingresos se generaban en el comercio de exportación, cobrando a los colombianos en cada viaje que hacían para llevarse la pasta básica. A cambio Sendero Luminoso se encargaba del orden público y moral. Impuso reglas muy claras y castigaba a los infractores, tal como lo debe hacer cualquier Estado. Incluso estableció escuelas, donde naturalmente se enseñaba el pensamiento Gonzalo. Sendero Luminoso mantuvo una fuerza armada de unos mil hombres en el Alto Huallaga. Ellos recibían un salario de entre 250 y 750 dólares mensuales, es decir muchas veces más alto que cualquier obrero peruano. Servir como soldado raso de Sendero Luminoso en el Alto Huallaga fue un trabajo excelente para cualquier pobre del país. En resumen, la experiencia de Sendero Luminoso en el Alto Huallaga se pareció en varios aspectos a la experiencia en los Andes a principios de los años ochenta. Los subversivos cumplían el rol de un Estado que simplemente estaba ausente. Los campesinos necesitaban alguna institución u organización que impusiera orden y que castigara a los que transgredían las reglas establecidas por ellos. Sendero Luminoso pudo ofrecer este servicio y por eso era bien recibido.

Sin embargo, también hay diferencias importantes entre las experiencias en Ayacucho y en el Alto Huallaga. Para el posterior desarrollo de la guerra popular, Ayacucho tuvo gran importancia por los militantes que se habían afiliado a Sendero Luminoso. Muchas veces ellos tenían vínculos con Sendero Luminoso que databan de los años sesenta o setenta. En muchos casos estaban emparentados o tenían lazos de parentesco. No fue el trabajo ideológico el que hizo de los militantes senderistas una unidad indisoluble en los años ochenta. Más bien fueron la historia y las experiencias comunes. En Ayacucho, Sendero Luminoso fue una especie de familia con lazos más allá del trabajo político. Por eso muchos nunca dejaron de seguir su causa. Esto era muy diferente en el Alto Huallaga. Sendero Luminoso llegó temprano en comparación con el Estado peruano u otras fuerzas políticas (como por ejemplo el movimiento guerillero MRTA, con el cual iba a enfrentarse militarmente en la segunda mitad de los ochenta). Sin embargo, llegó tarde para echar raíces profundas. La población sólo apoyó a Sendero Luminoso en cuanto este pudo proteger el negocio de la coca y mantener el orden público. Cuando el general Arciniega declaró a fines de los años ochenta que las fuerzas armadas ya no iban a combatir la producción cocalera sino sólo a Sendero Luminoso, el apoyo para los subversivos se esfumó rápidamente. En esta ocasión, los Estado Unidos salvaron a los maoístas porque insistían –dentro de su guerra contra la droga– en que se quitara a Arciniega el comando supremo sobre el Alto Huallaga. Apenas se había retirado a Arciniega, las fuerzas armadas volvieron a participar en la lucha antidrogas, y Sendero Luminoso recuperó el apoyo perdido.

El Alto Huallaga no fue de gran importancia para Sendero Luminoso por su capital humano sino por los ingresos financieros y los contactos con los narcotraficantes colombianos. Así, Sendero Luminoso pudo comprar el armamento moderno que era imprescindible para operaciones militares de mayor envergadura y que difícilmente se podía conseguir en gran número por asaltos a puestos militares. Sin la sorpresiva coyuntura en el Alto Huallaga es poco probable que Sendero Luminoso se hubiera recuperado de los golpes recibidos en Ayacucho. Aparte de Ayacucho, el Alto Huallaga fue la única región más o menos extendida donde Sendero Luminoso gozó de gran popularidad por algún tiempo. Fue precisamente en la época en la cual el Alto Huallaga generaba una buena cantidad de las divisas del país. Otra vez se puede constatar que lo que sorprende no es tanto el éxito inicial de Sendero Luminoso sino la manera en la cual se desaprovecharon los avances realizados.

Hay varias razones por las cuales el Alto Huallaga dejó de ser un pilar importante de la guerra senderista. En primer lugar, hubo un cambio en la guerra antidrogas en este región a principios de los años noventa. En vez de erradicar las plantaciones, las fuerzas combinadas norteamericanas y peruanas empezaron a controlar más de cerca el espacio aéreo para impedir los vuelos de las avionetas colombianas que llevaban la pasta básica de cocaína a Colombia. Como consecuencia, se multiplicaron los caminos en los cuales se llevaba la pasta básica a Colombia. De ahí, resultó mucho más difícil para Sendero Luminoso cobrar los impuestos de exportación. Fue una especie de doble contrabando. Había que evitar no sólo el control de los Estados peruanos y colombianos sino también el del Estado senderista. En segundo lugar, la producción cocalera peruana perdió importancia en el mercado mundial. Por razones internas y externas, los narcotraficantes colombianos estimularon la plantación de coca nacional. De poco más del diez por ciento a fines de los años ochenta, Colombia llegó a producir más del cuarenta por ciento de la cosecha mundial en 1997. Finalmente, la producción peruana se desplazaba del Alto Huallaga a otras regiones peruanas donde el Estado y/o otras instituciones del orden estaban más presentes que en el Alto Huallaga y por lo tanto fue mucho más difícil para Sendero Luminoso arraigarse ahí. Todo eso tuvo como consecuencia que los ingresos generados por Sendero Luminoso en el Alto Huallaga se redujeran drásticamente. Esto, lógica-

mente, tuvo un impacto negativo en la capacidad de Sendero Luminoso de comprar armamento y de pagar combatientes.

Aparte del Alto Huallaga había dos zonas más a las cuales Sendero Luminoso prestó mucha atención a partir de los años ochenta. Éstas
fueron la sierra central y el departamento de Puno. Ambas regiones
fueron de gran importancia por su posición geográfica. Puno está situado en el sureste del Perú y tiene una larga frontera con Bolivia. En
muchas partes no hay control fronterizo y la gente va y viene sin encontrar policía alguno. El contrabando florece; es decir, por Puno se
puede importar todo y además se puede salir del país si hay necesidad
de retirarse a zonas seguras. Además, el camino más fácil de la costa a
algunas zonas de la sierra sur, como por ejemplo a Cuzco, atraviesa
Puno. Controlando Puno uno puede interrumpir las comunicaciones
terrestres más importantes entre regiones claves del país. Puno se parece a Ayacucho en lo que se refiere a índices de pobreza y desarrollo.
Es una región campesina muy pobre.[10] Sin embargo, también hay diferencias históricas importantes entre Puno y Ayacucho, las cuales llegaron a formar obstáculos enormes para Sendero Luminoso. En primer lugar, Puno no había sufrido una decadencia en el campo tan pronunciada como Ayacucho. La gran propiedad de la tierra sí existió
hasta la reforma agraria en los años setenta. En contra de la gran propiedad se había desarrollado un movimiento campesino, que ganó
fuerza sobre todo a partir de los años sesenta. Como la reforma agraria
en los setenta no entregó la tierra a los campesinos, sino que levantó
grandes cooperativas bajo control estatal, el movimiento campesino se
planteó a partir de entonces la distribución de la tierra de las cooperativas. Cuando Sendero Luminoso empezó su guerra popular en 1980,
el campesinado de Puno estaba bien organizado tanto en una confederación campesina, como en partidos políticos (sobre todo de la izquierda radical). Además, la Iglesia Católica estaba muy comprometi-
da con las luchas campesinas.

A más tardar desde 1980, Sendero Luminoso reclutaba militantes
en Puno. Sin embargo, cuando empezó con acciones armadas de más
envergadura, los cuadros más importantes eran de Ayacucho o de la
costa central del país. Al principio, es decir en 1985-1986, las accio-

---

10 Para la experiencia de Sendero Luminoso en Puno, véanse por ejemplo Poole/
    Rénique (1992).

nes se dirigían sobre todo contra policías y cooperativas. Sendero Luminoso quería militarizar los conflictos en la región y se opuso a la ocupación pacífica de las cooperativas. En vez de eso, exigió su destrucción total; es decir, distribución o masacre del ganado y destrucción de los edificios e instalaciones. Es bastante claro que los campesinos puneños no estaban interesados ni en recibir ganado robado por Sendero Luminoso (fácilmente reconocido por la policía) ni en destruir las instalaciones y edificios que intentaban tomar por vías pacíficas. De ahí, Sendero Luminoso nunca logró construir una amplia base social. Al contrario, a partir de 1986 sus acciones se dirigían cada vez más contra la federación campesina, contra representantes de partidos políticos de izquierda, contra activistas de la Iglesia, de organizaciones no gubernamentales, etc. Sendero Luminoso mató un número cada vez más grande de dirigentes campesinos, alcaldes electos, etc. A fines de 1989, tres cuartas partes de las autoridades campesinas y municipales habían renunciado temiendo ser asesinadas por Sendero Luminoso. A diferencia de las experiencias en Ayacucho y en el Alto Huallaga, este éxito no se debió a un amplio apoyo a comienzos de la lucha armada. Al contrario, en Puno, Sendero Luminoso se enfrentó a todos los grupos populares de la región y su éxito se debió a sus campañas terroristas y la intimidación de los representantes campesinos, con las cuales se destruyó buena parte de la organización sindical y partidaria existente. Puno nunca llegó a ser territorio de Sendero Luminoso como el Alto Huallaga o Ayacucho habían sido por algún tiempo. De ahí, Sendero Luminoso perdería Puno en el mismo momento en el que no fue capaz de amenazar y asesinar a los representantes populares. Las victorias en Puno eran más aparentes que reales. Sin embargo, esto no significa que la guerra no cambió a Puno. Las organizaciones populares fueron muy golpeadas tanto por Sendero Luminoso como por el terror antisubversivo de las fuerzas armadas. Claro que no han desaparecido por completo pero han perdido mucha importancia. Aunque Sendero Luminoso no ganó la guerra en Puno, la sociedad civil la perdió.

La sierra central fue otra región de gran importancia para Sendero Luminoso, tanto por su ubicación geográfica como por su estructura económica. Desde la sierra central se desciende de los Andes a Lima. Se trata de una geografía muy accidentada porque las montañas son muy empinadas y para llegar a los valles de la sierra central desde la

costa hay que subir a más de 5.000 metros. Además, gran parte de los
alimentos y de la electricidad consumidos en Lima se produce en la
sierra central. Si uno quiere cercar las ciudades desde el campo, hay
que dominar la sierra central para cercar a Lima. Y finalmente, en la
sierra central se encuentran los centros mineros más importantes del
país y de ahí una buena parte de las exportaciones se produce en esta
zona. Como se puede deducir de estos datos, la sierra central no es una
región pobre del Perú como Ayacucho o Puno, sino una de las zonas
más dinámicas. Esto también se refleja en las estructuras sociales y de
propiedad. La sierra central es la zona andina con un alto porcentaje
de mestizaje donde las diferencias culturales y el racismo no juegan
un rol tan desolador como, por ejemplo, en la sierra sur. Las partes
más fértiles en la sierra central siempre fueron propiedad de comunidades campesinas, de modo que sólo en las zonas más alejadas de los
ríos se estableció la gran propiedad especializada en la ganadería. De
ahí, la reforma agraria afectó más que nada haciendas ganaderas,
mientras que las propiedades de las comunidades campesinas no fueron tocadas.

Es claro que Sendero Luminoso se interesó desde el principio por
la sierra central, que además se encontraba a medio camino de Ayacucho a Lima.[11] Sin embargo, sólo en la segunda mitad de los años
ochenta empezó campañas armadas de importancia. Las líneas generales de su actuar fueron las mismas que en Puno. Matando a alcaldes y
representantes de los campesinos, mineros y otros obreros, Sendero
Luminoso intentó destruir las organizaciones civiles para que todo
conflicto social se redujera a una guerra entre el Estado peruano y
Sendero Luminoso. Se opuso a que los campesinos ocuparan y con-
quistaran pacíficamente los complejos agrícolas creados por la reforma agraria. En cambio, destruyó algunas de las empresas agrarias más
modernas que había en el país. De igual forma combatió los sindicatos
mineros, matando a líderes sindicales. Como en Puno, a fines de los
años ochenta dos terceras partes de las autoridades municipales habían
renunciado. Todas las organizaciones civiles estaban muy debilitadas,
sufriendo las amenazas y asesinatos tanto de Sendero Luminoso como
de las fuerzas armadas y los escuadrones de la muerte vinculados con

---

11   Para la sierra central, véanse Poole/Rénique (1992) y Manrique (1989).

ellas. Sin embargo, hay que recalcar que igual que en Puno, Sendero Luminoso no había logrado construir una base social propia.

Los éxitos y fracasos en Ayacucho, el Alto Huallaga, Puno y la sierra central fueron centrales para los cambios en la estrategia de Sendero Luminoso aprobados en su primer congreso nacional en 1988. En el contexto de este congreso se enfrentaban dos posturas. Una quería poner más énfasis en Lima llevando la guerra a la capital, y la otra seguía el concepto maoísta al pie de letra y quería seguir concentrando las fuerzas en el campo. Es difícil decir lo que llevaba a Sendero Luminoso a la idea de poder conquistar Lima. A lo mejor se pensaba que los éxitos en el Alto Huallaga y en Puno, sobre todo, les había dado una base sólida para la guerra popular. Es posible también que se quisiere aprovechar el auge cocalero para avanzar sobre Lima. Finalmente, también pueden haber existido razones personales. En 1988, Abimael Guzmán cumplió 54 años. Era un hombre enfermo, que por razones de salud ya no podía vivir en la sierra. A lo mejor temía perder el control sobre su partido si el centro de las operaciones seguía encontrándose lejos de la costa. Además, para llegar a ser presidente del Perú, cada vez tenía menos tiempo. Mao proclamó la República Popular de China con 56 años de edad. Pero era un hombre sano. Con 54 años, Guzmán, enfermo, se impuso contra sus adversarios internos y decidió preparar las ciudades para la insurrección, lo que en su pensamiento era la culminación y el fin de la guerra popular (Guzmán 1988: 18). Este conflicto interno una vez más extendió el poder personal de Guzmán, ya que sus adversarios tuvieron que salir del país. Entre ellos se encontraban algunos líderes históricos que gozaban de gran prestigio dentro de Sendero Luminoso. Toda la organización senderista estaba cada vez más centralizada en una persona.

A pesar de que las decisiones en 1988 significaron un cambio de la estrategia, Lima siempre había sido un campo de trabajo para Sendero Luminoso. En la capital vive cerca de la tercera parte de la población peruana y ninguna organización política que aspire a jugar un rol a nivel nacional puede permitirse el lujo de ignorar Lima. Sin embargo, la nueva estrategia de Sendero Luminoso significó radicalizar y militarizar los conflictos políticos existentes. Sendero Luminoso concentró su trabajo en los barrios más pobres.[12] Como en Puno y la sierra central, en Lima existían una gran cantidad y variedad de organizaciones populares. Por eso Sendero tuvo más éxito en barriadas de creación reciente, donde el grado de organización no era muy alto. Ése, por ejemplo, fue el caso de Huaycán. Ésta era una gran barriada en el este de Lima que a mediados de los años ochenta tenía unos 70.000 habitantes. Fundada en 1984, sufría por la falta de instituciones de administración comunal. Los problemas se agravaron cuando el alcalde izquierdista de Lima fue reemplazado por un aprista en 1987. El nuevo alcalde no le prestó mucha atención a Huaycán, el cual siguió creciendo con la llegada de los refugiados de la sierra. Así, Sendero Luminoso pudo ofrecer aquí lo que también había ofrecido en el Alto Huallaga: orden público. Sin embargo, Sendero Luminoso tuvo fines muy diferentes en Huaycán y en el Alto Huallaga. Mientras que en el Alto Huallaga cuidó de no interrumpir los negocios de la gente (de los cuales vivía), en Huaycán quiso llevar la población a la insurrección final y por eso intentaba radicalizar cualquier conflicto político-administrativo. Así la estrategia subversiva amenazaba al orden público y el establecimiento de una administración pública en esta barriada. El resultado fue que en 1989 habitantes de Huaycán formaron rondas para rechazar a Sendero Luminoso y mantener el orden público por cuenta propia. A pesar de la oposición de Sendero Luminoso, la asamblea general de Huaycán votó en 1991 por un proyecto para solicitar el reconocimiento como comunidad autogestionada, lo que le iba a permitir administrarse de manera mucho menos dependiente del gobierno capitalino.

Los más conocidos conflictos entre Sendero Luminoso y la población urbana se desarrollaron en Villa El Salvador, una barriada modelo de varios centenares de miles de habitantes fundada a principios de los años setenta. Villa El Salvador es una comunidad autónoma con una red impresionante de organizaciones populares. Estas organizaciones significaron un obstáculo invencible para Sendero Luminoso, que concentró buena parte de sus esfuerzos en amenazar y matar a dirigentes populares. María Elena Moyano fue, a lo mejor, la víctima más famosa de Sendero Luminoso. Ella se desempeñó como teniente

---

12 Para una historia de Lima, véase Stapelfeldt (1990). Para Sendero Luminoso en Lima, véase por ejemplo Smith (1992).

alcaldesa de Villa El Salvador y como tal lideraba en 1992 una marcha de paz, declarando que la gente del pueblo no aceptaba amenazas ni imposición. Cuando al día siguiente dirigía un evento de recolección de fondos para el programa del vaso de leche (que distribuía leche gratuita a niños pobres), se le acercaron varios sujetos y le dispararon dos balazos en la cabeza a plena luz del día. Después, llevaron su cuerpo a una plaza y lo volaron con dinamita. Este asesinato tuvo una gran repercusión en Lima, porque fue la última prueba con la que Sendero Luminoso demostró que no respetaba ni a la gente más humilde aunque hubiera trabajado toda su vida para los pobres.

Aparte de los asesinatos, los paros armados y los coches-bomba tuvieron un impacto especial en Lima. En 1989, Sendero Luminoso, empezó a declarar regularmente paros armados. Según su estrategia, los paros servían para preparar la insurrección popular. Eran a simple vista una impresionante prueba del poder de Sendero Luminoso, porque efectivamente logró muchas veces paralizar la capital por lo menos parcialmente. Pero esta paralización no era voluntaria. Sendero Luminoso amenazó a todos, muy especialmente a los transportistas, con matarles si decidían trabajar. Y efectivamente, en los próximos años, Sendero Luminoso mataba a muchos chóferes que habían ofrecido sus servicios durante paros armados e incluso llegó a colocar bombas en autobuses que transportaban pasajeros. Otro medio de sembrar el terror fueron los coches-bomba que Sendero Luminoso hizo explotar desde los principios de los años noventa en Lima. Aunque algunos coches-bomba tenían como fin destruir puestos policiales u otras instalaciones importantes para la guerra, otros explotaron delante de centros comerciales o incluso delante de un colegio. Con esto Sendero Luminoso demostró su capacidad de producir caos en la capital y así los coches-bomba fueron importantes para generar la idea de una toma de poder inminente de Sendero Luminoso (Peralta Ruiz 2000: 207-227).

Hasta Abimael Guzmán parece haber pensado que su organización era invencible. En 1991 Sendero Luminoso declaró que había alcanzado el equilibrio estratégico. Es decir, Sendero Luminoso había acumulado las fuerzas suficientes para empezar a realizar batallas de campo con las fuerzas armadas y para pasar a la ofensiva con vista a la conquista del poder. Un año más tarde la detención de Guzmán junto con un gran número de líderes senderistas hizo que Sendero Luminoso se derrumbara como un castillo de naipes. Un año después de su arresto y contradiciendo todo lo que había predicado hasta entonces, Abimael Guzmán ofreció al gobierno peruano conversaciones de paz. Éste, en vez de negociar con el "presidente" caído, promulgó una ley de arrepentimiento que ofreció el perdón a los militantes de Sendero Luminoso si se entregaban voluntariamente a la policía. Así, Sendero Luminoso se dividió en dos fracciones. Un grupo siguió a Guzmán y trató de salvar lo que quedaba de la organización. Otra línea no aceptó el cambio de rumbo y quiso seguir la guerra. Sin embargo, tuvo muy poco éxito. Su comandante principal, Óscar Ramírez Durand, fue detenido en 1999 y con eso el mito de Sendero Luminoso definitivamente quedaba destruido. Hasta hoy en día, Sendero Luminoso comete atentados, asesinatos y tiene alguna presencia en diferentes zonas del país. Pero no es de esperar que la organización recupere la fuerza que tuvo a fines de los años ochenta y principios de los noventa. Abimael Guzmán y los dirigentes más importantes de Sendero Luminoso siguen en la cárcel y probablemente permanecerán ahí por mucho tiempo.

A primera vista parece que la detención del "presidente Gonzalo" bastó para destruir a Sendero Luminoso. Sin embargo, esto es una visión demasiado simple.[13] El derrumbe se debió a que Sendero Luminoso sufrió varios golpes a la vez, los cuales se reforzaron mutuamente. Ya se ha dicho que a partir de mediados de los años ochenta su influencia en Ayacucho se había reducido y que las ganancias generadas en el Alto Huallaga se redujeron notablemente a principios de los noventa. En las otras zonas importantes (Puno, sierra central, Lima) Sendero Luminoso había ganado una fuerte presencia, pero estaba obligado a mantener un nivel de terror cada vez más alto para imponerse a organizaciones populares que no querían subordinarse. Por muchos años, en las organizaciones populares (casi todas de izquierda) se había pensado en una coexistencia con Sendero Luminoso. Pero a fines de los ochenta y principios de los noventa, después de haber perdido cientos o miles de dirigentes asesinados por Sendero Luminoso, todos habían aprendido que la guerra de Sendero Luminoso no iba a llevar sino a la muerte. De ahí, prácticamente todas las organizacio-

---

13   Para un análisis de la derrota de Sendero Luminoso, véanse Basombrío (1999) y McClintock (1999).

nes civiles se convirtieron en enemigos jurados de Sendero Luminoso. En muchísimas regiones se formaban rondas de vigilancia con la meta de rechazar a Sendero Luminoso. Aunque pocas rondas tenían equipamiento y entrenamiento militar suficiente, crearon serios problemas a Sendero Luminoso. Obviamente, el presidente Gonzalo no había previsto que los civiles fueran a tomar las armas para enfrentarse a su Ejército Guerrillero Popular.[14]

Sendero Luminoso había previsto correctamente que, en la guerra, el Estado peruano sería cada vez más autoritario. En 1992 se produjo el autogolpe del presidente Fujimori, lo que llevó a una mal camuflada dictadura militar. Sin embargo, contra las previsiones de Sendero Luminoso, el creciente autoritarismo fue bien recibido por los peruanos. Más que a otra dictadura militar, ellos temían a los subversivos. Además, el autogolpe no llevó a un recrudecimiento de la guerra sucia. Al contrario, en los años noventa los militares empezaron a desarrollar acciones cívicas para ganar las simpatías de la población civil y a pesar de seguir violando permanentemente los derechos humanos, no volvieron a los extremos de mediados de los ochenta.[15] En resumen, la caída de la cúpula senderista, la caída de los ingresos generados en el Alto Huallaga, el florecimiento de las rondas campesinas y urbanas y una estrategia militar más inteligente se reforzaron mutuamente a principios de los años noventa y le dieron un golpe mortal a Sendero Luminoso, porque el poder de los senderistas no se basaba en un apoyo social amplio sino sobre todo en la intimidación.

El fracaso de Sendero Luminoso demuestra que no se puede explicar el surgimiento y el éxito de un movimiento armado sólo a partir de las estructuras económico-sociales. La situación económica del Perú está hoy en día peor que en 1980, sin embargo, Sendero Luminoso está derrotado. Tampoco se puede decir que Sendero Luminoso tuvo más éxito en las regiones pobres del país. El Alto Huallaga era en su fase senderista una de las regiones más ricas y dinámicas. El éxito de Sendero Luminoso dependió mucho más de la presencia del Estado y de la sociedad civil que de cualquier otra cosa. Donde el Estado y/o la

---

14 Para las rondas campesinas en la lucha contra Sendero Luminoso, véanse Degregori et al. (1996). Un estudio de las rondas independientes de Sendero Luminoso lo hizo Huber (1995).

15 Para la estrategia contrasubversiva en los ochenta y noventa, véase Tapia (1997: 23-83).

sociedad civil fueron fuertes, Sendero Luminoso fue débil y viceversa. Mientras que se puede argumentar que el empobrecimiento del país ha reducido la presencia del Estado, esto no se aplica a la sociedad civil, que muchas veces está más desarrollada en zonas pobres que en zonas ricas (siempre cuando uno considere a las organizaciones comunales tradicionales como parte de la sociedad civil también). El creciente poder de Sendero Luminoso no se debió tanto a sus propias fuerzas. Generalmente se calcula que Sendero Luminoso tuvo entre 3.000 y 8.000 militantes a fines de los años ochenta (Mansilla 1993: 119; Poole/Rénique 1992: 30; Klarén 2000: 386). Que un número de personas tan reducido haya podido poner en jaque al Estado peruano dice mucho sobre éste. Es muy probable que incluso sin la existencia de Sendero Luminoso el Estado peruano se hubiera encontrado al borde del colapso a fines de los años ochenta. Sendero Luminoso le regaló la victoria a sus enemigos porque rechazó cualquier colaboración con otros grupos políticos. Hasta ahora es un misterio el por qué Sendero Luminoso no apoyó a los movimientos campesinos en Puno y en la sierra central en su lucha por la tierra (de cooperativas y complejos agrícolas estatales). Probablemente, Sendero Luminoso y la sociedad civil eran dos realidades tan diferentes que no era posible entenderse (Beasley-Murray 1999). Sendero Luminoso hubiera podido ganar una base social, pero no quiso. Felizmente, el presidente Gonzalo no fue más inteligente que los presidentes peruanos.

El legado de la guerra es pésimo. Aparte de 30.000 muertos, ocasionó daños materiales altísimos. Las organizaciones civiles fueron duramente golpeadas tanto por el terrorismo de Sendero Luminoso como por el del Estado.[16] Finalmente militarizó a la sociedad. Las rondas pueden haber sido útiles para combatir a Sendero Luminoso, sin embargo, su existencia ahora amenaza con resolver cualquier conflicto social a nivel comunal de manera armada. Las instituciones democráticas han sido duramente golpeadas. Aunque la caída del presidente Fujimori llevó a elecciones presidenciales limpias, el sistema jurídico, por ejemplo, no ha vuelto a funcionar de manera aceptable. La situación económica, social y política es peor que en 1980. Cualquier movimiento armado encontraría condiciones estructurales mejores que en 1980 para empezar su guerra. No obstante, no es de esperar

---

16 Cotler (2000). Véase las opiniones divergentes en Burt (1999) y Rénique (1999).

que el país vaya a sufrir otra guerra a corto plazo. El rechazo a una subversión armada es tan generalizado que en el futuro próximo será muy difícil repetir la historia de Sendero Luminoso.

Bibliografía

Arce Borja, Luis (ed.) (1989): *Guerra popular en el Perú. El pensamiento Gonzalo.* Bruselas: sin editorial.

Arnson, Cynthia J. (ed.) (1999): *Comparative Peace Processes in Latin America.* Washington/Stanford: Stanford University Press.

Basombrío, Carlos (1999): "Peace in Peru: An Unfinished Task". En: Arnson (ed.), pp. 205-222.

Beasley-Murray, Jon (1999): "Learning from Sendero: Civil Society Theory and Fundamentalism". En: *Journal of Latin American Cultural Studies*, 8/1, pp. 75-88.

Bennett, John M. (1998): *Sendero Luminoso in Context: an Annotated Bibliography.* Lanham/Londres: Scarecrow Press.

Blum, Volkmar (2001): "Senderos enredados: los desplazamientos y el proceso de retorno en Ayacucho". En: Bodemer/Kurtenbach/Meschkat (eds.), pp. 341-359.

Bodemer, Klaus/Kurtenbach, Sabine/Meschkat, Klaus (eds.) (2001): *Violencia y regulación de conflictos en América Latina.* Caracas: Arbeitsgemeinschaft Deutsche Lateinamerikaforschung/Heinrich Böll Stiftung/Editorial Nueva Sociedad.

Burt, Jo-Marie (1999): "Sendero Luminoso y la 'batalla decisiva' en las barriadas de Lima: el caso de Villa El Salvador". En: Stern (ed.), pp. 263-300.

Contreras, Carlos/Cueto, Marcos (1999): *Historia del Perú contemporáneo.* Lima: Red para el Desarrollo de las Ciencias Sociales en el Perú.

Cotler, Julio (2000): "Perus Gesellschaft nach dem politischen Zusammenbruch". En: Hengstenberg/Kohut/Maihold (eds.), pp. 111-126.

Chávez de Paz, Dennis (1989): *Juventud y terrorismo. Características sociales de los condenados por terrorismo y otros delitos.* Lima: IEP.

Degregori, Carlos Iván (1989): *"Sendero Luminoso",* parte 1: *Los hondos y mortales desencuentros*; parte 2: *Lucha armada y utopía autoritaria.* Lima: IEP.

— (1990): *Ayacucho 1969-1979. El surgimiento de Sendero Luminoso. Del movimiento por la gratuidad de la enseñanza al inicio de la lucha armada.* Lima: IEP.

— (²1990): *Qué difícil es ser Dios. Ideología y violencia política en Sendero Luminoso.* Lima: El zorro de abajo ediciones.

Degregori, Carlos Iván/Coronel, José/Pino, Ponciano del/Starn, Orin (1996): *Las rondas campesinas y la derrota de Sendero Luminoso.* Lima: IEP.

Fischer, Thomas/Krennerich, Michael (eds.) (2000): *Politische Gewalt in Lateinamerika.* Frankfurt/Main: Vervuert (Lateinamerika-Studien, 41).

Freire, Toño (1995): *Abimael Guzmán y Sendero Luminoso (de Tarata a la isla de San Lorenzo).* Santiago de Chile: EACE.

Gorriti Ellenbogen, Gustavo (^{3}1991): *Sendero. Historia de la guerra milenaria en el Perú*. Lima: Apoyo.

Guzmán, Abimael (1988): *Entrevista a El Diario* (= *El Diario*, Edición Especial, Lima, 31 de Julio de 1988, Año IX, n° 496).

Hengstenberg, Peter/Kohut, Karl/Maihold, Günther (eds.) (2000): *Zivilgesellschaft in Lateinamerika. Interessenvertretung und Regierbarkeit*. Frankfurt/Main: Vervuert.

Hertoghe, Alain/Labrousse, Alain (1989): *Le sentier lumineux du Pérou. Un nouvel intégrisme dans le tiers monde*. Paris: La Découverte.

Huber, Ludwig (1995): *Después de Dios y la Virgen está la ronda. Las rondas campesinas de Piura*. Lima: IEP/IFEA.

Kay, Bruce H. (1999): "Violents Opportunities: the Rise and Fall of 'King Coca' and Shining Path". En: *Journal of Interamerican Studies and World Affairs*, 41/3, pp. 97-127.

Kirk, Robin (1993): *Grabado en piedra. Las mujeres de Sendero Luminoso*. Lima: IEP.

Klarén, Peter Flindell (2000): *Peru. Society and Nationhood in the Andes*. New York/Oxford: Oxford University Press.

Krennerich, Michael (2000): "Politische Gewalt in Lateinamerika". En: Fischer/Krennerich (eds.), pp. 17-34.

Manrique, Nelson (1989): "La década de la violencia". En: *Márgenes. Encuentro y debate*, 3/5-6, pp. 137-182.

Mansilla, H. C. F. (1993): *Ursachen und Folgen politischer Gewalt in Kolumbien und Peru*. Frankfurt/Main: Vervuert.

Matos Mar, José (1984): *Desborde popular y crisis del Estado. El nuevo rostro del Perú en la década de 1980*. Lima: IEP.

McClintock, Cynthia (1998): *Revolutionary Movements in Latin America. El Salvador's FMLN & Peru's Shining Path*. Washington: United State Institute of Peace Press.

— (1999): "The Decimation of Peru's Sendero Luminoso". En: Arnson (ed.), pp. 223-249.

Palmer, David Scott (ed.) (1992): *The Shining Path of Peru*. Londres: Hurst and Company.

Peralta Ruiz, Víctor (2000): *Sendero luminoso y la prensa, 1980-1994. La violencia política peruana y su representación en los medios*. Cuzco/Lima: Centro de Estudios Regionales Andinos "Bartolomé de las Casas"/SUR – Casa de Estudios del Socialismo.

Poole, Deborah/Rénique, Gerardo (1992): *Peru. Time of Fear*. Londres: Latin America Bureau.

Rénique, José Luis (1999): "Apogeo y crisis de la 'tercera vía'. Mariateguismo, 'guerra popular' y contrainsurgencia en Puno, 1987-1994". En: Stern (ed.), pp. 301-330.

Smith, Michael L. (1992): "Shining Path's Urban Strategy: Ate Vitarte". En: Palmer (ed.), pp. 127-147.

Soto, Hernando de (²1987): *El otro sendero. La revolución informal*. Buenos Aires: Editorial Sudamericana.

Stapelfeldt, Gerhard (1990): *Verelendung und Urbanisierung in der Dritten Welt. Der Fall Lima/Peru*. Saarbrücken/Fort Lauderdale: Breitenbach.

Starn, Orin (1995): "Maoism in the Andes: the Communist Party of Peru-Shining Path and the Refusal of History". En: *Journal of Latin American Studies*, 27/2, pp. 399-421.

Stern, Peter A. (²1996): *Sendero Luminoso: an Annotated Bibliography of the Shining Path Guerilla Movement, 1980-1993*. Austin: The University of Texas.

Stern, Steve J. (ed.) (1999): *Los senderos insólitos del Perú. Guerra y sociedad, 1980-1995*. Lima: IEP (original en inglés publicado en 1998).

Tapia, Carlos (1997): *Las Fuerzas Armadas y Sendero Luminoso. Dos estrategias y un final*. Lima: IEP.

Violencia (1989): *Violencia política en el Perú*. 2 vols., Lima: DESCO – Centro de Estudios y Promoción del Desarrollo.

Wickham-Crowley, Timothy P. (1992): *Guerillas and Revolution in Latin America. A Comparative Study of Insurgents and Regimes since 1956*. Princeton: Princeton University Press.

Abreviaturas

Archivos

ADL	Archivo Departamental de La Libertad, Trujillo, Perú
AGEC	Archivo General del Estado de Campeche, Campeche; México
PR	sección: Período Revolucionario, 1911-1920
SG	sección: Gobernación
AGEY	Archivo del Estado de Yucatán, Mérida; México
AGG	Archivo General de Gipuzkoa, Tolosa, España
AGI	Archivo General de Indias, Sevilla, España
Buenos Aires	sección: Audiencia de Buenos Aires
Charcas	sección: Audiencia de Charcas
Contr.	sección: Casa de la Contratación
Escr.	sección: Escribanía de Cámara
Guad.	sección: Audiencia de Guadalajara
Indif.	sección: Indiferente General
Just.	sección: Justicia
Patr.	sección: Patronato Real
AGNA	Archivo General de la Nación de Argentina, Buenos Aires, Argentina
AGNC	Archivo General de la Nación de Colombia, Bogotá, Colombia
AGNM	Archivo General de la Nación de México, México, D. F.
Hist.	sección: Historia
HJ	sección: Hospital de Jesús
Inqu.	sección: Inquisición
AHGES	Archivo Historico General del Estado de Sonora, Hermosillo, México

AHN	Archivo Histórico Nacional, Madrid, España
AHP	Archivo Histórico de Potosí, Bolivia
E. N.	sección: Escrituras Notariales
AHUIA	Acervos Históricos de la Universidad Ibero-americana, México, D. F.
Col. P. Díaz	Colección Porfirio Díaz
AMH	Archivo Municipal de Hopelchén, Hopelchén, Campeche, México
DPNR	sección: Documentación del Partido Nacional Revolucionario 1935
JLC	sección: Junta Local de los Censos
PM	sección: Presidencia Municipal
SC	sección: Correspondencia
ANB	Archivo Nacional de Bolivia, Sucre, Bolivia
AChLA	sección: Audiencia de Charcas, Libros de Acuerdo
CACh	sección: Corresponencia de la Audiencia de Charcas
CPLA	sección: Cabildo de Potosí, Libros de Acuerdo
EC.	sección: Expedientes Coloniales
E.P.	sección: Escrituras Públicas
VV	sección: Vicuñas y Vascongados
ANC	Archivo Nacional de Cuba, La Habana, Cuba
ASRAC	Archivo de la Secretaría de la Reforma Agraria, Delegación de Campeche, Campeche, México
BNC	Biblioteca Nacional de Cuba, La Habana, Cuba
BNM, AF	Biblioteca Nacional de México, Archivo Franciscano, México, D.F.
BNMa	Biblioteca Nacional, Madrid, España
CAIHDY	Centro de Apoyo a la Investigación Histórica de Yucatán, Mérida, México
CEHM CONDUMEX	Centro de Estudios de Historia Mexicana CONDUMEX, México, D.F.
Col. R. Corral	Colección Ramón Corral
Col. B. Reyes	Colección Bernardo Reyes

PRO	Public Record Office, Londres, Gran Bretaña
RAH	Real Academia de la Historia, Madrid, España

Periódicos y revistas

HAHR	*Hispanic American Historical Review*
LNE	*La Nueva Época*, Mérida, México

Editoriales

CIA	Centro de Investigaciones Agrarias, México, D.F.
CSIC	Consejo Superior de Investigaciones Científicas, Madrid, España
CIESAS	Centro de Investigaciones y Estudios Superiores en Antropología Social; México, D.F.
CONACULTA	Consejo Nacional para la Cultura y las Artes, México, D. F.
EEHA	Escuela de Estudios Hispanoamericanos, Sevilla, España
FCE	Fondo de Cultura Económica, México, D.F.
IEP	Instituto de Estudios Peruanos, Lima, Perú
IFEA	Institut Français des Études Andines, Lima, Perú
INAH	Instituto Nacional de Antropología e Historia, México, D.F.
INEGI	Instituto Nacional de Estadística Geografía e Informática, México, D.F.
INI	Instituto Nacional Indigenista, México, D.F.
PUCP	Pontificia Universidad Católica del Perú, Lima, Perú
SEP	Secretaría de Educación Pública, México, D.F.
UAM	Universidad Autónoma Metropolitana, México, D.F.
UNAM	Universidad Nacional Autónoma de México, México, D.F.

Autoras y autores

Dawid Danilo **Bartelt**, historiador, Universidad Libre de Berlín, Alemania <danilo@zedat.fu-berlin.de>.

Nikolaus **Böttcher**, historiador, Universidad Libre de Berlín, Alemania <nboett@zedat.fu-berlin.de>.

Sandra **Carreras**, historiadora, Instituto Ibero-Americano de Berlín, Alemania <Carreras@iai.spk-berlin.de>.

Sérgio **Costa**, sociólogo, Universidad Libre de Berlín, Alemania <scosta@zedat.fu-berlin.de>.

Thomas **Fischer**, historiador, Universidad de Erlangen-Nürnberg, Alemania <Thomas.Fischer@wiso.uni-erlangen.de>.

Peter **Fleer**, historiador, Archivo Federal Suizo, Berna, Suiza <Peter.Fleer@bar.admin.ch>.

Wolfgang **Gabbert**, antropólogo, Universidad de Hannover, Alemania <w.gabbert@ish.uni-hannover.de>.

Isabel **Galaor**, socióloga, Berlín, Alemania <IsabelGalaor@aol.com>.

Concepción **Gavira Márquez**, historiadora, Universidad Michoacana de San Nicolás de Hidalgo, Morelia, Michoacán, México <cgaviram@hotmail.com>.

Christophe **Giudicelli**, historiador, Université de Paris III-Sorbonne Nouvelle, París, Francia <cgiudicelli.terra@wanadoo.fr>.

Claudia **Haake**, historiadora, Department of History, University of York, U.K. <cbh3@york.ac.uk>.

Bernd **Hausberger**, historiador, Universidad Libre de Berlín, Alemania <sonora@zedat.fu-berlin.de>.

Friedrich **Katz**, historiador, University of Chicago, USA <fkatz@ midway.uchicago.edu>.

Ingrid **Kummels**, antropóloga, Universidad Libre de Berlín, Alemania <kummels-schaefer@t-online.de>.

Miriam **Lang**, socióloga, Universidad Libre de Berlín, Alemania <mir@so36.net>.

Amos **Megged**, historiador, University of Haifa, Israel <megged@ research.haifa.ac.il>.

Ulrich **Mücke**, historiador, Georg-August-Universität Göttingen, Alemania <ulrich.muecke@phil.uni-goettingen.de>.

Karoline **Noack**, antropóloga, Universidad Libre de Berlín, Alemania <Karoline_Noack100@web.de>.

Stephan **Scheuzger**, historiador, Instituto de Historia del Instituto Federal Suizo de Tecnología (ETH), Zurich, Suiza <scheuzger@ history.gess.ethz.ch>.

Ute **Schüren**, antropóloga, Universidad Libre de Berlín, Alemania <schueren@zedat.fu-berlin.de>.

Hermes **Tovar Pinzón**, historiador, Universidad Nacional de Colombia, Bogotá, Colombia <htovarpq@etb.net.co>.

Martha **Zapata Galindo**, socióloga, Universidad Libre de Berlín, Alemania <mizg@zedat.fu-berlin.de>.